독자의 1초를 아껴주는 정성!

세상이 아무리 바쁘게 돌아가더라도

책까지 아무렇게나 빨리 만들 수는 없습니다.

인스턴트 식품 같은 책보다는

오래 익힌 술이나 장맛이 밴 책을 만들고 싶습니다.

길벗이지톡은 독자여러분이 우리를 믿는다고 할 때 가장 행복합니다.

나를 아껴주는 어학도서, 길벗이지톡의 책을 만나보십시오.

독자의 1초를 아껴주는 정성을 만나보십시오.

미리 책을 읽고 따라해본 2만 베타테스터 여러분과 무따기 체험단, 길벗스쿨 엄마 2% 기획단,

시나공 평가단, 토익 배틀, 대학생 기자단까지!

믿을 수 있는 책을 함께 만들어주신 독자 여러분께 감사드립니다.

(주)도서출판 길벗 www.gilbut.co.kr

길벗 이지톡 www.gilbut.co.kr

길벗 스쿨 www.gilbutschool.co.kr

| QR 코드로 음성 자료 듣는 법 |

1
'스마트 폰에서 QR 코드 스캔' 애플리케이션을 다운받아 실행합니다.
[앱스토어나 구글 플레이어에서 'QR 코드'로 검색하세요]

2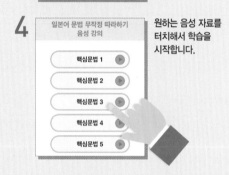
애플리케이션의 화면과 도서 각 unit 시작 페이지에 있는 QR 코드를 맞춰 스캔합니다.

3
스캔이 되면 '음성 강의', '예문 mp3' 선택 화면이 뜹니다.

4
원하는 음성 자료를 터치해서 학습을 시작합니다.

| 길벗이지톡 홈페이지에서 자료 받는 법 |

1
길벗이지톡 홈페이지(www.gilbut.co.kr) 검색창에서 《일본어 문법 무작정 따라하기》를 검색합니다. 검색 후 해당 도서를 클릭합니다.

2
해당 도서 페이지에서 자료실을 클릭합니다.

3
자료실의 'MP3' 항목에서 다운로드 아이콘을 클릭해 MP3를 다운로드하거나, 실시간 재생 아이콘을 클릭해 바로 들을 수 있습니다.

4
자료실의 '학습자료' 항목에서는 도서에서 제공하는 추가 자료를 다운로드할 수 있습니다.

하나하나 알기 쉽게

말하는 문법·시험 대비도
이 책 한 권으로 OK

일본어 문법

무작정 따라하기

후지이 아사리 지음

길벗
이지:톡

일본어 문법 무작정 따라하기

The Cakewalk series - Japanese Grammar

초판 발행 · 2020년 9월 15일
초판 10쇄 발행 · 2024년 11월 15일

지은이 · 후지이 아사리
발행인 · 이종원
발행처 · (주)도서출판 길벗
브랜드 · 길벗이지톡
출판사 등록일 · 1990년 12월 24일
주소 · 서울시 마포구 월드컵로 10길 56(서교동)
대표 전화 · 02)332-0931 | **팩스** · 02)323-0586
홈페이지 · www.gilbut.co.kr | **이메일** · eztok@gilbut.co.kr

기획 및 책임 편집 · 오윤희(tahiti01@gilbut.co.kr) | **표지 디자인** · 최주연 | **제작** · 이준호, 이진혁, 손일순
마케팅 · 장봉석, 최소영 | **영업관리** · 김명자, 심선숙 | **독자지원** · 윤정아

편집진행 및 교정 · 정선영 | **표지 일러스트** · 애슝 | **본문 디자인** · 용은순, 이도경 | **전산편집** · 수(秀)디자인
녹음 및 편집 · 와이알미디어 | **CTP 출력 및 인쇄** · 예림인쇄 | **제본** · 예림바인딩

길벗이지톡은 길벗출판사의 성인어학서 출판 브랜드입니다.

ISBN 979-11-407-0297-8 03730
(길벗 도서번호 301159)

ⓒ 후지이아사리, 2020

정가 26,000원

독자의 1초까지 아껴주는 정성 길벗출판사
(주)도서출판 길벗 IT교육서, IT단행본, 경제경영서, 어학&실용서, 인문교양서, 자녀교육서 www.gilbut.co.kr
길벗스쿨 국어학습, 수학학습, 어린이교양, 주니어 어학학습, 학습단행본 www.gilbutschool.co.kr

김현정 | 30대, 한국어 강사

누가 봐도 쉽게 이해할 수 있는 설명!

문법 설명이 말하듯이 정리되어 있어서 공부할 때 후지이 아사리 선생님의 음성이 지원되는 기분이었습니다. 덕분에 더 쉽게 집중할 수 있었고, 더 재미있게 공부할 수 있었습니다. 개인적으로는 특히 **'주다'와 '받다' 부분**이 정리가 너무 잘 되어 있어서 제일 마음에 들었습니다. 직관적으로 이해하기 쉬웠다고 할까요. 또 **사역형, 수동형, 사역 수동형 부분**도 선생님의 설명 덕분에 이해하기가 한결 수월했습니다. 일본어 공부하면서 계속 헷갈리는 부분들이었는데 이번에 분명히 알게 되었습니다. 빨리 정식 출간되어서 후지이 선생님의 강의를 들으면서 공부하고 싶네요!

황지영 | 40대, 컴퓨터 강사

구성대로 따라 가면 저절로 익혀져요!

문법 설명을 읽고, 예문을 보고 이해를 한 다음 맛보기 연습으로 문제를 풀 수 있게 구성되어 있어 2배의 학습 효과가 있는 것 같습니다. 또한 배운 내용을 〈포인트 정리〉를 통해 다시 한번 더 복습하고 실력 다지기 문제를 풀 수 있게 되어 있는 부분이 아주 좋았습니다. 여러 번 반복 학습을 할 수 있는 시스템인 것 같아요. 제가 오랫동안 일본어에서 손을 놓고 있다가 다시 이 책으로 공부했는데, 구성대로 따라 하기만 하면 전혀 어렵지 않아요!

남윤지 | 20대, 직장인

일본어에 깊이를 더해주는 코너들!

〈잠깐만요〉, 〈덤 챙겨 가세요〉와 같이 일본어를 더 깊이 있게 공부할 수 있는 코너가 많아서 좋았습니다. 공부하면서 의문이 드는 부분을 이 두 코너에서 다 정리해 주신 것과 정말 깨알 같은 꿀팁들에 감탄했어요! 여러 코너와 설명을 통해 모르고 사용하던 표현들을 정리하고 뉘앙스 차이까지 알 수 있는 기회가 되어서 좋았습니다! 친절하게 설명해주셔서 어렵지 않게 이해할 수 있었어요. 최대한 많은 것들을 알려주고 싶어하는 후지이 선생님의 마음이 느껴지는 책입니다.

이보미 | 30대, 회사원

자연스럽게 문법 흐름이 잡혀요!

목차를 훑어보고 책을 공부해보니 전체적으로 문법 공부 순서가 자연스럽게 흘러가는 것 같아서 좋았습니다. 첫째마당부터 다섯째마당까지 쭉 공부하면 일본어의 문법 흐름이 잡힐 것 같아요. 또 군데군데 복습 상지가 있어 헷갈리는 부분을 한 번 더 짚고 넘어갈 수 있더라고요! 문법책이지만 예문과 〈장문 도전하기〉를 mp3 파일로 들으면서 공부할 수 있는 것도 장점이네요. 여기에 후지이 선생님의 음성강의까지 더해진다니 더욱 기대가 됩니다.

베타테스트에 참여해주신 모든 분께 감사드립니다.
이 책을 만드는 동안 베타테스터로서 미리 학습해 보고, 여러 가지 좋은 의견을 주셨던
김현정, 남윤지, 이보미, 황지영 님께 감사 드립니다.

일본어 문법, 들으면서 시작하세요!

문법을 배우면서 듣기 연습도!

이 책은 문법책이지만 오디오가 있어 소리로 듣고 익힐 수 있어요! 소리학습을 위해 예문과 〈장문 도전하기〉 코너까지 녹음했습니다. 사람이 새로운 것을 배울 때는 자극이 많을수록 잘 기억할 수 있어요. 그러니 문법도 눈으로만 읽고 끝내지 말고 소리로도 듣고 익히면 기억이 훨씬 잘됩니다. 또 귀로 익혀 놓아야 듣기 시험에서도 당황하지 않을 수 있어요.

읽고, 쓰고, 듣고, 말하면서 일본어 문법을 '내 것'으로!

먼저 책에서 설명을 읽으면서 내용을 이해하고, 〈맛보기 연습〉과 〈실력 다지기〉를 통해서 쓰면서 배우고, 오디오를 이용해서 들으면서 익히고, 소리를 내어 문장을 읽으면서 일본어가 입에 붙게끔 하시면 이 책에서 배우는 내용을 완전히 '내 것'으로 만들 수 있어요! 눈으로 보고(시각), 손으로 쓰고(촉각), 귀로 듣고(청각), 소리 내어 읽으면 학습하는 데 동원되는 감각이 많아서 기억이 잘됩니다.

2,000개 넘는 필수단어도 챙기세요!

이 책에는 2,000개가 넘는 필수단어가 포함되어 있습니다. 같은 단어를 반복해서 쓰면 편하고 문장을 이해하기도 좋지만 그렇게 하면 문법 공부만 되지 단어 지식을 넓히지 못하죠! 문법을 배우면서 단어도 익힐 수 있게 다양한 단어를 쓰도록 신경 썼어요. 문법을 배우면서 단어 실력도 함께 늘려가요.

문법책에서 독해까지!

이 책에는 각 과마다 〈장문 도전하기〉라는 코너가 있어요. 각 과에서 배운 문법이 사용된 장문을 읽어 보는 연습이에요. 문법은 단문 연습을 하는 것만으로는 제대로 익히기가 어려워요! 가장 좋은 방법이 바로 글을 읽는 거랍니다. 배운 문법을 제대로 이해했는지 확인하면서 독해 연습까지 할 수 있는 코너예요.

어려운 가타카나까지 자연스럽게 정복!

가타카나가 자꾸 헷갈리죠? 접할 기회가 많지 않아서 그래요. 대부분의 책에서는 가타카나 단어를 많이 쓰지 않아서 익히기가 어려워요. 그런데 실제로 일본에 가 보면 가타카나를 많이 쓴다는 것을 알 수 있어요. 이 책의 예문에는 가타카나 단어가 300개 가까이 나와요. 예문을 통해서 어려웠던 가타카나도 정복해요!

일본 사람의 성씨를 80개 이상 썼어요!

일본은 성씨가 매우 많고 대략 10만 개 이상 있다고 해요. 한국처럼 국가에서 통계를 낸 적이 없어서 정확한 숫자는 알 수 없지만, 한자를 번체자로 쓰느냐 간체자로 쓰느냐, 청음으로 읽느냐 탁음으로 읽느냐 등의 차이도 모두 다른 성씨로 세면 30만 개 정도 된다고 해요. 성씨는 읽기도 어려우니 많이 보고 익숙해질 필요가 있어 예문과 연습문제에 흔한 성씨를 80개 이상 썼어요!

쉽고 간결한 설명!

《일본어 문법 무작정 따라하기》 개정판을 쓰면서 제일 신경 썼던 부분은 '쉽고 간결하게!' 예요! 기존 책에서는 설명이 너무 길거나 복잡했던 부분들이 있었기에 이번에는 누가 봐도 쉽게 이해할 수 있는 책을 쓰려고 노력했어요. 최대한 쉽게 썼지만 그래도 이해가 안 되실 때는 길벗 홈페이지 게시판에 질문을 올리세요! 제가 직접 답변을 드릴게요.

사전처럼 공부할 때 늘 곁에 두고 찾아보세요!

이 책을 한 번 보는 것만으로는 내용을 다 기억하기 어려워요. 한 번 끝까지 공부한 다음에는 다른 책으로 공부할 때 이 책을 곁에 두고 모르는 표현이 나올 때마다 색인을 이용해서 찾아보세요. 든든한 일본어 문법사전의 역할을 해 줄 거예요!

후지이 아사리

500만 명의 독자가 선택한 〈무작정 따라하기〉 시리즈는 모든 원고를 독자의 눈에 맞춰 자세하고 친절한 해설로 풀어냈습니다. 또한 저자 음성강의, 예문 mp3 파일 무료 다운로드, 길벗 독자지원 팀 운영 등 더 편하고 쉽게 공부할 수 있도록 아낌없는 서비스를 제공합니다.

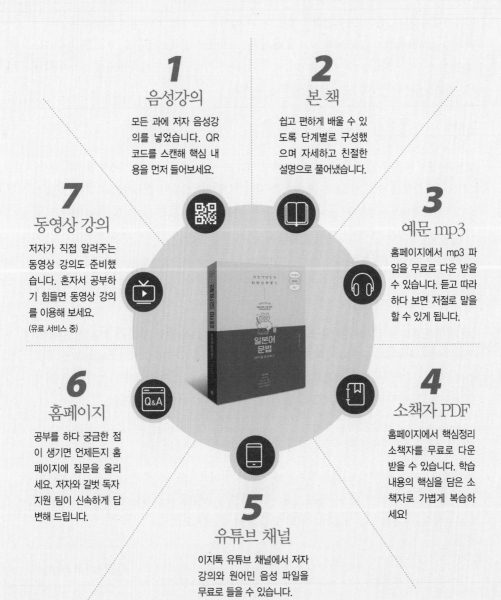

1 음성강의

모든 과에 저자 음성강의를 넣었습니다. QR 코드를 스캔해 핵심 내용을 먼저 들어보세요.

2 본 책

쉽고 편하게 배울 수 있도록 단계별로 구성했으며 자세하고 친절한 설명으로 풀어냈습니다.

7 동영상 강의

저자가 직접 알려주는 동영상 강의도 준비했습니다. 혼자서 공부하기 힘들면 동영상 강의를 이용해 보세요.
(유료 서비스 중)

3 예문 mp3

홈페이지에서 mp3 파일을 무료로 다운 받을 수 있습니다. 듣고 따라 하다 보면 저절로 말을 할 수 있게 됩니다.

6 홈페이지

공부를 하다 궁금한 점이 생기면 언제든지 홈페이지에 질문을 올리세요. 저자와 길벗 독자지원 팀이 신속하게 답변해 드립니다.

4 소책자 PDF

홈페이지에서 핵심정리 소책자를 무료로 다운 받을 수 있습니다. 학습 내용의 핵심을 담은 소책자로 가볍게 복습하세요!

5 유튜브 채널

이지톡 유튜브 채널에서 저자 강의와 원어민 음성 파일을 무료로 들을 수 있습니다.

일단 책을 펼치긴 했는데 어떻게 공부를 시작해야 할지 막막하시다고요? 그래서 준비했습니다. 무료로 들을 수 있는 저자의 친절한 강의와 베테랑 원어민 성우가 녹음한 예문 mp3 파일이 있으면 혼자 공부해도 어렵지 않습니다.

음성강의 / 예문 mp3 파일 활용법

각 과마다 배울 내용을 워밍업하고 어떻게 공부해야 하는지 조언도 들을 수 있는 저자 음성강의와 문법을 소리로도 익힐 수 있는 예문 mp3 파일을 제공합니다. 음성강의와 예문 mp3는 본 책의 QR코드를 찍거나 홈페이지에서 파일을 다운받아 들을 수 있습니다.

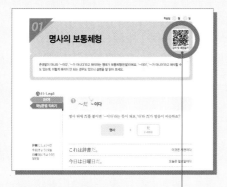

❶ QR코드로 확인하기

스마트 폰에서 QR코드 어플로 각 과 상단의 QR코드를 스캔하세요. 저자의 음성강의와 예문 mp3를 골라서 바로 들을 수 있습니다.

❷ 홈페이지에서 다운로드 받기

음성강의와 예문 mp3를 항상 가지고 다니며 듣고 싶다면 홈페이지에서 파일을 다운로드 받으세요.
길벗 홈페이지(www.gilbut.co.kr)에 접속한 후, '일본어 문법 무작정 따라하기'를 검색하세요.

확실한 소리 패턴 학습을 위하여 mp3 듣기 파일을 제공합니다!
책 없이 듣는 것만으로도 일본어가 됩니다. 잘 듣고 따라해 보세요.

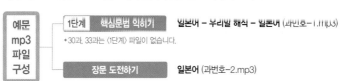

| 예문 mp3 파일 구성 | 1단계 **핵심문법 익히기** | 일본어 – 우리말 해석 – 일본어 (과번호-1.mp3) |

*30과, 33과는 〈1단계〉 파일이 없습니다.

| | 장문 도전하기 | 일본어 (과번호-2.mp3) |

강의와 예문 mp3를 함께 들을 수 있는 음성강의 파일을 제공합니다! (전체 7시간 40분 분량)

음성 강의 파일 구성
- 기본적으로 〈1단계 핵심문법 익히기〉 문형마다(①, ②, ③ …) 음성강의가 들어갑니다.
  - 예 1과 핵심문법① → L01-01.mp3
- 단, 문형 아래 하위 항목이 있을 경우(1, (1) …)에는 학습 편의를 위해 음성강의를 나누었습니다.
  - 예 8과 핵심문법③의 1번 항목 → L08-03-01.mp3
    26과 핵심문법⑤ 1번 항목의 하위 (1)번 → L26-05-01-(1).mp3

전체
마당

가능한 힘들이지 않고 공부할 수 있도록 step by step 구성과 직재적소에 배치된 다양한 코너, 자세하고 친절한 설명으로 풀어냈습니다.

1단계 핵심문법 익히기

문형을 자세히 설명하고 예문을 제시했습니다. 또한 각 문형마다 '맛보기 연습' 코너를 넣어 바로 연습해보며 확인할 수 있습니다. 각 예문은 오디오를 잘 듣고 따라해 보세요.

단어 정리
각 페이지 왼쪽에는 예문과 '맛보기 연습'에 나오는 단어들을 정리했습니다. 동사에 붙은 숫자 ①은 1류동사(5단동사), ②는 2류동사(1단동사), ③은 3류동사(불규칙동사)를 뜻합니다.

포인트 정리
해당 과에서 배운 내용을 간략하게 정리해 놓았습니다. 기억이 잘 안 나는 부분이 있으면 본문으로 돌아가 다시 확인하세요.

2단계 실력 다지기

각 과에서 배운 내용을 제대로 익혔는지 확인해 보는 코너입니다. 문제를 통해 앞에서 배운 내용을 복습해 보면서 실력을 다질 수 있습니다. 정답은 '특별 부록'에 있습니다. 틀린 부분은 꼭 본문으로 돌아가서 확인하고 넘어가세요.

장문 도전하기

일본어 장문을 들어 보고 읽어 보는 코너입니다. 장문 속에는 해당 과에서 배운 문형이 꼭 나오게 되어 있습니다. 장문을 통해서 제대로 익혔는지 확인해 보세요. 단어와 해석을 아래에 정리해 넣어 어렵지 않게 공부할 수 있습니다.

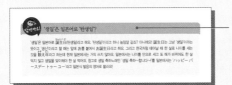

잠깐만요

한국 사람들이 일본어를 배울 때, 또 일본 문화를 이해하는 데 도움이 되는 정보들을 정리했습니다.

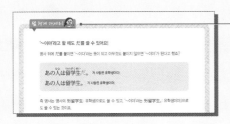

덤 챙겨 가세요

기본적으로 꼭 알아야 하는 문법 지식은 아니지만 알아 두면 좋은 내용을 덤으로 소개해 놓았습니다. 각 과에서 배운 문법을 좀 더 깊이 있게 배울 수 있습니다.

핵심정리 : 홈페이지에서 핵심정리 소책자를 무료로 다운 받을 수 있습니다.
소 책 자 : 핵심을 담은 소책자로 가볍게 복습하세요!

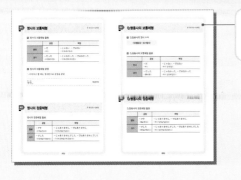

각 과에서 배운 내용을 간략하게 정리해 놓은 '포인트 정리' 코너를 모아 넣었습니다.

후지이 선생님이 제안하는 공부법입니다. 공부할 때는 다음 순서대로 공부하세요! 여기서 제시하는 내용은 하나의 방법이니, 개인의 취향과 수준에 따라 적합한 방법을 찾아서 즐겁게 공부하면 됩니다.

말하기/듣기를 중시하는 분들을 위한 공부법

1단계

〈핵심문법 익히기〉의 설명을 읽고 나서 예문을 듣고 따라해 보세요. 그 후 〈맛보기 연습〉을 먼저 말로 풀어본 후에 손으로 써 보세요. 이 책에서는 조금 어려운 한자도 일본에서 일상적으로 한자로 쓰는 것은 다 한자로 표기했습니다. 쓰기 어려운 한자는 히라가나로 쓰셔도 돼요.

2단계

〈실력 다지기〉를 풀 때도 손으로 쓰기 전에 먼저 소리 내어 입으로 작문을 해 본 다음에 쓰세요. 이 때도 어려운 한자는 히라가나로 쓰셔도 돼요. 틀린 것은 다시 설명을 읽고 확인하세요.

3단계

〈장문 도전하기〉도 처음에는 책을 보지 말고 소리만으로 들어 보세요. 그 후 책을 보면서 다시 오디오를 들어 보세요. 이해가 안 되는 부분이 없는지 내용을 확인한 다음에 다시 한 번 오디오를 들어본 후 소리 내어 읽어 보세요.

읽기/쓰기를 중시하는 분들을 위한 공부법

1단계

〈핵심문법 익히기〉의 설명을 읽고 〈맛보기 연습〉을 풀어 보세요. 이 책에서는 조금 어려운 한자도 일본에서 일상적으로 한자로 쓰는 것은 다 한자로 표기했습니다. 쓰기 어려운 한자는 히라가나로 쓰셔도 돼요.

2단계

〈실력 다지기〉를 풀어 보세요. 이때도 어려운 한자는 히라가나로 쓰셔도 돼요. 틀린 것은 다시 본문으로 돌아가 설명을 읽고 확인하세요.

3단계

〈장문 도전하기〉를 읽어 보세요. 이해가 안 되는 부분이 없는지 내용을 확인해 보세요.

▶ **홈페이지 자료도 잘 활용하세요!**

길벗 홈페이지(www.gilbut.co.kr)에 들어가면 다양한 자료를 다운 받을 수 있습니다.

1. 동사 활용 쓰기표 / 동사 활용 정리표
2. 단어 색인
3. 핵심정리 소책자

둘째마당까지 공부를 끝내면 〈동사 활용 쓰기표〉를 이용해서 동사 활용 연습을 하고, 〈동사 활용 정리표〉로 바르게 활용했는지 확인해 보세요. 또 확인하고 싶은 단어가 있을 때는 〈단어 색인〉을 이용해서 그 단어가 책 어디에 쓰였는지 찾아보세요. 단, 같은 단어가 여러 군데에서 사용된 경우는 이 책에서 처음 나오는 쪽수를 표기했고, 또 그 단어를 중요하게 다룬 페이지가 있는 경우는 해당 쪽수를 굵은 글자로 표시했어요. 학습 후에는 〈핵심정리 소책자〉를 이용해서 가볍게 복습하세요!

일본어 글자들

일본어 글자들

일본어에 쓰이는 글자는 **히라가나(ひらがな)** 와 **가타카나(カタカナ)**, 한자 3가지가 있어요. 히라가나는 가장 기본이 되는 글자이고 가타카나는 외래어를 표기하기 위한 글자예요. 그리고 일본에서는 한자를 많이 사용해요. 그나마 한국 사람들은 한자가 무엇인지를 알고 있어서 다행이에요!

01 히라가나는 이렇게 생겼어요!
가장 기본이 되는 일본어 글자예요.

히라가나 청음

단	あ단	い단	う단	え단	お단
あ행	あ	い	う	え	お
か행	か	き	く	け	こ
さ행	さ	し	す	せ	そ
た행	た	ち	つ	て	と
な행	な	に	ぬ	ね	の
は행	は	ひ	ふ	へ	ほ
ま행	ま	み	む	め	も
や행	や		ゆ		よ
ら행	ら	り	る	れ	ろ
わ행	わ				を
	ん				

표를 가로로 보는 것이 '행'이에요. '행'은 '자음에 의해서 나누어지는 것'이에요. 예를 들어 '아행'이라고 하며, 가로로 あ, い, う, え, お가 되는 것이죠.

표를 세로로 보는 것이 '단'이에요. '단'은 '모음에 의해서 나누어지는 것'이에요. 예를 들어 '아단'이라고 하며, 세로로 'あ, か, さ, た, な, は, ま, や, ら, わ'를 말해요.

히라가나 탁음

기본 히라가나의 오른쪽 위쪽에
ﾞ이 붙은 것을 '탁음'이라고 해요.
탁하고 진한 소리가 나요.

히라가나 반탁음

기본 히라가나의 오른쪽 위쪽에
ﾟ이 붙은 것을 '반탁음'이라고 해요.
가볍고 터지는 듯한 소리가 나요.

작게 표기하는 글자 [촉음]

つ를 작게 쓰는 것을 '촉음'이라고 하는데,
뒤에 이어지는 자음이 이중으로 겹치는 소
리가 나요. 예를 들어, 学校[がっこう](학
교)에서 っ 뒤에 이어지는 소리 こ(코)의
자음 'ㅋ'이 겹쳐서 がこ(가코)가 がっこ
(각코)가 되는 거예요.

작게 표기하는 글자 [요음]

や、ゆ、よ를 작게 쓰는 것을 '요음'이라고
하는데, 앞의 글자와 함께 읽으면 돼요. 예
를 들어, 辞書[じしょ](사전)의 しょ는 し
(시)와 ょ(요)를 합해서 '쇼'로 읽으면 되는
거예요.

02 가타카나는 이렇게 생겼어요!

가타카나 청음

가타카나의 구조는 히라가나와 똑같고 글자 모양만 달라요. 외래어를 표기하기 위한 글자예요. 외래어 외에도 의태어와 의성어, 동식물 이름은 주로 가타카나로 쓰고, 딱딱한 느낌이나 간략한 느낌을 주기 위해서 일부러 가타카나로 쓰는 경우도 있어요.

단	ア단	イ단	ウ단	エ단	オ단
ア행	ア	イ	ウ	エ	オ
カ행	カ	キ	ク	ケ	コ
サ행	サ	シ	ス	セ	ソ
タ행	タ	チ	ツ	テ	ト
ナ행	ナ	ニ	ヌ	ネ	ノ
ハ행	ハ	ヒ	フ	ヘ	ホ
マ행	マ	ミ	ム	メ	モ
ヤ행	ヤ		ユ		ヨ
ラ행	ラ	リ	ル	レ	ロ
ワ행	ワ				ヲ
	ン				

가타카나 탁음

ガ	ギ	グ	ゲ	ゴ
ザ	ジ	ズ	ゼ	ゾ
ダ	ヂ	ヅ	デ	ド
バ	ビ	ブ	ベ	ボ

가타카나 반탁음

パ	ピ	プ	ペ	ポ

018

작게 표기하는 글자 [촉음]

작게 표기하는 글자 [요음]

장음 표시

장음 표시는 소리를 길게 내는 부분에 써
요. 원칙적으로는 가타카나를 쓸 때 쓰는
표시인데, 편하게 쓰는 글에서는 히라가나
에 쓰기도 해요.

03 일본어 한자는 이렇게 달라요!

일본에서는 한자를 많이 써요! 기본적으로 꼭 알아야 하는 한자가 무려 2,000개 정도나 되지요. 그리고 일본에서 쓰는 한
자는 생략된 형태의 한자가 많아요. 형태가 확연히 다른 한자라면 금방 알 수 있는데, 아주 약간 다른 형태의 한자들은 놓
칠 수 있으니 유의하세요! 아주 약간 다른 형태의 한자들 중에서 몇 가지 예를 들게요.

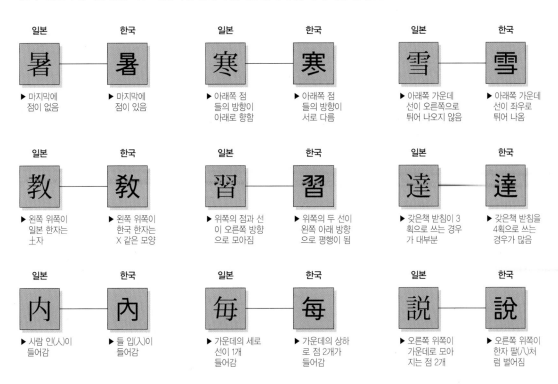

기본 품사 속으로

첫째마당에서는 일본어를 배우는 데 가장 기본이 되는 명사와 형용사, 동사의 기본 활용에 대해서 배울게요. 동사 활용은 좀 복잡해요! 그래도 일본어 동사가 한국어 동사만큼 활용이 복잡하지 않아요! 여러분들이 더 어려운 동사 활용을 구사하고 있다는 것을 염두에 두고 마음을 가볍게 먹었으면 해요!

첫째마디
•
명사 익히기

기본 품사인 명사, 형용사, 동사 중 우선 명사에 대해 배울
게요. 일본어는 기본적인 구조가 한국어와 똑같기 때문에
그리 어렵지 않을 거예요!

01 명사의 보통체형

강의 및 예문듣기

존댓말이 아니라 '~이다', '~가 아니다'라고 해석하는 형태가 보통체형(반말)이에요. '~이야', '~가 아니야'라고 해석할 수도 있는데, 이렇게 해석이 안 되는 경우도 있으니 설명을 잘 읽어 보세요.

🎧 01-1.mp3

1단계
핵심문법 익히기

❶ ～だ ～이다

명사 뒤에 だ를 붙이면 '~이다'라는 뜻이 돼요. '다'와 だ가 발음이 비슷하죠?

명사	+	だ (～이다)

辞書[じしょ] 사전
今日[きょう] 오늘
日曜日[にちようび] 일요일

これは辞書だ。	이것은 사전이다.

今日は日曜日だ。	오늘은 일요일이다.

≫ '사전'은 辞書[じしょ](사서)라고 해요. 辞典[じてん](사전)이라는 단어는 '국어사전', '백과사전'과 같이 '~사전'의 형태로 쓰고 그냥 '사전'의 뜻으로는 잘 안 써요.

맛보기 연습 주어진 두 단어를 써서 '~는 ~이다'라는 문장을 만들어 보세요.
조사 '은/는'은 は예요.

(정답은 582쪽에)

学校[がっこう] 학교
うそ 거짓말
人[ひと] 사람
日本人[にほんじん]
일본 사람

学校, あそこ ▶ _____

それ, うそ ▶ _____

その人, 日本人 ▶ _____

≫ うそ(거짓말)는 가타카나 ウソ로 쓰는 경우도 많아요. 한자 嘘로 쓰는 경우도 많지만 상용한자가 아니라서 여기에서는 히라가나로 표기했어요.

023

❷ ～(명사) ~이야

명사 뒤에 だ를 붙이면 '~이다'라는 뜻이라서 '~이야'라고 할 때는 だ를 붙이면 안 돼요! '~이야'라고 할 때는 아무것도 붙이지 않고 그냥 명사만 말하면 돼요! 쉽죠?

명사　＋　だ (~이다)

私[わたし] 나, 저
韓国人[かんこくじん] 한국 사람
僕[ぼく] 나(남자)
学生[がくせい] 학생(대학생)

私は韓国人。　　　　　　　　　　　　　　나는 한국 사람이야.

僕は学生。　　　　　　　　　　　　　　　나는 학생이야.

» '반말 대화에서 私[わたし]는 보통 여자가 써요. 남자도 공손하게 말할 때나 문장에서는 私를 쓰지만, 편한 대화에서는 僕[ぼく](덜 친한 경우) 아니면 俺[おれ](아주 친한 경우)를 써요.

ボールペン 볼펜
鉛筆[えんぴつ] 연필
教室[きょうしつ] 교실

┌ **맛보기 연습**　주어진 두 단어를 써서 '~는 ~이야'라는 문장을 만들어 보세요.　　　(정답은 582쪽에)

それ, ボールペン ▶ _____

これ, 鉛筆 ▶ _____

教室, ここ ▶ _____

❸ ～じゃない / ではない ~가 아니야/아니다

명사의 부정형인 '~가 아니야/아니다'는 명사 뒤에 じゃない/ではない를 붙이면 돼요. じゃ는 では의 준말이에요. 구어에서는 주로 ～じゃない를 쓰고 ～ではない는 무척 딱딱한 느낌이라 보통 문장에서 써요.

명사　＋　じゃない
ではない
(~가 아니다)

姉[あね] 누나(높임×)
大学生[だいがくせい] 대학생
銀行[ぎんこう] 은행

姉は大学生じゃない。　　　　　　　　　　누나는 대학생이 아니야.

そこは銀行ではない。　　　　　　　　　　거기는 은행이 아니다.

024

>> 姉[あね](누나, 언니)는 높이지 않는 호칭이니 자신의 누나/언니에 대해 남에게 말할 때 써요. 남의 누나/언니에 대해 말할 때는 높이는 호칭인 お姉さん[おねえさん]을 쓰세요. 일본어에는 누나, 언니와 같은 자신의 성별에 따른 호칭의 구별이 없어요. 가족의 호칭에 대해서는 045쪽을 보세요.

맛보기 연습　　주어진 두 단어를 써서 '~는 ~가 아니야/아니다'라는 문장을 만들어 보세요.(정답은 582쪽에)

兄[あに] 오빠(높임×)
会社員[かいしゃいん]
회사원
鈴木[すずき] (성씨)
社長[しゃちょう]
사장(님)
宿題[しゅくだい] 숙제

兄, 会社員 ▶ _____

鈴木さん, 社長 ▶ _____

これ, 宿題 ▶ _____

>> 兄[あに](오빠, 형)는 높이지 않는 호칭이니 자신의 오빠/형에 대해 남에게 말할 때 써요. 남의 오빠/형에 대해 말할 때는 높이는 호칭인 お兄さん[おにいさん]을 쓰세요. 일본어에는 오빠, 형과 같은 자신의 성별에 따른 호칭의 구별이 없어요. 가족의 호칭에 대해서는 045쪽을 보세요.

>> 会社員[かいしゃいん](회사원)이라는 뜻으로 サラリーマン(샐러리맨)이나 ビジネスマン(비즈니스맨)이라는 말을 쓰기도 해요.

❹　~だった　~이었어/이었다

명사의 과거형인 '~이었어/이었다'는 명사 뒤에 だった를 붙이면 돼요.

명사　+　だった (~이었다)

花[はな] 꽃
朝ごはん[あさごはん]
아침밥

プレゼントは花だった。　　　　　　　　　　선물은 꽃이었어.

朝ごはんはサンドイッチだった。　　　　　아침밥은 샌드위치였다.

>> 朝ごはん[あさごはん](아침밥)은 朝[あさ](아침)와 ごはん(밥)이 합해진 단어예요.
>> サンドイッチ(샌드위치)는 サンドウィッチ라고도 써요. サンドウィッチ가 sandwich에 더 가깝죠.

맛보기 연습　　주어진 두 단어를 써서 '~는 ~이었어/이었다'라는 문장을 만들어 보세요.　(정답은 582쪽에)

父[ちち] 아버지(높임×)
警官[けいかん] 경찰관
誕生日[たんじょうび]
생일
昨日[きのう] 어제
人[ひと] 사람
留学生[りゅうがくせい]
유학생

父, 警官 ▶ _____

誕生日, 昨日 ▶ _____

その人, 留学生 ▶ _____

>> 父[ちち](아버지)는 높이지 않는 호칭이니 자신의 아버지에 대해 남에게 말할 때 쓰고, 남의 아버지에 대해 말할 때는 높이는 호칭인 お父さん[おとうさん]을 쓰세요. 가족의 호칭에 대해서는 045쪽을 보세요.

>> 警官[けいかん](경찰관)은 警察官[けいさつかん]의 준말이에요. '경찰관'은 お巡りさん[おまわりさん]이라고도 하는데, 이는 '경찰 아저씨'라는 뜻의 친근감 있는 말이에요.

⑤ 〜じゃなかった / ではなかった ~가 아니었어/아니었다

명사의 과거 부정형인 '~가 아니었어/아니었다'는 명사 뒤에 じゃなかった/ではな
かった를 붙이면 돼요. 구어에서는 〜じゃなかった를 더 많이 쓰고 〜ではなか
った는 무척 딱딱한 말투라 보통 글에서 써요.

명사	+	じゃなかった ではなかった (〜가 아니었다)

夢[ゆめ] 꿈
私[わたし] 나, 저
母[はは] 어머니(높임×)

それは夢じゃなかった。　　　　　　그것은 꿈이 아니었어.

その人は私の母ではなかった。　　그 사람은 우리(나의) 어머니가 아니었다.

> 한국어에서는 '우리 어머니'라고 하죠? 일본어에서는 私の母[わたしの はは](나의 어머니)라고 해요. 한국어와
> 비슷한 의미로 うちの母라는 표현도 있어요. うち는 '자신이 속하는 집단'을 뜻하여 うちの母라고 하면 '내가 속
> 하는 가정의 어머니' 즉 '우리 어머니'라는 뜻이 되죠.

맛보기 연습　주어진 두 단어를 써서 '~는 ~가 아니었어/아니었다'라는 문장을 만들어 보세요.

(정답은 582쪽에)

友達[ともだち] 친구
イギリス人[じん]
영국 사람
コンサート 콘서트
今晩[こんばん] 오늘 밤
高校[こうこう]
고등학교

その友達, イギリス人 ▶ _____

コンサート, 今晩 ▶ _____

そこ, 高校 ▶ _____

> 高校[こうこう](고등학교)는 高等学校[こうとう がっこう]의 준말이에요.

---

1 명사의 보통체형 활용

	긍정	부정
현재	〜だ 〜이다	〜じゃない, 〜ではない 〜가 아니야/아니다
과거	〜だった 〜이었어/이었다	〜じゃなかった, 〜ではなかった 〜가 아니었어/아니었다

2 명사의 보통체형 문장

'~이야'라고 할 때는 명사만으로 문장을 끝냄.
예 学生[がくせい]。 학생이야.

1 다음 표를 일본어로 완성해 보세요.

	~이다	~가 아니다	~이었다	~가 아니었다
辞書				
学生				

2 다음 문장을 일본어로 만들어 보세요.

(1) 오늘은 일요일이다.

🖉 ....

(2) 나는 한국 사람이야.
　　❯❯ 이 문장은 반말 구어이므로, '나'를 여자인 경우 私[わたし]로, 남자인 경우 僕[ぼく]나 俺[おれ]로 쓰세요.

🖉 ....

(3) 거기는 은행이 아니다.

🖉 ....

(4) 선물은 꽃이었어.

🖉 ....

(5) 그 사람은 우리 어머니가 아니었다.
　　❯❯ 이 문장은 구어가 아니므로, 남자인 경우 '나'를 私[わたし], 僕[ぼく], 俺[おれ] 어떤 것으로 써도 돼요.

🖉 ....

(6) 생일은 어제였어.

🖉 ....

(7) 오빠는 회사원이 아니다.

🖉 ....

(8) 거기는 고등학교가 아니었다.

🖉 ....

私の家族は両親と兄と私の4人家族だ。私の母は韓国人じゃない。台湾人だ。母は留学生だった。父は母と同じ学科の学生だった。祖父母は、母が韓国人じゃないから、両親の結婚に反対した。でも、父は祖父母を説得した。明日は両親の結婚記念日だ。みんなでお祝いをする。

{단어}

家族[かぞく] 가족 | 両親[りょうしん] 부모(높임×) | 兄[あに] 오빠(높임×) | 4人[よ にん] 4명 | 母[はは] 어머니(높임×) | 韓国人[かんこくじん] 한국 사람 | 台湾人[たいわんじん] 대만 사람 | 留学生[りゅうがくせい] 유학생 | 父[ちち] 아버지(높임×) | 同じ[おなじ] 같은 | 学科[がっか] 학과 | 学生[がくせい] 학생 | 祖父母[そふぼ] 조부모 | 結婚[けっこん] 결혼 | 反対[はんたい] 반대 | 説得[せっとく] 설득 | 明日[あした] 내일 | 記念日[きねんび] 기념일 | みんなで 다 함께 | お祝い[おいわい] 축하

우리(나의) 가족은 부모님과 오빠와 나의 4인 가족이다. 우리(나의) 어머니는 한국 사람이 아니다. 대만 사람이다. 어머니는 유학생이었다. 아버지는 어머니와 같은 학과의 학생이었다. 조부모님은 어머니가 한국 사람이 아니기 때문에 부모님의 결혼에 반대했다. 그렇지만, 아버지는 조부모님을 설득했다. 내일은 부모님의 결혼기념일이다. 다 함께 축하를 한다.

 '생일'은 일본어로 '탄생일'?

'생일'은 일본어로 誕生日(탄생일)라고 해요. '탄생일'이라고 하니 높임말 같죠? 아니에요! 誕生日는 그냥 '생일'이라는 뜻이고 '생신'이라고 할 때는 앞에 お를 붙여서 お誕生日라고 해요. 그리고 한국처럼 태어날 때 한 살로 나이를 세는 것을 数え年라고 하는데 현재 일본에서는 거의 쓰지 않아요. 일본에서는 나이를 만으로 세고 또 해가 바뀌어도 한 살 먹지 않고 생일을 맞이해야 한 살 먹어요. 참고로 생일 축하노래인 '생일 축하~합니다~!'를 일본에서는 'ハッピー バースデー トゥー ユー'라고 일본식 발음의 영어로 불러요!

'~이야'라고 할 때도 だ를 쓸 수 있어요!

명사 뒤에 だ를 붙이면 '~이다'라는 뜻이 되고 아무것도 붙이지 않으면 '~이야'가 된다고 했죠?

> あの人は留学生だ。　저 사람은 유학생이다.
>
> あの人は留学生。　저 사람은 유학생이야.

즉 명사는 명사의 뜻(留学生: 유학생)으로도 쓸 수 있고, '~이야'라는 뜻(留学生。: 유학생이야.)으로도 쓸 수 있는 것이죠.

그런데 だ 뒤에 조사 よ를 붙여서 ~だよ의 형태로 쓰면 '~이야'라는 뜻으로 쓸 수 있어요.

> あの人は留学生だ。　저 사람은 유학생이다.
>
> あの人は留学生だよ。　저 사람은 유학생이야.

~だよ라는 표현은 상대방에게 알려 주고자 할 때나 강조하고자 할 때 쓰는 말투예요. 그러니 留学生라고만 하면 그저 '유학생'이라는 사실을 말하는 것뿐인데 비해, 留学生だよ라고 하면 '유학생'이라는 사실을 상대방에게 알려 주고자 하는 마음이 느껴져요.

다만 억양에 따라서 느낌 차이가 나니 유의해야 해요! 끝의 よ를 살짝 올려서 발음해야 위와 같은 뜻이 돼요. よ를 내려서 발음하게 되면 '그런 것도 모르냐?!', '귀찮게 그런 걸 왜 물어봐?!'와 같은 상대방을 무시하는 말투, 기분 나빠하는 말투가 되니 유의하세요! 조사 よ에 대해서는 265쪽을 보세요.

여기에서는 배우지 않는데 ~である(~이다)라는 표현도 있어요. 이 표현은 글이나 연설문에서 쓰는 딱딱한 문어체 말투라서 일상적으로는 쓰는 경우가 많지 않아요. 활용은 다음과 같이 돼요.

> ~である — ~ではない — ~であった — ~ではなかった

> 예 弟は教師である。　남동생은 교사이다.

02 명사의 정중체형

강의 및 예문듣기

> 정중체형은 존댓말이에요. 즉 '〜이다'가 아니라 '〜입니다', '〜가 아닙니다'라는 표현이죠. 그런데 한국어에서는 '〜이에요' 와 '〜입니다'가 구별되잖아요? 일본어에서는 이런 구별이 없어요! 둘 다 です라고 하면 돼요!

🎧 02-1.mp3

1단계
핵심문법 익히기

❶ 〜です ~이에요/입니다

'〜이에요/입니다'라고 할 때는 명사 뒤에 です를 붙이면 돼요. です의 す 발음은 で S처럼 약하게 발음해야 해요!

$$\boxed{명사} \;+\; \boxed{\begin{array}{c} です \\ (\text{〜입니다}) \end{array}}$$

私[わたし] 저, 나
中学生[ちゅうがくせい] 중학생
人[ひと] 사람
医者[いしゃ] 의사

私は中学生です。 　　　　　　　　　　　　　　저는 중학생이에요.

この人はお医者さんです。 　　　　　　　　이 사람은 의사선생님입니다.

》 반말 구어에서 私[わたし]라고 하는 것은 보통 여자이고 남자는 僕[ぼく]나 俺[おれ]를 쓰지만, 정중하게 존댓말 로 말할 때는 남자도 私라고 써요. 존댓말을 써도 그리 정중하게 말할 필요가 없으면 僕를 쓰세요.

》 '의사선생님'이라고 할 때는 医者[いしゃ](의사)라고만 하지 않고 앞에는 お를 붙이고 뒤에는 さん을 붙여서 お医 者さん[おいしゃさん]이라고 표현해요.

📗 **맛보기 연습** 　주어진 두 단어를 써서 '〜는 〜이에요/입니다'라는 문장을 만들어 보세요. 　(정답은 583쪽에)

明日[あした] 내일
月曜日[げつようび] 월요일
中国人[ちゅうごくじん] 중국 사람
駅[えき] 역

明日, 月曜日

▶ _____

あの人, 中国人

▶ _____

駅, ここ

▶ _____

❷ ～じゃありません / ではありません
~가 아니에요/아닙니다

'~가 아니에요/아닙니다'라고 할 때는 명사 뒤에 じゃありません/ではありません을 붙이면 돼요. じゃ와 では의 차이는 보통체형(반말)에서 설명 드렸듯이 じゃ는 구어체이고 では는 문어체라서 딱딱한 말투예요.

명사	+	じゃありません ではありません (～가 아닙니다)

主人[しゅじん]
남편(높임×)
外国人[がいこくじん]
외국 사람
妻[つま] 아내(높임×)
主婦[しゅふ] 주부

主人は外国人じゃありません。　　　　　　　남편은 외국 사람이 아니에요.

妻は主婦ではありません。　　　　　　　　아내는 주부가 아닙니다.

» 主人[しゅじん](남편)과 妻[つま](아내)는 높이지 않는 호칭이에요. 높이는 호칭은 각각 ご主人[ごしゅじん], 奥さん[おくさん]이에요. 主人과 같은 뜻인 夫[おっと], 妻와 같은 뜻인 家内[かない]도 써요. 가족의 호칭에 대해서는 045쪽을 보세요.

맛보기 연습　　주어진 두 단어를 써서 '~는 ~가 아니에요/아닙니다'라는 문장을 만들어 보세요.

(정답은 583쪽에)

教科書[きょうかしょ]
교과서
本[ほん] 책
今日[きょう] 오늘
水曜日[すいようび]
수요일
郵便局[ゆうびんきょく]
우체국

教科書, この本

▶ _____

今日, 水曜日

▶ _____

郵便局, そこ

▶ _____

❸ ～でした　~이었어요/이었습니다

'~이었어요/이었습니다'라고 할 때는 명사 뒤에 でした만 붙이면 돼요.

명사	+	でした (～이었습니다)

先生[せんせい] 선생님
日本[にほん] 일본
方[かた] 분(사람)
母[はは] 어머니(높임×)
銀行員[ぎんこういん]
은행원

先生は日本の方でした。

선생님은 일본(의) 분이었어요.

母は銀行員でした。

어머니는 은행원이었습니다.

» 先生[せんせい]는 한자를 보면 '선생'인데 '선생님'이라는 높이는 말이에요. '선생'이라고 할 때는 教師[きょう
し](교사)라는 말을 써요.

» 日本(일본)은 にほん과 にっぽん 2가지로 읽을 수 있는데, にほん으로 읽는 것이 일반적이에요. 다만 운동경기
등을 응원할 때는 にっぽん으로 읽는 경우가 많아요.

📖 맛보기 연습　**주어진 두 단어를 써서 '~는 ~이었어요/이었습니다'라는 문장을 만들어 보세요.**

(정답은 583쪽에)

映画館[えいがかん]
영화관
一昨日[おととい]
그저께
休み[やすみ] 쉬는 날
出口[でぐち] 출구

ここ, 映画館

▶ _____

一昨日, 休み

▶ _____

そこ, 出口

▶ _____

❹ ～じゃありませんでした / ではありませんでした
~가 아니었어요/아니었습니다

'~가 아니었어요/아니었습니다'라고 할 때는 명사 뒤에 じゃありませんでした/で
はありませんでした를 붙이면 돼요. ～ではありませんでした는 격식 차려서 말
할 때나 문장에서 쓰고, 일상적으로는 ～じゃありませんでした를 써요.

명사　＋　じゃありませんでした
ではありませんでした
(~가 아니었습니다)

砂糖[さとう] 설탕
二人[ふたり] 두 사람
兄弟[きょうだい]
형제(높임×)

これは砂糖じゃありませんでした。

이것은 설탕이 아니었어요.

二人は兄弟ではありませんでした。

두 사람은 형제가 아니었습니다.

» 일본에서는 '남매'도 대부분 兄弟[きょうだい](형제)라고 해요. 한자로는 兄妹(오빠와 여동생)나 姉弟(누나와 남
동생)로 쓸 때도 많지만, 똑같이 きょうだい로 읽는 경우가 많아요. 실제 한자의 소리는 兄妹[けいまい]와 姉弟
[してい]이지만 이렇게 읽는 사람은 거의 없어요. 兄弟의 높이는 호칭은 ご兄弟가 돼요.

(정답은 583쪽에)

方[かた] 분(사람)
田中[たなか] (성씨)
約束[やくそく] 약속
4時[よじ] 4시
入口[いりぐち] 입구

맛보기 연습 주어진 두 단어를 써서 '~는 ~가 아니었어요/아니었습니다'라는 문장을 만들어 보세요.

あの方, 田中さん

▶ _____

約束, 4時

▶ _____

ここ, 入口

▶ _____

≫ 入口(입구)는 入り口로 쓰기도 해요.

명사의 정중체형 활용

	긍정	부정
현재	~です ~이에요/입니다	~じゃありません, ~ではありません ~가 아니에요/아닙니다
과거	~でした ~이었어요/이었습니다	~じゃありませんでした, ~ではありませんでした ~가 아니었어요/아니었습니다

1 다음 표를 일본어로 완성해 보세요.

	~입니다	~가 아닙니다	~이었습니다	~가 아니었습니다
日本人				
教科書				

2 다음 문장을 일본어로 만들어 보세요.

(1) 저는 중학생이에요.

≫ 이 문장은 존댓말이므로, 남자인 경우도 '저'를 私[わたし]로 쓰세요.

✎ --

(2) 남편은 외국 사람이 아니에요.

✎ --

(3) 선생님은 일본 분이었어요.

✎ --

(4) 두 사람은 형제가 아니었습니다.

✎ --

(5) 거기는 출구였습니다.

✎ --

(6) 역은 여기입니다.

✎ --

(7) 약속은 4시가 아니었습니다.

✎ --

(8) 교과서는 이 책이 아닙니다.

✎ --

私の父の名前は佐藤敏夫です。「砂糖と塩」じゃありません。日本人の名前には変な名前がたくさんあります。私が子どもの時の友達の名前は、水田真理でした。「水たまり」と同じ発音です。父の会社の人の名前は、河合壮さんです。でも「かわいそう」な人じゃありません。名前を付けるときは、気を付けましょう。

{단어}

父[ちち] 아버지(높임×) | 名前[なまえ] 이름 | 砂糖[さとう] 설탕 | 塩[しお] 소금 | 日本人[にほんじん] 일본 사람 | 変な[へんな] 이상한 | 子ども[こども] 아이 | 時[とき] 때 | 友達[ともだち] 친구 | 水たまり[みずたまり] 웅덩이 | 同じ[おなじ] 같은 | 発音[はつおん] 발음 | 会社[かいしゃ] 회사 | 人[ひと] 사람 | かわいそうな 불쌍한 | 付ける[つける]② (이름을)짓다, 붙이다 | 気を付ける[きをつける]② 조심하다

저희(저의) 아버지의 이름은 さとう としお입니다. 'さとうと しお(설탕과 소금)'가 아닙니다. 일본 사람의 이름에는 이상한 이름이 많이 있습니다. 제가 어릴 때의 친구 이름은 みずた まり였습니다. 'みずたまり(웅덩이)'와 같은 발음입니다. 아버지의 회사 사람의 이름은 かわい そう 씨입니다. 그렇지만 'かわいそう(불쌍한)' 사람이 아닙니다. 이름을 지을 때는 조심합시다.

 '외국인'은 '외인'?

外国人(외국인)이라는 단어가 나왔죠? '외국인'을 뜻하는 말로 外人이라는 말도 있어요. 직역하면 '외인'이죠. 外人이라는 말에는 차별의 뉘앙스가 들어있다고 불쾌해 하는 외국 사람들이 꽤 있어요. 外人이라는 말에 차별의 의미가 있는지에 대해서는 찬반 의견이 많지만, 방송에서 사용하면 안 되는 말에 포함되어 있어요. 外人이라는 말은 쓰지 말고 外国人이라는 말을 쓰라고 지도하는 곳도 많아요. 실제로는 外人이라는 말을 쓰는 사람들이 많지만, 안 좋게 생각하는 사람들도 있으니 쓰지 않는 것이 좋겠죠?

부정문에는 다른 형태도 있어요!

정중체형(존댓말)의 부정문을 현재형은 ～じゃありません/ではありません(～가 아니에요/아닙니다), 과거형은 ～じゃありませんでした/ではありませんでした(～가 아니었어요/아니었습니다)로 연습했죠?

그런데 부정문에는 또 다른 형태가 있어요. 보통체형(반말)의 부정문인 ～じゃない/ではない(～가 아니야/아니다), ～じゃなかった/ではなかった(～가 아니었어/아니었다) 뒤에 です를 붙여서 ～じゃないです/ではないです, ～じゃなかったです/ではなかったです라고 해도 돼요.

> 主人は外国人じゃないです。　남편은 외국 사람이 아니에요.
> しゅじん　がいこくじん
> 二人は兄弟ではなかったです。　두 사람은 형제가 아니었어요.
> ふたり　きょうだい

이 표현은 보통체형(반말) 뒤에 です만 붙여서 정중체형(존댓말)을 만든 형태이기 때문에 먼저 배운 ～じゃありません/ではありません, ～じゃありませんでした/ではありませんでした 보다는 덜 정중한 말이 돼요.

느낌을 살린 해석의 차이를 정리해 보면 아래와 같아요.

～じゃないです ～じゃなかったです	～가 아니에요 ～가 아니었어요
～ではないです ～ではなかったです ～じゃありません ～じゃありませんでした	↓
～ではありません ～ではありませんでした	～가 아닙니다 ～가 아니었습니다

～ではないです, ～ではなかったです는 では가 문어적인 말투라서 딱딱한데, ないです와 なかったです는 보통체형(반말) 뒤에 です가 붙은 형태라서 정중한 말투가 아니에요. 즉 격식 차린 말투와 편한 말투가 섞인 형태예요. ～ではないです, ～ではなかったです는 회화에서 잘 안 쓰는 표현이니 회화에서는 ～じゃありません, ～じゃありませんでした를 쓰세요! 매우 정중하게 격식 차려 말할 때는 ～ではありません, ～ではありませんでした를 쓰도록 하세요!

둘째마디

●

형용사 익히기
[な형용사 · い형용사]

일본어의 형용사에는 な형용사와 い형용사의 2가지가 있어요. 명사를 수식할 때 〈〜な+명사〉의 형태가 되는 것이 な형용사이고, 〈〜い+명사〉의 형태가 되는 것이 い형용사예요.

な형용사의 보통체형

강의 및 예문듣기

> 有名な 人(유명한 사람)처럼 〈～な+명사〉의 형태가 되는 형용사를 'な형용사'라고 불러요. な형용사는 주로 한국어에서 '～하다'가 붙는 형용사들로, 활용이 명사랑 똑같은 경우가 많아요!

ゆうめい[有名] / ひと[人]

🎧 03-1.mp3

1단계
핵심문법 익히기

❶ ～な ～한

な형용사가 명사를 수식할 때는 명사 앞에 〈～な〉의 형태로 붙게 돼요. 이 책에서는 な형용사를 〈～な〉의 형태로 소개하지만, な형용사를 사전에서 찾아볼 때는 な가 없는 형태로 찾아야 해요.

| な형용사(～な) (～한) | + | 명사 |

親切な[しんせつな]
친절한
人[ひと] 사람
ソフトな 부드러운

親切な人だ。　　　　　　　　　　　　　　　친절한 사람이다.

ソフトなイメージじゃない。　　　　　　　부드러운 이미지가 아니야.

>> な형용사는 な를 빼면 명사가 되는 것들이 대부분이에요. 그리고 ソフトな(소프트한)와 같이 외래어나 한자어가 형용사가 되는 경우에 な형용사가 돼요.

📝 **맛보기연습**　주어진 두 단어를 써서 '～한 ～이다'라는 문장을 만들어 보세요.　　　(정답은 584쪽에)

元気な[げんきな]
활기 넘치는
子ども[こども] 아이
きれいな 깨끗한
水[みず] 물
熱心な[ねっしんな]
열성적인
生徒[せいと]
학생(초·중·고)

元気, 子ども ▶ _____

きれい, 水 ▶ _____

熱心, 生徒 ▶ _____

>> 子ども[こども](아이)는 한자 子供로 표기하는 경우도 많아요.

>> 学生[がくせい](학생)는 '대학생'을 뜻하는 말이에요. 초·중·고등학생 및 학원 등의 학교가 아닌 교육기관에 다니는 '학생'은 生徒[せいと]라고 해요.

❷ **~だ** **~하다**

'~하다'라고 할 때는 명사와 마찬가지로 な형용사 뒤에 だ만 붙이면 돼요. 이때 な 형용사의 꼬리 な는 빼야 해요.

簡単な[かんたんな]
쉬운, 간단한
私[わたし] 나, 저
妹[いもうと]
여동생(높임×)
まじめな 성실한

ひらがなは簡単だ。   히라가나는 쉽다.

私の妹はまじめだ。   우리(나의) 여동생은 성실하다.

> ≫ まじめな(성실한)는 한자 真面目な로 쓰는데, 히라가나로 쓰는 경우도 많아요. まじめな는 '따분한'이라는 부정적인 뜻으로 쓰기도 해요.

📖 **맛보기 연습**　주어진 두 단어를 써서 '~는 ~하다'라는 문장을 만들어 보세요.　　(정답은 584쪽에)

問題[もんだい] 문제
複雑な[ふくざつな]
복잡한
家族[かぞく] 가족
大切な[たいせつな]
소중한
ご飯[ごはん] 밥
量[りょう] 양
十分な[じゅうぶんな]
충분한

その問題, 複雑な ▶ _____

家族, 大切な ▶ _____

ご飯の量, 十分な ▶ _____

> ≫ 朝ごはん[あさごはん](아침밥)이라고 할 때는 ごはん을 히라가나로 썼는데, 여기에서는 한자 ご飯(밥)으로 썼죠? ごはん, ご飯, 御飯의 3가지 표기가 가능해요.

❸ **~(な 삭제)。** **~해.**

な형용사를 현재형으로 '~해'라고 할 때는 아무것도 붙이지 않고 꼬리 な만 빼면 돼요.

きれいな 예쁜
椅子[いす] 의자
楽な[らくな] 편한

そのデザインはきれい。   그 디자인은 예뻐.

この椅子は楽。   이 의자는 편해.

> ≫ '예쁘다'와 '귀엽다'는 주로 かわいい라고 하고, '아름답다'와 '(아름다울 정도로)예쁘다'는 きれい라고 해요.

仕事[しごと] 일(직업)
暇な[ひまな] 한가한
隣[となり] 옆집, 옆
男の子[おとこのこ] 남자 아이
乱暴な[らんぼうな] 난폭한
田舎[いなか] 시골
不便な[ふべんな] 불편한

(정답은 584쪽에)

맛보기 연습　주어진 두 단어를 써서 '～는 ～해'라는 문장을 만들어 보세요.

その仕事, 暇な ▶ _____

隣の男の子, 乱暴な ▶ _____

田舎, 不便な ▶ _____

❹ ～じゃない/ではない ~하지 않아/않다

な형용사의 부정형도 꼬리 な를 빼고 じゃない/ではない를 붙이면 돼요. 명사와 마찬가지로 ～じゃない는 구어체이고 ～ではない는 보통 문장에서 쓰는 딱딱한 표현이에요.

店[みせ] 가게
有名な[ゆうめいな] 유명한
必要な[ひつような] 필요한

その店は有名じゃない。　　　　　　　　그 가게는 유명하지 않아.

パスポートは必要ではない。　　　　　　여권은 필요하지 않다.

≫ '가게'를 店[みせ]라고만 말하면 약간 거친 말이 돼요. 정중하게 말할 때는 앞에 お를 붙여서 お店[おみせ]라고 하는 것이 좋아요.

≫ 일상회화에서는 '여권'을 パスポート라고 해요. 旅券[りょけん]이라는 한자어도 있는데, 이는 서류나 공항 표지판 등에서 쓰고 회화에서는 잘 안 써요.

맛보기 연습　주어진 두 단어를 써서 '～는 ～하지 않아/않다'라는 문장을 만들어 보세요. (정답은 584쪽에)

傘[かさ] 우산
丈夫な[じょうぶな] 튼튼한
服[ふく] 옷
変な[へんな] 이상한
静かな[しずかな] 조용한

この傘, 丈夫な

▶ _____

その服, 変な

▶ _____

ここ, 静かな

▶ _____

⑤ **～だった** **~했어/했다**

な형용사의 과거형도 명사와 마찬가지로 꼬리 な를 빼고 だった를 붙이면 돼요.

荷物[にもつ] 짐
邪魔な[じゃまな]
거추장스러운
怪我[けが] 상처
大丈夫な[だいじょうぶ
な] 괜찮은

その荷物は邪魔だった。　　　　　　　　　　　그 짐은 거추장스러웠어.

怪我は大丈夫だった。　　　　　　　　　　　상처는 괜찮았다.

맛보기 연습　주어진 두 단어를 써서 '~는 ~했어/했다'라는 문장을 만들어 보세요.　　(정답은 584쪽에)

お祭り, にぎやかな

▶ _____

お祭り[おまつり] 축제
にぎやかな
번화한, 활기찬
夜[よる] 밤
外出[がいしゅつ] 외출
危険な[きけんな]
위험한
パーティー 파티
食事[しょくじ] 식사
豪華な[ごうかな]
호화로운

夜の外出, 危険な

▶ _____

パーティーの食事, 豪華な

▶ _____

》 お祭り[おまつり](축제)는 お 없이 祭り[まつり]라고도 할 수 있는데, お를 붙이는 경우가 더 많아요. お를 명사 앞에 붙이면 명사를 정중한 말로 만들어줘요. '~축제'와 같이 '축제' 앞에 다른 말이 붙는 경우는 お 없이 써요.

》 にぎやかな(번화한, 활기찬)는 한자 賑やかな로 써요. 부정적인 뜻이 아닌 긍정적인 뜻이에요.

⑥ **～じゃなかった/ではなかった** **~하지 않았어/않았다**

な형용사의 과거 부정형도 명사와 마찬가지로 꼬리 な를 빼고 じゃなかった/ではなかった를 붙이면 돼요.

弟[おとうと]
남동생(높임×)

一生懸命な[いっしょうけんめいな] 열성적인

便利な[べんりな]
편리한

弟は一生懸命じゃなかった。　　　　남동생은 열성적이지 않았어.

そのホテルは便利ではなかった。　　　그 호텔은 편리하지 않았다.

맛보기 연습　주어진 두 단어를 써서 '~는 ~하지 않았어/않았다'라는 문장을 만들어 보세요.

(정답은 584쪽에)

国[くに] 나라

安全な[あんぜんな]
안전한

旅行[りょこう] 여행

準備[じゅんび] 준비

大変な[たいへんな]
힘든

先生[せんせい] 선생님

立派な[りっぱな]
훌륭한

その国, 安全な

▶ _____

旅行の準備, 大変な

▶ _____

その先生, 立派な

▶ _____

1 な형용사의 명사 수식

〈な형용사(~な)+명사〉

2 な형용사의 보통체형 활용

	긍정	부정
현재	~だ ~하다	~じゃない, ~ではない ~하지 않아/않다
과거	~だった ~했어/했다	~じゃなかった, ~ではなかった ~하지 않았어/않았다

1 다음 표를 일본어로 완성해 보세요.

	~하다	~하지 않다	~했다	~하지 않았다
きれいな				
大切な				

2 다음 문장을 일본어로 만들어 보세요.

(1) 친절한 사람이다.

✎ ---

(2) 히라가나는 쉽다.

✎ ---

(3) 이 의자는 편해.

✎ ---

(4) 그 가게는 유명하지 않아.

✎ ---

(5) 상처는 괜찮았다.

✎ ---

(6) 그 호텔은 편리하지 않았다.

✎ ---

(7) 여기는 조용하지 않다.

✎ ---

(8) 여행 준비는 힘들지 않았어.

✎ ---

03-2.mp3

私の家は田舎の静かな所にある。空気もきれいだし、景色もきれいだ。でも、近くにスーパーも病院もない。バスも1時間に1本しかない。とても不便な所だ。若い時は車が運転できたから大丈夫だったが、今は車も運転できないから大変だ。もっと便利な所に家を買えばよかった。

{단어}

私[わたし] 나, 저 | 家[いえ] 집 | 田舎[いなか] 시골 | 所[ところ] 곳 | 空気[くうき] 공기 | 景色[けしき] 경치 | 近く[ちかく] 근처 | スーパー 슈퍼 | 病院[びょういん] 병원 | 1時間[いちじかん] 1시간 | 1本[いっぽん] 한 대(운행 편수), 한 자루 | 若い[わかい] 젊다 | 時[とき] 때 | 車[くるま] 차 | 運転[うんてん] 운전 | できる② 할 수 있다 | 今[いま] 지금 | 買う[かう]① 사다

우리(나의) 집은 시골의 조용한 곳에 있다. 공기도 깨끗하고 경치도 아름답다. 그렇지만 근처에 슈퍼도 병원도 없다. 버스도 1시간에 한 대밖에 없다. 매우 불편한 곳이다. 젊을 때는 차를 운전할 수 있었기 때문에 괜찮았지만, 지금은 차도 운전할 수 없어서 힘들다. 더 편리한 곳에 집을 살 걸 그랬다.

 '불편하다'와 不便[ふべん], 쓰임이 약간 달라요!

일본어 不便[ふべん]な(불편한)는 한국어 '불편한'과는 쓰임이 다른 점이 있어요. 어떤 물건을 사용하는데 있어서 편하지 않을 때 쓴다는 점은 똑같아요. 그런데 한국어 '불편하다'는 몸이나 마음이 불편할 때도 쓰죠? 일본어 不便な에는 이런 쓰임이 없어요. 그래서 '몸이 불편하다'거나 누군가를 만나는 것이 '마음이 불편하다'와 같은 의미에는 不便な를 쓸 수 없어요. 일본어 不便な는 便利[べんり]な(편리한)의 반대말이라서 '편리하다'로 해석할 수 있는 문장에서는 不便な를 쓸 수 있어요. '몸이 편리하다', '그 사람은 만나기가 편리하다'라는 말은 하지 못하죠? 이럴 땐 不便な를 쓰지 못하는 거예요.

가족 및 친척의 호칭

일본어는 '친가'를 父方(아버지 쪽)라고 하고 '외가'를 母方(어머니 쪽)라고 하는데, 친척들의 호칭은 친가와 외가의 구별 없이 똑같아요. 그런데 경어 때문에 높이는 호칭, 높이지 않는 호칭, 직접 부르는 호칭이 각각 있어요.

예를 들어 '우리(나의) 할머니'에 대해 남들에게 말할 때는 높이지 않는 호칭인 祖母를 쓰고, '남의 할머니'에 대해 말할 때는 높이는 호칭인 おばあさん을 써요. 직접 '할머니!'하고 친근감 있게 부를 때는 직접 부르는 호칭인 おばあちゃん을 써요.

뜻	높이는 호칭	높이지 않는 호칭	직접 부르는 호칭
어머니	お母さん, お母様	母	お母さん, ママ
아버지	お父さん, お父様	父	お父さん, パパ
누나, 언니	お姉さん, お姉様	姉	お姉ちゃん
오빠, 형	お兄さん, お兄様	兄	お兄ちゃん
여동생	妹さん	妹	이름, 애칭
남동생	弟さん	弟	이름, 애칭
할머니	おばあさん, おばあ様	祖母	おばあちゃん
할아버지	おじいさん, おじい様	祖父	おじいちゃん
아내, 부인	奥さん, 奥様	妻, 家内	이름, 애칭
남편, 부군	ご主人	主人, 夫	あなた 이름, 애칭
딸, 따님	娘さん お嬢さん, お嬢様 ご息女, ご令嬢	娘	이름, 애칭
아들, 아드님	息子さん ご子息, お坊ちゃん	息子	이름, 애칭

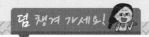

고모, 이모 등 부모의 자매 및 큰어머니, 외숙모 등 부모의 형제의 배우자	おばさん, おば様	おば	おばちゃん
큰아버지, 외삼촌 등 부모의 형제 및 고모부, 이모부 등 부모의 자매의 배우자	おじさん, おじ様	おじ	おじちゃん
사촌	いとこさん, おいとこさん	いとこ	이름, 애칭
손자, 손녀	お孫さん	孫	이름, 애칭
조카딸	姪御さん	姪	이름, 애칭
조카(남자)	甥御さん	甥	이름, 애칭

» ママ(엄마), パパ(아빠)라는 말은 한국어의 '엄마', '아빠'와는 달리 성인이 되면 거의 안 쓰는 말이에요. 성인 중에도 쓰는 사람이 간혹 있긴 하지만, 보통은 어린 아이들이 쓰는 말이에요.

» '따님'이라고 할 때 일상적으로는 娘さん[むすめさん]이나 お嬢さん[おじょうさん]을 많이 써요. 이 둘 중에서는 お嬢さん이 높이는 느낌이 있고, お嬢さん보다 높이는 말이 お嬢様[おじょうさま]예요. ご息女[ごそくじょ]와 ご令嬢[ごれいじょう]는 매우 격식 차린 말이라서 그리 많이 쓰지 않아요.

» '아드님'이라고 할 때 일상적으로는 息子さん[むすこさん]을 가장 많이 써요. ご子息[ごしそく]는 매우 격식 차린 말이라서 편지 등에서 써요. お坊ちゃん[おぼっちゃん]도 쓰지만 息子さん보다는 '아드님'의 나이가 어린 느낌이 드는 말이에요.

04 な형용사의 정중체형

강의 및 예문듣기

> な형용사의 정중체형(존대말)도 명사와 똑같이 활용되니 어렵지 않을 거예요! 명사를 수식할 때만 꼬리 な가 붙고 활용을 시킬 때는 꼬리 な를 뺀다는 것을 잊지 마세요!

04-1.mp3

1단계
핵심문법 익히기

① ～な ～한

な형용사가 명사를 수식할 때는 정중체형에서도 보통체형과 마찬가지로 명사 앞에 〈～な〉의 형태로 붙게 돼요. 정중체형인지 보통체형인지는 서술어 부분에서 정해져요.

> な형용사(～な)
> (～한)
> ＋
> 명사

真っ赤な[まっかな]
새빨간

うそ 거짓말

適当な[てきとうな]
적절한, 적당한

答え[こたえ] 답

選ぶ[えらぶ]① 고르다

それは真っ赤なうそでした。　　　　그것은 새빨간 거짓말이었어요.

適当な答えを選んでください。　　　적절한 답을 고르세요.

>> 適当な[てきとうな]는 '적절한'이라는 뜻 외에 '대충' 하는 것을 나타내기도 해요. 適当なことを言[い]った라고 하면 '대충/엉터리로 말했다'라는 뜻이에요. 어떤 뜻으로 쓰였는지는 문맥을 통해 판단해야 해요!

맛보기 연습　주어진 두 단어를 써서 '～한 ～이에요/입니다'라는 문장을 만들어 보세요.　(정답은 585쪽에)

新鮮な[しんせんな]
신선한

魚[さかな] 생선, 물고기

残念な[ざんねんな]
아쉬운

結果[けっか] 결과

特別な[とくべつな]
특별한

日[ひ] 날

新鮮, 魚

▶ _____

残念, 結果

▶ _____

特別, 日

▶ _____

>> 일본어에서는 '생선'과 '물고기'를 구별하지 않고 둘 다 魚[さかな]라고 해요.

❷ ～です ~해요/합니다

な형용사의 꼬리 な를 빼고 です를 붙이면 '~해요/합니다'라는 뜻이 돼요. な는 명
사를 수식할 때 쓰는 꼬리라고 생각하세요!

命は大事です。　　　　　　　　　　　　　　　　　　　생명은 중요해요.

テイクアウトも可能です。　　　　　　　　　　　　　테이크아웃도 가능합니다.

> 命[いのち] 생명
> 大事な[だいじな]
> 중요한, 소중한
> 可能な[かのうな]
> 가능한

 맛보기 연습　　주어진 두 단어를 써서 '~는 ~해요/합니다'라는 문장을 만들어 보세요.　　(정답은 585쪽에)

その画家の絵, 素敵な ▶ _____

自然, 不思議な ▶ _____

私, 幸せな ▶ _____

> 画家[がか] 화가
> 絵[え] 그림
> 素敵な[すてきな] 멋진
> 自然[しぜん] 자연
> 不思議な[ふしぎな]
> 신기한
> 私[わたし] 저, 나
> 幸せな[しあわせな]
> 행복한

❸ ～じゃありません/ではありません ~하지 않아요/않습니다

な형용사의 꼬리 な를 빼고 じゃありません/ではありません을 붙이면 '~하지 않
아요/않습니다'라는 뜻이 돼요.

私はそんなに優秀じゃありません。　　　　　　　　저는 그렇게 우수하지 않아요.

私の祖父はあまり健康ではありません。

저희(저의) 할아버지는 별로 건강하지 않습니다.

> 優秀な[ゆうしゅうな]
> 우수한
> 祖父[そふ]
> 할아버지(높임×)
> 健康な[けんこうな]
> 건강한

» 祖父[そふ](할아버지)는 높이지 않는 호칭으로, 높이는 호칭은 おじいさん이에요. 손주가 '할아버지'라고 직접 부
　를 때는 보통 おじいちゃん이라고 불러요. 가족의 호칭에 대해서는 045쪽을 보세요.

» な형용사는 명사로 쓰는 것들도 많아요. 健康な[けんこうな](건강한)도 健康(건강)이라는 명사로도 써요.

（정답은 585쪽에）

祖母[そぼ]
할머니(높임×)
不幸な[ふこうな]
불행한
失敗[しっぱい] 실패
無駄な[むだな] 헛된
彼女[かのじょ]
여자친구
派手な[はでな]
화려한(부정적인 느낌)

맛보기 연습   주어진 두 단어를 써서 '~는 ~하지 않아요/않습니다'라는 문장을 만들어 보세요.

祖母, 不幸な ▶ _____

失敗, 無駄な ▶ _____

彼女, 派手な ▶ _____

》 祖母[そぼ](할머니)는 높이지 않는 호칭으로, 높이는 호칭은 おばあさん이 돼요. 손주가 '할머니'라고 직접 부를 때는 보통 おばあちゃん이라고 불러요. 가족의 호칭에 대해서는 045쪽을 보세요.

》 彼女[かのじょ]는 사전적으로는 '그녀'라는 뜻인데, 일상적으로는 주로 '여자친구'라는 뜻으로 써요.

❹ ～でした ~했어요/했습니다

な형용사의 な를 빼고 でした를 붙이면 '~했어요/했습니다'라는 뜻이 돼요.

健康な(건강한) + でした(~했습니다) ⇨ 健康でした(건강했습니다)

昼ごはん[ひるごはん]
점심밥
満足な[まんぞくな]
만족스러운
犬[いぬ] 개

昼ごはんは満足でした。   점심은 만족스러웠어요.

その犬はかわいそうでした。   그 개는 불쌍했습니다.

》 かわいそうな(불쌍한)는 한자로 可哀相な 혹은 可哀想な로 표기해요.

맛보기 연습   주어진 두 단어를 써서 '~는 ~했어요/했습니다'라는 문장을 만들어 보세요. (정답은 585쪽에)

メール 메일
迷惑な[めいわくな]
성가신
教授[きょうじゅ] 교수
来韓[らいかん] 내한
急な[きゅうな]
갑작스러운
人質[ひとじち] 인질
無事な[ぶじな] 무사한

そのメール, 迷惑な

▶ _____

教授の来韓, 急な

▶ _____

人質, 無事な

▶ _____

》 '스팸 메일'은 迷惑メール[めいわく メール]라고 하는데, スパムメール라고도 해요.

》 教授[きょうじゅ]는 '교수'라는 뜻으로 '교수님'이라는 높이는 말이 아니에요. 일본에서는 '교수님'으로 불러야 하는 경우에도 보통 先生[せんせい](선생님)로 불러요. 그래서 '○○교수님'이라고 쓸 때는 일본어로 〈○○先生〉라고 쓰세요.

⑤ 〜じゃありませんでした/ではありませんでした
〜하지 않았어요/않았습니다

な형용사의 꼬리 な를 빼고 じゃありませんでした/ではありませんでした를 붙이면 '〜하지 않았어요/않았습니다'라는 뜻이 돼요.

無事な
(무사한)

＋

じゃありませんでした
ではありませんでした
(〜하지 않았습니다)

⇨

無事じゃありませんでした
無事ではありませんでした
(무사하지 않았습니다)

彼[かれ] 그
前[まえ] 전
会社[かいしゃ] 회사
嫌な[いやな] 싫은

彼はバカじゃありませんでした。　　　그는 어리석지 않았어요.

前の会社は嫌ではありませんでした。　이전(의) 회사는 싫지 않았습니다.

» 彼[かれ]는 사전적으로는 '그'라는 뜻인데, 일상적으로는 주로 '남자친구'의 뜻으로 써요. '남자친구'는 彼氏[かれし]라고도 해요.

» バカな(어리석은, 바보 같은)는 한자로 쓰면 馬鹿な인데, 한자나 히라가나보다 가타카나로 쓰는 경우가 더 많아요. バカ는 '바보'라는 뜻이 돼요.

맛보기연습　주어진 두 단어를 써서 '〜는 〜하지 않았어요/않았습니다'라는 문장을 만들어 보세요.

(정답은 585쪽에)

友達[ともだち] 친구
奥さん[おくさん] 부인
器用な[きような]
(손)재주가 있는
おじ 큰아버지(높임×)
意地悪な[いじわるな]
심술궂은
おば 큰어머니(높임×)
わがままな
제멋대로 구는

友達の奥さん, 器用な

▶ _____

おじ, 意地悪な ▶ _____

おば, わがままな ▶ _____

» おじ(큰아버지), おば(큰어머니) 등 가족의 호칭에 대해서는 045쪽을 보세요.

» 한국에서는 가족 관계가 아닌 사람에게도 '제수', '형수'라는 말을 하죠? 일본에서는 '누구누구의' 奥さん[おくさん](부인)이라고 말해요.

포인트 정리

な형용사의 정중체형 활용

	긍정	부정
현재	〜です 〜해요/합니다	〜じゃありません, 〜ではありません 〜하지 않아요/않습니다
과거	〜でした 〜했어요/했습니다	〜じゃありませんでした, 〜ではありませんでした 〜하지 않았어요/않았습니다

1 다음 표를 일본어로 완성해 보세요.

	~합니다	~하지 않습니다	~했습니다	~하지 않았습니다
かわいそうな				
嫌な				

2 다음 문장을 일본어로 만들어 보세요.

(1) 그것은 새빨간 거짓말이었어요.

✏ _____

(2) 테이크아웃도 가능합니다.

✏ _____

(3) 저희 할아버지는 별로 건강하지 않습니다.

✏ _____

(4) 점심은 만족스러웠어요.

✏ _____

(5) 그는 어리석지 않았어요.

✏ _____

(6) 교수의 내한은 갑작스러웠어요.

✏ _____

(7) 큰어머니는 자기 마음대로 하는 성격이 아니었습니다.

✏ _____

(8) 저는 행복해요.

✏ _____

今年は特別な年でした。私は高校のサッカーチームのマネージャーです。今年の全国大会で、私の高校のチームが決勝まで残りました。みんなで一生懸命応援をしましたが、結局負けました。とても残念でした。でも、みんな頑張ったので、残念な結果でも満足です。結果よりも頑張る過程が大事だと思います。

【단어】

今年[ことし] 올해 | 年[とし] 해 | 高校[こうこう] 고등학교 | サッカーチーム 축구팀 | マネージャー 매니저 | 全国[ぜんこく] 전국 | 大会[たいかい] 대회 | 決勝[けっしょう] 결승 | 残る[のこる]① 남다 | 一生懸命[いっしょうけんめい] 열심히 | 応援[おうえん] 응원 | 結局[けっきょく] 결국 | 負ける[まける]② 지다 | 頑張る[がんばる]① 열심히 하다 | 結果[けっか] 결과 | 過程[かてい] 과정 | 思う[おもう]① 생각하다

》 '열심히'는 一生懸命[いっしょうけんめい]라고 하면 돼요. 조사 に를 붙여서 一生懸命に라고도 하지만, に 없이 쓰는 경우가 더 많아요. 熱心に[ねっしんに]라는 단어는 잘 안 써요.

올해는 특별한 해였습니다. 저는 고등학교 축구팀의 매니저입니다. 올해의 전국대회에서 우리 고등학교 팀이 결승까지 남았습니다. 모두 함께 열심히 응원했지만, 결국 졌습니다. 아주 아쉬웠습니다. 그렇지만 모두 열심히 했기에 아쉬운 결과라도 만족스럽습니다. 결과보다도 열심히 하는 과정이 중요하다고 생각합니다.

大切[たいせつ]な・大事[だいじ]な・重要[じゅうよう]な 모두 '중요한'이라고?!

'소중한', '중요한'이라는 뜻의 大切[たいせつ]な와 大事[だいじ]な라는 두 단어가 나왔죠? 이 외에도 '중요한'이라는 뜻을 가진 단어로 重要[じゅうよう]な도 있어요. 이 세 단어는 뉘앙스가 약간씩 달라요. 重要な는 사회적인 역할이 무거운 것, 객관적인 필요성이 높은 것을 나타내지만, 大切な와 大事な는 주관성이 강해요. 즉 자신이 생각하기에 중요한 것으로, 어떤 사회적인 역할이 있는 것이 아닌 것이죠. 大切な와 大事な의 차이는 大切な가 사랑이나 애정, 마음이 듬뿍 들어 있지만, 大事な는 그런 감정의 개입이 없어요. 예를 들어 重要な人는 '중요 인물', 즉 어떤 사건의 해결에 필요한 사람 등 사회적인 역할이 큰 사람을 나타내고, 大事な人는 자신이 생각하기에 객관적인 중요성을 지닌 사람을 나타내고, 大切な人는 자신에게 소중한 사람, 자신이 애정을 느끼고 아끼는 사람을 나타내요. 그래서 한국어로 해석할 때 大切な는 '소중한', 重要な는 '중요한', 大事な는 그 중간이라 문맥에 따라 '소중한'이나 '중요한' 중에서 골라서 쓰면 돼요.

'남편'과 '아내'를 뜻하는 말들

主人(남편)과 妻(아내)는 자기 배우자에 대해 남에게 말할 때 쓰는 높이지 않는 말이에요. '내 남편'을 뜻하는 말로 主人과 함께 흔히 쓰는 말에는 旦那와 夫가 있어요. 主人은 '남편' 외에 '주인'이라는 뜻도 있어서 이 말을 싫어하는 사람도 있어요!

남편		
しゅじん 主人	だんな 旦那	おっと 夫

원래는 旦那가 가장 높이는 호칭이었다고 하는데, 현재는 그런 느낌은 완전히 사라지고 오히려 가벼운 인상을 주니까 편한 상대나 친한 사람들에게 쓰는 말로 알아두는 것이 좋아요! 친구에게 남편의 흉을 볼 때 うちの旦那が～(우리 남편이～)와 같은 말투를 써요.

夫와 妻는 서로 짝이 되는 말인데, 이 두 단어는 높이고 낮추고가 없는 '평등한' 관계를 나타내는 말이라고 할 수 있어요.

아내		
つま 妻	かない 家内	よめ 嫁

'내 아내'를 뜻하는 말로 妻와 함께 흔히 쓰는 말에 家内와 嫁가 있어요. 家内는 나이 많은 사람들이 쓰는 경향이 있고 젊은 사람들은 잘 안 써요. 嫁는 사실 '며느리'라는 뜻이라서 남편이 아내를 이렇게 부르는 것은 잘못된 표현이라고 지적하는 사람도 있어요. 妻를 쓰는 것이 가장 무난할 것 같아요!

05 쓰임이 어려운 な형용사

강의 및 예문듣기

여기에서는 쓰임이 어려운 な형용사들을 정리할게요! な형용사 중에서 好きな(좋아하는), 嫌いな(싫어하는), 上手な(잘하는), 下手な(잘 못하는), 得意な(잘하는), 苦手な(잘 못하는)는 틀리기 쉬워요!

🎧 05-1.mp3

❶ ～が～だ ~를 ~하다
　～が～(な삭제) ~를 ~해
　～が～です ~를 ~해요/합니다

な형용사들 중에서 好きな(좋아하는), 嫌いな(싫어하는), 上手な(잘하는), 下手な(잘 못하는), 得意な(잘하는), 苦手な(잘 못하는)는 한국어에서는 동사라서 조사를 '~을/를'로 쓰지만, 일본어에서는 형용사라서 조사 が(~이/가)를 써요.

私[わたし] 나, 저
果物[くだもの] 과일
好きな[すきな] 좋아하는
日本語[にほんご] 일본어
上手な[じょうずな]
잘하는
妹[いもうと]
여동생(높임×)
得意な[とくいな] 잘하는

私は果物が好きだ。	나는 과일을 좋아한다.
キムさんは日本語が上手。	김 씨는 일본어를 잘해.
妹はピアノが得意です。	여동생은 피아노를 잘 칩니다.

≫ 한국에서는 '김 씨'처럼 성 뒤에 '씨'를 붙여서 부르지 않죠? 일본에서는 성 뒤에 さん(씨)을 붙여서 부르는 경우가 많아요. 덜 친한 사람은 성 뒤에 さん을, 조금 친한 사람은 이름 뒤에 さん을 붙여서 불러요.

📖 맛보기 연습　주어진 세 단어를 써서 보통체형인 '~는 ~를 ~하다'와 '~는 ~를 ~해', 정중체형인 '~는 ~를 ~해요/합니다'라는 3가지 문장을 만들어 보세요.　　(정답은 586쪽에)

僕[ぼく] 나(남자)
野菜[やさい] 채소
嫌いな[きらいな]
싫어하는
俺[おれ]
나(남자, 거친 말투)
英語[えいご] 영어
下手な[へたな] 잘 못하는

僕, 野菜, 嫌いな ▶ _____
　　　　　　 ▶ _____
　　　　　　 ▶ _____

俺, 英語, 下手な ▶ _____
　　　　　　 ▶ _____
　　　　　　 ▶ _____

❷ ～が～じゃない/ではない
～를 ~하지 않아/않다
～が～じゃありません/ではありません
～를 ~하지 않아요/않습니다

な형용사의 부정형을 나타낼 때, 보통체형은 ～じゃない/ではない이고 정중체형은 ～じゃありません/ではありません이에요. 이때도 조사 が(～이/가)를 써요.

部長[ぶちょう] 부장(님)
歌[うた] 노래
数学[すうがく] 수학
苦手な[にがてな] 잘 못하는

部長は歌があまり得意じゃない。　　　　　부장님은 노래를 별로 잘하지 못한다.

私は数学が苦手ではありません。　　　　　저는 수학을 못하지 않습니다.

≫ 部長[ぶちょう]は歌[うた]があまり得意[とくい]じゃない에 쓰인 得意な(잘하는)에는 '잘할 수 있다'라는 '가능', '능력'의 뜻이 있어서 부정형은 '잘하지 못하다'로 해석해요.

≫ 部長[ぶちょう]는 직역하면 '부장'인데 '부장님'이라는 뜻으로도 써요. 部長 뒤에 다른 말을 붙여서 쓰지 마세요!

┌ 맛보기 연습　주어진 세 단어를 써서 보통체형인 '~는 ~를 ~하지 않아/않다'와 정중체형인 '~는 ~를 ~하지 않아요/않습니다'라는 2가지 문장을 만들어 보세요.　　　　(정답은 586쪽에)

お菓子[おかし] 과자
お酒[おさけ] 술

私, お菓子, 好きな ▶

　　　　　　　　▶

僕, お酒, 嫌いな ▶

　　　　　　　　▶

≫ お菓子[おかし](과자)와 お酒[おさけ](술)에 쓰인 お는 명사 앞에 붙여서 명사를 정중하게 만들어 주는데, お菓子와 お酒는 お를 빼면 거친 말투가 돼요. 단어에 따라 다르니 유의하세요! お에 대해서는 349쪽을 보세요.

❸ ～が～だった ~를 ~했어/했다
～が～でした ~를 ~했어요/했습니다

な형용사의 과거형을 나타낼 때, 보통체형은 ～だった이고 정중체형은 ～でした예요. 이때 꼬리 な는 빼야 해요.

息子[むすこ] 아들(높임×)
字[じ] 글씨
娘[むすめ] 딸(높임×)
漢字[かんじ] 한자

息子は字が下手だった。　　　　　　　　아들은 글씨를 잘 못 썼어.

娘は漢字が苦手でした。　　　　　　　　딸은 한자를 잘 못했어요.

주어진 세 단어를 써서 보통체형인 '〜는 〜를 〜했어/했다'와 정중체형인 '〜는 〜를 〜했어요/했습니다'라는 2가지 문장을 만들어 보세요.　　　　(정답은 587쪽에)

隣[となり] 옆집, 옆
お姉さん[おねえさん]
언니(높임○)
ダンス 댄스, 춤
上手な[じょうずな]
잘하는
弟[おとうと]
남동생(높임×)
水泳[すいえい] 수영
得意な[とくいな] 잘하는

隣のお姉さん, ダンス, 上手な

▶ _____

▶ _____

弟, 水泳, 得意な

▶ _____

▶ _____

≫ 隣の[となりの]〜는 '옆집 〜'이라는 뜻이 될 수도 있고 '옆의 〜(앉아 있는 자리 등)'라는 뜻이 될 수도 있어요.

---

④ 　〜が〜じゃなかった/ではなかった
　　~를 ~하지 않았어/않았다
　　〜が〜じゃありませんでした/ではありませんでした
　　~를 ~하지 않았어요/않았습니다

な형용사의 과거 부정형을 나타낼 때, 보통체형은 〜じゃなかった/ではなかった이고 정중체형은 〜じゃありませんでした/ではありませんでした예요.

僕[ぼく] 나(남자)
運動[うんどう] 운동
嫌いな[きらいな]
싫어하는
店員[てんいん] 점원
説明[せつめい] 설명
下手な[へたな]
잘 못하는

僕は運動が嫌いではなかった。　　　　나는 운동을 싫어하지 않았다.

その店員は説明が下手じゃありませんでした。
　　　　　　　　　　　　　　　　그 점원은 설명을 못하지 않았어요.

≫ '점원'을 店員[てんいん]이라고만 하면 매우 거친 말투라서 불평이나 욕을 한다는 느낌이 있어요. 〜さん(〜씨)을 붙여서 店員さん이라고 하는 것이 좋아요.

주어진 세 단어를 써서 보통체형인 '〜는 〜를 〜하지 않았어/않았다'와 정중체형인 '〜는 〜를 〜하지 않았어요/않았습니다'라는 2가지 문장을 만들어 보세요.　　(정답은 587쪽에)

スポーツ 스포츠
安藤[あんどう] (성씨)
中国語[ちゅうごくご]
중국어
苦手な[にがてな]
잘 못하는

私, スポーツ, 得意な

▶ _____

▶ _____

安藤さん, 中国語, 苦手な

▶ _____

▶ _____

⑤ [예외] 同じ~ 같은 ~

な형용사 중에서 同じ는 예외적인 활용을 해요. 명사를 수식할 때 꼬리 な가 붙지 않고 同じ 뒤에 바로 명사가 와요. 그 외의 활용은 다른 な형용사들과 똑같아요.

友達[ともだち] 친구
同じ[おなじ] 같은
クラス 클래스, 반

友達と同じクラスだった。	친구와 같은 반이었다.
これとこれは同じじゃありません。	이것과 이것은 같지 않습니다.

맛보기 연습 주어진 단어를 써서 일본어 문장을 만들어 보세요. (정답은 587쪽에)

英語[えいご] 영어
日本語[にほんご] 일본어
あなた 당신
結果[けっか] 결과
サークル 동아리, 서클

영어의 'you'와 일본어의 'あなた'는 같지 않아/않다. 英語, 日本語, 同じ

▶ _____

결과는 같았습니다. 結果, 同じ

▶ _____

그 친구와 동아리가 같지 않았어. その友達, サークル, 同じ

▶ _____

쓰임이 어려운 な형용사

1 다음 な형용사들은 한국어에서는 동사라서 조사가 '~을/를'이지만, 일본어에서는 を가 아니라 が가 됨.

好きな 좋아하는	上手な 잘하는	得意な 잘하는
嫌いな 싫어하는	下手な 잘 못하는	苦手な 잘 못하는

2 同じ(같은)는 な형용사이지만, 예외적으로 명사를 수식할 때 〈同じ+명사〉의 형태가 됨.

1 다음 문장을 일본어로 만들어 보세요.

(1) 김 씨는 일본어를 잘해.

✎ _____

(2) 저는 수학을 못하지 않습니다.

✎ _____

(3) 아들은 글씨를 잘 못 썼어.

✎ _____

(4) 나는 운동을 싫어하지 않았다.
▷▷ 이 문장은 구어가 아니므로, 남자인 경우 '나'를 私[わたし], 僕[ぼく], 俺[おれ] 어떤 것으로 써도 돼요.

✎ _____

(5) 친구와 같은 반이었다.

✎ _____

(6) 저는 과자를 좋아하지 않아요.

✎ _____

(7) 옆집 언니는 춤을 잘 추었어요.

✎ _____

(8) 여동생은 피아노를 잘 칩니다.

✎ _____

(9) 그 친구와 동아리가 같지 않았어.

✎ _____

(10) 저는 스포츠를 잘하지 못했어요.

✎ _____

「好きこそものの上手なれ」ということわざがある。好きなことは一生懸命頑張るから上手になるという意味だ。でも、好きだけれど下手なもの、嫌いだけれど上手なものもあると思う。例えば、私は歌が下手だが、カラオケはとても好きだ。歌が下手だからよく一人でカラオケに行く。それから、嫌いだけれど得意なものは家事だ。長い間主婦だったから、家事は得意だ。しかし、家事は嫌いだ。できればしたくない。

{단어}

ことわざ 속담 | 一生懸命[いっしょうけんめい] 열심히 | 頑張る[がんばる]① 열심히 하다 | 意味[いみ] 의미 | 思う[おもう]① 생각하다 | 例えば[たとえば] 예를 들면 | 歌[うた] 노래 | カラオケ 가라오케, 노래방 | 一人で[ひとりで] 혼자서 | 行く[いく]① 가다 | 家事[かじ] 집안일 | 長い[ながい] 길다 | 間[あいだ] 사이 | 主婦[しゅふ] 주부

好きこそものの上手なれ(좋아함이야말로 일의 잘함이다)'라는 속담이 있다. 좋아하는 일은 열심히 하기 때문에 잘하게 된다는 뜻이다. 그렇지만 좋아하지만 잘 못하는 것, 싫어하지만 잘하는 것도 있다고 생각한다. 예를 들어 나는 노래를 잘 못하지만, 노래방은 무척 좋아한다. 노래를 잘 못 부르기 때문에 자주 혼자서 노래방에 간다. 그리고 싫어하지만 잘하는 것은 집안일이다. 오랫동안 주부였기 때문에 집안일은 잘한다. 그러나 집안일은 싫어한다. 되도록이면 하고 싶지 않다.

 '좋아하다/싫어하다'와 '좋다/싫다'의 차이

好きな(좋아하는)와 嫌いな(싫어하는)는 〈~が好きだ(~를 좋아하다)〉, 〈~が嫌いだ(~를 싫어하다)〉의 형태로 쓰기 때문에 조사를 틀리기 쉬워서 이번 과에서 따로 연습했죠? 그런데 이들을 '좋다', '싫다'로 해석하면 한국어도 형용사가 되기 때문에 이해하기가 쉬울 거예요.

私は日本語の勉強が好きだ。 나는 일본어 공부가 좋다.

그럼 왜 굳이 '좋아하다', '싫어하다'로 해석하냐면 그것이 더 정확한 해석이기 때문이에요. '좋다', '싫다'에서의 '싫다'는 嫌だ거든요. 嫌いだ와 바꿔 쓸 수 있는 경우도 있지만 그렇지 않은 경우도 있어요.

嫌いな는 好きな(좋아하는, 선호하는)의 반대말로 기호를 나타내요. 이에 비해 嫌な는 いい(좋다)의 반대말로 '불쾌하다', '하기 싫다(거부)'라는 뜻이에요. 예를 들어 これを貸してください(이것을 빌려 주세요)에 대한 대답은 嫌です(싫어요)가 되지 嫌いです(싫어해요)는 안 돼요. 기호를 물어보는 것이 아니기 때문이죠. 반대로 허락해 줄 때는 嫌な의 반대말인 いい를 써서 いいですよ(좋아요, 쓰세요)라고 하지 好きですよ(좋아해요, 선호해요)라고 하지 않아요. 嫌な를 써야 할지 嫌いな를 써야 할지 잘 모를 경우는 반대로 말할 때 いい를 쓰는지 好きな를 쓰는지를 생각해 보면 쉽게 구별할 수 있을 거예요.

上手_{じょうず}な와 得意_{とくい}な/下手_{へた}な와 苦手_{にがて}な의 차이

上手_{じょうず}な도 得意_{とくい}な도 한국어로는 똑같이 '잘하는'이라는 뜻인데, 上手な는 어떤 행위나 그 결과물에 대해 잘했다고 '객관적으로 판단, 평가하는 것'을 나타내고, 得意な는 '자신감', '좋아하는 마음'을 나타내요. 그래서 주어가 '나'인 경우는 上手な를 쓰지 마세요! '나' 자신에 대해서 '객관적으로 높은 평가를 내린다'는 것이 부자연스럽고 또 굉장히 거만해 보이거든요. '나'가 주어일 때는 得意_{とくい}だ(잘한다, 자신이 있다)를 쓰거나 好_すきだ(좋아한다)를 쓰세요!

> ✕ 私は料理_{りょうり}が上手です。
>
> ◯ 私は料理が得意です。 저는 요리를 잘합니다. [자신감 있음, 하기 좋아함]
>
> ◯ 私は料理が好きです。 저는 요리를 좋아합니다.

下手_{へた}な와 苦手_{にがて}な도 이와 마찬가지예요. 下手な는 '객관적인 판단, 평가'를 나타내고 苦手な는 '자신감이 없고 하기를 싫어한다'는 '주관적인 마음'을 나타내요. 그런데 이들은 '잘 못한다'라는 뜻이기 때문에 '나'에게 下手な를 쓰면 겸손한 표현이 되기 때문에 '나'가 주어인 경우에도 下手な를 쓸 수 있어요.

> ◯ 私は料理が下手です。 저는 요리를 잘 못합니다.
>
> ◯ 私は料理が苦手です。 저는 요리를 잘 못합니다. [자신감 없음, 하기 싫어함]

한국 사람들이 흔히 하는 실수 중의 하나가 '공부를 잘한다'라는 말에 上手_{じょうず}な를 쓴다는 점이에요. 上手な와 下手_{へた}な는 '운동, 요리, 그림, 악기 등 기술의 숙달'에 대해서만 사용해요. 그러니 '공부를 잘한다'라고 할 때는 上手な를 쓸 수 없고 できる(할 수 있다)를 써야 해요.

> ✕ その子は勉強_{べんきょう}が上手です。
>
> ◯ その子_こは勉強ができます。 그 아이는 공부를 잘합니다.

06 い형용사의 보통체형

강의 및 예문듣기

い형용사는 명사를 수식할 때 〈～い+명사〉의 형태로 쓰는 형용사예요. い형용사는 조금 활용이 복잡하니까 크게 소리 내어 많이 연습하세요!

🎧 06-1.mp3

1단계
핵심문법 익히기

① ～い ~한

い형용사가 명사를 수식할 때는 명사 앞에 〈～い〉의 형태 그대로 붙여요.

| い형용사(～い)
(~한) | + | 명사 |

新しい[あたらしい] 새롭다
靴[くつ] 구두, 신발
古い[ふるい] 오래되다
切手[きって] 우표

これは新しい靴だ。　　　　　　　　　　이것은 새 구두이다.

それは古い切手。　　　　　　　　　　　그것은 오래된 우표야.

》 한국어에서는 '구두'와 '신발'을 구별하지만, 일본어에서는 둘 다 靴[くつ]라고 표현해요.

熱い[あつい] 뜨겁다
コーヒー 커피
冷たい[つめたい] 차갑다
ジュース 주스
温かい[あたたかい] 따뜻하다
スープ 수프

맛보기연습　주어진 두 단어를 써서 '~한 ~이다'라는 문장을 만들어 보세요.　　　(정답은 588쪽에)

熱い, コーヒー ▶ _____

冷たい, ジュース ▶ _____

温かい, スープ ▶ _____

》 コーヒー는 '커피'예요. 발음이 많이 다르죠? コーヒー는 네덜란드어 koffie에서 온 말이에요.

② ～い ~해/하다

현재형으로 '～해/하다'라고 할 때는 い형용사 뒤에 아무것도 붙이지 않고 い형용사로 끝내면 돼요. 명사, な형용사와는 달리 ～い가 '～해'도 되고 '～하다'도 돼요.

新しい
(새롭다)

大きい
(크다)

近い
(가깝다)

お風呂[おふろ] 목욕
お湯[おゆ] 뜨거운 물
ぬるい 미지근하다
夏[なつ] 여름
暑い[あつい] 덥다

お風呂のお湯がぬるい。

목욕물이 미지근해.

夏は暑い。

여름은 덥다.

》 お風呂[おふろ](목욕)에 쓰인 お도 風呂[ふろ]라는 명사 앞에 붙어서 명사를 정중하게 만들어 준 거예요. お 없이 風呂라고만 하면 거친 말이 되기에 お를 붙이는 경우가 많아요.

》 '물'은 일본어에서 水[みず]와 お湯[おゆ]로 나누어요. 水는 '찬물'을 뜻하고 お湯는 '뜨거운 물, 끓인 물'을 뜻해요.

맛보기 연습　주어진 두 단어를 써서 '~는 ~해/하다'라는 문장을 만들어 보세요.　(정답은 588쪽에)

冬[ふゆ] 겨울
寒い[さむい] 춥다
春[はる] 봄
暖かい[あたたかい]
따뜻하다
秋[あき] 가을
涼しい[すずしい]
선선하다

冬, 寒い ▶ _____

春, 暖かい ▶ _____

秋, 涼しい ▶ _____

》 '따뜻하다'라는 뜻에는 温かい[あたたかい]와 暖かい[あたたかい]가 있어요. 사물의 온도나 사람의 마음 등에는 温을 쓰고, 몸 전체로 느끼는 것에는 暖을 써요. 温かい의 반대말은 冷たい[つめたい](차갑다)가 되고, 暖かい의 반대말은 涼しい[すずしい](선선하다)가 돼요.

❸ ～くない ~하지 않아/않다

い형용사의 부정형은 꼬리 い를 く로 바꾼 후에 ない를 붙이면 돼요.

壁[かべ] 벽
厚い[あつい] 두껍다
薄い[うすい] 얇다

この壁は厚くない。

이 벽은 두껍지 않아.

そのノートは薄くない。

그 노트는 얇지 않다.

맛보기 연습　주어진 두 단어를 써서 '~는 ~하지 않아/않다'라는 문장을 만들어 보세요.　(정답은 588쪽에)

私[わたし] 나, 저
大きい[おおきい] 크다

私のうち, 大きい ▶ _____

家内[かない]
집사람(높임✕)
車[くるま] 차
小さい[ちいさい] 작다
外[そと] 바깥
明るい[あかるい] 밝다

家内の車, 小さい ▶ _____

外, 明るい ▶ _____

>> 私[わたし]のうちは 직역하면 '나의 집'이 돼요. 일본어는 '우리'라고 하지 않고 '나의'라고 표현해요.

❹ 〜かった ~했어/했다

い형용사의 과거형은 꼬리 い를 かった로 바꾸면 돼요.

部屋[へや] 방
暗い[くらい] 어둡다
難しい[むずかしい]
어렵다

その部屋は暗かった。 　　　　　　　　　　그 방은 어두웠어.

テストは難しかった。 　　　　　　　　　시험은 어려웠다.

計算[けいさん] 계산
やさしい 쉽다
夫[おっと] 남편(높임✕)
重い[おもい] 무겁다
新しい[あたらしい]
새롭다
上着[うわぎ] 겉옷
軽い[かるい] 가볍다

맛보기 연습　주어진 두 단어를 써서 '~는 ~했어/했다'라는 문장을 만들어 보세요.　(정답은 588쪽에)

その計算, やさしい ▶ _____

夫のかばん, 重い ▶ _____

新しい上着, 軽い ▶ _____

>> やさしい(쉽다)는 한자로 易しい인데, 히라가나로 쓰는 경우가 많아요. '쉽다'라는 뜻으로는 やさしい보다 簡単な[かんたんな]를 쓰는 경우가 많고, やさしい는 優しい(상냥하다, 마음씨가 곱다)로 쓰는 경우가 많아요.

>> かばん(가방)은 사실 히라가나보다 한자 鞄로 쓰는 경우가 더 많지만, 한자가 어려워서 히라가나로 제시했어요. 가타카나 カバン으로 쓰는 경우도 있어요.

❺ 〜くなかった ~하지 않았어/않았다

い형용사의 과거 부정형은 꼬리 い를 く로 바꾼 후에 なかった를 붙이면 돼요.

お客さん[おきゃくさん]
손님
多い[おおい] 많다
お土産[おみやげ]
(여행지에서 사오는)선물
種類[しゅるい] 종류
少ない[すくない] 적다

お客さんは多くなかった。　　　　　　　　　　손님은 많지 않았어.

お土産の種類は少なくなかった。　　　　　선물의 종류는 적지 않았다.

» お客さん[おきゃくさん]은 客[きゃく](객, 손)라는 단어 앞에 お가 붙고 뒤에 さん이 붙어서 '손님'이라는 뜻이 된 말이에요. 더 높이려면 さん 대신에 様[さま](님)를 붙여서 お客様[おきゃくさま]라고 하면 돼요.

» お土産(선물)도 土産[みやげ] 앞에 お가 붙은 말인데, お 없이 쓰면 거친 말이라서 お를 붙여서 쓰는 경우가 많아요.

맛보기 연습　　주어진 두 단어를 써서 '~는 ~하지 않았어/않았다'라는 문장을 만들어 보세요.

(정답은 588쪽에)

ゴール 골
遠い[とおい] 멀다
海[うみ] 바다
近い[ちかい] 가깝다
仕事[しごと] 일(직업)
忙しい[いそがしい]
바쁘다

ゴール, 遠い ▶ _____

海, 近い ▶ _____

その仕事, 忙しい ▶ _____

❻ [예외]　いい 좋다

い형용사 중에서 いい(좋다)는 예외적인 활용을 해요. 활용할 때 앞의 い가 よ로 바뀌게 되니 유의하세요!

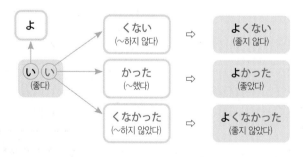

お皿[おさら] 접시

このお皿はいい。　　　　　　　　　　　　　　이 접시는 좋아.

花瓶[かびん] 꽃병
紙[かみ] 종이
音楽[おんがく] 음악

その花瓶はよくない。 그 꽃병은 좋지 않다.

この紙はよかった。 이 종이는 좋았어.

その音楽はよくなかった。 그 음악은 좋지 않았다.

» いい(좋다)는 よい라고도 하는데, いい라고 하는 경우가 더 많아요. よい는 한자 良い로도 쓰는데, 良い를 いい
로 읽는 경우도 있어요.

맛보기 연습 　주어진 단어를 써서 일본어 문장을 만들어 보세요. (정답은 588쪽에)

上着[うわぎ] 겉옷
僕[ぼく] 내(남자)
車[くるま] 차
辞書[じしょ] 사전
靴[くつ] 신발, 구두

이 겉옷은 좋아. この上着 ▶ ＿＿＿＿＿＿＿＿＿＿＿＿＿＿

내 차는 좋지 않다. 僕の車 ▶ ＿＿＿＿＿＿＿＿＿＿＿＿＿＿

그 사전은 좋았어. その辞書 ▶ ＿＿＿＿＿＿＿＿＿＿＿＿＿＿

새 신발은 좋지 않았다. 新しい靴

▶ ＿＿＿＿＿＿＿＿＿＿＿＿＿＿

1 い형용사의 명사 수식

〈い형용사(〜い)+명사〉

2 い형용사의 보통체형 활용

	긍정	부정
현재	〜い 〜해/하다	〜くない 〜하지 않아/않다
과거	〜かった 〜했어/했다	〜くなかった 〜하지 않았어/않았다

3 いい(좋다)의 예외적인 활용

	긍정	부정
현재	いい 좋아/좋다	よくない 좋지 않아/않다
과거	よかった 좋았어/좋았다	よくなかった 좋지 않았어/않았다

1 다음 표를 일본어로 완성해 보세요.

	~하다	~하지 않다	~했다	~하지 않았다
冷たい				
暑い				
少ない				
いい				

2 다음 문장을 일본어로 만들어 보세요.

(1) 이것은 새 구두이다.

✎ --

(2) 여름은 덥다.

✎ --

(3) 그 노트는 얇지 않다.

✎ --

(4) 시험은 어려웠다.

✎ --

(5) 손님은 많지 않았어.

✎ --

(6) 이 종이는 좋았어.

✎ --

(7) 바다는 가깝지 않았어.

✎ --

もうすぐ春だ。でも、まだ暖かくない。ちょっと気分を変えたくて、昨日、髪を短く切った。ずっと長かった髪を短く切ったので、頭が軽い。でも、帰ってくるとき首が寒かった。色も明るい色に染めた。早く寒い冬が終わるといいと思った。

{단어}

春[はる] 봄 | 気分[きぶん] 기분 | 変える[かえる]② 바꾸다 | 昨日[きのう] 어제 | 髪[かみ] 머리(카락) | 短く[みじかく] 짧게 | 切る[きる]① 자르다 | 長い[ながい] 길다 | 頭[あたま] 머리 | 帰ってくる[かえってくる]③ 돌아오다 | 首[くび] 목 | 色[いろ] 색 | 染める[そめる]② 염색하다 | 早く[はやく] 빨리 | 冬[ふゆ] 겨울 | 終わる[おわる]① 끝나다 | 思う[おもう]① 생각하다

이제 곧 봄이다. 그렇지만, 아직 따뜻하지 않다. 좀 기분을 바꾸고 싶어서 어제 머리를 짧게 잘랐다. 계속 길었던 머리를 짧게 잘라서 머리가 가볍다. 그렇지만, 집에 돌아올 때 목이 추웠다. 색도 밝은 색으로 염색했다. 빨리 추운 겨울이 끝나면 좋겠다고 생각했다.

 일본에서 가장 높은 산, 富士山(ふじさん)

일본에서 가장 높은 산은 富士山이에요. 높이가 3,776m예요. 높은 산이라서 등산할 수 있는 시기가 한정되어 있는데, 매년 7월 초부터 9월 초까지 등산이 가능해요. 富士山 정상에서 일출을 보려는 사람들이 많아 새벽에는 정상 근처의 등산로가 막혀서 일출 시간에 맞추어 올라가지 못하는 경우도 많다고 해요. 특히 주말이나 휴일은 등산객이 많으니 평일에 가는 것이 좋다고 해요. 그리고 富士山에 있는 등산자 전용 숙박시설은 일찍 예약이 완료되니까 이용하려면 일찍 예약하세요! 그런데 富士山은 화산이에요. 역사 상 여러 번 분화한 화산이지요. 마지막 분화가 1707이라고 하니 300년 이상 지나긴 했지만, 예전에 350년만에 분화한 적도 있어서 분화 가능성은 있다고 하네요. 일본에는 富士山 외에도 화산이 110개나 있어서 분화하는 경우가 가끔 있어요. 화산이 많은 덕분에 온천도 많은 장점은 있지요.

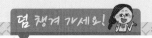

일본어는 억양에 따라 의미가 달라지는 경우가 많아요!

일본어는 억양이 참 중요해요! 억양이 틀리면 알아듣기가 힘들어요. 그리고 일본어는 동음이의어가 많은데, 억양에 따라 의미가 구별되는 경우가 많아요! 예를 들어 '뜨겁다', '덥다', '두껍다'는 모두 あつい가 되는데(한자로는 각각 熱い, 暑い, 厚い가 돼요), 이 중에서 '두껍다'만 억양이 달라요!

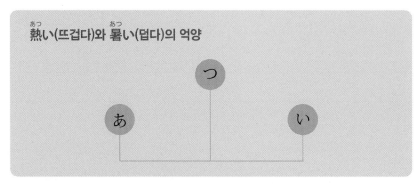

두 번째 소리 つ가 높아지고, 세 번째 소리 い는 다시 낮아져요.

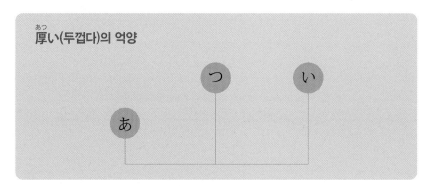

두 번째 소리 つ가 높아지고, 세 번째 소리 い에서 높이를 유지해요.

일본어는 이렇게 억양이 중요하기 때문에 소리를 잘 듣고 따라하면서 배워야 해요!

>> '억양'이 아니라 '악센트'라는 말을 쓰기도 하는데, '악센트'라고 하면 강약 악센트를 떠올리는 사람들이 많고 '억양'이라는 말이 더 편한 느낌이 있어서 '억양'이라는 말을 써서 설명했어요.

07 い형용사의 정중체형

강의 및 예문듣기

い형용사의 정중체형(존댓말)은 보통체형(반말) 뒤에 です만 붙이면 돼요! 참 쉽죠? い형용사는 활용이 어려우니 정중체형을 연습하면서 다시 잘 익히도록 하세요!

🎧 07-1.mp3

1단계
핵심문법 익히기

❶ 〜い 〜한

い형용사가 보통체형에서 명사를 수식할 때는 명사 앞에 い형용사를 〈〜い〉의 형태로 붙이면 된다고 했죠? 정중체형에서도 마찬가지예요. 보통체형/정중체형의 구별, 긍정/부정의 구별, 시제 등은 문장의 서술부에서 정해져요.

> い형용사(〜い)
> (〜한)
> +
> 명사

悪い[わるい] 나쁘다
言葉[ことば] 말
広い[ひろい] 넓다
図書館[としょかん]
도서관

それは悪い言葉です。	그것은 나쁜 말이에요.
とても広い図書館でした。	아주 넓은 도서관이었습니다.

 맛보기 연습 주어진 두 단어를 써서 '〜한 〜이에요/입니다'라는 문장을 만들어 보세요. (정답은 589쪽에)

狭い[せまい] 좁다
庭[にわ] 마당
高い[たかい] 비싸다, 높다
シャーペン 샤프
安い[やすい] (값이)싸다
スカーフ 스카프

狭い, 庭 ▶ _____

高い, シャーペン ▶ _____

安い, スカーフ ▶ _____

≫ 高い[たかい]에는 '비싸다'와 '높다'의 2가지 뜻이 있어요. 그래서 반대말이 安い[やすい](싸다)가 될 수도 있고 低い[ひくい](낮다)가 될 수도 있어요.

≫ シャーペン(샤프)은 シャープペンシル(샤프펜슬)의 준말이에요.

≫ スカーフ는 '스카프'예요. 영어의 F 발음이 일본어에서는 は단 소리(は, ひ, ふ, へ, ほ)가 되기 때문에 한국어 발음과 차이가 나요.

❷ ～いです ~해요/합니다

い형용사를 보통체형인 '～해/하다'라고 할 때는 〈～い〉의 형태로 쓴다고 했죠? 정중체형은 꼬리 い 뒤에 です만 붙이면 돼요.

```
安い        +    です      ⇒    安いです
(싸다)           (～합니다)        (쌉니다)
```

山[やま] 산
低い[ひくい] 낮다
小説[しょうせつ] 소설
面白い[おもしろい]
재미있다

その山は低いです。 　　　　　　　　　　　　　그 산은 낮아요.

この小説は面白いです。 　　　　　　　　　　이 소설은 재미있습니다.

夫[おっと] 남편(높임×)
冗談[じょうだん] 농담
つまらない 재미없다
選手[せんしゅ] 선수
強い[つよい] 강하다
私[わたし] 저, 나
チーム 팀
弱い[よわい] 약하다

맛보기연습　주어진 두 단어를 써서 '～는 ~해요/합니다'라는 문장을 만들어 보세요. 　(정답은 589쪽에)

夫の冗談, つまらない ▶ _____

その選手, 強い ▶ _____

私のチーム, 弱い ▶ _____

» つまらない(재미없다)는 한자로 쓰면 詰まらない인데 히라가나로 쓰는 경우가 많아요. 반말 구어에서는 つまんない라고도 해요. つまらない는 매우 직설적인 말이라서 아주 친한 사이가 아니라면 面白くない[おもしろくない](재미있지 않다)라는 표현을 쓰세요.

» 영어 team은 일본어로 ティーム가 아니라 チーム예요. 원래 일본어에 '티', '디'라는 소리가 없었기 때문에 외래어를 표기할 때 '티'는 チ로 '디'는 ジ로 받아들였어요. 원음에 가까운 표기를 선호하게 되면서 ティ, ディ라는 표기가 많아져서 같은 '티'라도 단어에 따라 チ를 쓰기도 하고 ティ를 쓰기도 해요. 마찬가지로 같은 '디'라도 단어에 따라 ジ를 쓰기도 하고 ディ를 쓰기도 해요.

❸ ～くないです ~하지 않아요/않습니다
  ～くありません

い형용사의 정중체형 부정형에는 2가지 형태가 있어요. 보통체형 부정형인 ～くない 뒤에 です만 붙인 ～くないです와 ～くありません이에요. ～くありません이 더 정중한 말투인데, 배우기 편해서 ～くないです만 가르치는 교재가 많아요.

~くないですより ~くありませんがもっと丁寧な表現なので、こうした違いを生かして ~くないですは '~하지 않아요'로 해석하고 ~くありません은 '~하지 않습니다'로 해석하면 좋아요!

人生[じんせい] 인생
長い[ながい] 길다
夏休み[なつやすみ]
여름방학
短い[みじかい] 짧다

人生は長くないです。

인생은 길지 않아요.

夏休みは短くありません。

여름방학은 짧지 않습니다.

🍴 맛보기 연습   주어진 두 단어를 써서 '~는 ~하지 않아요/않습니다'라는 문장을 2가지 형태로 만들어 보세요.

(정답은 589쪽에)

兄[あに] 형(높임×)
腕[うで] 팔
太い[ふとい] 굵다
彼女[かのじょ] 그녀
指[ゆび] 손가락
細い[ほそい] 가늘다
両親[りょうしん]
부모(높임×)
若い[わかい] 젊다

兄の腕, 太い ▶ _____

▶ _____

彼女の指, 細い ▶ _____

▶ _____

私の両親, 若い ▶ _____

▶ _____

≫ 太い[ふとい](굵다)와 細い[ほそい](가늘다), 厚い[あつい](두껍다)와 薄い[うすい](얇다)가 각각 짝이 되는 말이에요. 太い로 써야 하는데 厚い로 잘못 말하는 사람들이 꽤 있더라고요. 길쭉하게 생긴 것의 지름이 큰 것을 太い라고 하고(팔이 굵다, 막대기가 굵다 등), 어떤 물체의 한 면과 반대쪽 면 사이의 폭이 큰 것을 厚い라고 해요(책이 두껍다, 가슴팍이 두껍다 등).

---

❹ ~かったです ~했어요/했습니다

い형용사의 정중체형 과거형은 보통체형 과거형인 ~かった 뒤에 です를 붙여요.

速い[はやい] 빠르다
遅い[おそい]
느리다, 늦다

そのピッチャーのストレートは速かったです。

그 투수의 직구는 빨랐어요.

インターネットのスピードが遅かったです。　インター넷의 속도가 느렸습니다.

» 速い[はやい](빠르다)는 속도가 빠를 때 쓰는 말로, 시간이나 시기가 '빠르다, 이르다'는 한자 무를 쓴 早い[はやい]로 써요. 速い와 早い 모두 반대말은 遅い[おそい]예요. 즉 遅い에는 '느리다'와 '늦다'의 2가지 뜻이 있는 거죠.

» 일상회화에서는 インターネット(인터넷)를 줄여서 ネット라고 하는 경우가 많아요.

맛보기 연습　주어진 두 단어를 써서 '~는 ~했어요/했습니다'라는 문장을 만들어 보세요. (정답은 589쪽에)

海外旅行[かいがい りょ
こう] 해외여행
楽しい[たのしい] 즐겁다
注射[ちゅうしゃ] 주사
痛い[いたい] 아프다
猫[ねこ] 고양이
かわいい 귀엽다

海外旅行, 楽しい ▶ _____

注射, 痛い ▶ _____

その猫, かわいい ▶ _____

» 痛い[いたい](아프다)는 통증이 있는 '아프다'예요. 몸 컨디션이 안 좋아서 '(몸이) 아프다'라고 할 때는 痛い라고 하면 안 돼요! 그럴 때는 体[からだ]の調子[ちょうし]が悪い[わるい](몸 컨디션이 나쁘다)라고 하세요.

❺ ~くなかったです
　~くありませんでした　~하지 않았어요/않았습니다

い형용사의 정중체형 과거 부정형에도 2가지 형태가 있어요. 보통체형 과거 부정형인 ~くなかった 뒤에 です만 붙인 ~くなかったです와 ~くありませんでした예요. 이것도 역시 ~くありませんでした가 더 정중한 말이에요.

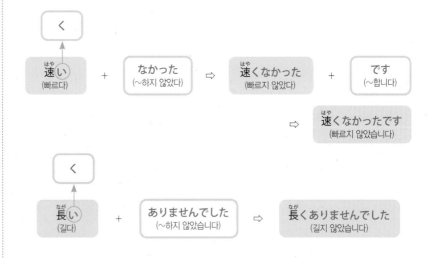

甘い[あまい] 달다
日本料理[にほんりょうり] 일본요리
辛い[からい] 맵다

そのケーキは甘くなかったです。　　　　그 케이크는 달지 않았어요.

日本料理は辛くありませんでした。　　　일본요리는 맵지 않았습니다.

≫ 읽을 때 く 앞에서 한 번 끊어서 읽는 경우가 있는데 그렇게 읽지 마세요! 끊지 않는 것이 좋지만 끊으려면 く 뒤에서 끊는 것이 좋아요! 즉 甘ーくなかったです라고 하지 말고 甘くーなかったです라고 하세요.

맛보기 연습　　주어진 두 단어를 써서 '~는 ~하지 않았어요/않았습니다'라는 문장을 2가지 형태로 만들어 보세요.
　　　　　　　　　　　　　　　　　　　　　　　　　　　　　　　　　（정답은 589쪽에）

いとこ 사촌(높임×)
カレー 카레
おいしい 맛있다
昨日[きのう] 어제
晩ごはん[ばんごはん] 저녁밥
まずい 맛없다
子[こ] 아이
髪[かみ] 머리(카락)
黒い[くろい] 검다

いとこのカレー, おいしい

▶ _____

昨日の晩ごはん, まずい

▶ _____

その子の髪, 黒い

▶ _____

≫ 부정적인 뜻의 まずい(맛없다)도 매우 직설적인 말이라서 아주 친하고 편한 사이가 아니라면 おいしくない(맛있지 않다)라는 표현을 쓰세요.

포인트 정리

い형용사의 정중체형 활용

	긍정	부정
현재	~いです ~해요/합니다	~くないです, ~くありません ~하지 않아요/않습니다
과거	~かったです ~했어요/했습니다	~くなかったです, ~くありませんでした ~하지 않았어요/않았습니다

1 다음 표를 일본어로 완성해 보세요.
'~하지 않습니다'와 '~하지 않았습니다'는 2가지 형태로 만들어 보세요.

	~합니다	~하지 않습니다	~했습니다	~하지 않았습니다
広い				
高い				
長い				
おいしい				

2 다음 문장을 일본어로 만들어 보세요.

(1) 그것은 나쁜 말이에요.

(2) 이 소설은 재미있습니다.

(3) 여름방학은 짧지 않습니다.

(4) 인터넷의 속도가 느렸습니다.

(5) 그 케이크는 달지 않았어요.

(6) 저희 부모님은 젊지 않아요.

(7) 해외여행은 즐거웠습니다.

日本では高層マンションをタワーマンションと呼びます。タワーマンションに
住んでいる人に、タワーマンションのいい点と悪い点を聞きました。いい点に
ついては、眺めがいいという意見が多かったです。それ以外に、虫が少ない、
色々な施設があるという意見もありました。悪い点については、地震のとき怖
いという人が少なくなかったです。それ以外に、エレベーターを待つ時間が長
い、管理費が高いなどの意見がありました。地震が多い所では、タワーマンシ
ョンはあまりよくないかもしれません。

{단어}

日本[にほん] 일본 | 高層[こうそう] 고층 | マンション 아파트, 맨션 | タワーマンション 타워맨션 | 呼ぶ[よぶ]① 부르다 | 住む
[すむ]① 살다(거주하다) | 人[ひと] 사람 | 点[てん] 점 | 聞く[きく]① 묻다. 듣다 | 眺め[ながめ] 전망 | 意見[いけん] 의견 | 以外[い
がい] 이외 | 虫[むし] 벌레 | 色々な[いろいろな] 여러 가지의 | 施設[しせつ] 시설 | 地震[じしん] 지진 | 怖い[こわい] 무섭다 | エ
レベーター 엘리베이터 | 待つ[まつ]① 기다리다 | 時間[じかん] 시간 | 管理費[かんりひ] 관리비 | 所[ところ] 곳

일본에서는 고층 아파트를 타워맨션이라고 부릅니다. 타워맨션에 살고 있는 사람들에게 타워맨션의 좋은 점과 나쁜 점을 물었습니다.
좋은 점에 대해서는, 전망이 좋다는 의견이 많았습니다. 그 외에 벌레가 적다. 여러 가지 시설이 있다는 의견도 있었습니다. 나쁜 점에
대해서는, 지진(이 일어날) 때 무섭다는 사람이 적지 않았습니다. 그 외에 엘리베이터를 기다리는 시간이 길다. 관리비가 비싸다 등의
의견이 있었습니다. 지진이 많은 곳에서는 타워맨션은 그리 좋지 않을지도 모르겠습니다.

 일본의 학기제

한국의 학기는 3월에 시작하고 2월에 끝나죠? 일본은 4월에 시작하고 3월에 끝나요. 그리고 초등학교부터 고등학교까지
는 대부분 3학기제로 되어 있어요. 4월~7월이 1학기, 여름방학(8월) 이후의 9월~12월이 2학기, 겨울방학(연말연시) 이후
의 1월~3월이 3학기, 3학기가 끝난 이후(3월 중순)에 봄방학이 있어요. 대학교는 거의 다 2학기제인데, 방학은 역시 여름
방학, 겨울방학, 봄방학 세 번이 있어요. 단 초·중·고교와 달리 봄방학이 길어요(2월 초~3월 말).
대학 입시는 한국의 '수능시험'에 해당되는 시험이 1월 중순에 있고 각 대학별 시험이 2월 초에서 3월 중순까지 있어요.
한국과 달리 국공립대학에 들어갈 때는 꼭 '수능시험'에 해당되는 시험을 봐야 하지만 사립대학에 들어갈 때는 보지 않
아도 돼요. 대학에 따라 다르지만 국공립대학은 '수능시험'의 점수만으로 뽑는 학교와 학교 자체적으로 2차 시험을 보는
학교가 있고, 사립대학은 대부분 학교 자체적으로 시험을 시행하는데 '수능시험'의 점수로 뽑는 학교도 있어요. 그래서
시험 응시일만 안 겹치면 여러 대학 입시를 볼 수 있어서 불합격을 대비하여 보통 5~10군데 정도 시험을 봐요.

맛을 나타내는 い형용사들

이번 과에서 맛을 나타내는 い형용사로 甘い(달다)와 辛い(맵다)가 나왔죠? 맛을 나타내는 い형용사를 정리해 볼게요.

달다	甘^{あま}い
맵다	辛^{から}い
짜다	しょっぱい, 塩辛^{しおから}い, 辛^{から}い
시다	酸^すっぱい
쓰다	苦^{にが}い
떫다	渋^{しぶ}い

東京^{とうきょう}를 중심으로 한 표준어권에서는 '짜다'의 뜻으로 しょっぱい를 써요. 塩辛^{しおから}い는 塩^{しお}가 '소금'이라는 뜻이에요. 즉 '소금 때문에 자극적이다'라는 뜻이겠죠. 이 단어에서 塩를 생략하여 辛^{から}い라고만 하는 경우도 있는데, 이는 大阪^{おおさか}를 중심으로 한 서쪽 지역에서 쓰고 東京^{とうきょう}를 중심으로 한 표준어권에서는 잘 안 써요.

그리고 한국어에서도 맛을 나타내는 형용사로 사람의 성향이나 생김새를 나타내기도 하죠? 일본어도 마찬가지예요.

甘^{あま}い	무르다 엄하지 않다 쉽게 보다	あの人^{ひと}は子^こどもに甘^{あま}い。 저 사람은 아이에게 무르다. 英語^{えいご}の先生^{せんせい}は点^{てん}が甘^{あま}い。 영어 선생님은 점수가 후하다. その考^{かんが}えは甘^{あま}い。 그 생각은 안이하다.
渋^{しぶ}い	차분한 멋이 있다 구두쇠다	渋^{しぶ}い色^{いろ}のシャツだ。 차분한 멋이 있는 색깔의 셔츠이다. あの人^{ひと}は金^{かね}に渋^{しぶ}い。 저 사람은 돈에 인색하다.

나이가 있는 중년 이상의 남자들을 '멋지다'의 뜻으로 칭찬할 때도 渋^{しぶ}い라는 말을 써요. 젊은 남자들에게는 없는 차분함과 깊은 멋을 가진 중년 이상의 남자들에게 쓰는 말이에요.

참고로 '간이 세다'는 味^{あじ}が濃^こい(맛이 진하다)라고 하고, '간이 싱겁다'는 味^{あじ}が薄^{うす}い(맛이 연하다)라고 해요.

셋째마디

•

동사 익히기
[1류동사·2류동사·3류동사]

어떤 언어에서나 동사의 활용이 가장 어려운데, 일본어도 마찬가지예요! 그래도 다행히 동사의 종류가 1류동사(5단동사), 2류동사(1단동사), 3류동사(불규칙동사)의 3가지뿐이라서 한국어 동사보다 훨씬 쉬워요! 기본적인 활용 규칙을 잘 익혀서 많이 써 보며 익숙해지는 것이 중요해요!

08

1류동사의 보통체형

강의 및 예문듣기

1류동사는 기존에 '5단동사'라고 불렸는데, 5개 단에 걸쳐서 활용되기 때문이에요. 단은 모음에 의해 나누어지는데, 일본어에는 あ단, い단, う단, え단, お단의 5개 단이 있어요. 이 5개의 모든 단에 걸쳐서 활용되는 동사가 바로 1류동사예요. 단이 무엇인지 잘 모른다면 016쪽을 보세요.
行く(가다)라는 동사를 예로 들어 볼게요.

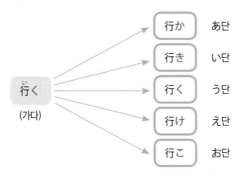

동사의 꼬리 く가 か, き, く, け, こ라는 5단에 걸쳐서 활용되는 것을 알 수 있죠? 이와 같이 1류동사는 꼬리가 5단에 걸쳐서 활용돼요. 활용은 반드시 같은 행 안에서 이루어져요. 즉 자음은 바뀌지 않고 모음만 바뀌죠.

🎧 08-1.mp3

1단계
핵심문법 익히기

① ～う단 ~해/하다 [사전형]

'~해/하다'라는 뜻의 원형을 '사전형'이라고 불러요. 사전에서 찾아볼 수 있는 형태라는 뜻이죠. 1류동사의 사전형은 う단(う라는 모음을 가진 소리)으로 끝나요. 사전형은 '~해', '~하다'의 뜻 외에 '~한다', '~할게' 등의 뜻도 있어요.

待つ
(기다리다)

脱ぐ
(벗다)

売る
(팔다)

書く[かく]① 쓰다
お茶[おちゃ] (마시는)차
飲む[のむ]① 마시다

メールを書く。 메일을 써.

お茶を飲む。 차를 마시다.

맛보기 연습 주어진 두 단어를 써서 '~를 ~해/하다'라는 문장을 만들어 보세요.
조사 '을/를'은 を예요. (정답은 590쪽에)

アプリ 앱
買う[かう]① 사다
手紙[てがみ] 편지
送る[おくる]① 보내다
火[ひ] 불
消す[けす]① 끄다

そのアプリ, 買う ▶ _____

手紙, 送る ▶ _____

火, 消す ▶ _____

» アプリ(앱)는 アプリケーション(애플리케이션)의 준말이에요.

» 火[ひ](불)는 담배에 불을 붙일 때나 요리할 때 사용하는 뜨거운 '불'이지 '전등'의 뜻이 아니에요.

❷ ～ない ~하지 않아/않다

[ない형]
〈あ단+ない〉

'~하지 않아/않다'라는 뜻의 부정형을 'ない형'이라고 불러요. 〈～ない〉의 형태가
되기 때문이에요. 1류동사의 ない형은 꼬리 う단을 あ단으로 바꾼 후에 ない를 붙
이면 돼요.

다만 조심해야 할 것은 사전형의 꼬리가 う인 동사예요. う가 あ단으로 바뀌면 あ가
되어야 하는데, あ가 되지 않고 わ가 돼요. 즉 사전형의 꼬리 う만 わ로 바꾸고, 그
외의 꼬리 く는 か, す는 さ, つ는 た, ぬ는 な, む는 ま, る는 ら, ぐ는 が, ぶ는
ば로 바뀌어요.

説明書[せつめいしょ]
설명서
読む[よむ]① 읽다
動画[どうが] 동영상
撮る[とる]① 찍다

説明書を読まない。 설명서를 읽지 않아.

動画を撮らない。 동영상을 찍지 않다.

맛보기 연습 주어진 두 단어를 써서 '~를 ~하지 않아/않다'라는 문장을 만들어 보세요. (정답은 590쪽에)

部屋[へや] 방
貸す[かす]① 빌려주다
恋人[こいびと] 애인
待つ[まつ]① 기다리다
入学[にゅうがく] 입학
喜ぶ[よろこぶ]①
기뻐하다

部屋, 貸す ▶ _____

恋人, 待つ ▶ _____

入学, 喜ぶ ▶ _____

» 恋人[こいびと](애인)는 일상회화에서는 잘 안 써요. 보통 '남자친구'는 彼[かれ] 혹은 彼氏[かれし], '여자친구'
는 彼女[かのじょ]라고 해요.

❸ 〜た/だ ~했어/했다
[た형]

〈〜く → 〜いた, 〜ぐ → 〜いだ〉
〈〜う, 〜つ, 〜る → 〜った〉
〈〜ぬ, 〜む, 〜ぶ → 〜んだ〉
〈〜す → 〜した〉

'~했어/했다'라는 뜻의 과거형을 'た형'이라고 불러요. た형은 조금 복잡해요. 사전형의 꼬리가 어떤 소리로 끝나느냐에 따라 4가지가 있어요. 한 가지씩 배워 봅시다!

1. 사전형 꼬리가 く, ぐ로 끝나는 동사 : 〜く → 〜いた, 〜ぐ → 〜いだ

사전형의 꼬리가 く, ぐ로 끝나는 동사는 く, ぐ를 い로 바꾼 후에 각각 く는 た를 붙이고 ぐ는 だ를 붙이면 돼요.

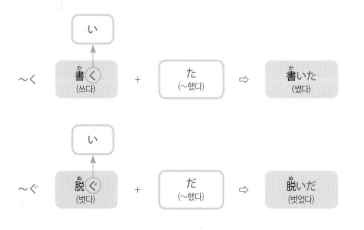

聞く[きく]① 듣다
脱ぐ[ぬぐ]① 벗다

クラシックを聞いた。　　　　　　　　　클래식을 들었어.

ズボンを脱いだ。　　　　　　　　　　　바지를 벗었다.

맛보기 연습　　주어진 두 단어를 써서 '~를 ~했어/했다'라는 문장을 만들어 보세요.　　(정답은 590쪽에)

バイオリン 바이올린
弾く[ひく]①
(악기를)켜다, 연주하다
スリッパ 슬리퍼
履く[はく]① 신다
におい 냄새
かぐ① (냄새를)맡다
準備[じゅんび] 준비
急ぐ[いそぐ]①
서두르다

バイオリン, 弾く ▶ ＿＿＿＿＿＿＿＿＿＿＿＿＿＿＿＿＿

スリッパ, 履く ▶ ＿＿＿＿＿＿＿＿＿＿＿＿＿＿＿＿＿

におい, かぐ ▶ ＿＿＿＿＿＿＿＿＿＿＿＿＿＿＿＿＿

準備, 急ぐ ▶ ＿＿＿＿＿＿＿＿＿＿＿＿＿＿＿＿＿

≫ '바이올린'은 バイオリン으로 쓰는 경우가 많지만 간혹 ヴァイオリン으로 쓰는 경우도 있어요. 영어 V를 B와 구별하기 위해 ヴ로 쓰기도 해요. 참고로 '비너스'는 ビーナス보다 ヴィーナス로 쓰는 경우가 더 많아요.

2. 사전형 꼬리가 う, つ, る로 끝나는 동사 : ～う, ～つ, ～る → ～った

사전형의 꼬리가 う, つ, る로 끝나는 동사는 う, つ, る를 っ로 바꾼 후에 た를 붙이면 돼요.

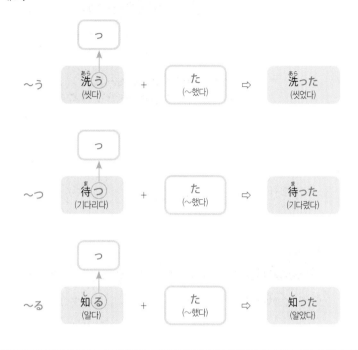

歌[うた] 노래
歌う[うたう]① (노래를)부르다
打つ[うつ]① 치다
貼る[はる]① (풀 등으로)붙이다

歌を歌った。 노래를 불렀어.

ヒットを打った。 히트를 쳤다.

シールを貼った。 스티커를 붙였어.

≫ 한자 貼은 상용한자가 아니었는데 2010년에 상용한자에 포함되었어요. 그래서 2010년 이전의 출판물에서는 貼る를 はる 혹은 張る로 표기했었는데 지금은 貼る로 표기해요.

맛보기 연습 주어진 두 단어를 써서 '～를 ～했어/했다'라는 문장을 만들어 보세요. (정답은 591쪽에)

吸う[すう]① (담배를)피우다, 들이마시다
荷物[にもつ] 짐
持つ[もつ]① (손에)들다
家[いえ] 집
売る[うる]① 팔다
本[ほん] 책
買う[かう]① 사다
友達[ともだち] 친구
待つ[まつ]① 기다리다
帽子[ぼうし] 모자
かぶる① (모자를)쓰다

たばこ, 吸う ▶ _____

荷物, 持つ ▶ _____

家, 売る ▶ _____

本, 買う ▶ _____

友達, 待つ ▶ _____

帽子, かぶる ▶ _____

≫ たばこ(담배)는 한자로 쓰면 煙草예요. '연기 나는 풀'이죠. 가타카나 タバコ로 쓰는 경우도 많아요.

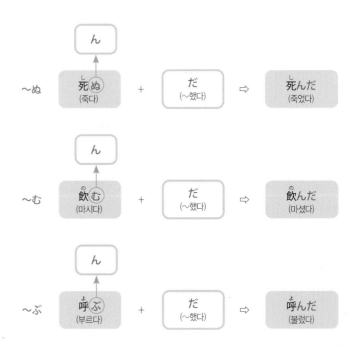

>> '집'을 뜻하는 말에는 家[いえ] 외에 うち도 있죠? うち는 '가정'이나 '내가 속하는 곳'이라는 뉘앙스가 있어서 앞에 '○○네'라는 말 없이 うち라고만 하면 '우리 집'으로 해석해요. 그런데 家는 이런 뉘앙스 없이 그냥 '집'이라는 뜻이에요.

3. 사전형 꼬리가 ぬ, む, ぶ로 끝나는 동사 : ～ぬ, ～む, ～ぶ → ～んだ

사전형의 꼬리가 ぬ, む, ぶ로 끝나는 동사는 ぬ, む, ぶ를 ん으로 바꾼 후에 だ를 붙이면 돼요. 그런데 사전형의 꼬리가 ぬ로 끝나는 동사는 死ぬ(죽다) 하나밖에 없어요.

| | | 会社を休んだ。 | | 회사를 쉬었어. |

会社[かいしゃ] 회사
休む[やすむ]① 쉬다
机[つくえ] 책상
運ぶ[はこぶ]① 옮기다

会社を休んだ。 회사를 쉬었어.

机を運んだ。 책상을 옮겼다.

掃除[そうじ] 청소
頼む[たのむ]① 부탁하다
足[あし] 발
踏む[ふむ]① 밟다
メニュー 메뉴
選ぶ[えらぶ]① 고르다
卒業[そつぎょう] 졸업
喜ぶ[よろこぶ]① 기뻐하다

┌ 맛보기 연습　주어진 두 단어를 써서 '～를 ～했어/했다'라는 문장을 만들어 보세요.　(정답은 591쪽에)

掃除, 頼む ▶

足, 踏む ▶

メニュー, 選ぶ ▶

卒業, 喜ぶ ▶

>> あし는 '발'과 '다리'의 2가지 뜻으로 써요. '발'이라는 뜻일 때는 한자 足로, '다리'라는 뜻일 때는 한자 脚로 써서 구별하기도 하는데, 둘 다 足로 쓰는 경우도 많아요.

>> '메뉴'는 가타카나 メニュー로 표기해요. 장음인 メニュー인데 メニュ로 잘못 쓰는 경우가 많으니 유의하세요!

4. 사전형 꼬리가 す로 끝나는 동사 : ～す → ～した

사전형의 꼬리가 す로 끝나는 동사는 す를 し로 바꾼 후에 た를 붙이면 돼요.

出す[だす]① 내다
お金[おかね] 돈
返す[かえす]① 돌려주다

レポートを出した。　　　　　　　　　　　　　　　　리포트를 냈어.

お金を返した。　　　　　　　　　　　　　　　　　돈을 돌려주었다.

» お金(돈)도 金[かね](돈) 앞에 お가 붙어서 말을 정중하게 만든 것이지만, お 없이 쓰면 거친 말이 되니 お를 붙여서 쓰는 경우가 많아요.

┌─ **맛보기 연습**　주어진 두 단어를 써서 '～를 ～했어/했다'라는 문장을 만들어 보세요.　　(정답은 591쪽에)

パスポート 여권
なくす① 잃다
ボタン 버튼, 단추
押す[おす]①
누르다, 밀다
傘[かさ] 우산
さす① (우산을)쓰다

パスポート, なくす ▶ _____

ボタン, 押す ▶ _____

傘, さす ▶ _____

» 傘をさす[かさを さす](우산을 쓰다)는 관용적인 표현이니 하나의 덩어리로 외워 두세요!

❹　**～なかった ~하지 않았어/않았다**　　　**[なかった형]**
〈あ단+なかった〉

'～하지 않았어/않았다'라는 뜻의 과거 부정형을 'なかった형'이라고 불러요. 1류동사의 なかった형은 ない형과 마찬가지로 사전형의 꼬리 う단을 あ단으로 바꾼 후에 なかった를 붙이면 돼요. 사전형의 꼬리가 う인 동사는 あ단이 あ가 아닌 わ가된다는 것을 잊지 마세요!

髪[かみ] 머리카락
切る[きる]① 자르다
渡す[わたす]① 건네주다

髪を切らなかった。　　　　　　　　머리카락을 자르지 않았어.

チョコレートを渡さなかった。　　　초콜릿을 건네주지 않았다.

» '발렌타인데이'는 バレンタインデー라고 하고, '화이트데이'는 ホワイトデー라고 해요.

(정답은 591쪽에)

┌ 맛보기 연습　주어진 두 단어를 써서 '~를 ~하지 않았어/않았다'라는 문장을 만들어 보세요.

ゲーム 게임
楽しむ[たのしむ]①
즐기다
歯[は] 이(치아)
磨く[みがく]① 닦다
手[て] 손
洗う[あらう]① 씻다

ゲーム, 楽しむ ▶ _____

歯, 磨く ▶ _____

手, 洗う ▶ _____

❺ [예외] 行く와 ある

1류동사 중에서 行く(가다)와 ある((무생물이)있다)는 예외적인 활용을 해요.

먼저 行く는 た형이 예외적이에요. 규칙대로라면 た형이 行いた가 되어야 하지만, 行った가 돼요.

行く (가다)	行かない (가지 않다)	行った (갔다)	行かなかった (가지 않았다)

그리고 ある는 ない형(부정형)이 예외적이에요. 규칙대로라면 ない형이 あらない 와 あらなかった가 되어야 하지만, ない와 なかった가 돼요. ない는 い형용사이고 한자로는 無い가 돼요.

ある (있다)	ない (없다)	あった (있었다)	なかった (없었다)

去年[きょねん] 작년
近く[ちかく] 근처
お手洗い[おてあらい]
화장실

去年、ヨーロッパに行った。　　　　작년에 유럽에 갔어.

近くにお手洗いがなかった。　　　　근처에 화장실이 없었다.

(정답은 591쪽에)

맛보기 연습 주어진 단어를 써서 일본어 문장을 만들어 보세요.

S사이즈가 없어. Sサイズ ▶ _____

미국에 갔어. アメリカ ▶ _____

의자가 없었다. 椅子 ▶ _____

≫ 일본에서는 옷 사이즈를 S[エス], M[エム], L[エル]로 표기하는 경우가 많아요. S는 Small, M은 Medium, L은 Large예요. S보다 작은 사이즈는 SS 또는 XS[エックスエス], L보다 큰 사이즈는 LL 또는 XL[エックスエル]로 표기해요. LL보다 큰 것은 3L(スリーエル/さんエル), 4L(フォーエル/よんエル)처럼 숫자가 커져요. XL보다 큰 것은 XXL(ツーエックスエル/ダブルエックスエル/エックスエックスエル), XXXL(スリーエックスエル/トリプルエックスエル), 4XL(フォーエックスエル), 5XL(ファイブエックスエル)처럼 표기하는 경우가 많아요.

1류동사의 보통체형 활용

	긍정	부정
현재	〈～う단〉 ～해/하다	〈あ단+ない〉 ～하지 않아/않다 [예외] ある → ない 　　　 ～う → ～わない
과거	〈～く → ～いた / ～ぐ → ～いだ〉 〈・う, ・つ, ・る → ・った〉 〈～ぬ, ～む, ～ぶ → ～んだ〉 〈～す → ～した〉 ～했어/했다 [예외] 行く → 行った	〈あ단+なかった〉 ～하지 않았어/않았다 [예외] ある → なかった 　　　 ～う → ～わなかった

1 다음 표를 일본어로 완성해 보세요. 1류동사예요.

	~하다	~하지 않다	~했다	~하지 않았다
書く				
買う				
呼ぶ				
なくす				
行く				
ある				

2 다음 문장을 일본어로 만들어 보세요.

(1) 차를 마시다.

    🖉 --

(2) 동영상을 찍지 않다.

    🖉 --

(3) 우산을 썼다.

    🖉 --

(4) 머리카락을 자르지 않았어.

    🖉 --

(5) 설명서를 읽지 않아.

    🖉 --

(6) 회사를 쉬었어.

    🖉 --

(7) 바지를 벗었다.

    🖉 --

僕の彼女の趣味はバイオリンだ。かなり上手で時々演奏会でバイオリンを弾く。僕は彼女の演奏会には必ず行って、彼女の演奏を聞く。先週の土曜日、友達の結婚式があった。結婚式で彼女がバイオリンを弾いた。僕は歌を歌った。その動画を両親に見せた。両親はとても喜んだ。

{단어}

僕[ぼく] 나(남자) | 彼女[かのじょ] 여자친구 | 趣味[しゅみ] 취미 | バイオリン 바이올린 | 上手な[じょうずな] 잘하는 | 時々[ときどき] 가끔 | 演奏会[えんそうかい] 연주회 | 必ず[かならず] 반드시 | 演奏[えんそう] 연주 | 先週[せんしゅう] 지난주 | 土曜日[どようび] 토요일 | 友達[ともだち] 친구 | 結婚式[けっこんしき] 결혼식 | 歌[うた] 노래 | 動画[どうが] 동영상 | 両親[りょうしん] 부모(높임×) | 見せる[みせる] ② 보여 주다

≫ 일본어 높임말에서는 자신의 부모님에 대해 남에게 말할 때는 부모님을 높이지 않는 호칭으로 쓰는데, 일본어 그대로 해석하면 한국어가 어색해져서 해석에서는 높임말을 썼어요. 일본어 높임말에 대해서는 573쪽을 보세요.

내 여자친구의 취미는 바이올린이다. 꽤 잘해서 가끔 연주회에서 바이올린을 켠다. 나는 여자친구 연주회에는 반드시 가서 여자친구의 연주를 듣는다. 지난주 토요일에 친구의 결혼식이 있었다. 결혼식에서 여자친구가 바이올린을 켰다. 나는 노래를 불렀다. 그 동영상을 부모님께 보여 드렸다. 부모님은 매우 기뻐하셨다.

 '바지'는 일본어로 뭐라고 할까?

'바지'라는 뜻의 ズボン은 사실 좀 노티나는 말이에요. 말이 통하긴 하지만 젊은 사람들은 잘 안 쓰는 말이에요. 요즘은 パンツ, スラックス, ボトムス(혹은 ボトム)와 같은 말을 쓰는 사람이 많아요. ボトム(ス)는 bottom(s)이라서 '치마'도 포함돼요. パンツ는 '팬티'를 뜻하는 말과 같아서 쓰기 꺼려하는 사람들도 꽤 있어요. 말할 때 억양에 신경 써서 '저고고'로 해야 '바지'라는 뜻이에요. '고저저'로 하면 '팬티'라는 뜻이 돼요. 청바지는 요즘 デニム 혹은 デニムパンツ라고 불러요. ジーンズ라고 부르는 사람들도 있지만, 젊은 사람들은 주로 デニム라고 해요. ジーパン이라는 말도 있는데 정말 노티나는 말이에요. 그 외에 '조끼(チョッキ)'는 ベスト나 ジレ(젊은 사람들 사이에서는 ジレ가 주류)라고 부르고, '점퍼(ジャンパー)'는 ブルゾン이라고 불러요.

일본어에서 장음이 되는 단어들

ゲーム(게임)이라는 단어가 나왔는데 장음으로 되어 있는 것이 이상하다고 느끼지 않았나요? 일본어에서는 같은 모음이 연결되는 경우〈あ단+あ〉,〈い단+い〉,〈う단+う〉,〈え단+え〉,〈お단+お〉〉 외에〈え단+い〉,〈お단+う〉의 경우도 장음이 돼요. 가타카나는 장음을 'ー'로 표기하지만, 히라가나는 글자로는〈え단+い〉,〈お단+う〉로 쓰고 발음은 장음으로 해야 해요.

같은 모음이 연결되는 단어

단어	표기	실제 발음
お母さん (어머니)	おかあさん	おかーさん
郵便局 (우체국)	ゆうびんきょく	ゆーびんきょく
大きい (크다)	おおきい	おーきい

〈え단+い〉의 단어

단어	표기	실제 발음
映画 (영화)	えいが	えーが
先生 (선생님)	せんせい	せんせー
説明 (설명)	せつめい	せつめー

〈お단+う〉의 단어

단어	표기	실제 발음
日曜日 (일요일)	にちようび	にちよーび
高校 (고등학교)	こうこう	こーこー
動画 (동영상)	どうが	どーが

09 1류동사의 정중체형

강의 및 예문듣기

1류동사의 보통체형 활용이 복잡했죠? 정중체형은 보통체형만큼은 어렵지 않아요! 정중체형은 ~ます(~합니다)라는 형태가 되는데, 이 ます가 활용을 해요!

🎧 09-1.mp3

1단계
핵심문법 익히기

① ～ます ~해요/합니다

【ます형】
〈い단+ます〉

1류동사의 정중체형 현재형은 ます라는 꼬리를 붙여서 〈い단+ます〉의 형태로 쓰면 돼요. 사전형의 꼬리 う단을 い단으로 바꿔서 ます를 붙이면 돼요.

き い단

行く + ます ⇒ 行きます
(가다) (~합니다) (갑니다)

薬[くすり] 약
飲む[のむ]① 마시다
買う[かう]① 사다

薬を飲みます。　　　　　　　　　약을 먹어요(마셔요).

パンを買います。　　　　　　　　빵을 삽니다.

≫ '약을 먹다'는 薬を飲む(약을 마시다)라고 표현해요. 씹지 않고 삼키기 때문이겠죠.

電気[でんき] 불, 전기
消す[けす]①
끄다, 지우다
授業[じゅぎょう] 수업
休む[やすむ]① 쉬다
靴下[くつした] 양말
脱ぐ[ぬぐ]① 벗다

┌맛보기 연습 주어진 두 단어를 써서 '~를 ~해요/합니다'라는 문장을 만들어 보세요.　(정답은 592쪽에)

電気, 消す ▶ _____

授業, 休む ▶ _____

靴下, 脱ぐ ▶ _____

≫ 電気는 '전기'와 '불, 전등'의 2가지 뜻이 있어요. 電灯[でんとう](전등)도 있지만 일상에서는 거의 쓰지 않아요.

❷ ～ません ～하지 않아요/않습니다 〈い단+ません〉

존댓말인 정중체형은 ます가 활용돼요. 1류동사의 정중체형 부정형은 ます를 ませ
ん으로 바꿔서 〈い단+ません〉의 형태로 쓰면 돼요.

人[ひと] 사람
知る[しる]① 알다
事実[じじつ] 사실
話す[はなす]①
이야기하다

その人を知りません。　　　　　　　　　　　　　　그 사람을 몰라요.

事実を話しません。　　　　　　　　　　　사실을 이야기하지 않습니다.

┌맛보기 연습┐　주어진 두 단어를 써서 '～를 ～하지 않아요/않습니다'라는 문장을 만들어 보세요.

(정답은 592쪽에)

プレゼント 선물
もらう① 받다
新聞[しんぶん] 신문
読む[よむ]① 읽다
ピアノ 피아노
弾く[ひく]①
(악기를)치다, 연주하다

プレゼント, もらう

▶ _____

新聞, 読む

▶ _____

ピアノ, 弾く

▶ _____

❸ ～ました ～했어요/했습니다 〈い단+ました〉

1류동사의 정중체형 과거형은 ます를 ました로 바꿔서 〈い단+ました〉의 형태로
쓰면 돼요.

小さい[ちいさい] 작다
選ぶ[えらぶ]① 고르다
鍵[かぎ] 열쇠
なくす① 잃다

小さいカップを選びました。

작은 컵을 골랐어요.

鍵をなくしました。

열쇠를 잃어버렸습니다.

맛보기 연습　주어진 두 단어를 써서 '~를 ~했어요/했습니다'라는 문장을 만들어 보세요. (정답은 592쪽에)

聞く[きく]① 듣다
テーブル 테이블
作る[つくる]① 만들다
雑誌[ざっし] 잡지
貸す[かす]① 빌려주다

J-POP, 聞く

▶ _____

テーブル, 作る

▶ _____

雑誌, 貸す

▶ _____

» J-POP, K-POP은 영어로 쓰는 경우가 많지만 가타카나로는 ジェイポップ/ジェーポップ, ケイポップ/ケーポップ가 돼요. 주로 ジェイ, ケイ로 쓰지만 읽을 때는 보통 ジェー, ケー라고 읽어요.

---

④ **～ませんでした**
　　~하지 않았어요/않았습니다　　〈い단+ませんでした〉

1류동사의 정중체형 과거 부정형은 ます를 ませんでした로 바꿔서 〈い단+ませんでした〉의 형태로 쓰면 돼요.

興味[きょうみ] 관심
持つ[もつ]① 가지다
自動車[じどうしゃ]
자동차
売る[うる]① 팔다

興味を持ちませんでした。

관심을 갖지 않았어요.

自動車を売りませんでした。

자동차를 팔지 않았습니다.

» 興味[きょうみ]는 '흥미', '관심'이라는 뜻이에요. '관심이 있다', '관심을 가졌다'라는 표현에서의 '관심'을 직역한 関心[かんしん]을 쓰는 경우가 많은데, 興味를 쓰는 것이 일반적이에요.

» '자동차'는 自動車[じどうしゃ]라고도 하고 車[くるま](차)라고도 하는데, 일상적으로는 車를 더 많이 써요.

　주어진 두 단어를 써서 '~를 ~하지 않았어요/않았습니다'라는 문장을 만들어 보세요.

(정답은 592쪽에)

スカート 치마
はく①
(바지, 치마 등을)입다
写真[しゃしん] 사진
撮る[とる]① 찍다
漢字[かんじ] 한자
習う[ならう]① 배우다

スカート, はく

▶ _____

写真, 撮る

▶ _____

漢字, 習う

▶ _____

≫ '슬리퍼를 신다'에서의 '신다'는 履く[はく]라고 배웠죠? 바지나 치마, 양말, 스타킹 등 하반신에 입는 것을 '입다'라고 할 때도 はく 라고 하는데 다른 단어예요. 한자로는 穿く로 쓰는데 히라가나로 쓰는 경우가 많아요.

1류동사의 정중체형 활용

	긍정	부정
현재	〈い단+ます〉 ~해요/합니다	〈い단+ません〉 ~하지 않아요/않습니다
과거	〈い단+ました〉 ~했어요/했습니다	〈い단+ませんでした〉 ~하지 않았어요/않았습니다

1 다음 표를 일본어로 완성해 보세요. 1류동사예요.

	~합니다	~하지 않습니다	~했습니다	~하지 않았습니다
休む				
知る				
持つ				

2 다음 문장을 일본어로 만들어 보세요.

(1) 약을 먹어요.

🖉 _____

(2) 사실을 이야기하지 않습니다.

🖉 _____

(3) 작은 컵을 골랐어요.

🖉 _____

(4) 관심을 가지지 않았어요.

🖉 _____

(5) 잡지를 빌려줬어요.

🖉 _____

(6) 사진을 찍지 않았습니다.

🖉 _____

(7) 불을 꺼요.

🖉 _____

(8) 선물을 받지 않습니다.

🖉 _____

今日、本屋に行きました。本屋で中国に関する本を読みました。今、ベストセラーの本です。私は中華料理は好きですが、今まで中国には興味がありませんでした。中国には行ったこともありませんし、中国語も全然わかりません。でも、本を読んで少し興味を持ちました。本を全部読みたいと思って、その本を買いました。今晩、残りを読むつもりです。

{단어}

今日[きょう] 오늘 | 本屋[ほんや] 서점 | 行く[いく]① 가다 | 中国[ちゅうごく] 중국 | 関する[かんする] 관하다 | 本[ほん] 책 | 今[いま] 지금 | ベストセラー 베스트셀러 | 中華料理[ちゅうかりょうり] 중국요리 | 好きな[すきな] 좋아하는 | 興味[きょうみ] 관심 | 中国語[ちゅうごくご] 중국어 | 全然[ぜんぜん] 전혀 | 少し[すこし] 조금 | 全部[ぜんぶ] 전부 | 思う[おもう]① 생각하다 | 今晩[こんばん] 오늘 밤 | 残り[のこり] 나머지

» '서점'을 뜻하는 말에 書店[しょてん]도 있는데, 일상회화에서 서점의 명칭이 아닌 그냥 '서점'을 말할 때는 주로 本屋[ほんや]를 써요. 本屋라고만 하면 약간 거친 느낌이 있어서 뒤에 さん을 붙여서 本屋さん이라고 하는 경우도 많아요.

» '중국요리'는 中国料理[ちゅうごく りょうり](중국요리)라고도 하는데, 中華料理[ちゅうか りょうり](중화요리)라고 하는 경우가 더 많아요.

오늘 서점에 갔습니다. 서점에서 중국에 관한 책을 읽었습니다. 지금 베스트셀러인 책입니다. 저는 중국요리는 좋아합니다만, 지금까지 중국에는 관심이 없었습니다. 중국에는 간 적도 없고 중국어도 전혀 모릅니다. 그렇지만, 책을 읽고 조금 관심을 가졌습니다. 책을 전부 다 읽고 싶어서 그 책을 샀습니다. 오늘 밤에 나머지를 읽을 생각입니다.

 カップ・コップ・グラスの 차이

이번 과에서 カップ(컵)라는 단어가 나왔는데 일본어에는 '컵'을 나타내는 단어로 コップ라는 단어도 있어요. カップ는 손잡이가 있고 보통 커피 등의 뜨거운 차를 마실 때 쓰는 컵을 말해요. 이에 비해 コップ는 손잡이가 없고 보통 물이나 주스 등의 차가운 음료를 마실 때 쓰는 컵을 말해요. 다른 것이 기준이 되는 경우도 있지만, 주로 손잡이의 유무가 중요한 기준이에요. 운동경기의 '우승컵'은 대부분 손잡이처럼 생긴 것이 달려 있어서 優勝[ゆうしょう]カップ라고 해요. '종이컵'은 손잡이가 없어서 紙[かみ]コップ라고 하죠. 다만 녹차 등을 마시는 도자기로 된 컵은 湯呑み茶碗[ゆ の みちゃわん](湯呑茶碗[ゆ のみちゃわん]으로도 씀)이라고 하는데, 줄여서 湯呑み[ゆ の み](혹은 湯呑[ゆ のみ])라고 해요. カップ와 コップ 외에 グラス(glass)라는 단어도 있는데, 이것은 와인잔이나 샴페인잔과 같은 손잡이가 없는 유리잔을 말해요.

가게를 나타내는 말, ～屋

〈장문 도전하기〉에서 本屋(서점)라는 단어가 나왔죠? ～屋는 '～가게'라는 뜻이에요. 그런데 ～屋는 '가게'뿐만 아니라 '그 가게 주인'을 뜻하기도 해요. ～屋가 쓰이는 다른 예를 몇 개 들어 볼게요.

パン屋 빵집, 빵집 주인
文房具屋 문방구점, 문방구점 주인
クリーニング屋 세탁소, 세탁소 주인
八百屋 채소가게, 채소가게 주인

～屋라는 말로만 부르기도 하지만 약간 거친 느낌이 있어서 뒤에 さん을 붙여서 부르는 경우가 많아요. 특히 그 가게 주인을 뜻할 때는 꼭 さん을 붙이세요.

魚屋 생선가게, 생선가게 주인
豆腐屋 두부가게, 두부가게 주인
米屋 쌀집, 쌀집 주인

그리고 魚屋, 豆腐屋, 米屋와 같은 경우는 앞에 お를 붙여서 お魚屋さん, お豆腐屋さん, お米屋さん이라고도 해요. お豆腐屋さん과 お米屋さん은 お를 붙여서 쓰는 경우가 안 붙이는 경우보다 더 많은 것 같아요.

이외에도 일상에서 〈お～屋さん〉의 형태로 흔히 쓰는 말들을 몇 개 소개할게요.

お菓子屋さん 과자가게, 과자가게 주인
お弁当屋さん 도시락가게, 도시락가게 주인
お土産屋さん 선물(기념품)가게, 선물(기념품)가게 주인
お寿司屋さん 스시집, 스시집 주인

10

2류동사의 보통체형

강의 및 예문듣기

2류동사(기존의 1단 동사)는 1류동사처럼 활용법이 전혀 복잡하지 않아요. 2류동사의 특징은 사전형의 꼬리가 항상 る로 끝나고, 이 る 앞에 반드시 'い단 소리' 혹은 'え단 소리'가 온다는 점이에요.

🎧 10-1.mp3

1단계
핵심문법 익히기

① 〜る ~해/하다　　　　　　　　　　　　　　　[사전형]

2류동사의 사전형은 항상 사전형의 꼬리가 る로 끝나요.

| 借^かりる
(빌리다) | 覚^{おぼ}える
(외우다) | 入^いれる
(넣다) |

映画[えいが] 영화
見る[みる]② 보다
夜食[やしょく] 야식
食べる[たべる]② 먹다

映画を見る。　　　　　　　　　　　　　　　　　　영화를 봐.

夜食を食べる。　　　　　　　　　　　　　　　　　야식을 먹다.

맛보기 연습　주어진 두 단어를 써서 '〜를 ~해/하다'라는 문장을 만들어 보세요.　(정답은 593쪽에)

着物[きもの] 기모노
着る[きる]② 입다
窓[まど] 창문
開ける[あける]② 열다
ドア 문, 도어
閉める[しめる]② 닫다

着物, 着る ▶ _____

窓, 開ける ▶ _____

ドア, 閉める ▶ _____

» 着る[きる](입다)는 '몸 전체에 걸치는 옷'이나 '상반신에 입는 옷'을 입을 때 써요. 바지나 양말 등의 '하반신에 입는 옷'을 입을 때는 はく라는 말을 써요.

» '문'은 ドア라고 해요. 門(문)은 もん으로 읽고 '대문'이라는 뜻이에요. 참고로 '미닫이문'은 戸[と]라고 해요.

❷ 〜ない ~하지 않아/않다

[ない형]
〈る삭제+ない〉

2류동사의 ない형(부정형)은 사전형의 꼬리 る를 빼고 ない를 붙이면 돼요.

見_みる (보다) + ない (~하지 않다) ⇒ 見_みない (보지 않다)

力を借りない。　　　　　　　　　　　　　　　　　힘을 빌리지 않아.

力[ちから] 힘
借りる[かりる]② 빌리다

電気をつけない。　　　　　　　　　　　　　　　　불을 켜지 않다.

電気[でんき] 불, 전기
つける② 켜다

┌ 맛보기 연습　　주어진 두 단어를 써서 '~를 ~하지 않아/않다'라는 문장을 만들어 보세요. (정답은 593쪽에)

電話, かける ▶ _____

答え, 見せる ▶ _____

ベルト, 締める ▶ _____

電話[でんわ] 전화
かける② 걸다
答え[こたえ] 답
見せる[みせる]② 보여 주다
ベルト 벨트
締める[しめる]② 매다, 조이다

❸ 〜た ~했어/했다

[た형]
〈る삭제+た〉

2류동사의 た형(과거형)은 사전형의 꼬리 る를 빼고 た를 붙이면 돼요.

借_かりる (빌리다) + た (~했다) ⇒ 借_かりた (빌렸다)

シャワーを浴びた。　　　　　　　　　　　　　　　샤워를 했어.

浴びる[あびる]② (샤워를) 하다
韓国語[かんこくご] 한국어

韓国語を教えた。　　　　　　　　　　　　　　　　한국어를 가르쳤다.

教える[おしえる]② 가르치다

≫ 浴びる[あびる](뒤집어써다, 찌다)는 물이나 햇볕 등을 위에서부터 몸에 받는 것을 나타내요.

┌ 맛보기 연습　　주어진 두 단어를 써서 '~를 ~했어/했다'라는 문장을 만들어 보세요. (정답은 593쪽에)

名前, 覚える ▶ _____

電話番号, 忘れる ▶ _____

名前[なまえ] 이름
覚える[おぼえる]② 외우다
電話番号[でんわ ばんごう] 전화번호
忘れる[わすれる]② 잊다

椅子[いす] 의자
並べる[ならべる]②
나란히 놓다

椅子, 並べる ▶ _____

 ④ ～なかった ～하지 않았어/않았다

[なかった形]
〈る삭제+なかった〉

なかった形(과거 부정형)은 사전형의 꼬리 る를 빼고 なかった만 붙이면 돼요.

教え<u>る</u>
(가르치다)
+
なかった
(～하지 않았다)
⇨
教えなかった
(가르치지 않았다)

日[ひ] 날
予定[よてい] 일정
入れる[いれる]② 넣다
変える[かえる]②
바꾸다

その日は予定を入れなかった。 　　　그 날은 일정을 넣지 않았어.

メールアドレスを変えなかった。 　　　메일 주소를 바꾸지 않았다.

≫ 予定[よてい]는 직역하면 '예정'이라는 뜻인데, '일정, 스케줄'이라는 뜻으로도 써요.

≫ '주소'는 住所[じゅうしょ]라고 하는데, '메일 주소'인 경우는 アドレス(address)라고 해요.

맛보기 연습　주어진 두 단어를 써서 '～를 ～하지 않았어/않았다'라는 문장을 만들어 보세요.

(정답은 593쪽에)

ごみ 쓰레기
捨てる[すてる]② 버리다
フランス語[ご] 프랑스어
勉強[べんきょう] 공부
始める[はじめる]②
시작하다
人気[にんき] 인기
集める[あつめる]②
모으다

ごみ, 捨てる ▶ _____

フランス語の勉強, 始める ▶ _____

人気, 集める ▶ _____

2류동사의 보통체형 활용

	긍정	부정
현재	〈～る〉 ～해/하다	〈る삭제+ない〉 ～하지 않아/않다
과거	〈る삭제+た〉 ～했어/했다	〈る삭제+なかった〉 ～하지 않았어/않았다

1 다음 표를 일본어로 완성해 보세요. 2류동사예요.

	~하다	~하지 않다	~했다	~하지 않았다
着る				
食べる				
忘れる				

2 다음 문장을 일본어로 만들어 보세요.

(1) 영화를 봐.

✎ --

(2) 불을 켜지 않다.

✎ --

(3) 한국어를 가르쳤다.

✎ --

(4) 그 날은 일정을 넣지 않았어.

✎ --

(5) 문을 닫다.

✎ --

(6) 인기를 무으지 않았어.

✎ --

(7) 전화번호를 잊어버렸다.

✎ --

(8) 답을 보여 주지 않아.

✎ --

必要ないものを捨てない人が多い。ほとんどの人が必要ないものまで大事に引き出しに入れる。ものが多いほうがいいという考えの人が多いが、それでは部屋が片付かない。必要ないものを捨てる練習が必要だ。まず、15分間で27個のものを捨てる練習をするといい。捨てるときにはそのものをよく見ないほうがいい。よく見ると捨てられなくなることが多いからだ。

{단어}
必要[ひつよう] 필요 | もの 물건 | 多い[おおい] 많다 | 大事に[だいじに] 소중히 | 引き出し[ひきだし] 서랍 | 考え[かんがえ] 생각 | 部屋[へや] 방 | 片付く[かたづく]① 정리되다 | 練習[れんしゅう] 연습 | 15分間[じゅうご ふんかん] 15분 동안 | 27個[にじゅうななこ] 27개

필요 없는 물건을 버리지 않는 사람들이 많다. 대부분의 사람들이 필요 없는 물건까지 소중히 서랍에 넣는다. 물건이 많은 편이 좋다는 생각을 가진 사람이 많지만, 그러면 방이 정리되지 않는다. 필요 없는 물건을 버리는 연습이 필요하다. 우선 15분 동안에 27개의 물건을 버리는 연습을 하면 좋다. 버릴 때는 그 물건을 잘 보지 않는 편이 좋다. 잘 보면 버리지 못하게 되는 경우가 많기 때문이다.

일본의 전통의상, 着物[きもの]

着物[きもの]는 일본의 전통의상이에요. 着物는 和服[わふく]라고도 하는데, 일상적으로는 着物라는 말을 더 많이 써요. 서양식 옷이 들어오기 전에는 '옷'을 着物라고 불렀는데 서양식 옷이 들어온 후에 일본의 전통의상과 구별하기 위해 和服라는 말이 만들어졌다고 해요. 한자 和는 '일본'을 뜻하는 말로, '화과자(和菓子)'는 '일본 과자'라는 뜻이죠. 和服의 반대 개념으로 서양에서 들어온 옷을 洋服[ようふく](양복)라고 하게 되었어요. 한국어와 달리 일본어에서의 洋服(양복)는 일상적으로 입는 옷들, 일본의 전통의상이 아닌 옷들을 전부 가리켜요. 일본의 전통의상으로 浴衣[ゆかた]를 아시는 분들도 많을 거예요. 浴衣는 여름에 입는 얇은 면으로 된 着物예요. 옛날에는 浴衣를 잠옷으로 입었는데, 지금은 여름철, 특히 축제 구경을 갈 때 입는 경우가 많아요. 浴衣가 아닌 着物 중에는 실크로 만들어진 것도 많아요.

1류동사와 2류동사의 보통체형 비교

1류동사와 2류동사를 배웠죠? 여기에서 한 번 보통체형의 활용 차이를 확인하고 넘어갑시다. 지금까지 활용 형태를 3가지 배웠는데, 아래 2가지는 아직 배우지 않은 활용 형태예요.

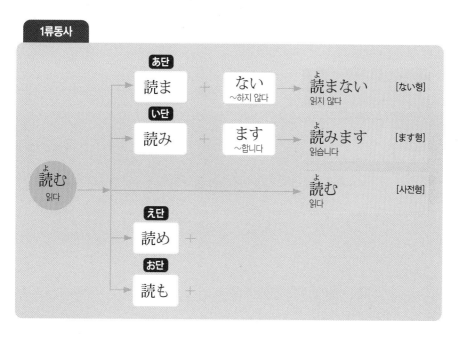

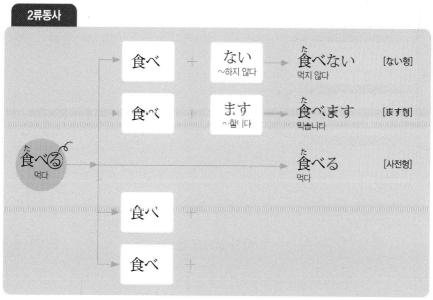

101

11

2류동사의 정중체형

강의 및 예문듣기

2류동사의 정중체형도 보통체형과 마찬가지로 사전형의 꼬리 る만 갈아끼우면 돼요. 정중체형은 1류동사에서 배운 것처럼 사전형의 꼬리 る를 빼고 ます만 붙이면 돼요!

🎧 11-1.mp3

1단계

핵심문법 익히기

❶ ～ます ~해요/합니다

[ます형]
〈る삭제+ます〉

2류동사의 ます형은 사전형의 꼬리 る를 빼고 ます만 붙이면 돼요.

上げ(る) (올리다) ＋ ます (~합니다) ⇨ 上げます (올립니다)

飛行機[ひこうき] 비행기

時間[じかん] 시간

調べる[しらべる]② 알아보다

木[き] 나무

植える[うえる]② 심다

飛行機の時間を調べます。　　　　　비행기(의) 시간을 알아봐요.

木を植えます。　　　　　나무를 심습니다.

맛보기 연습　주어진 두 단어를 써서 '～를 ~해요/합니다'라는 문장을 만들어 보세요.　(정답은 594쪽에)

家, 建てる ▶ _____

キムチ, 漬ける ▶ _____

メガネ, かける ▶ _____

家[いえ] 집

建てる[たてる]② 짓다

キムチ 김치

漬ける[つける]② 담그다

メガネ 안경

かける② (안경을)쓰다, 걸다

≫ '안경을 쓰다'는 メガネをかける(안경을 걸다)라고 표현해요. 귀에 거니까 かける를 쓴다고 기억하세요. 그리고 メガネ는 한자 眼鏡로 쓰는 경우도 많아요.

❷ ～ません ~하지 않아요/않습니다　　　〈る삭제+ません〉

2류동사의 ます형 부정형은 사전형의 꼬리 る를 빼고 ません만 붙이면 돼요.

決める (정하다) + ません (~하지 않습니다) ⇨ 決めません (정하지 않습니다)

値段[ねだん] 가격, 값
上げる[あげる]②
올리다
下げる[さげる]②
내리다

値段を上げません。　　　　　　　　　　　가격을 올리지 않아요.

コストを下げません。　　　　　　　　　　코스트를 내리지 않습니다.

会社[かいしゃ] 회사
辞める[やめる]②
(회사 등을)그만두다
部屋[へや] 방
片付ける[かたづける]②
치우다
クラスメイト 반 친구
いじめる② 괴롭히다

🍃맛보기 연습　주어진 두 단어를 써서 '~를 ~하지 않아요/않습니다'라는 문장을 만들어 보세요.

(정답은 594쪽에)

会社, 辞める ▶ _____

部屋, 片付ける ▶ _____

クラスメイト, いじめる

▶ _____

≫ '반 친구'라는 뜻의 クラスメイト는 クラスメート로 쓰기도 해요.

❸ ～ました ~했어요/했습니다　　　　　　　〈る삭제+ました〉

2류동사의 ます형 과거형은 사전형의 꼬리 る를 빼고 ました만 붙이면 돼요.

受ける (받다) + ました (~했습니다) ⇨ 受けました (받았습니다)

昔[むかし] 옛날
日記[にっき] 일기
見つける[みつける]②
발견하다
電池[でんち] 건전지
取り替える[とりかえる]
② 갈다, 교체하다

昔の日記を見つけました。　　　　　　　옛날 (의) 일기를 발견했어요.

電池を取り替えました。　　　　　　　　건전지를 갈았습니다.

≫ 見つける[みつける](찾다)는 '발견하다'라는 뜻의 '찾다'예요. 찾는 행위를 뜻하는 '찾다'는 探す[さがす]예요.

≫ 電池[でんち](건전지)는 乾電池[かんでんち]의 乾[かん](건)을 생략한 말로, 일상생활에서 많이 써요.

結婚[けっこん] 결혼
決める[きめる]② 정하다
泥棒[どろぼう] 도둑
捕まえる[つかまえる]②
붙잡다
忘れ物[わすれもの]
분실물
届ける[とどける]②
가져다 주다

🍃맛보기 연습　주어진 두 단어를 써서 '~를 ~했어요/했습니다'라는 문장을 만들어 보세요. (정답은 594쪽에)

結婚, 決める ▶ _____

泥棒, 捕まえる ▶ _____

忘れ物, 届ける ▶ _____

④ ～ませんでした
～하지 않았어요/않았습니다
⟨る삭제+ませんでした⟩

2류동사의 ます형 과거 부정형은 사전형의 꼬리 る를 빼고 ませんでした만 붙이면 돼요.

| かける
(걸다) | + | ませんでした
(～하지 않았습니다) | ⇨ | かけませんでした
(걸지 않았어요) |

運動[うんどう] 운동
続ける[つづける]②
계속하다
試験[しけん] 시험
受ける[うける]②
(시험을)보다, 받다

運動を続けませんでした。 　　　　　　　　　　　운동을 계속하지 않았어요.

試験を受けませんでした。 　　　　　　　　　　　시험을 보지 않았습니다.

≫ '시험을 보다'는 試験を受ける[しけんを うける](시험을 받다)라고 표현해요. 見る[みる](보다)를 쓰지 않도록 유의하세요! 그리고 앞에서 나온 テスト(테스트)는 학교에서 보는 시험과 같은 비교적 가벼운 시험일 때 쓰고, 試験[しけん](시험)은 자격시험이나 입학시험 등의 비교적 무거운 시험일 때 써요.

┌맛보기 연습 주어진 두 단어를 써서 '～를 ～하지 않았어요/않았습니다'라는 문장을 만들어 보세요.
　　　　　　　　　　　　　　　　　　　　　　　　　　　　　　　　　(정답은 594쪽에)

学生[がくせい] 학생
ほめる② 칭찬하다
車[くるま] 차
止める[とめる]② 세우다
道[みち] 길
間違える[まちがえる]②
틀리다

学生, ほめる ▶ _____

車, 止める ▶ _____

道, 間違える ▶ _____

≫ ほめる(칭찬하다)는 한자 褒める로 쓰기도 해요.

≫ '차를 세우다'라고 할 때 止める[とめる]를 停める로 쓰기도 해요.

2류동사의 정중체형 활용

	긍정	부정
현재	⟨る삭제+ます⟩ ～해요/합니다	⟨る삭제+ません⟩ ～하지 않아요/않습니다
과거	⟨る삭제+ました⟩ ～했어요/했습니다	⟨る삭제+ませんでした⟩ ～하지 않았어요/않았습니다

1 다음 표를 일본어로 완성해 보세요. 2류동사예요.

	~합니다	~하지 않습니다	~했습니다	~하지 않았습니다
見つける				
決める				

2 다음 문장을 일본어로 만들어 보세요.

(1) 비행기 시간을 알아봐요.

🖉 --

(2) 가격을 올리지 않아요.

🖉 --

(3) 건전지를 갈았습니다.

🖉 --

(4) 시험을 보지 않았습니다.

🖉 --

(5) 김치를 담급니다.

🖉 --

(6) 길을 잘못 알지 않았어요.

🖉 --

(7) 방을 치우지 않아요.

🖉 --

(8) 분실물을 가져다 줬어요.

🖉 --

昨日、とてもいいシャツを見つけました。でも、私のサイズは展示品だけでした。展示品を買うのはちょっと嫌でした。注文できるか店員さんが調べましたが、そのシャツはもう注文ができませんでした。店員さんが値段を少し下げると言ったので、それを買いました。きれいに洗濯して、着るつもりです。

{단어}

昨日[きのう] 어제 | シャツ 셔츠 | サイズ 사이즈 | 展示品[てんじひん] 전시품 | 買う[かう]① 사다 | 嫌な[いやな] 싫은 | 注文[ちゅうもん] 주문 | できる② 할 수 있다 | 店員[てんいん] 점원 | 値段[ねだん] 값, 가격 | 少し[すこし] 조금 | 言う[いう]① 말하다 | きれいに 깨끗이 | 洗濯する[せんたくする]③ (빨래를) 빨다 | 着る[きる]② 입다

어제 매우 좋은 셔츠를 발견했습니다. 그렇지만 제 사이즈는 전시품뿐이었습니다. 전시품을 사는 것은 좀 싫었습니다. 주문할 수 있는지 점원이 알아봤지만, 그 셔츠는 이제 주문을 할 수 없었습니다. 점원이 가격을 조금 내리겠다고 해서 그것을 샀습니다. 깨끗이 빨아서 입을 생각입니다.

 ## 값·가격·요금·대금의 차이

値段(값)과 비슷한 뜻을 가진 말로 価格(가격), 料金(요금), 代金(대금)이 있어요. 値段(값)과 価格(가격)는 거의 똑같은 말인데 値段이 좀 더 구어적인 말이고 価格는 격식 차린 말투, 문어적인 말이에요. 그리고 料金(요금)은 물건의 값이 아니라 주로 서비스를 받거나 이용했을 때 지불하는 돈을 뜻해요. 代金(대금)은 물건을 구입했을 때 그 물건 값 외의 배송비, 설치비 등을 포함한 전체 금액을 뜻해요. 그리고 '전기세', '수도세', '가스요금' 등도 代金이라고 해요. 그래서 '전기세'는 電気代, '수도세'는 水道代, '가스요금'은 ガス代라고 해요.

値段[ねだん]	물건의 값/가격 [価格보다 구어적인 말]
価格[かかく]	물건의 값/가격 [値段보다 문어적인 말]
料金[りょうきん]	서비스 이용에 대해 지불하는 돈.
代金[だいきん]	공과금. 물건 구입시 지불하는 전체 금액(배송비 등 포함)

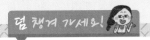

1류동사와 2류동사의 정중체형 비교

이제 1류동사와 2류동사의 보통체형과 정중체형을 모두 배웠죠? 보통체형은 앞에서 비교하여 정리했으니 여기에서는 정중체형을 비교하여 정리해 봅시다! 정중체형은 ます 부분이 활용되기 때문에 ます에 접속되는 형태만 알면 되니까 보통체형보다 쉬워요!

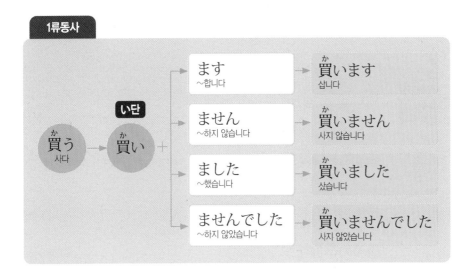

1류동사

買う (사다) → 買い [い단] +

- ます (~합니다) → 買います (삽니다)
- ません (~하지 않습니다) → 買いません (사지 않습니다)
- ました (~했습니다) → 買いました (샀습니다)
- ませんでした (~하지 않았습니다) → 買いませんでした (사지 않았습니다)

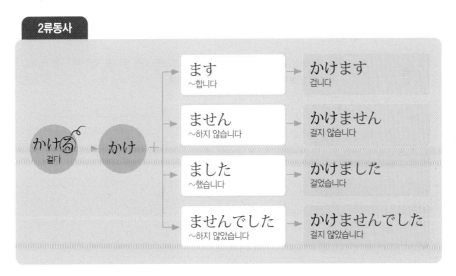

2류동사

かける (걸다) → かけ +

- ます (~합니다) → かけます (겁니다)
- ません (~하지 않습니다) → かけません (걸지 않습니다)
- ました (~했습니다) → かけました (걸었습니다)
- ませんでした (~하지 않았습니다) → かけませんでした (걸지 않았습니다)

12 3류동사의 보통체형

강의 및 예문듣기

3류동사는 활용이 불규칙적으로 일어나는 동사라서 기존에 '불규칙동사'라고 불렀어요. 3류동사는 불규칙한 활용이라서 무조건 외워야 해요! 그런데 3류동사는 来る(오다)와 する(하다) 단 2개밖에 없어요!

🎧 12-1.mp3

1단계
핵심문법 익히기

明後日[あさって] 모레
会長[かいちょう]
회장(님)
講義[こうぎ] 강의
準備[じゅんび] 준비

❶ 来る 와/오다
  する 해/하다
　　　　　　　　　　　　　　　　　　　　　　　　　[사전형]

3류동사의 사전형은 각각 来る, する예요. 불규칙 활용이라서 외워야 해요!

明後日、会長が来る。
모레, 회장님이 와.

講義の準備をする。
강의(의) 준비를 하다.

≫ 明後日[あさって](모레)는 みょうごにち라고도 읽어요. みょうごにち는 격식 차린 문어적인 말이고, 일상적으로는 あさって라고 해요.

맛보기 연습　주어진 두 단어를 써서 '오다'는 '~가 와/오다'라는 문장을, '하다'는 '~를 해/하다'라는 문장을 만들어 보세요. 조사 '이/가'는 が예요.　　　　(정답은 595쪽에)

おば 이모(높임×)
競争[きょうそう] 경쟁
朝[あさ] 아침
買い物[かいもの] 쇼핑

おば, 来る ▶ _____

競争, する ▶ _____

朝, 来る ▶ _____

買い物, する ▶ _____

❷ 来ない 오지 않아/않다
  しない 하지 않아/않다
　　　　　　　　　　　　　　　　　　　　　　　　　[ない형]

3류동사의 ない형은 각각 来ない, しない예요. 来의 소리가 바뀌니 유의하세요!

おじ 삼촌(높임×)
返事[へんじ] 대답, 답장

おじは来ない。　　　　　　　　　　　　　　　삼촌은 오지 않다.

返事をしない。　　　　　　　　　　　　　　　대답을 하지 않아.

맛보기 연습　주어진 두 단어를 써서 '오다'는 '~는 오지 않아/않다'라는 문장을, '하다'는 '~를 하지 않아/
않다'라는 문장을 만들어 보세요. 조사 '은/는'은 は예요.　　　　　　　(정답은 595쪽에)

いとこ 사촌(높임×)
友達[ともだち] 친구
お母さん[おかあさん]
어머니(높임○)
テニス 테니스

いとこ, 来る ▶ _____

けんか, する ▶ _____

友達のお母さん, 来る ▶ _____

テニス, する ▶ _____

》 けんか(싸움)는 한자로 쓰면 喧嘩예요. 어려운 한자이지만 한자로 표기하는 경우도 꽤 있어요. 또 가타카나 ケン
カ로 쓰기도 해요.

③ 来た 왔어/왔다　した 했어/했다　　　　　　[た형]

3류동사의 た형은 각각 来た, した예요. 来의 소리가 또 바뀌니 유의하세요!

彼女[かのじょ] 여자친구
お父さん[おとうさん]
아버지(높임○)
洗濯[せんたく] 빨래

彼女のお父さんが来た。　　　　　　　　　　　여자친구의 아버지가 왔어.

洗濯をした。　　　　　　　　　　　　　　　　빨래를 했다.

맛보기 연습　주어진 두 단어를 써서 '오다'는 '~가 왔어/왔다'라는 문장을, '하다'는 '~를 했어/했다'라는
문장을 만들어 보세요. 조사 '이/가'는 が예요.　　　　　　　　　(정답은 595쪽에)

先生[せんせい] 선생님
おばあさん
할머니(높임○)
ロボット 로봇
研究[けんきゅう] 연구
娘[むすめ] 딸(높임×)
彼氏[かれし] 남자친구
質問[しつもん] 질문

先生のおばあさん, 来る ▶ _____

ロボットの研究, する ▶ _____

娘の彼氏, 来る ▶ _____

質問, する ▶ _____

》 彼氏[かれし](남자친구)는 彼[かれ]라고 해도 돼요.

109

❹ 来なかった 오지 않았어/않았다
しなかった 하지 않았어/않았다

[なかった형]

3류동사의 なかった형은 각각 来なかった, しなかった예요.

裏[うら] 뒷면, 뒤
おじいさん
할아버지(높임○)
車[くるま] 차
運転[うんてん] 운전

裏のおじいさんは来なかった。　　　　뒷집(의) 할아버지는 오지 않았다.

車の運転をしなかった。　　　　차(의) 운전을 하지 않았어.

» 사람 앞에 裏[うら]의(뒤의)를 붙여서 <裏の~(사람)>라고 하면 '뒷집 ~(사람)'이라는 뜻이 돼요. 참고로 '뒷집'은 裏のうち/家[いえ]라고 해요.

맛보기연습　주어진 두 단어를 써서 '오다'는 '~는 오지 않았어/않았다'라는 문장을, '하다'는 '~를 하지
않았어/않았다'라는 문장을 만들어 보세요. 조사 '은/는'은 は예요.　　　(정답은 595쪽에)

電車[でんしゃ] 전철
案内[あんない] 안내
校長先生[こうちょう
せんせい] 교장 선생님
散歩[さんぽ] 산책

電車, 来る ▶ _____

案内, する ▶ _____

校長先生, 来る ▶ _____

散歩, する ▶ _____

» '산책'을 뜻하는 말로 散策[さんさく](산책)도 있지만, 보통 散歩[さんぽ]를 많이 써요.

포인트
정리

3류동사의 보통체형 활용

	긍정	부정
현재	来る 와/오다 する 해/하다	来ない 오지 않아/않다 しない 하지 않아/않다
과거	来た 왔어/왔다 した 했어/했다	来なかった 오지 않았어/않았다 しなかった 하지 않았어/않았다

1 다음 표를 일본어로 완성해 보세요. 3류동사예요.

	~하다	~하지 않다	~했다	~하지 않았다
来る				
する				

2 다음 문장을 일본어로 만들어 보세요.

(1) 모레, 회장님이 와.

🖉 --

(2) 삼촌은 오지 않다.

🖉 --

(3) 여자친구의 아버지가 왔어.

🖉 --

(4) 차 운전을 하지 않았어.

🖉 --

(5) 강의 준비를 하다.

🖉 --

(6) 빨래를 했다.

🖉 --

(7) 뒷집 할아버지는 오지 않았다.

🖉 --

(8) 대답을 하지 않아.

🖉 --

彼にメッセージを送ったが、返事がすぐに来なかった。心配だ。こんなことを言う女性が多い。女性は大概、連絡が来るとすぐに返事をする。しかし、男性はすぐに返事をしないことがかなりある。これは女性と男性の考え方が違うからだ。大部分の女性は通信を大切なコミュニケーション手段だと思っているが、大部分の男性は通信を連絡を取る道具だと思っている。だから、このような違いを理解することが大事だ。

{단어}

彼[かれ] 남자친구 | メッセージ 메시지 | 送る[おくる]① 보내다 | 返事[へんじ] 답장 | すぐに 바로 | 心配[しんぱい] 걱정 | 言う[いう]① 말하다 | 女性[じょせい] 여성 | 多い[おおい] 많다 | 大概[たいがい] 대개 | 連絡[れんらく] 연락 | 男性[だんせい] 남성 | かなり 꽤 | 考え方[かんがえかた] 사고방식 | 違う[ちがう]① 다르다 | 大部分[だいぶぶん] 대부분 | 通信[つうしん] 통신 | 大切な[たいせつな] 소중한 | コミュニケーション 커뮤니케이션 | 手段[しゅだん] 수단 | 思う[おもう]① 생각하다 | 取る[とる]① (연락을) 취하다 | 道具[どうぐ] 도구 | 違い[ちがい] 차이 | 理解[りかい] 이해 | 大事な[だいじな] 중요한

남자친구에게 메시지를 보냈는데, 답장이 바로 오지 않았다. 걱정이다. 이렇게(이런 것을) 말하는 여성이 많다. 여성은 대개 연락이 오면 바로 답장을 한다. 그러나 남성은 바로 답장을 하지 않는 경우가 꽤 있다. 이것은 여성과 남성의 사고방식이 다르기 때문이다. 대부분의 여성은 통신을 소중한 커뮤니케이션 수단이라고 생각하고 있지만, 대부분의 남성은 통신을 연락을 취하는 도구라고 생각하고 있다. 그래서 이러한 차이를 이해하는 것이 중요하다.

 잠깐만요!
社長, 課長 뒤에 さん을 붙여야 할까?

이번 과에서 会長(회장(님))라는 단어가 나왔죠? 앞에서 社長(사장(님)), 部長(부장(님)), 課長(과장(님))을 배웠고요. 한국어 감각으로 보면 모두 뒤에 '님'을 붙이고 싶죠? 그런데 일본어는 さん(씨)이나 様(님) 없이 모두 '~님'이라는 뜻으로 쓰이기 때문에 그냥 藤井社長(ふじい사장님)처럼 성씨 뒤에 붙여 쓰면 돼요. 다만 편지를 쓸 때는 수신인 이름에 '○○部長'처럼 쓰는 것은 예의에 어긋나요. 예를 들어 '영업부 부장님'이라면 営業部部長 ○○様(영업부 부장 ○○님)의 형태로 써야 하니 알아 두세요!

1류동사와 2류동사를 구별하는 방법

1 사전형 꼬리가 る로 끝나지 않으면 1류동사!

2류동사는 사전형의 꼬리가 반드시 る로 끝나기 때문에, 꼬리가 る가 아니면 무조건 1류동사
가 돼요. 아래의 동사들은 전부 꼬리가 る가 아니기 때문에 1류동사예요!

예 買う(사다)　書く(쓰다)　持つ(가지다)　呼ぶ(부르다)　読む(읽다)

그런데 사전형의 꼬리가 る로 끝난다고 해서 전부 2류동사라고는 할 수 없어요! 꼬리가 る로
끝나는 동사 중에는 1류동사도 있으니까요. 아래의 동사들은 전부 꼬리가 る로 끝나지만 1류
동사예요!

예 貼る(붙이다)　知る(알다)　売る(팔다)　帰る(돌아가다)　撮る(찍다)

2 사전형 꼬리가 る로 끝나되 〈あ단+る〉, 〈う단+る〉, 〈お단+る〉이면 1류동사!

2류동사는 사전형의 꼬리 る 앞의 소리가 반드시 'い단'이나 'え단'이기 때문에, 꼬리 る 앞의
소리가 'あ단', 'う단', 'お단'이면 무조건 1류동사가 돼요. 아래의 동사들은 전부 1류동사예요!

예 終わる(끝나다)　降る((비, 눈 등이) 내리다)　乗る((전철 등을) 타다)

3 ます형이 〈え단+ます〉이면 2류동사!

1류동사의 ます형은 〈い단+ます〉의 형태이기 때문에, 〈え단+ます〉의 형태는 무조건 2류동
사가 돼요. 아래의 동사들은 전부 2류동사예요! 참고로 〈い단+ます〉의 형태에는 1류동사도 있
고 2류동사도 있어요.

예 食べます(먹습니다)　開けます(엽니다)　閉めます(닫습니다)　教えます(가르칩니다)

4 ます 앞에 글자가 1개만 있으면 2류동사!

ます 앞에 히라가나로 한 글자만 있으면 무조건 2류동사가 돼요. 아래의 동사들은 전부 2류동
사예요!

예 います(있습니다)　着ます(입습니다)　見ます(봅니다)　寝ます(잡니다)

이와 같은 4가지 방법으로도 구별할 수 없는 동사들도 있어요. 그런 경우에는 활용형태를 2가지 이상
알아야 구별할 수 있어요. 결국 자연스러운 활용형태를 익혀서 아는 것이 가장 중요해요!

13

3류동사의 정중체형

이번에는 3류동사의 정중체형을 연습할게요. 정중체형은 1류동사든 2류동사든 3류동사든 전부 ます가 활용되기 때문에 ます에 접속되는 형태만 익히면 돼요! 3류동사의 경우에 ます는 항상 来와 し에 연결해요.

🎧 13-1.mp3

1단계
핵심문법 익히기

① 来ます **와요/옵니다**
　します **해요/합니다**

[ます형]

3류동사의 ます형은 각각 来ます, します예요. 예문과 연습문제 중 '오다'가 아닌 '오시다'가 적절한 경우도 있지만, 활용 연습을 위해 전부 '오다'로 했어요.

来週[らいしゅう] 다음 주
専務[せんむ] 전무(님)
お嬢さん[おじょうさん] 따님(높임○)
毎日[まいにち] 매일
英会話[えいかいわ] 영어회화
練習[れんしゅう] 연습

来週、専務のお嬢さんが来ます。　　　다음 주에 전무님의 따님이 와요.

毎日、英会話の練習をします。　　　매일, 영어회화(의) 연습을 합니다.

» '영어'는 英語[えいご]이고 '회화'는 会話[かいわ]인데, '영어회화'는 語[ご](어)가 생략되어 英会話[えいかいわ](영회화)가 돼요.

» お嬢さん[おじょうさん](따님)을 더 높이면 お嬢様[おじょうさま](따님)가 돼요.

┌ **맛보기 연습** 주어진 두 단어를 써서 '오다'는 '~가 와요/옵니다'라는 문장을, '하다'는 '~를 해요/합니다'
└ 라는 문장을 만들어 보세요. (정답은 596쪽에)

常務[じょうむ] 상무(님)
息子さん[むすこさん] 아드님(높임○)
今夜[こんや] 오늘 밤
花火[はなび] 불꽃놀이
見物[けんぶつ] 구경
次長[じちょう] 차장(님)
娘さん[むすめさん] 따님(높임○)
下宿[げしゅく] 하숙

常務の息子さん, 来る ▶ _____

今夜、花火見物, する ▶ _____

次長の娘さん, 来る ▶ _____

下宿, する ▶ _____

» 花火[はなび]는 '불꽃놀이'이고 見物[けんぶつ]는 '구경'이라서 합하여 '불꽃놀이 구경'이 되었어요.

» 娘[むすめ](딸) 뒤에 さん을 붙인 娘さん도 '따님'이라는 뜻이지만, お嬢さん[おじょうさん]이 더 높여 주는 느낌이 드는 말이에요.

❷ 来ません 오지 않아요/않습니다
しません 하지 않아요/않습니다

3류동사의 ます형 부정형은 각각 来ません, しません이에요.

係長[かかりちょう]
계장(님)
ご両親[ごりょうしん]
부모님(높임○)
今日[きょう] 오늘
午後[ごご] 오후
会議[かいぎ] 회의

係長のご両親は来ません。　　　　계장님의 부모님은 오지 않습니다.

今日の午後は会議をしません。　　오늘(의) 오후는 회의를 하지 않아요.

🍴 **맛보기 연습**　주어진 두 단어를 써서 '오다'는 '~는 오지 않아요/않습니다'라는 문장을, '하다'는 '~를 하지 않아요/않습니다'라는 문장을 만들어 보세요.　　(정답은 596쪽에)

主任[しゅにん] 주임(님)
お子さん[おこさん]
자녀분(높임○)
贈り物[おくりもの]
선물
上司[じょうし] 상사
奥さん[おくさん]
부인(높임○)
食事[しょくじ] 식사
支度[したく] 준비

主任のお子さん, 来る ▶ ＿＿＿＿＿＿＿＿＿＿＿＿＿＿

贈り物, する ▶ ＿＿＿＿＿＿＿＿＿＿＿＿＿＿

上司の奥さん, 来る ▶ ＿＿＿＿＿＿＿＿＿＿＿＿＿＿

食事の支度, する ▶ ＿＿＿＿＿＿＿＿＿＿＿＿＿＿

≫ 贈り物[おくりもの]는 공식적으로 보내는 선물이나 가치가 높은 선물이고, プレゼント는 개인적으로 주는 선물이에요.

---

❸ 来ました 왔어요/왔습니다
しました 했어요/했습니다

3류동사의 ます형 과거형은 각각 来ました, しました예요.

職場[しょくば] 직장
同僚[どうりょう] 동료
ご主人[ごしゅじん]
남편분(높임○)

職場の同僚のご主人が来ました。　직장(의) 동료의 남편분이 왔어요.

コンビニでアルバイトをしました。　편의점에서 아르바이트를 했습니다.

≫ コンビニ(편의점)는 コンビニエンスストア(convenience store)의 준말이에요.

≫ 일상회화에서는 アルバイト(아르바이트)를 줄여서 バイト(알바)라고 하는 경우가 많아요.

🍴 **맛보기 연습**　주어진 두 단어를 써서 '오다'는 '~가 왔어요/왔습니다'라는 문장을, '하다'는 '~를 했어요/했습니다'라는 문장을 만들어 보세요.　　(정답은 596쪽에)

外国人[がいこくじん]
외국인
男の人[おとこのひと]
남자
経験[けいけん] 경험

外国人の男の人, 来る ▶ ＿＿＿＿＿＿＿＿＿＿＿＿＿＿

いい経験, する ▶ ＿＿＿＿＿＿＿＿＿＿＿＿＿＿

女の人[おんなのひと]
여자

お茶[おちゃ] (마시는)차

用意[ようい] 준비

きれいな女の人, 来る ▶ _____

お茶の用意, する ▶ _____

≫ '남자', '여자'는 男[おとこ], 女[おんな]라고 할 수도 있는데, 이 말은 매우 거친 말이라 부정적인 말을 할 때 쓰는 경우가 많아요. 평상시에는 男の人[おとこのひと], 女の人[おんなのひと]라고 하세요.

❹ 来ませんでした 오지 않았어요/않았습니다
しませんでした 하지 않았어요/않았습니다

3류동사의 ます형 과거 부정형은 각각 来ませんでした, しませんでした예요.

運転手[うんてんしゅ]
(운전)기사

先生[せんせい] 선생님

お礼[おれい]
감사의 말/선물

バスの運転手さんは来ませんでした。　　버스(의) 기사님은 오지 않았습니다.

先生にお礼をしませんでした。　　선생님께 감사 선물을 하지 않았어요.

≫ お礼をする[おれいを する]는 '감사 선물을 하다'라는 뜻이고 お礼を言う[おれいを いう]는 '감사 인사를 하다', 즉 '감사하는 마음을 말로 전하다'라는 뜻이에요. 후자는 선물을 하지 않는 경우이니 유의하세요!

맛보기 연습　주어진 두 단어를 써서 '오다'는 '~는 오지 않았어요/않았습니다'라는 문장을, '하다'는 '~를 하지 않았어요/않았습니다'라는 문장을 만들어 보세요.　　　　　　　　　(정답은 596쪽에)

部下[ぶか] 부하

家族[かぞく] 가족

会話[かいわ] 대화, 회화

お巡りさん[おまわりさん] 경찰아저씨

自己紹介[じこ しょうかい] 자기소개

部下の家族, 来る ▶ _____

会話, する ▶ _____

お巡りさん, 来る ▶ _____

自己紹介, する ▶ _____

3류동사의 정중체형 활용

	긍정	부정
현재	来ます 와요/옵니다 します 해요/합니다	来ません 오지 않아요/않습니다 しません 하지 않아요/않습니다
과거	来ました 왔어요/왔습니다 しました 했어요/했습니다	来ませんでした 오지 않았어요/않았습니다 しませんでした 하지 않았어요/않았습니다

1 다음 표를 일본어로 완성해 보세요. 3류동사예요.

	~합니다	~하지 않습니다	~했습니다	~하지 않았습니다
来る				
する				

2 다음 문장을 일본어로 만들어 보세요.

(1) 매일, 영어회화 연습을 합니다.

✎ --

(2) 오늘 오후는 회의를 하지 않아요.

✎ --

(3) 직장 동료의 남편분이 왔어요.

✎ --

(4) 버스 기사님은 오지 않았습니다.

✎ --

(5) 편의점에서 아르바이트를 했습니다.

✎ --

(6) 자기소개를 하지 않았습니다.

✎ --

(7) 다음 주에 전무님의 따님이 와요.

✎ --

(8) 계장님의 부모님은 오지 않습니다.

✎ --

パク・ジョンウさんは私の職場の同僚でした。パクさんは学生の時、韓国から日本に来ました。そして、私と同じ職場で２年間仕事をしました。そのあと、パクさんは韓国に帰りました。私はおととし、仕事を辞めて、去年1年間韓国で韓国語を勉強しました。その時、パクさんが色々な所を案内してくれました。パクさんのおかげで、私は韓国でいい経験をたくさんしました。来月、パクさんが日本に来ます。私はパクさんと一緒に花火見物をします。いい思い出をたくさん作りたいです。

{단어}

職場[しょくば] 직장 | 同僚[どうりょう] 동료 | 学生[がくせい] 학생 | 時[とき] 때 | 韓国[かんこく] 한국 | 日本[にほん] 일본 | 同じ[おなじ] 같은 | 2年間に ねんかん] 2년 동안 | 仕事[しごと] 일(직업) | 帰る[かえる]① 돌아가다 | 私[わたし] 저 | おととし 재작년 | 辞める[やめる]② (일 등을)그만두다 | 去年[きょねん] 작년 | 1年間[いち ねんかん] 1년 동안 | 韓国語[かんこくご] 한국어 | 勉強[べんきょう] 공부 | 色々な[いろいろな] 여러 | 所[ところ] 곳 | 案内[あんない] 안내 | おかげで 덕분에 | 経験[けいけん] 경험 | 来月[らいげつ] 다음 달 | 一緒に[いっしょに] 함께 | 花火[はなび] 불꽃놀이 | 見物[けんぶつ] 구경 | 思い出[おもいで] 추억 | 作る[つくる]① 만들다 | 思う[おもう]① 생각하다

박정우 씨는 저의 직장 동료였습니다. 박 씨는 학생 때 한국에서 일본에 왔습니다. 그리고 저와 같은 직장에서 2년 동안 일을 했습니다. 그 후, 박 씨는 한국에 돌아갔습니다. 저는 재작년에 일을 그만두고, 작년 1년 동안 한국에서 한국어를 공부했습니다. 그 때 박 씨가 여러 곳을 안내해 주었습니다. 박 씨 덕분에 저는 한국에서 좋은 경험을 많이 했습니다. 다음 달에 박 씨가 일본에 옵니다. 저는 박 씨와 함께 불꽃놀이 구경을 할 것입니다. 좋은 추억을 많이 만들고 싶습니다.

 직함들은 일본어로 뭐라고 할까?

직함은 직장에 따라 차이가 나는 경우도 있는데, 흔히 사용되는 직함들을 한 번 정리해 볼게요.

一般社員[いっぱんしゃいん] 일반사원 ── 主任[しゅにん] 주임(님) ── 係長[かかりちょう] 계장(님) ── 課長[かちょう] 과장(님) ── 次長[じちょう] 차장(님) ── 部長[ぶちょう] 부장(님) ── 常務[じょうむ] 상무(님) ── 専務[せんむ] 전무(님) ── 副社長[ふくしゃちょう] 부사장(님) ── 社長[しゃちょう] 사장(님) ── 会長[かいちょう] 회장(님)

» '대표이사'는 代表取締役[だいひょうとりしまりやく]라고 해요.

準備・用意・支度의 차이

이 세 단어는 모두 '준비'라는 뜻을 가진 단어예요. 앞에서 準備가 나왔고 이번 과에서는 用意와 支度가 나왔어요. 이 세 단어에 어떤 느낌 차이가 있는지 정리해 볼게요.

準備

필요한 물건을 준비하는 것뿐만 아니라 계획, 환경, 정신적인 준비 등까지도 준비하는 경우에 써요.

用意

주로 필요한 물건을 준비하는 경우에 쓰는데, 準備처럼 장기간에 걸친 준비가 아니라 바로 사용할 물건을 준비하는 경우에 써요.

支度

보통 '식사 준비'나 외출, 여행 등을 위해 필요한 옷이나 물건 등을 준비하는 경우에 써요.

'회의 준비를 하다'라는 표현에 대한 準備와 用意의 차이

会議の準備をする	이전부터 회의를 위한 계획을 세우고 자료를 준비하면서 마음의 준비를 한다는 뜻임.
会議の用意をする	회의 당일에 회의를 위해 필요한 자료나 물건, 자리 등의 준비를 한다는 뜻임.

'식사 준비를 하다'라는 표현에 대한 準備・用意・支度의 차이

食事の準備をする	식사 메뉴를 생각하여 결정하거나 식사할 자리를 준비하는 것까지 포함하는 뜻임.
食事の用意をする	장보기부터 요리까지 포함되는 상황을 나타내는 뜻임.
食事の支度をする	재료는 이미 준비되어 있고 요리만 하면 되는 상황을 나타내는 뜻임.

가장 좁은 뜻으로 쓰는 것은 支度이고, 그 다음이 用意이며, 가장 넓은 뜻으로 쓰는 것이 準備예요. 어떤 단어를 써야 할지 잘 모를 때는 가장 넓은 뜻인 準備를 쓰는 것이 무난해요.

세 단어의 쓰임에 대해 다시 한 번 정리해 볼게요!

準備	필요한 물건뿐만 아니라 정신적인 면 등도 포함됨. [장기적인 준비에도 씀]
用意	필요한 물건을 준비함. [단기적인 준비에 씀]
支度	사용 대상이 식사 준비, 외출용/여행용 옷이나 물건 준비에 한정됨.

변화무쌍한 동사의 활용

첫째마당에서 배워서 아시겠지만 동사의 활용이 좀 복잡하죠? 특히 1류동사가 가장 복잡하게 활용되는데, 둘째마당에서는 1류동사의 활용형태를 기준으로 나누어 여러 표현들을 배워 봅시다! 같은 활용형태끼리 묶어서 배우면 좀 더 쉽게 익힐 수 있어요!

넷째마디

●

1류동사가
아단으로 바뀌는
활용형

우선 1류동사가 아단으로 바뀌는 활용형부터 배워 봅시다.
1류동사는 사전형의 꼬리가 아단으로 바뀌지만, 2류동사
는 항상 사전형의 꼬리 る를 빼고 갈아끼우면 되고, 3류
동사는 불규칙하게 활용되므로 무조건 외워야 해요!

14

ない형

강의 및 예문듣기

ない형은 이미 첫째마당에서 동사의 기본 활용을 배울 때 배웠죠? '~하지 않아/않다'라는 부정의 뜻이죠. 여기에서 한 번 더 복습하고 다른 표현으로 넘어갑시다!

🎧 14-1.mp3

1단계
핵심문법 익히기

① **1류동사의 ない형 만들기** 〈あ단+ない〉

1류동사는 사전형의 꼬리(う단)를 あ단으로 바꾼 후에 ない만 붙이면 돼요. 사전형의 꼬리가 う로 끝나는 동사는 あ단이 あ가 아니라 わ가 된다는 것을 잊지 마세요! 그리고 예외적으로 ある(있다)의 ない형은 あらない가 아니라 ない가 돼요!

書く
(쓰다)
か あ단
+
ない
(~하지 않다)
⇨
書かない
(쓰지 않다)

人[ひと] 사람
全然[ぜんぜん] 전혀
笑う[わらう]① 웃다
席[せき] 자리
一つ[ひとつ] 하나
空く[あく]① 비다

| その人は全然笑わない。 | 그 사람은 전혀 웃지 않아. |
| 席が一つも空かない。 | 자리가 하나도 비지 않다. |

鳥[とり] 새
飛ぶ[とぶ]① 날다
ビン 병
フタ 뚜껑
開く[あく]① 열리다
車[くるま] 차
窓[まど] 창문
閉まる[しまる]①
닫히다

맛보기 연습 주어진 문장을 ない형 문장으로 바꿔 보세요. (정답은 597쪽에)

この鳥は飛ぶ。

▶ _____

ビンのフタが開く。

▶ _____

車の窓が閉まる。

▶ _____

≫ ビン(병)은 한자 瓶로 쓰고 フタ(뚜껑)는 한자 蓋로 쓰는데, 일상적으로 한자로 쓰는 경우도 많아요.

123

② **2류동사의 ない형 만들기** 〈る삭제+ない〉

2류동사의 ない형은 사전형의 꼬리 る를 빼고 ない만 붙이면 돼요.

割れる[われる]② 깨지다
靴下[くつした] 양말
足[あし] 발
冷える[ひえる]②
차가워지다

このコップは割れない。 이 컵은 깨지지 않아.

この靴下は足が冷えない。 이 양말은 발이 시리지 않다.

맛보기 연습 주어진 문장을 ない형 문장으로 바꿔 보세요. (정답은 597쪽에)

朝[あさ] 아침
早く[はやく] 일찍
起きる[おきる]②
일어나다
ペン 펜
手[て] 손
汚れる[よごれる]②
더러워지다
明日[あした] 내일
晴れる[はれる]② 개다

朝早く起きる。

▶ _____

このペンは手が汚れる。

▶ _____

明日は晴れる。

▶ _____

» 晴れる[はれる]는 형용사가 아니라 동사이기 때문에 정확한 해석은 '개다'예요. '개다'로 어색한 경우에는 '맑다'로 해석하세요.

③ **3류동사의 ない형 만들기**
〈来ない〉
〈しない〉

来る, する뿐만 아니라 '갔다 오다'와 같이 来る 앞에 다른 동사가 연결된 것과 '연습하다'와 같이 する 앞에 명사가 연결된 것도 모두 3류동사 활용을 해요. 다른 동사가 앞에 연결된 〈~くる〉(~해 오다, ~하고 오다, ~하다 오다 등)의 형태로 쓸 때는 보통 히라가나 くる로 써요.

高校生[こうこうせい]
고등학생
友達[ともだち] 친구
招待[しょうたい] 초대

高校生は来ない。 고등학생은 오지 않아.

その友達は招待しない。 그 친구는 초대하지 않다.

» 高校生[こうこうせい](고등학생)는 직역하면 '고교생'이에요.

(정답은 597쪽에)

スーパー 슈퍼
行ってくる[いってくる]
③ 갔다 오다
近所[きんじょ] 근처
挨拶[あいさつ] 인사
両親[りょうしん]
부모(높임×)
彼女[かのじょ] 여자친구
紹介[しょうかい] 소개

맛보기 연습　주어진 문장을 **ない**형 문장으로 바꿔 보세요.

スーパーに行ってくる。

▶ _____

近所の人に挨拶する。

▶ _____

両親に彼女を紹介する。

▶ _____

≫ スーパー(슈퍼)는 スーパーマーケット(슈퍼마켓)의 준말이에요.

≫ 近所の人[きんじょのひと](근처에 사는 사람들)에 쓰인 人[ひと](사람)를 복수 '사람들'로 해석했죠? 일본어는
　복수형을 잘 안 쓰고 단수로 복수도 나타내요. 단수인지 복수인지는 문맥과 상황에 따라 판단하셔야 해요.

ない형을 만드는 방법

1류동사	⟨あ단+ない⟩	[예외] ある→ない
2류동사	⟨る삭제+ない⟩	
3류동사	来ない / しない	

(정답은 598쪽에)

1 다음 동사의 사전형을 ない형으로 바꿔 보세요.

사전형	ない형	사전형	ない형
飛ぶ		晴れる	
開く		起きる	
汚れる		閉まる	
行ってくる		紹介する	

2 다음 문장을 일본어로 만들어 보세요.

(1) 그 사람은 전혀 웃지 않아.

✎ --

(2) 그 친구는 초대하지 않다.

✎ --

(3) 이 양말은 발이 시리지 않다.

✎ --

(4) 자리가 하나도 비지 않다.

✎ --

(5) 이 컵은 깨지지 않아.

✎ --

(6) 슈퍼에 갔다 오지 않아.

✎ --

(7) 차의 창문이 닫히지 않다.

✎ --

日本では最近、家族葬や火葬式をする人が多い。家族葬は、家族や親しい人以外の人を呼ばないお葬式だ。家族葬はお葬式に来る人があまりいないので、亡くなった人とゆっくりお別れができる。火葬式は、火葬だけするお葬式だ。つまり、人を全然呼ばないお葬式だ。火葬式はお金もあまりかからない。それに、人を呼ばないので、精神的な疲れも少ない。一人っ子も多いし、結婚しない人も多いので、これから火葬式が増えるだろう。

{단어}

最近[さいきん] 최근 | 家族葬[かぞくそう] 가족장 | 火葬式[かそうしき] 화장식 | 多い[おおい] 많다 | 家族[かぞく] 가족 | 親しい[したしい] 친하다 | 以外[いがい] 이외 | 呼ぶ[よぶ]① 부르다 | 葬式[そうしき] 장례식 | 来る[くる]③ 오다 | 亡くなる[なくなる]① 세상을 뜨다 | 別れ[わかれ] 작별 | できる② 할 수 있다 | 火葬[かそう] 화장 | 全然[ぜんぜん] 전혀 | お金[おかね] 돈 | かかる①(돈이)들다 | 精神[せいしん] 정신 | ～的[てき] ～적 | 疲れ[つかれ] 피로 | 少ない[すくない] 적다 | 一人っ子[ひとりっこ] 외동 | 結婚[けっこん] 결혼 | 増える[ふえる]② 증가하다

일본에서는 최근 가족장이나 화장식을 하는 사람들이 많다. 가족장은 가족이나 친한 사람 이외의 사람을 부르지 않는 장례식이다. 가족장은 장례식에 오는 사람이 별로 없어서 세상을 뜬 사람과 천천히 작별을 할 수 있다. 화장식은 화장만 하는 장례식이다. 즉 사람을 전혀 부르지 않는 장례식이다. 화장식은 돈도 별로 들지 않는다. 게다가 사람을 부르지 않기 때문에 정신적인 피로도 적다. 외동도 많고 결혼하지 않는 사람도 많기 때문에 앞으로 화장식이 증가할 것이다.

 길의 왼쪽을 달리는 일본의 차량들

아시는 분들도 많겠지만 일본에서는 차들이 길의 왼쪽을 달리도록 되어 있어요. 차들이 길의 왼쪽을 달리게 된 이유로 여러 가지 설이 있는데, 그 중에서 유력한 것은 일본 철도가 영국의 지도에 따라 계획이 진행되어 교통법규를 정할 때도 영국을 표본으로 삼았다는 설이에요. 그래서 좌회전과 우회전이 한국의 경우와 반대예요. 즉 한국에서 좌회전하는 것은 일본에서 우회전하는 것과 같은 것이죠. 한국에서는 좌회전을 할 때 '비보호 좌회전' 외에는 좌회전 신호를 받아야 하지만, 일본에서는 직진이 초록불이면 언제든지 우회전을 할 수 있어요. 즉 일본에서는 항상 '비보호 우회전'이 가능하다는 뜻이죠. 또 직진이 빨간불일 때 한국에서는 언제든지 우회전을 할 수 있지만 일본에서는 좌회전(한국의 우회전에 해당함)도 해서는 안돼요! 참고로 걷는 사람은 길의 오른쪽을 걸어요. 에스컬레이터의 경우도 한국과는 반대로 서 있는 사람이 왼쪽이고 걸어 올라가는 사람이 오른쪽이에요.

ない의 다양한 해석들

ない형으로 문장을 끝내면 '~하지 않아', '~하지 않다'라는 뜻이라고 배웠는데, '~하지 않는다', '~하지 않겠어', '~하지 않겠다', '~하지 않을래', '~하지 않을 거야' 등으로 다양하게 해석할 수도 있어요. 문맥에 따라 자연스러운 것으로 해석하면 돼요.

その友達は招待しない。

その<ruby>友達<rt>ともだち</rt></ruby>は<ruby>招待<rt>しょうたい</rt></ruby>しない。

그 친구는 초대하지 않아.

그 친구는 초대하지 않다.

그 친구는 초대하지 않는다.

그 친구는 초대하지 않겠어.

그 친구는 초대하지 않겠다.

그 친구는 초대하지 않을래.

그 친구는 초대하지 않을게.

그 친구는 초대하지 않을 거야.

그 친구는 초대하지 않을 것이다.

その友達は招待しない를 정중체형으로 바꾸면 その友達は招待しません이 돼요. 그런데 ない형도 뒤에 です를 붙여서 정중체형을 만들 수 있어요. 즉 その友達は招待しない 뒤에 です를 붙여서 その友達は招待しないです라고 하면 '그 친구는 초대하지 않아요'라는 뜻이 되는 거죠.

이 2가지 표현의 차이는 ~ないです보다 ~ません이 더 정중한 말투라는 점이에요. 왜냐하면 ない형 뒤에 です만 붙인 문장은 です만 빼면 보통체형이 되기 때문이죠. 이런 느낌의 차이를 살리려면 ない형 뒤에 です를 붙인 것은 '~해요'로 해석하고, ~ません은 '~합니다'로 해석하면 돼요.

その友達は招待しないです。 그 친구는 초대하지 않아요.

その友達は招待しません。 그 친구는 초대하지 않습니다.

15

사역형

사역형은 '사동형'이라고도 부르는데, '~(사람)로 하여금 ~하게 하다'라는 뜻을 만드는 형태예요. '강제로 시켰다'라는 뜻으로도 쓰고, 그렇게 행동할 수 있도록 '허락'해 주거나 '방치'했다는 뜻으로도 써요. 사역형 자체는 2류동사 활용을 해요!

🎧 15-1.mp3

1단계
핵심문법 익히기

① **1류동사의 사역형 만들기** 〈あ단+せる〉

1류동사의 사역형은 사전형의 꼬리(う단)를 あ단으로 바꾼 후에 せる를 붙이면 돼요. 사전형의 꼬리가 う로 끝나는 동사는 あ단이 あ가 아니라 わ가 된다는 것을 잊지 마세요!

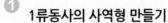

飲む[のむ]① 마시다
生徒[せいと]
학생(초·중·고)
立つ[たつ]① 일어서다

ウイスキーを飲ませる。	위스키를 마시게 하다.
生徒を立たせました。	학생을 일어서게 했어요.

» ウイスキー(위스키)는 イ를 작게 써서 ウィスキー라고 쓰기도 해요.

🔖 맛보기 연습 　 주어진 문장을 사역형 문장으로 바꿔 보세요. 　　 (정답은 598쪽에)

手紙[てがみ] 편지
書く[かく]① 쓰다
お金[おかね] 돈
出す[だす]① 내다
友達[ともだち] 친구
遊ぶ[あそぶ]① 놀다

手紙を書く。

▶ _____

お金を出す。

▶ _____

友達と遊ぶ。

▶ _____

2류동사의 사역형 만들기 〈る삭제+させる〉

2류동사의 사역형은 사전형의 꼬리 る를 빼고 させる를 붙이면 돼요.

覚える
(외우다) + させる
(~하게 하다) ⇨ 覚えさせる
(외우게 하다)

電話[でんわ] 전화
かける② 걸다
質問[しつもん] 질문
答える[こたえる]②
대답하다

電話をかけさせる。 　　　　　　　　　　　　　전화를 걸게 하다.

質問に答えさせました。 　　　　　　　　　질문에 대답하게 했습니다.

映画[えいが] 영화
見る[みる]② 보다
ドア 문, 도어
開ける[あける]② 열다
ご飯[ごはん] 밥
食べる[たべる]② 먹다

맛보기 연습 　주어진 문장을 사역형 문장으로 바꿔 보세요. 　　　　(정답은 598쪽에)

映画を見る。

▶ _____

ドアを開ける。

▶ _____

ご飯を食べる。

▶ _____

③

3류동사의 사역형 만들기 〈来させる〉
〈させる〉

3류동사의 사역형은 각각 来る는 来させる, する는 させる예요.

書類[しょるい] 서류
持ってくる[もってくる]
③ 가져오다
地図[ちず] 지도

書類を持ってこさせた。 　　　　　　　　　서류를 가져오게 했어.

地図をコピーさせます。 　　　　　　　　지도를 복사시킬게요.

» する(하다)의 사역형인 させる는 '하게 하다'로 해석하는 경우와 '시키다'로 해석하는 경우가 있어요. 문맥에 따라 자연스러운 것으로 해석하면 돼요.

学校[がっこう] 학교
行ってくる[いってくる]
③ 갔다 오다
部屋[へや] 방
掃除[そうじ] 청소
ドイツ語[ご] 독일어
勉強[べんきょう] 공부

学校に行ってくる。

▶ _____

部屋を掃除する。

▶ _____

ドイツ語を勉強する。

▶ _____

❹ **자동사를 쓰는 사역형 문장 만들기**   〈～は～を＋사역형〉

사역형 문장은 동사가 자동사인지 타동사인지에 따라 문형이 달라져요. 우선 자동사
를 쓰는 사역형 문장부터 연습해 봐요!

위의 형태가 자동사를 쓰는 사역형 문장의 가장 기본이 되는 문형으로, 중간에 に(에),
と(와/과) 등과 같은 조사가 들어갈 수도 있어요.

僕[ぼく] 나(남자)
弟[おとうと]
남동생(높임×)
行く[いく]① 가다
私[わたし] 저, 나
娘[むすめ] 딸(높임×)
彼氏[かれし] 남자친구
別れる[わかれる]②
헤어지다

僕は弟をスーパーに行かせた。   나는 남동생을 슈퍼에 가게 했다.

私は娘を彼氏と別れさせました。   저는 딸을 남자친구와 헤어지게 했습니다.

위의 예문들을 능동형 문장과 사역형 문장의 조사 차이에 신경 쓰면서 다시 살펴봅시다.

131

맛보기 연습　주어진 문장을 '(　)는 ~를 ~하게 했다'라는 사역형 문장으로 바꿔 보세요. (정답은 598쪽에)

歌手[かしゅ] 가수
ファン 팬
喜ぶ[よろこぶ]①
기뻐하다
永井[ながい] (성씨)
子ども[こども] 아이
出かける[でかける]②
외출하다
部長[ぶちょう] 부장(님)
日曜日[にちようび]
일요일
森本[もりもと] (성씨)
会社[かいしゃ] 회사
来た[きた]③ 왔다

(その歌手) ファンは喜んだ。

▶ _____

(永井さん) 子どもは出かけました。

▶ _____

(部長) 日曜日に森本さんは会社へ来た。

▶ _____

❺ 타동사를 쓰는 사역형 문장 만들기　〈~は~に~を＋사역형〉

이번에는 타동사를 쓰는 사역형 문장을 연습해 봐요!

~　| は (는) |　~　| に (에게) |　~　| を (를) |　＋　| 사역형(타동사) |

父[ちち] 아버지(높임×)
僕[ぼく] 나(남자)
柔道[じゅうどう] 유도
習う[ならう]① 배우다
先生[せんせい] 선생님
生徒[せいと]
학생(초·중·고)
単語[たんご] 단어
意味[いみ] 뜻
調べる[しらべる]②
알아보다

父は僕に柔道を習わせた。　　　　　아버지는 나에게 유도를 배우게 했어.

先生は生徒に単語の意味を調べさせました。
　　　　　　　　　선생님은 학생에게 단어의 뜻을 알아보게 했어요.

≫ 문장의 앞뒤에서 대상을 쉽게 알 수 있는 경우는 ~は나 ~に 등을 생략하기도 해요.

위의 예문들을 능동형 문장과 사역형 문장의 조사 차이에 신경 쓰면서 다시 살펴봅시다.

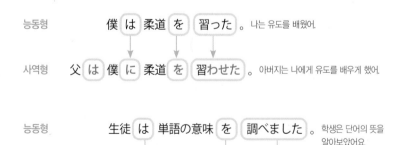

능동형　　僕 は 柔道 を 習った 。 나는 유도를 배웠어.

사역형　父 は 僕 に 柔道 を 習わせた 。 아버지는 나에게 유도를 배우게 했어.

능동형　　生徒 は 単語の意味 を 調べました 。 학생은 단어의 뜻을
　　　　　　　　　　　　　　　　　　　　　　알아보았어요.

사역형　先生 は 生徒 に 単語の意味 を 調べさせました 。
　　　　　　　　　　　　　　　　선생님은 학생에게 단어의 뜻을 알아보게 했어요.

132

(정답은 599쪽에)

맛보기 연습　주어진 문장을 '(　)는 ~에게 ~를 ~하게 했다'라는 사역형 문장으로 바꿔 보세요.

先輩[せんぱい] 선배
後輩[こうはい] 후배
ボール 공
拾う[ひろう]① 줍다
妻[つま] 아내(높임×)
愛人[あいじん]
정부(情婦)
子ども[こども] 아이
育てる[そだてる]②
키우다
おじいさん
할아버지(높임○)
孫[まご] 손주(높임×)
車[くるま] 차
運転[うんてん] 운전

(その先輩) 後輩はボールを拾いました。

▶ _____

(私) 妻は愛人の子どもを育てた。

▶ _____

(おじいさん) 孫は車を運転しました。

▶ _____

>> 孫[まご]는 남녀 구별 없이 '손자'와 '손녀'를 모두 포함하는 '손주'라는 뜻이에요. '손녀'를 뜻하는 孫娘[まごむすめ]는 있는데 '손자'를 뜻하는 말은 따로 없어요. 가족의 호칭에 대해서는 045쪽을 보세요.

⑥ 주어나 대상이 사람이 아닌 사역형 문장

지금까지 연습한 문장은 전부 주어가 사람이죠? 그런데 꼭 사람만 주어가 되는 것은 아니에요. 이번에는 주어가 사람이 아닌 사역형 문장을 연습해 봐요!

発売[はつばい] 출시, 발매
喜ぶ[よろこぶ]①
기뻐하다
お姫様[おひめさま]
공주님
眠る[ねむる]① 잠들다

そのゲームの発売はゲームファンを喜ばせた。
그 게임의 출시는 게임 팬을 기뻐하게 했다.

そのリンゴはお姫様を眠らせました。　그 사과는 공주님을 잠들게 했습니다.

>> リンゴ(사과)는 히라가나 りんご로 쓰기도 하는데, 한자로는 林檎로 써요. 과일이나 생선은 가타카나로 쓰는 경우가 많아요.

또한 어떤 일을 시키는 것을 받는 대상도 사람이 아닐 수 있어요.

彼[かれ] 그
車[くるま] 차
走る[はしる]① 달리다
母[はは] 어머니(높임×)
花[はな] 꽃
咲く[さく]① 피다

彼は車を走らせた。
그는 차를 달리게 했다.

母はその花をきれいに咲かせました。 어머니는 그 꽃을 예쁘게 피게 했습니다.

맛보기 연습　주어진 단어를 써서 일본어 문장을 만들어 보세요.
(정답은 599쪽에)

桜[さくら] 벚꽃
ふるさと 고향
思い出す[おもいだす]①
생각나다, 상기하다

벚꽃은 나에게 고향을 생각나게 한다. 桜, 私, ふるさと, 思い出す

▶ _____

雲[くも] 구름
雨[あめ] 비
降る[ふる]① (비, 눈 등이)내리다
僕[ぼく] 나(남자)
バナナ 바나나
凍る[こおる]① 얼다

그 구름은 비를 내리게 했습니다. その雲, 雨, 降る

▶ _____

나는 바나나를 얼렸다. 僕, バナナ, 凍る

▶ _____

» ふるさと(고향)는 한자로 古里, 故里, 故郷의 3가지 형태가 있어요. 사전에서의 주요 표기는 古里인데, 故郷로 쓰는 경우가 더 많아요. 그런데 故郷는 こきょう로 읽을 확률이 더 높아서 히라가나 ふるさと로 소개했지만, 히라가나로 쓰는 경우도 많아요. 또한 ふるさと와 こきょう는 같은 뜻이지만, 대화할 때는 ふるさと를 더 많이 써요.

1 사역형을 만드는 방법

1류동사	〈あ단+せる〉
2류동사	〈る삭제+させる〉
3류동사	来(こ)させる / させる

2 사역형 문장을 만드는 방법

> 자동사 : 〈〜は〜を+사역형〉
> 타동사 : 〈〜は〜に〜を+사역형〉

3 사역형 문장에서 유의할 점

사역형 문장에서는 사람 이외의 것도 주어나 대상이 될 수 있음.

1 다음 동사의 사전형을 사역형으로 바꿔 보세요.

사전형	사역형	사전형	사역형
立つ		遊ぶ	
走る		拾う	
答える		別れる	
持ってくる		掃除する	

2 다음 문장을 일본어로 만들어 보세요.

(1) 저는 딸을 남자친구와 헤어지게 했습니다.

✎ ------

(2) 선생님은 학생에게 단어의 뜻을 알아보게 했어요.

✎ ------

(3) 어머니는 그 꽃을 예쁘게 피게 했습니다.

✎ ------

(4) 부장님은 일요일에 森本 씨를 회사로 오게 했다.

✎ ------

(5) 그 선배는 후배에게 공을 줍게 했다.

✎ ------

(6) 그 구름은 비를 내리게 했습니다.

✎ ------

(7) 그 가수는 팬을 기쁘게 했다.

✎ ------

135

飲み会で無理に飲ませる人がいます。そういう人は大概、自分がお酒が好きだから、ほかの人も自分と同じだと思っています。そして、その人を喜ばせたいと思って、飲ませます。私の会社にもそんなタイプの部長がいます。お酒が好きじゃない人は、その部長と一緒の飲み会に来たがりません。その部長は飲み会に来たがらない人にも声をかけて、無理に来させることが多いです。悪い人ではないのですが……。

{단어}

飲み会[のみかい] 술 모임 | 無理に[むりに] 무리하게 | 人[ひと] 사람 | 大概[たいがい] 대개 | 自分[じぶん] 자신, 자기 | お酒[おさけ] 술 | 好きな[すきな] 좋아하는 | 同じ[おなじ] 같은 | 思う[おもう]① 생각하다 | 会社[かいしゃ] 회사 | タイプ 타입 | 部長[ぶちょう] 부장(님) | 一緒の[いっしょの] 함께 하는 | 来たがる[きたがる]① 오고 싶어하다 | 声をかける[こえを かける]② 말을 걸다 | 多い[おおい] 많다 | 悪い[わるい] 나쁘다

술 모임에서 무리하게 술을 마시게 하는 사람이 있어요. 그런 사람은 대개 자신이 술을 좋아하기 때문에 다른 사람들도 자신과 똑같다고 생각하고 있어요. 그리고 그 사람을 기쁘게 하고 싶어서 술을 마시게 해요. 저희(저의) 회사에도 그런 타입의 부장님이 있어요. 술을 좋아하지 않는 사람은 그 부장님과 같이 하는 술 모임에 오고 싶어하지 않아요. 그 부장님은 술 모임에 오고 싶어하지 않는 사람에게도 말을 걸어서 무리하게 오게 하는 경우가 많아요. 나쁜 사람은 아니지만요…….

 愛人은 '애인'이 아니라고?!

愛人이라는 단어의 뜻을 '애인'으로 아는 사람들이 많죠? 일본어 사전에도 '애인', '연인'으로 나와 있어요. 그런데 愛人을 '애인'이라는 뜻으로 쓴 것은 옛날 이야기예요! 제2차 세계대전 이후로는 愛人을 '정부(情婦)', '첩'이라는 뜻으로 쓰게 되었어요. 그래서 옛날 소설에서는 '애인'을 愛人으로 표현하는 작품들도 있어요. 그렇지만 현재는 의미가 다르기 때문에 괜한 오해를 사지 않도록 조심해야 해요! '애인'은 恋人(연인)이라고 하는데, 일상회화에서는 잘 쓰지 않아요. '남자친구'는 彼 혹은 彼氏라고 하고 '여자친구'는 彼女라고 해요. 그리고 요즘 쓰는 말 중에 '세프레'라는 말이 있는데, 섹스프렌드(sex friend)의 준말이에요.

사역형 문장, 한걸음 더!

연습에서는 사역형 문장의 주어가 전부 〈~は〉의 형태로 나왔는데, 꼭 〈~は〉의 형태만 쓸 수 있는 것이 아니라 〈~が〉의 형태도 쓸 수 있어요. 다만 뉘앙스가 달라져요!

> 僕は弟をスーパーに行かせました。 나는 남동생을 슈퍼에 가게 했습니다.
> 僕が弟をスーパーに行かせました。 내가 남동생을 슈퍼에 가게 했습니다.

が를 쓴 문장은 '누가 시켰냐고 하면 내가 시켰다'에 초점이 맞춰져요. 따라서 '누가 시켰어?'라는 질문에 대한 대답이라면 僕が로 써야 해요.

그리고 자동사를 쓰는 사역형 문장을 〈~は~を+사역형〉의 형태로 연습했죠? 그런데 자동사를 쓰는 경우에도 〈~は~に+사역형〉의 형태를 쓰기도 해요. 이것도 역시 미묘한 뉘앙스 차이가 있어요!

> お母さんは子どもを遊ばせた。 어머니는 아이를 놀게 했다.
> お母さんは子どもに遊ばせた。 어머니는 아이에게 놀게 했다.

위의 두 문장의 차이는, 시킴을 받는 사람(동작을 하는 사람. 여기에서는 '아이'가 됨)의 의지가 있는지 없는지예요. 첫 번째 문장처럼 子どもを를 쓰면 아이가 놀고 싶어 했는지를 알 수 없어요. 놀고 싶어 했을 수도 있고 놀고 싶어 하지 않았을 수도 있어요. 두 번째 문장처럼 子どもに를 쓰면 아이가 놀고 싶어 해서 어머니가 놀게 해 주었다는 뉘앙스가 있어요.

그리고 せる를 す로 바꾼 형태로 사역형을 나타내기도 해요.

> 行かせる → 行かす
> 食べさせる → 食べさす

특히 회화에서는 す로 끝나는 짧은 형태를 쓰는 경우도 많아요. 짧은 형태가 ます형이 되면 각각 行かします, 食べさします가 돼요.

강의 및 예문듣기

16

수동형

수동형은 '피동형'이라고도 불러요. 한국어에서도 '먹히다', '밟히다'와 같은 피동사가 있죠? 그런데 한국어에서는 이런 수동 표현을 많이 쓰지 않지만 일본어에서는 많이 써요. 어려운 활용형태이지만 잘 연습해 봅시다! 수동형도 사역형과 마찬가지로 2류동사 활용을 해요!

🎧 16-1.mp3

1단계
핵심문법 익히기

① **1류동사의 수동형 만들기** 〈あ단+れる〉

1류동사의 수동형은 사전형의 꼬리(う단)를 あ단으로 바꾼 후에 れる를 붙이면 돼요. 사전형의 꼬리가 う로 끝나는 동사는 あ단이 あ가 아니라 わ가 된다는 것을 잊지 마세요!

足[あし] 발
踏む[ふむ]① 밟다
母[はは] 어머니(높임×)
叱る[しかる]① 야단치다

足を踏まれる。 　　　　　　　　　　　　　　발을 밟혀.

母に叱られました。 　　　　　　　　　　엄마에게 야단맞았어요.

📖**맛보기 연습** 주어진 문장을 수동형 문장으로 바꿔 보세요. (정답은 599쪽에)

悪口[わるぐち] 험담
言う[いう]① 말하다
親[おや] 부모
呼ぶ[よぶ]① 부르다
髪[かみ] 머리카락
切る[きる]① 자르다

悪口を言う。 ▶ _____

親を呼ぶ。 ▶ _____

髪を切る。 ▶ _____

≫ 両親[りょうしん](부모, 양친)은 '2명 모두'인 경우에만 쓸 수 있는 말인데, 親[おや](부모)는 '2명 모두'인 경우와 '2명 중의 1명만'인 경우에 모두 쓸 수 있는 말이에요.

❷ 2류동사의 수동형 만들기 〈る삭제+られる〉

2류동사의 수동형은 사전형의 꼬리 る를 빼고 られる를 붙이면 돼요.

虫[むし] 벌레
鳥[とり] 새
食べる[たべる]② 먹다
写真[しゃしん] 사진
載せる[のせる]② 싣다

その虫は鳥に食べられた。 　그 벌레는 새에게 먹혔다.

私の写真が載せられました。 　제 사진이 실렸습니다.

┌ 맛보기 연습　주어진 문장을 수동형 문장으로 바꿔 보세요. 　(정답은 599쪽에)

約束[やくそく] 약속
忘れる[わすれる]② 잊다
電話番号[でんわばんごう] 전화번호
変える[かえる]② 바꾸다
スタイル 스타일
ほめる② 칭찬하다

約束を忘れる。　▶ _____

電話番号を変える。　▶ _____

スタイルをほめる。　▶ _____

❸ 3류동사의 수동형 만들기 〈来られる〉 〈される〉

3류동사의 수동형은 각각 来る는 来られる, する는 される예요.

変な[へんな] 이상한
お客さん[おきゃくさん] 손님
韓国[かんこく] 한국
研究[けんきゅう] 연구

変なお客さんに来られた。 　이상한 손님이 왔어(이상한 손님에게 옴을 당했어).

それは韓国で研究されました。 　그것은 한국에서 연구되었습니다.

┌ 맛보기 연습　주어진 문장을 수동형 문장으로 바꿔 보세요. 　(정답은 600쪽에)

知る[しる]① 알다
人[ひと] 사람
連れてくる[つれてくる]③ 데려오다
ミス 실수
注意[ちゅうい] 주의

知らない人を連れてくる。

▶ _____

ミスを注意する。

▶ _____

139

イタリア語[ご]
이탈리아어
翻訳[ほんやく] 번역

イタリア語に翻訳する。

▶ _____

❹ 타동사를 쓰는 수동형 문장 만들기 [목적어가 없는 경우]

〈～は～に＋수동형〉

이제 수동형 문장을 만드는 연습을 해 봅시다! 우선 타동사를 쓰는 수동형 문장 중에서 목적어가 없는 경우부터 연습해 봐요!

～ 　[は (는)] 　～ 　[に (에게)] 　＋ 　[수동형(타동사)]

隣[となり] 옆집, 옆
犬[いぬ] 개
噛む[かむ] ① (깨)물다
子[こ] 아이
先生[せんせい] 선생님
叱る[しかる] ① 야단치다

私は隣の犬に噛まれた。 　　　　　　　　나는 옆집(의) 개에게 물렸다.

その子は先生に叱られました。 　　　　그 아이는 선생님께 야단맞았습니다.

≫ 일본어에는 '～께'에 해당하는 조사가 없어요. '～에게'도 '～께'도 조사 に를 쓰면 돼요.

이 예문들을 능동형 문장과 수동형 문장의 조사 차이에 신경 쓰면서 다시 살펴봅시다.

능동형 　[隣の犬] が [私] を [噛んだ] 。 옆집(의) 개가 나를 물었다.

수동형 　[私] は [隣の犬] に [噛まれた] 。 나는 옆집(의) 개에게 물렸다.

능동형 　[先生] は [その子] を [叱りました] 。 선생님은 그 아이를 야단쳤습니다.

수동형 　[その子] は [先生] に [叱られました] 。 그 아이는 선생님께 야단맞았습니다.

맛보기 연습 　주어진 문장을 수동형 문장으로 바꿔 보세요. 목적어가 없는 경우예요. 　(정답은 600쪽에)

社長[しゃちょう] 사장(님)
大島[おおしま] (성씨)
呼ぶ[よぶ] ① 부르다
母[はは] 어머니(높임×)
ほめる ② 칭찬하다

社長は大島さんを呼んだ。

▶ _____

母は私をほめました。

▶ _____

父は僕を注意した。

▶ _____

⑤ 타동사를 쓰는 수동형 문장 만들기 [목적어가 있는 경우]
〈~は~に~を＋수동형〉

이번에는 타동사를 쓰는 수동형 문장 중에서 목적어가 있는 경우를 연습해 봐요! 몸의 일부나 소유물에 피해를 입은 것을 나타내는 수동형 문장이에요. 그리고 회화에서는 주어가 '나'인 경우에 '나'를 생략하는 경우가 많아요.

隣[となり] 옆
足[あし] 발
踏む[ふむ]① 밟다
財布[さいふ] 지갑
盗む[ぬすむ]① 훔치다

(私は)隣の人に足を踏まれた。 (나는) 옆(의) 사람에게 발을 밟혔다.

(私は)すりに財布を盗まれました。 (저는) 소매치기에게 지갑을 도둑맞았습니다.

≫ 財布[さいふ](지갑)는 그대로 쓰면 약간 거친 말이라서 아주 편한 상대가 아니라면 앞에 お를 붙여서 お財布라고 하는 경우가 많아요.

위의 예문들을 능동형 문장과 비교하면서 다시 살펴봅시다.

능동형 隣の人 が 私 の 足 を 踏んだ 。 옆(의) 사람이 내 발을 밟았다.

수동형 私 は 隣の人 に 足 を 踏まれた 。 나는 옆(의) 사람에게 발을 밟혔다.

능동형 すり が 私 の 財布 を 盗みました 。 소매치기가 제 지갑을 훔쳤습니다.

수동형 私 は すり に 財布 を 盗まれました 。 저는 소매치기에게 지갑을 도둑맞았습니다.

일본어의 수동표현은 '피해를 입었다', '기분이 언짢다', '억울하다', '힘들다' 등의 의미를 갖는 경우가 많아요. 한국어에서도 '발을 밟혔다', '개에게 물렸다'라고 하면 그런 느낌이 있죠?

弟[おとうと]
남동생(높임×)

カメラ 카메라

壊す[こわす]①
망가뜨리다

妹[いもうと]
여동생(높임×)

テスト 시험, 테스트

点[てん] 점수

見る[みる]② 보다

先生[せんせい] 선생님

僕[ぼく] 나(남자)

中[なか] 안, 속

チェック 체크

弟が私のカメラを壊しました。

▶ _____

妹が私のテストの点を見た。

▶ _____

先生が僕のかばんの中をチェックしました。

▶ _____

❻ 자동사를 쓰는 수동형 문장 만들기   〈~は~に＋수동형〉

자동사의 수동형 문장은 능동형 문장과의 관계를 보았을 때 수동형 문장의 주어가
능동형 문장에 나타나지 않아요.

~ | は (는) | ~ | に (에게) | ＋ | 수동형(자동사)

息子[むすこ] 아들(높임×)

死ぬ[しぬ]① 죽다

彼女[かのじょ] 여자친구

泣く[なく]① 울다

(私は)息子に死なれた。   아들이 죽어 버렸어((나는) 아들에게 죽음을 당했어).

(僕は)彼女に泣かれました。
　　　　　　　　　　여자친구가 울어 버렸어요((나는) 여자친구에게 울음을 당했어요).

위의 예문들을 능동형 문장과 비교하면서 다시 살펴봅시다.

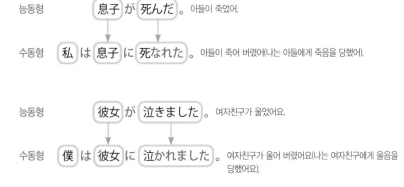

능동형   息子 が 死んだ 。 아들이 죽었어.

수동형   私 は 息子 に 死なれた 。 아들이 죽어 버렸어(나는 아들에게 죽음을 당했어).

능동형   彼女 が 泣きました 。 여자친구가 울었어요.

수동형   僕 は 彼女 に 泣かれました 。 여자친구가 울어 버렸어요(나는 여자친구에게 울음을
　　　　　　　　　　　　　　　　　　　　　　　　당했어요).

위의 문장들은 전부 '내가 바라지 않았던 일을 당했다'라는 뉘앙스가 있어요. 이처럼 자동사의 수동형 문장은 '피해를 입었다', '기분이 언짢다', '억울하다', '힘들다' 등의 뉘앙스를 가진 경우가 많아요.

(정답은 600쪽에)

맛보기 연습   주어진 문장을 수동형 문장으로 바꿔 보세요. 주어는 생략하세요.

雨[あめ] 비
降る[ふる]①
(비, 눈 등이)내리다
犯人[はんにん] 범인
逃げる[にげる]②
도망치다
義理の母[ぎりの はは]
시어머니, 장모
来た[きた]③ 왔다

雨が降った。

▶ _____

犯人が逃げました。

▶ _____

義理の母が来た。

▶ _____

1 수동형을 만드는 방법

1류동사	〈あ단+れる〉
2류동사	〈る삭제+られる〉
3류동사	来られる / される

2 수동형 문장을 만드는 방법

> 타동사 : 〈～は～に+수동형〉
>   〈～は～に～を+수동형〉
> 자동사 : 〈～は～に+수동형〉

3 수동형 문장에서 유의할 점

'피해를 입었다', '기분이 언짢다', '억울하다', '힘들다'라는 뉘앙스를 나타내는 경우가 많음.

1 다음 동사의 사전형을 수동형으로 바꿔 보세요.

사전형	수동형	사전형	수동형
踏む		言う	
叱る		呼ぶ	
食べる		忘れる	
連れてくる		注意する	

2 다음 문장을 일본어로 만들어 보세요.

(1) 나는 옆집 개에게 물렸다.

> ▶ 이 문장은 구어가 아니므로, 남자인 경우 '나'를 私[わたし], 僕[ぼく], 俺[おれ] 어떤 것으로 써도 돼요.

🖉 --

(2) 소매치기에게 지갑을 도둑맞았습니다.

🖉 --

(3) 아들이 죽어 버렸어(아들에게 죽음을 당했어).

🖉 --

(4) 저는 어머니에게 칭찬받았습니다.

🖉 --

(5) 남동생이 제 카메라를 망가뜨렸어요(저는 남동생에게 카메라를 망가뜨림을 당했어요).

🖉 --

(6) 비가 내렸다(비에게 내림을 당했다).

🖉 --

(7) 나는 선생님한테 가방 속을 체크 당했습니다.

> ▶ 이 문장은 정중체이지만, 주어가 '저'가 아닌 '나'이므로 남자인 경우는 僕[ぼく]를 쓰세요.

🖉 --

私の彼氏は外国人だ。彼にはもうプロポーズもされた。彼と結婚したい。でも、外国人だから両親になかなか話ができない。きっと反対されると思う。ところが、昨日、母に彼氏の写真を見られた。母にちょっとびっくりされた。でも、反対されなかった。ちょっと安心した。でも、今日、私は彼に振られた。好きな人がいると言われた。そして、その人と結婚すると言われた。彼に二股をかけられた。

{단어}

彼氏[かれし] 남자친구 | 外国人[がいこくじん] 외국 사람 | 彼[かれ] 남자친구 | プロポーズ 프러포즈 | 結婚[けっこん] 결혼 | 両親[りょうしん] 부모(높임×) | 話[はなし] 이야기 | できる② 할 수 있다 | 反対[はんたい] 반대 | 思う[おもう]① 생각하다 | 昨日[きのう] 어제 | 母[はは] 어머니(높임×) | 写真[しゃしん] 사진 | びっくりする③ 깜짝 놀라다 | 安心[あんしん] 안심 | 今日[きょう] 오늘 | 振る[ふる]① 차다(거절하다), 흔들다 | 好きな[すきな] 사랑하는, 좋아하는 | 二股[ふたまた] 양다리 | かける② 걸치다

내 남자친구는 외국 사람이다. 남자친구에게는 벌써 프러포즈도 받았다. 남자친구와 결혼하고 싶다. 그렇지만 외국 사람이라서 부모님께 좀처럼 이야기를 못한다. 분명 반대할 거라고(반대 당할 것이라고) 생각한다. 그런데, 어제 어머니가 남자친구의 사진을 보고 말았다(봄을 당했다). 어머니가 조금 놀랐다(놀람을 받았다). 그렇지만 반대 받지 않았다. 조금 맘이 놓였다. 하지만 오늘 나는 남자친구한테 차였다. 사랑하는 사람이 있다고 들었다(말함을 당했다). 그리고 그 사람과 결혼한다고 들었다(말함을 당했다). 남자친구한테 양다리를 당했다.

 '의리'로 맺어진 관계?!

'시어머니/장모'를 義理の母(의리의 어머니)라고 한다고 나왔죠? 물론 主人/夫の母(남편의 어머니)나 妻/家内の母(아내의 어머니)라고 해도 돼요. 일본에서는 '시어머니/장모'뿐만 아니라 배우자의 가족을 말할 때 <義理の~>의 형태로 표현해요. 예를 들어, '매형/형부'는 義理の兄가 되는 것이죠. 이들은 母, 兄라는 높이지 않는 호칭을 쓰고 있는 말이니 자신의 가족에 대해 남들에게 말할 때 쓰는 말이에요. 직접 부를 때는 おかあさん(어머니), おにいさん(오빠/형)이라는 말을 쓰지만, 문장에서 한자로 쓸 때는 お母さん, お兄さん이 아니라 お義母さん, お義兄さん으로 쓰는 경우가 많아요. 회화에서는 義母, 義兄라는 말은 쓰지 않아요.

수동형, 한 걸음 더!

일본어의 수동형 문장은 '피해를 입었다', '기분이 언짢다', '억울하다', '힘들다' 등의 뉘앙스가 있는 경우가 많다고 설명했죠? 이미 예문들을 통해 아셨겠지만, 그런 부정적인 뉘앙스가 없는 수동형 문장들도 있어요.

아래와 같은 문장들은 부정적인 뉘앙스가 전혀 없는 수동형 문장들이이에요.

私はその展覧会に招待された。 나는 그 전람회에 초대받았다.

私は先生に発音をほめられました。 저는 선생님에게 발음을 칭찬받았습니다.

この小説は韓国語に翻訳された。 이 소설은 한국어로 번역되었다.

来月、新しい車が発売されます。 다음 달에 새 차가 출시됩니다.

그리고 동사 중에는 아래와 같은 수동형이 없는 동사들도 있어요.

1 능력을 나타내는 동사
동사의 가능형, できる(할 수 있다) 등

2 자발적인 뜻을 갖는 동사
見える(보이다), 聞こえる(들리다) 등

3 의지를 나타내지 않는 동사이면서 그 동사가 다른 것에 영향을 주지 않는 상태동사
ある((무생물이)있다), 要る(필요하다) 등
참고 いる((생물이)있다)는 수동형이 있음.

4 동사 자체가 수동적인 의미를 갖는 동사
見つかる(발견되다), 教わる(가르침을 받다) 등

146

17 사역수동형

강의 및 예문듣기

사역수동형은 사역형과 수동형이 합해진 활용형이에요. 직역하면 '~하게 하는 것을 당하다'라는 뜻이에요. 주어가 하기 싫은 일을 누군가가 시켜서 어쩔 수 없이 하게 된다는 뉘앙스인데(예외 있음), 한국어에 없는 표현이라서 어렵겠지만 차근차근 꼼꼼히 배워 봅시다!

🎧 17-1.mp3

1단계
핵심문법 익히기

❶ 1류동사의 사역수동형 만들기

⟨あ단+される⟩
⟨あ단+せられる⟩

1류동사의 사역수동형에는 ⟨あ단+される⟩와 ⟨あ단+せられる⟩의 2가지 형태가 있는데, 주로 짧은 형태인 ⟨あ단+される⟩를 써요. 사역수동형도 2류동사 활용을 해요. 사전형의 꼬리가 う로 끝나는 동사는 あ단이 あ가 아니라 わ가 된다는 것을 잊지 마세요!

出す(내다)와 같이 사전형의 꼬리가 す인 1류동사는 긴 형태인 ⟨あ단+せられる⟩를 써서 出させられる로 써요. 짧은 형태인 ⟨あ단+される⟩로 쓰면 さ가 중복되는 ~ さされる가 되어 이상해지기 때문이죠.

工場[こうじょう] 공장
働く[はたらく]① 일하다

工場で働かされた。
(일하기 싫었는데 시켜서 어쩔 수 없이) 공장에서 일했다(일하게 함을 당했다).

事件[じけん] 사건
内容[ないよう] 내용
話す[はなす]① 이야기하다

事件の内容を話させられました。

(이야기하기 싫었는데 시켜서 어쩔 수 없이) 사건의 내용을 이야기했습니다
(이야기하게 함을 당했습니다).

사역수동형을 한국어로 직역하면 실제로는 부자연스러운 표현이지만 사역수동형을 이해하려면 직역의 의미도 함께 익히는 것이 좋아요!

맛보기 연습　주어진 문장을 사역수동형 문장으로 바꿔 보세요.
　　　　　　사전형의 꼬리가 す로 끝나는 동사만 긴 형태로 쓰세요.　　　(정답은 601쪽에)

土地[とち] 땅
売る[うる]① 팔다
返事[へんじ] 답장
待つ[まつ]① 기다리다
言葉[ことば] 말
直す[なおす]① 고치다

土地を売る。

▶ _____

返事を待つ。

▶ _____

言葉を直す。

▶ _____

❷ 2류동사의 사역수동형 만들기　　　〈る삭제+させられる〉

2류동사의 사역수동형은 사전형의 꼬리 る를 빼고 させられる를 붙이면 돼요.

覚える
(외우다)
　＋　させられる
(~하게 함을 당하다)
　⇨　覚えさせられる
(외우게 함을 당하다)

やめる② 끊다
食べる[たべる]② 먹다

たばこをやめさせられた。

(끊기 싫었는데 시켜서 어쩔 수 없이) 담배를 끊었다(끊게 함을 당했다).

ピーマンを食べさせられました。

(먹기 싫었는데 시켜서 어쩔 수 없이) 피망을 먹었습니다(먹게 함을 당했습니다).

맛보기 연습　주어진 문장을 사역수동형 문장으로 바꿔 보세요.　　　(정답은 601쪽에)

家[いえ] 집

家にいる。

▶ _____

電話をかける。

▶ _____

彼氏と別れる。

▶ _____

③ **3류동사의 사역수동형 만들기**

〈来させられる〉
〈させられる〉

3류동사의 사역수동형은 각각 来る는 来させられる, する는 させられる예요.

田舎に来させられた。
(오기 싫었는데 시켜서 어쩔 수 없이) 시골에 왔다(오게 함을 당했다).

毎日、ピアノの練習をさせられました。
(연습을 하기 싫었는데 시켜서 어쩔 수 없이) 매일, 피아노(의) 연습을 했습니다
(하게 함을 당했습니다).

맛보기 연습 주어진 문장을 사역수동형 문장으로 바꿔 보세요. (정답은 601쪽에)

帰ってくる[かえってく
る]③ 돌아오다
学校[がっこう] 학교
退学[たいがく] 퇴학
行事[ぎょうじ] 행사
参加[さんか] 참가

うちに帰ってくる。

▶ _____

学校を退学する。

▶ _____

行事に参加する。

▶ _____

❹ 사역수동형 문장 만들기　　　　　　　　〈~는~에게＋사역수동형〉

사역수동형 문장의 기본 문형은 다음과 같은 형태가 돼요. 여기에 を(을/를), に(에), へ(로)와 같은 조사들이 들어가기도 해요.

~ [は (는)] ~ [に (에게)] ＋ [사역수동형]

友達[ともだち] 친구
30分[さんじゅっぷん] 30분
待つ[まつ] ① 기다리다
父[ちち] 아버지(높임×)
靴[くつ] 구두, 신발
磨く[みがく] ① 닦다

私は友達に30分待たされた。

(나는 싫었는데) 친구는 나를 30분 기다리게 했다
(나는 친구에게 30분 기다리게 함을 당했다).

私は父に靴を磨かされました。

(저는 싫었는데) 아버지는 저에게 구두를 닦게 했습니다
(저는 아버지에게 구두를 닦게 함을 당했습니다).

위의 예문들을 능동형 문장, 사역형 문장과 비교하면서 다시 살펴봅시다.

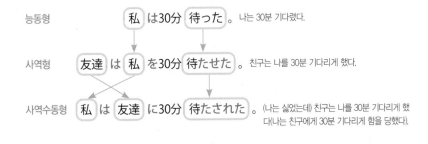

맛보기 연습　주어진 문장을 예와 같이 ( )를 주어로 한 사역형 문장으로 바꾼 후에 사역수동형 문장으로 도 바꿔 보세요.　　　　　　　　　　　　　　　　　　　　　　　(정답은 601쪽에)

예 (父) 私は靴を磨いた。
　▶ 父は私に靴を磨かせた。
　▶ 私は父に靴を磨かされた。

150

先生[せんせい] 선생님
反省文[はんせいぶん]
반성문
書く[かく]① 쓰다
母[はは] 어머니(높임×)
僕[ぼく] 나(남자)
家事[かじ] 집안일
手伝う[てつだう]①
거들다
課長[かちょう] 과장(님)
昨日[きのう] 어제
遅く[おそく] 늦게
残業[ざんぎょう]
야근, 잔업

(先生) 私は反省文を書いた。

▶ _____

▶ _____

(母) 僕は家事を手伝いました。

▶ _____

▶ _____

(課長) 私は昨日遅くまで残業した。

▶ _____

▶ _____

1 사역수동형을 만드는 방법

1류동사	〈あ단+される〉 〈あ단+せられる〉 (주로 사전형의 꼬리가 す인 동사에 씀)
2류동사	〈る삭제+させられる〉
3류동사	来させられる / させられる

2 사역수동형 문장을 만드는 방법

〈～は～に+사역수동형〉

3 사역수동형 문장에서 유의할 점

주어는 하기 싫었는데 누군가가 시켜서 어쩔 수 없이 하게 된다는 뉘앙스가 있음. (예외 있음)

1 다음 동사의 사전형을 사역수동형으로 바꿔 보세요.
1류동사는 사전형의 꼬리가 **す**로 끝나는 동사만 긴 형태로 쓰세요.

사전형	사역수동형	사전형	사역수동형
働く		直す	
待つ		売る	
いる		別れる	
帰ってくる		参加する	

2 다음 문장을 일본어로 만들어 보세요.

(1) (이야기하기 싫었는데 시켜서 어쩔 수 없이) 사건의 내용을 이야기했습니다 (이야기하게 함을 당했습니다).

✎ _____

(2) (끊기 싫었는데 시켜서 어쩔 수 없이) 담배를 끊었다(끊게 함을 당했다).

✎ _____

(3) (나는 싫었는데) 친구는 나를 30분 기다리게 했다(나는 친구에게 30분 기다리게 함을 당했다).
» 이 문장은 구어가 아니므로, 남자인 경우 '나'를 私[わたし], 僕[ぼく], 俺[おれ] 어떤 것으로 써도 돼요.

✎ _____

(4) (나는 싫었는데) 어머니는 나에게 집안일을 거들게 했습니다(나는 어머니에게 집안일을 거들게 함을 당했습니다).
» 이 문장은 정중체이지만, 주어가 '저'가 아닌 '나'이므로 남자인 경우는 僕[ぼく]를 쓰세요.

✎ _____

(5) (나는 싫었는데) 과장님은 나에게 어제 늦게까지 야근하게 했다(나는 과장님에게 어제 늦게까지 야근하게 함을 당했다).
» 이 문장은 구어가 아니므로, 남자인 경우 '나'를 私[わたし], 僕[ぼく], 俺[おれ] 어떤 것으로 써도 돼요.

✎ _____

日本では病院でよく長く待たされます。特に、大きい病院では1時間以上待た
されることもあります。病院では、患者は受付をすると、まず問診票を書かさ
れます。そのあと診療まで待たされます。診療がすぐ終わることもあります
が、検査をさせられることもあります。そのあと、薬局に行きますが、そこで
もまた待たされます。病院や薬局で待っている間に、病気を移されることもよ
くあります。病院や薬局ではできるだけ待たされたくないです。

{단어}

病院[びょういん] 병원 | 長く[ながく] 길게 | 特に[とくに] 특히 | 大きい[おおきい] 크다 | 1時間[いち じかん] 1시간 | 以上[いじ
ょう] 이상 | 患者[かんじゃ] 환자 | 受付[うけつけ] 접수 | 問診票[もんしんひょう] 문진표 | 診療[しんりょう] 진료 | 終わる[おわ
る]① 끝나다 | 検査[けんさ] 검사 | 薬局[やっきょく] 약국 | 間[あいだ] 사이 | 病気[びょうき] 병 | 移す[うつす]① 옮기다, 전염시
키다 | できるだけ 가능한 한

» 問診票[もんしんひょう](문진표)는 병원에서 진료를 받기 전에 몸의 상태, 병력, 알레르기 유무 등에 대해 쓰는 서류예요.

일본에서는 병원에서 자주 오래 기다리게 됩니다(기다리게 함을 당합니다). 특히 큰 병원에서는 1시간 이상 기다리게 되는(기다리게 함
을 당하는) 경우도 있습니다. 병원에서는, 환자는 접수를 하면 우선 문진표를 쓰게 됩니다(쓰게 함을 당합니다). 그 후 진료까지 기다리
게 됩니다(기다리게 함을 당합니다). 진료가 바로 끝날 때도 있지만, 검사를 하게 되는(검사를 받게 함을 당하는) 경우도 있습니다. 그 후
약국에 가지만, 거기에서도 또 기다리게 됩니다(기다리게 함을 당합니다). 병원이나 약국에서 기다리고 있는 동안에 병이 옮게 되는(병
을 전염 당하는) 경우도 자주 있습니다. 병원이나 약국에서는 가능한 한 기다리고 싶지 않습니다(기다리게 함을 당하고 싶지 않습니다).

'잔업'과 '야근'

残業(잔업)라는 단어가 나왔죠? 비슷한 말로 夜勤(야근)이라는 말도 있는데 한국어에서는 '잔업'이라는 말을 보통 생산
직에서만 쓰죠? 일반적으로 '잔업'보다는 '야근'이라는 말을 많이 쓰는 것 같아요. 일본어에서의 残業와 夜勤은 서로 의
미가 달라요. 残業는 퇴근 시간을 넘겨서 일을 한다는 뜻이라서 한국어의 '잔업'이나 '야근'과 같은 뜻이에요. 夜勤은
'주간 근무'의 반대말인 '야간 근무'라는 뜻이에요. 일본에서는 밤 10시부터 새벽 5시까지가 夜勤에 해당되는 시간대라
고 하네요. 참고로 '주간 근무'는 日勤이라고 해요.

사역형 문장 · 수동형 문장 · 사역수동형 문장의 차이

지금까지 배운 사역형 문장, 수동형 문장, 사역수동형 문장은 한국 사람들이 배우기에 참 어려운 내용들이에요. 한 번에 완벽하게 이해하려고 하지 말고, 일단 이런 표현이 있다는 것만 알면 돼요. 일본어를 많이 접하다 보면 '아하〜! 이런 거구나〜!'하는 날이 와요!

사역형 문장, 사역수동형 문장, 수동형 문장은 어떤 느낌의 차이가 있는지 살펴봅시다!

> **사역형 문장**
> 母は姉に部屋を掃除させた。 어머니는 누나에게 방을 청소시켰다.

이 문장은 해석 그대로예요. 이때 말투나 앞뒤 상황에 따라 '싫었다'라는 느낌이 있을 수 있지만, 이 문장 자체에는 부정적인 느낌 없이 그냥 '어머니가 누나에게 시켰다'라는 사실을 말한 거예요.

> **사역수동형 문장**
> 姉は母に部屋を掃除させられた。
> (누나는 원치 않았는데) 어머니가 누나에게 방을 청소시켰다.

이 문장은 사역형 문장과 내용은 똑같지만, 주어인 '누나'는 하기 싫었는데 '어머니가 시켜서 어쩔 수 없이 하게 되었다'라는 뉘앙스가 들어있어요.

> **수동형 문장**
> 姉は母に部屋を掃除された。
> (누나는 원치 않았는데) 어머니가 방을 청소했다(누나는 어머니에게 방을 청소함을 당했다).

이 문장은 주어인 '누나'는 어머니가 방을 청소하는 것을 원치 않았고 어머니가 청소한 것이 불쾌하다는 느낌이 있어요. 이 문장을 해석할 때는 '어머니가 누나의 방을 청소해 버렸다', '(누나가 하지 말라고 했는데/원치 않았는데) 어머니가 누나의 방을 청소했다' 등으로 의역하기도 해요.

다섯째마디

●

1류동사가
이 단으로 바뀌는
활용형

18 ます형

1류동사가 이 단으로 바뀌는 활용형은 'ます형' 하나밖에 없어요! ます형은 이미 앞에서 배웠죠? 여기에서는 간단히 복습해 봅시다!

18

ます형

강의 및 예문듣기

ます형은 이미 배운 내용이라서 어렵지 않을 거예요. ～ます(～합니다)는 정중체형 표현이에요. 여기에서 복습하면서 새로운 단어들을 많이 배워 봅시다!

🎧 18-1.mp3

1단계
핵심문법 익히기

❶ 1류동사의 ます형 만들기 〈い단+ます〉

1류동사의 ます형은 사전형의 꼬리(う단)를 い단으로 바꾼 후에 ます만 붙이면 돼요.

～ます(～합니다)는 ～ません(～하지 않습니다), ～ました(～했습니다), ～ませんでした(～하지 않았습니다)로 활용된다는 내용, 기억하시죠?

鳴る[なる]① 울리다
前[まえ] 앞
置く[おく]① 놓다

インターホンが鳴りました。　　　　　　　인터폰이 울렸어요.

テレビの前にソファーを置きます。　　TV(의) 앞에 소파를 놓습니다.

≫ インターホン(인터폰)은 ドアホン(도어폰)이라고도 해요. 그리고 인터폰의 종소리를 チャイム라고 부르기도 해요. 참고로 '학교 종'도 チャイム라고 해요.

今年[ことし] 올해
8月[はちがつ] 8월
ライブ 라이브(콘서트)
やる① 하다
金曜日[きんようび] 금요일
夜[よる] 밤
友達[ともだち] 친구
会う[あう]① 만나다

📖 맛보기 연습　주어진 문장을 ます형 문장으로 바꿔 보세요.　　(정답은 602쪽에)

今年の8月にライブをやる。

▶ _____

金曜日の夜に友達に会った。

▶ _____

私たち[わたしたち]
우리들, 저희들
湖[みずうみ] 호수
泳ぐ[およぐ]① 헤엄치다

私たちはその湖で泳がなかった。

▶ _____

>> ライブ(라이브)는 ライブコンサート(라이브콘서트)의 준말이에요.

>> '~를 만나다'는 に(에)를 써서 ~に会う[あう]라고 해요. を(을/를)를 쓰지 않으니 유의하세요! 그리고 と(와/과)를 써서 ~と会う(~와 만나다)라고 할 수도 있어요.

>> ~たち(~들)는 한자로 쓰면 ~達예요. 한국어와는 달리 무생물에는 ~たち를 쓰지 않으니 유의하세요!

② 2류동사의 ます형 만들기 〈る삭제+ます〉

2류동사의 ます형은 사전형의 꼬리 る를 빼고 ます만 붙이면 돼요.

 +

折れる[おれる]②
부러지다
水道[すいどう] 수도
水[みず] 물
出る[でる]② 나오다

ナイフが折れました。 나이프가 부러졌어요.

水道の水が出ません。 수돗물이 나오지 않습니다.

>> 일본어에서는 영어 F 소리를 は행으로 표현해요. 한국어로는 ㅍ(피읖)으로 써서 소리 차이가 많이 나니 발음할 때 유의하세요! ⓔ 나이프(knife) ナイフ, 소파(sofa) ソファー, 소프트(soft) ソフト, 프랑스(France) フランス

🔖맛보기 연습 **주어진 문장을 ます형 문장으로 바꿔 보세요.** (정답은 602쪽에)

夕べ[ゆうべ] 어젯밤
早く[はやく] 일찍
寝る[ねる]② 자다
子ども[こども] 아이
お年玉[おとしだま]
세뱃돈
あげる② 주다
変な[へんな] 이상한
音[おと] 소리
聞こえる[きこえる]②
들리다

夕べ早く寝た。

▶ _____

子どもにお年玉をあげなかった。

▶ _____

変な音が聞こえる。

▶ _____

>> 夕べ[ゆうべ](어젯밤)는 한자 昨夜로 쓰기도 해요. 昨夜라는 한자에는 さくや라는 소리도 있어요. 또 夕べ에는 '해질녘'이라는 뜻도 있어요. 복잡하죠?

❸ 3류동사의 ます형 만들기

〈来ます〉
〈します〉

3류동사의 ます형은 각각 来る는 来ます, する는 します예요.

弁当[べんとう] 도시락
持ってくる[もってくる]
③ 가져오다
におい 냄새

お弁当を持ってきました。 도시락을 가져왔어요.

いいにおいがします。 좋은 냄새가 납니다.

» 弁当[べんとう](도시락)는 약간 거친 느낌이 있는 말이라서 앞에 お를 붙여 お弁当로 쓰는 경우가 많아요.

🍴 맛보기 연습　**주어진 문장을 ます형 문장으로 바꿔 보세요.** (정답은 602쪽에)

お金[おかね] 돈
戻ってくる[もどってくる]③ 돌아오다
特別[とくべつ] 특별
番組[ばんぐみ]
(방송)프로그램
放送[ほうそう] 방송
今日[きょう] 오늘
新入社員[しんにゅうしゃいん] 신입사원
教育[きょういく] 교육

お金が戻ってこない。

▶ _____

特別番組を放送しなかった。

▶ _____

今日、新入社員の教育をした。

▶ _____

» 帰る[かえる]와 戻る[もどる]는 둘 다 '돌아가다/오다'라는 뜻으로 똑같이 쓰기도 하는데 약간 뉘앙스 차이가 있어요. 帰る는 '원래 있어야 할 곳, 본거지로 돌아가다/오다'라는 뜻이고 戻る는 '있었던 곳에 일시적으로 돌아가다/오다'라는 뜻이에요. 그러니 회사에서 집으로 돌아갈 때는 帰る를 쓰고, 외근 나왔다가 다시 회사로 돌아갈 때는 戻る를 써요.

ます형을 만드는 방법

1류동사	〈い단+ます〉
2류동사	〈る삭제+ます〉
3류동사	来ます / します

158

1 다음 동사의 보통체형을 **ます**형으로 바꿔 보세요.

보통체형	ます형	보통체형	ます형
置く		鳴らない	
やった		折れなかった	
あげた		聞こえない	
戻ってこなかった		放送する	

2 다음 문장을 일본어로 만들어 보세요.

(1) 금요일 밤에 친구를 만났습니다.

✎ ---

(2) 수돗물이 나오지 않습니다.

✎ ---

(3) 도시락을 가져왔어요.

✎ ---

(4) 좋은 냄새가 납니다.

✎ ---

(5) 저희들은 그 호수에서 헤엄치지 않았어요.

✎ ---

(6) 이상한 소리가 들립니다.

✎ ---

(7) 인터폰이 울렸어요.

✎ ---

私は歌手の友達がいます。高校の時の友達です。ほかの友達はみんな高校を卒業した後、大学に入りましたが、その友達は大学に行かないで、歌のレッスンを受けました。ずっと無名の歌手でしたが、去年YouTubeの動画が話題になって、今は有名な歌手です。先週、その友達のライブに行きました。ライブにはたくさんのお客さんが来ました。そのライブはテレビでも放送されました。その友達は今はいつも忙しいので、なかなか会うチャンスがありません。

{단어}

歌手[かしゅ] 가수 | 友達[ともだち] 친구 | 高校[こうこう] 고등학교 | 時[とき] 때 | 卒業[そつぎょう] 졸업 | ～後[あと] ～후 | 大学[だいがく] 대학교 | 入る[はいる]① 들어가다 | 行く[いく]① 가다 | 歌[うた] 노래 | レッスン 레슨 | 受ける[うける]② 받다 | 無名[むめい] 무명 | 去年[きょねん] 작년 | 動画[どうが] 동영상 | 話題[わだい] 화제 | 今[いま] 지금 | 有名な[ゆうめいな] 유명한 | 先週[せんしゅう] 지난주 | ライブ 라이브(콘서트) | お客さん[おきゃくさん] 손님 | テレビ TV | 放送[ほうそう] 방송 | 忙しい[いそがしい] 바쁘다 | 会う[あう]① 만나다 | チャンス 기회, 찬스

》 YouTube(유튜브)는 가타카나로 ユーチューブ라고 하는데, 보통 영어로 표기해요.

저는 가수인 친구가 있습니다. 고등학교 때의 친구입니다. 다른 친구들은 모두 고등학교를 졸업한 후 대학에 들어갔지만, 그 친구는 대학에 가지 않고 노래 레슨을 받았습니다. 계속 무명 가수였지만 작년에 유튜브 동영상이 화제가 되어 지금은 유명한 가수입니다. 지난주에 그 친구의 라이브콘서트에 갔습니다. 라이브콘서트에는 많은 손님들이 왔습니다. 그 라이브콘서트는 TV에서도 방송되었습니다. 그 친구는 지금은 늘 바빠서 좀처럼 만날 기회가 없습니다.

 ライブ・コンサート・リサイタル의 차이

ライブ도 リサイタル도 コンサート라는 말에 포함되지만 느낌의 차이가 있어요. 미리 녹음된 것을 사용하는 レコード・コンサート(레코드 콘서트)나 フィルム・コンサート(필름 콘서트)와는 달리 ライブコンサート는 무대에서 직접 연주를 하는 콘서트예요. 보통 줄여서 ライブ라고 해요. 그리고 ライブハウス(라이브하우스)에서 하는 공연은 コンサート라고 하지 않고 ライブ라고 하죠. ライブ가 コンサート보다 규모가 작은 느낌이에요. 무대 연주 중에서 록, 팝 등의 연주는 ライブ라고 부르고, 클래식 등의 연주는 コンサート라고 부르는 경향이 있어요. 그리고 ライブ라는 말에는 コンサート라는 말보다 역동적인 느낌이 있고요. リサイタル는 아티스트가 혼자서 공연하는 경우에 써요. 즉 '독주회'나 '독창회'라는 뜻이죠.

する와 やる의 차이

する와 やる는 둘 다 '하다'라는 뜻이라서 서로 바꿔 쓸 수 있는 경우도 있어요.

> 私がします。 제가 하겠습니다.
>
> 私がやります。 제가 하겠습니다.

위의 두 문장은 같은 뜻이지만 やる가 더 구어적이고 동작성이 강하며 하려는 의지가 느껴지는 것에 비해, する는 그런 느낌이 없는 점잖은 말투예요. する는 경우에 따라서는 딱딱한 느낌이 들 때도 있어요. 다만, 정중하게 말해야 하는 경우에 やる를 쓰면 예의에 어긋날 수도 있으니 유의하세요! する는 더 넓은 범위에 쓰고 やる는 좁은 범위에 써요. 따라서 やる를 쓸 수 있는지 없는지 잘 모를 때는 する를 쓰는 것이 무난해요.

> あくびをする。 하품을 하다.

あくび(하품)나 くしゃみ(재채기)처럼 동작에 의지가 작용하지 않는 것에는 やる를 쓸 수 없어요. 즉 やる를 쓸 때는 의지가 작용해야 한다는 점을 기억하세요!

> 犬に餌をやる。 개에게 먹이를 준다.

또 やる에는 '주다'라는 뜻도 있는데, '주다'의 뜻으로 쓸 때의 やる는 する로 바꿔 쓸 수 없고 あげる(주다)로 바꿔 쓸 수 있어요. やる는 아랫사람이나 동식물에게 줄 때 써요.

> 味がする 맛이 나다   においがする 냄새가 나다
>
> 感じがする 느낌이 들다   気がする 느낌이 들다
>
> 音がする 소리가 나다   声がする 목소리가 나다/들리다

위의 표현들은 숙어처럼 한 덩어리로 기억하세요!

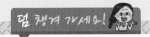

感じがする와 気がする는 둘 다 '느낌이 들다'라는 뜻이지만, 感じがする는 感じる(느끼다)와
연관이 있어 감각기관을 통해서 뭔가를 느끼는 경우에 쓰는데 비해, 気がする는 직감, 육감에 의해
뭔가를 느끼는 경우에 써요.

예 耳に水が入ったような感じがする。 귀에 물이 들어간 것 같은 느낌이 든다.

[귀에 느껴지는 느낌이 마치 물이 들어간 것 같은 느낌]

口の中がネバネバした感じがする。 입 안이 끈적거리는 느낌이 든다.

예 耳に水が入ったような気がする。 귀에 물이 들어간 것 같은 생각이 든다.

[귀에 물이 들어간 것 같다는 판단]

うまくいきそうな気がする。 잘 될 것 같은 예감이 든다.

音와 声는 둘 다 '소리'라는 뜻인데, 音는 무생물의 소리에 쓰고 声는 사람이나 동물의 소리에 써요.

예 ノックの音がした。 노크(하는) 소리가 났다.

何かが割れる音がした。 뭔가가 깨지는 소리가 났다.

예 懐かしい父の声がした。 그리운 아버지의 목소리가 들렸다(났다).

犬の声がした。 개의 소리가 들렸다(났다).

여섯째마디

●

1류동사가
う단으로 바뀌는
활용형

1류동사가 う단으로 바뀌는 활용형에는 '사전형'과 '금지형'의 2가지가 있어요. '사전형'은 이미 배웠으니 가볍게 복습하면서 넘어가고, 새로 배우는 '금지형'은 꼼꼼하게 잘 배워 봅시다!

19

사전형

강의 및 예문듣기

사전형은 이미 배운 활용형이죠? 1류동사는 사전형의 꼬리가 う단이 되고, 2류동사는 사전형의 꼬리가 る로 끝나요. 3류동사는 来る와 する예요.

🎧 19-1.mp3

1단계
핵심문법 익히기

① 1류동사의 사전형 만들기 〈~う단〉

1류동사의 사전형은 모두 꼬리가 う단으로 끝나요.

| 置
お
く
(두다, 놓다) | 会う
あ
(만나다) | 泳ぐ
およ
(헤엄치다) |

毎朝[まいあさ]
매일 아침
公園[こうえん] 공원
歩く[あるく]① 걷다
7時[しちじ] 7시
終わる[おわる]① 끝나다

毎朝、公園を歩く。 　　　　　　　　　　　매일 아침, 공원을 걸어.

バイトは7時に終わる。 　　　　　　　　　알바는 7시에 끝난다.

≫ バイト(알바)는 アルバイト(아르바이트)의 준말이에요.

📎맛보기 연습　주어진 문장을 사전형 문장으로 바꿔 보세요. 　　(정답은 603쪽에)

風[かぜ] 바람
強く[つよく] 세게
吹きます[ふきます]①
붑니다
明日[あした] 내일
午前[ごぜん] 오전
曇ります[くもります]①
흐려집니다
次[つぎ] 이번
交差点[こうさてん]
교차로
右[みぎ] 오른쪽
曲がります[まがります]
① 돕니다

ここは風が強く吹きます。

▶ _____

明日の午前は曇ります。

▶ _____

次の交差点を右に曲がります。

▶ _____

≫ ~を歩く[あるく](~를 걷다), ~を曲がる[まがる](~를 돌다)에서의 를(을/를)는 목적어를 나타낸 것이 아니에요. 자동사에 쓰는 를로, '이동'이나 '통과'하는 자리를 나타낸 것이에요. 224쪽을 보세요.

❷ 2류동사의 사전형 만들기 〈~る〉

2류동사의 사전형은 모두 꼬리가 る로 끝나요.

<table>
<tr><td>見る
(보다)</td><td>寝る
(자다)</td><td>聞こえる
(들리다)</td></tr>
</table>

次[つぎ] 이번
停留所[ていりゅうじょ]
정류장
降りる[おりる]② 내리다
時計[とけい] 시계
音[おと] 소리
時間[じかん] 시간
知らせる[しらせる]②
알리다

次の停留所でバスを降りる。 이번(의) 정류장에서 버스에서 내려.

この時計は音で時間を知らせる。 이 시계는 소리로 시간을 알려 준다.

≫ '~에서 내리다'는 を(을/를)를 써서 ~を降りる[おりる]라고 표현해요. 이때의 を는 동작의 '출발점', '기점'을 나타내요. 한국어와 다른 부분이니 유의하세요! 224쪽을 보세요.

맛보기 연습 주어진 문장을 사전형 문장으로 바꿔 보세요. (정답은 603쪽에)

冬[ふゆ] 겨울
星[ほし] 별
見えます[みえます]②
보입니다
トイレ 화장실
自動的に[じどうてきに]
자동으로
電気[でんき] 불, 전기
消えます[きえます]②
꺼집니다
午後[ごご] 오후
晴れます[はれます]②
맑아집니다

冬には星がよく見えます。

▶ _____

このトイレは自動的に電気が消えます。

▶ _____

午後は晴れます。

▶ _____

≫ トイレ(화장실)는 편한 상대에게는 써도 되는데, 직설적인 말이라서 정중하게 말해야 할 때는 お手洗い[おてあらい]를 쓰세요. 편한 상대라도 お手洗い를 쓰기도 해요.

❸ 3류동사의 사전형 만들기 〈来る〉 〈する〉

3류동사의 사전형은 각각 来る, する예요.

観光客[かんこうきゃく]
관광객
大勢[おおぜい] 많이(사람)
試合[しあい] 경기, 시합

ここは観光客が大勢来る。 여기는 관광객이 많이 와.

アルゼンチンとサッカーの試合をする。 아르헨티나와 축구(의) 경기를 한다.

165

>> 大勢[おおぜい](많이)는 사람에 대해서만 쓰는 말이에요. たくさん이나 いっぱい로 바꿔 써도 괜찮아요.

>> 일본어로 축구나 야구 경기는 보통 試合[しあい](시합)이라고 해요. 競技[きょうぎ](경기)는 육상이나 수영, 제조 등에 써요.

맛보기 연습　주어진 문장을 사전형 문장으로 바꿔 보세요.　　　　(정답은 603쪽에)

今晩こちらに台風が来ます。

▶ _____

今日はネクタイをします。

▶ _____

今週の週末、花見をします。

▶ _____

>> ネクタイ(넥타이)는 する(하다) 외에 結ぶ[むすぶ](매다, 묶다), 締める[しめる](매다, 조르다)도 쓸 수 있어요.

>> 花見[はなみ](꽃구경)는 앞에 お를 붙여서 お花見라고 하는 경우도 많아요.

今晩[こんばん] 오늘 밤
台風[たいふう] 태풍
来ます[きます]③ 옵니다
今日[きょう] 오늘
ネクタイ 넥타이
今週[こんしゅう] 이번 주
週末[しゅうまつ] 주말
花見[はなみ] 꽃구경

사전형을 만드는 방법

1류동사	〈～う단〉
2류동사	〈～る〉
3류동사	来る / する

1 다음 동사의 ます형을 사전형으로 바꿔 보세요.

ます형	사전형	ます형	사전형
終わります		降ります	
来ます		します	
見えます		吹きます	
曇ります		消えます	

≫ 降ります는 おります로 읽을 수도 있고 ふります로 읽을 수도 있기 때문에 독음을 달았어요.

2 다음 문장을 일본어로 만들어 보세요.

(1) 매일 아침, 공원을 걸어.

✎ --

(2) 이번 정류장에서 버스에서 내려.

✎ --

(3) 여기는 관광객이 많이 와.

✎ --

(4) 아르헨티나와 축구 경기를 한다.

✎ --

(5) 이번 교차로를 오른쪽으로 돌아.

✎ --

(6) 겨울에는 별이 잘 보여.

✎ --

(7) 이번 주 주말에 꽃구경을 한다.

✎ --

私は会社からうちに帰る時、一つ前の停留所でバスを降りてうちまで歩く。ほかの運動も色々してみたが、続かなかった。ウォーキングはお金がかからなくていい。一つ前の停留所からうちまで歩いて30分くらいかかる。ちょうどいい運動だ。帰り道は遠くに山が見える。花や木を見るのも楽しい。しかし、3日前から歩いていない。雨が続いているからだ。明日は晴れる。久しぶりに歩けてうれしい。

{단어}

会社[かいしゃ] 회사 | 帰る[かえる]① 돌아오다. 돌아가다 | 時[とき] 때 | 一つ[ひとつ] 하나 | 前[まえ] 앞 | 停留所[ていりゅうじょ] 정류장 | バス 버스 | 運動[うんどう] 운동 | 色々[いろいろ] 여러 가지 | 続く[つづく]① 계속되다 | ウォーキング 워킹 | お金[おかね] 돈 | かかる① 걸리다. 들다 | 30分[さんじゅっぷん] 30분 | 帰り道[かえりみち] 돌아오는 길 | 遠く[とおく] 멀리 | 山[やま] 산 | 花[はな] 꽃 | 木[き] 나무 | 見る[みる]② 보다 | 楽しい[たのしい] 즐겁다 | 3日[みっか] 3일 | 雨[あめ] 비 | 続く[つづく]① 계속되다 | 明日[あした] 내일 | 久しぶりに[ひさしぶりに] 오래간만에

나는 회사에서 집에 돌아올 때 하나 앞의 정류장에서 버스에서 내려 집까지 걷는다. 다른 운동도 여러 가지 해 보았지만, 오래 가지 않았다. 워킹이 돈이 들지 않아서 좋다. 하나 앞의 정류장에서 집까지 걸어서 30분 정도 걸린다. 딱 좋은 운동이다. 돌아오는 길은 멀리 산이 보인다. 꽃이나 나무를 보는 것도 즐겁다. 그러나 3일 전부터 걷지 않고 있다. 비가 계속 내리고 있기 때문이다. 내일은 갠다. 오래간만에 걸을 수 있어서 기쁘다.

 交差点[こうさてん](교차로)의 종류

三叉路[さんさろ], Y字路[ワイじろ]	삼거리
T字路[ティーじろ], 丁字路[ていじろ]	T자처럼 90도의 각도로 교차하는 삼거리
十字路[じゅうじろ]	십자 모양으로 교차하는 사거리
四差路[よんさろ]	90도가 아닌 각도로 교차하는 사거리
五差路[ごさろ]	오거리
六差路[ろくさろ]	육거리

사전형의 다양한 해석들

사전형의 해석을 주로 '~해', '~하다'로 해 왔는데, 간혹 '~한다' 등의 다른 해석으로도 해서 이미 눈치 채셨겠지만 사전형으로 끝나는 문장은 '~해'나 '~하다' 외에 '~한다'로 해석할 수도 있어요. 또 '~하겠다', '~할 거야', '~할 것이다', '~할래' 등으로도 다양하게 해석할 수 있어요.

つぎ　ていりゅうじょ　　　　　　　お
次の停留所でバスを降りる。

이번 정류장에서 버스에서 내려.

이번 정류장에서 버스에서 내리다.

이번 정류장에서 버스에서 내린다.

이번 정류장에서 버스에서 내리겠어.

이번 정류장에서 버스에서 내리겠다.

이번 정류장에서 버스에서 내릴게.

이번 정류장에서 버스에서 내릴 거야.

이번 정류장에서 버스에서 내릴 것이다.

이번 정류장에서 버스에서 내릴래.

일본어는 동사에 미래형이 따로 없고 현재형으로 미래도 나타내요. 그래서 '현재형'이라는 말을 안 쓰고 '비과거형'이라는 말을 쓰기도 해요. 주로 현재를 나타낼 때는 '현재진행형'으로 쓰고 동사의 현재형으로 쓰면 미래를 나타내는 경우가 많다는 사실을 알아 두세요. ます형도 마찬가지예요!

금지형

금지형은 '~하지 마라', '~하지 마'라는 뜻을 나타내는 활용형이에요. 금지형은 1류동사, 2류동사, 3류동사 모두 구별 없이 똑같은 활용을 해요.

🎧 **20-1.mp3**

1단계
핵심문법 익히기

❶ 1류동사·2류동사·3류동사의 금지형 만들기　〈사전형+な〉

금지형은 1류동사, 2류동사, 3류동사의 구별 없이 모두 사전형 뒤에 な만 붙이면 돼요.

1류동사	立つ (일어서다)	+	な (~하지 마라)	⇨ 立つな (일어서지 마라)
2류동사	知らせる (알리다)	+	な (~하지 마라)	⇨ 知らせるな (알리지 마라)
3류동사	来る (오다)	+	な (~하지 마라)	⇨ 来るな (오지 마라)
	する (하다)	+	な (~하지 마라)	⇨ するな (하지 마라)

所[ところ] 곳
止まる[とまる]① 멈추다
見る[みる]② 보다
戻ってくる[もどってくる]③ 돌아오다
邪魔[じゃま] 방해

そんな所で止まるな。　　　　　　　　　그런 곳에서 멈추지 마라.

こっちを見るな。　　　　　　　　　　　이쪽을 보지 마라.

もうここには戻ってくるな。　　　　이제 여기에는 돌아오지 마라.

邪魔するな。　　　　　　　　　　　　　방해하지 마라.

≫ こっち(이쪽)는 こちら와 같은 뜻이에요. こっち는 편하게 말할 때 쓰는 말이고, こちら는 정중한 말투예요.

帽子[ぼうし] 모자
かぶります①
(모자를)씁니다
騒ぎます[さわぎます]①
떠듭니다
時間[じかん] 시간
遅れます[おくれます]②
늦습니다

帽子をかぶります。

▶ _____

ここで騒ぎます。

▶ _____

時間に遅れます。

▶ _____

ストレス 스트레스
負けます[まけます]②
집니다
物[もの] 물건
持ってきます[もってきます]③ 가져옵니다
心配[しんぱい] 걱정

ストレスに負けます。

▶ _____

そんな物を持ってきます。

▶ _____

そんなに心配します。

▶ _____

금지형을 만드는 방법

1류동사	
2류동사	〈사전형+な〉
3류동사	

1 다음 동사의 **ます**형을 금지형으로 바꿔 보세요.

ます형	금지형	ます형	금지형
立ちます		見ます	
来ます		します	
かぶります		負けます	
置きます		あげます	

2 다음 문장을 일본어로 만들어 보세요.

(1) 그런 곳에서 멈추지 마라.

🖉 _____

(2) 이제 여기에는 돌아오지 마라.

🖉 _____

(3) 그렇게 걱정하지 마라.

🖉 _____

(4) 여기에서 떠들지 마라.

🖉 _____

(5) 시간에 늦지 마라.

🖉 _____

(6) 이쪽을 보지 마라.

🖉 _____

(7) 모자를 쓰지 마라.

🖉 _____

私は子どもの時、するなと言われたことをよくする子どもでした。石を投げるなと言われましたが、よく石を投げました。5歳の時、うちの窓ガラスが割れて、弟が怪我をしました。その時は両親にひどく叱られました。小学校では先生に友達をいじめるなと言われましたが、よく友達をいじめました。4年生の時は校長先生に叱られました。子どもはするなと言われると余計にするものです。私は自分の子どもにはできるだけ、これをするな、あれをするなと言いません。

{단어}

子ども[こども] 아이 | 時[とき] 때 | 言う[いう]① 말하다 | 石[いし] 돌 | 投げる[なげる]② 던지다 | 5歳[ご さい] 5살 | 窓ガラス[まどガラス] 창유리 | 割れる[われる]② 깨지다 | 弟[おとうと] 남동생(높임×) | 怪我をする[けがをする]③ 다치다 | 両親[りょうしん] 부모(높임×) | 叱る[しかる]① 혼내다 | 小学校[しょうがっこう] 초등학교 | 先生[せんせい] 선생님 | 友達[ともだち] 친구 | いじめる② 괴롭히다 | 4年生[よ ねんせい] 4학년 | 校長先生 [こうちょう せんせい] 교장 선생님 | 余計に[よけいに] 더욱 | 自分[じぶん] 자기, 자신

저는 어릴 때 하지 말라는 말을 들은(말함을 받은) 것을 자주 하는 아이였습니다. 돌을 던지지 말라는 말을 들었지만(말함을 받았지만) 자주 돌을 던졌습니다. 5살 때, 저희 집의 창유리가 깨져서 남동생이 다쳤습니다. 그때는 부모님한테 몹시 혼났습니다. 초등학교에서는 선생님한테 친구들을 괴롭히지 말라는 말을 들었지만(말함을 받았지만) 자주 친구들을 괴롭혔습니다. 4학년 때는 교장 선생님께 혼났습니다. 아이들은 하지 말라는 말을 들으면(말함을 받으면) 더욱 하는 법입니다. 저는 제 아이에게는 되도록 이걸 하지 마라, 저걸 하지 마라고 하지 않습니다.

 일본의 '학교 지정 체육복'

帽子(모자)라는 단어를 보니 초등학생 때 입었던 체육복이 떠올랐어요. 한국도 일본도 초·중·고교에서는 대부분 학교에서 지정하는 체육복이 있죠. 그런데 한국 공립초등학교에서는 학교마다 차이는 있겠지만 대부분 체육 수업이 있는 날에 학교 체육복을 입어도 되고 다른 체육복을 입어도 되는 것 같아요. 그런데 일본은 대부분의 초등학교에서 반드시 학교 체육복을 입어야 해요. 그리고 초등학교에서는 체육복도 입고 모자도 써요. 체육시간이나 운동회 때 쓰는 모자는 양면으로 쓸 수 있는데 흰색과 빨간색이에요. 한국에서는 청팀과 백팀으로 나누어지죠? 일본에서는 홍팀과 백팀으로 나누어지는데, 일본어로는 각각 赤組, 白組라고 해요. 〜組는 '〜조', '〜반'이라는 뜻으로, 일본에서는 '〜학년 〜반'을 〜年〜組라고 표현해요.

금지형을 사용하는 다양한 상황들

한국어와 달리 일본어의 금지형은 매우 강한 표현이에요. 그래서 일상회화에서는 한국어만큼 자주 쓰지는 않아요. 금지형을 사용하는 예들을 살펴봅시다!

動くな！ 金を出せ！　움직이지 마라! 돈을 내라!

강도가 하는 말이죠. 이처럼 상대방을 위협하는 경우에 금지형을 써요.

負けるな！！ 지지 마라!　　焦るな！　조급해/초조해 하지 마라!

운동경기에서 큰 소리로 응원하는 경우에도 금지형을 써요.

危ない！ スピードを出すな！　위험해! 속도를 내지 마라!
飲んだら乗るな！ 乗るなら飲むな！ [음주운전 경고 표어]

(술을)마셨다면 (차를)타지 마라! (차를)탄다면 (술을)마시지 마라!

표지판이나 표어에서도 금지형을 써요. 강력한 느낌을 주니까요.

触るな！ 만지지/손대지 마라!　　走るな！ 뛰지 마라!

위급한 상황일 때도 금지형을 써요.

泣くなよ。 울지 마!　　そんなこと言うなよ。 그런 말 하지 마!

금지형 끝에 よ를 붙여서 쓰면 말이 조금 부드러워져요. 그렇지만 끝에 よ를 붙인 금지형도 여전히 강한 말투라서 주로 남자가 친한 사람이나 아랫사람에게 써요. 무난하게 쓰려면 〜ないでください(〜하지 마세요, 〜하지 말아 주세요)의 보통체형인 〜ないで(〜하지 마, 〜하지 말아 줘)를 쓰세요! 예를 들어 泣かないで(울지 마, 울지 말아 줘), 言わないで(말하지 마, 말하지 말아 줘)와 같은 표현을 쓰면 돼요.

일곱째마디

●

1류동사가
え단으로 바뀌는
활용형

1류동사가 え단으로 바뀌는 활용형에는 '명령형', '가능형', 'ば형'의 3가지가 있어요. ば형은 〈~ば〉의 형태라서 'ば형'이라고 부르는데, '가정형'이라고도 불러요.

21

명령형

명령형은 '~해라'라는 명령의 뜻을 가진 활용형이에요. 앞에서 배운 금지형과 마찬가지로 말투와 어감이 무척 강하기 때문에 명령형 자체를 그대로 쓰는 경우는 별로 많지 않아요.

🎧 21-1.mp3

1단계
핵심문법 익히기

❶ 1류동사의 명령형 만들기 ⟨～え단⟩

1류동사의 명령형은 사전형의 꼬리(う단)를 え단으로 바꾸면 돼요.

学校[がっこう] 학교
戻る[もどる]① 돌아가다
急ぐ[いそぐ]① 서두르다

学校に戻れ。 학교에 돌아가라.

急げ！ 서둘러라!

맛보기 연습 주어진 문장을 명령형 문장으로 바꿔 보세요. (정답은 605쪽에)

前[まえ] 앞
進む[すすむ]① 나아가다
ホームラン 홈런
打つ[うつ]① 치다
部屋[へや] 방
入る[はいる]① 들어가다

前へ進む。

▶ _____

ホームランを打つ。

▶ _____

部屋に入る。

▶ _____

❷ 2류동사의 명령형 만들기   ⟨る삭제+ろ⟩

2류동사의 명령형은 사전형의 꼬리 る를 빼고 ろ만 붙이면 돼요.

食べ<del>る</del>(먹다) + ろ(~해라) ⇨ 食べろ(먹어라)

締める[しめる]② 매다
奴[やつ] 녀석, 놈
伝える[つたえる]②
전하다

シートベルトを締めろ。   안전벨트를 매라.

奴にそう伝えろ。   녀석에게 그렇게 전하라.

┌ 맛보기 연습   **주어진 문장을 명령형 문장으로 바꿔 보세요.**   (정답은 605쪽에)

けんか 싸움
やめる② 그만두다
ボール 공
投げる[なげる]② 던지다
犯人[はんにん] 범인
捕まえる[つかまえる]②
붙잡다

けんかをやめる。

▶ _____

ボールをこっちに投げる。

▶ _____

犯人を捕まえる。

▶ _____

❸ 3류동사의 명령형 만들기   ⟨来い⟩   ⟨しろ⟩

3류동사의 명령형은 각각 来る는 来い, する는 しろ예요.

明日[あした] 내일
必ず[かならず] 반드시
遠慮[えんりょ] 사양

明日は必ず来い。   내일은 반드시 와라.

ちょっとは遠慮しろ。   조금은 사양해라.

≫ する의 명령형에는 しろ 외에 せよ도 있어요. せよ는 매우 격식 차린 문장에서 쓰는 표현으로 일상회화에서는 잘 쓰지 않아요.

妹[いもうと]
여동생(높임×)

一緒に[いっしょに]
함께, 같이

行ってくる[いってくる]
③ 갔다 오다

子ども[こども] 아이

世話[せわ] 돌봄

予習[よしゅう] 예습

復習[ふくしゅう] 복습

妹と一緒に行ってくる。

▶ _____

子どもの世話をする。

▶ _____

予習と復習をする。

▶ _____

≫ 世話[せわ](돌봄, 보살핌)는 する(하다)를 써서 世話をする라고 하면 '돌보다, 보살피다'라는 뜻이 돼요.

명령형을 만드는 방법

1류동사	⟨~え단⟩
2류동사	⟨る삭제+ろ⟩
3류동사	来い[こ] / しろ

1 다음 동사의 사전형을 명령형으로 바꿔 보세요.

사전형	명령형	사전형	명령형
打つ		伝える	
来る		する	
捕まえる		戻る	
進む		投げる	

2 다음 문장을 일본어로 만들어 보세요.

(1) 서둘러라!

✏ --

(2) 안전벨트를 매라.

✏ --

(3) 내일은 반드시 와라.

✏ --

(4) 조금은 사양해라.

✏ --

(5) 방에 들어가라.

✏ --

(6) 공을 이쪽으로 던져라.

✏ --

(7) 예습과 복습을 해라.

✏ --

よく聞け。お前の娘はここにいる。明後日までに金を5,000万円用意しろ。そうすれば、娘を返す。警察には連絡するな。警察に連絡すれば、娘を殺す。娘の命が大事だったら、大人しく言うことを聞け。明後日、電話で場所を知らせる。5,000万円を現金でかばんに入れて持ってこい。誰かと一緒に来るな。お前一人で来い。明後日だ。絶対に警察には連絡するな。連絡をすれば娘の命はないと思え。

{단어}

聞く[きく]① 듣다 | お前[おまえ] 너 | 娘[むすめ] 딸(높임×) | 明後日[あさって] 모레 | 金[かね] 돈 | 5,000万円[ごせんまん えん] 5,000만엔 | 用意[ようい] 준비 | 返す[かえす]① 돌려주다 | 警察[けいさつ] 경찰 | 連絡[れんらく] 연락 | 殺す[ころす]① 죽이다 | 命[いのち] 목숨 | 大事な[だいじな] 소중한 | 大人しく[おとなしく] 순순히 | 言う[いう]① 말하다 | 電話[でんわ] 전화 | 場所[ばしょ] 장소 | 知らせる[しらせる]② 알리다 | 現金[げんきん] 현금 | 入れる[いれる]② 넣다 | 持ってくる[もってくる]③ 가져오다 | 誰か[だれか] 누군가 | 一緒に[いっしょに] 같이 | 一人で[ひとりで] 혼자서 | 絶対に[ぜったいに] 절대로 | 思う[おもう]① 생각하다

잘 들어라. 너의 딸은 여기에 있다. 모레까지 돈을 5,000만엔 준비해라. 그렇게 하면 딸을 돌려주겠다. 경찰에는 연락하지 마라. 경찰에 연락하면 딸을 죽이겠다. 딸의 목숨이 소중하다면 순순히 말을 들어라. 모레, 전화로 장소를 알리겠다. 5,000만엔을 현금으로 가방에 넣어서 가져와라. 누군가와 같이 오지 마라. 너 혼자서 와라. 모레다. 절대로 경찰에는 연락하지 마라. 연락을 하면 딸의 목숨은 없다고 생각해라.

 명령형도 よ를 붙여서 쓰지 않으면 무서운 말투?!

명령형도 금지형과 마찬가지로 매우 강한 말투예요. 그래서 강도가 위협할 때 하는 말인 '손을 들어!'는 명령형인 〈手を上げろ！〉가 잘 어울리죠. 그 외에 응원할 때 하는 말인 '힘내라!'는 〈頑張れ！〉라고 하고, 위급한 상황일 때 하는 말인 '조심해라!'는 〈気を付けろ！〉라고 해요. 편한 대화에서 명령형을 쓸 때는 끝에 よ를 붙여서 말을 약간 부드럽게 만들어 쓰는 경우가 많은데, よ를 붙인 명령형 역시 강한 말투라서 매우 친한 사람에게만 쓸 수 있어요.

捕^{つか}まえる・つかむ・握^{にぎ}るの 차이

이 세 단어는 모두 '잡다'로 해석할 수 있어서 잘 구별하지 못하는 경우가 많아요. 이 세 단어에 어떤 느낌 차이가 있는지 정리해 볼게요!

> 捕^{つか}まえる 잡다, 붙잡다

捕まえる는 '잡지 않으면 도망쳐 버리는 것'을 잡을 때 써요.

> 예 警察^{けいさつ}が犯人^{はんにん}を捕まえた。 경찰이 범인을 붙잡았다.
>
> タクシーを捕まえる。 택시를 잡다.

> つかむ 잡다, 쥐다

つかむ는 捕まえる와는 달리 '잡지 않아도 도망치지 않는 것'을 잡을 때 써요. 한자로 掴む라고 쓰는데, 한자로 쓰는 경우도 꽤 있어요.

> 예 子^こどもがお母^{かあ}さんのスカートをつかむ。 아이가 엄마의 치마를 잡다.
>
> 電車^{でんしゃ}のつり革^{かわ}をつかむ。 전철의 손잡이를 잡다.

> 握^{にぎ}る 잡다, 쥐다

握る는 '잡다'보다는 '쥐다'의 뜻에 더 가까워요. 손 안에 들어 있는 것을 손가락에 힘을 주고 꼭 쥘 때 써요. つかむ와 握る를 비교해 보면, つかむ는 어떤 것을 잡고 손 안에 넣는 과정에 초점이 맞춰져 있고 握る는 손가락에 힘을 주는 부분에 초점이 맞춰져 있어요. '주먹을 쥔다'라고 할 때는 손가락에 꼭 힘을 주고 쥐는 것이라서 握る를 써야 해요.

> 예 手^てをしっかりと握った。 손을 꼭 잡았다.
>
> 手^てでボールを握った。 손으로 공을 쥐었다.

22

가능형

가능형은 '~할 수 있다'라는 가능의 뜻을 가진 활용형이에요. 한국어에서도 '~할 수 있다'가 '빨리 달릴 수 있다'와 같은 '능력'을 나타내기도 하고 '이 열매는 먹을 수 있다'와 같은 '가능성'을 나타내기도 하죠? 일본어도 마찬가지예요. 그리고 가능형도 2류동사 활용을 해요!

🎧 22-1.mp3

1단계
핵심문법 익히기

❶ 1류동사의 가능형 만들기 　　　　　〈え단+る〉

1류동사의 가능형은 사전형의 꼬리(う단)를 え단으로 바꾼 후에 る를 붙이면 돼요.

寮[りょう] 기숙사

この寮はペットと住める。　　　　　　　　이 기숙사는 애완동물과 살 수 있어.

住む[すむ]①
살다(거주하다)
7月[しちがつ] 7월
登る[のぼる]① 올라가다

富士山は7月から登れます。　　　　　　ふじ산은 7월부터 올라갈 수 있어요.

>> '기숙사'를 뜻하는 말로 寄宿舎[きしゅくしゃ](기숙사)도 있지만 寮[りょう]를 더 많이 써요.

🍴맛보기 연습　　**주어진 문장을 가능형 문장으로 바꿔 보세요.**　　　　　(정답은 606쪽에)

子[こ] 아이
自転車[じてんしゃ]
자전거

その子は自転車に乗る。

▶ _____

乗る[のる]①
(전철 등을)타다
昼[ひる] 낮
自由に[じゆうに]
자유롭게

昼からは自由に動く。

▶ _____

動く[うごく]① 움직이다
試合[しあい] 시합
勝つ[かつ]① 이기다

この試合は勝つ。

▶ _____

>> '~를 타다'라고 할 때는 を(을/를)이 아니라 に(에)를 써서 〈~に乗る[のる]〉로 표현하니 유의하세요!

❷ 2류동사의 가능형 만들기 (1) 〈る삭제+られる〉

2류동사의 가능형을 만드는 방법에는 2가지가 있는데, 기본적인 방법은 사전형의 꼬리 る를 빼고 られる를 붙이는 방법이에요.

寝<ruby>る<rt>ね</rt></ruby>
(자다)
+
られる
(~할 수 있다)
⇨
寝られる
(잘 수 있다)

川[かわ] 강
生きる[いきる]②
살다(생존하다)
職場[しょくば] 직장
70歳[なな じゅっ さい]
70세
勤める[つとめる]②
근무하다

このサメは川でも生きられる。　　　이 상어는 강에서도 살 수 있다.

この職場は70歳まで勤められます。　이 직장은 70세까지 근무할 수 있습니다.

≫ サメ(상어)는 한자로 쓰면 鮫인데 가타카나로 쓰는 경우가 많아요. 상어와 같은 어류 이름이나 동물 이름은 가타카나로 쓰는 경우가 많아요.

📖맛보기 연습　주어진 문장을 가능형 문장으로 바꿔 보세요.　　　　(정답은 606쪽에)

簡単にやせる。

▶ _____

簡単に[かんたんに] 쉽게
やせる② 살을 빼다
ペンケース 필통
机[つくえ] 책상
立てる[たてる]② 세우다
朝[あさ] 아침
早く[はやく] 일찍
起きる[おきる]②
일어나다

このペンケースは机に立てる。

▶ _____

私は朝早く起きる。

▶ _____

≫ やせる(살을 빼다)는 한자 痩せる로 쓰는 경우도 많아요. 그리고 やせる는 '살이 빠지다'라는 뜻으로도 써요.

≫ '필통'을 뜻하는 말로 筆箱[ふでばこ]도 있는데, 요즘은 일상적으로 ペンケース(pen case)를 더 많이 써요.

눈치채면서 이 활용형태를 앞에서 배웠다는 생각이 들지 않았나요? 2류동사의 가능형은 앞에서 배운 수동형과 형태가 똑같아요! 문장의 앞뒤 내용에 따라 가능형인지 수동형인지를 판단해야 해요.

❸ 2류동사의 가능형 만들기 (2) 〈る삭제+れる〉〈ら생략체〉

원래 2류동사의 가능형은 〈る삭제+られる〉의 형태이지만, 일상적인 구어체에서는 ら를 뺀 〈る삭제+れる〉의 형태를 자주 써요. 다만 공손하게 말해야 하는 경우는 이 표현을 피하는 것이 좋아요!

寝る(자다) + られる(~할 수 있다) ⇒ 寝れる(잘 수 있다)

葉[は] 잎
食べる[たべる]② 먹다
映画[えいが] 영화
子ども[こども] 어린이
見る[みる]② 보다

これは葉も食べれる。　　　　　　　　　　이것은 잎도 먹을 수 있어.

この映画は子どもも見れます。　　　　　　이 영화는 어린이도 볼 수 있어요.

» 일상회화에서는 葉[は](잎)를 葉っぱ[はっぱ]라고 하는 경우도 많아요.

사실 ら를 뺀 가능형 형태를 잘못된 표현이라고 생각하는 사람도 있고 가르치지 않는 교재도 많아요. 하지만 일상생활에서는 ら를 뺀 가능형 형태를 더 많이 쓰기 때문에 이 책에서는 소개했어요. 참고로 시험에서는 꼭 ら를 넣은 가능형 형태로 써야 해요.

맛보기 연습　　주어진 문장을 가능형 문장으로 바꿔 보세요.
ら를 넣은 가능형 문장과 ら를 뺀 가능형 문장의 2가지 형태로 만들어 보세요.

(정답은 606쪽에)

カフェ 카페
深夜[しんや] 심야
2時[に じ] 2시
ローン(loan) 대부(금)
外国人[がいこくじん]
외국 사람
借りる[かりる]② 빌리다
来月[らいげつ] 다음 달
大会[たいかい] 대회
僕[ぼく] 나(남자)
出る[でる]② 나가다

このカフェは深夜2時までいる。

▶ _____

▶ _____

このローンは外国人も借りる。

▶ _____

▶ _____

来月の大会には僕も出る。

▶ _____

▶ _____

❹ **3류동사의 가능형 만들기**　　　　〈来られる〉
〈できる〉

3류동사의 가능형은 각각 来る는 来られる, する는 できる예요. 그리고 来られる는 ら를 뺀 来れる도 많이 써요.

ここは日帰りで来られる。 여기는 당일치기로 올 수 있다.

会議に出席できます。 회의에 출석할 수 있습니다.

2류동사와 마찬가지로 来られる도 수동형과 같은 형태예요. 문장의 앞뒤 내용에 따라 가능형인지 수동형인지를 판단해야 해요.

> 맛보기 연습 주어진 문장을 가능형 문장으로 바꿔 보세요.
> 来る는 ら를 넣은 가능형 문장과 ら를 뺀 가능형 문장의 2가지 형태로 만들어 보세요.
>
> (정답은 606쪽에)

再来年はプサンに帰ってくる。

▶ _____

▶ _____

ここは安心して生活する。

▶ _____

来週、退院する。

▶ _____

❺ 가능형 문장 만들기

〈〜が+가능형〉
〈〜を+가능형〉

동사의 가능형 문장은 〈〜が+가능형〉과 〈〜を+가능형〉의 2가지 형태가 있어요. 이 중에서 목적어 뒤에 조사 が를 쓰는 형태가 가능형 문장이 기본 형태예요.

가능형 문장에서는 が를 써야 한다고 가르치는 책들도 많지만, 일상생활에서는 を를 쓰는 경우도 많아서 이 책에서는 2가지 형태를 모두 제시했어요. 다만 を를 틀린 표현으로 취급하는 경우도 있으니 시험에서는 が를 쓰세요!

185

店[みせ] 가게
使う[つかう]①
쓰다, 사용하다
一人で[ひとりで] 혼자서
着物[きもの] 기모노
着る[きる]② 입다

この店はカードのポイントが使える。
この店はカードのポイントを使える。 이 가게는 카드(의) 포인트를 쓸 수 있어.

私は一人で着物が着(ら)れます。
私は一人で着物を着(ら)れます。 저는 혼자서 기모노를 입을 수 있어요.

🥢 맛보기 연습　주어진 문장을 가능형 문장으로 바꿔 보세요.
　　　　　가를 쓴 가능형 문장과 을를 쓴 가능형 문장의 2가지 형태로 만들어 보세요. (정답은 606쪽에)

動物園[どうぶつえん]
동물원
動物[どうぶつ] 동물
触る[さわる]① 만지다
女の子[おんなのこ]
여자 아이
Tシャツ [ティーシャツ]
티셔츠
もらう① 받다
バッグ 백, 가방
形[かたち] 모양
変える[かえる]② 바꾸다

この動物園は動物を触る。

▶ _____

▶ _____

女の子はTシャツをもらう。

▶ _____

▶ _____

そのバッグは形を変える。

▶ _____

▶ _____

목적어와 동사의 가능형 사이에 다른 말이 들어가는 경우는 조사 를를 쓰는 것이 일반적이에요. 조사 가도 틀린 표현은 아니지만 를를 쓰는 경우가 많아요.

来年[らいねん] 내년
生徒[せいと]
학생(초·중·고)
全員[ぜんいん] 전원
使う[つかう]① 사용하다

パソコンを、来年から生徒全員が使える。 PC를, 내년부터 학생 전원이 사용할 수 있다.

그리고 3류동사 する의 가능형인 できる는 조사 가를 쓰는 것이 일반적이에요.

18歳[じゅうはっさい]
18세
投票[とうひょう] 투표

18歳から投票ができる。 18세부터 투표를 할 수 있어.

1 가능형을 만드는 방법

1류동사	〈え단+る〉
2류동사	〈る삭제+られる〉 〈る삭제+れる〉 (ら생략체)
3류동사	来られる / できる

2 가능형 문장을 만드는 방법

〈～が+가능형〉
〈～を+가능형〉

3 가능형 문장에서 유의할 점

- 목적어와 동사의 가능형 사이에 다른 말이 들어가면 조사 を를 쓰는 것이 일반적임.
- 3류동사 する의 가능형인 できる는 조사 が를 쓰는 것이 일반적임.

1 다음 동사의 사전형을 가능형으로 바꿔 보세요.
2류동사와 3류동사 来る는 ら를 넣은 가능형과 ら를 뺀 가능형의 2가지 형태로 쓰세요.

사전형	가능형	사전형	가능형
乗る		立てる	
来る		する	
起きる		動く	
勝つ		やせる	

2 다음 문장을 일본어로 만들어 보세요.
2류동사와 3류동사 来る는 ら를 넣은 가능형과 ら를 뺀 가능형의 2가지 형태로 쓰세요.

(1) 이 기숙사는 애완동물과 같이 살 수 있어.

✎ _____

(2) 이 직장은 70세까지 근무할 수 있습니다.

✎ _____

(3) 여기는 당일치기로 올 수 있다.

✎ _____

(4) 회의에 출석할 수 있습니다.

✎ _____

(5) 富士山은 7월부터 올라갈 수 있어요.
ふ じ さん

✎ _____

(6) 나는 아침 일찍 일어날 수 있어.
▶▶ 이 문장은 반말 구어이므로, '나'를 여자인 경우 私[わたし]로, 남자인 경우 僕[ぼく]나 俺[おれ]로 쓰세요.

✎ _____

(7) 이 동물원은 동물을 만질 수 있다.

✎ _____

🎧 **22-2.mp3**

ソファーから立ち上がった時、急に腰が痛くなって、動けなくなった。すぐに治ると思って寝ていたが、治らなかった。一人では歩けないし、車にも乗れないので、病院にも行けない。夫に電話をかけたが、夫は電話に出なかった。近くの整形外科に電話をかけた。「病院まで一人で来られますか。」と聞かれたので、「一人では行けません。」と答えたら、看護師さんが車椅子で迎えに来てくれた。助かった。

{단어}

ソファー 소파 | 立ち上がる[たちあがる]① 일어서다 | 時[とき] 때 | 急に[きゅうに] 갑자기 | 腰[こし] 허리 | 痛い[いたい] 아프다 | 治る[なおる]① (병이)낫다 | 思う[おもう]① 생각하다 | 寝る[ねる]② 눕다, 자다 | 一人[ひとり] 혼자 | 歩く[あるく]① 걷다 | 車[くるま] 차 | 病院[びょういん] 병원 | 行く[いく]① 가다 | 夫[おっと] 남편(높임×) | 電話[でんわ] 전화 | 出る[でる]② (전화를)받다 | 近く[ちかく] 근처 | 整形外科[せいけいげか] 정형외과 | 聞く[きく]① 묻다, 듣다 | 答える[こたえる]② 대답하다 | 看護師[かんごし] 간호사 | 車椅子[くるまいす] 휠체어 | 迎える[むかえる]② 마중하다 | 来て[きて]③ 와, 오고 | 助かる[たすかる]① 살아나다

소파에서 일어섰을 때, 갑자기 허리가 아파서(아프게 되어서) 움직일 수 없게 되었다. 금방 나을 거라고 생각하여 누워 있었지만, 낫지 않았다. 혼자서는 걸을 수 없고 차도 탈 수 없어서 병원에도 갈 수 없다. 남편에게 전화를 걸었지만, 남편은 전화를 받지 않았다. 근처에 있는 정형외과에 전화를 걸었다. '병원까지 혼자서 올 수 있나요?'라고 질문 받아서 '혼자서는 갈 수 없습니다.'라고 대답했더니 간호사님이 휠체어로 마중 나와 주었다. 살았다.

 혼자 입기 힘든 着物[きもの]

一人で着物が/を着られる(혼자서 기모노를 입을 수 있다)라는 문장이 나왔죠? 기모노는 입는 방법을 배우지 않으면 입을 수가 없어요. 그래서 입는 방법을 가르쳐 주는 학원도 있고 자격증도 있어요. 보통 미용사들은 이 자격증을 가지고 있어서 기모노를 입을 일이 있으면 미용실에 가서 입는 사람들이 많아요. 최근에는 누구든지 편하게 입을 수 있는 개량 기모노도 나와 있기는 해요. 기모노는 종류가 굉장히 많은데, 그 중에서 가장 흔히 입는 기모노는 여름에 간편하게 입는 浴衣[ゆかた]예요. 浴衣는 입는 방법이 그리 어렵지 않아서 혼자서 입을 수 있어요. 많은 종류의 기모노 중에서 가장 캐주얼한 기모노로 여름 축제 때 입는 사람들이 많아요.

가능형에서 ら를 잘 빼지 않는 동사들과 가능형이 없는 동사들

忘^{わす}れる 잊다 → 忘^{わす}れられる 　教^{おし}える 가르치다 → 教^{おし}えられる

覚^{おぼ}える 외우다 → 覚^{おぼ}えられる 　考^{かんが}える 생각하다 → 考^{かんが}えられる

2류동사 중에서 ら를 잘 빼지 않는 동사들이 있어요. 위의 동사들은 ら를 넣고 쓰는 경우가 많은데, 이 단어들의 특징은 글자수가 많다는 점이에요. 이렇게 길이가 긴 단어들은 ら를 잘 빼지 않아요.

降^ふる　　　　直^{なお}る　　　　治^{なお}る　　　　沸^わく
(비, 눈 등이) 내리다　고쳐지다, 수리되다　(병이) 낫다　　(물이) 끓다

위와 같이 의지가 작용하지 않는 동사들은 가능형이 없어요. 무생물이 주어가 되는 동사들은 가능형이 없어요. 왜냐하면 의지가 작용하지 않기 때문이죠.

見^みえる 보이다　　　　(試験^{しけん}に)受^うかる (시험에) 합격되다

위와 같이 의지로는 해낼 수 없거나 이루어지지 않는 동사들도 가능형이 없어요. 見える(보이다)도 受かる(합격되다)도 의지로 해낼 수 없어서 가능형이 없어요. '합격할 수 있다'라는 가능형으로 표현하고 싶다면 合格^{ごうかく}できる라고 하면 돼요.

くれる 주다

くれる(주다)는 화자가 주어가 될 수 없는 말이라서 의지가 작용하지 않아요. 그래서 가능형이 없어요. 화자가 주어가 되는 경우는 あげる(주다)라고 하는데, あげる는 의지가 작용하기 때문에 あげられる라는 가능형이 있어요. あげる와 くれる에 대해서는 370쪽을 보세요.

わかる 알다

わかる(알다)는 '이해한 결과'로 아는 상태가 된 것을 나타내요. 그래서 わかる만으로도 '이해할 수 있다'라는 가능의 뜻이 있어요. 꼭 가능형을 쓰려면 理解^{りかい}できる(이해할 수 있다)라고 하면 돼요.

23

강의 및 예문듣기

ば형

ば형은 '~하면'이라는 뜻을 가진 활용형으로 '가정형'을 말해요. 〈~ば〉의 형태라서 'ば형'이라고 불러요. 일본어에는 가정형이 ば형 외에 3가지가 더 있는데, 일본어의 가정표현에 대해서는 544쪽에서 자세히 배울게요.

🎧 23-1.mp3

❶ 1류동사의 ば형 만들기 〈え단+ば〉

1류동사의 ば형은 사전형의 꼬리(う단)를 え단으로 바꾼 후에 ば를 붙이면 돼요.

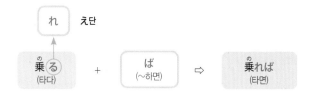

読む[よむ]① 읽다
わかる① 이해되다
雨[あめ] 비
降る[ふる]①
(비, 눈 등이)내리다
中止[ちゅうし] 취소, 중지

| これを読めばわかる。 | 이것을 읽으면 이해돼. |

| 雨が降ればキャンプは中止です。 | 비가 내리면 캠핑은 취소예요. |

» わかる(이해되다, 알다)는 한자 分かる로 쓰는 경우도 많아요.

» '캠핑'은 キャンプ라고 하는데, 이처럼 일본어에서는 -ing가 빠지는 경우가 꽤 있어요.
　例 ファイト(파이팅), チャット(채팅) 등

┌맛보기 연습　주어진 두 문장을 ば형을 써서 연결하세요. (정답은 607쪽에)

時間[じかん] 시간
最後[さいご] 마지막
橋[はし] 다리
渡る[わたる]① 건너다
海[うみ] 바다
見える[みえる]② 보이다
頑張る[がんばる]①
열심히 하다
勝つ[かつ]① 이기다

時間がある, 最後までできた

▶ _____

この橋を渡る, 海が見える

▶ _____

頑張る, きっと勝てる

▶ _____

❷ 2류동사의 ば형 만들기 〈る삭제＋れば〉

2류동사의 ば형은 사전형의 꼬리 る를 빼고 れば를 붙이면 돼요.

晴れればここから島が見える。 (날씨가) 맑으면 여기에서부터 섬이 보인다.

慣れれば大丈夫です。 익숙해지면 괜찮습니다.

晴れる[はれる]② 개다
島[しま] 섬
見える[みえる]② 보이다
慣れる[なれる]②
익숙해지다
大丈夫な[だいじょうぶ
な] 괜찮은

📖 맛보기 연습 　주어진 두 문장을 ば형을 써서 연결하세요. (정답은 607쪽에)

8時を過ぎる, 電車は空きます

▶ _____

8時[はち じ] 8시
過ぎる[すぎる]② 넘다
電車[でんしゃ] 전철
空く[すく]①
한산해지다, 비다
特急[とっきゅう]
특급(열차)
乗り換える[のりかえる]
② 갈아타다
早く[はやく] 일찍
着く[つく]① 도착하다
試合[しあい] 시합
負ける[まける]② 지다
終わり[おわり] 끝

特急に乗り換える, 早く着きます

▶ _____

この試合に負ける, 終わりです

▶ _____

❸ 3류동사의 ば형 만들기 〈来れば〉
〈すれば〉

3류동사의 ば형은 각각 来る는 来れば, する는 すれば예요.

チャンスが来れば絶対にゴールを狙う。 기회가 오면 꼭 골을 노리겠어.

手術をすれば治ります。 수술을 하면 나아요.

絶対に[ぜったいに]
꼭, 절대로
狙う[ねらう]① 노리다
手術[しゅじゅつ] 수술
治る[なおる]①
(병이)낫다

📖 맛보기 연습 　주어진 두 문장을 ば형을 써서 연결하세요. (정답은 607쪽에)

お年寄りが来る, 席を譲る

お年寄り[おとしより]
어르신
席[せき] 자리
譲る[ゆずる]① 양보하다

▶ _____

専門家に相談する, 解決できる

▶ _____

中学校を卒業する, 高校に入学できる

▶ _____

≫ 高校[こうこう](고교)는 高等学校[こうとう がっこう](고등학교)의 준말이에요.

ば형을 만드는 방법

1류동사	〈え단+ば〉
2류동사	〈る삭제+れば〉
3류동사	来れば / すれば

1 다음 동사의 사전형을 ば형으로 바꿔 보세요.

사전형	ば형	사전형	ば형
ある		乗り換える	
来る		する	
渡る		慣れる	
過ぎる		頑張る	

2 다음 문장을 일본어로 만들어 보세요.

(1) 이것을 읽으면 이해돼.

✎ --

(2) (날씨가) 맑으면 여기에서부터 섬이 보인다.

✎ --

(3) 어르신이 오면 자리를 양보한다.

✎ --

(4) 수술을 하면 나아요.

✎ --

(5) 비가 내리면 캠핑은 취소예요.

✎ --

(6) 8시를 넘으면 전철은 한산해집니다(빕니다).

✎ --

(7) 열심히 하면 꼭 이길 수 있다.

✎ --

今、私は夏休みです。夏休みの宿題がたくさんありましたが、今はレポートが一つ残っているだけです。これが終われば、宿題は全部終わりです。宿題が全部終われば、夏休みですから、自由に遊べます。来週は3泊4日で北海道に行く予定です。北海道に行けば、ここよりずっと涼しいです。それに、景色もとてもきれいですから、楽しみです。再来週はまだ予定がありません。できれば、キャンプに行きたいです。キャンプに行けば釣りもできるし、バーベキューもできます。今からキャンプ場が予約できれば、友達と行きたいです。

{단어}

今[いま] 지금 | 夏休み[なつやすみ] 여름방학 | 宿題[しゅくだい] 숙제 | レポート 리포트 | 一つ[ひとつ] 하나 | 残る[のこる]① 남다 | 終わる[おわる]① 끝나다 | 全部[ぜんぶ] 전부 | 終わり[おわり] 끝 | 自由に[じゆうに] 자유롭게 | 遊ぶ[あそぶ]① 놀다 | 来週[らいしゅう] 다음 주 | 3泊4日[さんぱく よっか] 3박 4일 | 行く[いく]① 가다 | 予定[よてい] 예정 | 涼しい[すずしい] 시원하다 | 景色[けしき] 경치 | きれいな 아름다운 | 楽しみな[たのしみな] 기대되는 | 再来週[さらいしゅう] 다음다음 주 | キャンプ 캠핑 | 釣り[つり] 낚시 | バーベキュー 바비큐 | キャンプ場[じょう] 캠핑장 | 予約[よやく] 예약 | 友達[ともだち] 친구

지금 저는 여름방학입니다. 여름방학 숙제가 많이 있었지만, 지금은 리포트가 1개 남아 있을 뿐입니다. 이것이 끝나면 숙제는 전부 끝입니다. 숙제가 다 끝나면 여름방학이라서 자유롭게 놀 수 있습니다. 다음 주에는 3박 4일로 홋카이도에 갈 예정입니다. 홋카이도에 가면 여기보다 훨씬 시원합니다. 게다가 경치도 매우 아름다워서 기대됩니다. 다음다음 주는 아직 일정이 없습니다. 가능하다면 캠핑하러 가고 싶습니다. 캠핑하러 가면 낚시도 할 수 있고 바비큐도 할 수 있습니다. 지금부터 캠핑장을 예약할 수 있으면 친구와 가고 싶습니다.

 '노인'을 뜻하는 말들

'노인'을 뜻하는 말에는 お年寄り[としょ](어르신), 高齢者[こうれいしゃ](고령자), シルバー(실버), 老人[ろうじん](노인), シニア(시니어) 등이 있어요. 이 말들에서 연상되는 나이를 조사한 데이터가 있는데, 젊은 쪽부터 나열하면 シニア, シルバー, 高齢者, お年寄り, 老人의 순서가 된다고 하네요. シニア와 シルバー는 60대 후반, 高齢者와 お年寄り는 70대 전반, 老人은 70대 후반 이상을 연상시킨다는 결과가 나왔다고 해요. 그런데 한국어에서는 '어르신~!' 하며 말을 걸죠? 일본어로는 그렇게 부르면 안 돼요. 그렇게 불리면 굉장히 기분 나쁘게 생각해요. 이름을 부르거나 이름을 모르는 경우는 すみません이라고 하며 말을 거세요. '저기에 계시는 어르신 성함이 뭐죠?'와 같이 물어봐야 할 때는 ご年配の方[ねんぱい かた](연배가 되시는 분)라는 말을 쓰면 돼요. 편하게 말하려면 おじいちゃん(할아버지), おばあちゃん(할머니)라는 말을 써도 돼요. おじいさん, おばあさん처럼 ~さん을 쓰는 것보다 ~ちゃん을 쓰는 것이 더 친근감 있게 들려요.

'꼭'이라는 뜻을 가진 必ず·きっと·絶対(に)·ぜひ의 차이

必ず는 '반드시', '틀림없이', '예외 없이'라는 뜻으로, 확률이 거의 100%인 경우에 써요.

> 明日、必ず来てください。 내일 반드시 오세요. [강제, 명령]
>
> 中井さんは必ず試験に合格するだろう。 なかい 씨는 꼭 시험에 합격할 것이다. [확신]

きっと는 '꼭'이라는 뜻이지만 추측의 뜻도 들어 있어서 '아마도'라고도 해석해요. 多分(아마, 아마도)에 비해 확신이 훨씬 많은 '아마도'예요. 꼭 그럴 거라고 예측하고 그렇게 되기를 기대하는 경우에 써요. 이런 뉘앙스가 있어서 격려할 때 많이 쓰기도 해요.

> 明日、きっと来てくださいね。 내일 꼭 와 주세요. [기대]
>
> 中井さんはきっと試験に合格するだろう。
> なかい 씨는 꼭 시험에 합격할 것이다.[확신이 많은 추측, 아닐 수도 있다는 여지 있음]

絶対(に)는 '절대로', '꼭', '무슨 일이 있어도'라는 뜻으로, 한국어의 '절대로'와 달리 긍정문에서도 쓰여요. 다른 부사들에 비해 화자의 의지가 매우 강하게 나타나는 부사라서 주관성이 강해요.

> 明日、絶対に来てくださいね。 내일 꼭 와 주세요/오세요. [강한 의뢰]
>
> 中井さんは絶対に試験に合格するだろう。
> なかい 씨는 꼭 시험에 합격할 것이다.[화자의 주관적인 판단, 주장]

必ず来てください라고 하면 와야 하는 객관적인 이유가 있는 느낌인데 비해, 絶対に来てください라고 하면 주관적인 요구로 오라고 하는 느낌이에요. 그리고 きっと合格する와 絶対合格する를 비교하면 絶対를 쓰는 쪽이 합격할 거라는 확신이 많다고 느껴져요.

ぜひ는 ～たい(～하고 싶다), ～てください(～해 주세요, ～하세요), ～てほしい(～하기를 바란다, ～해 줬으면 한다) 등과 함께 쓰이는 말로, 화자의 희망이나 의뢰를 나타내요.

> 明日、ぜひ来てください。 내일 꼭 와 주세요. [의뢰]
>
> 中井さんにはぜひ合格してほしい。 なかい 씨에게는 꼭 합격해 줬으면 한다. [희망]

여덟째마디

•

1류동사가
お단으로 바뀌는
활용형

24 의지형

1류동사가 お단으로 바뀌는 활용형은 '~하자'라는 뜻을
가진 '의지형' 하나뿐이에요!

강의 및 예문듣기

24 의지형

의지형은 '(よ)う형'이나 '의향형', '청유형'이라고도 불러요. '~하자'라는 뜻이라서 보통체형이죠. 정중체형인 '~합시다'에 대해서는 414쪽을 보세요.

🎧 24-1.mp3

1단계
핵심문법 익히기

① 1류동사의 의지형 만들기 〈お단+う〉

1류동사의 의지형은 사전형의 꼬리(う단)를 お단으로 바꾼 후에 う를 붙이면 돼요.

駅[えき] 역
近い[ちかい] 가깝다
探す[さがす]① 찾다
集まる[あつまる]①
모이다

駅から近いアパートを探そう。	역에서 가까운 연립을 찾자.
みんなで集まろう。	다 같이 모이자.

≫ 일본에서의 アパート는 '연립주택'을 뜻해요. '아파트'는 マンション이라고 해요.

🔖 맛보기 연습 　주어진 문장을 의지형 문장으로 바꿔 보세요. 　(정답은 608쪽에)

並ぶ[ならぶ]① 줄 서다
新しい[あたらしい]
새롭다
マンション 아파트
引っ越す[ひっこす]①
이사하다
楽しく[たのしく] 즐겁게
踊る[おどる]① 춤추다

ちゃんと並ぶ。

▶ _____

新しいマンションに引っ越す。

▶ _____

楽しく踊る。

▶ _____

≫ ちゃんと(제대로)는 きちんと와 거의 같은 뜻이에요. ちゃんと가 더 구어적인 말이고, きちんと는 좀 더 잘 정돈되고 흐트러짐이 없다는 느낌이 강한 말이에요.

❷ 2류동사의 의지형 만들기 　　　　　　　　　〈る삭제+よう〉

2류동사의 의지형은 사전형의 꼬리 る를 빼고 よう를 붙이면 돼요.

借り⟨る⟩
(빌리다)
＋
よう
(~하자)
⇨
借りよう
(빌리자)

昔[むかし] 옛날
集める[あつめる]②
모으다
感謝[かんしゃ] 감사
気持ち[きもち] 마음
伝える[つたえる]②
전하다

昔のレコードを集めよう。　　　　　　　　옛날(의) 레코드판을 모으자.

感謝の気持ちを伝えよう。　　　　　　　　감사의 마음을 전하자.

≫ 集まる[あつまる]는 '모이다'라는 뜻의 자동사이고, 集める[あつめる]는 '모으다'라는 뜻의 타동사예요.

맛보기 연습 　주어진 문장을 의지형 문장으로 바꿔 보세요. 　　　　　　(정답은 608쪽에)

窓[まど] 창문
開ける[あける]② 열다
寝る[ねる]② 자다
外[そと] 밖, 바깥
出る[でる]② 나가다

窓を開ける。

▶ _____

そろそろ寝る。

▶ _____

外に出る。

▶ _____

❸ 3류동사의 의지형 만들기 　　　　　　　　〈来よう〉
　　　　　　　　　　　　　　　　　　　　　　　〈しよう〉

3류동사의 의지형은 각각 来る는 来よう, する는 しよう예요.

店[みせ] 가게
会場[かいじょう]
(모임)장소, 회장
予約[よやく] 예약

この店にまた来よう。　　　　　　　　　　이 가게에 또 오자.

パーティーの会場を予約しよう。　　　　　파티(의) 장소를 예약하자.

今度[こんど] 다음
お母さん[おかあさん]
어머니(높임○)
連れてくる[つれてくる]
③ 데려오다
朝[あさ] 아침
早く[はやく] 일찍
出発[しゅっぱつ] 출발
オーストラリア 호주
旅行[りょこう] 여행
計画[けいかく] 계획

今度ここにお母さんを連れてくる。

▶ _____

朝早く出発する。

▶ _____

オーストラリア旅行を計画する。

▶ _____

≫ 한국어로는 '어머니를 모셔 오자'라고 해야 맞죠? 그런데 일본어의 높임말에서는 '어머니를 데려오자'라고 해야 해요. 일본어의 높임말 사용법에 대해서는 573쪽을 보세요.

의지형을 만드는 방법

1류동사	〈お단+う〉
2류동사	〈る삭제+よう〉
3류동사	来よう / しよう

1 다음 동사의 사전형을 의지형으로 바꿔 보세요.

사전형	의지형	사전형	의지형
並ぶ		集める	
来る		する	
集まる		踊る	
寝る		出る	

2 다음 문장을 일본어로 만들어 보세요.

(1) 다 같이 모이자.

✎ _____

(2) 감사의 마음을 전하자.

✎ _____

(3) 이 가게에 또 오자.

✎ _____

(4) 파티 장소를 예약하자.

✎ _____

(5) 역에서 가까운 연립을 찾자.

✎ _____

(6) 이제 슬슬 자자.

✎ _____

(7) 새 아파트로 이사하자.

✎ _____

去年、この町は全国の交通事故発生ランキングで第3位! この町から交通事故をなくそう。ドライバーも歩行者も信号は必ず守ろう。運転中は運転に集中しよう。車はゆっくり運転しよう。運転中はシートベルトを締めよう。交通事故は交差点での事故が一番多い。交差点ではスピードを落とそう。道を渡るときには、左右をよく見よう。歩きながらスマートフォン、携帯電話を使うのは危険! ながら歩きはやめよう! ドライバーは夕方早めにライトをつけよう。

{단어}

去年[きょねん] 작년 | 町[まち] 도시, 동네 | 全国[ぜんこく] 전국 | 交通[こうつう] 교통 | 事故[じこ] 사고 | 発生[はっせい] 발생 | ランキング 랭킹 | 第3位[だいさんい] 제3위 | なくす① 없애다 | ドライバー 운전자 | 歩行者[ほこうしゃ] 보행자 | 信号[しんごう] 신호등 | 必ず[かならず] 반드시 | 守る[まもる]① 지키다 | 運転[うんてん] 운전 | ～中[ちゅう] ～중 | 集中[しゅうちゅう] 집중 | 車[くるま] 차 | シートベルト 안전벨트 | 締める[しめる]② 매다 | 交差点[こうさてん] 교차로 | 一番[いちばん] 제일 | 多い[おおい] 많다 | スピード 속도 | 落とす[おとす]① (속도를)줄이다 | 道[みち] 길 | 渡る[わたる]① 건너다 | 左右[さゆう] 좌우 | 見る[みる]② 보다 | 歩く[あるく]① 걷다 | スマートフォン 스마트폰 | 携帯電話[けいたい でんわ] 휴대전화 | 使う[つかう]① 사용하다 | 危険な[きけんな] 위험한 | ながら歩き[ながらあるき] 하면서 걷기 | やめる② 그만두다 | 夕方[ゆうがた] 저녁 어두워질 때 | 早め[はやめ] 약간 일찍 | ライト 라이트 | つける② 켜다

≫ スマートフォン(스마트폰)과 携帯電話[けいたい でんわ](휴대전화)를 함께 말하는 경우의 携帯電話는 '피처폰'을 가리켜요.

≫ ながら歩き[ながらあるき]는 '어떤 행동을 하면서 걷는 것'이라는 뜻인데, 주로 '핸드폰을 보면서 걷는 것'을 말해요. 스마트폰에 한정시켜서 歩きスマホ[あるきスマホ](걷기 스마트폰) 또는 ながらスマホ(하면서 스마트폰)라고도 표현해요.

작년에 이 도시는 전국의 교통사고 발생랭킹에서 제3위! 이 도시에서부터 교통사고를 없애자. 운전자도 보행자도 신호등은 반드시 지키자. 운전 중에는 운전에 집중하자. 차는 천천히 운전하자. 운전 중에는 안전벨트를 매자. 교통사고는 교차로에서의 사고가 제일 많다. 교차로에서는 속도를 줄이자. 길을 건널 때는 좌우를 잘 보자. 걸으면서 스마트폰, 휴대전화를 사용하는 것은 위험해! '하면서 걷기'는 하지 말자! 운전자는 저녁 어두워질 때 약간 일찍 라이트를 켜자.

 일본의 '어버이날'

感謝の気持ちを伝える(감사의 마음을 전하다)라는 문장을 보면 생각나는 날이 '어버이날'이죠? 일본에는 母の日(어머니의 날)와 父の日(아버지의 날)가 있어요. 母の日는 5월 둘째 일요일이고 父の日는 6월 셋째 일요일이에요. 항상 일요일이죠. 母の日에는 한국과 마찬가지로 빨간 카네이션을 선물하는데, 주로 꽃다발이나 화분으로 선물해요. 父の日에는 특별히 정해진 선물이 없어요. 그리고 한국에서는 어버이날 선물로 부모님께 현금을 드리는 경우도 많죠? 일본에서는 어버이날 선물이나 생일 선물 등으로 현금을 주는 경우는 보통 없어요. 선물을 사서 드리거나 식사 대접을 하거나 여행을 보내드리는 경우가 많아요. 참고로 일본에는 '스승의 날'이 없어요.

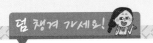

의지형이 없는 동사들

동사 중에는 주어의 의지가 작용하는 '의지동사'와 주어의 의지가 작용하지 않는 '무의지동사'가 있어요. '의지가 작용한다'라는 것은 동작의 행위를 의지를 가지고 한다는 뜻이에요.

아래와 같은 동사들은 '의지동사'예요.

書く 쓰다   食べる 먹다   する 하다

'쓰다', '먹다', '하다'라는 동사 모두 주어가 의지를 가지고 하거나 하지 않는 것을 제어할 수 있는 동사들이죠.

'의지동사'와 반대로, 아래와 같이 의지를 가지고 제어할 수 없는 동사들은 '무의지동사'예요.

できる 할수있다   決まる 정해지다   要る 필요하다

이러한 '무의지동사'들은 의지형이 없어요. 의지형은 '~하자'라는 의지를 가진 동작이나 행위를 나타내는 표현이기 때문이죠. 한국어로도 '정해지자', '필요하자'라고는 못하죠?

사실 '무의지동사'들은 의지형뿐만 아니라 사역형, 수동형, 금지형, 명령형, 가능형도 없어요. 이렇게 말하면 어렵게 느껴질지 모르지만 뜻을 생각해 보면 쉬워요. '정해지지 마라', '정해져라'는 말이 안 되죠? 대부분 한국어에서도 쓰지 못하는 것들이라서 쉽게 알 수 있을 거예요.

아홉째마디

•

동사의
또 다른 활용형,
て형

25 て형

지금까지는 1류동사가 あ단, い단, う단, え단, お단으로
바뀌는 활용형들을 연습했어요. 그런데 1류동사가 5개의
단과는 다르게 활용되는 형태도 있어요. 이미 배운 보통체
형의 'た형'과 똑같이 활용되는 형태인 'て형'이에요. 여기
에서는 'て형'을 연습해 봅시다!

25

て형

강의 및 예문듣기

て형은 〈~て〉의 형태라서 'て형'이라고 부르는데, 〈~で〉의 형태도 있어요. て형의 기본적인 뜻은 '~하고', '~해서', '~하여'이고 활용방법은 た형과 똑같아요! た형에서의 た를 て로, だ를 で로 바꾸면 돼요.

🎧 25-1.mp3

1단계
핵심문법 익히기

❶ **1류동사의 て형 만들기**

〈~く→~いて / ~ぐ →~いで〉
〈~う, ~つ, ~る→~って〉
〈~ぬ, ~む, ~ぶ→~んで〉
〈~す→~して〉

1류동사는 사전형의 꼬리가 어떤 소리로 끝나느냐에 따라 활용이 달라요. 사전형의 꼬리는 [く, ぐ], [う, つ, る], [ぬ, む, ぶ], [す]의 4가지 그룹으로 나누어져요.

1. **사전형 꼬리가 く, ぐ인 1류동사 : ~く → ~いて, ~ぐ → ~いで**

사전형의 꼬리가 く, ぐ인 1류동사의 て형은 각각 く는 いて로 바꾸고, ぐ는 いで로 바꾸면 돼요. 단, 行く(가다)는 예외예요.

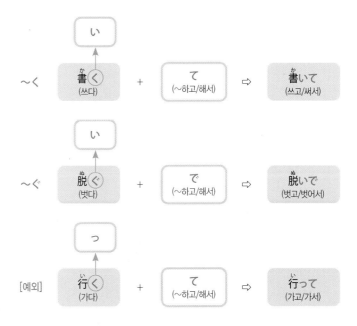

205

鳥[とり] 새
鳴く[なく]①
(사람 외의 동물이)울다
海[うみ] 바다
泳ぐ[およぐ]① 헤엄치다

鳥が鳴く。　　　　　　　　　　　　　　　　　　새가 울다.
→ 鳥が鳴いて　　　　　　　　　　　　　　　새가 울고/울어서

海で泳ぐ。　　　　　　　　　　　　　　　　바다에서 헤엄치다.
→ 海で泳いで　　　　　　　　　　　바다에서 헤엄치고/헤엄쳐서

≫ '울다'는 なく 라고 하는데 대상에 따라 한자가 달라요. 사람이 울 때는 泣く로 쓰고, 짐승이나 새, 벌레 등의 동물이 울 때는 鳴く로 써요. 발음이나 활용은 똑같아요!

맛보기 연습　　주어진 문장을 て형 문장으로 바꿔 보세요.　　　　　(정답은 609쪽에)

注意[ちゅうい] 주의
引く[ひく]① 끌다
店[みせ] 가게
開く[あく]① 열리다
完成[かんせい] 완성
急ぐ[いそぐ]① 서두르다
子ども[こども] 아이
騒ぐ[さわぐ]① 떠들다
会社[かいしゃ] 회사

注意を引く。▶ _____

店が開く。▶ _____

完成を急ぐ。▶ _____

子どもが騒ぐ。▶ _____

会社に行く。▶ _____

2. 사전형 꼬리가 う, つ, る인 1류동사 : ～う, ～つ, ～る → ～って

사전형의 꼬리가 う, つ, る인 1류동사의 て형은 う, つ, る를 っ로 바꾼 후에 て를 붙이면 돼요.

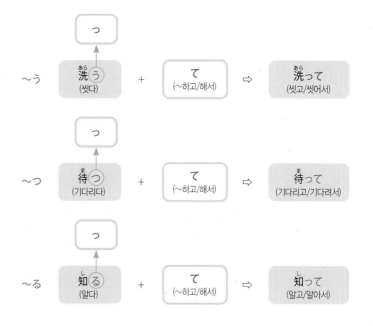

206

(정답은 609쪽에)

学校[がっこう] 학교
通う[かよう]① 다니다
立つ[たつ]① 서다
取る[とる]① 받다

学校に通う。

学교에 다니다.

→ 学校に通って

学교에 다니고/다녀서

ステージに立つ。

무대에 서다.

→ ステージに立って

무대에 서고/서서

ビザを取る。

비자를 받다.

→ ビザを取って

비자를 받고/받아서

맛보기 연습 주어진 문장을 て형 문장으로 바꿔 보세요.

落し物[おとしもの]
흘린 물건
拾う[ひろう]① 줍다
ヒット 안타
打つ[うつ]① 치다
病気[びょうき] 병
治る[なおる]①(병이)낫다
バレエ 발레
習う[ならう]① 배우다
持つ[もつ]① 들다
髪[かみ] 머리카락
切る[きる]① 자르다

落し物を拾う。▶

ヒットを打つ。▶

病気が治る。▶

バレエを習う。▶

かばんを持つ。▶

髪を切る。▶

» 落し物[おとしもの](흘린 물건, 분실물)는 落とし物로 쓰기도 해요.

3. 사전형 꼬리가 ぬ, む, ぶ인 1류동사 : ～ぬ, ～む, ～ぶ → ～んで

사전형의 꼬리가 ぬ, む, ぶ인 1류동사의 て형은 ぬ, む, ぶ를 ん으로 바꾼 후에 で를 붙이면 돼요. 사전형의 꼬리가 ぬ인 동사는 死ぬ(죽다) 하나밖에 없어요.

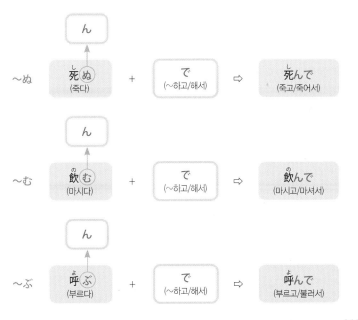

207

猫[ねこ] 고양이
死ぬ[しぬ]① 죽다
箱[はこ] 상자
包む[つつむ]① 포장하다
場所[ばしょ] 장소
選ぶ[えらぶ]① 고르다

猫が死ぬ。 고양이가 죽다.
→ 猫が死んで 고양이가 죽고/죽어서

箱を包む。 상자를 포장하다.
→ 箱を包んで 상자를 포장하고/포장해서

場所を選ぶ。 장소를 고르다.
→ 場所を選んで 장소를 고르고/골라서

🎺 맛보기 연습 주어진 문장을 て형 문장으로 바꿔 보세요. (정답은 609쪽에)

犬[いぬ] 개
雨[あめ] 비
やむ① 그치다
荷物[にもつ] 짐
運ぶ[はこぶ]① 옮기다
ガム 껌
噛む[かむ]① 씹다
小鳥[ことり] 작은 새
飛ぶ[とぶ]① 날다

うちの犬が死ぬ。▶ _____

雨がやむ。▶ _____

荷物を運ぶ。▶ _____

ガムを噛む。▶ _____

小鳥が飛ぶ。▶ _____

4. 사전형 꼬리가 す인 1류동사 : 〜す → 〜して

사전형의 꼬리가 す인 1류동사의 て형은 す를 し로 바꾼 후에 て를 붙이면 돼요.

事故[じこ] 사고
起こす[おこす]①
일으키다
お湯[おゆ] 뜨거운 물
沸かす[わかす]① 끓이다

事故を起こす。 사고를 일으키다.
→ 事故を起こして 사고를 일으키고/일으켜서

お湯を沸かす。 물을 끓이다.
→ お湯を沸かして 물을 끓이고/끓여서

🎺 맛보기 연습 주어진 문장을 て형 문장으로 바꿔 보세요. (정답은 609쪽에)

財布[さいふ] 지갑
落とす[おとす]①
떨어뜨리다
昔[むかし] 옛날
彼女[かのじょ] 여자친구
思い出す[おもいだす]①
생각나다, 상기하다

財布を落とす。▶ _____

昔の彼女を思い出す。▶ _____

病気[びょうき] 병
治す[なおす]① 고치다

病気を治す。 ▶ _____

≫ 思い出す[おもいだす]는 '생각나다'라고 해석하는 경우가 많아서 자동사로 착각하는 경우가 많은데 타동사예요. 그래서 〈~を思い出す〉의 형태가 돼요.

≫ '고치다'는 なおす인데, 한자에 따라 뜻이 달라져요. 直す로 쓰면 '고장 난 것을 고치다'라는 뜻이고, 治す로 쓰면 '병을 고치다'라는 뜻이에요.

❷ 2류동사의 て형 만들기　　　　〈る삭제+て〉

2류동사의 て형은 사전형의 꼬리 る를 빼고 て를 붙이면 돼요.

借りる　＋　て　⇨　借りて
(빌리다)　　(~하고/해서)　　(빌리고/빌려서)

目[め] 눈
疲れる[つかれる]②
피곤해지다, 지치다
心配[しんぱい] 걱정
かける② (걱정을)끼치다

目が疲れる。　　　　　　　　　　　　　눈이 피곤하다.
→ 目が疲れて　　　　　　　　　　　눈이 피곤하고/피곤해서

心配をかける。　　　　　　　　　　　　걱정을 끼치다.
→ 心配をかけて　　　　　　　　　걱정을 끼치고/끼쳐서

🔍 맛보기 연습　**주어진 문장을 て형 문장으로 바꿔 보세요.**　　　　(정답은 609쪽에)

約束[やくそく] 약속
遅れる[おくれる]② 늦다
紙[かみ] 종이
濡れる[ぬれる]② 젖다
壁[かべ] 벽
絵[え] 그림
かける② 걸다

約束に遅れる。 ▶ _____

紙が濡れる。 ▶ _____

壁に絵をかける。 ▶ _____

❸ 3류동사의 て형 만들기　　　　〈来て〉
　　　　　　　　　　　　　　　　　　　〈して〉

3류동사의 て형은 각각 来る는 来て, する는 して예요.

大使館[たいしかん]
대사관
来る[くる]③ 오다

大使館に来る。　　　　　　　　　　　　대사관에 오다.
→ 大使館に来て　　　　　　　　　대사관에 오고/와서

城[しろ] 성
見物[けんぶつ] 구경

城を見物する。　　　　　　　　　　　　　　　　　성을 구경하다.
→ 城を見物して　　　　　　　　　　　　　　　　성을 구경하고/구경해서

>> 城[しろ](성)는 앞에 お를 붙여서 お城[おしろ]라고 하는 경우도 많아요.

맛보기연습　주어진 문장을 て형 문장으로 바꿔 보세요.　　　　　　(정답은 609쪽에)

宿題[しゅくだい] 숙제
持ってくる[もってくる]
③ 가져오다
父[ちち] 아버지(높임×)
入院[にゅういん] 입원
怪我をする[けがをする]
③ 다치다

宿題を持ってくる。▶ _____

父が入院する。▶ _____

怪我をする。▶ _____

❹ 　～て～て　~하고/해서 ~하고/해서

昨日[きのう] 어제
友達[ともだち] 친구
会う[あう]① 만나다
食事[しょくじ] 식사
お酒[おさけ] 술
飲む[のむ]① 마시다
見る[みる]② 보다
歯[は] 이(치아)
磨く[みがく]① 닦다
寝る[ねる]② 자다

て형의 기본적인 뜻은 '~하고/해서'라고 했죠? 그래서 て형을 나열한 〈～て～て〉
의 형태는 '~하고/해서 ~하고/해서'라는 뜻이 돼요.

昨日は友達に会って、食事をして、お酒を飲んだ。
　　　　　　　　　　　　　　　어제는 친구를 만나서, 식사를 하고, 술을 마셨어.

テレビを見て、歯を磨いて、寝ます。　　　TV를 보고, 이를 닦고, 자요.

>> 한국어에서는 '술을 먹다'라는 말도 많이 쓰죠? 그런데 일본어는 飲む[のむ](마시다)라고 하지 食べる[たべる]
(먹다)라고는 하지 않아요. 잘못 쓰지 않도록 유의하세요!

한국어에서도 '~하고/해서'에는 시제가 나타나지 않죠? 일본어에서도 위의 예문들
처럼 て형에는 시제가 나타나지 않아요!

教習所[きょうしゅう
じょ] 운전학원
通う[かよう]① 다니다
免許[めんきょ] 면허증
取る[とる]①
따다, 취득하다
車[くるま] 차
運転[うんてん] 운전
お湯[おゆ] 뜨거운 물
沸かす[わかす] 끓이다
お茶[おちゃ] (마시는)차
入れる[いれる]②
(마시는 차를)타다
お客さん[おきゃくさん]
손님
出す[だす]① 내다

맛보기연습　주어진 세 문장을 て형으로 연결하여 '~하고/해서 ~하고/해서 ~한다'라는 문장을 만들어
　　　　　　보세요.　　　　　　　　　　　　　　　　　　(정답은 610쪽에)

教習所に通う, 免許を取る, 車を運転する

▶ _____

お湯を沸かす, お茶を入れる, お客さんに出した

▶ _____

火曜日は10時に学校へ来る, 4時まで講義を受ける, 5時からバイトをする

▶ _____

　　_____

≫ '자동차 운전학원'은 自動車教習所[じどうしゃ きょうしゅうじょ](자동차 교습소)라고 하는데, 일상적으로는 줄여서 教習所[きょうしゅうじょ](교습소)라고만 해요.

≫ '〜를 다니다'는 조사 に를 써서 〜に通う[かよう](〜에 다니다)의 형태로 써요.

≫ 免許[めんきょ](면허)는 免許証[めんきょしょう](면허증)의 준말이에요.

≫ 녹차 등의 마시는 차를 '타다'라고 할 때는 入れる[いれる](넣다)라는 동사를 써요. 찻잎을 넣고 물을 넣어 우려낸 차를 찻잔에 넣기 때문에 그런가 봐요.

❺ 〜て ~해서

〜て는 원인이나 이유를 나타내는 '〜해서'의 뜻으로도 써요.

来週は用事があって、来られない。　　다음 주는 일이 있어서, 올 수 없다.

花瓶を落として、母に怒られました。
　　　　　　꽃병을 떨어뜨려서, 어머니한테 꾸중 들었습니다.

≫ '볼일'이라는 뜻으로 쓰는 '일'은 用事[ようじ]라고 해요. '일'이라는 뜻이라서 仕事[しごと]로 잘못 쓰기 쉬운데, 仕事는 '직업, 업무'라는 뜻으로 쓰는 '일'이에요. 用事는 줄여서 用[よう]라고 쓰기도 해요.

맛보기 연습　주어진 두 문장을 て형으로 연결하여 '〜해서 〜했습니다'라는 문장을 만들어 보세요.

(정답은 610쪽에)

4番バッターがホームランを打つ, 試合に勝った

▶ _____

雨に濡れる, 風邪をひいた

▶ _____

カンニングをする, 先生に叱られた

▶ _____

≫ ひく의 가장 기본적인 뜻은 '당기다'인데, '당기다'의 뜻으로 쓸 때는 引く로 써요. 그런데 '(감기에)걸리다'의 뜻으로 쓸 때는 히라가나 ひく로 쓰는 경우가 더 많아요. 風邪[かぜ]をひく는 직역하면 '감기를 당기다'가 돼요.

❻ 〜て。 ~해 줘.

て형으로 문장을 끝내면 '〜해 줘'라는 뜻이 되어, 의뢰하거나 부탁할 때 써요.

明日[あした] 내일
6時[ろくじ] 6시
半[はん] 반
起こす[おこす]① 깨우다
捨てる[すてる]② 버리다

明日、6時半に起こして。	내일, 6시 반에 깨워 줘.
ごみを捨てて。	쓰레기를 버려 줘.

≫ 明日[あした](내일)는 みょうにち라고도 읽는데, 매우 격식 차린 문어체 말이에요. 또 明日는 あす라고도 읽는데, あした보다 약간 격식 차린 말투예요. あした와 みょうにち의 중간 정도예요.

> **맛보기 연습** 주어진 문장을 て형을 써서 '〜해 줘'라는 문장을 만들어 보세요. (정답은 610쪽에)

立つ[たつ]① 일어서다
今晩[こんばん] 오늘 밤
泊める[とめる]② 재우다
身分証明書[みぶんしょうめいしょ] 신분증명서
持ってくる[もってくる]③ 가져오다

ちょっと立つ。 ▶ _____

今晩、泊める。 ▶ _____

身分証明書を持ってくる。 ▶ _____

≫ 身分証明書[みぶんしょうめいしょ](신분증명서)는 줄여서 身分証[みぶんしょう](신분증)라고 해요.

---

1 て형을 만드는 방법

1류동사	〈〜く → 〜いて / 〜ぐ → 〜いで〉 〈〜う, 〜つ, 〜る → 〜って〉 〈〜ぬ, 〜む, 〜ぶ → 〜んで〉 〈〜す → 〜して〉 [예외] 行く → 行って
2류동사	〈る삭제+て〉
3류동사	来て / して

2 て형을 이용한 표현들

〜て〜て	〜하고/해서 〜하고/해서 [나열]
〜て	〜해서 [원인, 이유]
〜て。	〜해 줘. [의뢰, 부탁]

1 다음 동사의 사전형을 て형으로 바꿔 보세요.

사전형	て형	사전형	て형
鳴く		借りる	
来る		する	
包む		泳ぐ	
疲れる		待つ	

2 다음 문장을 일본어로 만들어 보세요.

(1) 어제는 친구를 만나서, 식사를 하고, 술을 마셨어.

🖉 --

(2) 내일, 6시 반에 깨워 줘.

🖉 --

(3) 물을 끓이고, 차를 타서, 손님에게 냈다.

🖉 --

(4) 비에 젖어서 감기에 걸렸습니다.

🖉 --

(5) 오늘 밤, 재워 줘.

🖉 --

(6) 화요일은 10시에 학교로 와서, 4시까지 강의를 듣고, 5시부터 알바를 한다.

🖉 --

(7) 커닝을 해서 선생님한테 혼났습니다.

🖉 --

以前は、私はいつも約束に遅れました。約束の時間に遅れて、困ったこともたくさんあります。でも、今はほとんど遅刻をしません。遅刻しないために、まず、朝の準備のパターンを決めました。30分以上時間があるときは、朝ごはんを食べて、歯を磨いて、顔を洗います。それから、着替えて、髪を整えて、化粧をします。10分しか時間がないときは、歯を磨いて、顔を洗って、着替えて、髪を整えます。朝ごはんは外で食べられるし、化粧も外のトイレで簡単にできます。これでほとんど遅刻をしなくなりました。

{단어}

以前[いぜん] 이전 | 約束[やくそく] 약속 | 遅れる[おくれる]② 늦다 | 時間[じかん] 시간 | 困る[こまる]① 곤란하다 | 今[いま] 지금 | 遅刻[ちこく] 지각 | 朝[あさ] 아침 | 準備[じゅんび] 준비 | パターン 패턴 | 決める[きめる]② 정하다 | 30分[さんじゅっぷん] 30분 | 以上[いじょう] 이상 | 朝ごはん[あさごはん] 아침밥 | 食べる[たべる]② 먹다 | 歯[は] 이(치아) | 磨く[みがく]① 닦다 | 顔[かお] 얼굴 | 洗う[あらう]① 씻다 | 着替える[きがえる/きかえる]② 갈아입다 | 髪[かみ] 머리(카락) | 整える[ととのえる]② 단정히 하다 | 化粧[けしょう] 화장 | 10分[じゅっぷん] 10분 | 外[そと] 밖, 바깥 | トイレ 화장실 | 簡単に[かんたんに] 간단하게

» 着替える(갈아입다)는 きがえる와 きかえる의 2가지 독음이 있는데, 탁음인 きがえる를 쓰는 경우가 더 많아요.

이전에는 저는 항상 약속에 늦었습니다. 약속시간에 늦어서 곤란했던 적도 많이 있습니다. 그렇지만 지금은 거의 지각을 하지 않습니다. 지각하지 않기 위해서 우선 아침의 준비 패턴을 정했습니다. 30분 이상 시간이 있을 때는 아침밥을 먹고 이를 닦고 세수를 합니다. 그러고 나서, 옷을 갈아입고 머리를 단정히 하고 화장을 합니다. 10분밖에 시간이 없을 때는 이를 닦고 세수를 하고 옷을 갈아입고 머리를 단정히 합니다. 아침밥은 밖에서 먹을 수 있고 화장도 바깥의 화장실에서 간단하게 할 수 있습니다. 이로써 거의 지각을 하지 않게 되었습니다.

4番(4번)의 2가지 소리, よんばん과 よばん

순서를 셀 때는 ～番(～번)을 써서 1番, 2番, 3番 이렇게 말해요('한 번', '두 번'의 뜻은 없음). 그런데 순서를 셀 때 4番의 소리는 よんばん이지만, 야구에서의 '4번 타자'에 쓰는 4番의 소리는 よばん이라고 해요. 이유는 명확하지 않은데, 4番의 발음이 よんばん보다 よばん이 더 강하게 느껴진다는 설도 있고 공간이 넓고 시끄러운 소음이 많은 야구장 안에서 방송을 할 때 よんばん이라고 하면 정확히 안 들릴 수 있어서 그렇다는 설도 있어요. 하여튼 4番이 일반적인 '4번'의 뜻일 때는 よんばん이라고 발음하고, 야구의 '4번 타자'의 뜻일 때는 よばん이라고 발음해요.

て형은 정중체형에도 있어요!

동사의 た형과 て형은 몇 번을 연습해도 복잡해서 어렵죠? 가장 좋은 방법은 많이 듣고 많이 읽어서 자연스러운 활용형태를 몸으로 익히는 거예요. 복잡한 규칙을 머릿속에 집어넣고 동사를 활용할 때마다 규칙을 적용하여 활용시키는 것은 너무나도 힘드니까요.

앞에서도 설명했지만, て형에는 시제가 나타나지 않아요. 시제는 서술부에서 나타나요.

> 明日は用事があって、来られない。 내일은 일이 있어서, 올 수 없다.
>
> 昨日は用事があって、来られなかった。 어제는 일이 있어서, 올 수 없었다.

그리고 보통체형과 정중체형도 구별 없이 둘 다 사용해요.

> 明日は用事があって、来られない。 내일은 일이 있어서, 올 수 없다.
>
> 明日は用事があって、来られません。 내일은 일이 있어서, 올 수 없습니다.

그런데 매우 공손하게 말해야 할 때는 て형을 〈〜でして〉, 〈〜まして〉라는 정중체형의 형태로 쓰는 경우도 있어요.

> 明日は用事がありまして、来られません。 내일은 일이 있어서, 올 수 없습니다.

공손하게 말하려면 다른 단어들도 바꾸는 것이 좋지만, 쉽게 비교하며 이해할 수 있도록 위쪽의 문장과 밎췄어요.

한국어에서 '〜하고', '〜하고 있다', '〜하고 오다', '〜하고 나서' 등의 문형을 만들고, '〜해'는 '〜해 가다', '〜해 있다', '〜해 보다' 등의 문형을 만들죠? 일본어의 て형도 한국어와 마찬가지로 굉장히 많이 사용하는 활용형태예요. 일본어를 많이 접하면서 て형에 익숙해지도록 하세요!

문장의 맛을 내는
품사 이야기

셋째마당에서는 조사, 의문사, 부사, 접속사에 대해서 정리할게요! 이미 〈핵심문법 익히기〉나 〈장문 도전하기〉에서 본 것들이 많을 거예요. 여기에서 다시 한 번 깔끔히 정리하고 갑시다!

열째마디

●

쉽고도 어려운 조사

일본어는 한국어와 비슷하게 조사를 많이 쓰기 때문에 한국 사람들이 쉽게 일본어 조사들을 익힐 수 있어요. 틀리기 쉬운 조사, 헷갈리기 쉬운 조사들을 따로 정리했어요.

26

꼭 알아 두어야 할 조사

강의 및 예문듣기

여기에서는 일본어 문장에 꼭 나오는 아주 기본적인 조사들 중에서 다른 조사와 헷갈릴 우려가 적은 조사들에 대해서 배울 게요. 여기에 나오는 조사들은 비교적 쉽게 배울 수 있지만 그래도 한국어와 쓰임이 다른 조사도 있으니 그런 부분에 신경 쓰도록 하세요!

🎧 26-1.mp3

1단계
핵심문법 익히기

今日[きょう] 오늘
気温[きおん] 기온
高い[たかい] 높다
私[わたし] 저, 나
毎朝[まいあさ] 매일 아침
1時間[いちじかん] 1시간
歩く[あるく]① 걷다
今夜[こんや] 오늘밤
飲み会[のみかい] 술 모임
行く[いく]① 가다

① **~は ~은/는**

は는 대부분 한국어의 '~은/는'과 맞아떨어지기 때문에 크게 신경 쓰지 않아도 돼요.

今日の気温はそれほど高くはない。　　오늘의 기온은 그렇게 높지는 않다.

私は毎朝1時間は歩きます。　　저는 매일 아침 1시간은 걷습니다.

私は今夜の飲み会には行きません。　저는 오늘밤의 술 모임에는 가지 않아요.

≫ 조사 は는 다른 조사 뒤에 붙여서 쓰기도 해요. 예 ~には(~에는), ~では(~에서는)

다만 주의해야 할 점은 일본어 は가 한국어 '~은/는'보다 사용 범위가 넓다는 점이에요. 즉 한국어에서는 '~이/가'를 쓰는 경우에도 일본어에서는 は를 쓰는 경우가 있다는 뜻이죠. 일본어에서는 화제로 제시하고자 할 때는 は를 써요.

趣味[しゅみ] 취미
何[なん] 무엇

趣味は何ですか。취미가 무엇입니까?

桜[さくら] 벚꽃
2月[にがつ] 2월
咲く[さく]① 피다
明日[あした] 내일
3時[さんじ] 3시
着く[つく]① 도착하다

맛보기 연습 주어진 단어와 **は**를 써서 일본어 문장을 만들어 보세요. (정답은 611쪽에)

여기에서는 벚꽃은 2월에는 피어. ここ, 桜, 2月, 咲く

▶ _____

내일은 3시에는 도착해요. 明日, 3時, 着く

▶ _____

노래를 한 곡은 불러 줘. 歌, 1曲, 歌う

▶ _____

歌[うた] 노래
1曲[いっきょく] 한 곡
歌う[うたう]①
(노래를)부르다

❷ ～が ~이/가, ~을/를, ~지만, ~ㄴ데(요)

1. ～이/가

한국어의 '～이/가'는 일본어로 が가 돼요. が와 '가'의 발음이 비슷해서 외우기 좋죠?

子犬[こいぬ] 강아지
生まれる[うまれる]②
태어나다
昨日[きのう] 어제
風[かぜ] 바람
強く[つよく] 세게
吹く[ふく]① 불다

子犬が生まれた。 강아지가 태어났어.

昨日は風が強く吹きました。 어제는 바람이 세게 불었어요.

≫ こいぬ는 小犬로 쓰기도 하는데, 이는 '소형 개'라는 뜻이에요. '강아지'라는 뜻으로 쓸 때는 子犬로 쓰세요.

맛보기 연습　주어진 단어와 が를 써서 일본어 문장을 만들어 보세요. (정답은 611쪽에)

目[め] 눈
赤い[あかい] 빨갛다
始まる[はじまる]①
시작되다
灰皿[はいざら] 재떨이

눈이 빨갛다. 目, 赤い ▶ _____

뉴스가 시작됩니다. ニュース, 始まる ▶ _____

재떨이가 없어. 灰皿, ない ▶ _____

2. ～을/를

(1) 好きな(좋아하는), 嫌いな(싫어하는), 上手な(잘하는), 下手な(잘 못하는), 得意な(잘하는), 苦手な(잘 못하는)는 '～을/를'에 が를 쓴다고 054쪽에서 배웠죠? 왜냐하면 이들은 동사가 아니라 형용사이기 때문이에요.

僕[ぼく] 나(남자)
青[あお] 파란색
好きな[すきな] 좋아하는
弟[おとうと]
남동생(높임×)
うそ 거짓말
上手な[じょうずな]
잘하는

嫌いな[きらいな]
싫어하는

僕は青が好きだ。 나는 파란색을 좋아한다(파란색이 좋다).

弟はうそが上手です。 남동생은 거짓말을 잘합니다(거짓말이 능숙합니다).

맛보기 연습　주어진 단어와 が를 써서 일본어 문장을 만들어 보세요. (정답은 611쪽에)

저는 당근을 싫어해요. 私, ニンジン, 嫌いな

▶ _____

苦手な[にがてな]
잘 못하는

得意な[とくいな]
잘하는, 능숙한

나는 가타카나를 잘 못 쓴다. 僕, カタカナ, 苦手な

▶ _____

저는 골프를 잘 칩니다. 私, ゴルフ, 得意な

▶ _____

≫ ニンジン은 한자로 쓰면 人参이에요. 한국어로는 '인삼'인데 일본어로는 '당근'이에요. '인삼'은 高麗人参[こうらいにんじん](고려인삼) 혹은 朝鮮人参[ちょうせんにんじん](조선인삼)이라고 해요.

≫ カタカナ(가타카나)는 한자로 片仮名라고 써요.

(2) 욕구를 나타내는 欲しい(갖고 싶다)와 ~たい(~하고 싶다)는 が를 써서 〈~が 欲しい(~를 갖고 싶다)〉와 〈~が~たい(~를 ~하고 싶다)〉의 형태로 써요. 欲 しい는 い형용사라서 が를 쓰는데, ~たい는 〈~を~たい〉의 형태로도 쓸 수 있어요. 416쪽을 보세요.

欲しい[ほしい] 갖고 싶다
紅茶[こうちゃ] 홍차
飲む[のむ]① 마시다

パンダのぬいぐるみが欲しい。   판다(의) 인형을 갖고 싶어.

紅茶が飲みたいです。   홍차를(가) 마시고 싶어요.

≫ '봉제인형'은 人形[にんぎょう](인형)가 아니라 ぬいぐるみ라고 해요. 잘못 쓰기 쉬우니 유의하세요!

┌ 맛보기 연습   주어진 단어와 が를 써서 일본어 문장을 만들어 보세요.   (정답은 611쪽에)

丈夫な[じょうぶな]
튼튼한

本棚[ほんだな] 책장

飲み物[のみもの] 마실 것

卵[たまご] 계란

食べる[たべる]② 먹다

튼튼한 책장을 갖고 싶어. 丈夫な, 本棚 ▶ _____

마실 것을 원해요. 飲み物 ▶ _____

계란을(이) 먹고 싶다. 卵, 食べたい ▶ _____

(3) 앞에서도 배웠지만, 동사의 가능형을 사용할 경우는 목적어를 が로 나타내는 경 우가 많아요. 185쪽을 보세요.

家賃[やちん] 집세
払う[はらう]① 지불하다

クレジットカードで家賃が払える。   신용카드로 집세를 낼 수 있다.

スケートができます。   스케이트를 탈 수 있습니다.

┌ 맛보기 연습   주어진 단어와 が를 써서 일본어 문장을 만들어 보세요.   (정답은 611쪽에)

誰[だれ] 누구
お小遣い[おこづかい]
용돈
稼ぐ[かせぐ]① 벌다

누구든지 여기에서 용돈을 벌 수 있어. 誰でも, ここ, お小遣い, 稼ぐ

▶ _____

4t[よんトン] 4톤
荷物[にもつ] 짐
載せる[のせる]② 싣다
単語[たんご] 단어
覚える[おぼえる]②
외우다

4t 트럭이라면 이 짐을 실을 수 있어요. 4ｔトラックなら、この荷物、載せる

▶ _____

단어를 잘 외울 수 없다. 単語、よく、覚える

▶ _____

≫ お小遣い[おこづかい](용돈)는 앞의 お를 뺀 小遣い[こづかい]만 쓰기도 하는데 거친 말투가 돼요.

3. ~지만

が를 문장 끝에 붙이면 '~지만'이라는 뜻이 되어 문장을 연결해 줘요. 보통체형 문장과 정중체형 문장에 모두 쓸 수 있어요.

十分に[じゅうぶんに]
충분히
寝る[ねる]② 자다
眠い[ねむい] 졸리다
30分[さんじゅっぷん]
30분
泳ぐ[およぐ]① 수영하다
疲れる[つかれる]②
지치다

十分に寝たが、まだ眠い。   충분히 잤지만, 아직 졸린다.

30分泳ぎましたが、疲れませんでした。
                                              30분 수영했습니다만, 지치지 않았습니다.

≫ 보통체형 문장 끝에 が를 쓰면 문어체가 돼요. 구어체에서는 보통 けど를 써요. 사투리 중에 '~케도'라는 말이 있던데 뜻이 비슷한 것 같아요.

辞書[じしょ] 사전
意味[いみ] 뜻
調べる[しらべる]②
알아보다
一生懸命[いっしょうけ
んめい] 열심히
勉強[べんきょう] 공부
テスト 시험, 테스트
点[てん] 점수
部屋[へや] 방
きれいな 깨끗한
狭い[せまい] 좁다

맛보기 연습   주어진 두 문장을 **が**를 써서 연결하세요.   (정답은 611쪽에)

辞書で意味を調べた, よくわからない

▶ _____

一生懸命勉強しました, テストの点はよくなかったです

▶ _____

この部屋はきれいだ, 狭い

▶ _____

4. ~ㄴ데(요)

앞에서 연습한 が(~지만)는 앞문장과 뒷문장이 반대되는 내용이 연결됐죠? 그것과 달리 '~ㄴ데(요)'라는 뜻으로, 앞문장이 뒷문장의 내용을 꺼내기 위한 준비, 즉 서론이 되는 경우에도 が를 써요.

難しい[むずかしい]
어렵다
問題[もんだい] 문제
君[きみ] 자네
思う[おもう]① 생각하다

これは難しい問題だが、君はどう思う？
                                              이것은 어려운 문제인데, 자네는 어떻게 생각해?

申す[もうす]①
말하다(공손한 말)

森と申しますが、淳さんはいらっしゃいますか。

もりと言うんですけど、じゅん 씨는 계세요?

> 앞에서 연습한 が(~지만)와 마찬가지로 '~ㄴ데요'도 구어체에서는 けど를 써요. が는 편한 말투가 아니라 격식 차린 딱딱한 말투예요.

> いらっしゃる(계시다, 오시다, 가시다)의 ます형은 いらっしゃります가 아니라 いらっしゃいます가 되니 유의하세요!

中村[なかむら] (성씨)
野村[のむら] (성씨)
この前[このまえ] 저번
話す[はなす]①
이야기하다
仕事[しごと] 일(직업)
担当[たんとう] 담당
買い物[かいもの] 장보기
行く[いく]① 가다
何か[なにか] 뭔가
必要な[ひつような]
필요한
もの 물건

📂 **맛보기 연습**　주어진 두 문장을 が를 써서 연결하세요.　　(정답은 611쪽에)

もしもし、中村です，野村さんはいらっしゃいますか

▶ _____

この前話した仕事です，担当してもらえますか

▶ _____

買い物に行きます，何か必要なものはありますか

▶ _____

❸　~を　~을/를, ~에서

1. ~을/를

を는 대부분 한국어 '~을/를'과 똑같이 써요. 타동사를 쓰는 문장에서 목적어를 나타내는 역할을 해요.

帽子[ぼうし] 모자
貼る[はる]①
(풀 등으로)붙이다

帽子をかぶる。

모자를 쓰다.

ポスターを貼りました。

포스터를 붙였습니다.

温める[あたためる]②
따뜻하게 하다, 데우다
人形[にんぎょう] 인형
壊す[こわす]①
망가뜨리다
成功[せいこう] 성공
祈る[いのる]① 빌다

📂 **맛보기 연습**　주어진 단어와 を를 써서 일본어 문장을 만들어 보세요.　　(정답은 611쪽에)

배를 따뜻하게 했다. おなか, 温める ▶ _____

인형을 망가뜨렸습니다. 人形, 壊す ▶ _____

성공을 빌게. 成功, 祈る ▶ _____

> おなか(배)는 お腹, お中, 御腹, 御中 등의 다양한 형태로 쓰는데, 일상적으로 가장 많이 쓰는 형태는 お腹이고 히라가나로만 쓰는 경우도 많아요.

2. ~에서, ~을/를

を는 어떤 동작의 출발점, 기점을 나타내기도 해요. 즉 어떤 동작이 시작되는 곳을 가리켜요. 이 경우는 '~에서'로 해석하는 경우가 많은데, '~을/를'로 해석하는 경우도 있어요.

電車[でんしゃ] 전철
降りる[おりる]②
(전철 등에서)내리다
9時[くじ] 9시
出る[でる]② 나가다

電車を降りた。	전철에서 내렸어.
9時にうちを出ます。	9시에 집을 나갈 거예요.

위쪽 예문은 降りる(내리다)라는 동작이 시작된 곳이 電車(전철)이고, 아래쪽 예문은 出る(나가다)라는 동작이 시작되는 곳이 うち(집)예요.

맛보기연습 주어진 단어와 **を**를 써서 일본어 문장을 만들어 보세요.   (정답은 611쪽에)

언니가 방을 나갔어요. 姉, 部屋, 出る

▶ _____

姉[あね] 언니(높임×)
部屋[へや] 방
飛行機[ひこうき] 비행기
空港[くうこう] 공항
出発[しゅっぱつ] 출발

비행기가 공항을 출발했다. 飛行機, 空港, 出発する

▶ _____

저는 버스에서 내렸습니다. 私, バス, 降りる

▶ _____

3. ~을/를

여기에서의 を는 자동사에 써요. 이때의 を는 歩く(걷다)나 飛ぶ(날다)와 같이 '이동'이나 '통과'를 나타내는 자동사와 함께 써서 그 움직임이 일어나는 곳, 통과하는 곳을 나타내요. 한국어에서도 비슷하게 쓰니 쉽게 이해될 거예요.

信号[しんごう] 신호등
左[ひだり] 왼쪽
曲がる[まがる]① 돌다
橋[はし] 다리
渡る[わたる]① 건너다

あの信号を左に曲がる。	저 신호등을 왼쪽으로 돈다.
橋を渡ります。	다리를 건넙니다.

위쪽 예문은 曲がる(돌다, 꺾다)라는 움직임이 일어나는 곳, 통과하는 곳이 信号(신호등)이고, 아래 예문은 渡る(건너다)라는 움직임이 일어나는 곳, 통과하는 곳이 橋(다리)예요.

이와 같은 자동사에 쓰이는 を를 '~을/를'이 아니라 '~에서'로 해석하는 경우도 있어요. 그런데 '~에서'로 해석하면 で와 혼동하는 경우가 많은데, を(~을/를)를 쓰는 경우와 で(~에서)를 쓰는 경우는 뉘앙스의 차이가 있어요.

を를 쓰면 신호등이 있는 자리에 진입하고 왼쪽으로 방향을 틀어서 통과해 나가는 움직임이 느껴지는 데 비해, で를 쓰면 그런 움직임이 전혀 느껴지지 않고 그저 '돌다'라는 동작이 일어나는 장소가 어디인지만 나타내요.

맛보기 연습 주어진 단어와 を를 써서 일본어 문장을 만들어 보세요. (정답은 611쪽에)

一人で[ひとりで] 혼자서
公園[こうえん] 공원
歩く[あるく]① 걷다
学校[がっこう] 학교
走る[はしる]① 뛰다
鳥[とり] 새
空[そら] 하늘
飛ぶ[とぶ]① 날다

혼자서 공원을 걸었어. 一人で, 公園, 歩く

▶ _____

학교(의) 운동장을 뛰었어요. 学校, グラウンド, 走る

▶ _____

새는 하늘을 난다. 鳥, 空, 飛ぶ

▶ _____

≫ 運動場[うんどうじょう](운동장)라는 단어도 있지만, '학교 운동장'은 보통 グラウンド(ground)라고 표현해요. 말할 때는 짧게 グランド라고 발음하는 경우가 많아요.

❹ ～の ~의, ~의 것, ~것, ~이/가

1. ~의

한국어에서는 조사 '~의'를 자주 생략하지만, の는 하나의 복합명사나 명칭에서 생략되는 경우 이외에는 보통 생략하지 않아요. 그래서 ～の～の～の(~의 ~의 ~의)와 같은 문장도 있어요. の를 생략하지 않도록 유의하세요!

大学[だいがく] 대학교
勉強[べんきょう] 공부
父[ちち] 아버지(높임×)
時計[とけい] 시계

東京の大学で勉強した。 とうきょうに 있는 대학교에서 공부했어.

私の父の時計です。 저희(저의) 아버지의 시계예요.

≫ '대학교'는 '교(校)' 없이 大学[だいがく](대학)라고만 표현해요.

맛보기 연습 주어진 단어와 の를 써서 일본어 문장을 만들어 보세요. (정답은 612쪽에)

母[はは] 어머니(높임×)
車[くるま] 차
色[いろ] 색깔
赤[あか] 빨간색

어머니의 차(의) 색깔은 빨간색입니다. 母, 車, 色, 赤

▶ _____

英語[えいご] 영어
作文[さくぶん] 작문
難しい[むずかしい]
어렵다
紙[かみ] 종이
自分[じぶん] 자기
名前[なまえ] 이름
書く[かく]① 쓰다

영어(의) 작문은 어려워. 英語, 作文, 難しい

▶ _____

종이에 자기(의) 이름을 썼어요. 紙, 自分, 名前, 書く

▶ _____

2. ~의 것

の 뒤에 오는 명사가 굳이 말하지 않아도 명백한 경우에는 그 명사를 생략하는 경우가 많아요. 이런 경우는 の가 '~의 것'이라는 뜻이 돼요.

飴[あめ] 사탕
誰[だれ] 누구

その飴は私のだった。	그 사탕은 내 것이었다.
このバイクは誰のですか。	이 오토바이는 누구의 것입니까?

友達[ともだち] 친구
手袋[てぶくろ] 장갑
鍵[かぎ] 열쇠

📕 맛보기 연습　**주어진 단어와 の를 써서 일본어 문장을 만들어 보세요.**　　(정답은 612쪽에)

그 아이디어는 친구의 것이다. そのアイディア, 友達

▶ _____

그 장갑은 제 것입니다. その手袋, 私

▶ _____

이 열쇠는 누구(의) 거야? この鍵, 誰

▶ _____

　≫ アイディア(아이디어)는 アイデア라고도 해요.

3. ~ 것

のは '~ 것'이라는 뜻으로도 쓰는데, 명사 대신 쓰기도 해요.

汚い[きたない] 더럽다
捨てる[すてる]② 버리다
大好きな[だいすきな]
매우 좋아하는

汚いのは捨てて。	더러운 것은 버려 줘.
私が大好きなのは、このパンです。	제가 매우 좋아하는 것은, 이 빵이에요.

📕 맛보기 연습　**주어진 단어와 の를 써서 일본어 문장을 만들어 보세요.**　　(정답은 612쪽에)

丈夫な[じょうぶな]
튼튼한
選ぶ[えらぶ]① 고르다

튼튼한 것을 골랐어요. 丈夫な, 選ぶ

▶ _____

長い[ながい] 길다
切る[きる] ① 자르다
もう少し[もうすこし]
좀 더
大きい[おおきい] 크다

긴 것을 잘라 줘. 長い, 切る

▶ _____

좀 더 큰 것을 주세요. もう少し, 大きい, ください

▶ _____

4. ～이/가

명사를 수식하는 문장의 주어일 때 の(～의)를 が(～이/가)의 뜻으로 쓸 수 있어요. '내가 살던 고향'을 '나의 살던 고향'이라고도 하는 것과 똑같아요. 즉 명사를 수식하는 문장에서는 주어를 が(～이/가)로 나타낼 수도 있고 の(～의)로 나타낼 수도 있는 것이죠.

買う[かう] ① 사다
高い[たかい] 비싸다
好きな[すきな] 좋아하는
人[ひと] 사람
年下[としした] 연하

友達の買ったカメラは高い。　　　　　친구가 산 카메라는 비싸다.

私の好きな人は年下です。　　　　　제가 좋아하는 사람은 연하입니다.

≫ 年下(연하)는 年[とし](나이)와 下[した](아래, 밑)가 합해진 말이에요. '연상'은 年上[としうえ]라고 해요.

┌ 맛보기 연습　주어진 단어를 써서 일본어 문장을 만들어 보세요.
　　　　　　　조사 '～이/가'를 の로 쓰세요.　　　　　　　　　(정답은 612쪽에)

彼女[かのじょ] 그녀
文章[ぶんしょう] 문장
素晴らしい[すばらしい]
훌륭하다
花[はな] 꽃
庭[にわ] 마당
足[あし] 다리
短い[みじかい] 짧다
犬[いぬ] 개

그녀가 쓴 문장은 훌륭하다. 彼女, 書く, 文章, 素晴らしい

▶ _____

꽃이 아름다운 마당입니다. 花, きれいな, 庭

▶ _____

다리가 짧은 개야. 足, 短い, 犬

▶ _____

≫ '다리가 짧다'에서의 '다리'는 脚[あし]로 쓸 수도 있어요. 구별할 때는 脚가 '다리'이고 足가 '발'인데, 둘 다 足로 쓰는 경우가 많아서 여기에서도 足로 썼어요.

⑤　～も ～도, ~나, ~씩이나

1. ～도

(1) も는 한국어의 '～도'와 똑같이 써요. 명사 뒤에 바로 붙여서 쓰기도 하고 명사와 も 사이에 다른 조사가 들어가기도 해요.

池[いけ] 연못
川[かわ] 강
近い[ちかい] 가깝다
今日[きょう] 오늘
天気[てんき] 날씨
明日[あした] 내일
銀行[ぎんこう] 은행
行く[いく]① 가다

ここから池も川も近い。
여기에서부터 연못도 강도 가까워.

今日もいい天気です。
오늘도 좋은 날씨예요.

明日は銀行にも行く。
내일은 은행에도 간다.

驚く[おどろく]① 놀라다
本屋[ほんや] 서점
寄る[よる]① 들르다
要る[いる]① 필요하다

📙 맛보기 연습　　주어진 단어와 も를 써서 일본어 문장을 만들어 보세요.　　(정답은 612쪽에)

저도 놀랐어요. 私, 驚く ▶ _____

서점에도 들르겠다. 本屋, 寄る ▶ _____

이것도 필요합니다. これ, 要る ▶ _____

≫ '서점'을 本屋[ほんや]라고만 하면 약간 거친 말투가 돼요. 부드럽게 말할 때나 공손하게 말할 때는 뒤에 さん을
붙여서 本屋さん이라고 하는 것이 좋아요.

息子[むすこ] 아들(높임×)
10m[じゅう メートル]
10미터
泳ぐ[およぐ]① 수영하다
お客さん[おきゃくさん]
손님
一人[ひとり] 한 명
来ませんでした[きませ
んでした]③ 오지 않았습
니다

(2) 뒤에 부정이 오는 〈~も~ない〉의 형태는 '~도 ~하지 않다'라는 뜻이에요.

息子は10mも泳げない。
아들은 10m도 수영하지 못한다.

お客さんは一人も来ませんでした。
손님은 한 명도 오지 않았습니다.

学校[がっこう] 학교
一日[いちにち] 하루
休む[やすむ]① 쉬다
財布[さいふ] 지갑
10円[じゅう えん] 10엔
彼女[かのじょ] 여자친구
少し[すこし] 조금
笑う[わらう]① 웃다

📙 맛보기 연습　　주어진 단어와 も를 써서 일본어 문장을 만들어 보세요.　　(정답은 612쪽에)

학교를 하루도 쉬지 않았어. 学校, 一日, 休む

▶ _____

지갑에 10엔도 없어요. 財布, 10円, ある

▶ _____

여자친구는 조금도 웃지 않았다. 彼女, 少し, 笑う

▶ _____

---

(3) 〈의문사+も〉의 형태로 쓰면 '전체 부정'이나 '전체 긍정'의 뜻이 돼요.

誰[だれ] 누구
人[ひと] 사람

誰もいない。
아무도(누구도) 없어.

どこも人でいっぱいでした。
모든 곳이(어디도) 사람으로 가득했어요.

何[なに] 무엇
美しい[うつくしい]
아름답다
両親[りょうしん]
부모(높임×)
厳しい[きびしい]
엄격하다

아무것도(무엇도) 받을 수 없습니다. 何, もらう

▶ _____

모두 다(어느 것도) 아름다웠어. どれ, 美しい

▶ _____

저희(저의) 부모님은 둘 다(어느 쪽도) 엄격해요.
私の両親, どちら, 厳しい

▶ _____

≫ 何는 뒤에 た행(t), な행(n), だ행(d) 소리가 올 때와 '~명', '~마리' 등의 수를 셀 때 쓰는 말이 올 때는 소리가 なん이 돼요. 여기에서는 뒤에 も가 오기 때문에 소리가 なに로 돼요.

의문사와 も 사이에 다른 조사가 들어갈 수도 있어요.

> どこにもない。 어디에도 없다.

2. ~나, ~씩이나

も가 '~명', '~마리' 등의 수를 셀 때 쓰는 말 뒤에 붙으면 '~나, ~씩이나'라는 뜻이
돼요.

30度[さんじゅう ど]
30도
超える[こえる]② 넘다
日[ひ] 날
5日[いつか] 5일
続く[つづく]① 계속되다
18,000円[いちまん はっ
せん えん] 18,000엔

30度を超える日が5日も続いている。 30도를 넘는 날이 5일이나 계속되고 있다.

このワイシャツは18,000円もします。 이 와이셔츠는 18,000엔씩이나 합니다.

入学[にゅうがく] 입학
試験[しけん] 시험
3回[さんかい] 세 번
落ちる[おちる]②
떨어지다
兄弟[きょうだい]
형제(높임×)
5人[ご にん] 5명
7年[なな ねん] 7년
習う[ならう]① 배우다

입학시험에 세 번이나 떨어졌어. 入学試験, 3回, 落ちる

▶ _____

형제가 5명씩이나 있어요. 兄弟, 5人, いる

▶ _____

피아노를 7년이나 배웠다. ピアノ, 7年, 習う

▶ _____

❻ ～と ~와/과, ~와/과 함께, ~라고

1. ～와/과, ~와/과 함께

と는 '~와/과'라는 뜻인데, '~와 함께'라는 뜻으로도 써요.

丸い[まるい] 둥글다
円い[まるい] 둥글다
違う[ちがう]① 다르다
教頭先生[きょうとう せ
んせい] 교감 선생님
出かける[でかける]②
외출하다

「丸い」と「円い」は違う。　　　'둥글다(丸)'와 '둥글다(円)'는 달라.

教頭先生と出かけました。　　　교감 선생님과 함께 외출했어요.

>> 원래 丸い[まるい]는 입체적인 원형에 쓰는 말이고 円い[まるい]는 평면적인 원형에 쓰는 말인데, 평면적인 것에도 丸い를 쓰는 경우가 많아요.

心[こころ] 마음
体[からだ] 몸
妻[つま] 아내(높임×)
散歩[さんぽ] 산책

┌ **맛보기연습**　주어진 단어와 **と**를 써서 일본어 문장을 만들어 보세요.　　　(정답은 612쪽에)

그것과 이것을 주세요. それ, これ, ください

▶ _____

마음과 몸을 리프레시하자. 心, 体, リフレッシュする

▶ _____

아내와 함께 산책했어요. 妻, 散歩する

▶ _____

2. ～라고

と에는 '~라고'의 뜻도 있어요. 간접 인용을 할 때는 보통체형에 연결되고, 직접 인용을 할 때는 보통체형에도 정중체형에도 모두 연결돼요.

子[こ] 아이
一人で[ひとりで] 혼자서
行く[いく]① 가다
言う[いう]① 말하다
無理な[むりな] 무리한

その子は「一人で行きます。」と言った。　그 아이는 "혼자서 갑니다."라고 말했다.

それは無理だと言いました。　　　그것은 무리라고 말했습니다.

日曜日[にちようび]
일요일
混む[こむ]① 붐비다
聞く[きく]① 듣다

┌ **맛보기연습**　주어진 단어와 **と**를 써서 일본어 문장을 만들어 보세요.　　　(정답은 612쪽에)

거기는 일요일은 붐빈다고 들었다. そこ, 日曜日, 混む, 聞く

▶ _____

だめな 안 되는
僕[ぼく] 나(남자)
～君[くん] ～군
正しい[ただしい] 옳다
思う[おもう]① 생각하다

스태프는 "안 됩니다."라고 말했어요. スタッフ, だめな, 言う

▶ _____

나는 うえだ 군이 옳다고 생각한다. 僕, 上田君, 正しい, 思う

▶ _____

» '붐비다'라는 뜻의 こむ를 사전으로 찾아보면 込む라는 한자로 나와 있는데, 混む로 쓰는 경우가 더 많아요.

» 한국에서는 '～군'이라는 말을 아랫사람 남자에게만 쓰죠? 일본에서는 동년배에도 쓰고, 애칭으로 쓰는 경우 등에
는 간혹 연상인 사람에게도 써요. 또한 상사가 여직원을 부르거나 선생님이 여학생을 부를 때 등에도 써요.

» だめな(안 되는)에서의 だめ는 한자 駄目 또는 가타카나 ダメ로 쓰는 경우도 많아요.

꼭 알아 두어야 할 조사

❶ ～は	～은/는
❷ ～が	1. ～이/가 2. ～을/를 (1) 좋다/싫다, 잘하다/못하다 (2) 원하다, 하고 싶다 (3) 할 수 있다 3. ～지만 4. ～ㄴ 데(요)
❸ ～を	1. ～을/를 2. ～에서, ～을/를 [동작의 출발점] 3. ～을/를 [자동사]
❹ ～の	1. ～의 2. ～의 것 3. ～것 4. ～이/가 [명사 수식문의 주어]
❺ ～も	1. ～도 (1) ～도 (2) ～도 ～하지 않다 (3) 의문사+も 2. ～나, ～씩이나
❻ ～と	1. ～와/과, ～와/과 함께 2. ～라고

1 ( ) 속에 적절한 조사를 넣어 보세요.

(1) スケート( )できます。
스케이트를 탈 수 있습니다.

(2) お客さん( )一人( )来ませんでした。
손님은 한 명도 오지 않았습니다.

(3) その子は「一人で行きます」( )言った。
그 아이는 "혼자서 갑니다."라고 말했다.

(4) あの信号( )左に曲がる。
저 신호등을 왼쪽으로 돈다.

(5) このバイクは誰( )ですか。
이 오토바이는 누구의 것입니까?

(6) 十分に寝た( )、まだ眠い。
충분히 잤지만, 아직 졸린다.

(7) 友達( )買ったカメラ( )高い。
친구가 산 카메라는 비싸다.

(8) 電車( )降りた。
전철에서 내렸어.

(9) 汚い( )は捨てて。
더러운 것은 버려 줘.

(10) このワイシャツ( )18,000円( )します。
이 와이셔츠는 18,000엔씩이나 합니다.

(11) 誰( )いない。
아무도(누구도) 없어.

(12) 森( )申します( )、淳さん( )いらっしゃいますか。
모리라고 하는데요, じゅん 씨는 계세요?

結婚式のお祝い金を「ご祝儀」と言う。日本はご祝儀がとても高い。普通3万
円は出す。親戚の結婚式の場合は5万円は出す。なぜこんなに高いのかという
と、日本の結婚式では一人ひとりにコース料理が出され、帰りには一人ひとり
お土産ももらうからだ。食事代が1万円、お土産代が1万円、残り1万円がお祝
いだ。それと、日本では招待状をもらって、出席すると返事を出した人だけが
結婚式に行ける。韓国とは違うので気を付けてほしい。

{단어}

結婚式[けっこんしき] 결혼식ㅣお祝い金[おいわいきん] 축하금ㅣご祝儀[ごしゅうぎ] 축의금ㅣ言う[いう]① 말하다ㅣ高い[たかい]
비싸다ㅣ普通[ふつう] 보통ㅣ3万円[さんまん えん] 3만 엔ㅣ出す[だす]① 내다ㅣ親戚[しんせき] 친척ㅣ場合[ばあい] 경우ㅣ5万円[ご
まん えん] 5만 엔ㅣ一人ひとり[ひとりひとり] 한 명 한 명ㅣコース料理[りょうり] 코스요리ㅣ帰り[かえり] 돌아갈 때ㅣお土産[おみ
やげ] 기념품ㅣ食事[しょくじ] 식사ㅣ〜代[だい] 〜비, 〜값ㅣ1万円[いちまん えん] 만 엔ㅣ残り[のこり] 나머지ㅣお祝い[おいわい]
축하(선물)ㅣ招待状[しょうたいじょう] 초대장ㅣ出席[しゅっせき] 참석, 출석ㅣ返事[へんじ] 답장ㅣ違う[ちがう]① 다르다ㅣ気を付
ける[きをつける]② 조심하다

≫ 一人ひとり[ひとりひとり](한 명 한 명)는 一人一人나 ひとりひとり로 표기해도 돼요. 그런데 전부 한자로만 쓰면 딱딱해서 부
담스럽고, 전부 히라가나로만 쓰면 유치해 보여서 한자와 히라가나를 섞은 一人ひとり로 쓰는 경우가 많아요.

결혼식의 축하금을 '축의금'이라고 한다. 일본은 축의금이 매우 비싸다. 보통 3만 엔은 낸다. 친척의 결혼식인 경우는 5만 엔은 낸다. 왜
이렇게 비싼가 하면, 일본의 결혼식에서는 한 명 한 명에게 코스요리가 나오고, 돌아갈 때는 한 명 한 명 기념품도 받기 때문이다. 식사
비가 만 엔, 기념품값이 만 엔, 나머지 만 엔이 축하 선물이다. 그리고 일본에서는 초대장을 받고 참석하겠다고 답장을 보낸 사람만이
결혼식에 갈 수 있다. 한국과는 다르기 때문에 조심해 주기 바란다.

'오토바이'는 일본어로 뭐라고 할까?

'오토바이'를 뜻하는 말로 バイク가 나왔죠? オートバイ라고도 하는데, 일상회화에서는 バイク라고 하는 경우가 많
아요. 배기량 50cc 이하의 오토바이는 原付[げんつき]라고 하는데, 이는 原動機付自転車[げんどうきつき じてん
しゃ](원동기 부착 자전거)의 준말이에요. 일본에서는 자동차 면허증이 있으면 原付는 따로 면허 없이 탈 수 있어요. 또
다리를 벌리지 않고 의자에 앉는 것처럼 탈 수 있는 오토바이는 スクーター라고 하는데, 原付는 スクーター의 형태
가 많아요. 그런 이유에서인지 原付와 スクーター를 똑같은 오토바이라고 잘못 알고 있는 경우가 많아요. スクータ
ー 중에는 배기량이 50cc 이상의 큰 것들도 있다고 해요.

동사 わかる, 한 걸음 더!

わかる(알다, 이해하다)라는 동사를 아는 분들이 많을 거예요. 이 わかる를 쓸 때 조사를 틀리는 한국 사람들이 많아서 여기서 한 번 짚고 넘어갈게요.

わかる는 자동사이기 때문에 조사를 を가 아닌 が를 써서 〈~がわかる〉의 형태가 돼요.

> この文章の意味がよくわからない。 이 문장의 뜻을 잘 모르겠다.

한국어에서는 '~를 알다/이해하다'라고 쓰기 때문에 조사를 잘못 쓰게 돼요. わかる는 자동사이므로 '이해되다'라는 뜻이에요. わかる의 뜻을 '이해되다'로 기억해 놓고, 해석할 때 '이해되다'가 어색한 경우는 자연스러운 해석으로 바꾸면 돼요.

わかる는 가지고 있는 지식이나 경험을 통해서 몰랐던 것을 알게 되는 것과 그런 과정을 통해서 이미 알게 된 상태를 나타내요. '이해되다', '이해할 수 있다', '알고 있다'라는 뜻이 돼요. わかる는 '머리를 쓴다'는 느낌이 있어요.

> この単語の意味がわかった。 이 단어의 뜻이 이해되었다.
>
> この単語がわかる。 이 단어가 이해된다/이 단어를 안다.

わかる와 헷갈리기 쉬운 것이 知る죠? 知る는 몰랐던 지식이나 정보를 새롭게 아는 것을 나타내요. わかる처럼 '머리를 쓴다'는 느낌은 없고 지식이나 정보가 머리에 들어오는 것을 나타내요. 그리고 知る는 타동사이기 때문에 조사 を를 써서 〈~を知る〉의 형태가 돼요.

> この単語の意味を今日知った。 이 단어의 뜻을 오늘 알았다.

참고로, 知る는 몰랐던 상태에서 아는 상태로 바뀌는 '변화'만을 나타내기 때문에 '이미 알고 있는 상태'를 나타낼 경우는 현재형 知る로는 쓸 수 없고 知っている(알고 있다)로 써야 해요.

> この単語がわかります。 이 단어가 이해돼요/이 단어를 알아요.
>
> この単語を知っています。 이 단어를 알고 있어요.

234

27

헷갈리기 쉬운 조사

강의 및 예문듣기

여기에서는 비슷한 조사가 있어서 헷갈리기 쉽거나 잘못 쓰기 쉬운 조사들에 대해 정리할게요! 그리고 한국어와 마찬가지로 일본어도 조사에 따라 여러 가지 품사에 연결돼요. 정리가 필요한 조사들은 연결방법도 정리할게요!

🎧 27-1.mp3

1단계
핵심문법 익히기

❶ ~へ ~로

へ는 '~로'라는 뜻이에요. 行く(가다), 来る(오다) 등과 같은 '이동'의 뜻을 가진 동사에 써요. へ를 조사로 쓸 때는 발음이 え가 된다는 점에 유의하세요!

自分[じぶん] 자기
国[くに] 나라
帰る[かえる]① 돌아가다
来月[らいげつ] 다음 달
行く[いく]① 가다

ソンさんは自分の国へ帰る。　　　　손 씨는 자기(의) 나라로 돌아간다.

来月、フィリピンへ行きます。　　　　다음 달, 필리핀으로 갑니다.

» 한국인의 성씨 중에서 '손, 송, 선, 성'의 4가지 성씨는 가타카나로 쓰면 모두 ソン이 되어 버려서 일본어로는 발음 구별이 되지 않아요.

» 国[くに]에는 '나라'라는 뜻 외에 '고국', '고향'이라는 뜻도 있어서 '고향에 돌아가다'를 国へ帰[かえ]る라고도 표현할 수 있어요.

맛보기연습　　주어진 단어와 へ를 써서 일본어 문장을 만들어 보세요.　　　　　(정답은 613쪽에)

友達[ともだち] 친구
来る[くる]③ 오다
今年[ことし] 올해
秋[あき] 가을
明日[あした] 내일
実家[じっか] 친정

일본인(의) 친구가 한국으로 왔어. 日本人, 友達, 韓国, 来る

▶ ────────────────────────────

올해(의) 가을에 きょうと로 가요. 今年, 秋, 京都, 行く

▶ ────────────────────────────

내일, 친정으로 돌아간다. 明日, 実家, 帰る

▶ ────────────────────────────

» 한국에서의 '친정'은 결혼한 여자들의 부모님 집을 뜻하죠? 일어의 実家[じっか]는 남녀 구별 없이 '자신이 태어난 집, 부모님의 집'을 뜻해요. 그리고 결혼 여부와 상관없이 '부모님의 집'을 実家라고 해요.

❷ 〜に ~에, ~에게, ~한테, ~에게서, ~로부터

1. 〜に

(1) に는 '~에'라는 뜻으로, 어떤 동작의 도달점, 귀착점, 즉 목표로 하는 장소를 나타내요. 앞에서 배운 へ와 비슷하죠? へ(~로)는 방향성을 나타내고 に(~에)는 도달점, 귀착점을 나타내요. に가 더 정확한 위치나 좁은 범위를 나타내며, へ를 に로 바꿔 쓸 수도 있어요.

先月、ウィーンに来た。   지난달, 빈에 왔어.

その人の隣に座りました。   그 사람(의) 옆에 앉았어요.

>> 외래어를 원음에 가깝게 표기하기 위해 ア, イ, エ, オ를 작게 쓰는 경우가 있어요. ウ도 작게 쓰는 경우가 있지만 많지는 않아요.

맛보기 연습　주어진 단어와 **に**를 써서 일본어 문장을 만들어 보세요.　　(정답은 613쪽에)

여름에는 매년, おきなわ에 갑니다.　夏, 毎年, 沖縄, 行く

▶ _____

짐을 책상(의) 위에 놓았어.　荷物, 机の上, 置く

▶ _____

택시를 탔어요.　タクシー, 乗る

▶ _____

>> タクシーに乗[の]る(택시를 타다)에서는 조사 に를 쓰는 것에 유의하세요! 乗る(타다)라는 동작의 도달점이 タクシー예요. 友達[ともだち]に会[あ]う(친구를 만나다)도 会う(만나다)라는 동작의 도달점이 友達(친구)예요. 이러한 조사는 동사와 함께 외워 두세요.

(2) '어디어디에 있다/없다'라는 존재의 장소를 나타낼 때 に를 써요.

ソウルに住んでいる。   서울에 살고 있다.

エスカレーターはあちらにあります。   에스컬레이터는 저쪽에 있습니다.

맛보기 연습　주어진 단어와 **に**를 써서 일본어 문장을 만들어 보세요.　　(정답은 613쪽에)

이 집은 마당에 밭이 있다.　この家, 庭, 畑, ある

▶ _____

先月[せんげつ] 지난달
来た[きた]③ 왔다
人[ひと] 사람
隣[となり] 옆
座る[すわる]① 앉다

夏[なつ] 여름
毎年[まいとし] 매년
荷物[にもつ] 짐
机[つくえ] 책상
上[うえ] 위
置く[おく]① 놓다
乗る[のる]①
(전철 등을)타다

住む[すむ]①
살다(거주하다)

家[いえ] 집
庭[にわ] 마당
畑[はたけ] 밭

236

子ども[こども] 어린이
中[なか] 안

어린이가 엘리베이터(의) 안에 있습니다. 子ども, エレベーターの中, いる

▶ _____

나는 광주에 살고 있어. 私, クァンジュ, 住んでいる

▶ _____

>> '광주'는 クァンジュ로 표기하는 것이 일반적이지만, 영어로는 Gwangju이므로 グァンジュ로 표기해도 나쁘지 않다고 생각해요. 한국에서 2002년에 영어 표기가 수정되었지만(예를 들어 '부산'이 Pusan에서 Busan으로 수정 됨). 일본에서 표기하는 한국 지명이 이미 정착되어 있어서 새로운 영어 표기가 일본어 표기에 반영되지 않은 것 같아요.

(3) '언제언제에'라는 시간을 나타낼 때 に를 써요.

4月[し がつ] 4月
引っ越す[ひっこす]①
이사하다
今朝[けさ] 오늘 아침
5時[ご じ] 5시
起きる[おきる]②
일어나다

4月に引っ越す。 4월에 이사해.

今朝、5時に起きました。 오늘 아침, 5시에 일어났어요.

>> 引っ越す[ひっこす](이사하다)는 引っ越し[ひっこし]をする(이사를 하다)라고도 표현해요.

┌─────┐
│맛보기 연습│ **주어진 단어와 に를 써서 일본어 문장을 만들어 보세요.** (정답은 613쪽에)
└─────┘

来年[らいねん] 내년
春[はる] 봄
結婚[けっこん] 결혼
今月[こんげつ] 이번 달
15日[じゅうごにち] 15일
明日[あした] 내일
11時[じゅういちじ] 11시
来る[くる]③ 오다

내년(의) 봄에 결혼해요. 来年, 春, 結婚する

▶ _____

이번 달(의) 15일에 촛불시위가 있다. 今月の15日, ろうそくデモ, ある

▶ _____

내일(의) 11시에 와 줘. 明日の11時, 来る

▶ _____

>> '촛불시위'는 キャンドルデモ(캔들 데모)라고도 해요. 일본에는 촛불시위가 없어서 한국에 관심이 없는 일본 사람 들은 ろうそくデモ나 キャンドルデモ라는 말을 전혀 모를 수 있어요.

(4) '하루에 몇 번', '1주일에 몇 번'이라는 빈도를 나타낼 때 に를 써요.

1週間[いっ しゅうかん]
1주일
5日[いつか] 5일
1日[いち にち] 하루
3回[さんかい] 세 번
薬[くすり] 약
飲む[のむ]① 마시다

1週間に5日、アルバイトをする。 1주일에 5일, 아르바이트를 한다.

1日に3回、薬を飲みます。 하루에 세 번, 약을 먹습니다.

1년[いち ねん] 1년
2回[に かい] 두 번
帰る[かえる]① 돌아가다
4年[よ ねん] 4년
一度[いち ど] 한 번
開く[ひらく]① 열다
2ヶ月[に かげつ] 2개월
1回[いっ かい] 한 번
美容院[びよういん]
미용실
行く[いく]① 가다

1년에 두 번, 한국에 돌아가요. 1年, 2回, 韓国, 帰る

▶ _____

올림픽은 4년에 한 번 열린다. オリンピック, 4年, 一度, 開く

▶ _____

2개월에 한 번, 미용실에 갑니다. 2ヶ月, 1回, 美容院, 行く

▶ _____

≫ ~かげつ(~개월)는 ~ヶ月, ~ヵ月, ~箇月, ~個月 등의 다양한 표기 형태로 쓰는데, 이 중에서 가장 많이 쓰는 형태는 ~ヶ月예요.

2. ~에게, ~한테, ~에

'누구누구에게'라고 할 때의 '~에게'는 に를 써요. 한국어와 달리 일본어에는 '~에게'와 '~께'의 구별 없이 둘 다 に를 써요. 그리고 한국어는 사람이 아닌 경우는 '~에게'가 아니라 '~에'를 써서 구별이 되지만, 일본어의 경우는 둘 다 に를 써요.

息子[むすこ] 아들(높임×)
渡す[わたす]① 건네다
娘[むすめ] 딸(높임×)

息子にそのパンフレットを渡した。   아들에게 그 팸플릿을 건넸어.

娘にプレゼントをあげます。   딸에게 선물을 줘요.

答え[こたえ] 답
友達[ともだち] 친구
聞く[きく]① 묻다, 듣다
温泉[おんせん] 온천
隣[となり] 옆
石けん[せっけん] 비누
貸す[かす]① 빌려주다
銀行[ぎんこう] 은행
借金[しゃっきん] 빚
返す[かえす]①
갚다, 돌려주다

답을 친구에게 물었어. 答え, 友達, 聞く

▶ _____

온천에서 옆(의) 사람에게 비누를 빌려주었어요. 温泉, 隣の人, 石けん, 貸す

▶ _____

은행에 빚을 갚았다. 銀行, 借金, 返す

▶ _____

≫ 石けん[せっけん](비누)은 한자 石鹸으로 쓰기도 해요. 어려운 한자라서 히라가나로 소개했는데, 한자로 쓰는 경우도 의외로 많아요.

3. ~에게서, ~로부터

に는 '~에게서, ~로부터'의 뜻으로도 써요.

この話は家内に聞いた。　　　　　　　　　　　　　이 이야기는 집사람에게서 들었다.

夫に指輪をもらいました。　　　　　　　　　　남편으로부터 반지를 받았습니다.

» 사람이 아닌 학교, 회사 등으로부터 받을 때는 に가 아니라 から를 써요. 사람에게 받을 때는 に와 から 둘 다 써도 돼요. から에 대해서는 243쪽을 보세요.

맛보기 연습　주어진 단어와 に를 써서 일본어 문장을 만들어 보세요.　　　(정답은 613쪽에)

여자친구에게서 손수건을 빌렸습니다. 彼女, ハンカチ, 借りる

▶ _____

전문가로부터 이유를 들을 거야. 専門家, 理由, 聞く

▶ _____

할아버지로부터 옷을 받았어요. 祖父, 洋服, もらう

▶ _____

» ハンカチ(손수건)는 ハンカチーフ(handkerchief)의 준말이에요.

» 洋服[ようふく]의 뜻은 한자음과 다르게 '양복'이 아니라 '옷'이에요. 洋를 생략하고 服[ふく]라고만 해도 '옷'이라는 뜻이에요.

❸ ～で ~에서, ~로, ~ 때문에, ~면, ~에

1. ～에서

어떤 동작이나 작용이 일어나는 장소를 나타낼 때 で를 써요.

食堂で集まった。　　　　　　　　　　　　　식당에서 모였어.

ディズニーランドで遊びました。　　　　　디즈니랜드에서 놀았어요.

맛보기 연습　주어진 단어와 で를 써서 일본어 문장을 만들어 보세요.　　　(정답은 613쪽에)

수영장에서 수영했다. プール, 泳ぐ

▶ _____

공항에서 할머니를 만났습니다. 空港, 祖母, 会う

▶ _____

話[はなし] 이야기
家内[かない]
집사람(높임×)
聞く[きく]① 듣다
夫[おっと] 남편(높임×)
指輪[ゆびわ] 반지

彼女[かのじょ] 여자친구
借りる[かりる]② 빌리다
専門家[せんもんか]
전문가
理由[りゆう] 이유
祖父[そふ]
할아버지(높임×)
洋服[ようふく] 옷

食堂[しょくどう] 식당
集まる[あつまる]①
모이다
遊ぶ[あそぶ]① 놀다

泳ぐ[およぐ]① 수영하다
空港[くうこう] 공항
祖母[そぼ] 할머니(높임×)
会う[あう]① 만나다

239

12時[じゅうに じ] 12시
教会[きょうかい] 교회
礼拝[れいはい] 예배

12시에 교회에서 예배가 있어. 12時, 教会, 礼拝, ある

▶ _____

≫ 일본에서는 '교회'와 '성당' 모두 教会[きょうかい](교회)라고 표현해요. 구별할 때는 '교회'를 教会라고 하고, '성당'은 カトリック教会라고 해요.

に와 で를 잘못 쓰는 경우가 있으니 구별을 잘 해야 해요!

車をうちの前にとめる。 차를 우리 집(의) 앞에 세운다.
車をうちの前でとめる。 차를 우리 집(의) 앞에서 세운다.

車[くるま] 차
前[まえ] 앞

に는 동작의 도달점이나 귀착점, 즉 목표 장소를 나타내므로 위쪽 예문은 차를 세우려는 장소, 즉 집 앞에 차를 주차한다는 뜻이에요. で는 동작이 일어나는 장소를 나타내므로 아래쪽 예문은 차를 세우는 동작이 일어나는 장소, 즉 집 앞에서 차를 잠깐 세운다는 뜻으로 '집 앞에 주차한다'는 뜻이 아니에요.

2. ~로

(1) 수단이나 도구를 나타낼 때 で를 써요.

スペイン語[ご] 스페인어
話す[はなす]①
이야기하다

スペイン語で話した。 스페인어로 이야기했어.

タクシーで行きました。 택시로 갔어요.

맛보기 연습 주어진 단어와 で를 써서 일본어 문장을 만들어 보세요.   (정답은 613쪽에)

箸[はし] 젓가락
食べる[たべる]② 먹다
切る[きる]① 자르다
電車[でんしゃ] 전철
来る[くる]③ 오다

젓가락으로 먹어요. 箸, 食べる ▶ _____

가위로 자르다. はさみ, 切る ▶ _____

전철로 왔습니다. 電車, 来る ▶ _____

(2) 어떤 물건을 만드는 재료를 나타낼 때 で를 써요. 물건을 봤을 때 눈으로 재료를 바로 알 수 있는 경우나 재료의 성질이 그대로 남아 있는 경우에 써요. 재료의 성질이 바뀌는 경우는 から를 쓰는데, から에 대해서는 244쪽을 보세요.

木[き] 나무
紙[かみ] 종이
人形[にんぎょう] 인형
作る[つくる]① 만들다

木でできたネックレスだった。 나무로 만들어진 목걸이였다.

紙で人形を作りました。 종이로 인형을 만들었습니다.

毛糸[けいと] 털실
編む[あむ]① 뜨다
米[こめ] 쌀
お菓子[おかし] 과자
牛乳パック[ぎゅうにゅうパック] 우유팩
椅子[いす] 의자

털실로 스웨터를 떴어. 毛糸, セーター, 編む

▶ _____

이것은 쌀로 만든 과자예요. これ, 米, 作る, お菓子

▶ _____

우유팩으로 의자를 만들자. 牛乳パック, 椅子, 作る

▶ _____

3. ～로, ～ 때문에

명사 뒤에 で를 써서 이유나 원인을 나타내기도 해요.

交通[こうつう] 교통
事故[じこ] 사고
死ぬ[しぬ]① 죽다
病気[びょうき] 병
入院[にゅういん] 입원

交通事故で死んだ。
교통사고로 죽었어.

病気で入院しました。
병 때문에 입원했어요.

雨[あめ] 비
運動会[うんどうかい] 운동회
延期[えんき] 연기
地震[じしん] 지진
家具[かぐ] 가구
倒れる[たおれる]② 쓰러지다
風邪[かぜ] 감기
学校[がっこう] 학교
休む[やすむ]① 쉬다

비 때문에 운동회가 연기가 되었어요. 雨, 運動会, 延期になる

▶ _____

지진으로 가구가 쓰러졌다. 地震, 家具, 倒れる

▶ _____

감기 때문에 학교를 쉬었습니다. 風邪, 学校, 休む

▶ _____

4. ～로, ～면, ～에

で는 수량이나 길이 등을 한정하거나 제한할 때도 써요. 설명을 읽어도 감이 안 오죠? 예문을 보면 금방 이해될 거예요.

料理[りょうり] 요리
10分[じゅっぷん] 10분
4人[よ にん] 4명
山[やま] 산
登る[のぼる]① 올라가다

この料理は10分でできる。
이 요리는 10분이면 만들 수 있다.

4人で山に登りました。
4명이서 산에 올라갔습니다.

三つ[みっつ] 3개, 셋
100円[ひゃく えん] 100엔
2時間[に じかん] 2시간
着く[つく] ① 도착하다
工事[こうじ] 공사
2日[ふつか] 이틀, 2일
終わる[おわる] ① 끝나다

이것은 3개에 100엔이야. これ, 三つ, 100円

▶

2시간이면 なごや에 도착해요. 2時間, 名古屋, 着く

▶

공사는 이틀에 끝났다. 工事, 2日, 終わる

▶

---

❹ ～から ~부터, ~에서, ~로, ~로부터, ~ 때문에

1. ~부터, ~에서

から의 가장 기본적인 뜻은 시작되는 시간이나 기준이 되는 지점을 나타내는 '~부터'와 '~에서'예요.

1時間[いち じかん] 1시간
半[はん] 반
朝[あさ] 아침
9時[く じ] 9시
働く[はたらく] ① 일하다

プサンから大阪まで1時間半かかる。   부산에서 おおさか까지 1시간 반 걸려.

朝9時から働きました。   아침 9시부터 일했어요.

明日[あした] 내일
連休[れんきゅう] 연휴
番組[ばんぐみ]
(방송)프로그램
7日[なのか] 7일
放送[ほうそう] 방송
始まる[はじまる] ①
시작되다
目的地[もくてきち]
목적지
4km[よん キロ]
4킬로미터

내일부터 연휴입니다. 明日, 連休

▶

그 프로그램은 7일부터 방송이 시작돼.
その番組, 7日, 放送, 始まる

▶

여기에서 목적지까지 4km예요. ここ, 目的地, 4km

▶

» km는 일상적으로는 キロ(킬로)로 읽는데, キロメートル(킬로미터)의 준말이죠. 그런데 キロ는 キログラム(kg)의 준말로도 써요. キロ가 km인지 kg인지는 문맥에 따라 판단해야 해요.

2. ~로부터

'~로부터'에서 '~' 부분이 사람이 아닌 경우는 に를 쓸 수 없고 から를 써야 한다고 했죠? 사람인 경우는 に와 から 모두 쓸 수 있어요.

生きる[いきる]②
살아가다, 살다
本[ほん] 책
手紙[てがみ] 편지
学校[がっこう] 학교

生きるヒントを本からもらった。　　　살아갈 힌트를 책으로부터 받았다.

手紙を学校からもらいました。　　　편지를 학교로부터 받았습니다.

> **맛보기 연습**　주어진 단어와 **から**를 써서 일본어 문장을 만들어 보세요.　　(정답은 614쪽에)

給料[きゅうりょう] 월급
事務所[じむしょ] 사무실
銀行[ぎんこう] 은행
お金[おかね] 돈
借りる[かりる]② 빌리다
会社[かいしゃ] 회사
内定[ないてい] 내정

월급을 사무실로부터 받는다. 給料, 事務所, もらう

▶ _____

은행으로부터 돈을 빌렸습니다. 銀行, お金, 借りる

▶ _____

그 회사로부터 내정을 받았어. その会社, 内定, もらう

▶ _____

>> 給料[きゅうりょう](급료)는 한국에서 일반적으로 쓰는 '월급'으로 해석했어요. '월급'은 月給[げっきゅう]라고 해요. 구인광고 등에 '월급 ~엔'이라고 할 때는 月給를 쓰지만 '월급을 받다'라고 할 때는 給料를 더 많이 써요. 그리고 給料는 약간 거친 말투라서 お給料라고 하는 경우도 많아요.

3. ~로부터, ~를 통해서

'어디어디로부터, 어디어디를 통해서'라는 뜻에도 から를 써요. から는 여러 가지 동작이나 현상이 시작하는 곳이나 기점을 나타내요.

窓[まど] 창문
風[かぜ] 바람
入る[はいる]① 들어오다
海岸[かいがん] 해안
見える[みえる]② 보이다

窓から風が入らない。　　　창문으로 바람이 들어오지 않아.

ここから海岸が見えます。　　　여기에서부터 해안이 보여요

> **맛보기 연습**　주어진 단어와 **から**를 써서 일본어 문장을 만들어 보세요.　　(정답은 614쪽에)

鳥[とり] 새
煙突[えんとつ] 굴뚝
出ていく[でていく]①
나가다
壁[かべ] 벽
穴[あな] 구멍
中[なか] 안
覗く[のぞく]①
들여다 보다

새가 굴뚝으로부터 나갔어요. 鳥, 煙突, 出ていく

▶ _____

벽의 구멍을 통해서 안을 들여다 보았다. 壁の穴, 中, 覗く

▶ _____

何[なに] 무엇
見える[みえる]② 보이다

거기에서 뭐가 보입니까? そこ, 何, 見える

▶ _____

» 出る[でる]라고만 해도 '나가다'라는 뜻인데, 出ていく[でていく](나가다)는 出る(나가다)와 行く[いく](가다)
가 합해진 말이라서 '나가고 나서 가다', 즉 나간 후 거기에서 더 멀어지는 움직임이 추가되는 뜻이에요.

4. ~로, ~로부터

어떤 물건을 만드는 원료를 나타낼 때 から를 써요. '~로 만든다'라는 재료에 대해
말할 때 で를 쓴다고 배웠죠? 그런데 で는 재료의 성질이 그대로 남아 있는 경우에
쓰고, 그렇지 않은 경우는 から를 써요.

牛乳[ぎゅうにゅう] 우유
物[もの] 것
作る[つくる]① 만들다

チーズは牛乳からできた物だ。　　　　치즈는 우유로 만들어진 것이다.

ワインはぶどうから作ります。　　　　와인은 포도로 만듭니다.

┌ 맛보기 연습　　주어진 단어와 から를 써서 일본어 문장을 만들어 보세요.　　(정답은 614쪽에)

石油[せきゆ] 석유
小麦粉[こむぎこ] 밀가루
酒[さけ] 술
米[こめ] 쌀

타이어는 석유로 만든 것이다. タイヤ, 石油, 作った物

▶ _____

빵은 밀가루로 만들어집니다. パン, 小麦粉, 作る

▶ _____

이 술은 쌀로 만들어. この酒, 米, 作る

▶ _____

5. ~로

원인이나 출처 또는 판단의 근거를 나타낼 때 から를 써요.

健康[けんこう] 건강
~上[じょう] ~상
理由[りゆう] 이유
足跡[あしあと] 발자국
犯人[はんにん] 범인

健康上の理由から、たばこをやめた。　　건강상의 이유로, 담배를 끊었어.

足跡から犯人がわかりました。　　　　발자국으로 범인을 알았어요.

┌ 맛보기 연습　　주어진 단어와 から를 써서 일본어 문장을 만들어 보세요.　　(정답은 614쪽에)

服装[ふくそう] 옷차림
性格[せいかく] 성격

옷차림으로 그 사람의 성격을 알 수 있어. 服装, その人, 性格, わかる

▶ _____

제 부주의로 사고가 났어요. 私の不注意, 事故, 起きる

▶ _____

표정으로 감정을 분석한다. 表情, 感情, 分析する

▶ _____

不注意[ふちゅうい]
부주의
事故[じこ] 사고
起きる[おきる]②
일어나다
表情[ひょうじょう] 표정
感情[かんじょう] 감정
分析[ぶんせき] 분석

6. ~니까, ~ 때문에

から는 문장을 연결할 수도 있고 문장 끝에 쓸 수도 있어요. 이때는 '~니까', '~때문에'라는 뜻이 돼요. 보통체형과 정중체형에 모두 쓸 수 있고 모든 품사에 연결할 수 있어요. 다만 보통체형에 쓸 경우는 편한 말투가 되니 공손하게 말해야 할 경우는 정중체형에 쓰세요.

보통체형
정중체형
+
から

上[うえ] 위
家[いえ] 집
うるさい 시끄럽다
連絡[れんらく] 연락
疲れる[つかれる]②
피곤해지다, 지치다
早く[はやく] 일찍
寝る[ねる]② 자다

上の家がうるさかったから、連絡をした。

윗집이 시끄러웠기 때문에, 연락을 했다.

疲れましたから早く寝ます。

피곤하니까 일찍 자겠습니다.

≫ 疲れる[つかれる](피곤해지다, 지치다)는 동사예요. 한국어 '피곤하다'는 형용사이므로 일본어와 시제 차이가 난다는 점에 유의하세요! '피곤하니까'를 동사로 표현하면 '피곤해졌으니까/지쳤으니까'가 되죠.

맛보기 연습 주어진 단어와 **から**를 써서 일본어 문장을 만들어 보세요. (정답은 614쪽에)

오늘은 일요일이기 때문에 쉬는 날입니다.
今日, 日曜日, 休み

▶ _____

今日[きょう] 오늘
日曜日[にちようび]
일요일
休み[やすみ] 쉬는 날
上手な[じょうずな]
잘하는
心配[しんぱい] 걱정
公演[こうえん] 공연
始まる[はじまる]①
시작되다
中[なか] 안
入る[はいる]① 들어가다

일본어가 능숙하지 않아서 걱정이다.
日本語, 上手な, 心配

▶ _____

공연이 시작되니까, 안에 들어가 주세요.
公演, 始まる, 中, 入ってください

▶ _____

❺ 〜ので ~므로, ~때문에

구어적인 から와 달리 ので는 매우 딱딱하고 격식 차린 말투예요. ので도 보통체형과 정중체형에 모두 쓸 수 있는데, ので 자체가 정중한 말투라서 보통체형에 써도 정중한 말투가 돼요. 다만 ので는 반말 대화에는 쓰지 않아요.

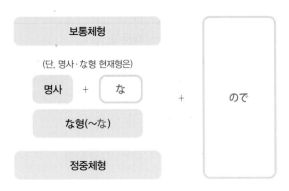

何も[なにも] 아무것도
答える[こたえる]② 대답하다
父[ちち] 아버지(높임×)
怒る[おこる]① 화내다
今夜[こんや] 오늘밤
飲み会[のみかい] 술 모임
予定[よてい] 예정
車[くるま] 차
来ませんでした[きませんでした]③ 오지 않았습니다
危険な[きけんな] 위험한

私が何も答えなかったので、父が怒った。
내가 아무것도 대답하지 않았기 때문에, 아버지가 화냈다.

今夜は飲み会の予定なので、車で来ませんでした。
오늘밤은 술 모임이 있을 예정이기 때문에, 차로 오지 않았습니다.

そこは危険ですので行かないでください。 거기는 위험하므로 가지 마세요.

出口[でぐち] 출구
入る[はいる]① 들어가다
深い[ふかい] 깊다
危ない[あぶない] 위험하다
夕方[ゆうがた] 저녁때
道[みち] 길
混む[こむ]① 막히다
時間[じかん] 시간

맛보기 연습 주어진 단어와 ので를 써서 일본어 문장을 만들어 보세요. (정답은 614쪽에)

여기는 출구이므로 들어갈 수 없습니다. ここ, 出口, 入る

▶ _____

이 수영장은 깊기 때문에 위험하다. このプール, 深い, 危ない

▶ _____

저녁때는 길이 막히므로 시간이 걸립니다. 夕方, 道, 混む, 時間, かかる

▶ _____

❻ ～より ~부터, ~에서, ~보다

1. ～부터, ～에서

より에는 '～부터', '～에서'라는 뜻도 있어요. から와 같은 뜻인데, から보다 더 격식 차린 말투이고 주로 문장에서 써요.

出発[しゅっぱつ] 출발
午後[ごご] 오후
2時[にじ] 2시
行う[おこなう]① 행하다

札幌より出発する。　　　　　　　さっぽろ에서부터 출발한다.

午後2時よりシンポジウムを行います。　오후 2시부터 심포지엄을 합니다.

맛보기 연습　주어진 단어와 **より**를 써서 일본어 문장을 만들어 보세요.　　(정답은 615쪽에)

南[みなみ] 남쪽
梅[うめ] 매화
咲く[さく]① 피다
会議[かいぎ] 회의
10時[じゅう じ] 10시
只今[ただいま] 지금
大会[たいかい] 대회
開始[かいし] 시작, 개시

여기에서부터 남쪽에서는 매화가 피었습니다. ここ, 南, 梅, 咲く

▶ _____

회의는 10시부터 한다. 会議, 10時, 行う

▶ _____

지금부터 대회를 시작하겠습니다. 只今, 大会, 開始する

▶ _____

» 梅[うめ](매화)는 뒤에 花[はな](꽃)를 붙여서 梅[うめ]の花[はな]라고도 표현해요. 梅라고만 하면 '매화나무', '매화꽃', '매실'의 3가지 뜻이 있어요.

» 只今[ただいま](지금)는 매우 격식 차린 말투로, 일상회화에서는 今[いま](지금)라고 해요.

---

2. ～보다

'～보다 어떻다'라고 비교할 때도 より를 써요. 그리고 より가 동사 뒤에 연결될 때는 '～(하는) 것보다'로 해석해야 자연스러운 경우가 많아요.

苦い[にがい] (맛이)쓰다
成績[せいせき] 성적
思う[おもう]① 생각하다

このビールはいつものビールより苦い。
　　　　　　　　　　　　　　　이 맥주는 늘 마시는 맥주보다 (맛이) 써.

成績は思ったよりよかったです。　　성적은 생각한 것보다 좋았어요.

≫ いつものは '항상/늘 ~하는 (것)'이라는 뜻으로 뒤에 이어지는 명사를 생략할 수도 있어요. 단골집에 가서 いつも のください(늘 주문하는 거 주세요)와 같이 쓰기도 해요.

맛보기 연습   주어진 단어와 **より**를 써서 일본어 문장을 만들어 보세요.   (정답은 615쪽에)

弟[おとうと]
남동생(높임×)
僕[ぼく] 나(남자)
背[せ] 키
高い[たかい] 높다
安い[やすい] (값이)싸다
糸[いと] 실
髪の毛[かみのけ]
머리카락
細い[ほそい] 가늘다
彼女[かのじょ] 그녀
噂[うわさ] 소문
聞く[きく]① 듣다
美人[びじん] 미인

남동생은 나보다 키가 커. 弟, 僕, 背, 高い

▶ _____

여기(의) 웨딩드레스는 렌탈하는 것보다 싸요.
ここのウェディングドレス, レンタルする, 安い

▶ _____

이 실은 머리카락보다 가늘다. この糸, 髪の毛, 細い

▶ _____

그녀는 소문으로 들은 것보다 미인이었어요.
彼女, 噂, 聞く, 美人

▶ _____

❼ ～まで ~까지 (계속)

から(~부터)와 짝이 되는 '~까지'가 まで예요. まで는 영어 until에 해당하며 '~까지 계속'이라는 뜻으로, 그 시간까지 계속 이어짐을 나타내요. 장소인 경우는 '그 장소에 이르기까지'라는 뜻이 돼요. 그리고 まで를 동사에 연결할 경우는 '~(할) 때까지'로 해석해야 자연스러운 경우가 많아요.

명사		
동사 사전형	+	まで

昨日[きのう] 어제
夜[よる] 밤
雨[あめ] 비
降る[ふる]①
(비, 눈 등이)내리다
行く[いく]① 가다
待つ[まつ]① 기다리다

昨日は夜まで雨が降った。   어제는 밤까지 비가 내렸어.

私が行くまで待っててください。   제가 갈 때까지 기다려 주세요.

≫ 待[ま]っててください는 待っていてください(기다리고 있어 주세요)에서 い를 생략한 것이에요. 待ってく ださい라고 하면 상대방을 멈추게 하는 '잠깐만요'라는 뜻이 돼요.

주어진 단어와 **まで**를 써서 일본어 문장을 만들어 보세요. (정답은 615쪽에)

駅[えき] 역
送る[おくる]①
데려다 주다
新しい[あたらしい]
새롭다
買う[かう]① 사다
古い[ふるい] 오래되다
我慢する[がまんする]③
참다
お金[おかね] 돈
全部[ぜんぶ] 전부
返す[かえす]① 갚다
毎日[まいにち] 매일
電話[でんわ] 전화
来る[くる]③ 오다
銀行[ぎんこう] 은행
営業[えいぎょう] 영업
時間[じかん] 시간
午後[ごご] 오후
3時[さんじ] 3시

역까지 데려다 줘. 駅, 送る

▶ _____

새 커튼을 살 때까지 오래된 것으로 참았어요.
新しいカーテン, 買う, 古いの, 我慢する

▶ _____

돈을 전부 갚을 때까지 매일 전화가 왔다.
お金, 全部, 返す, 毎日, 電話, 来る

▶ _____

은행의 영업시간은 오후 3시까지입니다.
銀行, 営業時間, 午後3時

▶ _____

❽ ～までに ~까지 (그 전에)

まで는 영어 until에 해당하며 '~까지 계속'이라는 뜻이라고 배웠죠? までに는 영어 by에 해당하며 '~가 되기 전에'라는 뜻으로, 그 시간을 한계로 해서 그 전에 어떤 동작이 일어남을 나타내요.

명사		
동사 사전형	+	までに

彼女[かのじょ] 여자친구
作る[つくる]① 만들다
日[ひ] 해
暮れる[くれる]②
(해가)지다
帰る[かえる]① 집에 가다

クリスマスまでに彼女を作る。
크리스마스까지 여자친구를 만들겠다.

日が暮れるまでにうちへ帰りたいです。
해가 지기 전까지 집으로 가고 싶습니다.

주어진 단어와 **までに**를 써서 일본어 문장을 만들어 보세요. (정답은 615쪽에)

明日[あした] 내일
5時[ごじ] 5시
来て[きて]③ 와, 오고

내일(의) 5시까지 여기에 와 주십시오. 明日の5時, ここ, 来てください

▶ _____

겨울방학이 끝나기 전까지 서류를 준비하다. 冬休み, 終わる, 書類, 準備する

▶ _____

8월까지 진로를 결정할게요. 8月, 進路, 決める

▶ _____

이사하기 전까지 아직 시간이 있어. 引っ越す, まだ, 時間, ある

▶ _____

❾ 〜だけ ~만, ~뿐, ~ㄹ 뿐

1. ~만, ~뿐

だけ의 기본적인 뜻은 '~만, ~뿐'이에요. 명사 뒤에 だけ를 붙여 쓰기도 하고 명사
와 だけ 사이에 조사가 들어가기도 해요. 한국어도 '(사람)만'과 '(사람)에게만' 둘 다
쓰니까 똑같죠?

柿の実を一つだけ残した。 　　　감(의) 열매를 하나만 남겼어.

この部屋は寝室からだけ入れます。 　이 방은 침실로부터만 들어올 수 있어요.

>> 명사와 だけ 사이에 조사가 들어가는 경우에 조사를 だけ 뒤로 옮겨도 뜻이 크게 바뀌지 않는 경우(~にだけ, ~
だけに)가 많지만 뜻이 바뀌는 경우도 있어요. 예를 들어 ~だけで와 ~でだけ의 경우, 전자는 '~만으로'가 되
고 후자는 '~로만'이 되어 뜻이 달라져요.

┌ 맛보기 연습　주어진 단어와 だけ를 써서 일본어 문장을 만들어 보세요. 　　　(정답은 615쪽에)

그 친구만 묵었다. その友達, 泊まる

▶ _____

그 사람은 저에게만 사과했어요. その人, 私, 謝る

▶ _____

도둑질만은 하지 마라. 盗み, する

▶ _____

2. ~ㄹ 뿐

모든 품사의 보통체형 뒤에 だけ를 붙이면 '~ㄹ 뿐'이라는 뜻이 돼요.

보통체형

(단, 명사·な형 현재형은)

명사 + な + だけ

な형(~な)

押す[おす]① 누르다
簡単な[かんたんな]
간단한
仕事[しごと] 일(직업)
子[こ] 아이
子ども[こども] 어린이

ボタンを押すだけの簡単な仕事だ。 버튼을 누르기만 하는 간단한 일이다.

あの子はまだ子どもなだけです。 저 아이는 아직 어린이일 뿐입니다.

▎맛보기 연습　주어진 단어와 **だけ**를 써서 일본어 문장을 만들어 보세요.　(정답은 615쪽에)

眠い[ねむい] 졸리다
からかう① 놀리다
僕[ぼく] 나(남자)
声[こえ] 목소리
嫌いな[きらいな]
싫어하는

그저 졸릴 뿐이다. ただ, 眠い

▶ _____

좀 놀렸을 뿐입니다. ちょっと, からかう

▶ _____

내가 바보였을 뿐이야. 僕, バカ

▶ _____

저 사람의 목소리를 싫어할 뿐이에요. あの人, 声, 嫌いな

▶ _____

⑩ ~しか ~밖에

だけ 뒤에는 긍정과 부정 모두 쓸 수 있지만, しか 뒤에는 항상 부정만 쓸 수 있어요. 한국어와 똑같죠?

명사 + (조사) + しか + 부정

今日[きょう] 오늘
3時[さんじ] 3시
時間[じかん] 시간
知る[しる]① 알다

今日は3時までしか時間がない。 오늘은 3시까지밖에 시간이 없어.

これは私しか知りません。 이것은 저밖에 몰라요.

夕べ[ゆうべ] 어젯밤
4時間[よ じかん] 4시간
寝る[ねる]② 자다
自分[じぶん] 자신
信じる[しんじる]② 믿다
店[みせ] 가게
買う[かう]① 사다

어젯밤, 4시간밖에 잘 수 없었습니다. 夕べ, 4時間, 寝る

▶ _____

자신밖에 믿을 수 없어. 自分, 信じる

▶ _____

이것은 이 가게에서밖에 살 수 없어요. これ, この店, 買う

▶ _____

⑪ ～ばかり ~만, ~뿐

ばかり는 '~만, ~뿐'이라는 뜻이에요.

食べる[たべる]② 먹다
びっくりする③
깜짝 놀라다

カップラーメンばかり食べる。   컵라면만 먹는다.

びっくりすることばかりでした。   놀라는 일뿐이었습니다.

≫ びっくりすること(놀라는 일)에서의 こと(일)는 한자 事로 쓰는 경우도 있어요.

ばかり는 앞에서 배운 だけ와 비슷한 뜻인데, だけ와는 뉘앙스의 차이가 있어요.

見る[みる]② 보다

> 日本のドラマだけ見ます。 일본(의) 드라마만 봐요.
> 日本のドラマばかり見ます。 일본(의) 드라마만 봐요.

だけ를 쓴 문장은 '일본 드라마가 아닌 것은 보지 않는다'는 뜻이지만, ばかり를 쓴 문장은 '주로 일본 드라마를 많이 보지만 다른 것도 본다'는 뜻이에요. 즉 だけ는 '오로지 그것만'이라는 뜻이고 ばかり는 '주로, 많이'라는 뜻이에요.

彼女[かのじょ] 그녀
文句[もんく] 불평
言う[いう]① 말하다
最近[さいきん] 요즘
雨[あめ] 비

그녀는 항상 불평만 한다. 彼女, いつも, 文句, 言う

▶ _____

요즘 비만 내립니다(비뿐입니다). 最近, 雨

▶ _____

僕[ぼく] 나(남자)

両親[りょうしん]
부모(높임×)

姉[あね] 누나(높임×)

ほめる② 칭찬하다

우리(나의) 부모님은 누나만 칭찬해. 僕の両親, 姉, ほめる

▶ _____

≫ 명사와 ばかり 사이에 조사가 들어가는 경우도 있어요.

　예 姉[あね]とばかり話[はなし]をする。누나와만 이야기를 한다.

헷갈리기 쉬운 조사

❶ ～へ	～로 [방향]
❷ ～に	1. ～에　(1) 동작의 도달점　(2) 존재의 장소　(3) 시간　(4) 빈도 2. ～에게, ～한테, ～에 3. ～에게서, ～로부터
❸ ～で	1. ～에서 [장소] 2. ～로　(1) 수단/도구　(2) 재료 3. ～로, ～ 때문에 4. ～로, ～면, ～에 [한정/제한]
❹ ～から	1. ～부터, ～에서 2. ～로부터 [받는 대상] 3. ～로부터, ～를 통해서 4. ～로, ～로부터 [원료] 5. ～로 [원인/출처, 판단의 근거] 6. ～니까, ～ 때문에
❺ ～ので	～므로, ～ 때문에
❻ ～より	1. ～부터, ～에서 2. ～보다
❼ ～まで	～까지 (계속)
❽ ～までに	～까지 (그 전에)
❾ ～だけ	1. ～만, ～뿐 2. ～ㄹ 뿐
❿ ～しか	～밖에
⓫ ～ばかり	～만, ～뿐

253

1 ( ) 속에 적절한 조사를 넣어 보세요.

(1) 来月、フィリピン( )行きます。
다음 달, 필리핀으로 갑니다.

(2) その人の隣( )座りました。
그 사람 옆에 앉았어요.

(3) 食堂( )集まった。
식당에서 모였어.

(4) そこは危険です( )行かないでください。
거기는 위험하므로 가지 마십시오. [정중한 말투]

(5) 娘( )プレゼントをあげます。
딸에게 선물을 줘요.

(6) クリスマス( )彼女を作る。
크리스마스까지 여자친구를 만들겠다.

(7) タクシー( )行きました。
택시로 갔어요.

(8) 柿の実を一つ( )残した。
감 열매를 하나만 남겼어.

(9) これは私( )知りません。
이것은 저밖에 모릅니다.

(10) カップラーメン( )食べる。
컵라면만 먹어. [주로 컵라면을 먹음]

(11) 上の家がうるさかった( )、連絡をした。
윗집이 시끄러웠기 때문에, 연락을 했다.

(12) 成績は思った( )よかったです。
성적은 생각한 것보다 좋았어요.

私は去年、今の家に遠くから引っ越してきました。引っ越してきてすぐ、隣の人に、家の近くの消防署の当直の隊員が火事の夢を見ると、本当に火事が起きるという話を聞きました。今までその話を忘れていましたが、今日テレビにその消防署の話が出ました。その消防署の隊員の夢について調べたら、もともと当直の時によく火事の夢を見ることがわかったそうです。そして、それは火事が起きた日も起きなかった日も同じだったそうです。夢が当たったときは、人は「夢が当たった！」と思って、よく覚えていますが、夢が当たらなかったときは忘れてしまうだけだったのです。

{단어}

去年[きょねん] 작년 | 今[いま] 지금 | 家[いえ] 집 | 遠く[とおく] 멀리, 먼 곳 | 引っ越す[ひっこす] ① 이사하다 | すぐ 바로 | 隣[となり] 옆, 이웃 | 人[ひと] 사람 | 近く[ちかく] 근처 | 消防署[しょうぼうしょ] 소방서 | 当直[とうちょく] 당직 | 隊員[たいいん] 대원 | 火事[かじ] 화재 | 夢[ゆめ] 꿈 | 見る[みる]② 보다 | 本当に[ほんとうに] 정말로 | 起きる[おきる]② 일어나다 | 話[はなし] 이야기 | 聞く[きく]① 듣다 | 忘れる[わすれる]② 잊다 | 今日[きょう] 오늘 | テレビ TV | 出る[でる]② 나오다, 나가다 | 調べる[しらべる]② 조사하다 | もともと 원래 | 時[とき] 때 | 日[ひ] 날 | 同じ[おなじ] 같은 | 当たる[あたる]① 맞다 | 思う[おもう]① 생각하다 | 覚える[おぼえる]② 기억하다

» '꿈을 꾸다'는 夢[ゆめ]を見[み]る(꿈을 보다)라고 표현해요.

저는 작년에 지금 사는(의) 집에 멀리서 이사 왔습니다. 이사 오고 바로 옆집 사람에게 집 근처에 있는 소방서(의) 당직(의) 대원이 화재의 꿈을 꾸면 정말로 화재가 일어난다는 이야기를 들었습니다. 지금까지 그 이야기를 잊고 있었는데 오늘 TV에 그 소방서(의) 이야기가 나왔습니다. 그 소방서(의) 대원의 꿈에 대해 조사했더니, 원래 당직 때 자주 화재의 꿈을 꾼다는 것을 알았답니다. 그리고 그것은 화재가 일어난 날도 일어나지 않은 날도 마찬가지였답니다. 꿈이 맞았을 때는 사람은 '꿈이 맞았대'고 생각해서 잘 기억하고 있지만, 맞지 않을 때는 잊어버리는 것뿐이었던 겁니다.

 횟수를 세는 말, ～度[ど]와 ～回[かい]

'～번'이라는 횟수를 세는 말에는 ～度와 ～回가 있는데 약간 뉘앙스의 차이가 있어요. ～度는 반복이 기대되지 않는 말이고 ～回는 반복이 기대되는 말이에요. 예를 들어 '두 번째 결혼식'은 ～度를 써서 二度目[にどめ]라고 해요. '세 번째 결혼식'은 기대하지 않기 때문이지요. '세 번 출전한 대회'는 또 출전하기를 기대하기 때문에 ～回를 써서 3回라고 해요. 仏の顔も三度[かおもさんど](부처님 얼굴도 세 번)라는 일본 속담이 있어요. 아무리 착한 사람이라도 예의 없는 행동을 여러 번 당하면 화를 낸다는 뜻인데, 이 경우도 세 번이 한계이고 네 번째는 없다, 즉 다음을 기대할 수 없다는 뜻이라서 ～度를 쓴 거예요. '한 번밖에 없는 인생'은 一度[いちど]しかない人生[じんせい]가 되는 것이죠. ～度는 수를 세는 것 외에 중요한 의미도 있는 것으로, ～回는 단순히 수를 세는 것으로 생각하면 될 거예요.

시간 표현에 に가 붙는 것과 붙지 않는 것

시간을 말할 때 쓰는 조사 に(~에)는 '다음 주에', '지난달에'와 같이 '지금'을 기준으로 하여 시간이 규정되는 단어, 즉 '상대적인 시간'에는 붙이지 않아요.

> 再来年、このビルを壊す。　내후년에 이 빌딩을 부순다.
>
> 先週、冬休みが終わりました。　지난주에 겨울방학이 끝났습니다.

再来年(내후년)은 올해를 기준으로 하면 내후년이지만 내년을 기준으로 하면 내년이 되겠죠? 이처럼 기준에 따라 가리키는 시간이 바뀌는 '상대적인 시간'에는 に를 붙이지 않아요. 이에 비해 기준에 따라 가리키는 시간이 바뀌지 않는 '절대적인 시간'에는 に를 붙여요.

> 明日の9時に会おう。　내일(의) 9시에 만나자.
>
> テストの日に熱が出ました。　시험(의) 날에 열이 났어요.

9時(9시)와 같이 구체적인 숫자가 들어가면 기준에 따라 시간이 바뀌지 않죠? 또 テストの日(시험 보는 날)도 숫자는 없지만 기준에 따라 시험 보는 날짜가 바뀌지 않죠? 이와 같은 '절대적인 시간'에는 に를 붙여요.

그런데 '요일', '오전/오후', '봄/여름/가을/겨울' 등은 に를 붙이든 안 붙이든 상관없어요.

> 来週の火曜日(に)着く。　다음 주(의) 화요일에 도착한다.
>
> 今日の午後(に)友達が来ます。　오늘(의) 오후에 친구가 옵니다.

참고로, に가 있고 없음에 따라 뜻이 달라지는 경우도 있어요.

> 午前中、寝ていた。　오전 중에 자고 있었어.
>
> 午前中に連絡をください。　오전 중에 연락을 주세요.

に가 없으면 '오전 내내'라는 뜻이 되고, に가 있으면 '오전 중에'라는 뜻이 돼요. ~中(~중), ~年間(~년간), ~間(~동안)와 같이 일정한 기간을 나타내는 말에 이런 차이가 있어요.

28

문장 끝에 쓰는 조사

문장 끝에 쓰는 조사들은 외국 사람들이 감을 잡기가 어려운 것들이 많아요! 사실 한국어도 마찬가지예요. '~네', '~군', '~나', '~게' 등은 외국 사람들이 이해하기 참 어렵거든요. 감이 안 오는 것은 그냥 '이런 게 있구나~' 하고 넘어가세요. 여러 번 접하다 보면 감이 잡히게 돼요!

🎧 28-1.mp3

1단계
핵심문법 익히기

❶ ～か ～까?, ～나?, ～나 ~, ～ㄴ지 ~, ～ㄹ지 ~, ～ㄴ가

1. ～까?

정중체형 문장의 끝에 か를 붙이면 의문문이 돼요.

> 정중체형 + か

外国[がいこく] 외국
生活[せいかつ] 생활
寂しい[さびしい] 외롭다
鳥[とり] 새
声[こえ] (목)소리
鳴く[なく]①
(사람 외의 동물이)울다

外国生活は寂しいですか。　　　　　외국 생활은 외롭습니까?

この鳥はきれいな声で鳴きますか。　이 새는 예쁜 소리로 웁니까?

┌ **맛보기 연습**　주어진 단어와 **か**를 써서 일본어 문장을 만들어 보세요.　　(정답은 616쪽에)

1番[いちばん] 1등
誰[だれ] 누구
半分[はんぶん] 절반

이것은 어떠세요? こちら, いかが ▶ ＿＿＿＿＿＿＿＿＿＿＿＿＿

1등은 누구예요? 1番, 誰 ▶ ＿＿＿＿＿＿＿＿＿＿＿＿＿＿＿．

절반으로 괜찮아요? 半分, いい ▶ ＿＿＿＿＿＿＿＿＿＿＿＿＿

≫ ～番[ばん]에는 '한 번, 두 번'과 같은 횟수를 세는 뜻은 없어요. '1등, 2등'과 같은 순위를 나타내는 경우와 '첫 번째, 두 번째'와 같은 순서를 나타내는 경우에 써요.

2. ～ㄴ가?, ～나?

보통체형 문장의 끝에 か를 붙여서 의문문을 만들면 남자가 쓰는 거친 말투가 돼요. 캐묻는 말투가 되는 경우도 많아요.

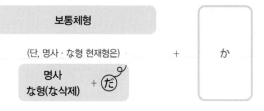

本当[ほんとう] 정말

それは本当か？   그것은 정말인가?

そうじゃないか？   그렇지 않나?

» 일본어는 원칙적으로 '?'가 없는데 '?'가 없어서 오해할 수 있는 경우는 넣어서 써요. 예문에 쓴 か도 억양을 내려서 발음하면 '〜군', '〜구나'라는 뜻이 되니 억양을 올려서 발음하도록 '?'를 넣는 경우가 많아요.

맛보기 연습 주어진 단어와 **か**를 써서 일본어 문장을 만들어 보세요. 거친 말투예요.   (정답은 616쪽에)

君[きみ] 자네
一緒に[いっしょに] 같이
来る[くる]③ 오다
お前[おまえ] 너
時間[じかん] 시간

자네도 같이 오겠나? 君, 一緒に, 来る ▶ _____

이건 네 것인가? これ, お前 ▶ _____

그렇게 시간이 걸렸나? そんなに, 時間, かかる

▶ _____

» 한국어에서 '너'는 흔히 쓰는 말이지만 일본어 お前[おまえ](너)는 매우 거친 말이라 보통 남자가 친한 사람에게 쓰거나 부모가 자식에게 쓰는 말이에요. 그 외에는 잘 안 써요.

보통체형 문장으로 질문할 때, 즉 반말로 질문할 때는 보통 평서문과 같은 형태로 문장 끝의 억양만 올려서 의문문을 만들어요. 한국어도 똑같죠?

試合[しあい] 시합, 경기
始まる[はじまる]① 시작되다

> 試合はもう始まった。 시합은 벌써 시작됐어.
> 試合はもう始まった？ 시합은 벌써 시작됐어?

3. ~나 ~, ~ㄴ지 ~, ~ㄹ지 ~, ~ㄴ가 ~

か는 2가지 중의 하나를 나타내는 '~나 ~', '~ㄴ지 ~', '~ㄹ지 ~', '~ㄴ가 ~'의 뜻으로도 써요. **か**를 1개만 쓸 수도 있고 2개를 쓸 수도 있어요.

보통체형		
(단, 명사 · な형 현재형은)	+	か
명사 な형(な삭제) + だ		

フォークか箸を使う。 포크나 젓가락을 사용해.

二次会に行くか行かないかでけんかしました。

2차에 갈지 안 갈지 때문에 싸웠어요.

맛보기 연습　주어진 단어와 **か**를 써서 일본어 문장을 만들어 보세요.　　　　(정답은 616쪽에)

10일 연휴가 기쁜지 안 기쁜지, 앙케트를 실시한다.
10連休, うれしい, アンケート, 取る

▶ _____

계단이나 엘리베이터로 2층에 가세요.
階段, エレベーター, 2階, 行ってください

▶ _____

좋아하는지 싫어하는지, 분명히 말했다.
好きな, 嫌いな, はっきり, 言う

▶ _____

» 取る[とる]는 굉장히 많은 뜻으로 쓰는 동사라서 1가지 뜻만 말하기가 어려워요. アンケートを取る는 '앙케트를 (실시)하다'라는 뜻인데, 이처럼 앞에 쓰는 명사와 함께 하나의 덩어리로 기억하는 것이 좋아요!

4. ~ㄴ가

〈의문사+**か**〉의 형태로 쓰면 '~ㄴ가'라는 뜻이 돼요.

의문사　　+　　か

何年か前にその人に会った。 몇 년인가 전에 그 사람을 만났다.

この写真はいつかどこかで見ました。 이 사진은 언젠가 어딘가에서 보았습니다.

» 한국어로는 '몇 년 전에 만났다'라고 하죠? 그런데 일본어로는 何年[なんねん](몇 년) 뒤에 か를 붙여서 何年か前[まえ]に会[あ]った(몇 년인가 전에 만났다)라고 해야 해요. 何年前に(몇 년 전에)라고 쓸 때는 何年前に会った?(몇 년 전에 만났어?)와 같은 의문문이 되어야 해요.

맛보기 연습　주어진 단어와 **か**를 써서 일본어 문장을 만들어 보세요.　　　　(정답은 616쪽에)

이 숟가락은 어째서인지 잘 팔립니다. このスプーン, なぜ, よく, 売れる

▶ _____

子[こ] 아이
携帯[けいたい] 핸드폰
何[なに] 무엇
見る[みる]② 보다
時[とき] 때
誰[だれ] 누구
声をかける[こえをかける]② 말을 걸다

그 아이는 핸드폰으로 뭔가를 보고 있었어. その子, 携帯, 何, 見ていた

▶ _____

그때, 누군가가 저에게 말을 걸었어요. その時, 誰, 私, 声をかける

▶ _____

» 携帯電話[けいたいでんわ](휴대전화)의 携帯(휴대)만으로도 '핸드폰'을 뜻해요. 일상적으로는 어떤 기종의 핸드폰이든지 흔히 携帯라고 하는데, 설명서 등을 보면 '스마트폰'은 スマートフォン(줄여서 スマホ)라고 하고, '스마트폰이 아닌 핸드폰'은 携帯電話라고 해요.

❷ ～かい ~니?, ~냐?, ~야?, ~나?

보통체형 문장 끝에 か를 붙이면 거친 말투(~ㄴ가?, ~나?)가 된다고 했죠? かい는 か와 뜻은 같지만 か보다 부드러운 느낌을 가진 친근감 있는 말투로, 보통 남자가 써요. 그리고 보통 연장자가 아랫사람에게 써요.

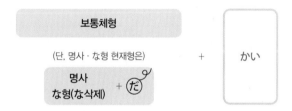

驚く[おどろく]① 놀라다
お土産[おみやげ]
(여행지에서 사오는)선물

そんなに驚いたかい？	그렇게 놀랐나?
それは誰かからのお土産かい？	그것은 누군가로부터 받은 선물이냐?

┌ 맛보기 연습　주어진 단어와 かい를 써서 일본어 문장을 만들어 보세요.
　　　　　　남자가 쓰는 말투예요.　　　　　　　　　　　　　　　(정답은 616쪽에)

欲しい[ほしい] 갖고 싶다
君[きみ] 자네
一緒に[いっしょに] 같이
歩く[あるく]① 걷다

이것이 갖고 싶냐? これ, 欲しい ▶ _____

자네도 같이 보겠나? 君, 一緒に, 見る ▶ _____

잠깐 걷지 않겠니? ちょっと, 歩く ▶ _____

» 君[きみ]는 '자네' 외에 '그대', '너'라는 뜻으로도 써요. お前[おまえ](너)보다 훨씬 부드러운 말이지만 약간 점잔 빼는 듯한 느낌이 있는 말이에요.

❸ 〜だい ~니?, ~냐?, ~야?, ~나?

だい는 かい와 같은 뜻이에요. 그런데 かい는 문장에 의문사가 없을 때 쓰고, だい는 문장에 의문사가 있을 때 써요. だい도 남자가 쓰는 말투인데, 약간 예스러운 느낌이 있는 말이에요.

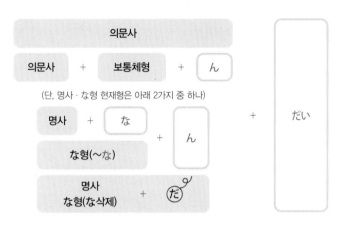

引っ越し[ひっこし] 이사
昼休み[ひるやすみ]
점심시간
何時[なん じ] 몇 시
始まる[はじまる]①
시작되다
誰[だれ] 누구

引っ越しはいつだい？	이사는 언제야?
昼休みは何時から始まるんだい？	점심시간은 몇 시부터 시작되나?
誰がリーダーなんだい？	누가 리더니?

> 맛보기 연습　주어진 단어와 だい를 써서 일본어 문장을 만들어 보세요.
> 　　　　　　남자가 쓰는 말투예요. （정답은 616쪽에）

悩む[なやむ]① 고민하다
病気[びょうき] 병

집은 어디야? うち, どこ ▶ _____

뭘 고민하고 있냐? 何, 悩んでいる ▶ _____

어떤 병인가? どんな 病気 ▶ _____

❹ 〜ね ~네(그렇지?), ~지?, (알았지?), ~지, ~네, ~말이야

보통체형	＋　ね
정중체형	

1. ~네(그렇지?)/~네요(그렇죠?)

화자가 자기와 같은 생각을 상대방이 할 거라고 생각하면서 말할 때, 또 그런 말에 동의하는 대답을 할 때, 문장의 끝에 ね를 붙여요. '~네, 그렇지?', '~네요, 그렇죠?' 와 같은 느낌이에요. ね는 '공감', '공유'가 기본적인 특징이에요.

今日[きょう] 오늘
暑い[あつい] 덥다

A 今日も暑いね。 　　　　　　　　　　　　　　　오늘도 덥네.(그렇지?)

B そうですね。 　　　　　　　　　　　　　　　　　그렇네요.

맛보기 연습　주어진 단어와 **ね**를 써서 일본어 문장을 만들어 보세요.　　　　(정답은 616쪽에)

車[くるま] 차
本当に[ほんとうに] 정말로
疲れる[つかれる]② 지치다, 피곤해지다
問題[もんだい] 문제
難しい[むずかしい] 어렵다

저 차, 멋지네. (그렇지?) あの車, かっこいい

▶ _____

오늘은 정말로 지쳤네요. (그렇죠?) 今日, 本当に, 疲れる

▶ _____

이 문제는 어렵네. (그렇지?) この問題, 難しい

▶ _____

≫ かっこいい(멋지다)는 원래 かっこういい예요. かっこう는 '모양', '모습'이라는 뜻으로 한자로는 格好라고 써요. 보통 말할 때는 う를 빼고 かっこいい라고 해요.

2. ~지?/~죠?

자신의 생각이나 판단이 맞는지 상대방에게 확인하고자 할 때도 문장의 끝에 ね를 붙여요. 단, 이 말에 대한 대답에는 ね를 붙이지 않아요! 이 사용법도 역시 '공감', '공유'의 느낌이 있어요.

今[いま] 지금
説明[せつめい] 설명
次[つぎ] 이번
信号[しんごう] 신호등
右[みぎ] 오른쪽

今の説明でわかったね？ 　　　　　　　　　지금 한 설명으로 이해되었지?

次の信号を右ですね？ 　　　　　　　이번 (의) 신호등을 오른쪽이죠?

맛보기 연습　주어진 단어와 **ね**를 써서 일본어 문장을 만들어 보세요.　　　　(정답은 616쪽에)

決める[きめる]② 정하다
質問[しつもん] 질문
特に[とくに] 특별히

어떻게 할지, 벌써 정했죠? どう, する, もう, 決める

▶ _____

질문은 특별히 없지? 質問, 特に, ない

▶ _____

番組[ばんぐみ]
(방송)프로그램
放送[ほうそう] 방송
明日[あした] 내일

그 프로그램의 방송은 내일이죠? その番組, 放送, 明日

▶ _____

3. (알았지?)/(알았죠?)

~て(ください)(~해 (주세요))나 ~なさい(~해라) 등과 같은 문장의 끝에 ね를 붙이면 말이 부드러워져요. 해석에 '알았지?/알았죠?'라는 말이 더해지는 느낌이에요. 이 사용법도 역시 '공감', '공유'의 느낌이 있어요.

着く[つく]① 도착하다
電話[でんわ] 전화
一緒に[いっしょに] 같이

着いたら電話してね。 　　　　　도착하면 전화해 줘. (알았지?)

一緒に行きましょうね。 　　　　같이 갑시다. (알았죠?, 괜찮죠?)

会う[あう]① 만나다
店[みせ] 가게
来て[きて]③ 와, 오고
後で[あとで] 이따가
返す[かえす]① 돌려주다

> **맛보기 연습** 　주어진 단어와 **ね**를 써서 일본어 문장을 만들어 보세요. 　(정답은 616쪽에)

내일도 만나자.(알았지?, 괜찮지?) 明日, 会う

▶ _____

또 제 가게에 와 주세요.(알았죠?, 괜찮죠?) また, 私の店, 来てください

▶ _____

이따가 돌려줘.(알았지?) 後で, 返す

▶ _____

4. ~지/~죠, ~네/~네요

과거의 일을 회상하면서 말할 때, 자신의 말이 맞는지 머릿속으로 생각할 때, 뭔가를 보고 확인하면서 말할 때, 문장의 끝에 ね를 붙여요. 이 경우의 ね는 붙이지 않아도 전혀 부자연스럽지 않아요.

無理な[むりな] 무리한
本場[ほんば] 본고장

それはちょっと無理だね。 　　　(잠깐 생각하면서) 그건 좀 무리겠네.

やっぱり本場のカニはおいしかったですね。
　　　　　　　(먹었을 때를 회상하면서) 역시 본고장의 게는 맛있었죠.

>> やっぱり(역시)는 やはり라고도 하는데, やはり는 약간 격식 차린 말투라서 일상적으로는 やっぱり를 써요.

위쪽 예문에서 ね를 뺀 それはちょっと無理だ는 강한 말투라서 냉정한 느낌이 들어요. 아래쪽 예문은 ね가 있어서 게를 먹었던 때를 회상하는 느낌이 들지요.

263

ね에는 '공감', '공유'의 느낌이 있어서 상대방이 모르는 내용을 함께 아는 것처럼 표현하여 친근감 있는 말투가 돼요.

아래의 대화처럼 생각할 필요가 진혀 없는 대답에는 ね를 붙이지 않아요!

> A ご出身はどちらですか。 어디 출신이세요?
> B テジョンです。 대전이에요.

📖 **맛보기연습**　주어진 단어와 ね를 써서 일본어 문장을 만들어 보세요.　(정답은 616쪽에)

(회의까지 몇 분 남았냐는 질문에 대해 시계를 보면서)
회의까지 앞으로 15분이네요. 会議, あと15分

▶ _____

(그때를 회상하면서)
고등학생 (의) 때는 열심히 공부했었지. 高校生, 時, 一生懸命, 勉強する

▶ _____

(일이 언제쯤 끝나냐는 질문에 대해 생각하면서)
그 일은 목요일까지는 끝날 거예요. その仕事, 木曜日, 終わる

▶ _____

5. ～말이야/～말입니다

ね는 문장의 중간에 넣어서 잠시 말을 끊으면서 주의를 끄는 역할도 해요. 정중체형일 때는 ですね의 형태로 넣는 경우가 많아요.

僕はね、中学生の時はね、英語が苦手だった。
　　　　　　　　　　　나는 말이야, 중학생 때는 말이지, 영어를 잘 못했어.

それはですね、こちらの方もですね、もう少し相談をしますので……。　　　그것은 말입니다, 저희 쪽에서도 말이에요, 좀 더 상의를 할 테니…….

》 こちらの方[ほう]는 직역하면 '이쪽의 쪽'인데, '이쪽'이라고 해석해도 되고 또 '저희 쪽'이라는 뜻으로도 많이 써요.

📖 **맛보기연습**　주어진 단어와 문장을 ね를 써서 일본어 문장을 만들어 보세요.
　　　　　　　정중체형에는 ですね를 쓰세요.　(정답은 616쪽에)

그렇지만 말이야, 그것은 말이지, 무리라고 생각해. でも, それ, 無理だと思う

▶ _____

이 사진은 말입니다, 선생님이 돌아가시기 전에 말이에요, 다 함께 찍은 것입니다.

この写真、先生、亡くなる前に、みんなで一緒に撮ったものです

▶ _____

아마도 말이야, 저 사람과는 말이지, 다시 만날 수 있을 것 같아.

きっと、あの人、また会えると思う

▶ _____

写真[しゃしん] 사진
先生[せんせい] 선생님
亡くなる[なくなる]①
세상을 뜨다
前[まえ] 전
一緒に[いっしょに] 함께
撮る[とる]① 찍다
人[ひと] 사람
会う[あう]① 만나다

❺ ～よ [알려 주고자 하는 말투, 불만, 비난]

1. [알려 주고자 하는 말투]

상대방이 모르는 것이나 잘못 알고 있는 것을 알려 주려고 할 때 문장의 끝에 よ를
붙여요. 이때의 よ는 살짝 억양을 올려서 발음해요. 한국어로는 의미를 살려서 해석
하기가 까다로워요.

駅[えき] 역
急行[きゅうこう] 급행
止まる[とまる]① 서다
正しい[ただしい] 옳다
答え[こたえ] 답

その駅に急行は止まらないよ。　　　그 역에 급행은 서지 않아.

正しい答えはこれですよ。　　　옳은 답은 이것입니다.

人数[にんずう] 인원수
足りる[たりる]② 족하다
切符[きっぷ] 표
落とす[おとす]①
떨어뜨리다
お湯[おゆ] 뜨거운 물
沸く[わく]① 끓다

┌─ 맛보기 연습　주어진 단어와 よ를 써서 일본어 문장을 만들어 보세요.
│　　　　　　　알려 주고자 하는 말투예요.　　　　　　　(정답은 617쪽에)

인원수가 부족해. 人数、足りる ▶ _____

표를 떨어뜨렸어요. 切符、落とす ▶ _____

이제 곧 물이 끓어. もうすぐ、お湯、沸く ▶ _____

2. [불만, 비난]

よ의 억양을 내려서 발음하면 불만이 있다는 뉘앙스나 상대방을 비난하는 뉘앙스가
돼요.

うそをつくなよ。 거짓말을 하지 마라. (왜 거짓말을 하니?!)

ちゃんと返しますよ。 제대로 돌려줄 거예요.(안 돌려줄 줄 알아요?!)

≫ '거짓말을 하다'는 동사 つく를 써서 うそをつく라고 표현해요.

맛보기 연습 주어진 단어와 よ를 써서 일본어 문장을 만들어 보세요.
불만, 비난의 말투예요. よ의 억양을 내리세요. (정답은 617쪽에)

전혀 타이밍이 안 맞아.(왜 타이밍을 못 맞춰?!) 全然, タイミング, 合う

▶ _____

그런 것, 저도 알아요.(모르는 줄 알아요?!) そんなこと, 私, わかる

▶ _____

꾀병이 아니야! (꾀병인 줄 알아?!) 仮病

▶ _____

❻ ~わ [가벼운 결심, 주장, 놀람, 감탄]
~하고 또 ~해서 [놀람, 강조]

보통체형	
정중체형	+ わ

1. [가벼운 결심, 주장]

자신의 생각을 가볍게 결심하거나 주장할 때 문장의 끝에 わ를 쓸 때가 있어요. 억양을 올려서 발음하면 매우 여성스러운 말투인데 요즘은 거의 안 쓰고, 보통 억양을 내려서 발음해요. 남자인 경우는 꼭 억양을 내려서 발음하세요.

今度の集まりは出席するわ。 이번 (의) 모임은 출석할게.

これからもっと頑張りますわ。 앞으로 더 열심히 할게요.

≫ 일본어 교재에서는 억양을 올려서 발음하는 여자 말투만 취급하는 경우가 많아요.

もう少し[もうすこし]
좀 더
考える[かんがえる]②
생각하다
代わりに[かわりに] 대신
正直に[しょうじきに]
솔직하게
話す[はなす]①
이야기하다

(정답은 617쪽에)

맛보기 연습 주어진 단어와 **わ**를 써서 일본어 문장을 만들어 보세요. 매우 여성스러운 말투로 하려면 **わ**의 억양을 올리고, 보통의 말투로 하려면 **わ**의 억양을 내리세요.

좀 더 생각할게. もう少し, 考える ▶ _____

제가 대신 할게요. 私, 代わりに, する ▶ _____

솔직하게 이야기할게. 正直に, 話す ▶ _____

2. [놀람, 감탄]

わ는 '놀람'이나 '감탄'의 감정을 나타내기도 하는데, 이때도 억양을 올려서 발음하면 매우 여성스러운 말투가 돼요. 보통의 말투로 하려면 わ의 억양을 내려서 발음하세요!

引っ越す[ひっこす]①
이사하다
寂しい[さびしい]
섭섭하다, 외롭다

まあ、うれしいわ。　　　　　　　　　　　어머, 기쁘네. [여자 말투]

吉田さんが引っ越すなんて寂しいですわ。

よしだ 씨가 이사한다니 섭섭하네요.

≫ まあ(어머)라는 감탄사는 여자 말투예요.

(정답은 617쪽에)

맛보기 연습 주어진 단어와 **わ**를 써서 일본어 문장을 만들어 보세요. 매우 여성스러운 말투로 하려면 **わ**의 억양을 올리고, 보통의 말투로 하려면 **わ**의 억양을 내리세요.

急な[きゅうな]
갑작스러운
話[はなし] 이야기
驚く[おどろく]① 놀라다
夏休み[なつやすみ]
여름방학
終わり[おわり] 끝
残念な[ざんねんな]
아쉬운

이것이 좋겠네. これ, いい

▶ _____

갑작스러운 이야기라서 놀랐네요. 急な, 話, 驚く

▶ _____

여름방학도 벌써 끝이라서 아쉽네. 夏休み, もう, 終わり, 残念だ

▶ _____

3. ~하고 또 ~해서 [놀람, 강조]

わ는 한 개 또는 여러 개의 동사를 반복하여 '놀람'이나 '강조'를 나타내기도 해요. 동사를 반복할 때는 〈~わ~わ〉의 형태로 써요. 이때는 전혀 여성스러운 말투가 아니에요.

引き出し[ひきだし] 서랍
着る[きる]② 입다
洋服[ようふく] 옷
出る[でる]② 나오다
ごみ袋[ごみぶくろ]
쓰레기봉투
二つ[ふたつ] 2개, 둘

引き出しから着ない洋服が出るわ出るわ、ごみ袋が二ついっぱいになった。　　서랍에서 안 입는 옷이 나오고 또 나와서, 쓰레기봉투가 2개 가득 찼다.

宿題[しゅくだい] 숙제
今日[きょう] 오늘
大変な[たいへんな] 힘든

テストはあるわ宿題はあるわで、今日は大変です。

시험도 있고 숙제도 있고 해서, 오늘은 힘듭니다.

≫ 한국어는 '~도'를 써서 '~도 ~하고 ~도 ~하고'라고 하는 것이 자연스럽죠? 그런데 일본어 わ의 경우는 조사 は를 써서 〈~は~わ~は~わ〉의 형태로 쓰는 것이 더 자연스러워요.

昨日[きのう] 어제
大雨[おおあめ] 큰비
降る[ふる]① (비, 눈 등이)내리다
雷[かみなり] 천둥
鳴る[なる]① 울리다
外[そと] 밖
赤ん坊[あかんぼう] 갓난아기
泣く[なく]下 울다
困る[こまる]① 곤란하다
美術館[びじゅつかん] 미술관
前[まえ] 앞
入る[はいる]① 들어가다

맛보기 연습 주어진 단어와 〈~わ~わ〉를 써서 일본어 문장을 만들어 보세요. (정답은 617쪽에)

어제는 큰비도 내리고, 천둥도 치고 해서, 밖에 나갈 수 없었습니다.
昨日, 大雨, 降る, 雷, 鳴る, 外に出る

▶ _____

갓난아기가 울고 또 울어서 곤란했다. 赤ん坊, 泣く, 困る

▶ _____

미술관(의) 앞에 사람이 있고 또 있어서, 좀처럼 들어갈 수 없었어요.
美術館, 前, 人, いる, なかなか, 入る

▶ _____

≫ '천둥이 치다'는 雷[かみなり]が鳴[な]る(천둥이 울리다)라고 표현해요.

문장 끝에 쓰는 조사

❶ ~か	1. ~까?
	2. ~ㄴ가?, ~나? [남자 말투]
	3. ~나 ~, ~ㄴ지 ~, ~ㄹ지 ~, ~ㄴ가 ~ [선택(양자택일)]
	4. ~ㄴ가 [의문사+か]
❷ ~かい	~니?, ~냐?, ~야?, ~나? [남자 말투, か보다 부드러움]
❸ ~だい	~니?, ~냐?, ~야?, ~나? [남자 말투]
❹ ~ね	1. ~네(그렇지?)/~네요(그렇죠?)
	2. ~지?/ ~죠?
	3. (알았지?)/(알았죠?)
	4. ~지/~죠, ~네/~네요
	5. ~말이야, ~말입니다
❺ ~よ	1. 알려 주고자 하는 말투
	2. 불만, 비난
❻ ~わ	1. 가벼운 결심, 주장
	2. 놀람, 감탄
	3. ~하고 또 ~해서 [놀람, 강조]

포인트 정리

1 ( ) 속에 적절한 조사를 넣어 보세요.

(1) やっぱり本場のカニはおいしかったです( )。
(먹었을 때를 회상하면서) 역시 본고장의 게는 맛있었죠.

(2) その駅に急行は止まらない( )。
그 역에 급행은 서지 않아. [알려 주고자 하는 말투]

(3) まあ、うれしい( )。
어머, 기쁘네. [매우 여성스러운 말투]

(4) フォーク( )箸を使う。
포크나 젓가락을 사용해.

(5) 今日も暑い( )。
오늘도 덥네. (그렇지?)

(6) 二次会に行く( )行かない( )でけんかしました。
2차에 갈지 안 갈지 때문에 싸웠어요.

(7) 何年( )前にその人に会った。
몇 년인가 전에 그 사람을 만났다.

(8) そんなに驚いた( )？
그렇게 놀랐나? [か보다 약간 부드러운 말투]

(9) 次の信号を右です( )？
이번 신호등을 오른쪽이죠?

(10) うそをつくな( )。
거짓말을 하지 마라. (왜 거짓말을 하니?!) [비난의 말투]

(11) 着いたら電話して( )。
도착하면 전화해 줘. (알았지?)

(12) 引っ越しはいつ( )？
이사는 언제야?

고등학생 윤지가 과외를 받고 있어요. 문제를 풀다가 모르는 게 있어서 선생님께 물어봐요.

ユンジ：先生、この問題の答えは1番ですか。

先　生：ううん、違うよ。

ユンジ：あ、じゃ、3番ですね。

先　生：うん、そう。1番か3番か、迷った？

ユンジ：はい。どうして1番が使えないのか、説明してくださいますか。

先　生：うん、いいよ。でも、その前に、何か冷たいものでも飲むかい？

ユンジ：はい！

{단어}

先生[せんせい] 선생님 | 問題[もんだい] 문제 | 答え[こたえ] 답 | 1番[いちばん] 1번 | 違う[ちがう]① 다르다 | 3番[さんばん] 3번 | 迷う[まよう]① 헤매다 | 使う[つかう]① 사용하다 | 説明[せつめい] 설명 | 前[まえ] 전, 앞 | 何か[なにか] 무언가 | 冷たい[つめたい] 차갑다 | 飲む[のむ]① 마시다

윤　지 : 선생님, 이 문제의 답은 1번이에요?

선생님 : 아니, 아닌데.

윤　지 : 아, 그럼 3번이죠?

선생님 : 응, 맞아. 1번인지 3번인지 헤맸어?

윤　지 : 네. 왜 1번을 쓸 수 없는지 설명해 주시겠어요?

선생님 : 응, 좋아. 그렇지만, 그 전에 뭔가 시원한 거라도 마실래?

윤　지 : 네!

 일본어의 '남자 말투'와 '여자 말투'

설명 중에 '남자 말투, '여자 말투'라는 말이 종종 나오죠? 일본어는 남녀 말투가 구별되는 말들이 있어요. 예전만큼 남녀 말투를 구별하지 않게 되었지만, 아직도 구별하여 쓰는 것이 사실이에요. 여성 특유의 말투는 잘 안 쓰게 되었지만 남자 말투는 여전히 많이 써요. 이런 부분에 대해 거부감을 나타내는 한국 사람들도 많이 봤어요. 이런 남녀 구별이 없는 것이 바람직하겠지만, 오랜 세월 일본어의 언어 문화로 자리잡은 것이라서 몇 년 사이에 바뀔 문제는 아닌 것 같아요. 현재 바뀌고 있는 것은 사실이니, 미래에는 일본어에서 남녀 구별이 없어질 것 같기는 해요!

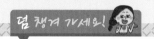

일상에서 자주 사용하는 문장 끝에 쓰는 조사들

～もん (～もの)	～거든/~거든요	全然わからないもん。 전혀 모르거든.
～もんか (～ものか)	절대로 ~하지 않겠어, ~할 줄 알아?!	あんな人と二度と会うもんか。 저런 사람과 두 번 다시 만나지 않겠어.
～な (～なあ)	～해라 [부드러운 명령]	気をつけな。조심해라.
	～구나 [감동] (주로 ～なあ로 씀)	きれいだなあ。예쁘다~.
	[스스로에게 확인] (～な/~なあ 모두 씀)	やっぱり無理だったな。 역시 무리였어.
	～지? [동의를 기대함, 다짐] (주로 ～な로 씀, ～ね보다 남성적임)	約束は6時だったよな。 약속은 6시였지?
～さ	[가볍게 던지듯 말함, 중요시 안 함]	なるようになるさ。 될 대로 되겠지 뭐.
	[비난, 반발]	どうしろって言うのさ。 어떻게 하란 말이야.
	～말이야 (～ね가 더 부드러운 느낌)	それがさ、だからさ……。 그게 말이야, 그러니까 말이야…….
～け (～っけ)	～었지 [회상하면서 말함]	昔、よくここで遊んだっけ。 옛날에 자주 여기에서 놀았었지.
	～던가? [확인을 위한 질문]	あの人の名前、何だっけ？ 저 사람(의) 이름, 뭐였지?
～たら (～ったら)	～래도 [감질나는 기분으로 요구, 명령]	早く行けったら。 빨리 가라니까/가래도.
	～니까 [상대방에게 반발하는 마음으로 주장]	言われなくてもするったら。 말 안 해도 한다니까.
～てば (～ってば)	～란 말이야 [짜증나는 기분으로 요구, 명령]	早く行けってば。 빨리 가란 말이야.
	～니까 [상대방에게 반발하는 마음으로 주장(짜증)]	わかったってば。 알았다고/알았다니까.

~の	[가벼운 단정]	これでいいの。 이걸로 괜찮아.
	[가벼운 명령]	そんなこと言わないの。 그런 말 하지 마.
	[친한 사람이나 어린 사람에 대한 질문]	何をしているの？ 뭘 하고 있는 거니?
~かしら	~ㄹ까(요)? 〈여자 말투〉	どうしたらいいのかしら。 어떻게 하면 좋은 걸까?
	~지 않으려나(요)?, ~지 않을까(요)? 〈여자 말투〉	明日は晴れないかしら。 내일은 개지 않으려나?
~ぜ	[가벼운 다짐, 주장] 〈남자 말투〉	そろそろ行こうぜ。 이제 슬슬 가자.
~ぞ	[혼잣말에서 자신의 판단 인식] 〈남자 말투〉	どうもおかしいぞ。 아무래도 이상해.
	[강한 주장] 〈남자 말투〉	さあ、行くぞ。 자, 간다.
~とも	~하고말고	もちろん、いいとも。 물론 좋고말고
~や	[중요시하지 않는다는 마음으로 가볍게 말을 던짐]	まあ、いいや。 뭐, 됐어.
	[명령, 권유와 함께 써서 재촉하는 마음을 나타냄]	そろそろ行こうや。 이제 가자, 야.
	[누군가를 부를 때 이름 뒤에 붙임] 〈보통 나이 많은 사람이 쓰는 말투〉	太郎や。 たろ우야.
~やら	~는지, ~인지 [어떻게 될지 모르는 일을 불안하게 생각하 면서 상상하는 마음을 나타냄]	どうなることやら。 어떻게 될 것인지.
~わい	[주로 놀람, 감동을 나타내며, 거친 말투가 됨] 〈주로 할아버지들이 쓰는 말투〉	楽しかったわい。 즐거웠구먼.

29 그 밖의 조사들

여기에서는 기초과정에서 꼭 알아 두어야 할 그 밖의 조사들을 정리했어요.

🔊 29-1.mp3

1단계
핵심문법 익히기

① ～や～ ~며 ~, ~랑 ~, ~나 ~, ~라든가 ~

や는 명사 사이에 넣어서 사물을 나열할 때 써요. 〈～と～(~와/과 ~)〉와 다른 점은 〈A と B〉라고 하면 A와 B 이외의 것에 대해서는 전혀 언급하지 않지만, 〈A や B〉라고 하면 A와 B 이외에 다른 것도 있다는 뉘앙스를 갖는다는 점이에요. 뒤에 など(~등)를 넣기도 해요.

食べ物[たべもの] 먹을 것
飲み物[のみもの] 음료
入れる[いれる]② 넣다
甘い[あまい] 달다
酸っぱい[すっぱい] 시다

リュックに食べ物や飲み物を入れた。　배낭에 먹을 것이랑 음료를 넣었어.

甘いのや酸っぱいのがありました。　단 것이나 신 것이 있었어요.

┌**맛보기 연습**　주어진 단어와 や를 써서 일본어 문장을 만들어 보세요.　(정답은 617쪽에)

上[うえ] 위
しょう油[しょうゆ] 간장
台所[だいどころ] 주방
お風呂[おふろ] 욕실
掃除[そうじ] 청소
大変な[たいへんな] 힘든
免許証[めんきょしょう]
면허증
持ってくる[もってくる]
③ 가져오다

식탁(의) 위에 간장이며 후추가 있다.
テーブル, 上, しょう油, コショウ, ある

▶ _____

주방이나 욕실(의) 청소는 힘듭니다.
台所, お風呂, 掃除, 大変な

▶ _____

여권이라든가 면허증을 가져오지 않았어.
パスポート, 免許証, 持ってくる

▶ _____

≫ しょう油[しょうゆ](간장)는 한자로 쓰면 醤油예요. 한자가 어렵지만 한자로 쓰는 경우도 많아요.

≫ コショウ(후추)는 한자 胡椒로 쓰거나 히라가나 こしょう로 쓰기도 해요.

≫ '주방'은 キッチン(키친)이라고 하는 경우도 많아요.

>> 免許証[めんきょしょう](면허증)는 運転免許証[うんてん めんきょしょう](운전면허증)의 준말이에요. 말할 때는 証[しょう]를 しょ로 줄여서 めんきょしょ라고 하는 경우가 많아요.

❷ ～とか～ ~든가 ~

〈～や～〉는 명사끼리만 나열하지만, 〈～とか～〉는 명사뿐만 아니라 동작이나 작용도 나열해요. 〈～や～〉와 거의 같은 뜻인데, 〈～とか～〉가 더 구어적인 표현이에요. 〈AやB〉는 B가 꼭 있어야 하지만 〈AとかB〉는 B 없이도 쓸 수 있어요.

紅茶[こうちゃ] 홍차
飲む[のむ]① 마시다
結婚[けっこん] 결혼
決める[きめる]② 정하다

紅茶とかコーヒーは飲まない。　　　　　홍차라든가 커피는 마시지 않는다.

結婚するとかしないとか、はっきり決めてください。
결혼한다든가 안 한다든가, 분명히 정해 주세요.

맛보기 연습　**주어진 단어와 とか를 써서 일본어 문장을 만들어 보세요.**　　　(정답은 617쪽에)

父[ちち] 아버지(높임×)
大きい[おおきい] 크다
小さい[ちいさい] 작다
文句[もんく] 불평
言う[いう]① 말하다
店[みせ] 가게
冷蔵庫[れいぞうこ] 냉장고
安く[やすく] 싸게
買う[かう]① 사다
毎日[まいにち] 매일
牛乳[ぎゅうにゅう] 우유
食べる[たべる]② 먹다

아버지는 크다든가 작다든가, 항상 불평을 해요.
父, 大きい, 小さい, いつも, 文句を言う
▶ _____

이 가게는 냉장고라든가 에어컨을 싸게 살 수 있다.
この店, 冷蔵庫, エアコン, 安く, 買う
▶ _____

매일, 우유를 마신다든가 요구르트를 먹는다든가 하고 있습니다.
毎日, 牛乳, 飲む, ヨーグルト, 食べる, している
▶ _____

❸ ～し ~고, ~니, ~고 해서

보통체형 + し

정중체형

1. ～고

시간 순서대로 나열하는 〈AてB(A하고 B)〉(A가 B보다 먼저 일어남)와 달리, 〈Aし B(A하고 B)〉는 시간 순서대로 나열하지 않아도 돼요.
그리고 〈AしB〉에는 'A뿐만이 아니라 B도'라는 뉘앙스가 있어요. 정중체형에 し를 붙이면 매우 정중한 말투가 되기 때문에 일상적으로는 보통체형 뒤에 し를 붙여요.

連休[れんきゅう] 연휴
道[みち] 길
混む[こむ] ① 붐비다
人[ひと] 사람
多い[おおい] 많다
予習[よしゅう] 예습
復習[ふくしゅう] 복습

連休には道も混むし、人も多い。 연휴에는 길도 막히고, 사람도 많다.

予習もしませんし、復習もしません。예습도 하지 않고, 복습도 하지 않습니다.

맛보기연습 주어진 단어와 し를 써서 일본어 문장을 만들어 보세요. (정답은 618쪽에)

安い[やすい] 싸다
明日[あした] 내일
風[かぜ] 바람
強く[つよく] 세게
吹く[ふく] ① 불다
雨[あめ] 비
降る[ふる] ①
(비, 눈 등이)내리다
家[いえ] 집
大家さん[おおやさん]
셋집 주인

이 버터는 싸고 맛있어.
このバター, 安い, おいしい

▶ _____

내일은 바람도 세게 불고, 비도 와요.
明日, 風, 強く, 吹く, 雨, 降る

▶ _____

이 집은 집주인도 좋은 사람이고, 집도 깨끗하다.
この家, 大家さん, いい人, 家, きれいな

▶ _____

≫ 大家さん[おおやさん](셋집 주인)을 さん 없이 大家라고만 하면 약간 멸시한다는 느낌을 줄 수 있으니 さん을 붙여서 쓰는 것이 좋아요.

2. ～니, ～고 해서

し로 문장을 연결하면 단순히 '～고 ～고'의 뜻일 수도 있고, '～니, ～고 해서'의 뜻 일 수도 있어요. 어느 쪽인지는 문맥에 따라 판단하면 돼요.

年も取ったし、太ったし、この洋服はもう似合わない。

나이도 먹었고, 살도 쪘고 해서, 이 옷은 이제 어울리지 않아.

このカフェはうちからも近いですし、静かですし、よく来ます。

이 카페는 집에서도 가깝고, 조용하고 해서, 자주 와요.

» 年[とし]を取[と]る는 '나이가 들다', '나이를 먹다'라는 뜻이에요. 하나의 덩어리로 외워 두세요!

맛보기 연습　주어진 단어와 **し**를 써서 일본어 문장을 만들어 보세요. (정답은 618쪽에)

오늘은 한가하고, 날씨도 좋고 하니, 밖에 나갑시다.

今日, 暇な, 天気, いい, 外, 出ましょう

▶ _____

아직 고등학생이고, 경제력도 없으니, 혼자 사는 것은 무리야.

まだ高校生, 経済力, ない, 一人暮らし, 無理な

▶ _____

주말에는 강에도 갔고, 바비큐도 했고 해서, 즐거웠어요.

週末, 川, 行く, バーベキュー, する, 楽しい

▶ _____

이유를 2가지씩 나열하는 연습을 했는데, 1가지 또는 2가지 이상 나열할 수도 있어요. 〈~や~〉와 마찬가지로 언급하지 않는 다른 이유도 있다는 뉘앙스가 있어요.

> このカフェはうちからも近いですし、よく来ます。
> 이 카페는 집에서도 가깝기도 해서, 자주 옵니다.
>
> 疲れたし、お金はないし、おなかはすいたし、もう嫌だ。
> 피곤하기도 하고, 돈은 없고, 배는 고프고, 이제 싫다.

» '배가 고프다'는 おなかがすいた라고 표현해요. 직역하면 '배가 비었다'예요. 즉 배가 비었기 때문에 배가 고픈 것
이죠. '고프다'는 형용사이지만 すく는 '비다'라는 뜻의 동사라서 시제가 다른 거예요.

❹　～でも　~라도, ~일지라도, ~든지

1. ~라도

でも는 '~라도'라는 뜻이에요. 명사와 でも 사이에 다른 조사가 들어가는 경우도 있어요.

肉[にく] 고기
焼く[やく]① 굽다
食べる[たべる]② 먹다
風呂[ふろ] 목욕
入る[はいる]① 들어가다

肉でも焼いて食べよう。

고기라도 구워 먹자.

お風呂にでも入りましょう。

목욕이라도 합시다.

≫ 肉[にく](고기)는 약간 거친 말이라서 앞에 お를 붙여서 お肉[おにく]라고 하는 경우도 많아요.

≫ 風呂[ふろ](목욕, 욕실)는 お 없이 쓰면 거친 말이라서 앞에 お를 붙여서 쓰는 경우가 많아요. 그리고 '목욕하다'는 (お)風呂[ふろ]に入[はい]る(욕실에 들어가다)라고 표현해요.

🔖 맛보기 연습   주어진 단어와 でも를 써서 일본어 문장을 만들어 보세요.   (정답은 618쪽에)

娘[むすめ] 딸(높임×)
誕生日[たんじょうび] 생일
食事[しょくじ] 식사
一緒に[いっしょに] 같이
外国[がいこく] 외국

딸(의) 생일에 장난감이라도 주겠다.
娘, 誕生日, おもちゃ, あげる

▶ _____

식사라도 같이 하지 않을래요?
食事, 一緒に, しませんか

▶ _____

외국에라도 가고 싶어. 外国, 行きたい

▶ _____

2. ~일지라도, ~라도

でも는 '~일지라도', '~라도'의 뜻으로도 써요.

夏[なつ] 여름
涼しい[すずしい] 시원하다
子ども[こども] 어린이

ここは夏でも涼しい。

여기는 여름이라도 시원하다.

これは子どもでもできます。

이것은 어린이일지라도 할 수 있습니다.

🔖 맛보기 연습   주어진 단어와 でも를 써서 일본어 문장을 만들어 보세요.   (정답은 618쪽에)

問題[もんだい] 문제
大人[おとな] 어른
答える[こたえる]② 답하다
出す[だす]① 내다

이 문제는 어른이라도 답할 수 없어요.
この問題, 大人, 答える

▶ _____

이런 스코어는 프로일지라도 좀처럼 낼 수 없다.
こんなスコア, プロ, なかなか, 出す

▶ _____

277

冬[ふゆ] 겨울
暖かい[あたたかい]
따뜻하다

괌은 겨울이라도 따뜻합니다. グアム, 冬, 暖かい

▶ _____

≫ グアム(괌)는 ア를 작게 써서 グァム로 표기하기도 해요.

편한 대화에서는 でも를 だって라고도 해요.

> これは子どもだってできます。 이것은 어린이일지라도 할 수 있습니다.

3. ~든지, ~라도

〈의문사+でも〉의 형태로 쓰면 '~든지', '~라도'라는 뜻이 돼요. 편한 대화에서는
でも를 だって라고도 해요.

의문사	+ (	조사	) +	でも

電話[でんわ] 전화
何[なん] 무엇
合う[あう]① 어울리다

いつでも電話して。　　　　　　　　　　　언제든지 전화해.

このスープは何にでもよく合います。　이 수프는 무엇에든지 잘 어울려요.

맛보기 연습　　주어진 단어와 **でも**를 써서 일본어 문장을 만들어 보세요.　　　(정답은 618쪽에)

誰[だれ] 누구
全国[ぜんこく] 전국

그런 것은 누구든지 안다. そんなこと, 誰, わかる

▶ _____

전국 어디로든지 갑니다. 全国, どこ, 行く

▶ _____

선물은 무엇이라도 기뻐. プレゼント, 何, うれしい

▶ _____

❺ ～など ~ 등

など는 '~ 등'이라는 뜻이에요. 한자 等으로 쓰는 경우도 많아요.

休み時間には漫画や小説などを読む。

쉬는 시간에는 만화책이나 소설 등을 읽는다.

牛肉や魚などを買いました。

소고기랑 생선 등을 샀습니다.

≫ など(~ 등)는 '~ 따위', '~ 같은 것'이라는 뜻으로도 써요.

맛보기 연습 주어진 단어와 など를 써서 일본어 문장을 만들어 보세요. (정답은 618쪽에)

매장(의) 정리라든가 접객 등이 제 일이에요.
売場, 整理, 接客, 私, 仕事

▶ _____

아시아나 아프리카 등의 손님이 많아졌다.
アジア, アフリカ, お客さん, 増える

▶ _____

이 가게에서는 일본(의) 밥공기라든가 젓가락 등을 팔고 있습니다.
この店, 日本, お茶碗, お箸, 売っている

▶ _____

❻ ～くらい/ぐらい ~ 정도

くらい/ぐらい는 '~ 정도'라는 뜻인데, く를 써도 ぐ를 써도 상관없어요. 말할 때는 ぐらい를 쓰는 경우가 더 많은 것 같아요.

40歳くらいの女の人を見た。

40세 정도의 여자를 보았어.

18人ぐらい来る予定です。

18명 정도 올 예정이에요.

≫ 〈~(사람)を見る[みる]〉라고 했을 때는 그 사람을 눈으로 보기만 한 경우예요. 인사하거나 이야기했을 때는 会う[あう](만나다)라고 해요. 틀리기 쉬우니 유의하세요!

왼쪽 단어 목록:

休み時間[やすみ じかん] 쉬는 시간
漫画[まんが] 만화(책)
小説[しょうせつ] 소설
読む[よむ] ① 읽다
牛肉[ぎゅうにく] 소고기
魚[さかな] 생선
買う[かう] ① 사다

売場[うりば] 매장
整理[せいり] 정리
接客[せっきゃく] 접객
仕事[しごと] 일(직업)
お客さん[おきゃくさん] 손님
増える[ふえる] ② 많아지다
店[みせ] 가게
お茶碗[おちゃわん] 밥공기
お箸[おはし] 젓가락
売る[うる] ① 팔다

40歳[よんじゅっさい] 40세
女の人[おんなのひと] 여자
見る[みる] ② 보다
18人[じゅうはちにん] 18명
来る[くる] ③ 오다
予定[よてい] 예정

大きさ[おおきさ] 크기
30分[さんじゅっぷん]
30분
ご飯[ごはん] 밥
半分[はんぶん] 절반
残す[のこす]① 남기다

사과 정도의 크기였어. リンゴ, 大きさ

▶ _____

여기에서 거기까지 30분 정도 걸려요. ここ, そこ, 30分, かかる

▶ _____

밥을 절반 정도 남겼다. ご飯, 半分, 残す

▶ _____

그 밖의 조사들

❶ ~や~	~며 ~, ~랑 ~, ~나 ~, ~라든가 ~ [격식 차린 말투, 문장]
❷ ~とか~	~든가 ~ [편한 말투]
❸ ~し	1. ~고 2. ~니, ~고 해서
❹ ~でも	1. ~라도 2. ~일지라도, ~라도 3. ~든지, ~라도 [의문사+でも]
❺ ~など	~ 등
❻ ~くらい 　 ~ぐらい	~ 정도

1 (   ) 속에 적절한 조사를 넣어 보세요.

(1) 牛肉や魚(   )を買いました。
소고기랑 생선 등을 샀습니다.

(2) ここは夏(   )涼しい。
여기는 여름이라도 시원하다.

(3) 連休には道も混む(   )、人も多い。
연휴에는 길도 막히고, 사람도 많다.

(4) リュックに食べ物(   )飲み物を入れました。
배낭에 먹을 것이랑 음료를 넣었어요. [그 외 다른 것도 넣었다는 뉘앙스]

(5) 18人(   )来る予定です。
18명 정도 올 예정이에요.

(6) お風呂に(   )入りましょう。
목욕이라도 합시다.

(7) 結婚する(   )しない(   )、はっきり決めてください。
결혼한다든가 안 한다든가, 분명히 정해 주세요.

(8) 年も取った(   )、太った(   )、この洋服はもう似合わない。
나이도 먹었고, 살도 쪘고 해서, 이 옷은 이제 어울리지 않아.

(9) いつ(   )電話して。
언제든지 전화해.

(10) 休み時間には漫画(   )小説(   )を読む。
쉬는 시간에는 만화책이나 소설 등을 읽는다.

(11) これは子ども(   )できます。
이것은 어린이일지라도 할 수 있습니다.

(12) 甘いの(   )酸っぱいのがありました。
단 것이나 신 것이 있었어요.

281

最近はペットのいる家がとても多いです。ペット用の服やペットも一緒に泊まれる宿などもあります。しかし、捨てられる動物が増えたという問題もあります。野良猫に庭にフンをされたとか、ごみを散らかされたなどの被害も出ています。このような問題を解決して、動物と人が幸せに暮らせる地域を作る活動をしている人たちもいます。このような活動が増えて、動物も人も幸せになれる環境になるといいですね。

{단어}

最近[さいきん] 요즘｜ペット 애완동물, 펫｜家[いえ] 집｜多い[おおい] 많다｜～用[よう] ~용｜服[ふく] 옷｜一緒に[いっしょに] 같이｜泊まる[とまる]① 묵다｜宿[やど] 숙소｜捨てる[すてる]② 버리다｜動物[どうぶつ] 동물｜増える[ふえる]② 많아지다｜問題[もんだい] 문제｜野良猫[のらねこ] 길고양이｜庭[にわ] 마당｜フン (동물의) 똥｜散らかす[ちらかす]① 어지르다｜被害[ひがい] 피해｜出る[でる]② 나다, 나가다/나오다｜解決[かいけつ] 해결｜幸せに[しあわせに] 행복하게｜暮らす[くらす]① 살다｜地域[ちいき] 지역｜作る[つくる]① 만들다｜活動[かつどう] 활동｜環境[かんきょう] 환경

≫ フン((동물의) 똥)은 한자 糞으로 쓰는 경우도 많아요.

요즘은 애완동물이 있는 집이 매우 많습니다. 애완동물용 옷이나 애완동물도 같이 묵을 수 있는 숙소 등도 있습니다. 그러나 버려지는 동물이 증가했다는 문제도 있습니다. 길고양이가 마당에 똥을 쌌다든가 쓰레기를 어질렀다 등의 피해도 나오고 있습니다. 이러한 문제를 해결하고 동물과 사람이 행복하게 살 수 있는 지역을 만드는 활동을 하고 있는 사람들도 있습니다. 이러한 활동이 많아져서 동물도 사람도 행복해질 수 있는 환경이 되면 좋겠네요.

 お茶碗은 '밥공기'? '찻종'?

茶碗을 사전에서 찾아보면 '찻종'과 '밥공기'의 2가지 뜻이 나와요. 그런데 일상적으로 茶碗이라고 하면 '밥공기'를 뜻해요. '찻종'은 茶碗 앞에 湯飲み라는 말을 붙여서 湯飲み茶碗 혹은 湯飲茶碗이라고 해요. 줄여서 湯飲み라고도 하는데, 한자로 쓸 때는 湯飲(み)를 湯呑(み)로 쓰기도 해요. 여기에서는 앞에 お를 붙인 お茶碗과 お箸(젓가락)라는 형태로 알려 드렸는데, 이 두 단어는 お 없이 써도 그리 거친 말은 아니지만, お를 붙이는 경우가 더 많아서 お를 붙인 형태로 소개했어요.

くらい/ぐらい의 사용법

이번 과에서 くらい/ぐらい를 명사나 수를 셀 때 쓰는 말 뒤에 붙여서 쓰는 형태로 연습했죠? 이것이 가장 기본적인 사용법이에요. 그런데 くらい/ぐらい는 한국어의 '~ 정도', '~쯤'과 마찬가지로 다른 품사 뒤에도 붙일 수 있어요. 한국어와 거의 같은 사용법이라서 쉽게 이해하할 수 있을 것 같으니 간략하게 정리할게요.

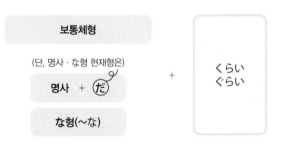

~ 정도

涙が出るくらいうれしかった。　눈물이 날 정도로 기뻤다.

子どもでも歩けるぐらいの距離です。
어린이라도 걸을 수 있을 정도의 거리입니다.

髪は肩につくぐらいの長さです。　머리는 어깨에 닿을 정도의 길이예요.

~쯤, ~ 정도

そのくらいは大丈夫です。　그 정도는 괜찮아요.

試験に一度落ちたぐらい、何でもない。
시험에 한 번 떨어진 것쯤, 아무렇지도 않아.

約束に3分遅れたくらいで、そんなに怒るな。
약속에 3분 늦은 정도로, 그렇게 화내지 마라.

283

열한째마디

●

알면 편리한 의문사

30 의문사

기본적으로 알아야 하는 의문사는 그리 많지 않고 또 어렵지도 않아서 표로 정리했어요. 한 칸에 2개 이상 들어 있는 의문사는 위쪽이 정중한 말이고 아래쪽이 덜 정중한 말이에요.

30 의문사

강의 및 예문듣기

의문사들을 꼭 알아 두어야 할 의문사, 수와 양을 나타내는 의문사, 명사 앞에 쓰는 의문사의 3가지로 분류하여 정리해 볼게요. 한국어와 달리 정중한 말과 덜 정중한 말이 있으니 잘 확인해 보세요! 표 안의 위쪽 의문사가 더 정중한 말이에요.

1단계
핵심문법 익히기

① 꼭 알아 두어야 할 의문사

왕초보들도 꼭 먼저 알아야 하는 의문사들이에요.

いつ	언제	하루 중의 시간을 물을 때는 いつ를 쓰지 않고 何時(なんじ)를 쓰는 것이 일반적이에요. 예 明日(あした)、何時(なんじ)に会(あ)いますか。 내일, 몇 시에 만납니까? (いつ✕)
どなた 誰(だれ)	누구	どなた는 誰의 정중한 말이에요. '어느 분' 또는 '누구십니까?'라고 해석하면 돼요.
何(なに/なん)	무엇 몇	何는 뒤에 だ행, た행, な행 소리 또는 수를 셀 때 쓰는 말이 오는 경우는 なん으로 읽고, 그 외의 경우는 なに로 읽어요.
いかが どう	어떻게 어때	いかが는 どう보다 정중한 말이에요. どうですか는 '어떻습니까?'라는 뜻이고, いかがですか는 '어떠십니까?'라는 뜻이에요.
どこ	어디	ここ(여기), そこ(거기), あそこ(저기)의 의문사예요. 그리고 회사명이나 학교명 등을 물을 때도 どこ를 써요. 예 学校(がっこう)はどこですか。 학교는 어디예요? [보통 학교명을 묻는 질문임. 학교 위치를 묻는 것일 수도 있지만, 위치를 물을 때는 주로 どこにありますか라고 함]
どちら どっち	어느 쪽	どちら는 こちら(이쪽), そちら(그쪽), あちら(저쪽)의 의문사이고, どっち는 こっち(이쪽), そっち(그쪽), あっち(저쪽)의 의문사예요. どちら와 どっち 둘 다 대상이 2가지인 경우에 써요. どちら가 どっち보다 정중한 말인데, どちら는 どこ(어디)나 どれ(어느 것)의 정중한 표현으로 쓰기도 해요.

なぜ どうして 何で _{なん}	왜	なぜ는 문어적인 말투라서 일상회화에서는 잘 안 써요. 가장 일반적으로 쓰는 말은 どうして예요. 何で는 편한 대화에서 쓰는 말이에요.
どれ	어느 것	これ(이것), それ(그것), あれ(저것)의 의문사예요. 대상이 3가지 이상인 경우에 써요.

맛보기 연습 주어진 단어와 의문사를 써서 일본어 문장을 만들어 보세요. (정답은 619쪽에)

誕生日[たんじょうび]
생일
方[かた] 분
男の人[おとこのひと]
남자

생일은 언제야? 誕生日

▶ _____

저 분은 누구십니까? あの方

▶ _____

그 남자는 누구야? その男の人

▶ _____

箱[はこ] 상자
体[からだ] 몸
具合[ぐあい] 상태
新しい[あたらしい]
새롭다
私[わたし] 저, 나
席[せき] 자리

이 상자는 무엇입니까? この箱

▶ _____

몸 상태는 어떠십니까? 体の具合

▶ _____

새 스웨터는 어때? 新しいセーター

▶ _____

제 자리는 어디입니까? 私の席

▶ _____

欲しい[ほしい] 갖고 싶다
好きな[すきな] 좋아하는

갖고 싶은 정장은 어느 쪽입니까? [정중한 말투] 欲しいスーツ

▶ _____

좋아하는 케이크는 어느 쪽이야? [편한 말투] 好きなケーキ

▶ _____

그것은 왜 그런 것입니까(왜입니까)? それ

▶ _____

~行き[ゆき] ~행

よこはま행(의) 버스는 어느 것이야? [버스가 3대 이상인 경우] 横浜行きのバス

▶ _____

❷ 수와 양을 나타내는 의문사

수와 양을 나타내는 의문사들을 정리해 볼게요.

いくつ	몇, 몇 개, 얼마 [개수]	ひとつ(하나), ふたつ(둘), みっつ(셋)……의 의문사예요. '몇', '몇 개', '몇 살' 등의 뜻으로 써요.
いくら	얼마 [금액]	금액을 물어볼 때 쓰는 의문사예요.
どのくらい どのぐらい どれくらい どれぐらい	어느 정도 얼마나	4가지 모두 별다른 차이 없이 써요.

🍴맛보기 연습 **주어진 단어와 의문사를 써서 일본어 문장을 만들어 보세요.** (정답은 619쪽에)

手袋[てぶくろ]장갑
費用[ひよう]비용

볼링의 베스트 스코어는 몇이에요? ボーリングのベストスコア

▶ _____

그 장갑은 얼마야? その手袋

▶ _____

비용은 어느 정도입니까? 費用

▶ _____

❸ 명사 앞에 쓰는 의문사

〈의문사＋명사〉의 형태로 쓰는 의문사예요. 특히 どの(어느)와 どれ(어느 것)는 헷갈리기 쉬우니 유의하세요! どの는 반드시 뒤에 명사가 오지만, どれ는 뒤에 명사가 오지 않아요.

どの	어느	この(이), その(그), あの(저)의 의문사예요.
どんな	어떤	こんな(이런), そんな(그런), あんな(저런)의 의문사예요.

船[ふね] 배

나는 어느 반이야? 私, クラス

▶ _____

타이타닉은 어떤 배입니까? タイタニック, 船

▶ _____

≫ 船[ふね](배)는 한자를 舟로 쓰기도 하는데, 舟는 '(손으로 젓는)작은 배'를 가리켜요. 船는 舟를 포함한 모든 배를
가리키는 말이지만, 舟와 구별해서 쓸 때는 '엔진이 달린 선박'을 船라고 해요.

1 꼭 알아 두어야 할 의문사

いつ	언제	どこ	어디
どなた だれ 誰	누구	どちら どっち	어느 쪽
なに/なん 何	무엇, 몇	なぜ どうして なん 何で	왜
いかが どう	어떻게, 어때	どれ	어느 것

2 수와 양을 나타내는 의문사

いくつ	몇, 몇 개, 얼마 [개수]	どのくらい どのぐらい どれくらい どれぐらい	어느 정도, 얼마나
いくら	얼마 [금액]		

3 명사 앞에 쓰는 의문사

どの	어느	どんな	어떤

1 ( ) 속에 적절한 의문사를 넣어 보세요.

(1) あの方は( )ですか。

저 분은 누구십니까?

(2) タイタニックは( )船ですか。

타이타닉은 어떤 배입니까?

(3) 横浜行きのバスは( )？

よこはま행 버스는 어느 것이야? [버스가 3대 이상 있는 경우]

(4) 費用は( )ですか。

비용은 어느 정도입니까?

(5) 私の席は( )ですか。

제 자리는 어디입니까?

(6) ボーリングのベストスコアは( )ですか。

볼링의 베스트 스코어는 몇이에요?

(7) 欲しいスーツは( )ですか。

갖고 싶은 정장은 어느 쪽입니까? [정중한 말투]

(8) その手袋は( )？

그 장갑은 얼마야?

(9) 私は( )クラス？

나는 어느 반이야?

(10) 体の具合は( )ですか。

몸 상태는 어떠십니까?

(11) 誕生日は( )？

생일은 언제야?

(12) 新しいセーターは( )？

새 스웨터는 어때?

私の父は5年前、突然いなくなった。日曜日、どこかに出かけて、帰ってこなかった。何の連絡もなかった。父がどこにいるのか、何をしているのか、いつも心配していた。警察に捜索を依頼したが、父は見つからなかった。私は今日、結婚した。結婚式にも父の姿はなかった。今頃、どこで誰と何をしているのか、それとももう亡くなったのか、複雑な気持ちだ。でも、今でも父がどこかで生きているような気がする。また父に会える日が来ることを願っている。

{단어}

父[ちち] 아버지(높임×) | 5年[ご ねん] 5년 | 前[まえ] 전 | 突然[とつぜん] 갑자기 | 日曜日[にちようび] 일요일 | 出かける[でかける]② 외출하다 | 帰ってくる[かえってくる]③ 돌아오다 | 何の[なんの] 아무런 | 連絡[れんらく] 연락 | 心配[しんぱい] 걱정 | 警察[けいさつ] 경찰 | 捜索[そうさく] 수색 | 依頼[いらい] 의뢰 | 見つかる[みつかる]① 발견되다 | 今日[きょう] 오늘 | 結婚[けっこん] 결혼 | 結婚式[けっこんしき] 결혼식 | 姿[すがた] 모습 | 今頃[いまごろ] 지금쯤 | 亡くなる[なくなる]① 세상을 뜨다 | 複雑な[ふくざつな] 복잡한 | 気持ち[きもち] 마음 | 今[いま] 지금 | 生きる[いきる]② 살다 | 気がする[きが する]③ 느낌이 들다 | 会う[あう]① 만나다 | 日[ひ] 날 | 来る[くる]③ 오다 | 願う[ねがう]① 바라다

우리(나의) 아버지는 5년 전에 갑자기 사라졌다. 일요일에 어딘가에 외출하고 돌아오지 않았다. 아무런 연락도 없었다. 아버지가 어디에 있는 것인지, 무엇을 하고 있는 것인지 항상 걱정하고 있었다. 경찰에 수색을 의뢰했지만, 아버지는 발견되지 않았다. 나는 오늘 결혼했다. 결혼식에도 아버지의 모습은 없었다. 지금쯤 어디에서 누구와 무엇을 하고 있는 것인지, 아니면 벌써 세상을 뜬 것인지, 복잡한 기분이다. 그렇지만 지금도 아버지가 어딘가에서 살아 있을 것 같은 느낌이 든다. 다시 아버지를 만날 수 있는 날이 오기를 바라고 있다.

 スーツに対하여

'슈트, 양복, 정장'이라는 뜻의 スーツ가 나왔죠? 남성 정장뿐만 아니라 여성 정장도 スーツ라고 해요. 참고로, 취업을 하기 위한 구직활동을 할 때 입는 정장은 リクルートスーツ(리크루트 슈트)라고 해요. リクルート(recruit)는 기업 등이 구인, 인재 모집을 하는 것을 뜻하기도 하고 그런 모집에 지원하는 구직활동도 뜻해요. '양복, 정장'을 뜻하는 말에는 背広(せびろ)도 있는데, 이 말은 주로 나이가 많은 사람들이 쓰고 젊은 사람들은 거의 안 써요.

290

열두째마디

틀리기 쉬운 부사

기본적으로 알아야 할 부사들이 너무 많아서 전부 소개해 드릴 수 없다는 점이 아쉬워요. 그래도 꼭 알아 두어야 할 부사와 한국 사람들이 자주 틀리는 뜻과 쓰임이 비슷한 부사들을 정리했어요.

31

꼭 알아 두어야 할 부사

강의 및 예문듣기

언뜻 보면 쉬워 보이지만 잘못 쓰는 경우가 많은 부사들을 정리할게요. 이미 아는 부사인데 '이 부사에 이런 뜻도 있었구나!', '이렇게 쓰면 안 되는 거였구나!' 하는 것들이 있을 거예요. 아는 것들도 다시 한 번 꼼꼼히 챙겨 보세요!

🎧 31-1.mp3

1단계
핵심문법 익히기

❶ もう 벌써, 이미, 곧, 이제, 더

1. 벌써, 이미
もう의 가장 기본적인 뜻은 '벌써, 이미'예요.

何に[なんに] 무엇으로
決める[きめる]② 정하다
店[みせ] 가게
閉まる[しまる]① 닫히다

| 何にするか、もう決めた。 | 무엇으로 할지, 이미 정했어. |

| 店はもう閉まりました。 | 가게는 벌써 (문이) 닫혔어요. |

》 何に(무엇으로)는 규칙대로 발음하면 なんに가 맞는데, なにに라고도 발음해요. なんに가 더 편한 구어적인 말투이고 なにに는 약간 격식을 차린 듯한 말투예요.

📝 **맛보기 연습**　주어진 단어와 **もう**를 써서 일본어 문장을 만들어 보세요.　(정답은 619쪽에)

授業[じゅぎょう] 수업
始まる[はじまる]①
시작되다
髪[かみ] 머리(카락)
切る[きる]① 자르다
間違い[まちがい] 틀린 것
直す[なおす]① 고치다

수업은 이미 시작되었다. 授業, 始まる

▶ _____

머리는 벌써 잘랐습니다. 髪, 切る

▶ _____

틀린 것은 벌써 고쳤어. 間違い, 直す

▶ _____

2. 곧, 이제
もう에는 '곧, 이제'라는 뜻도 있어요.

待ち合わせ[まちあわせ]
미리 시간, 장소를 정해서
만나기로 함
場所[ばしょ] 장소
着く[つく]① 도착하다
帰る[かえる]① 집에 가다

待ち合わせの場所にもう着く。

만나기로 한 장소에 곧 도착한다.

もううちに帰ります。

이제 집에 가겠습니다.

» 待ち合わせ[まちあわせ](미리 시간, 장소를 정해서 만나기로 함)는 동사 する를 써서 〈待ち合わせをする〉의
형태로 써요. 또 待ち合わせる[まちあわせる]라는 2류동사도 있어요. 이 말은 그냥 만나기로 한다는 뜻이 아니
라 언제 어디에서 만날지를 정했을 때 써요.

맛보기 연습　주어진 단어와 **もう**를 써서 일본어 문장을 만들어 보세요.　(정답은 620쪽에)

季節[きせつ] 계절
終わる[おわる]① 끝나다
電車[でんしゃ] 전철
動く[うごく]① 움직이다
一人[ひとり] 혼자
大丈夫な[だいじょうぶ
な] 괜찮은

딸기의 계절은 곧 끝나요. イチゴの季節, 終わる

▶ _____

전철은 곧 움직인다. 電車, 動く

▶ _____

혼자라도 이제 괜찮습니다. 一人でも, 大丈夫な

▶ _____

3. 더

もう만으로는 '더'라는 뜻으로 쓰지 않아요. もう少し(좀 더), もう一度(한 번 더)와
같이 다른 말과 함께 쓰는 경우에만 '더'라는 뜻으로 써요. 한 단어로 '더'라고 할 때
는 もっと를 쓰면 돼요.

ご飯[ごはん] 밥
欲しい[ほしい] 원하다
一度[いちど] 한 번
探す[さがす]① 찾다

もうちょっとご飯が欲しい。

좀 더 밥을 먹고 싶어.

もう一度探しました。

한 번 더 찾았어요.

맛보기 연습　주어진 단어와 **もう**를 써서 일본어 문장을 만들어 보세요.　(정답은 620쪽에)

魚[さかな] 물고기
1匹[いっぴき] 한 마리
釣る[つる]① 낚다
少し[すこし] 조금
みそ 된장
足す[たす]① 추가하다
生徒[せいと]
학생(초·중·고)
一人[ひとり] 1명
増える[ふえる]② 늘다

물고기를 한 마리 더 낚았어. 魚, 1匹, 釣る

▶ _____

조금 더 된장을 추가했어요. 少し, みそ, 足す

▶ _____

학생이 1명 더 늘었다. 生徒, 一人, 増える

▶ _____

❷ まだ 아직, 여전히

まだ는 '아직, 여전히'라는 뜻이에요.

(정답은 620쪽에)

もう9月だが、まだ暑い。　　　　　　　　　　　　　벌써 9월이지만, 여전히 더워.

まだ小学生です。　　　　　　　　　　　　　　　　아직 초등학생이에요.

맛보기 연습 　주어진 단어와 **まだ**를 써서 일본어 문장을 만들어 보세요.

그 아이는 아직 아기입니다. その子, 赤ちゃん

▶ _____

3월은 여전히 추워. 3月, 寒い

▶ _____

시간은 아직 7시예요. 時間, 7時

▶ _____

>> '아기'를 뜻하는 말에는 赤ちゃん[あかちゃん] 외에 赤ん坊[あかんぼう]도 있어요. 赤ちゃん이 좀 더 예쁘게,
사랑스럽게 부르는 말이에요.

まだ 뒤에 부정문이 오는 경우에는 주의해야 해요! まだ 뒤에는 한국어처럼 '아직
~하지 않았다'라는 과거 부정형을 쓸 수 없어요. 〈まだ~て(い)ない(아직 ~하고/
해 있지 않다)〉의 형태로 써야 해요.

> A 映画館でその映画を見ましたか。 영화관에서 그 영화를 봤어요?
> B いいえ、まだ見ていません。 아니요, 아직 보지 않았어요.

그런데 영화관에서 그 영화가 이미 상영이 끝난 경우라면 아래와 같이 대답할 수 있
어요.

> A 映画館でその映画を見ましたか。 영화관에서 그 영화를 봤어요?
> B いいえ、見ませんでした。 아니요, 보지 않았어요.

이미 상영이 끝났기 때문에 영화관에서는 그 영화를 볼 수가 없는, 완료된 일이죠. 동
사의 た형(과거형)은 이미 끝난 일, 완료된 일을 나타내요. まだ(아직)는 앞으로 할 의
지가 있음을 나타내므로 완료된 일이 아니라서 ~て(い)ない를 써야 하는 거예요.

9月[く がつ] 9월
暑い[あつい] 덥다
小学生[しょうがくせい]
초등학생

子[こ] 아이
赤ちゃん[あかちゃん]
아기
3月[さん がつ] 3월
寒い[さむい] 춥다
時間[じかん] 시간
7時[しち じ] 7시

映画館[えいがかん]
영화관
映画[えいが] 영화
見る[みる]② 보다

그리고 영화관에서 그 영화가 아직 상영 중이지만 아예 영화를 볼 마음이 없는 경우라면 아래와 같이 대답해요.

> A 映画館でその映画を見ましたか。 영화관에서 그 영화를 봤어요?
> B いいえ、見ません。 아니요, 보지 않을 거예요.

〈まだ〜て(い)ない (아직 〜하고/해 있지 않다)〉는 〜ている를 배우지 않았기 때문에 여기에서는 따로 연습하지 않을게요.

❸ あまり 별로, 그다지, 너무, 지나치게

1. 별로, 그다지
あまり를 '별로, 그다지'의 뜻으로 쓸 때는 〈あまり+부정〉의 형태가 돼요.

話[はなし] 이야기
怖い[こわい] 무섭다
動く[うごく]① 움직이다

その話はあまり怖くない。　　　　　그 이야기는 그다지 무섭지 않다.

カメレオンはあまり動きません。　　카멜레온은 별로 움직이지 않습니다.

フランス人[じん]
프랑스 사람
港[みなと] 항구
大きい[おおきい] 크다
先輩[せんぱい] 선배
アドバイス
조언, 어드바이스
役に立つ[やくにたつ]①
도움이 되다

| 맛보기 연습 | 주어진 단어와 **あまり**를 써서 일본어 문장을 만들어 보세요. | (정답은 620쪽에) |

프랑스 사람은 골프를 별로 안 친다. フランス人, ゴルフ, する

▶ _____

이 항구는 그다지 크지 않습니다. この港, 大きい

▶ _____

선배의 조언은 별로 도움이 안 돼. 先輩, アドバイス, 役に立つ

▶ _____

2. 너무, 지나치게
〈あまり+긍정〉의 형태로 쓰면 '너무, 지나치게'라는 뜻이 되어 '정도가 지나친 경우'를 나타내요. 잘못 쓰는 경우가 많으니 유의하세요!

犬[いぬ] 개
触る[さわる]① 만지다
噛む[かむ]① (깨)물다

この犬はあまり触ると噛む。　　　이 개는 너무 만지면 물어.

295

飲む[のむ]① 마시다
体[からだ] 몸

あまり**飲む**と体によくないですよ。　지나치게 (술을) 마시면 몸에 좋지 않아요.

» 飲む[のむ](마시다)를 목적어 없이 단독으로 쓰면 '술을 마시다'라는 뜻이에요.

» 触ると[さわると](만지면), 飲むと[のむと](마시면)에서의 ～とと는 '～하면'이라는 뜻의 가정표현이에요. 546쪽에서 자세히 배울 거예요.

┌맛보기 연습　주어진 단어와 **あまり**를 써서 일본어 문장을 만들어 보세요.
│　　　　　'～하면'은 제시된 단어 형태 뒤에 **と**를 쓰세요.　　　　　(정답은 620쪽에)

高い[たかい] 비싸다
売れる[うれる]② 팔리다
うるさい 시끄럽다
隣[となり] 옆집, 옆
人[ひと] 사람
怒る[おこる]① 화내다
食べる[たべる]② 먹다
太る[ふとる]① 살찌다

너무 비싸면 팔리지 않아요. 高い, 売れる

▶ ＿＿＿＿＿＿＿＿＿＿＿＿＿＿＿＿＿＿＿＿＿＿

너무 시끄러우면 옆집 사람이 화낸다. うるさい, 隣の人, 怒る

▶ ＿＿＿＿＿＿＿＿＿＿＿＿＿＿＿＿＿＿＿＿＿＿

지나치게 먹으면 살찝니다. 食べる, 太る

▶ ＿＿＿＿＿＿＿＿＿＿＿＿＿＿＿＿＿＿＿＿＿＿

❹　よく 잘, 자주

1. 잘

よく는 '잘'이라는 뜻이 가장 기본이 되는 뜻이에요.

隣[となり] 옆
部屋[へや] 방
音[おと] 소리
聞こえる[きこえる]②
들리다
考える[かんがえる]②
생각하다

ここは隣の部屋の音がよく聞こえる。　　여기는 옆방의 소리가 잘 들린다.

よく考えてください。　　잘 생각해 주세요.

┌맛보기 연습　주어진 단어와 **よく**를 써서 일본어 문장을 만들어 보세요.　　(정답은 620쪽에)

家[いえ] 집
風[かぜ] 바람
通る[とおる]① 통하다
星[ほし] 별
見える[みえる]② 보이다

이 집은 바람이 잘 통해. この家, 風, 通る

▶ ＿＿＿＿＿＿＿＿＿＿＿＿＿＿＿＿＿＿＿＿＿＿

여기는 별이 잘 보여요. ここ, 星, 見える

▶ ＿＿＿＿＿＿＿＿＿＿＿＿＿＿＿＿＿＿＿＿＿＿

夕べ[ゆうべ] 어젯밤
眠る[ねむる]① 잠들다

어젯밤에는 잘 잠들 수 있었다. 夕べ, 眠る

▶ _____

2. 자주

よく에는 '자주'라는 뜻도 있어요.

友達[ともだち] 친구
彼氏[かれし] 남자친구
変わる[かわる]① 바뀌다
昔[むかし] 옛날
思い出す[おもいだす]①
생각나다, 상기하다

その友達は彼氏がよく変わる。　　그 친구는 남자친구가 자주 바뀌어.

昔のことをよく思い出します。　　옛날(의) 일이 자주 생각나요.

≫ 思い出す[おもいだす]는 타동사예요. 해석인 '생각나다'가 자동사라서 〈~が思い出す〉의 형태로 잘못 쓰는 경우가 많으니 유의하세요! 타동사라서 〈~を思い出す〉의 형태로 써야 해요.

🔍 맛보기 연습　주어진 단어와 よく를 써서 일본어 문장을 만들어 보세요.　　(정답은 620쪽에)

雪[ゆき] 눈
降る[ふる]①
(비, 눈 등이)내리다
壊れる[こわれる]②
고장 나다
息子[むすこ] 아들(높임×)
手伝う[てつだう]① 돕다

눈이 자주 내립니다. 雪, 降る ▶ _____

PC가 자주 고장 나. パソコン, 壊れる ▶ _____

아들이 자주 도와요. 息子, 手伝う ▶ _____

⑤ 確か[たしか] 아마, 내 기억으로는

確か가 부사로 쓰일 때는 '아마', '내 기억으로는'이라는 뜻이에요. '확실히'라는 뜻이 아니니 유의하세요. '아마'라는 뜻에는 多分[たぶん]도 있는데, 確か가 多分보다 좀 더 확신이 있을 때 써요. '내 기억으로는 그렇지만 틀릴 수도 있다' 정도의 뉘앙스예요.

二人[ふたり] 두 사람
去年[きょねん] 작년
別れる[わかれる]②
헤어지다
拾う[ひろう]① 줍다
思う[おもう]① 생각하다

二人は確か去年別れた。　　두 사람은 내 기억으로는 작년에 헤어졌다.

確か、ここで拾ったと思います。　　아마, 여기에서 주웠을 것입니다.

≫ 일본 사람들이 많이 쓰는 표현인 〈~と思[おも]う〉는 직역하면 '~라고 생각하다'라는 뜻이에요. 직역이 어색할 때는 '~할 것이다'로 의역하면 좋아요.

🔍 맛보기 연습　주어진 단어와 確か를 써서 일본어 문장을 만들어 보세요.　　(정답은 620쪽에)

お金[おかね] 돈
足りる[たりる]②
충분하다

돈은 내 기억으로는 충분했다. お金, 足りる

▶ _____

機械[きかい] 기계
直す[なおす]① 고치다
なくなる① 없어지다
思う[おもう]① 생각하다

그 기계는 제 기억으로는 고쳤습니다. その機械, 直す

▶ _____

그 블로그는 아마 없어졌을 거야(없어졌다고 생각해).
そのブログ, なくなる, 思う

▶ _____

'분명히', '확실히'라는 뜻으로 쓸 경우는 確か 뒤에 조사 に를 붙여서 確かに의 형태로 쓰면 돼요.

目[め] 눈
見る[みる]② 보다

確かにこの目で見ました。 확실히 이 눈으로 보았어요.

確か를 な형용사로 쓸 경우는 '확실한', '확실하다'의 뜻이 되니 잘못 쓰지 않도록 유의하세요!

情報[じょうほう] 정보

それは確かだ。 그것은 확실하다.
それは確かな情報だ。 그것은 확실한 정보이다.

---

⑥ <ruby>絶対<rt>ぜったい</rt></ruby>(に) 절대(로), 꼭, 틀림없이

1. 절대(로)
<ruby>絶対<rt>ぜったい</rt></ruby>(に)는 한자 그대로 '절대, 절대로'라는 뜻이에요. 絶対 뒤에 조사 に를 붙여서 絶対に의 형태로도 써요.

負ける[まける]② 지다
優先席[ゆうせんせき] 노약자석
座る[すわる]① 앉다

絶対負けない。 절대 지지 않겠어.

優先席には絶対に座りません。 노약자석에는 절대로 앉지 않아요.

맛보기 연습   주어진 단어와 **絶対(に)**를 써서 일본어 문장을 만들어 보세요.   (정답은 620쪽에)

私[わたし] 저, 나
忘れる[わすれる]② 잊다

저는 절대(로) 잊지 않겠어요. 私, 忘れる

▶ _____

問題[もんだい] 문제
解決[かいけつ] 해결
僕[ぼく] 나(남자)
逃げる[にげる]②
도망치다

이 문제는 절대(로) 해결할 수 없다. この問題, 解決する

▶ _____

나는 절대(로) 도망치지 않겠습니다. 僕, 逃げる

▶ _____

2. 꼭, 틀림없이

絶対(に)를 이 뜻으로 쓸 때는 '절대(로)'라고 해석하면 문장이 어색해져요.

次[つぎ] 다음
試合[しあい] 시합, 경기
勝つ[かつ]① 이기다
おかしい 이상하다

次の試合では絶対に勝つ。   다음(의) 시합에서는 꼭 이기겠다.

こんなことは絶対おかしいです。   이런 일은 틀림없이 이상합니다.

맛보기 연습   주어진 단어와 絶対(に)를 써서 일본어 문장을 만들어 보세요.   (정답은 620쪽에)

夢[ゆめ] 꿈
叶う[かなう]①
이루어지다
株[かぶ] 주식
上がる[あがる]①
올라가다
面白い[おもしろい]
재미있다

꿈은 꼭 이루어져. 夢, 叶う

▶ _____

이 주식은 틀림없이 올라요. この株, 上がる

▶ _____

이 게임은 틀림없이 재미있다. このゲーム, 面白い

▶ _____

꼭 알아 두어야 할 부사

❶ もう	1. 벌써, 이미 2. 곧, 이제 3. 더	❹ よく	1. 잘 2. 자주
		❺ 確か	이미, 내 기억으로는
❷ まだ	아직, 여전히	❻ 絶対(に)	1. 절대(로) 2. 꼭, 틀림없이
❸ あまり	1. 별로, 그다지 2. 너무, 지나치게		

포인트 정리

1 ( ) 속에 적절한 부사를 넣어 보세요.

(1) ( )、ここで拾ったと思います。

아마(제 기억으로는), 여기에서 주웠을 것입니다.

(2) その話は( )怖くない。

그 이야기는 그다지 무섭지 않다.

(3) ( )一度探しました。

한 번 더 찾았어요.

(4) ここは隣の部屋の音が( )聞こえる。

여기는 옆방의 소리가 잘 들린다.

(5) ( )負けない。

절대(로) 지지 않겠어.

(6) ( )9月だが、( )暑い。

벌써 9월이지만, 여전히 더워.

(7) 何にするか、( )決めた。

무엇으로 할지, 이미 정했어.

(8) 昔の事を( )思い出します。

옛날(의) 일이 자주 생각나요.

(9) ( )うちに帰ります。

이제 집에 가겠습니다.

(10) ( )飲むと体によくないですよ。

지나치게 (술을) 마시면 몸에 좋지 않아요.

(11) こんなことは( )おかしいです。

이런 일은 틀림없이 이상합니다.

(12) 新しい仕事に( )慣れていない。

새로운 일에 아직 익숙해지지 않았다.

私は新しいエアコンが買いたいです。でも、妻は今のエアコンがまだ使えるから、新しいのを買うのはもったいないと言います。でも、うちのエアコンは買ってからもう10年になる古いエアコンです。いつ壊れるかわかりません。ここは夏にとても暑いので、エアコンをよく使います。ですから、夏の暑い時に突然エアコンが壊れたら困ります。それに、電気代も新しいエアコンのほうがかかりません。確か、うちの近くの店で、今エアコンを特別割引で売っています。私は絶対に新しいエアコンを買ったほうがいいと思いますが、皆さんはどう思いますか。

{단어}

新しい[あたらしい] 새롭다 | エアコン 에어컨 | 買う[かう]① 사다 | 妻[つま] 아내(높임×) | 今[いま] 지금 | 使う[つかう]① 사용하다 | もったいない 아깝다 | 言う[いう]① 말하다 | 10年[じゅう ねん] 10년 | 古い[ふるい] 낡다 | 壊れる[こわれる]② 고장 나다 | 夏[なつ] 여름 | 暑い[あつい] 덥다 | 時[とき] 때 | 突然[とつぜん] 갑자기 | 困る[こまる]① 난감하다 | 電気代[でんきだい] 전기세 | 近く[ちかく] 근처 | 店[みせ] 가게 | 特別[とくべつ] 특별 | 割引[わりびき] 할인 | 売る[うる]① 팔다 | 思う[おもう]① 생각하다 | 皆さん[みなさん] 여러분

저는 새 에어컨을 사고 싶습니다. 그런데 아내는 지금 있는 에어컨을 아직 사용할 수 있으니까 새 것을 사는 것은 아깝다고 합니다. 그렇지만 우리 집 에어컨은 산 지 벌써 10년이 되는 낡은 에어컨입니다. 언제 고장 날지 모릅니다. 여기는 여름에 무척 더워서 에어컨을 자주 사용합니다. 그러니까 여름의 더울 때 갑자기 에어컨이 고장 나면 난감합니다. 게다가 전기세도 새 에어컨이 더 안 듭니다. 제 기억으로는, 우리 집 근처에 있는 가게에서 지금 에어컨을 특별할인으로 팔고 있습니다. 저는 꼭 새 에어컨을 사는 편이 좋다고 생각하는데, 여러분은 어떻게 생각하세요?

 잠깐만요! SNS의 일본식 발음과 인기 순위

SNS를 사용하는 사람들이 많죠? 유명한 SNS들의 일본식 발음은 무엇인지, 그리고 일본에서는 어떤 SNS를 많이 사용하는지에 대해 간략하게 정리해 볼게요. 이용자수 순위는 2019년도 자료를 참고했어요.

이용자수 순위	SNS 명칭	일본식 발음
1	LINE	ライン
2	Twitter	ツイッター
3	Instagram	インスタグラム(약칭: インスタ)
4	Facebook	フェイスブック

32

뜻과 쓰임이 비슷한 부사

강의 및 예문듣기

여기에서는 일본어 소리가 비슷해서 잘못 쓰기 쉬운 부사들, 한국어 해석이 같아서 쓰임의 차이를 알기 어려운 부사들을 정리했어요! 어떤 차이가 있는지 잘 비교해 보세요!

🎧 32-1.mp3

1단계
핵심문법 익히기

① はじめて　(경험상) 처음으로
　はじめ　　(시간의 흐름상) 처음, 시작

はじめて와 はじめ는 둘 다 '처음'이라는 뜻이기 때문에 구별하지 못하는 경우가 많아요. はじめて는 '(경험상) 처음으로, 최초로'라는 뜻이고, はじめ는 '(시간의 흐름상) 처음, 첫 시기, 시작'이라는 뜻이에요.

厳しい[きびしい]
엄격하다
先生[せんせい] 선생님
吹く[ふく]① 불다

こんなに厳しい先生ははじめてだ。　　이렇게 엄격한 선생님은 처음이다.

はじめてクラリネットを吹きました。　　처음으로 클라리넷을 불었습니다.

10月[じゅうがつ] 10월
八百屋[やおや] 채소가게
開く[ひらく]① 열다
簡単な[かんたんな] 쉬운
思う[おもう]① 생각하다

10月のはじめに八百屋を開く。　　10월(의) 초에 채소가게를 열어.

はじめは、日本語は簡単だと思いました。
　　　　　　　　　　　　　　처음에는, 일본어는 쉽다고 생각했어요.

≫ はじめて와 はじめ는 히라가나로 쓰는 경우가 많은데, 한자로 쓰는 경우도 있어요. はじめて(경험상 처음)는 初めて로 쓰는 경우가 많아요. はじめ는 '초', '첫 시기'의 뜻일 때는 初め로 쓰고, '시작'의 뜻일 때는 始め로 쓰는 경우가 많아요.

📕 **맛보기 연습**　**주어진 단어와 はじめて/はじめ를 써서 일본어 문장을 만들어 보세요.**
　　　　　　　　はじめて와 はじめ를 잘 구별하세요.　　　　　　　　　(정답은 621쪽에)

会社[かいしゃ] 회사
勤める[つとめる]②
근무하다

처음으로 회사에 근무했어. 会社, 勤める

▶ _____

野菜[やさい] 채소
切る[きる]① 썰다
神様[かみさま] 신령님
祈る[いのる]① 기도하다
犬[いぬ] 개
飼う[かう]① 기르다

처음에, 채소를 썰어요. 野菜, 切る

▶ _____

처음에, 신령님께 기도한다. 神様, 祈る

▶ _____

처음으로 개를 길렀습니다. 犬, 飼う

▶ _____

≫ '기르다'라는 뜻의 단어로 育てる[そだてる]가 나왔었죠?(133쪽) 育てる는 '양육하다'라는 뜻의 '기르다, 키우다'
라는 뜻이고 여기에 나온 飼う[かう]는 '사육하다'라는 뜻이에요. 동물을 기르는 것을 育てる라고 표현할 수도 있
어요. 새끼 때부터 마치 자기 자식처럼 키우는 느낌이에요.

❷ さっき 아까, 조금 전
この前 지난번, 요전

さっき와 この前를 혼동하는 경우가 의외로 많은 것 같아요. さっき는 '아까'라는
뜻으로 '조금 전'을 나타내요. 이에 비해 この前는 '지난번, 요전'이라는 뜻으로 '며칠
전', '지난번'을 나타내요.

外[そと] 바깥
男の人[おとこのひと]
남자
声[こえ] 목소리
お客さん[おきゃくさん]
손님
帰る[かえる]① 돌아가다

さっきから外で男の人の声がする。 아까부터 바깥에서 남자(의) 목소리가 난다.

お客さんはさっき帰りました。　　　　　손님은 조금 전에 돌아갔습니다.

父[ちち] 아버지(높임×)
亡くなる[なくなる]①
세상을 뜨다
火曜日[かようび] 화요일
晴れ[はれ] 맑음

この前、父が亡くなった。　　　　　요전에, 아버지가 세상을 떠났어.

この前の火曜日は晴れでした。　　지난번(의) 화요일은 맑았어요(맑음이었어요).

📖 맛보기 연습　주어진 단어와 さっき/この前를 써서 일본어 문장을 만들어 보세요.
　　　　　　さっき와 この前를 잘 구별하세요.　　　　　　　　(정답은 621쪽에)

新しい[あたらしい]
새롭다
星[ほし] 별
見つかる[みつかる]①
발견되다
庭[にわ] 마당
何か[なにか] 뭔가
光る[ひかる]① 빛나다

요전에, 새로운 별이 발견됐어. 新しい, 星, 見つかる

▶ _____

조금 전에 마당에서 뭔가가 빛났어요. 庭, 何か, 光る

▶ _____

家[いえ] 집
壁[かべ] 벽
塗る[ぬる]① 칠하다
直る[なおる]① 수리되다

지난번에, 집(의) 벽에 페인트를 칠했다.　家, 壁, ペンキ, 塗る

▶ _____

아까 PC가 수리됐습니다.　パソコン, 直る

▶ _____

❸ どうぞ 어서 ~하세요
どうも 감사합니다

どうぞ는 상대방에게 어떤 행동을 하기를 권하는 말로, 대부분 '어서 ~하세요'의 뜻으로 써요. 이에 비해 どうも는 '감사합니다'라는 뜻이에요. どうもありがとうございます(대단히 감사합니다)에서 どうも(대단히)만 말한 것이죠.

A (자리를 양보하면서) どうぞ。　　　　　　　　　　　　　앉으세요.
B (자리에 앉으면서) どうも。　　　　　　　　　　　　　　감사합니다.

A (차를 건네주면서) どうぞ。　　　　　　　　　　　　　드세요.
B (차를 받으면서) どうも。 いただきます。　　감사합니다. 잘 먹겠습니다.

> **맛보기 연습**　どうぞ와 どうも 중에서 적절한 것을 골라 (　) 안에 넣어 보세요.　　　(정답은 621쪽에)

A 이거, 떨어뜨리셨어요. これ、落としましたよ。
B 아, 감사합니다. あ、(　　　　　　)。

A 여기, 앉아도 될까요? ここ、座ってもいいですか。
B 아, 네, 앉으세요. あ、はい、(　　　　　　)。

落とす[おとす]①
떨어뜨리다
座る[すわる]① 앉다

❹ 今度 다음에
後で 이따가

今度는 '다음에'라는 뜻이고 後で는 '이따가'라는 뜻이에요. 따라서 〈今度 ～する〉라고 하면 이 말을 한 날(당일)이 아니라 며칠 후 등의 다른 날에 한다는 뜻이 되고, 〈後で ～する〉라고 하면 이 말을 한 날(당일) 중으로 한다는 뜻이 돼요.

お金[おかね] 돈
払う[はらう]① 지불하다

お金は今度払う。　　　돈은 다음에 지불하겠다. [다음 기회에]

お金は後で払う。　　　돈은 이따가 지불하겠다. [오늘 중으로]

謝る[あやまる]①
사과하다

三浦さんに今度謝ります。　みうら 씨에게 다음에 사과하겠습니다. [다음 기회에]

三浦さんに後で謝ります。　みうら 씨에게 이따가 사과하겠습니다. [오늘 중으로]

≫ 今度[こんど]는 '이번'이라는 뜻으로도 써요.
예 今度の仕事[しごと]は難[むずか]しい。 이번 일은 어렵다.

맛보기 연습　주어진 단어와 今度/後で를 써서 일본어 문장을 만들어 보세요.
今度와 後で를 잘 구별하세요.　　　　　　　　　　　　(정답은 621쪽에)

荷物[にもつ] 짐
運ぶ[はこぶ]① 옮기다
子ども[こども] 아이
起こす[おこす]① 깨우다
絵[え] 그림
かける② 걸다
結果[けっか] 결과
知らせる[しらせる]②
알리다

짐은 다음에 옮길게. 荷物, 運ぶ

▶ _____

아이는 이따가 깨울게요. 子ども, 起こす

▶ _____

이 그림은 이따가 건다. この絵, かける

▶ _____

시험(의) 결과는 다음에 알리겠습니다. テストの結果, 知らせる

▶ _____

⑤ 必[かなら]ず　반드시, 틀림없이
きっと　꼭 [아닐 수도 있음]
ぜひ　꼭 [희망, 의지, 권유]

必ず는 100% 그렇게 되는 것, 그래야만 하는 것을 나타내요. きっと는 必ず만큼의
자신감이나 확신이 없을 때 써요. 즉 必ず는 예외가 있을 수 없지만 きっと는 예외
가 있을 수 있어요. ぜひ는 희망이나 의지, 권유를 뜻하는 문장에서만 쓸 수 있어요.

病気[びょうき] 병
治る[なおる]①
(병이)낫다

この病気は必ず治る。　　　이 병은 틀림없이 낫는다. [100%의 확신]

この病気はきっと治る。　　　이 병은 꼭 낫는다. [낫지 않을 수도 있음]

(×)この病気はぜひ治る。　　[희망, 의지, 권유가 아니므로 비문이 됨]

来て[きて]③ 와, 오고

パーティーには必ず来てください。 파티에는 반드시 오세요. [매우 강한 요구(강제)]

パーティーにはきっと来てください。 파티에는 꼭 오세요/와 주세요. [강한 기대]

パーティーにはぜひ来てください。　　 파티에는 꼭 와 주세요. [희망, 바람]

>> 来[き]てください(오세요, 와 주세요)에 쓰인 표현인 〈동사 て형+ください〉는 '~하세요, ~해 주세요'라는 뜻이에요. 이 표현에 대해서는 533쪽에서 배울게요.

맛보기 연습	주어진 단어와 **必ず/きっと/ぜひ**를 써서 일본어 문장을 만들어 보세요.
	必ず, きっと, ぜひ를 잘 구별하세요. (정답은 621쪽에)

教える[おしえる]②
가르치다
直る[なおる]① 수리되다

일본어를 꼭 가르쳐 주세요. [희망]
日本語, 教えてください

▶ _____

이 장난감은 반드시 수리돼. [틀림없이 100%]
このおもちゃ, 直る

▶ _____

痛み[いたみ] 통증
消える[きえる]②
사라지다
身分証[みぶんしょう]
신분증
必要な[ひつような]
필요한
景色[けしき] 경치
見る[みる]② 보다

통증은 꼭 사라져요. [아닐 수도 있음]
痛み, 消える

▶ _____

신분증이 반드시 필요하다. [틀림없이 100%]
身分証, 必要な

▶ _____

그곳의 경치를 꼭 보세요. [권유]
そこの景色, 見てください

▶ _____

明日[あした] 내일
雪[ゆき] 눈
降る[ふる]①
(비, 눈 등이)내리다

내일은 꼭 눈이 내린다. [아닐 수도 있음]
明日, 雪, 降る

▶ _____

》 身分証[みぶんしょう](신분증)는 身分証明書[みぶん しょうめいしょ](신분증명서)의 준말이에요.

❻ すごく 무지, 엄청 [구어적]
とても 아주, 무척
非常[ひじょう]に 매우 [문어적]

すごく는 매우 구어적인 말이라서 편한 말투에 어울리고 공손한 말투나 문장에는 잘 어울리지 않아요. 非常に는 격식 차려 말할 때나 문장에서 쓰는 말이에요. とても는 그 중간 정도가 돼요.

時[とき] 때
恥ずかしい[はずかしい]
부끄럽다
悲しい[かなしい] 슬프다
音[おと] 소리
高い[たかい] 높다

その時、すごく恥ずかしかった。　　그때, 무지 부끄러웠어.

とても悲しいストーリーでした。　　아주 슬픈 스토리였어요.

このスピーカーは音のクオリティが非常に高いです。
　　　　　　　　　　이 스피커는 소리의 퀄리티가 매우 높습니다.

》 ストーリー(스토리)는 '이야기'라는 뜻 외에 '(영화, 소설 등의) 줄거리'라는 뜻으로도 써요.

맛보기연습　주어진 단어와 **すごく/とても/非常に**를 써서 일본어 문장을 만들어 보세요.
　　　　　すごく, とても, 非常に를 잘 구별하세요.　　　　(정답은 621쪽에)

産業[さんぎょう] 산업
盛んな[さかんな] 번성한
妻[つま] 아내(높임×)
優しい[やさしい]
상냥하다
技術[ぎじゅつ] 기술
素晴らしい[すばらしい]
훌륭하다

IT산업이 매우 번성하다. [문장]
IT産業, 盛んな

▶ _____

아내는 아주 상냥해요.
妻, 優しい

▶ _____

기술이 매우 훌륭합니다. [격식 차린 말투]
技術, 素晴らしい

▶ _____

豚肉[ぶたにく] 돼지고기
建物[たてもの] 건물
古い[ふるい] 오래되다
今日[きょう] 오늘
結果[けっか] 결과
残念な[ざんねんな]
아쉬운

제주도의 돼지고기는 엄청 맛있어!

チェジュドの豚肉, うまい

▶ _____

그 건물은 무지 오래됐어.

その建物, 古い

▶ _____

오늘의 결과는 무척 아쉬워요.

今日の結果, 残念だ

▶ _____

뜻과 쓰임이 비슷한 부사

❶ はじめて	(경험상) 처음으로
はじめ	(시간의 흐름상) 처음, 시작
❷ さっき	아까, 조금 전
この前	지난번, 요전
❸ どうぞ	어서 ~하세요
どうも	감사합니다
❹ 今度	다음에
後で	이따가

❺ 必ず	반드시 [100%]
きっと	꼭 [아닐 수도 있음]
ぜひ	꼭 [희망, 의지, 권유]
❻ すごく	무지, 엄청 [구어적]
とても	아주, 무척
非常に	매우 [문어적]

1 ( ) 속에 적절한 부사를 넣어 보세요.

(1) ( )から外で男の人の声がする。

아까부터 바깥에서 남자 목소리가 난다.

(2) ( )、父が亡くなった。

요전에, 아버지가 세상을 떠어.

(3) A: (차를 건네주면서) ( )。

드세요.

(4) B: (차를 받으면서) ( )。いただきます。

감사합니다. 잘 먹겠습니다.

(5) お金は( )払う。

돈은 다음에 지불하겠다. [다음 기회에]

(6) お金は( )払う。

돈은 이따가 지불하겠다. [오늘 중으로]

(7) パーティーには( )来てください。

파티에는 반드시 오세요. [매우 강한 요구(강제)]

(8) パーティーには( )来てください。

파티에는 꼭 오세요/와 주세요. [강한 기대]

(9) パーティーには( )来てください。

파티에는 꼭 와 주세요. [희망, 바람]

(10) その時、( )恥ずかしかった。

그때, 무지 부끄러웠어.

(11) ( )悲しいストーリーでした。

아주 슬픈 스토리였어요.

(12) このスピーカーは音のクオリティが( )高いです。

이 스피커는 소리의 퀄리티가 매우 높습니다. [격식 차린 말투]

この前、私は友達3人と一緒にヨーロッパに行った。はじめはイギリスに行った。イギリスは景色もとてもきれいだったし、親切な人も多かった。でも、食べ物がおいしくなかった。それから、フランスに行った。私はフランスははじめてだった。フランスでは美術館や建物など色々な所を見た。買い物もすごくたくさんした。とても楽しかった。フランス人は非常にのんびりしていてちょっとびっくりした。急いでいる時はちょっとイライラした。でも、余裕があって、うらやましいと思った。そして、最後はイタリアに行った。イタリアは食事が一番おいしかった。今度はぜひドイツに行きたい。

{단어}

友達[ともだち] 친구 | 3人[さんにん] 3명 | 一緒に[いっしょに] 함께 | ヨーロッパ 유럽 | 行く[いく]① 가다 | イギリス 영국 | 景色[けしき] 경치 | 親切な[しんせつな] 친절한 | 多い[おおい] 많다 | 食べ物[たべもの] 음식 | フランス 프랑스 | 美術館[びじゅつかん] 미술관 | 建物[たてもの] 건물 | 色々な[いろいろな] 여러 가지의 | 所[ところ] 곳 | 見る[みる]② 보다 | 買い物[かいもの] 쇼핑 | 楽しい[たのしい] 즐겁다 | フランス人[じん] 프랑스 사람 | のんびりする③ 느긋하다 | 急ぐ[いそぐ]① 서두르다 | 時[とき] 때 | イライラする③ 짜증나다 | 余裕[よゆう] 여유 | うらやましい 부럽다 | 思う[おもう]① 생각하다 | 最後[さいご] 마지막 | イタリア 이탈리아 | 食事[しょくじ] 식사 | 一番[いちばん] 제일 | ドイツ 독일

지난번에 나는 친구 3명과 함께 유럽에 갔다. 처음에는 영국에 갔다. 영국은 경치도 아주 아름다웠고 친절한 사람도 많았다. 그렇지만 음식이 맛있지 않았다. 그러고 나서 프랑스에 갔다. 나는 프랑스는 처음이었다. 프랑스에서는 미술관이나 건물 등 여러 곳을 보았다. 쇼핑도 엄청 많이 했다. 아주 즐거웠다. 프랑스 사람들은 매우 느긋해서 좀 놀랐다. 급할 때는 좀 짜증났다. 그렇지만 여유가 있어서 부럽다고 생각했다. 그리고 마지막에는 이탈리아에 갔다. 이탈리아는 식사가 제일 맛있었다. 다음에는 꼭 독일에 가고 싶다.

 おいしい와 うまい

'맛있다'는 おいしい로 아시죠? おいしい 외에 うまい라는 말도 있는데 うまい는 거친 말투예요. 또 うまい는 '잘하다, 능숙하다'의 뜻으로도 써요. 上手와 같은 뜻이죠. 이 경우에도 うまい는 거친 말투이지만 '맛있다'의 뜻으로 쓸 때보다는 덜 거칠어요. 뜻에 따라 거친 정도가 달라져요. 그리고 おいしい와 うまい는 보통 히라가나로 쓰지만 가끔 한자로도 써요. '맛있다'라는 뜻으로는 美味しい, 旨い, 美味로 쓰고 '잘한다, 능숙하다'라는 뜻으로는 上手い, 巧い로 쓰는데, 上手い로 쓰는 경우가 더 많아요.

열셋째마디

●

까다로운 접속사

33 접속사

접속사도 이해하기 쉽도록 표로 정리했어요. 접속사 중에
そ로 시작하는 접속사가 많다 보니 헷갈리는 경우가 많아
요. 이번에 확실히 배워 봅시다!

33 접속사

강의 및 예문듣기

그로 시작하는 접속사들은 많기 때문에 서로 비슷해 보여요. 구별에 유의하세요! 그리고 뜻은 같지만 어감이 다른 접속사들도 있으니 꼼꼼히 확인하세요!

1단계
핵심문법 익히기

① そ로 시작하는 접속사

일본어의 접속사는 そ로 시작하는 것이 많으니, 우선 そ로 시작하는 접속사들부터 정리할게요.

そして	그리고	そして와 そうして는 둘 다 '그리고'라는 뜻으로 쓰기도 하는데, そうして는 '그리하여', '그렇게 해서'라는 뜻의 부사로 쓰는 경우가 많아요.
そうして	그리고 그리하여	
それから	그러고 나서 그 이후 그리고	일상회화에서 '그리고'라고 할 때는 そして보다 それから를 더 많이 써요. そして는 격식 차린 말투나 문장에서 많이 써요.
それで	그래서	
それに	게다가	

맛보기 연습   주어진 단어와 접속사를 써서 일본어 문장을 만들어 보세요.
들어갈 수 있는 접속사가 1개가 아닌 경우도 있어요.   (정답은 622쪽에)

安い[やすい] (값이)싸다
1時間[いち じかん] 1시간
昼寝[ひるね] 낮잠
新聞[しんぶん] 신문
読む[よむ]① 읽다
夕べ [ゆうべ] 어제 저녁
雨[あめ] 비
濡れる[ぬれる]② 젖다
風邪[かぜ] 감기
ひく① (감기에)걸리다

그 레스토랑은 싸다. 게다가, 맛있다. そのレストラン, 安い, おいしい

▶ _____

1시간 정도 낮잠을 잤습니다. 그러고 나서, 신문을 읽었습니다.
1時間, 昼寝, する, 新聞, 読む

▶ _____

어제 저녁에 비에 젖었어. 그래서, 감기에 걸렸어. 夕べ, 雨, 濡れる, 風邪, ひく

▶ _____

友達[ともだち] 친구
写す[うつす]① 베끼다
不可[ふか] F학점
湖[みずうみ] 호수
広い[ひろい] 넓다
深い[ふかい] 깊다

친구의 리포트를 베꼈어요. 그래서, F학점을 받았어요.
友達, レポート, 写す, 不可, もらう

▶ _____

이 호수는 넓다. 그리고, 깊다. この湖, 広い, 深い

▶ _____

~君[くん] ~군
背[せ] 키
高い[たかい] (키가)크다
勉強[べんきょう] 공부
付ける[つける]② 달다
彼女[かのじょ] 여자친구
出張[しゅっちょう] 출장
電車[でんしゃ] 전철
切符[きっぷ] 표

おの 군은 키가 큽니다. 게다가, 공부도 잘합니다.
小野君, 背, 高い, 勉強, できる

▶ _____

선물에 리본을 달았어. 그리고 나서, 여자친구에게 줬어.
プレゼント, リボン, 付ける, 彼女, あげる

▶ _____

이것이 출장(의) 스케줄이에요. 그리고, 이것이 전철(의) 표예요.
これ, 出張, スケジュール, これ, 電車, 切符

▶ _____

❷ 그 밖의 기본 접속사

이번에는 そ 이외의 소리로 시작하는 기본 접속사들을 정리할게요.

けれど	하지만 그렇지만	けれど와 けれども는 뜻은 같은데, けれども가 좀 더 정중한 느낌이 있어요. 일상회화에서는 けど라고도 해요.
けれども		
でも	하지만 그렇지만 그런데도	일상회화에서는 し, か, 보다 でも를 더 많이 써요. 한국어도 일상회화에서는 '그러나'를 잘 쓰지 않는 것과 마찬가지로 しかし도 일상회화에서는 잘 쓰지 않아요.
しかし	그러나	
また	또	また는 한자로 又라고 쓰는데, 일상적으로는 히라가나로 쓰는 경우가 더 많아요.
または	또는 혹은	
では	그럼 그러면	일상회화에서는 じゃ로 쓰는 경우가 많아요.

だから	그러니까 그래서 그렇기 때문에	좀 더 정중하게 말하려면 ですから라고 하면 돼요.
すると	그랬더니 그러자 그러면 그렇다면	동사 する(하다)와 ～と(～했더니, ～하면, ～하자(마자))가 합해져서 만들어진 접속사예요.

맛보기 연습 주어진 단어와 접속사를 써서 일본어 문장을 만들어 보세요.
들어갈 수 있는 접속사가 1개가 아닌 경우도 있어요.

(정답은 622쪽에)

今日[きょう] 오늘
曇り[くもり] 흐림
涼しい[すずしい]
선선하다
電話[でんわ] 전화
連絡[れんらく] 연락

오늘은 흐린 날씨였어. 그렇지만/그러나, 선선하지 않았어. 今日, 曇り, 涼しい

▶ _____

전화 또는 메일로 연락을 주세요. 電話, メール, 連絡, ください

▶ _____

少ない[すくない] 적다
教会[きょうかい] 교회
彼[かれ] 그
～ら ～들
行く[いく]① 가다
寄る[よる]① 들르다
用意[ようい] 준비
始める[はじめる]②
시작하다

일본에는 크리스천이 적다. 그래서, 교회가 별로 없다.
日本, クリスチャン, 少ない, 教会, あまり, ない

▶ _____

그들은 스위스에 갔습니다. 또, 오스트리아에도 들렀습니다.
彼ら, スイス, 行く, オーストリア, 寄る

▶ _____

준비는 됐습니까? 그럼, 시작하십시오. 用意, できる, 始めてください

▶ _____

お姫様[おひめさま]
공주님
口[くち] 입
入れる[いれる]② 넣다
急に[きゅうに] 갑자기
倒れる[たおれる]②
쓰러지다
明日[あした] 내일
今夜[こんや] 오늘 밤
勉強[べんきょう] 공부
私[わたし] 저, 나
高校[こうこう] 고등학교
習う[ならう]① 배우다

공주님은 사과를 입에 넣었습니다. 그러자, 갑자기 쓰러졌습니다.
お姫様, リンゴ, 口, 入れる, 急に, 倒れる

▶ _____

내일은 시험이 있어. 그러니까, 오늘 밤은 공부하자.
明日, テスト, ある, 今夜, 勉強する

▶ _____

저는 고등학교에서 일본어를 배웠어요. 그렇지만/그러나, 가타카나를 잘 몰라요.
私, 高校, 日本語, 習う, カタカナ, よく, わかる

▶ _____

話[はなし] 이야기
終わる[おわる]① 끝나다
帰る[かえる]① 집에 가다
有名な[ゆうめいな] 유명한
俳優[はいゆう] 배우
歌手[かしゅ] 가수
箱[はこ] 상자
ひも 끈
引く[ひく]① 당기다
大きな[おおきな] 큰
音[おと] 소리
乗る[のる]①
(전철 등을)타다

이야기는 이제 끝났습니까? 그럼, 이제 슬슬 집에 가겠습니다.
話, もう, 終わる, そろそろ, 帰る

▶ _____

그는 유명한 배우이다. 또, 가수이기도 하다. 彼, 有名な, 俳優, 歌手でもある

▶ _____

상자의 끈을 당겼어. 그랬더니, 큰 소리가 났어. 箱, ひも, 引く, 大きな音, する

▶ _____

버스 또는 택시를 탑니다. バス, タクシー, 乗る

▶ _____

» '소리가 나다'는 音[おと]がする(소리가 하다)라고 표현해요.

1 そ로 시작하는 접속사

そして	그리고	それで	그래서
そうして	그리고, 그리하여	それに	게다가
それから	그러고 나서, 그 이후, 그리고		

2 그 밖의 기본 접속사

けれど	하지만, 그렇지만	または	또는, 혹은
けれども		では	그럼, 그러면
でも	하지만, 그렇지만, 그런데도	だから	그러니까, 그래서, 그렇기 때문에
しかし	그러나	すると	그랬더니, 그러자, 그러면, 그렇다면
また	또		

1 ( ) 속에 적절한 접속사를 넣어 보세요. 정답이 1개가 아닌 경우도 있어요.

(1) そのレストランは安い。（　　　）、おいしい。

그 레스토랑은 싸다. 게다가, 맛있다.

(2) 友達のレポートを写しました。
（　　　）、不可をもらいました。

친구의 리포트를 베꼈어요. 그래서, F학점을 받았어요.

(3) この湖は広い。（　　　）、深い。

이 호수는 넓다. 그리고, 깊다.

(4) 私は高校で日本語を習いました。
（　　　）、カタカナがよくわかりません。

저는 고등학교에서 일본어를 배웠어요. 그렇지만/그러나, 가타카나를 잘 몰라요.

(5) 電話、（　　　）、メールで連絡をください。

전화 또는 메일로 연락을 주세요.

(6) 箱のひもを引いた。（　　　）、大きな音がした。

상자의 끈을 당겼어. 그랬더니, 큰 소리가 났어.

(7) 日本にはクリスチャンが少ない。
（　　　）、教会があまりない。

일본에는 크리스천이 적다. 그래서, 교회가 별로 없다.

(8) 彼は有名な俳優だ。（　　　）、歌手でもある。

그는 유명한 배우이다. 또 가수이기도 하다.

(9) 用意はできましたか。（　　　）、始めてください。

준비는 됐습니까? 그럼, 시작하십시오.

(10) 小野君は背が高いです。（　　　）、勉強もできます。

おの 군은 키가 큽니다. 게다가 공부도 잘합니다.

(11) 夕べ雨に濡れた。（　　　）、風邪をひいた。

어제 저녁에 비에 젖었어. 그래서 감기에 걸렸어.

(12) バス、（　　　）、タクシーに乗ります。

버스 또는 택시를 탑니다.

🎧 33-2.mp3

私は小さい頃は耳がちゃんと聞こえました。しかし、12歳の時に、病気で耳がよく聞こえなくなりました。はじめは、とてもつらくて、いつも泣いていました。でも、障害者の学校に入って、気持ちが変わりました。そこには、私と同じ障害を持った友達や、もっと大変な障害を持った友達もいました。でも、みんな明るくて、楽しそうでした。私はそこで、障害は不幸ではないということを学びました。高校を卒業してから、もっと色んなことが学びたいと思いました。それで、アメリカの大学に留学しました。それから、一生懸命勉強して、大学を卒業しました。今は、障害者のサポートをする仕事をしています。

{단어}

小さい[ちいさい] 어리다, 작다 | 頃[ころ] 때, 경 | 耳[みみ] 귀 | 聞こえる[きこえる]② 들리다 | 12歳[じゅうに さい] 12살 | 時[とき] 때 | 病気[びょうき] 병 | つらい 괴롭다 | 泣く[なく]① 울다 | 障害者[しょうがいしゃ] 장애인 | 学校[がっこう] 학교 | 入る[はいる]① 들어가다 | 気持ち[きもち] 마음 | 変わる[かわる]① 바뀌다 | 同じ[おなじ] 같은 | 障害[しょうがい] 장애 | 持つ[もつ]① 가지다 | 友達[ともだち] 친구 | 大変な[たいへんな] 힘든 | 明るい[あかるい] 밝다 | 楽しい[たのしい] 즐겁다 | 不幸[ふこう] 불행 | 学ぶ[まなぶ]① 배우다 | 高校[こうこう] 고등학교 | 卒業[そつぎょう] 졸업 | 色んな[いろんな] 다양한 | 思う[おもう]① 생각하다 | アメリカ 미국 | 大学[だいがく] 대학교 | 留学[りゅうがく] 유학 | 一生懸命[いっしょうけんめい] 열심히 | 勉強[べんきょう] 공부 | 今[いま] 지금 | サポート 서포트 | 仕事[しごと] 일(직업)

» '배우다'라는 뜻을 가진 동사에는 習う[ならう]와 学ぶ[まなぶ]가 있어요. 習う는 '지도를 받아서 배우다'라는 뜻인데, 学ぶ는 지도를 받아서 배우는 경우에도 쓰고 지도를 받지 않고 스스로 배우는 경우에도 쓸 수 있어요. 그리고 習う는 기술 등의 구체적인 것을 배우는 데 쓰고, 学ぶ는 학문이나 지식 등의 추상적인 것을 배우는 데 써요.

저는 어릴 때는 귀가 제대로 들렸습니다. 그러나 12살 때, 병 때문에 귀가 잘 안 들리게 되었습니다. 처음에는 너무 괴로워서 늘 울고 있었습니다. 하지만 장애인학교에 들어가서 마음이 바뀌었습니다. 거기에는 저와 같은 장애를 가진 친구나, 더 힘든 장애를 가진 친구도 있었습니다. 그렇지만 모두 밝고 즐거워 보였습니다. 저는 그곳에서 장애는 불행이 아니라는 것을 배웠습니다. 고등학교를 졸업하고 나서 더 다양한 것을 배우고 싶다고 생각했습니다. 그래서 미국 대학교에 유학 갔습니다. 그러고 나서 열심히 공부하여 대학교를 졸업했습니다. 지금은 장애인들의 서포트를 하는 일을 하고 있습니다.

일본의 대학교 학점

'F학점'이라는 뜻으로 不可라는 말이 나와서 '이게 뭐지?' 싶으셨죠? 일본의 대학교 학점은 優, 良, 可, 不可의 4단계로 평가하거나 優 위에 秀가 있는 5단계로 평가해요. '학점'은 単位(단위)라고 하고 '학점을 따다/취득하다'는 単位を取る라고 해요. 그리고 대학교까지는 卒業(졸업)라고 하고 대학원은 修了(수료)라고 해요. 修士を修了した(석사를 수료했다)라고 하면 '석사를 졸업했다'라는 뜻이에요. 대학원은 卒業라고 하지 않으니 잘못 쓰지 않도록 유의하세요! 그리고 博士(박사)는 はくし와 はかせ의 2가지 음이 있어요. 대학원의 박사과정을 가리킬 때는 はくし라고 하고, 어떤 분야에 대해 특별히 잘 아는 사람을 가리킬 때는 はかせ라고 해요. 예를 들어 전철에 대해 잘 아는 사람은 鉄道博士(철도박사)라고 부르고, 다양한 분야에 대해 많은 지식을 가진 사람은 物知り博士(만물박사)라고 불러요.

: 넷째마당 :

특별하고 깊이 있는 문법 이야기

열넷째마디 · 품사 속으로 한 걸음 더
열다섯째마디 · 동사 속으로 한 걸음 더

여기에서는 앞에서 배운 기본 문법을 바탕으로 해서 한 걸음 더 나아간 심화 내용을 배워 봅시다! 완
전히 새로운 것을 배운다기보다는 지금까지 배운 것들을 조금만 바꾸면 어떻게 되는 지에 대해 배울
거예요.

열넷째마디

•

품사 속으로
한 걸음 더

한국어에서 '~하기'처럼 동사에 '~기'를 붙이면 명사가 되죠? 이와 같이 지금까지 배운 명사, 형용사, 동사를 조금만 바꾸면 되는 것들을 여기에서 배울게요. 그리 어렵지 않으면서도 알면 훨씬 다양한 표현이 가능해지는 것들이니 잘 챙겨 가세요!

34

강의 및 예문듣기

명사를 수식하는 방법

명사와 형용사를 이용해서 명사를 수식하는 가장 기본적인 방법은 앞에서 이미 배웠어요. 여기에서는 좀 더 다양하게 수식하는 방법을 배울게요. 그리고 동사로 명사를 수식하는 방법도 여기에서 배워 봅시다!

🎧 34-1.mp3

1단계
핵심문법 익히기

① 명사를 수식하기

명사를 수식할 때는 각 품사의 보통체형에 명사를 연결하면 돼요. 다만 명사의 현재형은 〈명사+の+명사〉의 형태가 되고, な형용사의 현재형은 〈な형용사(~な)+명사〉의 형태가 돼요.

友達[ともだち] 친구
入る[はいる]① 들어가다
学校[がっこう] 학교
有名な[ゆうめいな]
유명한
裏[うら] 뒤, 뒷면
妻[つま] 아내(높임×)
大好きな[だいすきな]
무척 좋아하는
林[はやし] 숲

보통체형		
(단, 명사·な형 현재형은)		**명사**
명사 + の		
な형(~な)		

友達が入る学校は有名な学校だ。　　친구가 들어갈 학교는 유명한 학교이다.

うちの裏は妻が大好きな林です。　우리 집(의) 뒤는 아내가 무척 좋아하는 숲입니다.

体[からだ] 몸
大きい[おおきい] 크다
女性[じょせい] 여성
服[ふく] 옷
僕[ぼく] 나(남자)
昔[むかし] 옛날
好きな[すきな]
사랑하는, 좋아하는
女の人[おんなのひと]
여자
去年[きょねん] 작년
咲く[さく]① 피다
花[はな] 꽃
パスワード 패스워드
必要な[ひつような]
필요한
場合[ばあい] 경우

📝 맛보기 연습　　주어진 문장을 보통체형으로 바꾸어(명사, な형 현재형은 다름) 뒤의 명사를 수식해 보세요.
(정답은 623쪽에)

体が大きい女性です, 服 ▶ ＿＿＿＿＿＿＿＿＿＿＿＿＿

僕が昔好きでした, 女の人 ▶ ＿＿＿＿＿＿＿＿＿＿＿＿

去年咲きませんでした, 花 ▶ ＿＿＿＿＿＿＿＿＿＿＿

パスワードが必要です, 場合 ▶ ＿＿＿＿＿＿＿＿＿

ワイン 와인
合う[あう]① 어울리다
料理[りょうり] 요리
一番[いちばん] 가장, 제일
近い[ちかい] 가깝다
スーパー 슈퍼
滞在[たいざい] 체류
期間[きかん] 기간
長い[ながい] 길다
国[くに] 나라
仕事[しごと] 일(직업)
担当[たんとう] 담당
人[ひと] 사람

ワインに合います, 料理 ▶ _____

うちから一番近いです, スーパー ▶ _____

滞在期間が一番長かったです, 国 ▶ _____

この仕事の担当じゃありません, 人 ▶ _____

❷ 명사를 수식하는 문장의 주어를 の로 나타내기

명사를 수식하는 문장, 즉 명사를 꾸미기 위해 명사 앞에 놓인 문장의 주어에는 が 대신에 の를 쓸 수도 있어요(227쪽 참고). 한국어에서도 '내가 살던 고향'을 '나의 살던 고향'이라고도 하죠? 일본어도 똑같아요!

三人[さんにん] 세 사람
向かう[むかう]① 향하다
場所[ばしょ] 장소
公園[こうえん] 공원
次[つぎ] 이번
駅[えき] 역
降りる[おりる]② 내리다

三人の向かった場所は公園だった。　　세 사람이 향한 장소는 공원이었어.

次の駅が私の降りる駅です。　　이번(의) 역이 제가 내릴 역이에요.

⌐ 맛보기 연습　주어진 문장을 보통체형으로 바꾸어(명사, な형 현재형은 다름) 뒤의 명사를 수식해 보세요.
주어에는 が 대신에 の를 쓰세요. 　　(정답은 623쪽에)

雨[あめ] 비
降る[ふる]①
(비, 눈 등이)내리다
日[ひ] 날
目[め] 눈
速度[そくど] 속도
遅い[おそい] 느리다
台風[たいふう] 태풍

雨が降りました, 日 ▶ _____

目がきれいです, 人 ▶ _____

速度が遅いです, 台風 ▶ _____

❶ 명사를 수식하는 방법

〈보통체형+명사〉
단, 명사 현재형은 〈명사+の+명사〉
　　な형용사 현재형은 〈な형용사(〜な)+명사〉

❷ 명사를 수식하는 문장

명사를 수식하는 문장의 주어에는 が 대신에 の를 써도 됨.
예 雨が降った日/雨の降った日 비가 내린 날

1 ( ) 속에 적절한 말을 넣어 보세요.

(1) 僕が昔好き( )女の人
내가 옛날에 사랑했던 여자

(2) 体( )大きい女性( )服
몸이 큰 여성의 옷

(3) 去年咲( )花
작년에 피지 않은 꽃

(4) うちから一番近( )スーパー
우리 집에서 가장 가까운 슈퍼

(5) 目( )きれい( )人
눈이 예쁜 사람

(6) ワインに合( )料理
와인에 어울리는 요리

2 다음 문장을 일본어로 만들어 보세요.

(1) 친구가 들어갈 학교는 유명한 학교이다.

🖉 --

(2) 우리 집 뒤는 아내가 무척 좋아하는 숲입니다.

🖉 --

(3) 세 사람이 향한 장소는 공원이었어.

🖉 --

(4) 이번 역이 제가 내릴 역이에요.

🖉 --

東京の西側には山や川や木が多くて、動物がたくさんいる。東京で見られる動物は43種類もいる。大きい都市でこれほどたくさんの動物が見られる都市は、世界でも珍しい。東京で見られる動物の中にはクマもいる。クマが出る所というと、森の中をイメージする人が多いが、日本ではクマの出る所が意外に多い。最近はクマが人の住んでいる所まで下りてくることがよくある。人がクマに襲われて怪我をしたり、死んだりする事件も起きている。日本では、山や森に近い所ではクマに気を付けよう。

〔단어〕

西[にし] 서(쪽) | ～側[がわ] ～쪽 | 山[やま] 산 | 川[かわ] 강 | 木[き] 나무 | 多い[おおい] 많다 | 動物[どうぶつ] 동물 | 見る[みる]②
보다 | 43[よんじゅう さん] 43 | 種類[しゅるい] 종류 | 大きい[おおきい] 크다 | 都市[とし] 도시 | 世界[せかい] 세계 | 珍しい[めず
らしい] 드물다 | 中[なか] 중, 속 | クマ 곰 | 出る[でる]② 나오다 | 所[ところ] 곳 | 森[もり] 숲 | イメージ 이미지 | 意外に[いがいに]
의외로 | 最近[さいきん] 요즘 | 住む[すむ]① 살다(거주하다) | 下りる[おりる]② 내려오다 | 襲う[おそう]① 습격하다 | 怪我をする[け
がをする]③ 다치다 | 死ぬ[しぬ]① 죽다 | 事件[じけん] 사건 | 起きる[おきる]② 일어나다 | 近い[ちかい] 가깝다 | 気を付ける[きをつ
ける]② 조심하다

>> クマ(곰)는 한자로 熊라고 써요.

とうきょうの 서쪽에는 산이랑 강, 나무가 많아서 동물이 많이 있다. とうきょう에서 볼 수 있는 동물은 43종류나 있다. 큰 도시에서 이렇게 많은 동물을 볼 수 있는 도시는 세계에서도 드물다. とうきょう에서 볼 수 있는 동물들 중에는 곰도 있다. 곰이 나오는 곳이라고 하면 숲 속을 연상하는 사람이 많지만, 일본에서는 곰이 나오는 곳이 의외로 많다. 요즘은 곰이 사람이 살고 있는 곳까지 내려오는 경우가 자주 있다. 사람이 곰에게 습격 당해서 다치거나 죽는 사건도 일어나고 있다. 일본에서는 산이나 숲에 가까운 곳에서는 곰을 조심하자.

 '숲'이라는 뜻의 森와 林, 그 차이는?

森도 林도 한국어로는 '숲'이라는 뜻이지만 차이가 있어요. 나라에서 규정한 정의로는 자연적으로 형성된 숲을 森라고 하고, 인공적으로 형성된 숲을 林라고 해요. 그런데 이 정의에 일치하지 않는 경우도 많아요. 일반적으로는 여러 종류의 나무들이 빽빽하게 서 있고 전체가 봉긋하고 깊숙이 우거져 있는 곳을 森라고 하고, 같은 종류(몇 가지 종류인 경우도 있음)의 나무가 모여 있으면서 나무와 나무 사이가 그리 좁지 않은 곳을 林라고 해요. 그러니 森가 林보다 나무가 많고 규모가 큰 것이 일반적이에요. 그리고 森는 엄숙하고 조용한 느낌이 있어요. 森와 林를 합한 森林(삼림)이라는 말도 있는데, 이는 森보다도 더 넓은 범위에서 나무들이 밀생하는 곳을 말해요. 나무뿐만이 아니라 거기에 사는 동물이나 미생물, 토양 등의 전부를 포함하는 말이에요.

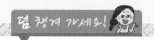

명사를 수식하는 문장을 해석하는 방법

명사를 수식하는 문장이 동사로 끝나는 경우는 현재형에서 한국어와 차이가 나기 때문에 여기서 한 번 설명하고 넘어갈게요.

〈동사의 사전형+명사〉	~할 ~, ~하는 ~
〈동사의 ない형+명사〉	~하지 않을 ~, ~하지 않는 ~
〈동사의 た형+명사〉	~한 ~
〈동사의 なかった형+명사〉	~하지 않은 ~

일본어의 동사는 미래형이 없어서 '현재형'을 '비과거형'이라고 부르기도 한다고 배웠죠? 그래서 사전형의 해석은 '~할'이 되기도 하고 '~하는'이 되기도 해요. 그리고 ない형의 해석은 '~하지 않을'이 되기도 하고 '~하지 않는'이 되기도 해요.

〈동사의 사전형+명사〉

来週登る山 다음 주에 올라갈 산
らいしゅうのぼ やま

夏に咲く花 여름에 피는 꽃
なつ さ はな

〈동사의 ない형+명사〉

来月行かない所 다음 달에 가지 않을 곳
らいげつ い ところ

飛ばない鳥 날지 않는 새
と

35

명사·형용사의 て형을 만드는 방법

앞에서 동사의 て형에 대해 배웠죠? て형의 기본 뜻은 '~하고', '~해서', '~하여'였죠? 명사와 형용사도 이와 같은 て형이 있으니 여기에서 연습해 봅시다!

 35-1.mp3

1단계
핵심문법 익히기

お子さん[おこさん]
자녀분(높임○)

女の子[おんなのこ]
여자 아이

今[いま] 지금

7歳[ななさい] 7살

上司[じょうし] 상사

出張[しゅっちょう] 출장

今日[きょう] 오늘

会社[かいしゃ] 회사

来ません[きません]③
오지 않습니다

---

❶ 명사의 て형 만들기

명사는 바로 뒤에 で를 붙이면 돼요. 뜻은 '~이고', '~이어서', '~이라서'가 돼요.

学校(がっこう)
(학교)
＋
で
(~이고/이어서/이라서)
⇨
学校(がっこう)で
(학교이고/학교여서)

三浦さんのお子さんは女の子で、今7歳だ。

みうら 씨의 자녀분은 여자 아이이고, 지금 7살이다.

上司が出張で今日は会社に来ません。

상사가 출장이라서 오늘은 회사에 오지 않습니다.

맛보기 연습 주어진 두 문장을 て형으로 연결하여 '~이고/이어서/이라서 ~합니다'라는 문장을 만들어 보세요.

(정답은 624쪽에)

行きは船だ, 帰りは飛行機だ

▶

木曜日は試験だ, 金曜日は休講だ

▶

先生は留守だった, 会えなかった

▶

行き[いき] 갈 때

船[ふね] 배

帰り[かえり] 돌아올 때

飛行機[ひこうき] 비행기

木曜日[もくようび]
목요일

試験[しけん] 시험

金曜日[きんようび]
금요일

休講[きゅうこう] 휴강

先生[せんせい] 선생님

留守[るす] 부재중

会う[あう]① 만나다

≫ 버스나 지하철의 행선지를 나타내는 ~行き는 いき로 읽는 경우도 있지만 주로 ゆき로 읽어요. 그런데 行き가 '갈 때'라는 뜻일 때는 いき로 읽어요.

❷ な형용사의 て형 만들기

な형용사는 꼬리 な를 빼고 で를 붙이면 돼요.

このホテルは静かで、サービスもいい。　이 호텔은 조용하고, 서비스도 좋아.

坂が急で大変でした。　　　　　　　　　　비탈길이 가팔라서 힘들었어요.

静かな[しずかな] 조용한
坂[さか] 비탈길
急な[きゅうな] 가파른
大変な[たいへんな] 힘든

맛보기 연습　주어진 두 문장을 て형으로 연결하여 '~하고/해서 ~한다'라는 문장을 만들어 보세요.

(정답은 624쪽에)

江川さんは親切です, 明るいです

▶ _____

この高校はスポーツが盛んです, 有名な選手も多いです

▶ _____

数学が好きです, 理系に進学しました

▶ _____

» '문과'는 文系[ぶんけい]라고 해요.

江川[えがわ] (성씨)
親切な[しんせつな]
친절한
明るい[あかるい] 밝다
高校[こうこう] 고등학교
スポーツ 스포츠
盛んな[さかんな] 성한
有名な[ゆうめいな]
유명한
選手[せんしゅ] 선수
多い[おおい] 많다
数学[すうがく] 수학
好きな[すきな] 좋아하는
理系[りけい] 이과
進学[しんがく] 진학

❸ い형용사의 て형 만들기

い형용사는 꼬리 い를 く로 바꾼 후에 て를 붙이면 돼요.

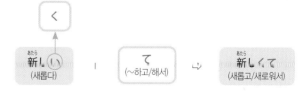

うちの台所は狭くて、暗い。　　　　　우리 집의 주방은 좁고, 어둡다.

台所[だいどころ] 주방
狭い[せまい] 좁다
暗い[くらい] 어둡다

のど 목
痛い[いたい] 아프다
声[こえ] 목소리
出る[でる]② 나오다

神社[じんじゃ] 신사
古い[ふるい] 오래되다
歴史[れきし] 역사
昨日[きのう] 어제
空[そら] 하늘
青い[あおい] 푸르다
美しい[うつくしい]
아름답다
眠い[ねむい] 졸리다
仕事[しごと] 일(직업)

のどが痛くて声が出ませんでした。　목이 아파서 목소리가 나오지 않았습니다.

» のどと首[くび]는 둘 다 '목'이라는 뜻인데 차이가 있어요. のど는 목의 안쪽, 즉 '목구멍(인후)'을 뜻하고, 首는 목의 바깥쪽, 즉 머리와 몸통을 연결하는 부분을 뜻해요. のど는 한자 喉로 쓰는 경우도 많아요.

맛보기 연습　주어진 두 문장을 て형으로 연결하여 '~하고/해서 ~합니다'라는 문장을 만들어 보세요.

(정답은 624쪽에)

その神社は古い, 歴史のある神社だ

▸ _____

昨日の空は青かった, 美しかった

▸ _____

眠い, 仕事ができなかった

▸ _____

④ **명사·형용사 부정형의 て형 만들기**

명사도 형용사도 부정형의 꼬리 ない를 なくて로 바꾸면 돼요. 명사와 な형용사는 〈명사/な형용사(な삭제)+じゃなくて/ではなくて〉의 형태가 되고, い형용사는 〈い→くなくて〉의 형태가 돼요.

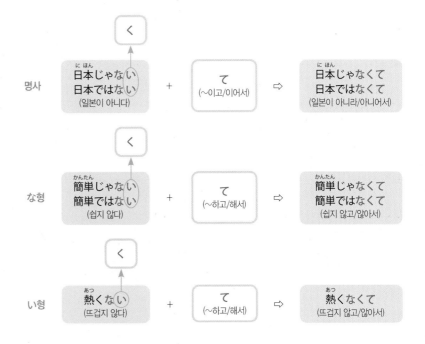

≫ 〜ではなくては 일상적으로 잘 쓰지 않고 〜じゃなくて를 쓰는 경우가 많아요.

≫ 명사와 な형용사의 경우는 〜でなくて로 쓰는 경우도 있어요.

新学期[しんがっき]
새학기

3月[さんがつ] 3월

4月[しがつ] 4월

店員[てんいん] 점원

説明[せつめい] 설명

丁寧な[ていねいな]
정중한

頭に来る[あたまにくる]
③ 몹시 화가 나다

枕[まくら] 베개

硬い[かたい] 딱딱하다

高さ[たかさ] 높이

日本の新学期は3月ではなくて、4月からだ。

일본의 새학기는 3월이 아니고, 4월부터이다.

店員の説明が丁寧じゃなくて頭に来ました。

점원의 설명이 정중하지 않아서 몹시 화가 났습니다.

この枕は硬くなくて、高さもちょうどいい。

이 베개는 딱딱하지 않고, 높이도 딱 좋아.

≫ 매우 화가 났을 때 '열 받았다', '뚜껑 열렸다'와 같은 표현을 쓰죠? 화가 나면 뜨거운 느낌이 머리 쪽으로 올라오잖아요? 그래서 일본어도 頭[あたま]に来[く]る(머리에 오다)라고 표현하는 모양이에요. 頭に来る는 속어가 아닌데 '열 받다'로 해석하면 속어적인 느낌이 강해서 '몹시 화가 나다'로 해석했어요.

맛보기 연습 주어진 두 문장을 부정형의 て형으로 연결하여 명사는 '~가 아니고/아니어서 ~한다'라는 문장을, 형용사는 '~하지 않고/않아서 ~한다'라는 문장을 만들어 보세요. (정답은 624쪽에)

二人[ふたり] 두 사람

友達[ともだち] 친구

姉妹[しまい] 자매

犬[いぬ] 개

世話[せわ] 돌봄

大変な[たいへんな] 힘든

楽な[らくな] 편한

店[みせ] 가게

値段[ねだん] 가격

高い[たかい] 비싸다

雰囲気[ふんいき] 분위기

あの二人は友達じゃありません, 姉妹です

▶ _____

うちの犬は世話が大変ではありません, 楽です

▶ _____

その店は値段も高くないです, 雰囲気もいいです

▶ _____

旅館[りょかん]
료칸(일본식 호텔)

部屋[へや] 방

畳[たたみ] 다다미

残念な[ざんねんな]
아쉬운

娘[むすめ] 딸(높임×)

体[からだ] 몸

丈夫な[じょうぶな]
튼튼한

疲れます[つかれます]②
지칩니다

夕飯[ゆうはん] 저녁식사

半分[はんぶん] 절반

食べる[たべる]② 먹다

旅館の部屋が畳じゃありません, 残念でした

▶ _____

娘は体が丈夫ではありません, すぐに疲れます

▶ _____

夕飯がおいしくないです, 半分しか食べませんでした

▶ _____

≫ 한국에서 '여관'이라고 하면 값싼 숙소라는 이미지가 있죠? 일본의 旅館[りょかん](여관)은 '일본식 호텔'이라는 뜻으로 숙박비가 저렴한 곳도 있지만 비싼 곳이 많아요.

≫ 畳[たたみ](다다미)는 일본 전통식 방의 바닥에 까는 돗자리와 같은 것인데 짚으로 만들어졌어요.

329

1 명사 · 형용사의 て형을 만드는 방법

명사	〈명사+で〉
な형용사	〈な형용사(な삭제)+で〉
い형용사	〈い형용사(い→く)+て〉

2 명사 · 형용사 부정형의 て형을 만드는 방법

명사	〈명사+じゃなくて/ではなくて〉
な형용사	〈な형용사(な삭제)+じゃなくて/ではなくて〉
い형용사	〈い형용사(い→く)+なくて〉

1 ( ) 속에 적절한 말을 넣어 보세요.

(1) 三浦さんのお子さんは女の子( )、今7歳だ。

みうら 씨의 자녀분은 여자 아이이고, 지금 7살이다.

(2) 店員の説明が丁寧( )頭に来ました。

점원의 설명이 정중하지 않아서 몹시 화가 났습니다.

(3) うちの台所は狭( )、暗い。

우리 집의 주방은 좁고, 어둡다.

(4) このホテルは静か( )、サービスもいい。

이 호텔은 조용하고, 서비스도 좋아.

(5) 夕飯がおいし( )、半分しか食べなかった。

저녁식사가 맛없어서(맛있지 않아서), 절반밖에 안 먹었다.

2 다음 문장을 일본어로 만들어 보세요.

(1) 선생님은 부재중이어서 만날 수 없었습니다.

🖉 --

(2) 목이 아파서 목소리가 나오지 않았습니다.

🖉 --

(3) 江川 씨는 친절하고 밝다.
え がわ

🖉 --

(4) 수학을 좋아해서, 이과로 진학했다.

🖉 --

(5) 일본의 새학기는 3월이 아니고, 4월부터이다.

🖉 --

飛行機に乗ると、行きと帰りにかかる時間が違うことに気が付きます。ソウル―東京間では、行きは2時間ぐらいで、帰りは2時間半ぐらいかかります。これは「偏西風」と呼ばれるジェット気流のせいです。偏西風は西から東へ吹いているので、飛行機が西から東へ向かうときは追い風で、東から西へ向かうときは向かい風になります。飛行機はちょうど偏西風が吹いている高さを飛ぶので、飛行機がこの風の影響を大きく受けて、飛行時間が変わるのです。

{단어}

飛行機[ひこうき] 비행기 | 乗る[のる] ① (전철 등을)타다 | 行き[いき] 갈 때 | 帰り[かえり] 돌아올 때 | 時間[じかん] 시간 | 違う[ちがう] ① 다르다 | 気が付く[きがつく] ① 눈치 채다 | ソウル 서울 | 〜間[かん] 〜간(사이) | 2時間[にじかん] 2시간 | 半[はん] 반 | 偏西風[へんせいふう] 편서풍 | 呼ぶ[よぶ] ① 부르다 | ジェット気流[きりゅう] 제트기류 | せい 탓, 때문 | 西[にし] 서쪽 | 東[ひがし] 동쪽 | 吹く[ふく] ① 불다 | 向かう[むかう] ① 향하다 | 追い風[おいかぜ] 순풍 | 向かい風[むかいかぜ] 역풍 | 高さ[たかさ] 높이 | 飛ぶ[とぶ] ① 날다 | 風[かぜ] 바람 | 影響[えいきょう] 영향 | 大きく[おおきく] 크게 | 受ける[うける] ② 받다 | 飛行[ひこう] 비행 | 変わる[かわる] ① 바뀌다

» 気が付く[きが つく](눈치 채다. 알아차리다. 깨닫다)는 조사 に를 써서 〈〜に気が付く〉(〜를 알아차리다/깨닫다)의 형태로 표현해요.

비행기를 타면 갈 때와 돌아올 때에 걸리는 시간이 다르다는 것을 알게 됩니다. 서울―とうきょう간에서는 갈 때는 2시간 정도이고 돌아올 때는 2시간 반 정도 걸립니다. 이것은 '편서풍'이라고 불리는 제트기류 때문입니다. 편서풍은 서쪽에서 동쪽으로 불고 있기 때문에, 비행기가 서쪽에서 동쪽으로 향할 때는 순풍이고 동쪽에서 서쪽으로 향할 때는 역풍이 됩니다. 비행기는 마침 편서풍이 불고 있는 높이를 날기 때문에 비행기가 이 바람의 영향을 크게 받아 비행시간이 바뀌는 것입니다.

 일본 고유의 종교, 神道(신도)

신화에 나오는 신이나 자연, 조상님 등을 모시는 일본 고유의 민족 종교가 神道(신도)인데, 그 종교적인 행사를 지내는 곳이 神社(신사)예요. 불교의 절과 같은 곳이죠. 일본에는 큰 신사부터 작은 신사까지 여기저기 많이 있는데, 전국에 10만개 이상의 신사들이 있다고 해요. 신사에서 모시는 신은 신사마다 다른데(같은 신을 모시는 신사가 여러 개 있는 경우도 많음), 산이나 강과 같은 자연, 신화에 나오는 신, 역사상의 유명 인물, 동물 등 다양해요. 참고로, 신사의 신관은 神主라고 해요.

硬い・固い・堅い의 차이

硬い(딱딱하다, 단단하다)라는 단어가 나왔죠? 그런데 かたい에는 硬い, 固い, 堅い의 3가지 한자가 있어요. 모두 뜻도 비슷해서 일본 사람이라도 구별이 힘든 한자예요! 어떤 차이가 있는지 여기에서 정리해 볼게요.

> ### 硬い ↔ 軟らかい 부드럽다

硬い는 軟らかい(부드럽다)의 반대말이에요. 어떤 물건이 딱딱할 때도 쓰고, 또 사람이 긴장 등을 하여 굳어진 경우에도 써요.

- 硬いボール 딱딱한 공
  緊張して硬くなった。 긴장해서 굳었어.

> ### 固い ↔ 緩い 느슨하다, 부드럽다, 묽다

固い는 전체적으로 강하고 단단하게 굳은 상태를 나타낼 때 써요.

- 紐を固く結ぶ。 끈을 단단하게 묶다.
  固い決心 굳은 결심

> ### 堅い ↔ もろい 무르다, 부서지기 쉽다, 여리다

堅い는 내용물이 꽉 차 있는 모양이나 견실하고 확실한 모양을 나타낼 때 써요.

- 堅い材質 단단한 재질
  口が堅い。 입이 무겁다. [남에게 함부로 말하지 않음]

그런데 이 3가지 한자는 사용법이 명확히 구분되는 것이 아니에요. 硬い와 固い를 같은 뜻으로 함께 쓰는 경우나 堅い와 固い를 같은 뜻으로 함께 쓰는 경우가 많아요. 3가지 한자 중에서는 固い를 가장 많이 쓰니 잘 모를 때는 固い를 쓰세요.

36

형용사를 부사로 만드는 방법

강의 및 예문듣기

한국어에서 '쉽다→쉽게'와 같이 형용사에 '~하게'를 붙이면 부사를 만들 수 있죠? 일본어에서도 꼬리를 바꿔 주면 형용사를 부사로 만들 수 있어요. 형용사를 부사로 만드는 방법을 연습해 봅시다!

🎧 36-1.mp3

1단계
핵심문법 익히기

① な형용사를 부사로 만들기

な형용사는 꼬리 な를 に로 바꾸면 부사가 돼요. 부사의 기본적인 위치는 서술어의 앞인데, 한국어와 마찬가지로 일본어도 부사의 위치가 어느 정도 자유로워요.

興味のあるものは簡単に覚えられる。　관심이 있는 것은 쉽게 기억할 수 있다.

品物を適当に選びました。　　　　　　　物건을 적당히 골랐습니다.

맛보기 연습　주어진 な형용사를 부사로 바꿔서 '~하게 ~했습니다'라는 문장을 만들어 보세요.

(정답은 624쪽에)

元気な, 返事をする ▶ _____

きれいな, 石けんで手を洗う ▶ _____

十分な, お礼を言う ▶ _____

興味[きょうみ] 관심
簡単な[かんたんな] 쉬운
覚える[おぼえる]②
기억하다
品物[しなもの] 물건
適当な[てきとうな]
적당한
選ぶ[えらぶ]① 고르다

元気な[げんきな]
활기 넘치는
返事[へんじ] 대답
石けん[せっけん] 비누
手[て] 손
洗う[あらう]① 씻다
十分な[じゅうぶんな]
충분한
お礼[おれい] 사례 인사
言う[いう]① 말하다

❷ い형용사를 부사로 만들기

い형용사의 꼬리 い를 く로 바꾸면 부사가 돼요. いい(좋다)는 활용이 되면 앞의 い가 よ로 바뀌죠? 부사로 만들 때도 앞의 い가 よ로 바뀌어 よく(좋게)가 돼요.

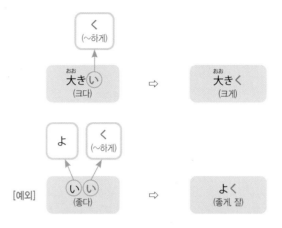

何でも[なんでも]
무엇이든지
楽しい[たのしい] 즐겁다
勉強[べんきょう] 공부

何でも楽しく勉強しよう。　　　　무엇이든지 즐겁게 공부하자.

ハンバーグがおいしくできました。　햄버그가 맛있게 만들어졌어요.

≫ ハンバーグ는 반찬으로 먹는 '햄버그, 햄버그스테이크'를 말해요. ハンバーグ는 ハンバーグステーキ(햄버그스테이크)보다 크기가 작아요. '햄버거'는 ハンバーガー라고 해요.

短い[みじかい] 짧다
糸[いと] 실
切る[きる]① 자르다
新しい[あたらしい]
새롭다
食品[しょくひん] 식품
売場[うりば] 매장
作る[つくる]① 만들다
早い[はやい] 이르다
着く[つく]① 도착하다
思う[おもう]① 생각하다

📖 **맛보기 연습**　주어진 い형용사를 부사로 바꿔서 '~하게 ~했다'라는 문장을 만들어 보세요. (정답은 625쪽에)

短い, 糸を切る ▶ ＿＿＿＿＿＿＿＿＿＿＿＿＿＿＿＿＿＿＿＿＿

新しい, 食品売場を作る ▶ ＿＿＿＿＿＿＿＿＿＿＿＿＿＿＿

早い, 着く ▶ ＿＿＿＿＿＿＿＿＿＿＿＿＿＿＿＿＿＿＿＿＿

いい, 思う ▶ ＿＿＿＿＿＿＿＿＿＿＿＿＿＿＿＿＿＿＿＿＿

≫ 売場[うりば](매장)는 売り場라고도 써요.

형용사를 부사로 만드는 방법

な형용사	～な → ～に
い형용사	～い → ～く　　[예외] いい → よく

(정답은 625쪽에)

1 다음 문장을 일본어로 만들어 보세요.

(1) 관심이 있는 것은 쉽게 기억할 수 있다.

✎ -----

(2) 무엇이든지 즐겁게 공부하자.

✎ -----

(3) 물건을 적당히 골랐습니다.

✎ -----

(4) 햄버그가 맛있게 만들어졌어요.

✎ -----

(5) 실을 짧게 잘랐다.

✎ -----

(6) 비누로 깨끗하게 손을 씻었습니다.

✎ -----

(7) 일찍 도착했다.

✎ -----

(8) 활기 넘치게 대답을 했습니다.

✎ -----

(9) 사례 인사를 충분히 했습니다.

✎ -----

(10) 좋게 생각했다.

✎ -----

新しくオープンした居酒屋が、お酒が安く飲めると聞いて行ってきた。明るくて広い店の中はきれいに飾られていた。店員さんも親切に応対してくれて、気分よくお酒が飲めた。おつまみの値段はちょっと高めだが、お酒の値段はとても安い。それに、お酒の種類も多い。カウンター席もあって、一人で軽く飲むときにも来られる。大勢でにぎやかに飲んでいるお客さんもたくさんいた。駅からも近くて、仕事帰りに寄りやすい。私のお気に入りの店の一つになりそうだ。

{단어}

新しい[あたらしい] 새롭다 | オープン 오픈 | 居酒屋[いざかや] 선술집 | お酒[おさけ] 술 | 安い[やすい] 싸다 | 飲む[のむ]① 마시다 | 聞く[きく]① 듣다 | 行ってくる[いってくる]③ 갔다 오다 | 明るい[あかるい] 밝다 | 広い[ひろい] 넓다 | 店[みせ] 가게 | 中[なか] 안 | 飾る[かざる]① 꾸미다 | 店員[てんいん] 점원 | 親切な[しんせつな] 친절한 | 応対[おうたい] 응대 | 気分[きぶん] 기분 | 値段[ねだん] 값 | 高め[たかめ] 약간 비쌈 | 安い[やすい] 싸다 | 種類[しゅるい] 종류 | 多い[おおい] 많다 | カウンター 카운터 | 席[せき] 자리 | 一人で[ひとりで] 혼자서 | 軽い[かるい] 가볍다 | 来られる[こられる]② 올 수 있다 | 大勢で[おおぜいで] 여럿이서 | にぎやかな 떠들썩한(긍정적인 뜻) | お客さん[おきゃくさん] 손님 | 駅[えき] 역 | 近い[ちかい] 가깝다 | 仕事帰り[しごと がえり] 퇴근길 | 寄る[よる]① 들르다 | お気に入り[おきにいり] 마음에 듦 | 一つ[ひとつ] 하나

» おつまみ(안주)는 つまみ 앞에 お가 붙은 것인데, つまみ만으로는 잘 쓰지 않고 おつまみ로 쓰는 경우가 많아요.

» お気に入り[おきにいり](마음에 듦)는 '즐겨 찾기'라는 뜻으로도 쓰는데, 동사 気に入る[きにいる](마음에 들다)에서 온 말이에요. 참고로 '단골집'은 行[い]きつけの店[みせ]라고도 해요.

새로 오픈한 선술집이 술을 싸게 마실 수 있다고 들어서 갔다 왔다. 밝고 넓은 가게 안은 예쁘게 꾸며져 있었다. 점원도 친절하게 응대해 줘서 기분 좋게 술을 마실 수 있었다. 안주값은 좀 비싸지만, 술값은 매우 싸다. 게다가 술 종류도 많다. 카운터 자리도 있어서 혼자서 가볍게 마실 때에도 올 수 있다. 여럿이서 떠들썩하게 마시고 있는 손님도 많이 있었다. 역에서도 가까워서 퇴근길에 들르기 편하다. 나의 단골집 중의 하나가 될 것 같다.

品物[しなもの]도 物品[ぶっぴん]도 '물품'?

品物[しなもの]라는 단어를 '물품'으로 해석했는데, 한자어 '물품'을 그대로 쓰는 物品[ぶっぴん]이라는 단어도 있어요. 사전에서 찾아보면 이 두 단어는 똑같은 뜻으로 나와 있고 가리키는 내용은 같다고 할 수 있지만 쓰임에서 차이가 나요. 品物는 '상품'이나 '거래 대상'이 되는 것을 나타낼 때 써요. 이에 비해 物品은 일상적인 생활에서는 사용하는 경우가 별로 없고 '물품 관리', '물품 조달', '물품 구입' 등의 '재산'이라는 관점에서 본 '물품'을 나타낼 때 써요.

37

강의 및 예문듣기

형용사를 동사로 만드는 방법

한국어에서 '무섭다→무서워하다'와 같이 형용사에 '~해하다'를 붙이면 동사를 만들 수 있죠? 일본어에서도 꼬리를 がる로 바꿔 주면 형용사를 동사로 만들 수 있어요.

🎧 37-1.mp3

1단계
핵심문법 익히기

❶ な형용사를 동사로 만들기

な형용사는 꼬리 な를 がる로 바꾸면 동사가 돼요. 그런데 な형용사 중에는 がる를 붙일 수 있는 경우가 많지 않아요.

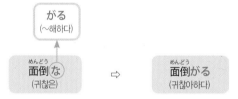

選手[せんしゅ] 선수
引退[いんたい] 은퇴
残念な[ざんねんな]
아쉬운
工場[こうじょう] 공장
仕事[しごと] 일(직업)
嫌な[いやな] 싫은

その選手の引退をみんなが残念がった。　그 선수의 은퇴를 모두가 아쉬워했다.

松岡さんは工場での仕事を嫌がりました。

まつおか 씨는 공장에서의 일을 싫어했습니다.

» 工場[こうじょう](공장)는 こうば로 읽을 수도 있어요. こうば로 읽으면 일하는 사람이 가족뿐이거나 종업원이 있더라도 4, 5명 정도의 소규모 공장을 가리키고, こうじょう로 읽으면 보통 대규모 공장을 가리켜요.

» 嫌い[きらい]와 嫌がる[いやがる]는 둘 다 '싫어하다'라는 뜻인데 차이가 있어요. 嫌い는 '좋아하다, 싫어하다'라는 기호를 나타내는 '싫어하다'이고, 嫌がる는 '싫다'는 말을 하는 등 싫어하는 것을 태도로 나타내는 '싫어하다'예요.

人[ひと] 사람
自分[じぶん] 자신, 자기
知識[ちしき] 지식
得意な[とくいな]
자신감이 있는, 잘하는
姉[あね] 언니(높임×)
将来[しょうらい] 장래
不安な[ふあんな] 불안한

📝 맛보기 연습　주어진 세 단어를 연결하여 '~는 ~를 ~해했습니다'라는 문장을 만들어 보세요.

(정답은 625쪽에)

その人, 自分の知識, 得意な

▶ _____

姉, 将来, 不安な ▶ _____

外国人[がいこくじん] 외국인	その外国人, ランドセル, 不思議な
ランドセル 란도셀(초등학생용 책가방)	▶ _____
不思議な[ふしぎな] 신기한	

>> 得意な[とくいな]는 '자신감이 있는', '잘하는'이라는 뜻인데, 뒤에 がる를 붙여서 得意がる가 되면 '자신만만해 하다', '자랑스러워하다'라는 뜻이 돼요.

❷ い형용사를 동사로 만들기

な형용사와 마찬가지로 い형용사도 꼬리 い를 がる로 바꾸면 동사가 돼요.

大丈夫な[だいじょうぶな] 괜찮은	その人は大丈夫だと強がった。　　　그 사람은 괜찮다고 강한 척했어.
強い[つよい] 강하다	
彼[かれ] 그	
妻[つま] 아내(높임×)	彼は妻の死を非常に悲しがりました。　그는 아내의 죽음을 몹시 슬퍼했어요.
死[し] 죽음	
非常に[ひじょうに] 몹시	
悲しい[かなしい] 슬프다	

맛보기 연습　주어진 세 단어를 연결하여 '~는 ~를 ~해했다'라는 문장을 만들어 보세요. (정답은 626쪽에)

息子[むすこ] 아들(높임×)	息子, その猫, かわいい ▶ _____
猫[ねこ] 고양이	
母[はは] 어머니(높임×)	母, 私との別れ, 寂しい ▶ _____
別れ[わかれ] 이별	
寂しい[さびしい] 섭섭하다	弟, 耳, 痛い ▶ _____
弟[おとうと] 남동생(높임×)	
耳[みみ] 귀	
痛い[いたい] 아프다	

형용사를 동사로 만드는 방법

な형용사	~な → ~がる
い형용사	~い → ~がる

1 다음 な형용사와 い형용사를 동사로 바꿔 보세요.

な형용사	동사	い형용사	동사
得意な		かわいい	
不安な		痛い	

2 다음 문장을 일본어로 만들어 보세요.

(1) 그 선수의 은퇴를 모두가 아쉬워했다.

✎ _____

(2) 그 사람은 괜찮다고 강한 척했어.

✎ _____

(3) 松岡 씨는 공장에서의 일을 싫어했습니다.
　　^{まつおか}

✎ _____

(4) 그는 아내의 죽음을 몹시 슬퍼했어요.

✎ _____

(5) 아들은 그 고양이를 예뻐했다.

✎ _____

(6) 언니는 장래를 불안해했습니다.

✎ _____

(7) 그 외국인은 란도셀을 신기해했습니다.

✎ _____

(8) 남동생은 귀를 아파했다.

✎ _____

うちの犬は黒くて毛が長いので、夏にはとても暑がる。今年の夏は特に暑かったので、犬の毛を短く切った。切る時、犬が少し嫌がったが、きれいに短く切った。これで少しは涼しくなると思った。見た目もかわいくなって、かわいがってくれる人も増えた。一石二鳥だと思った。ところが、逆だった。犬は毛が長かった時より暑がった。散歩に行くのも嫌がるようになった。調べてみると、犬の毛は断熱材の役割をして、冬は体を暖かく、夏は涼しくするのだそうだ。犬に悪いことをした。夏が終わるまでは夜に散歩に行くしかない。

{단어}

犬[いぬ] 개 | 黒い[くろい] 검다 | 毛[け] 털 | 長い[ながい] 길다 | 夏[なつ] 여름 | 暑い[あつい] 덥다 | 今年 [ことし] 올해 | 特に[とくに] 특히 | 短い[みじかい] 짧다 | 切る[きる]① 자르다 | 時[とき] 때 | 少し[すこし] 조금 | 涼しい[すずしい] 시원하다 | 思う[おもう]① 생각하다 | 見た目[みため] 겉보기 | 増える[ふえる]② 많아지다 | 一石二鳥[いっせき にちょう] 일석이조 | 逆[ぎゃく] 거꾸로임 | 散歩[さんぽ] 산책 | 行く[いく]① 가다 | 調べる[しらべる]② 알아보다 | 断熱材[だんねつざい] 단열재 | 役割[やくわり] 역할 | 冬[ふゆ] 겨울 | 体[からだ] 몸 | 暖かい[あたたかい] 따뜻하다 | 悪い[わるい] 미안하다 | 終わる[おわる]① 끝나다 | 夜[よる] 밤

» 悪い[わるい]의 기본적인 뜻은 '나쁘다'인데 '미안하다'라는 뜻으로도 써요. 회화에서 '미안', '미안해'의 뜻으로 쓸 때는 주로 남자들이 쓰는데, 아주 친한 상대에게 약간 거칠지만 편하게 사과할 때 써요.

우리 집의 개는 검고 털이 길어서 여름에는 매우 더워한다. 올해 여름은 특히 더웠기 때문에 개의 털을 짧게 잘랐다. 자를 때 개가 조금 싫어했지만, 깨끗이 짧게 잘랐다. 이것으로 조금은 시원해질 거라고 생각했다. 겉보기도 귀여워져서 예뻐해 주는 사람도 많아졌다. 일석이조라고 생각했다. 그런데 거꾸로였다. 개는 털이 길었을 때보다 더워했다. 산책하러 가는 것도 싫어하게 되었다. 알아보니, 개의 털은 단열재 역할을 해서 겨울에는 몸을 따뜻하게, 여름에는 시원하게 하는 것이라고 한다. 개에게 미안한 일을 했다. 여름이 끝날 때까지는 밤에 산책하러 갈 수밖에 없다.

 일본의 초등학생들이 메는 ランドセル(란도셀)

일본의 초등학생들은 ランドセル라고 부르는 독특한 형태의 가방을 등에 메고 학교에 가요. ランドセル는 '배낭'을 뜻하는 네덜란드어 ransel에서 온 말이에요. 예전에는 남자는 검정색, 여자는 빨간색의 2가지 색상만 있었는데, 요즘은 다양한 색상이 있고 또 주문 제작을 할 수 있는 곳도 있다고 해요. 겉모양은 직사각형 모양의 박스처럼 생긴 한 가지 형태예요. 초등학교에 입학할 때 구입해서 졸업할 때까지 6년 동안 이 가방을 써요.

~がる를 명사로 바꾸면?

~がる는 '~해하다'라는 뜻이라서 동사죠? 동사를 명사로 만드는 방법은 동사의 ます형에서 ます를 빼면 돼요(다음 과에서 배워요). 그래서 ~がる의 경우는 ます형인 ~がります에서 ます를 뺀 ~がり가 명사가 되는 거예요. ~がり는 직역하면 '~해함'이 되는데, '~쟁이'와 같이 '자주 그렇게 하는 사람'이라는 뜻이에요.

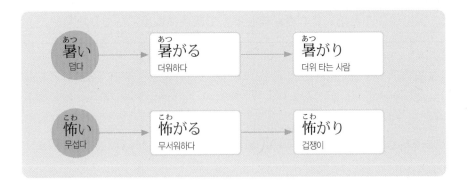

'~쟁이'를 나타낼 때 ~がり 뒤에 ~屋를 붙여서 쓰기도 해요. ~屋는 '가게'나 '가게 주인'을 나타낼 때 쓴다고 했죠? ~がり 뒤에 붙여 쓰는 ~屋도 '사람'을 나타내요. ~がり라고 해도 ~がり屋라고 해도 둘 다 '사람'을 나타내며 뜻에는 큰 차이가 없어요.

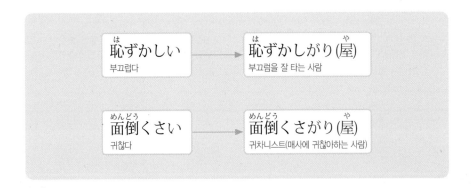

38

형용사·동사를 명사로 만드는 방법

강의 및 예문듣기

> 한국어에서 '조용하다→조용함', '달리다→달리기'와 같이 형용사와 동사에 '～함'이나 '～하기'를 붙이면 명사를 만들 수 있죠? 일본어에서도 형용사는 꼬리를 さ로 바꾸고 동사는 ます형에서 ます를 빼면 명사가 돼요.

🎧 38-1.mp3

1단계
핵심문법 익히기

① な형용사를 명사로 만들기

な형용사는 꼬리 な를 さ로 바꾸면 명사가 돼요.

静かな[しずかな] 조용한
売り[うり]
강점, 세일즈 포인트
車[くるま] 차
海[うみ] 바다
驚く[おどろく]① 놀라다

| これは静かさが売りの車だ。 | 이것은 조용함이 강점인 차이다. |

| 海のきれいさに驚きました。 | 바다의 아름다움에 놀랐습니다. |

≫ 売り[うり]는 売る[うる](팔다)의 명사형인데, '팖'이라는 뜻 외에 '세일즈 포인트'라는 뜻으로도 써요.

맛보기 연습 　주어진 な형용사를 명사로 바꾼 후에 앞의 명사와 の로 연결하여 '～의 ～함'이라는 표현을 만들어 보세요.　(정답은 626쪽에)

家庭[かてい] 가정
大切な[たいせつな]
소중한
クレジットカード
신용카드
便利な[べんりな] 편리한
国際[こくさい] 국제
政治[せいじ] 정치
複雑な[ふくざつな]
복잡한

家庭, 大切な

▶ _____

クレジットカード, 便利な

▶ _____

国際政治, 複雑な

▶ _____

343

な형용사와 마찬가지로 い형용사도 꼬리 い를 さ로 바꾸면 명사가 돼요. 단, いい (좋다)는 앞의 い가 よ로 바뀌니 유의하세요!

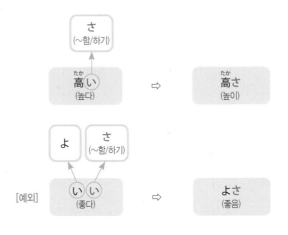

朝晚[あさばん] 아침저녁
寒い[さむい] 춥다
冬[ふゆ] 겨울
感じる[かんじる]② 느끼다
学校[がっこう] 학교
規則[きそく] 규칙
厳しい[きびしい] 엄격하다
有名な[ゆうめいな] 유명한

朝晚の寒さは冬を感じさせる。　　아침저녁의 추위는 겨울을 느끼게 해.

この学校の規則の厳しさは有名です。　이 학교(의) 규칙의 엄격함은 유명해요.

┌ **맛보기 연습**　주어진 **い형용사**를 명사로 바꾼 후에 앞의 명사와 の로 연결하여 '~의 ~함'이라는 표현을 만들어 보세요.
　　　　　　　　　　　　　　　　　　　　　　　　　　　　　　　(정답은 626쪽에)

昼[ひる] 낮
暑い[あつい] 덥다
言葉[ことば] 말
難しい[むずかしい] 어렵다
廊下[ろうか] 복도
長い[ながい] 길다
頭[あたま] 머리

昼, 暑い ▶ _____

言葉, 難しい ▶ _____

廊下, 長い ▶ _____

頭, いい ▶ _____

③ **동사를 명사로 만들기**

동사는 ます형에서 ます를 빼면 명사가 돼요. ます형을 만드는 방법은 이미 앞에서 배웠죠? 1류동사는 〈い단+ます〉가 되고, 2류동사는 〈る삭제+ます〉가 되며, 3류동사는 각각 来ます, します가 돼요.

| 1류동사 | 驚きます (놀랍니다) | ⇨ | 驚き (놀람) |

| 2류동사 | 答えます (답합니다) | ⇨ | 答え (답) |

3류동사 중 来る(오다)는 단독으로는 명사로 쓰는 경우가 없어요. 다만 다른 동사와 합해져서 명사로 쓰는 경우는 있어요. 예를 들어 来ます는 行き来(왕래)라는 말로 써요.

考える[かんがえる]②
생각하다
行く[いく]① 가다
乗る[のる]①
(전철 등을) 타다

それはいい考えだ。　　　　　　　　　　　그것은 좋은 생각이다.

行きはタクシーに乗りました。　　　　　갈 때는 택시를 탔습니다.

🔖맛보기 연습　주어진 앞의 동사를 명사로 바꾼 후에 뒤의 동사와 연결하여 '~를 ~했습니다'라는 문장을 만들어 보세요.

(정답은 626쪽에)

踊る[おどる]① 춤추다
習う[ならう]① 배우다
騒ぐ[さわぐ]① 떠들다
起こす[おこす]①
일으키다
借りる[かりる]② 빌리다
返す[かえす]①
갚다, 돌려주다
教える[おしえる]②
가르치다
受ける[うける]② 받다

踊る, 習う ▶ _____

騒ぐ, 起こす ▶ _____

借りる, 返す ▶ _____

教える, 受ける ▶ _____

≫ 借り[かり]는 '(금전적으로) 빌린 것', '빚'에도 쓰지만 '(보답해야 할) 은혜'나 '(갚아야 할) 원한'에도 써요. 借りが 있다라고 하면 '빚이 있다'라는 뜻 외에 '은혜를 입었다', '신세를 졌다'라는 뜻으로도 쓰고 '설욕해야 할 것이 있다', '갚아야 할 원한이 있다'라는 뜻으로도 써요.

형용사 · 동사를 명사로 만드는 방법

な형용사	~な → ~さ	
い형용사	~い → ~さ	[예외] いい → よさ
동사	ます형 → ます삭제	

1 다음 형용사와 동사를 명사로 바꿔 보세요.

형용사	명사	동사	명사
大切な		驚く	
便利な		答える	
長い		踊る	
いい		借りる	

2 다음 문장을 일본어로 만들어 보세요.

(1) 아침저녁의 추위는 겨울을 느끼게 해.

🖉 --

(2) 그것은 좋은 생각이다.

🖉 --

(3) 바다의 아름다움에 놀랐습니다.

🖉 --

(4) 이 학교 규칙의 엄격함은 유명해요.

🖉 --

(5) 갈 때는 택시를 탔습니다.

🖉 --

(6) 이것은 조용함이 강점인 차이다.

🖉 --

(7) 소동을 일으켰습니다.

🖉 --

私は4年間、日本の大学で勉強しました。明日は卒業式です。再来週、韓国に帰ります。うれしさ半分、寂しさ半分です。私はこの4年の間、外国生活の大変さや、家族の大切さ、日本人とのコミュニケーションの難しさなど、多くのことを学びました。そして、たくさんの人との出会いもありました。日本語が下手だった頃、色々なことを親切に教えてくれた教授の温かさに、とても感動しました。友達に助けを借りたことも何度もありました。一度も嫌な顔をしないでいつも助けてくれた友達に心から感謝しています。この4年間は私の宝物です。

{단어}

4年間[よ ねんかん] 4년 동안 | 大学[だいがく] 대학교 | 勉強[べんきょう] 공부 | 明日[あす] 내일 | 卒業式[そつぎょうしき] 졸업식 | 再来週[さらいしゅう] 다음다음 주 | 帰る[かえる]① 돌아가다 | 半分[はんぶん] 절반 | 寂しい[さびしい] 섭섭하다 | 4年[よ ねん] 4년 | 間[あいだ] 사이 | 外国[がいこく] 외국 | 生活[せいかつ] 생활 | 大変な[たいへんな] 힘든 | 家族[かぞく] 가족 | コミュニケーション 커뮤니케이션 | 多く[おおく] 많음 | こと 일 | 学ぶ[まなぶ]① 배우다 | 人[ひと] 사람 | 出会う[であう]① (우연히)만나다 | 下手な[へたな] 서투른 | 頃[ころ] 시절 | 色々な[いろいろな] 여러 가지의 | 親切な[しんせつな] 친절한 | 教える[おしえる]② 가르치다 | 教授[きょうじゅ] 교수(님) | 温かい[あたたかい] 따뜻하다 | 感動[かんどう] 감동 | 友達[ともだち] 친구 | 助ける[たすける]② 돕다 | 借りる[かりる]② 빌리다 | 何度[なんど] 몇 번 | 一度[いちど] 한 번 | 嫌な[いやな] 싫은 | 顔[かお] 얼굴 | 心[こころ] 마음 | 感謝[かんしゃ] 감사 | 宝物[たからもの] 보물

≫ '내일'을 나타내는 明日는 일상적으로는 あした로 읽는 경우가 많지만 あす나 みょうにち로 읽을 수도 있다고 했죠? みょうにち는 아주 격식 차린 말투라서 일상에서는 쓰는 일이 거의 없어요. あす는 구어적인 あした와 격식 차린 みょうにち의 중간 정도의 말이라서 격식 차려 말할 때나 문장에서 흔히 써요.

저는 4년 동안 일본에 있는 대학교에서 공부했습니다. 내일은 졸업식입니다. 다음다음 주에 한국에 돌아갑니다. 기쁨 반, 섭섭함 반입니다. 저는 이 4년 동안 외국생활의 힘듦(얼마나 힘든지)이라든가 가족의 소중함, 일본 사람과의 커뮤니케이션의 어려움 등 많은 것을 배웠습니다. 그리고 많은 사람들과의 만남도 있었습니다. 일본어가 서툴렀던 시절 여러 가지를 친절히 가르쳐 준 교수님의 따뜻함에 무척 감동했습니다. 친구에게 도움을 빌렸던 적도 몇 번이나 있었습니다. 한 번도 싫은 얼굴을 하지 않고 늘 도와주었던 친구에게 진심으로 감사하고 있습니다. 이 4년 동안은 저의 보물입니다.

 '아침저녁'을 나타내는 말

'아침저녁'이라는 뜻으로 朝晩[あさばん]이라는 단어가 나왔는데, 같은 뜻으로 朝夕[あさゆう]라는 단어도 있어요. 朝夕는 朝와 夕方[ゆうがた](해질녘)가 합해진 말이에요. 夕方의 뜻은 '해질녘', 즉 어두워지기 시작했을 때부터 어두워질 때까지의 시간대를 가리켜요. '해질녘'이라는 말을 잘 안 써서 '저녁(때)'라고 해석하는 경우가 많은데 夕方는 '저녁'과는 다른 뜻임을 알아 두세요. 일본에서 많이 쓰는 말이에요. 참고로 朝夕를 ちょうせき로 읽으면 '아침부터 저녁까지', '늘'이라는 뜻이 돼요.

형용사를 명사로 만드는 ~さ와 ~み

형용사를 명사로 바꾸는 ~さ와 비슷한 역할을 하는 것으로 ~み도 있어요. ~さ와 ~み는 둘 다 명사를 만들지만 뜻의 차이가 있어요. ~さ는 '정도'나 '척도'를 나타내는데 비해, ~み는 형용사가 나타내는 성질이 뜻에 들어 있어요.

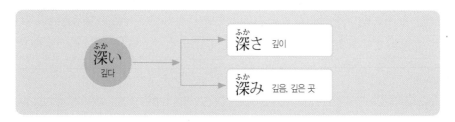

~さ가 붙은 深さ는 깊을 수도 있고 얕을 수도 있는 깊이의 척도를 나타내요. 그런데 ~み가 붙은 深み는 깊음, 깊은 곳, 즉 深い(깊다)라는 형용사의 성질을 나타내요.

예 穴の深さは5メートルくらいだ。 구멍의 깊이는 5미터 정도이다.
　 池の深みにはまった。 연못의 깊은 곳에 빠졌다.

그런데 단어에 따라서는 뜻의 차이가 크지 않은 경우도 있어요.

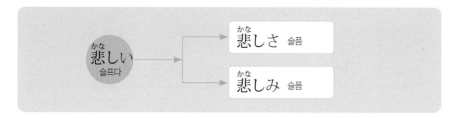

悲しさ와 悲しみ는 뜻의 차이는 크게 없지만 약간 느낌의 차이가 있어요. 위에서 深さ처럼 ~さ가 붙는 것이 '척도'가 된다고 했죠? 그것과 연관성이 있는 것 같은데 ~さ가 붙는 것은 객관적이고 '정도'의 개념으로 파악한 내용이라고 할 수 있어요. 이에 비해 ~み는 주관적이고 감각적으로 파악한 내용이라고 할 수 있어요.

예 この悲しさは誰にもわからない。 이 슬픔은 (얼마나 슬픈지) 아무도 모른다.
　 悲しみに沈む。 슬픔에 잠기다.

39 접두사와 접미사

강의 및 예문듣기

접두사와 접미사는 '맨손'에서의 '맨~'이나 '겁쟁이'에서의 '~쟁이'와 같이 단어의 앞이나 뒤에 붙여서 하나의 단어를 만들거나 뜻을 추가하는 역할을 해요. 한국어와 마찬가지로 일본어에도 있으니 기본적인 접두사와 접미사에 대해 정리할게요.

🎧 39-1.mp3

1단계
핵심문법 익히기

① 접두사 お/ご[御]~

お/ご[御]는 단어(주로 명사)의 앞에 붙여서 높임말을 만들어요. 아직 높임말에 대해 배우지 않았으니 자세한 설명은 생략할게요. 단어의 앞에 お/ご를 붙이면 그 단어를 높여 주거나 공손하게 만들거나 예쁘게 만드는 등으로 단어를 꾸며 준다고 생각하세요!

기본적으로 お는 순일본어 앞에, ご는 한자어 앞에 붙여요. 또 お/ご는 한자 御로도 쓰지만 일상적으로는 히라가나로 쓰는 경우가 많아요.

순일본어

お名前	お話	お部屋	お忙しい
성함	이야기, 말씀	방	바쁘시다

한자어

ご住所	ご家族	ご不満	ご連絡
주소	가족 분	불만	연락

그런데 아래와 같이 예외적인 단어도 있어요.

한자어이지만 お가 붙는 말

お時間	お電話	お食事	お元気な
시간	전화	식사, 진지	건강하신

순일본어이지만 ご가 붙는 말

ごゆっくり	ごもっともな
천천히	지당하신

家族[かぞく] 가족
皆さん[みなさん] 여러분
元気な[げんきな]
잘 지내는

ご家族の皆さんはお元気ですか。　　　가족(의) 여러분들은 잘 지내십니까?

お電話をいただけますか。　　　전화를 주시겠습니까?(받을 수 있겠습니까?)

맛보기 연습　주어진 문장에 **お/ご**를 넣어서 말을 꾸며 보세요.　　　(정답은 627쪽에)

急ぎ[いそぎ] 급함
温かい[あたたかい]
따뜻하다
言葉[ことば] 말
相談[そうだん] 상의
案内[あんない] 안내

急ぎですか。급합니까? ▶ _____

温かい言葉、ありがとうございます。따뜻한 말, 감사합니다.

▶ _____

ちょっと相談があります。좀 상의할 것이 있습니다(상의가 있습니다).

▶ _____

私が案内します。제가 안내하겠습니다.

▶ _____

---

❷ **접미사**　〜中／〜中／〜たち・〜方・〜ら／〜頃／〜屋／〜様・
〜さん・〜ちゃん・〜君／〜家／〜おきに／〜目／〜ずつ

1. 〜中: 〜(하는) 중, 〜(기간) 중

〈명사+中〉의 형태로 써서 '〜(하는) 중'과 '〜(기간) 중'의 2가지 뜻으로 써요.

今[いま] 지금
勉強[べんきょう] 공부
午前[ごぜん] 오전

今、勉強中だよ。　　　지금, 공부 중이야.

午前中はうちにいます。　　　오전 중에는 집에 있어요.

맛보기 연습　주어진 단어와 **中**를 써서 일본어 문장을 만들어 보세요.　　　(정답은 627쪽에)

準備[じゅんび] 준비
工事[こうじ] 공사
建物[たてもの] 건물
多い[おおい] 많다
連休[れんきゅう] 연휴
休む[やすむ]① 쉬다

아직 준비 중입니다. まだ, 準備

▶ _____

공사 중인 건물이 많다. 工事, 建物, 多い

▶ _____

연휴 중에 푹 쉴 거예요. 連休, ゆっくり, 休む

▶ _____

≫ 예외가 몇 개 있어요. 今日中に(오늘 중에)는 きょうじゅうに, 今年中に(올해 중에)는 ことしじゅうに, 明日中に(내일 중에)는 あしたじゅうに/あすじゅうに라고 읽어요.

2. ～中 : ～ 전체, 온 ～

～中와 한자는 똑같은데 じゅう로 읽어요. ～中는 '～ 전체', '온 ～'라는 뜻이에요. ～中(～중)와는 다르게 기간을 나타내는 말 뒤에 쓰면 '～ 내내'라는 뜻이 돼요.

世界[せかい] 세계
集まる[あつまる]① 모이다
今日[きょう] 오늘
一日[いちにち] 하루
雨[あめ] 비

世界中のファンが集まった。　　　　　　온 세계의 팬이 모였다.

今日は一日中雨でした。　　　　오늘은 하루 종일 비가 내렸습니다(비였습니다).

🔖 맛보기 연습　주어진 단어와 中를 써서 일본어 문장을 만들어 보세요.　(정답은 627쪽에)

町[まち] 동네
噂[うわさ] 소문
広がる[ひろがる]① 퍼지다
家[いえ] 집
暖かい[あたたかい] 따뜻하다
花[はな] 꽃
一年[いちねん] 1년
楽しむ[たのしむ]① 즐기다

온 동네에 소문이 퍼졌어. 町, 噂, 広がる

▶ _____

한국(의) 집은 집 전체가 따뜻해요. 韓国の家, 家, 暖かい

▶ _____

여기에서는 꽃을 1년 내내 즐길 수 있다. ここ, 花, 一年, 楽しむ

▶ _____

3. ～たち・～方・～ら : ～들

～たち를 가장 흔히 쓰는데, たち는 한자 達로도 많이 써요. 또 ～たち는 동물에게 도 쓸 수 있어요. ～方는 주로 윗사람에게 쓰고 ～ら는 주로 아랫사람에게 써요. ～ 라는 これら(이것들), それら(그것들)의 형태로도 써요.

君[きみ] 자네
話[はなし] 이야기
皆様[みなさま] 여러분
心[こころ] 마음
感謝[かんしゃ] 감사
いたす 하다(공손함)
彼[かれ] 그
何[なに] 무엇
知る[しる]① 알다

君たちに話がある。　　　　　　자네들에게 (할) 이야기가 있어.

皆様方に心から感謝いたします。　　　여러분들께 진심으로 감사 드립니다.

彼らは何も知らなかった。　　　　　　그들은 아무것도 몰랐다.

≫ 皆様[みなさま](여러분)는 皆さん[みなさん]을 높인 말이에요.

≫ 彼ら[かれら](그들)는 구어에서는 잘 안 쓰는 말이에요.

≫ ～たち는 東京[とうきょう]를 중심으로 한 동쪽 지역에서 많이 쓰는 경향이 있고, ～ら는 大阪[おおさか]를 중심으로 한 서쪽 지역에서 많이 써요.

色々な[いろいろな]
여러 가지의
動物[どうぶつ] 동물
新しく[あたらしく]
새롭게
皆[みな] 모두
素晴らしい[すばらしい]
훌륭하다
先生[せんせい] 선생님
僕[ぼく] 나(남자)
元気な[げんきな]
잘 지내는

거기에는 여러 가지 동물들이 있어. そこ, 色々な, 動物, いる

▶ _____

이것들은 새롭게 알게 된 것이에요. これ, 新しく, わかる, こと

▶ _____

모두, 훌륭한 선생님들이었다. [높임] 皆, 素晴らしい, 先生

▶ _____

우리들은 모두 잘 지냅니다. 僕, みんな, 元気な

▶ _____

» ~ら(~들)는 한자 等로 쓰는 경우도 있어요.

4. ~頃^{ごろ}: ~경/쯤

~頃^{ごろ}는 '~경', '~쯤'이라는 뜻이에요.

昼[ひる] 점심, 낮
雪[ゆき] 눈
やむ① 그치다
明日[あした] 내일
1時[いち じ] 1시
出る[でる]② 나가다

昼頃、雪がやんだ。   점심쯤, 눈이 그쳤어.

明日、1時頃うちを出ます。   내일, 1시경 집을 나가요.

» 1時頃[いち じ ごろ](1시경)는 뒤에 조사 に를 써서 1時頃に(1시경에)라고 해도 돼요.

8時[はち じ] 8시
電車[でんしゃ] 전철
混む[こむ]① 붐비다
去年[きょねん] 작년
今[いま] 지금
下手な[へたな] 서투른
歌[うた] 노래
2015年[にせん じゅう
ご ねん] 2015년

8시경의 전철은 붐벼. 8時, 電車, 混む

▶ _____

작년의 지금쯤은 아직 일본어가 서툴렀어요. 去年, 今, 日本語, 下手な

▶ _____

이 노래는 2015년경에 유행했다. この歌, 2015年, はやる

▶ _____

» はやる(유행하다)는 流行する[りゅうこうする]라고 해도 돼요. はやる는 한자로 流行る라고도 써요.

» 頃[ごろ]의 頃는 '때, 시절'이라는 뜻의 독립적인 명사로도 쓸 수 있는데, 이때는 한자음이 ころ로 바뀌어요.

5. ～屋[や]

(1) ～가게, ～가게 주인

～屋는 '～가게'를 뜻하기도 하고 '～가게 주인'을 뜻하기도 해요. ～屋로 끝내면 약간 거친 느낌이 있어서 屋 뒤에 さん을 붙이는 경우가 많아요.

八百屋[やおや] 채소가게
近所[きんじょ] 근처

あの人は八百屋さん。 저 사람은 채소가게 주인이야.

この近所においしいパン屋はありませんか。
이 근처에 맛있는 빵집은 없어요?

» '～가게 아저씨/아줌마'는 ～屋[や](さん)のおじさん/おばさん이라고 하면 돼요. 한국어와 똑같죠? 그런데 '가게'와 '아저씨/아줌마' 사이에 조사 の(～의)를 넣는 것을 잊지 마세요!

맛보기 연습 주어진 단어와 屋를 써서 일본어 문장을 만들어 보세요. (정답은 628쪽에)

薬[くすり] 약
処方せん[しょほうせん] 처방전
持っていく[もっていく]
① 가져가다
駅前[えきまえ] 역 앞
電気[でんき] 전기
店を閉める[みせをしめる]② 폐업하다, 가게의 문을 닫다
家[いえ] 집
近く[ちかく] 근처
大きな[おおきな] 큰
文房具[ぶんぼうぐ] 문방구

약국에 처방전을 가져갔습니다. 薬, 処方せん, 持っていく

▶

역 앞의 전자제품가게가 폐업했어. 駅前, 電気, 店を閉める

▶

집(의) 근처에 큰 문방구가게가 생겼어요. 家, 近く, 大きな, 文房具, できる

▶

» '약국'을 뜻하는 단어로 薬局[やっきょく]도 있어요. 薬局는 반드시 약사가 있고 처방전을 받을 수 있는 '약국'이고, 薬屋[くすりや]는 약사가 있든 없든 상관이 없고 처방전을 받지 않는 '약 판매점'이에요. 그런데 약사가 있는 약국도 薬屋라고 하는 경우가 있어요.

» '주류판매점'은 酒屋[さかや]라고 해요. 원래 '술'은 酒[さけ]인데 さか로 읽어요. 酒屋는 술을 제조하거나 판매하는 곳을 가리키기도 해요.

(2) ～쟁이, ～한 성격

사람의 성향을 나타내는 말 뒤에 屋를 붙이면 '그런 성향을 가신 사람'을 뜻해요.

思う[おもう] ① 생각하다
息子[むすこ] 아들(높임×)

あんなわからず屋だとは思わなかった。 저런 벽창호라고는 생각치 못했다.

息子はのんびり屋です。 아들은 천하태평한 성격입니다.

» わからず屋[や](벽창호)에서의 ～ず는 ～ない와 같은 부정의 뜻을 나타내요.

» '～라고는 생각치 못했다'라는 말은 ～とは思[おも]わなかった(～라고는 생각하지 않았다)라고 표현해요.

吉田[よしだ] (성씨)
頑張る[がんばる]①
끊임없이 노력하다
子[こ] 아이
恥ずかしい[はずかしい]
부끄럽다
知る[しる]① 알다
人[ひと] 사람
話[はなし] 이야기
寂しい[さびしい] 외롭다
克服[こくふく] 극복
方法[ほうほう] 방법

吉田さんは頑張り屋だ。

▶ _____

その子は恥ずかしがり屋で、知らない人と話ができません。

▶ _____

寂しがり屋を克服する方法がある。

▶ _____

6. ～様[さま]: ～ 님　～さん: ～ 씨　～ちゃん: [해석 불가]　～君[くん]: ～ 군

전부 이름이나 사람을 나타내는 말 뒤에 붙여 쓰는 말들이에요. ～ちゃん은 아주 친근감 있고 다정하게, 그리고 귀엽게 부르는 말이에요. ～君은 또래나 아랫사람에게 쓰는 것 외에 상사가 부하 직원(여직원 포함)을 부를 때나 선생님이 학생(여학생 포함)을 부를 때도 써요.

昔々[むかし むかし]
옛날 옛적
二人[ふたり] 2명
王子[おうじ] 왕자
保証人[ほしょうにん]
보증인
背[せ] 키
低い[ひくい] 낮다
腰をかける[こしをかける]② 걸터앉다

昔々、二人の王子様がいました。　옛날 옛적에, 2명의 왕자님이 있었습니다.

村井さんは私の保証人。　むらい 씨는 내 보증인이야.

由美ちゃんはまだ背が低いです。　ゆみ는 아직 키가 작아요.

俊彦君はそこに腰をかけた。　としひこ 군은 거기에 걸터앉았다.

≫ 일본어에서는 '키가 크다/작다'를 背[せ]가 高[たか]い/低[ひく]い(키가 높다/낮다)라고 표현해요.

≫ 腰[こし]をかける(걸터앉다)는 직역하면 '허리를 걸치다'라는 뜻이에요. 腰をかける는 의자나 소파 등의 앉는 것이 꼭 있을 때만 쓸 수 있는데, 座る[すわる](앉다)는 바닥에 앉을 때도 쓸 수 있어요. 사실 원래 座る는 바닥에 앉을 때만 썼는데 지금은 의자 등에 앉을 때도 座る를 써요.

맛보기 연습 주어진 상황에서 사람을 부를 경우에 様, さん, ちゃん, 君 중에서 적절한 말을 골라서 붙여 보세요. (정답은 628쪽에)

伊藤[いとう] (성씨)
手塚[てづか] (성씨)
西田[にしだ] (성씨)
愛[あい] (여자 이름)

伊藤: 같은 직장에서 일하는 사람 ▶ _____

手塚: 가게에 찾아온 손님 ▶ _____

西田: 옆집에 사는 남자 아이 ▶ _____

愛: 윗층에 사는 손녀딸 ▶ _____

7. ~家: ~가

~家는 '직업'을 나타내거나 '성향이나 경향을 가진 사람'을 나타낼 때 써요.

村上春樹は有名な小説家だ。　　　　　むらかみ はるき는 유명한 소설가이다.

天才と呼ばれる人は努力家です。　　　천재라고 불리는 사람은 노력가입니다.

有名な[ゆうめいな]
유명한
小説[しょうせつ] 소설
天才[てんさい] 천재
呼ぶ[よぶ] ① 부르다
努力[どりょく] 노력

맛보기 연습　주어진 단어와 家를 써서 일본어 문장을 만들어 보세요.　　　(정답은 628쪽에)

와다 씨는 애처가입니다. 和田さん, 愛妻

▶ _____

이것은 내가 좋아하는 음악가의 책이야. これ, 僕, 好きな, 音楽, 本

▶ _____

제 아내는 작곡가예요. 私, 妻, 作曲

▶ _____

愛妻[あいさい] 애처
僕[ぼく] 나(남자)
好きな[すきな] 좋아하는
音楽[おんがく] 음악
本[ほん] 책
妻[つま] 아내(높임×)
作曲[さっきょく] 작곡

8. ~おきに: ~ 걸러, ~마다

시간, 거리, 수량 등을 나타내는 말 뒤에 おきに를 붙이면 '~ 걸러', '~마다'라는 뜻이 돼요.

ひと月おきに病院へ行った。　　　　　한 달 걸러(두 달에 한 번) 병원으로 갔어.

3ページおきに絵があります。　　　　3페이지마다 그림이 있어요.

ひと月[ひと つき] 한 달
病院[びょういん] 병원
行く[いく] ① 가다
絵[え] 그림

>> ひと月[ひと つき](한 달) 대신에 一ヶ月 / 1 ヶ月[いっ かげつ](1개월)라고 써도 돼요.

>> ひと月[ひと つき]는 한자 一月로 표기하기도 하지만, いちがつ로 잘못 읽을 수 있어서 ひと月로 표기하는 경우가 더 많아요.

맛보기 연습　주어진 단어와 문장을 おきに로 연결하여 '~ 걸러/마다 ~한다'라는 문장을 만들어 연결해 보세요.　　　(정답은 628쪽에)

5m, 線を引きます ▶ _____

1日, 運動しています ▶ _____

10分, バスが来ます ▶ _____

5m[ご メートル] 5미터
線を引きます[せんを
ひきます] ① 줄/선/금을
긋습니다
1日[いち にち] 하루
運動[うんどう] 운동
10分[じゅっ ぷん] 10분
バス 버스
来ます[きます] ③ 옵니다

>> 線[せん]を引[ひ]く(줄을 긋다)에서 線은 '선, 줄'이라는 뜻이고, 引く는 '끌다, 당기다'라는 뜻이에요.

9. ～目 : ～째

순서를 나타내는 말 뒤에 目를 붙이면 '～째'라는 뜻이 돼요.

5回目にやっと成功した。　　　　　다섯 번째에 겨우 성공했다.

前から3人目の人は誰ですか。　　앞에서부터 3명째(의) 사람은 누구입니까?

(정답은 628쪽에)

🔖맛보기 연습　**주어진 단어와 目를 써서 일본어 문장을 만들어 보세요.**

이 다리는 세계에서 네 번째로 긴 다리입니다.
この橋, 世界, 4番, 長い, 橋

▶ _____

이것이 2개째(의) 금메달이야. これ, 二つ, 金メダル

▶ _____

3일째(의) 밤에 사건이 일어났어요. 3日, 夜, 事件, 起きる

▶ _____

10. ～ずつ : ～씩

수량이나 정도를 나타내는 말 뒤에 ずつ를 붙이면 '～씩'이라는 뜻이 돼요.

毎週1冊ずつ本を読んだ。　　　　매주 한 권씩 책을 읽었어.

一人に1枚ずつカードを配ります。　한 사람에게 1장씩 카드를 나누어 줘요.

🔖맛보기 연습　**주어진 단어와 ずつ를 써서 일본어 문장을 만들어 보세요.**

(정답은 628쪽에)

매일 조금씩 새 단어를 외운다. 毎日, 少し, 新しい, 単語, 覚える

▶ _____

모두 1,000엔씩 냈습니다. みんな, 1,000円, 出す

▶ _____

절반씩 나누자. 半分, 分ける

▶ _____

5回[ご かい] 다섯 번, 5회
成功[せいこう] 성공
前[まえ] 앞
3人[さん にん] 3명
誰[だれ] 누구

橋[はし] 다리
世界[せかい] 세계
4番[よん ばん] 네 번, 4번
長い[ながい] 길다
二つ[ふたつ] 2개, 둘
金メダル[きんメダル]
금메달
3日[みっか] 3일
夜[よる] 밤
事件[じけん] 사건
起きる[おきる]②
일어나다

毎週[まいしゅう] 매주
1冊[いっ さつ] 한 권
本[ほん] 책
読む[よむ]① 읽다
一人[ひとり] 한 사람
1枚[いち まい] 1장
配る[くばる]①
나누어 주다

毎日[まいにち] 매일
少し[すこし] 조금
新しい[あたらしい]
새롭다
単語[たんご] 단어
覚える[おぼえる]②
외우다
1,000円[せん えん]
1,000엔
出す[だす]① 내다
半分[はんぶん] 절반
分ける[わける]② 나누다

1 접두사

お/ご[御]~	단어를 꾸며 줌 [높여 줌, 공손하게 함, 예쁘게 함]

2 접미사

① ~中(ちゅう)	~(하는) 중, ~(기간) 중
② ~中(じゅう)	~ 전체, 온 ~
③ ~たち・~方(がた)・~ら	~들
④ ~頃(ごろ)	~경/쯤
⑤ ~屋(や)	1. ~가게, ~가게 주인 2. ~쟁이, ~한 성격
⑥ ~様(さま) ~さん ~ちゃん ~君(くん)	~ 님 ~ 씨 [해석 불가] ~ 군
⑦ ~家(か)	~가
⑧ ~おきに	~ 걸러, ~마다
⑨ ~目(め)	~째
⑩ ~ずつ	~씩

357

1 ( ) 속에 적절한 말을 넣어 보세요.

(1) 今日は一日( )雨でした。
오늘은 하루 종일 비가 내렸습니다(비였습니다).

(2) あんなわからず( )だとは思わなかった。
저런 벽창호라고는 생각치 못했다.

(3) 毎週1冊( )本を読んだ。
매주 한 권씩 책을 읽었어.

(4) 5回( )にやっと成功した。
다섯 번째에 겨우 성공했다.

(5) ( )家族の皆さんは( )元気ですか。
가족 여러분들은 잘 지내십니까?

(6) 明日、1時( )うちを出ます。
내일, 1시경 집을 나가요.

(7) 天才と呼ばれる人は努力( )です。
천재라고 불리는 사람은 노력가입니다.

(8) ひと月( )病院へ行った。
한 달 걸러(두 달에 한 번) 병원으로 갔어.

(9) 午前( )はうちにいます。
오전 중에는 집에 있어요.

(10) 君( )に話がある。
자네들에게 (할) 이야기가 있어.

(11) 昔々、二人の王子( )がいました。
옛날 옛적에, 2명의 왕자님이 있었습니다.

(12) 皆様( )に心から感謝いたします。
여러분들께 진심으로 감사 드립니다.

今日は授業で読書の話をした。まず5人ずつのグループで話をした。グループで一人ずつ順番に発表した。私と同じグループにいた林さんは読書家で、1週間に本を2冊は読むと言った。読書中は何も聞こえなくなるくらい、読書に集中するそうだ。私は3番目に発表した。私はほとんど本を読まない。ちょっと恥ずかしかった。最後にクラス全員で話をした。私たちのグループは他のグループより本をよく読む人が多かった。でも、他のグループに毎日、本を1冊読む人がいて、クラス中の注目を集めた。私もこれからはもう少し本を読もうと思う。

{단어}

今日[きょう] 오늘 | 授業[じゅぎょう] 수업 | 読書[どくしょ] 독서 | 話[はなし] 이야기 | 5人[ごにん] 5명 | グループ 그룹 | 一人[ひとり] 한 명 | 順番に[じゅんばんに] 순서대로 | 発表[はっぴょう] 발표 | 同じ[おなじ] 같은 | 1週間[いっしゅうかん] 1주일 | 本[ほん] 책 | 2冊[にさつ] 두 권 | 読む[よむ]① 읽다 | 言う[いう]① 말하다 | 何も[なにも] 아무것도 | 聞こえる[きこえる]② 들리다 | 集中[しゅうちゅう] 집중 | 3番目[さんばんめ] 세 번째 | 恥ずかしい[はずかしい] 창피하다 | 最後[さいご] 마지막 | クラス 반, 클래스 | 全員[ぜんいん] 전원 | 他の[ほかの] 다른 | 多い[おおい] 많다 | 毎日[まいにち] 매일 | 1冊[いっさつ] 한 권 | 注目[ちゅうもく] 주목 | 集める[あつめる]② 모으다 | もう少し[もうすこし] 조금 더 | 思う[おもう]① 생각하다

오늘은 수업에서 독서 이야기를 했다. 우선 5명씩 구성된 그룹에서 이야기를 했다. 그룹에서 한 명씩 순서대로 발표했다. 나와 같은 그룹에 있던 하야시 씨는 독서를 많이 하는 사람으로 1주일에 책을 두 권은 읽는다고 했다. 독서 중에는 아무것도 안 들리게 될 정도로 독서에 집중한다고 한다. 나는 세 번째로 발표했다. 나는 거의 책을 읽지 않는다. 좀 창피했다. 마지막으로 반 전원이 다 같이 이야기를 했다. 우리 그룹은 다른 그룹보다 책을 자주 읽는 사람이 많았다. 그렇지만 다른 그룹에 매일 책을 한 권 읽는 사람이 있어서 반 전체의 주목을 모았다. 나도 앞으로는 조금 더 책을 읽으려고 생각한다.

 한국과 일본의 '겨울철 실내 난방법'

한국 집에는 온돌이 있어서 겨울에 집 전체가 따뜻하죠? 그런데 일본 집은 겨울 난방을 주로 히터나 난로로 해요. 일본에서 에어컨이라고 하면 냉방 기능과 난방 기능이 있어서 주로 그걸로 여름에는 냉방, 겨울에는 난방을 해요. 그래서 난방을 켜 놓은 방은 따뜻하지만 복도나 안 쓰고 있는 방은 추워요. 집안에 따뜻한 곳과 추운 곳이 있어서 한국 사람들이 겨울의 일본 집 실내가 춥다고 하는 사람들이 많아요. 床暖(床暖房의 준말)이라고 하는 온돌처럼 바닥이 따뜻해지는 '마루 난방'도 있지만, 집 전체가 마루 난방이 되는 집은 거의 없고 보통 집의 일부만 마루 난방이 돼요. 그리고 일본에서는 밤에 잘 때는 보통 난방을 끄고 자요. 통계를 보니 90% 이상이 난방을 끄고 잔다고 해요. 한국처럼 따뜻하게 해 놓고 자지 않아서 희한해하는 사람들이 많더라고요.

~おきに는 시간 길이에 따라 뜻이 바뀌어요!

~おきに의 뜻으로는 '~ 걸러'가 더 정확한데 '~ 걸러'라는 말이 낯설어서 이해가 잘 안 되는 분들도 많을 거예요. 그래서 '~마다'라는 뜻도 추가했는데, 사실 '~마다'는 일본어로 ~ごと예요. ~おきに와 ~ごと의 쓰임 차이에 대해 설명해 드릴게요.

아래와 같은 문장의 경우는 ~おきに와 ~ごとに가 같은 뜻이에요.

> バスは10分（じゅっぷん）おきに来（く）る。　버스는 10분마다 온다.
>
> バスは10分ごとに来る。　버스는 10분마다 온다.

아래와 같은 문장의 경우는 ~おきに와 ~ごとに가 다른 뜻이에요. ~おきに는 '~ 걸러' 즉 '기간을 걸러서'라는 뜻이라서 '이번 주'에 갔으면 '다음 주'는 걸러서 '다음다음 주'에 간다는 뜻이 돼요.

> 1週間（いっしゅうかん）おきに病院（びょういん）に行（い）く。　1주일 걸러(2주에 한 번) 병원에 간다.
>
> 1週間ごとに病院に行く。　1주일마다 병원에 간다.

정리해 보면, ~おきに와 ~ごとに는 짧은 시간에 쓸 때는 같은 뜻이 되지만, 어느 정도 긴 시간에 쓸 때는 다른 뜻이 돼요!

'~초'나 '~분'과 같은 작은 단위에서는 ~おきに와 ~ごとに를 같은 뜻으로 써요.

> '~초', '~분'의 작은 단위 : ~おきに = ~ごとに

'~일', '~주일', '~달', '~년'과 같은 큰 단위에서는 ~おきに와 ~ごとに가 다른 뜻이에요.

> '~일', '~주일', '~달', '~년'의 큰 단위 : ~おきに ≠ ~ごとに

'~시간'은 그 중간 길이의 시간에 해당하는데, '~시간'은 사람에 따라 다르게 해석할 수 있어서 유의해야 해요! 젊은 사람들은 '~마다'로 해석하는 경향이 있고 나이가 많아질수록 '~ 걸러'로 해석하는 경향이 있어요. 그러니 누군가가 〈시간+おきに〉를 썼을 때는 어떤 뜻으로 썼는지를 확인해 보세요!

동사 속으로
한 걸음 더

여기에서는 동사 중에서 한국 사람들이 잘못 쓰기 쉬운 동사들, 한국어에 없는 구별이라서 배우기 어려운 동사들을 정리할게요. 새로운 문법을 배우는 것이 아니라 단어 사용의 쓰임 차이를 배운다고 생각하세요!

40

존재 표현

일본어에서는 어떤 것이 '있다'라고 할 때 쓰는 표현이 2가지 있어요. 움직이지 않는 것(물건이나 식물 등)에는 **ある**를 쓰고, 살아서 움직이는 것(사람이나 동물 등)에는 **いる**를 써요. 한국어에는 이러한 구별이 없어서 일본어를 꽤 잘하는 사람도 실수하는 경우가 있으니 잘 익혀 두세요!

🎧 40-1.mp3

1단계
핵심문법 익히기

① 존재를 나타내는 기본 문형

'~에 ~가 있다'라고 할 때 쓰는 '~에'는 일본어로 **に**예요. 물건이나 식물 등의 움직이지 않는 것에는 **ある**를 쓰고, 사람이나 동물 등의 살아서 움직이는 것에는 **いる**를 써요. **ある**는 1류동사이고, **いる**는 2류동사예요.

'~에 ~가 있다'라는 존재 표현을 나타내는 기본 문형은 아래와 같아요.

~ | に (에) | ~ | が (가) | + | **ある** (있다 – 물건, 식물 등)
いる (있다 – 사람, 동물 등)

屋上[おくじょう] 옥상
田舎[いなか] 시골
祖母[そぼ] 할머니(높임×)

屋上にビアガーデンがある。　　　　　　　옥상에 비어가든이 있다.

田舎に祖母がいます。　　　　　　　　시골에 할머니가 있습니다.

≫ ビアガーデン(비어가든)은 실외에 있는 호프집인데, 백화점이나 건물의 옥상, 호텔의 정원, 쇼핑몰의 발코니 등에 많이 있어요.

≫ '할머니는 시골에 계시다'라고 하고 싶죠? 일본어와 한국어의 높임말 사용법이 달라서 일본어에서는 자기 할머니에 대해 남들에게 말할 때는 '있다'라고 써야 해요. 높임말 사용법에 대해서는 573쪽을 보세요.

📖 **맛보기 연습**　주어진 두 단어를 써서 '~에 ~가 있다'라는 문장을 만들어 보세요.
　　　ある와 **いる**를 잘 구별하세요.　　　　　　　　　　　(정답은 629쪽에)

2階[に かい] 2층
受付[うけつけ] 접수처
お手洗い[おてあらい] 화장실
ゴキブリ 바퀴벌레

2階, 受付 ▶ _____

お手洗い, ゴキブリ ▶ _____

講堂[こうどう] 강당
校長先生[こうちょうせんせい] 교장 선생님
玄関[げんかん] 현관
自転車[じてんしゃ] 자전거

講堂, 校長先生 ▶ _____

玄関, 自転車 ▶ _____

≫ 受付[うけつけ](접수처)는 受け付け로 쓰기도 해요.

〈〜に〜がある/いる(〜에 〜가 있다)〉는 어디에 무엇이 있는지를 설명하는 문형이에요. 존재하는 '것/사람'에 주목해서 '그것/그 사람'이 어디에 있는지를 설명하는 '〜는 〜에 있다'라는 존재 표현은 아래와 같은 문형이 돼요.

〜　は
　(는)　〜　に
　(에)　+　ある (있다 – 물건, 식물 등)
　　　　　　　　　　　　　　いる (있다 – 사람, 동물 등)

両親[りょうしん]
부모(높임×)
郊外[こうがい] 교외
食品[しょくひん] 식품
売場[うりば] 매장
地下[ちか] 지하
1階[いっかい] 1층

両親はニューヨーク郊外にいる。　부모님은 뉴욕 교외에 있어.

食品売場は地下1階にあります。　식품매장은 지하 1층에 있어요.

┃맛보기 연습　주어진 두 단어를 써서 '〜는 〜에 있습니다'라는 문장을 만들어 보세요.
　　　　　　ある와 いる를 잘 구별하세요.　　　　　　　　　　　　(정답은 629쪽에)

卵, 冷蔵庫 ▶ _____

部長, 会議室 ▶ _____

布団, 押し入れ ▶ _____

祖父, 福岡 ▶ _____

≫ 卵[たまご]는 '계란'이라는 뜻으로 쓰지만, 기본적인 뜻은 '알'이에요.

卵[たまご] 계란
冷蔵庫[れいぞうこ]
냉장고
部長[ぶちょう] 부장(님)
会議室[かいぎしつ]
회의실
布団[ふとん] 이부자리
押し入れ[おしいれ]
붙박이장
祖父[そふ]
할아버지(높임×)
福岡[ふくおか] (지명)

❷ 수량을 나타내는 문형

한국어에서는 '〜가 2명 있다'도 쓰고 '〜 2명이 있다'도 쓰죠? 일본어에서는 '〜가 2명 있다'만 쓸 수 있어요. 수량을 나타내는 말 뒤에 가를 붙이지 마세요! 이 문형에서는 를 쓰면 '〜는 2명 있다'가 되어 다른 것과 비교하는 표현이 돼요. 비교하는 내용이 아니라면 보통 가를 써요.

〜　が
　(가)　+　수량　+　ある / いる
　　　　　　　　　　　(있다)

部屋[へや] 방
大人[おとな] 어른
4人[よ にん] 4명
庭[にわ] 마당
大きな[おおきな] 큰
木[き] 나무
1本[いっ ぽん] 한 그루

部屋に大人が4人いた。

방에 어른이 4명 있었다.

うちの庭には大きな木が1本あります。

우리 집의 마당에는 큰 나무가 한 그루 있습니다.

맛보기 연습　주어진 세 단어를 써서 '~에 ~가 ~(수량) 있다'라는 문장을 만들어 보세요.
　　　　　　ある와 いる를 잘 구별하세요.

(정답은 629쪽에)

事務所[じむしょ] 사무실
灰皿[はいざら] 재떨이
2個[に こ] 2개
動物園[どうぶつえん] 동물원
ライオン 사자
1匹[いっ ぴき] 1마리
封筒[ふうとう] 봉투
7枚[なな まい] 7장
ファン 팬
大勢[おおぜい] 많이(사람)

事務所, 灰皿, 2個

▶ _____

動物園, ライオン, 1匹だけ

▶ _____

ここ, 封筒, 7枚

▶ _____

日本, ファン, 大勢

▶ _____

» 封筒[ふうとう](봉투)는 '편지봉투'나 '서류봉투'를 뜻하는 말로, '비닐봉투'나 '봉지'를 뜻하지는 않아요.

---

③ 위치를 나타내는 문형

'위', '아래' 등의 위치를 나타내는 말 앞에는 の(~의)를 쓰고, 뒤에는 に(~에)를 써요. 조사 の를 빠뜨리지 않도록 유의하세요!

~ ┃ の (의) ┃ + ┃ 위치 ┃ + ┃ に (에) ┃ + ┃ ある / いる (있다) ┃

教室[きょうしつ] 교실
後ろ[うしろ] 뒤
棚[たな] 선반
隣[となり] 옆, 이웃

教室の後ろに棚がある。

교실(의) 뒤에 선반이 있어.

中川さんは木村さんの隣にいました。

なかがわ 씨는 きむら 씨(의) 옆에 있었어요.

» 隣[となり]도 横[よこ]도 '옆'을 나타내는데, 느낌의 차이가 있어요. 隣는 나란히 있는 것들 중에서 가장 가까이 있는 것을 나타내요. 실제 거리가 중요한 것이 아니라 사이에 다른 것이 안 끼어 있다는 뜻이에요. 横는 세로나 대각선이 아니라 가로 방향, 수평 방향, 좌우 방향이라는 위치로 본 '옆'이에요.

맛보기 연습   주어진 세 단어를 써서 '~의 ~(위치)에 ~가 있습니다'라는 문장을 만들어 보세요.
ある와 いる를 잘 구별하세요.

(정답은 629쪽에)

ゴミ箱[ばこ] 쓰레기통
下[した] 밑
マット 매트
葉[は] 잎
表[おもて] 앞면
虫[むし] 벌레
地図[ちず] 지도
真ん中[まんなか]
한가운데
山[やま] 산
道[みち] 길
向こう[むこう] 저쪽
辻[つじ] (성씨)

ゴミ箱, 下, マット ▶ _____

葉, 表, 虫 ▶ _____

この地図, 真ん中, 山 ▶ _____

道, 向こう, 辻さん ▶ _____

≫ ゴミ箱[ばこ](쓰레기통)는 ごみ(쓰레기)와 箱[はこ](상자)가 합해진 말이에요. 이처럼 두 단어가 합해졌을 때 뒷단어의 첫소리가 탁음화되는 경우가 꽤 있어요. 히라가나 ごみ箱로 써도 상관없지만 ゴミ箱로 쓰는 경우가 더 많아요.

1 존재를 나타내는 기본 문형

> 〈~に~がある/いる: ~에 ~가 있다〉
> 〈~は~にある/いる: ~는 ~에 있다〉

2 수량을 나타내는 문형

> 〈~が + 수량 + ある/いる: ~가 ~(수량) 있다〉

3 위치를 나타내는 문형

> 〈~の + 위치 + に + ある/いる: ~의 ~(위치)에 있다〉

1 다음 문장을 일본어로 만들어 보세요.

(1) 옥상에 비어가든이 있다.

✎ --

(2) 식품매장은 지하 1층에 있어요.

✎ --

(3) 방에 어른이 4명 있었다.

✎ --

(4) 교실 뒤에 선반이 있어.

✎ --

(5) 길 저쪽에 辻 씨가 있습니다.

✎ --

(6) 동물원에 사자가 1마리만 있다.

✎ --

(7) 계란은 냉장고에 있습니다.

✎ --

(8) 부장님은 회의실에 있습니다.

✎ --

(9) 강당에 교장 선생님이 있다.

✎ --

(10) 쓰레기통 밑에 매트가 있습니다.

✎ --

駅の前に大きなビルがあります。そのビルの中に映画館があって、私は仕事の帰りや週末に、よくその映画館で映画を見ます。そのビルの隣に郵便局があって、その向かいに銀行があります。私がいつも買い物するスーパーは、銀行の裏にあります。そのスーパーの隣に一戸建ての家があって、かわいい犬がいます。犬はいつも庭で遊んでいます。私は動物が好きで、スーパーに行く時はいつも犬に挨拶します。私も犬が飼いたいのですが、うちのマンションはペット禁止なので、飼えません。いつか一戸建てに住んで、犬を飼いたいと思っています。

{단어}

駅[えき] 역 | 前[まえ] 앞 | 大きな[おおきな] 큰 | ビル 빌딩 | 中[なか] 안 | 映画館[えいがかん] 영화관 | 仕事[しごと] 일(직업) | 帰り[かえり] 돌아올 때 | 週末[しゅうまつ] 주말 | 映画[えいが] 영화 | 見る[みる]② 보다 | 隣[となり] 옆 | 郵便局[ゆうびんきょく] 우체국 | 向かい[むかい] 맞은편 | 銀行[ぎんこう] 은행 | 買い物[かいもの] 장보기 | スーパー 슈퍼 | 裏[うら] 뒤 | 一戸建て[いっこだて] 단독주택 | 家[いえ] 집 | 犬[いぬ] 개 | 庭[にわ] 마당 | 遊ぶ[あそぶ]① 놀다 | 動物[どうぶつ] 동물 | 好きな[すきな] 좋아하는 | 時[とき] 때 | 挨拶[あいさつ] 인사 | 飼う[かう]① 기르다 | マンション 아파트 | ペット 애완동물, 펫 | 禁止[きんし] 금지 | 住む[すむ]① 살다(거주하다) | 思う[おもう]① 생각하다

≫ 건물의 위치를 나타낼 때의 '뒤'는 裏[うら](뒷면)라고 해요. 後ろ[うしろ](뒤)라는 말은 잘 안 써요.

역 앞에 큰 빌딩이 있습니다. 그 빌딩 안에 영화관이 있어서 저는 퇴근길이나 주말에 자주 그 영화관에서 영화를 봅니다. 그 빌딩 옆에 우체국이 있고, 그 맞은편에 은행이 있습니다. 제가 늘 장보는 슈퍼는 은행 뒤에 있습니다. 그 슈퍼 옆에 단독주택이 있고 예쁜 개가 있습니다. 개는 늘 마당에서 놀고 있습니다. 저는 동물을 좋아해서 슈퍼에 갈 때는 항상 개에게 인사를 합니다. 저도 개를 기르고 싶은데, 저희 아파트는 애완동물 금지라서 기를 수 없습니다. 언젠가 단독주택에 살아서 개를 기르고 싶다는 생각을 하고 있습니다.

'어른'과 '어린이'

'어른'은 大人[おとな]라고 하고 '어린이'는 子[こ]ども라고 하죠? 그런데 일본에 가서 요금표 같은 것을 보면 '어린이'를 小人으로 표기해 놓은 곳이 많다는 것을 아실 거예요. 일상적으로는 小人이라고 쓰면 こびと로 읽고 동화에 나오는 '난쟁이'라는 뜻이에요. 요금표에서 '어린이'를 나타내는 小人은 しょうにん으로 읽어요. 그리고 이와 짝이 되는 大人도 요금표에서는 だいにん으로 읽는 것이 정확한 소리예요. 그런데 일상적으로는 大人, 小人으로 표기해도 말할 때는 おとな, こども로 읽어요. だいにん, しょうにん이라고 하면 대부분 못 알아 들어요.

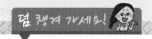

존재 표현, 한 걸음 더!

이번 과에서 연습한 존재 표현의 기본 문형은 아래와 같아요.

> 〈～に～がある/いる〉　～에 ～가 있다
>
> 〈～は～にある/いる〉　～는 ～에 있다

기본 문형의 어순을 아래와 같이 바꾸면 어떻게 될까요?

> 〈～が～にある/いる〉　～가 ～에 있다
>
> 〈～に～はある/いる〉　～에 ～는 있다

> 庭(にわ)に犬(いぬ)がいる。　마당에 개가 있다.
>
> 犬が庭にいる。　개가 마당에 있다.

위의 두 문장은 큰 차이는 없는데, 아래쪽 문장인 '개가 마당에 있다'가 좀 더 '개가'라는 주어 부분이 강조되는 느낌이 있어요. '고양이도 아니고 다른 동물도 아닌 개가'라는 느낌이죠.

> 携帯(けいたい)はテーブルの上(うえ)にある。　핸드폰은 식탁(의) 위에 있다.
>
> テーブルの上に携帯はある。　식탁(의) 위에 핸드폰은 있다.

위의 두 문장은 느낌이 전혀 달라지죠? 아래쪽 문장은 '핸드폰은 있지만 다른 것은 없다'라는 대비시 키는 뜻이 되죠. 한국어도 일본어와 똑같은 뉘앙스가 있어서 어렵지 않을 거예요.

그리고 존재에 대해 물어볼 때는 의문사에 유의해야 해요! 물건에 대해서는 何(なに)(무엇)를 쓰고, 사람에 대해서는 誰(だれ)(누구)를 써요. 또 동물에 대해서는 何를 쓰고, 동사는 いる를 써요.

> [물건] 何がありますか。　무엇이 있습니까?
>
> [사람] 誰がいますか。　누가 있습니까?
>
> [동물] 何がいますか。　무엇이 있습니까?

강의 및 예문듣기

41

'주다'와 '받다'

'주다'와 '받다'에 대한 표현도 한국어에는 없는 구별이 일본어에 있어서 이해하기 어려운 부분이 있어요. 조금 신경 써서 잘 배워 봅시다.

🎧 41-1.mp3

1단계
핵심문법 익히기

❶ もらう(받다)의 사용법

もらう(받다)는 사용법이 한국어와 똑같아서 어렵지 않을 거예요. 다만 '~로부터 받다'라고 할 때 조사 '~로부터'는 に와 から 2가지로 쓸 수 있어요. 사람으로부터 받는 경우는 に와 から 둘 다 쓸 수 있고, 사람이 아닌 것으로부터 받는 경우는 から만 쓸 수 있어요.

~ 〔は (는)〕 ~ 〔に (에게) / から (로부터)〕 ~ 〔を (를)〕 + 〔もらう (받다)〕

花瓶[かびん] 꽃병
学校[がっこう] 학교
連絡[れんらく] 연락

花子は太郎に花瓶をもらった。　　　はなこは たろう에게 꽃병을 받았다.

(私は)学校から連絡をもらいました。　(저는) 학교로부터 연락을 받았습니다.

» 한국에서는 서류 견본에 주로 '홍길동'이라는 이름을 쓰죠? 일본에서는 남자 이름은 太郎[たろう], 여자 이름은 花子[はなこ]라고 써요. 성은 주로 견본을 내놓은 회사, 기관 등의 이름을 써요. 예를 들어 'ふじ은행'이라면 ふじ太郎 혹은 ふじ花子라고 써요.

📝 **맛보기 연습**　주어진 세 단어를 써서 '~는 ~에게/로부터 ~를 받았다'라는 문장을 만들어 보세요.
조사 に와 から를 모두 쓸 수 있는 경우는 2가지 문장을 만들어 보세요.　(정답은 630쪽에)

留学生[りゅうがくせい] 유학생
~たち ~들
先生[せんせい] 선생님
果物[くだもの] 과일

留学生たち, 先生, 果物

▶ ＿＿＿＿＿＿＿＿＿＿＿＿＿＿＿＿＿＿＿

▶ ＿＿＿＿＿＿＿＿＿＿＿＿＿＿＿＿＿＿＿

そのホールスタッフ, お客さん, チップ

▶ _____

▶ _____

私, 会社, 書類

▶ _____

» ウェイター(waiter), ウェイトレス(waitress)라는 말도 일상적으로 많이 쓰지만, 이는 차별적인 말이라고 해서 ホールスタッフ(hall staff) 또는 フロアスタッフ(floor staff)라는 말을 쓰는 것이 좋다고 해요. 이 말은 둘 다 일본에서 만든 일본식 영어라고 하네요.

» 일본어에서는 '팁'을 チップ라고 해요. 한국어와 발음이 많이 다르죠?

❷ あげる(주다)와 くれる(주다)의 사용법

일본어에는 '주다'라는 뜻의 동사로 あげる와 くれる의 2가지가 있어요. 한국어에는 없는 구별이니 설명을 잘 읽어 보세요!

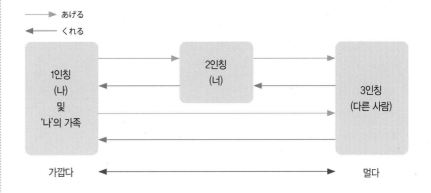

'나'에게 가까운 사람이 '나'로부터 먼 사람에게 줄 때는 あげる를 써야 하고, '나'로부터 먼 사람이 '나'에게 가까운 사람에게 주는 경우는 くれる를 써야 해요. くれる에는 '줘서 고맙다'라는 느낌이 있어요.

문장의 구조는 아래와 같이 돼요.

~ 「は (는)」 ~ 「に (에게)」 ~ 「を (를)」 + あげる (주다) / くれる (주다)

弟[おとうと]
남동생(높임×)

星野さんは私にコートをくれた。　　ほしの 씨는 나에게 코트를 주었어.

私は弟にカレンダーをあげました。　　저는 남동생에게 달력을 주었어요.

1인칭인 '나'와 '나의 가족' 사이에서 주고받는 경우는 '나의 가족'이 3인칭이 되어 '나'가 주는 경우는 あげる를 쓰고, '나의 가족'이 '나'에게 주는 경우는 くれる를 써요.

> 맛보기 연습　주어진 세 단어를 써서 '~는 ~에게 ~를 주었습니다'라는 문장을 만들어 보세요.
> **あげる와 くれる를 잘 구별하세요.**　　(정답은 630쪽에)

佐々木[ささき](성씨)
シャツ 셔츠
根本[ねもと](성씨)
鏡[かがみ] 거울
兄[あに] 오빠(높임×)
万年筆[まんねんひつ]
만년필

あなた, 佐々木さん, シャツ

▶ _____

根本さん, 私, 鏡

▶ _____

兄, あなた, 万年筆

▶ _____

お土産[おみやげ]
(여행지에서 사오는)선물
加藤[かとう](성씨)
お祝い[おいわい]
축하 선물
妹[いもうと]
여동생(높임×)
清水[しみず](성씨)
お菓子[おかし] 과자

私, あなた, お土産

▶ _____

加藤さん, あなた, お祝い

▶ _____

妹, 清水さん, お菓子

▶ _____

小林[こばやし](성씨)
手袋[てぶくろ] 장갑
お見舞い[おみまい]
문병 선물
僕[ぼく] 나(남자)
財布[さいふ] 지갑

私, 小林さん, 手袋

▶ _____

あなた, 私, お見舞い

▶ _____

弟, 僕, 財布

▶ _____

≫ 연습을 위해 あなた(당신)를 썼는데, 일상적으로 잘 안 쓰는 말이에요. 예전에는 아내가 남편을 '당신'이라고 부를 때 あなた라고 했는데, 요즘은 이 말을 쓰는 사람이 많지 않은 것 같아요.

371

3인칭끼리 주고받는 경우는 어떻게 될까요? 이때도 역시 누가 더 '나'에게 가까운가가 구별의 기준이에요. '나'에게 가까운 A 씨가 A 씨보다 '나'에게서 먼 B 씨에게 뭔가를 주는 경우는 あげる를 쓰고, B 씨가 A 씨에게 주는 경우는 くれる를 써요.

友達[ともだち] 친구
人[ひと] 사람
葉書[はがき] 엽서
時計[とけい] 시계

友達はその人に葉書をあげた。　친구는 그 사람에게 엽서를 주었다.

その人は友達に時計をくれました。　그 사람은 친구에게 시계를 주었습니다.

맛보기 연습　주어진 세 단어를 써서 '~는 ~에게 ~를 주었다'라는 문장을 만들어 보세요.
あげる와 くれる를 잘 구별하세요.
(정답은 630쪽에)

店[みせ] 가게
キーホルダー 키홀더
先生[せんせい] 선생님
かばん 가방
係長[かかりちょう]
계장(님)
ネクタイ 넥타이
サッカー 축구
選手[せんしゅ] 선수
花束[はなたば] 꽃다발

お店の人, 友達, キーホルダー

▶ _____

友達, 先生, かばん

▶ _____

係長, 友達, ネクタイ

▶ _____

友達, サッカー選手, 花束

▶ _____

③ あげる(주다)의 높임말

한국어와 마찬가지로 일본어에도 높임말이 있어요. 일본어의 높임말이 좀 더 복잡한데, 자세한 것은 558쪽에서 배울게요. 여기에서는 '주다'와 '받다'에 해당하는 높임말에 대해서만 연습해 볼게요!

あげるは 差し上げる, あげる, やる의 3가지로 나누어져요.

差し上げる는 '드리다'라는 뜻으로 '받는 사람'인 상대방을 높이는 경우에 쓰는 말이에요. やる는 상대방이 '나'보다 아주 어리거나 '주는 사람'보다 낮은 존재(동물, 식물 등)에게 주는 경우에 쓰는 말이에요. やる 대신에 あげる를 써도 돼요.

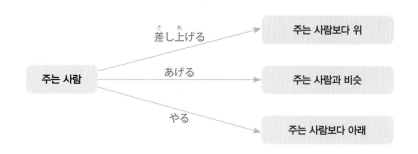

妻[つま] 아내(높임×)
お中元[おちゅうげん] 여름 선물
息子[むすこ] 아들(높임×)
お小遣い[おこづかい] 용돈

妻は先生にお中元を差し上げた。 　　아내는 선생님께 여름 선물을 드렸다.

私は息子にお小遣いをやりました。 　　저는 아들에게 용돈을 주었습니다.

맛보기 연습　주어진 세 단어를 써서 '~는 ~에게 ~를 주었습니다/드렸습니다'라는 문장을 만들어 보세요.
差し上げる, あげる, やる를 잘 구별하세요. 　　(정답은 630쪽에)

社長[しゃちょう] 사장(님)
お茶[おちゃ] 차
母[はは] 어머니(높임×)
花[はな] 꽃
水[みず] 물
職員[しょくいん] 직원
お客様[おきゃくさま] 손님
案内書[あんないしょ] 안내서
姉[あね] 언니(높임×)
下着[したぎ] 속옷

私, 社長, お茶

▶ _____

母, 花, 水

▶ _____

職員, お客様, 案内書

▶ _____

私, 姉, 下着

▶ _____

≫ 下着[したぎ]를 '아래옷(하의)'으로 알고 있는 사람들이 있는데, '속옷'이라는 뜻이에요.

④ くれる(주다)의 높임말

くれる는 くださる와 くれる의 2가지로 나누어져요.

くださる는 '주시다'라는 뜻인데, くださる는 불규칙한 활용을 하기 때문에 ます형이 くださいます가 돼요! ます형만 예외적으로 꼬리 る가 い단으로 바뀔 때 り가 아닌 い가 돼요. 그 외에는 ら행 활용을 해요.

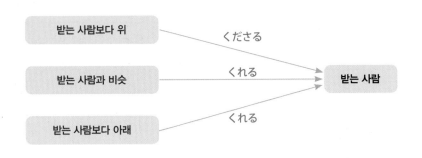

받는 사람보다 위	くださる	
받는 사람과 비슷	くれる	받는 사람
받는 사람보다 아래	くれる	

先輩[せんぱい] 선배
お父様[おとうさま]
아버님
人形[にんぎょう] 인형
後輩[こうはい] 후배

先輩のお父様が私に人形をくださった。

선배의 아버님이 나에게 인형을 주셨어.

後輩が私にケーキをくれました。　후배가 저에게 케이크를 주었어요.

🔖 **맛보기 연습**　주어진 세 단어를 써서 '~가 ~에게 ~를 주었습니다/주셨습니다'라는 문장을 만들어 보세요.
くださる와 くれる를 잘 구별하세요.　　　　　　　(정답은 630쪽에)

友達[ともだち] 친구
お母様[おかあさま]
어머님
ブレスレット 팔찌
いとこ 사촌
父[ちち] 아버지(높임×)
たばこ 담배
次長[じちょう] 차장(님)
同僚[どうりょう] 동료
コーヒー 커피
娘[むすめ] 딸(높임×)
靴下[くつした] 양말

友達のお母様, 私, ブレスレット

▶ _____

いとこ, 私の父, たばこ

▶ _____

次長, 同僚, コーヒー

▶ _____

娘, 私, 靴下

▶ _____

⑤ もらう(받다)의 높임말

もらう는 いただく와 もらう의 2가지로 나누어져요.

いただく는 한국어에 없는 말이라서 이해하기 어려울 수 있는데, '주는 사람'인 상대방을 높이는 경우에 쓰는 말이에요. 잘 안 쓰지만 '~사오'를 써서 '받사오니'라고 하는 것과 같은 느낌이에요.

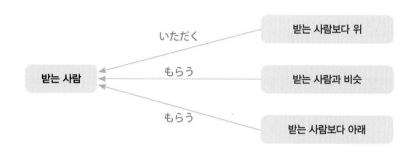

先生[せんせい] 선생님
辞書[じしょ] 사전
切手[きって] 우표

私は先生に辞書をいただいた。	나는 선생님께 사전을 받았다.
私は友達に切手をもらいました。	저는 친구에게 우표를 받았습니다.

맛보기 연습 주어진 세 단어를 써서 '~는 ~에게/로부터 ~를 받았다'라는 문장을 만들어 보세요.
いただく와 もらう를 잘 구별하세요.　　　　　　　　　　　(정답은 630쪽에)

社長[しゃちょう]
사장(님)
車[くるま] 차
クリスマスカード
크리스마스 카드
知り合い[しりあい]
아는 사람
孫[まご] 손주(높임×)
手紙[てがみ] 편지
クラスメイト 반 친구
担任[たんにん] 담임
アドバイス
조언, 어드바이스

私, 社長, 車

▶ _____

私, 友達, クリスマスカード

▶ _____

知り合い, 孫, 手紙

▶ _____

クラスメイト, 担任の先生, アドバイス

▶ _____

1 もらう(받다)의 사용법

〈～は～に/から～をもらう〉 ～는 ～에게/로부터 ～를 받다

2 あげる(주다)와 くれる(주다)의 사용법

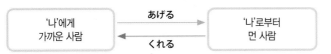

3 あげる(주다)의 높임말

差し上げる (높은 사람에게) 드리다
やる (아랫사람, 동물, 식물 등에게) 주다

4 くれる(주다)의 높임말

くださる 주시다

5 もらう(받다)의 높임말

いただく (높은 사람으로부터) 받다

1 다음 문장을 일본어로 만들어 보세요.

(1) 학교로부터 연락을 받았습니다.

✎ --

(2) 星^{ほし}野^の 씨는 나에게 코트를 주었어.

✎ --

(3) 아내는 선생님께 여름 선물(お中元^{ちゅうげん})을 드렸다.

✎ --

(4) 저는 아들에게 용돈을 주었습니다.

✎ --

(5) 나는 선생님께 사전을 받았다. [선생님을 높임]
   ❯❯ 이 문장은 구어가 아니므로, 남자인 경우 '나'를 私[わたし], 僕[ぼく], 俺[おれ] 어떤 것으로 써도 돼요.

✎ --

(6) 선배의 아버님이 나에게 인형을 주셨어.

✎ --

(7) 저는 언니에게 속옷을 주었습니다.

✎ --

(8) 나는 친구로부터 크리스마스 카드를 받았다.
   ❯❯ 이 문장은 구어가 아니므로, 남자인 경우 '나'를 私[わたし], 僕[ぼく], 俺[おれ] 어떤 것으로 써도 돼요.

✎ --

(9) 가게 사람은 친구에게 열쇠고리를 주었다.

✎ --

(10) 친구는 축구선수에게 꽃다발을 주었다.

✎ --

私の担任の先生の名前は岡先生だ。岡先生はとても優しくて、生徒に人気がある。先生は生徒の誕生日をちゃんと覚えていて、必ずプレゼントをくださる。私も先生にプレゼントをいただいた。かわいい鏡だった。友達も私に色々なプレゼントをくれた。今日は先生のお誕生日だ。私たちは少しずつお金を出して花束を買って、先生に差し上げた。先生はとても喜んだ。去年、先生のクラスだった先輩たちも何人か手紙や小さなプレゼントを持ってきて、先生に差し上げた。本当に人気のある先生だ。

{단어}

担任[たんにん] 담임 | 先生[せんせい] 선생님 | 名前[なまえ] 이름 | 優しい[やさしい] 다정하다 | 生徒[せいと] 학생(초·중·고) | 人気[にんき] 인기 | 誕生日[たんじょうび] 생일 | 覚える[おぼえる]② 기억하다 | 必ず[かならず] 반드시 | プレゼント 선물 | 鏡[かがみ] 거울 | 友達[ともだち] 친구 | 色々な[いろいろな] 여러 가지의 | 今日[きょう] 오늘 | ～たち ～들 | 少し[すこし] 조금 | お金[おかね] 돈 | 出す[だす]① 내다 | 花束[はなたば] 꽃다발 | 買う[かう]① 사다 | 喜ぶ[よろこぶ]① 기뻐하다 | 去年[きょねん] 작년 | クラス 반, 클래스 | 先輩[せんぱい] 선배 | 何人[なんにん] 몇 명 | 手紙[てがみ] 편지 | 小さな[ちいさな] 작은 | 持ってくる[もってくる]③ 가져오다 | 本当に[ほんとうに] 정말로

우리(나의) 담임 선생님의 이름은 오카 선생님이다. 오카 선생님은 매우 다정해서 학생들에게 인기가 있다. 선생님은 학생들의 생일을 정확히 기억하고 있어서 반드시 선물을 주신다. 나도 선생님께 선물을 받았다. 예쁜 거울이었다. 친구들도 나에게 여러 가지 선물을 주었다. 오늘은 선생님의 생신이다. 우리들은 조금씩 돈을 내어 꽃다발을 사서 선생님께 드렸다. 선생님은 무척 기뻐했다. 작년에 선생님의 반이었던 선배들도 몇 명인가 편지나 작은 선물을 가져와서 선생님께 드렸다. 정말로 인기가 있는 선생님이다.

 ## お中元과 お歳暮

'여름에 주는 선물'은 お中元이라고 나왔죠? 일본에는 1년에 두 번 회사 상사나 선생님(학교 선생님께는 잘 안 보내고 개인적으로 뭔가를 배우는 경우) 등 평상시에 신세를 지는 사람에게 선물을 주는 관습이 있어요. お中元은 여름에 보내는 선물이고 お歳暮는 연말에 보내는 선물인데, 시기는 지역에 따라 약간 차이가 날 수 있어요. 도쿄를 중심으로 한 지역에서는 お中元은 7월 초에서 15일 사이, お歳暮는 12월 초에서 31일 사이에 보내요. 다만 연말에는 고향으로 가는 사람들도 많아서 12월 20일경까지 도착하게끔 보내는 것이 좋다고 해요. 금액은 3,000엔~5,000엔 정도가 일반적이에요. 너무 비싼 것을 보내면 받는 사람도 부담이 되니 부담이 되지 않는 선에서 보내는 것도 중요하다고 하네요.

'주다'와 '받다', 한걸음 더!

예전에는 자신의 아이나 동식물에게 뭔가를 '주다'라고 할 때는 やる를 써야 한다고 가르쳤지만, 지금은 あげる를 써도 된다고 가르쳐요. 실제로 あげる라는 말을 쓰는 사람이 무척 많아요. 이런 경우에 あげる를 쓰면 안 된다고 나와 있는 책이 있을 수 있어서 설명 드렸어요.

> 犬に餌をやる。 개에게 사료를 준다.
>
> 犬に餌をあげる。 개에게 사료를 준다.

위쪽 문장처럼 やる를 쓰면 개를 '나보다 낮은 존재'로 표현하기 때문에 약간 거친 느낌이 있어요. 아래쪽 문장처럼 あげる를 쓰면 개를 사람처럼 취급하는 느낌이 있어서 말이 매우 부드러워져요.

あげる와 くれる는 둘 다 기본적으로 좋은 것을 줄 때 쓰는 말로, 나쁜 것을 줄 때는 쓰지 않아요. 따라서 '피해를 주다', '고통을 주다' 등과 같은 경우에는 쓸 수 없어요. 이런 경우에는 좀 어려운 단어인데 与える(주다)라는 동사로 써요.

그리고 한 가지 더 조심해야 할 점은 あげる(주다), もらう(받다), くれる(주다)는 전부 물건 등의 형태가 있는 것을 줄 때 써요. '영향을 주다', '영향을 받다' 등과 같은 추상적인 것을 줄 때는 쓸 수 없어요. 추상적인 것에 대한 '주다'에는 与える를 쓰고 '받다'에는 受ける를 써요.

> その先生は私に大きな影響を与えた。 그 선생님은 나에게 큰 영향을 주었다.
>
> 私はその先生に大きな影響を受けた。 나는 그 선생님께 큰 영향을 받았다.

42

자동사와 타동사

강의 및 예문듣기

동사에는 자동사와 타동사가 있죠? 조사 を(~을/를)라는 목적어가 필요하지 않는 동사가 '자동사'이고, 목적어가 필요한 동사가 '타동사'예요. 여기에서는 자동사와 타동사를 구별하는 데 도움이 되는 몇 가지 규칙을 알려 드릴게요!

🎧 42-1.mp3

1단계
핵심문법 익히기

壊れる[こわれる]②
고장 나다
壊す[こわす]① 고장 내다
汚れる[よごれる]②
더러워지다
汚す[よごす]① 더럽히다
折れる[おれる]② 부러지다
折る[おる]① 부러뜨리다
倒れる[たおれる]②
쓰러지다
倒す[たおす]① 쓰러뜨리다
売れる[うれる]② 팔리다
売る[うる]① 팔다
切れる[きれる]② 끊어지다
切る[きる]① 끊다

木[き] 나무
枝[えだ] 가지

カメラ 카메라
洋服[ようふく] 옷
子ども[こども] 아이
隠れる[かくれる]② 숨다
隠す[かくす]① 숨기다

① **동사의 사전형이 〈~れる〉로 끝나면 자동사!**

동사의 사전형이 〈~れる〉로 끝나는 동사들은 몇 개의 예외를 제외하면 '자동사'예요. 이러한 예로는 아래와 같은 동사들이 있어요. 각 동사의 짝이 되는 타동사도 함께 제시할게요.

자동사	타동사	자동사	타동사
壊れる	壊す	倒れる	倒す
汚れる	汚す	売れる	売る
折れる	折る	切れる	切る

≫ 忘れる[わすれる](잊다), くれる(주다), 入れる[いれる](넣다)는 〈~れる〉의 형태이지만 자동사가 아닌 타동사예요.

木の枝が折れる。　　　　　　　　　　　나뭇가지가 부러지다.

木の枝を折る。　　　　　　　　　　　　나뭇가지를 부러뜨리다.

┌맛보기 연습　(　　　) 속에 が와 を 중에서 적절한 것을 넣어 보세요.
　　　　　　　자동사에는 が를 쓰고, 타동사에는 を를 쓰세요.　　　　　(정답은 631쪽에)

カメラ(　　　)壊す。　　　　　　カメラ(　　　)壊れる。

洋服(　　　)汚れる。　　　　　　洋服(　　　)汚す。

子ども(　　　)隠れる。　　　　　子ども(　　　)隠す。

❷ 동사의 사전형이 〈あ단+る〉로 끝나면 자동사! 그 짝이 되는 타동사는 〈え단+る〉!

動詞の사전형이 〈あ단+る〉로 끝나는 동사들은 '자동사'예요. 그리고 자동사인 〈あ단+る〉의 짝이 되는 타동사는 〈あ단+る〉를 〈え단+る〉로 바꾸면 돼요. 이러한 예로는 아래와 같은 동사들이 있어요.

上がる[あがる]① 올라가다
上げる[あげる]② 올리다
集まる[あつまる]① 모이다
集める[あつめる]② 모으다
変わる[かわる]① 바뀌다
変える[かえる]② 바꾸다
下がる[さがる]① 내려가다
下げる[さげる]② 내리다
決まる[きまる]② 정해지다
決める[きめる]② 정하다
閉まる[しまる]② 닫히다
閉める[しめる]② 닫다

자동사	타동사	자동사	타동사
上がる	上げる	下がる	下げる
集まる	集める	決まる	決める
変わる	変える	閉まる	閉める

旅行[りょこう] 여행
予定[よてい] 일정. 예정

旅行の予定が決まる。　　　여행(의) 일정이 정해지다.

旅行の予定を決める。　　　여행(의) 일정을 정하다.

맛보기 연습　(　　)속에 が와 を 중에서 적절한 것을 넣어 보세요.
자동사에는 が를 쓰고, 타동사에는 を를 쓰세요.　　(정답은 631쪽에)

友達[ともだち] 친구
ドア 문. 도어
授業[じゅぎょう] 수업
始まる[はじまる]①
시작되다
始める[はじめる]②
시작하다

友達(　　　)集まる。　　　　友達(　　　)集める。

ドア(　　　)閉める。　　　　ドア(　　　)閉まる。

授業(　　　)始まる。　　　　授業(　　　)始める。

❸ 동사의 사전형이 〈～す〉로 끝나면 타동사!

동사의 사전형이 〈～す〉로 끝나는 동사들은 '타동사'예요. 이러한 예로는 아래와 같은 동사들이 있어요.

残る[のこる]① 남다
残す[のこす]① 남기다
治る[なおる]① (병이)낫다
治す[なおす]①
(병을)고치다
沸く[わく]① 끓다
沸かす[わかす] 끓이다
直る[なおる]① 수리되다
直す[なおす]① 수리하다
消える[きえる]② 꺼지다
消す[けす] 끄다
起きる[おきる]②
일어나다
起こす[おこす]①
일으키다

자동사	타동사	자동사	타동사
残る	残す	直る	直す
治る	治す	消える	消す
沸く	沸かす	起きる	起こす

381

電気[でんき] 불, 전기

電気が消える。 불이 꺼지다.

電気を消す。 불을 끄다.

病気[びょうき] 병
事件[じけん] 사건
財布[さいふ] 지갑
落とす[おとす]①
떨어뜨리다
落ちる[おちる]②
떨어지다

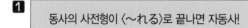

맛보기 연습 ( ) 속에 が와 を 중에서 적절한 것을 넣어 보세요.

자동사에는 が를 쓰고, 타동사에는 を를 쓰세요. (정답은 632쪽에)

病気( )治る。　　　病気( )治す。

事件( )起きる。　　事件( )起こす。

財布( )落とす。　　財布( )落ちる。

자동사와 타동사를 구별하는 방법

1 동사의 사전형이 〈〜れる〉로 끝나면 자동사!

2 동사의 사전형이 〈あ단+る〉로 끝나면 자동사!
그 짝이 되는 타동사는 〈え단+る〉!

3 동사의 사전형이 〈〜す〉로 끝나면 타동사!

1 다음 문장을 일본어로 만들어 보세요.

(1) 나뭇가지가 부러지다.

🖉 --

(2) 나뭇가지를 부러뜨리다.

🖉 --

(3) 여행 일정이 정해지다.

🖉 --

(4) 여행 일정을 정하다.

🖉 --

(5) 불이 꺼지다.

🖉 --

(6) 불을 끄다.

🖉 --

(7) 카메라가 고장 나다.

🖉 --

(8) 카메라를 고장 내다.

🖉 --

(9) 병이 낫다.

🖉 --

(10) 병을 고치다.

🖉 --

松本さんはとても変わりました。松本さんは昔はいつもお酒ばかり飲んで、よく物を投げました。周りの人が止めても、松本さんの暴力は止まりませんでした。酔って壊した物もたくさんあります。パソコンも松本さんが投げて壊れました。そんな松本さんが、今はお酒を全然飲みません。松本さんは自分の悪い酒癖を治すために、病院にも通いました。1年かかって松本さんの酒癖は治りました。松本さんは「自分の気持ちが一番大事だ。変えれば変わる。」と言いました。

{단어}

昔[むかし] 옛날 | お酒[おさけ] 술 | 飲む[のむ]① 마시다 | 物[もの] 물건 | 投げる[なげる]② 던지다 | 周り[まわり] 주변 | 止める[とめる]② 말리다, 멈추게 하다 | 暴力[ぼうりょく] 폭력 | 止まる[とまる]① 멈추다 | 酔う[よう]① 취하다 | パソコン PC | 今[いま] 지금 | 全然[ぜんぜん] 전혀 | 自分[じぶん] 자신 | 悪い[わるい] 나쁘다 | 酒癖[さけぐせ] 술버릇 | 病院[びょういん] 병원 | 通う[かよう]① 다니다 | 1年[いちねん] 1년 | 気持ち[きもち] 마음 | 一番[いちばん] 제일 | 大事な[だいじな] 중요한 | 言う[いう]① 말하다

마쓰모토 씨는 아주 변했습니다. 마쓰모토 씨는 옛날에는 항상 술만 마시고 자주 물건을 던졌습니다. 주변 사람들이 말려도 마쓰모토 씨의 폭력은 멈추지 않았습니다. 취해서 망가뜨린 물건도 많이 있습니다. PC도 마쓰모토 씨가 던져서 망가졌습니다. 그런 마쓰모토 씨가 지금은 술을 전혀 마시지 않습니다. 마쓰모토 씨는 자신의 나쁜 술버릇을 고치기 위하여 병원에도 다녔습니다. 1년 걸려서 마쓰모토 씨의 술버릇은 고쳐졌습니다. 마쓰모토 씨는 "자신의 마음이 제일 중요하다. 바꾸면 바뀐다."라고 말했습니다.

 ## 間違[まちが]うと 間違[まちが]えるの 차이

間違[まちが]う와 間違[まちが]える는 둘 다 '틀리다'로 해석할 수 있고 뜻도 비슷하여 바꿔 쓸 수 있는 경우도 있어 헷갈리는 경우가 많아요. 間違う는 원래 자동사인데(答えが間違う 답이 틀리다) 요즘은 타동사로도 쓰게 되었어요. 타동사로 쓸 때는 間違える와 바꿔 쓸 수 있는데 間違える가 좀 더 정식적인 느낌이에요. 두 단어의 느낌 차이는 다음과 같아요.

間違う	바른 상태에서 벗어나다 예 答えを間違った。 답을 틀렸다. [써야 할 정답에서 벗어남.]
間違える	A와 B를 착각하다. 반대로 생각하다 예 答えを間違えた。 답을 잘못 썼다. [A라고 써야 하는데 B라고 씀.]

자동사와 타동사, 한걸음 더!

동사들 중에는 자동사/타동사 짝이 없는 동사들도 많아요. 그리고 하나의 동사가 자동사와 타동사를
겸하는 경우도 있어요. 몇 가지 예를 들어 볼게요.

자동사만 있는 동사들

およ
泳ぐ ① 헤엄치다　　　死ぬ ① 죽다　　　走る ① 달리다

ある
歩く ① 걷다　　　座る ① 앉다　　　光る ① 빛나다

예 子どもがはじめて歩いた。 아이가 처음으로 걸었다.

私の好きな歌手が死んだ。 내가 좋아하는 가수가 죽었다.

타동사만 있는 동사들

よ
読む ① 읽다　　　置く ① 놓다, 두다　　　考える ② 생각하다

かん
感じる ② 느끼다　　　話す ① 이야기하다　　　忘れる ② 잊다

예 雑誌を読んだ。 잡지를 읽었다.

パスワードを忘れた。 비밀번호를 잊어버렸다.

자동사와 타동사를 겸하는 동사들

ひら
開く ① [자동사] 열리다　　　運ぶ ① [자동사] 진행되다, 진척되다

　　　[타동사] 열다　　　　　　　　[타동사] 옮기다, 나르다

ひ
引く ① [자동사] 빠지다, 물러서다　　　吹く ① [자동사] (~이/가) 불다

　　　[타동사] 끌다, 당기다　　　　　　[타동사] (~을/를) 불다

예 花が開く。 꽃이 피다(열리다).　　　風が吹く。 바람이 불다.

窓を開く。 창문을 열다.　　　フルートを吹く。 플룻을 불다.

385

맛있고 화려한
표현 이야기

여기에서는 기본지식에서 벗어나 더 다양한 표현들을 배우기로 해요! 뜻으로 묶어서 배우는 것이 효과적인 표현들은 뜻으로 묶고, 나머지는 1류동사의 활용형태를 기준으로 나누었어요. 이렇게 나누면 한 가지 활용형을 연달아 연습하게 되니 활용형태에 좀 더 빨리 익숙해질 수 있거든요!

여기에서는 명사에만 연결되는 표현들과 문장을 명사화하
는 표현들을 배울게요. 명사뿐만이 아니라 형용사나 동사도
연결될 수 있는 표현에 대해서는 둘째마디부터 배울게요.

43

명사만 연결되는 표현

강의 및 예문듣기

여기에서는 명사에만 연결되는 표현들을 배울게요. 오로지 명사에만 연결되기 때문에 간단하고 어렵지 않으니 쉽게 배울 수 있을 거예요!

🎧 43-1.mp3

1단계
핵심문법 익히기

① **～が欲しい** ~를 갖고 싶다

～が欲しい는 주로 '～를 갖고 싶다'로 해석하는데, '～를'이 ～が가 되기 때문에 틀리기 쉬우니 유의하세요. 欲しい는 い형용사예요.

> 명사 ＋ が ＋ 欲しい

置く[おく]① 놓다

ここに置けるベッドが欲しい。　　　여기에 놓을 수 있는 침대를 갖고 싶어.

ギターが欲しいです。　　　기타를 갖고 싶어요.

≫ 欲しい는 직역하면 '갖고 싶다'인데, 위의 2번째 예문은 '사고 싶다', '구하고 싶다' 등으로 의역해도 좋아요.

┌ **맛보기 연습**　주어진 일본어를 ～が欲しい를 써서 '～를 갖고 싶습니다'라는 문장을 만들어 보세요.

(정답은 632쪽에)

使う[つかう]① 사용하다
機会[きかい] 기회
部屋[へや] 방
イメージ 이미지
合う[あう]① 맞다
カーテン 커튼
消える[きえる]②
지워지다
消しゴム[けしゴム]
지우개

日本語を使う機会

▶ _____

部屋のイメージに合うカーテン

▶ _____

よく消える消しゴム

▶ _____

≫ 消える[きえる]는 '지워지다'라는 뜻 외에 '사라지다', '없어지다', '꺼지다'라는 뜻으로도 써요.

欲しい는 い형용사이기 때문에 다음과 같이 활용돼요.

欲しい	欲しくない	欲しかった	欲しくなかった
갖고 싶다	갖고 싶지 않다	갖고 싶었다	갖고 싶지 않았다

❷ ～らしい ~답다

～らしい도 い형용사예요. 〈명사+らしい+명사〉의 형태로 많이 쓰며 '~다운 ~'라는 뜻이에요. ～らしい는 '~하는/한 모양이다'의 뜻으로도 쓰는데, 이 표현에 대해서는 492쪽을 보세요.

명사 ＋ らしい

彼女[かのじょ] 그녀
格好[かっこう] 모습
毎日[まいにち] 매일
暖かい[あたたかい]
따뜻하다
冬[ふゆ] 겨울

それは彼女らしい格好だった。　　　　그것은 그녀다운 모습이었다.

毎日暖かくて、冬らしくないです。　　매일 따뜻해서, 겨울답지 않습니다.

≫ 格好[かっこう]는 '모습', '옷차림', '자세' 등을 나타내요. 그러니 예문에 쓰인 彼女[かのじょ]らしい格好[かっこう]는 '그녀다운 옷차림'이나 '그녀다운 자세'로 해석할 수도 있어요. 문맥에 따라 판단하세요.

맛보기 연습 　주어진 세 단어와 ～らしい를 써서 '~는 ~다운 ~이다'라는 문장을 만들어 보세요.

(정답은 632쪽에)

井上[いのうえ] (성씨)
先生[せんせい] 선생님
子ども[こども] 어린이
考え[かんがえ] 생각
今日[きょう] 오늘
秋[あき] 가을
天気[てんき] 날씨

井上先生, 先生, 先生 ▶ ＿＿＿＿＿＿＿＿＿＿＿＿＿＿＿＿＿

それ, 子ども, 考え ▶ ＿＿＿＿＿＿＿＿＿＿＿＿＿＿＿＿＿

今日, 秋, 天気 ▶ ＿＿＿＿＿＿＿＿＿＿＿＿＿＿＿＿＿＿

～らしい는 い형용사이기 때문에 다음과 같이 활용돼요.

～らしい	～らしくない	～らしかった	～らしくなかった
~답다	~답지 않다	~다웠다	~답지 않았다

❸ **〜がする** ~가 나다(소리, 냄새, 맛 등)

일본어에서는 소리, 냄새, 맛 등이 '나다'라고 할 때 동사 する(하다)를 써서 표현해요.

명사 ＋ が ＋ する

肉[にく] 고기
焼く[やく]① 굽다
におい 냄새
大きな[おおきな] 큰
音[おと] 소리

肉を焼くにおいがする。 　　　　　　　　　　고기를 굽는 냄새가 나.

大きな音がしました。 　　　　　　　　　　큰 소리가 났어요.

》 におい(냄새)는 한자 匂い나 臭い로 쓰는 경우도 많아요. 匂い는 좋은 냄새에도 나쁜 냄새에도 쓸 수 있지만 臭い는 나쁜 냄새에만 써요.

》 大きい[おおきい](크다)는 'い형용사'라서 활용이 되는데 大きな[おおきな]는 항상 '큰'이라는 뜻으로 명사 앞에 써요. 이런 것을 '연체사'라고 해요. 그리고 활용이 안 되어 항상 大きな라는 형태로만 써요. 구체적인 크기를 말할 때는 大きい를 쓰고, 추상적인 내용을 말할 때는 大きな를 쓰는 경향이 있긴 하지만 절대적인 것은 아니고 바꿔 쓸 수도 있고 뜻도 크게 차이가 없어요.

母[はは] 어머니(높임×)
声[こえ] 목소리
変な[へんな] 이상한
味[あじ] 맛
香り[かおり] 향기

맛보기 연습 주어진 단어와 〜がする를 써서 '~가 났습니다'라는 문장을 만들어 보세요. (정답은 632쪽에)

母の声 ▶

変な味 ▶

いい香り ▶

명사만 연결되는 표현

❶ 〈명사+が欲しい〉	~를 갖고 싶다
❷ 〈명사+らしい〉	~답다
❸ 〈명사+がする〉	~가 나다(소리, 냄새, 맛 등)

1 다음 문장을 일본어로 만들어 보세요.

(1) 기타를 갖고 싶어요.

✏ --

(2) 그것은 그녀다운 모습이었다.

✏ --

(3) 큰 소리가 났어요.

✏ --

(4) 그것은 어린이다운 생각이다.

✏ --

(5) 여기에 놓을 수 있는 침대를 갖고 싶어.

✏ --

(6) 매일 따뜻해서, 겨울답지 않습니다.

✏ --

(7) 일본어를 사용할 기회를 갖고 싶습니다.

✏ --

(8) 이상한 맛이 났습니다.

✏ --

(9) 오늘은 가을다운 날씨이다.

✏ --

(10) 고기를 굽는 냄새가 나.

✏ --

「男らしい」「女らしい」という言葉を使う人が多い。「男の子らしく」「女の子らしく」、そんな言葉を子どもの頃、一度は言われたという人がほとんどだろう。そう言われて育った人は、自分の子どもにも同じ言葉を言っているだろう。女の子が「ロボットが欲しい」と言うと、「女の子らしくない」、男の子が「かわいい人形が欲しい」と言うと、「男の子らしくない」と言う人が多いだろう。「男らしく」「女らしく」という考え方は、子どもたちから「自分らしさ」を奪っている。「男らしく」「女らしく」ではなく、「自分らしく」生きることが大事だと思う。

{단어}

男[おとこ] 남자 | 女[おんな] 여자 | 言葉[ことば] 말 | 使う[つかう]① 사용하다 | 人[ひと] 사람 | 多い[おおい] 많다 | 男の子[おとこのこ] 남자 아이 | 女の子[おんなのこ] 여자 아이 | 子ども[こども] 어린이, 아이 | 頃[ころ] 시절 | 一度[いちど] 한 번 | 言う[いう]① 말하다 | 育つ[そだつ]① 자라다 | 自分[じぶん] 자기, 자신 | 同じ[おなじ] 같은 | ロボット 로봇 | 人形[にんぎょう] 인형 | 考え方[かんがえかた] 사고방식 | 〜たち 〜들 | 奪う[うばう]① 빼앗다 | 生きる[いきる]② 살다 | 大事な[だいじな] 중요한 | 思う[おもう]① 생각하다

'남자답다', '여자답다'라는 말을 사용하는 사람이 많다. '남자 아이답게', '여자 아이답게', 그런 말을 어렸을 때 한 번은 들었다는 사람이 대부분일 것이다. 그런 말을 듣고 자란 사람은 자신의 아이에게도 같은 말을 하고 있을 것이다. 여자 아이가 '로봇을 갖고 싶어'라고 하면 '여자 아이답지 않다', 남자 아이가 '예쁜 인형을 갖고 싶어'라고 하면 '남자 아이답지 않다'라고 하는 사람이 많을 것이다. '남자답게', '여자답게'라는 사고방식은 아이들로부터 '자기다움'을 빼앗고 있다. '남자답게', '여자답게'가 아니라 '나답게' 사는 것이 중요하다고 생각한다.

 일본어와 한국어, 같은 표현 다른 의미

일본어와 한국어는 똑같은 표현을 쓰는 경우가 꽤 많아요. 예전에 제가 한국어를 배웠던 시절에 교과서에 '하늘이 높다'라는 말이 나왔어요. 저는 바로 '아, 가을이구나' 했어요. 일본어에서도 똑같이 空が高い(하늘이 높다)라는 표현을 쓰거든요. 그런데 다른 나라에서 온 학생들은 'The sky is high? Nonsense!'라고 말했었어요. 그때 한국어와 일본어는 비슷한 점이 많다는 것을 느꼈어요. 그런데 같은 표현이 많다 보니 같은 표현을 다른 뜻으로 쓰는 말이 있을 때 실수를 하는 경우가 많아요. 예를 들어 よく見てください(잘 봐 주세요)는 일본어에서는 말 그대로 '자세히, 꼼꼼히 봐 달라'는 뜻이에요. '잘 좀 봐 주세요'라는 뜻으로 썼다가 상대방이 거꾸로 꼼꼼히 볼 테니 유의하세요! 그리고 八方美人(팔방미인)이라는 말이 한국어에서는 칭찬하는 말로 쓰지만, 일본어에서는 모든 사람에게 좋은 평가를 받으려고 무조건 상대방에게 동조해서 행동하게 되어 여기에서 한 말과 저기에서 한 말이 다른 경우가 많은 사람, 즉 자기 의견이 없고 경솔한 사람을 가리키는 말이에요. 똑같은 표현이 많아서 배우기 편하긴 하지만 이런 함정도 있으니 유의하세요!

〈명사+がする〉, 한 걸음 더

앞에서는 〈명사+がする〉라는 표현 중에서 '〜가 나다'라는 뜻을 갖는 명사들만 간단하게 정리했어요.
여기에서 조금 더 자세히 정리해 드릴게요.

〈명사+がする〉라는 표현을 쓰는 명사에는 다음과 같은 것들이 있어요.

音 (무생물의)소리	音がする 소리가 나다
声 (사람, 동물 등의) 소리, 목소리	声がする 소리(목소리)가 나다
味 맛	味がする 맛이 나다
におい 냄새	においがする 냄새가 나다
香り 향기	香りがする 향기가 나다
感じ 느낌	〜感じがする 〜(한) 느낌이 들다
気 마음, 느낌	〜気がする 〜(한) 느낌이 들다, 〜(한) 생각이 들다
寒気 오한	寒気がする 오한이 나다, 한기가 들다
吐き気 구역질	吐き気がする 구역질이 나다. (속이) 매스껍다

다음과 같은 경우에 쓰는 〈〜がする〉는 〈〜を感じる(〜를 느끼다)〉의 뜻이라고 할 수 있어요.

> 変な味がする 이상한 맛이 나다 → 이상한 맛이라고 느끼다
> 音がする 소리가 나다 → 소리가 들리다 = 소리를 느끼다
> いい香りがする 좋은 향기가 나다 → 좋은 향기를 느끼다

〈〜がする〉라는 표현은 '〜를 느끼다'라는 뜻으로 오감(시각, 청각, 후각, 미각, 촉각)으로 느끼는 것을
나타내는 경우와 感じ(느낌), 寒気(오한) 등의 감각적으로 느끼는 것을 나타내는 경우에 쓰는 표현이
에요.

강의 및 예문듣기

44 문장을 명사화하는 표현

여기에서는 문장을 명사화하는 표현을 만드는 방법에 대해서 배울게요. 쉽게 말하면 '~하는 것', '~하는 일'과 같이 문장 전체를 하나의 명사처럼 쓰는 표현들이에요.

🎧 44-1.mp3

1단계
핵심문법 익히기

① ~の ~(하는) 것

~の는 '~것'이라는 뜻으로 '~하는 것', '~였던 것'과 같이 문장을 명사화하는 역할을 해요. 그리고 の 앞에 놓이는 문장의 주어에는 보통 조사 が를 써요.

俺[おれ] 나(남자)
好きな[すきな] 사랑하는,
좋아하는
君[きみ] 너, 자네
部屋[へや] 방
汚い[きたない]
지저분하다
嫌な[いやな] 싫은
私たち[わたしたち]
우리들
着く[つく]① 도착하다
夜[よる] 밤

俺が好きなのは君だよ。　　　　　　　내가 사랑하는 사람은 너야.

部屋が汚かったのが嫌でした。　　　　방이 지저분했던 것이 싫었습니다.

私たちがそこに着くのは夜だ。　　　우리들이 거기에 도착하는 것은 밤이다.

📖 맛보기 연습　주어진 두 문장 중에서 앞문장을 の를 써서 명사화한 후에 뒷문장과 연결하여 '~(하는/한) 것을
~했다'라는 문장으로 바꿔 보세요.
앞문장을 명사화하면 조사 は가 が로 바뀐다는 점에 유의하세요.　　　(정답은 633쪽에)

友達[ともだち] 친구
留守[るす] 부재중
思い出す[おもいだす]①
생각나다

友達は留守でした，思い出しました

▶ _____

その歯医者は親切じゃありませんでした，忘れていました

▶ _____

辛さは一番辛くないです，注文しました

▶ _____

小島さんは笑いました，はじめて見ました

▶ _____

先生は集まりに来ません，知りませんでした

▶ _____

❷ 〜こと 〜(하는) 것

앞에서 배운 〜の와 마찬가지로 〜こと도 문장을 명사화하는 역할을 해요. 〜こと와 〜の의 차이에 대해서는 〈팁 챙겨 가세요〉를 보세요. 그리고 〜の와 마찬가지로 〜こと 앞에 놓이는 문장의 주어에는 보통 조사 가를 써요.

>> 〜である는 매우 딱딱한 격식 차린 표현이라서 일상적으로는 잘 쓰지 않아요. 명사의 현재형을 쓸 경우는 3번에서 배우는 〜ということ를 쓰는 것이 좋아요.

私が小さな子どもが嫌いなことを、夫は知らない。
내가 어린 아이를 싫어하는 것을, 남편은 몰라.

背が低いことが僕のコンプレックスです。 키가 작은 것이 내 콤플렉스예요.

私が準備できないことを、早く知らせて。
내가 준비할 수 없는 것을, 빨리 알려 줘.

맛보기 연습   주어진 두 문장 중에서 앞문장을 こと를 써서 명사화한 후에 뒷문장과 연결하여 '~(하는/
한) 것을 ~했습니다'라는 문장으로 바꿔 보세요.
앞문장을 명사화하면 조사 は가 が로 바뀐다는 점에 유의하세요.   (정답은 633쪽에)

今井[いまい] (성씨)
人[ひと] 사람
話す[はなす]①
이야기하다
理由[りゆう] 이유
妻[つま] 아내(높임×)
言う[いう]① 말하다
本[ほん] 책
面白い[おもしろい]
재미있다
思い出す[おもいだす]①
생각나다
機械[きかい] 기계
熱い[あつい] 뜨겁다
確認[かくにん] 확인
娘[むすめ] 딸(높임×)
ダンススクール 댄스학원
通う[かよう]① 다니다
許す[ゆるす]① 허락하다

今井さんはいい人です，みんなに話した

▶ _____

それは理由じゃありません，妻にも言わなかった

▶ _____

この本は面白かったです，思い出した

▶ _____

機械は熱くないです，確認した

▶ _____

娘はダンススクールに通います，許した

▶ _____

❸ ～ということ　~하다는 것

～ということ도 문장을 명사화하는 표현인데, 한국어에서도 '가는 것'과 '간다는 것'
의 2가지 표현이 있죠? '가는 것'은 ～の나 ～こと가 되고 '간다는 것'이 ～ということ
가 돼요. ～ということ는 직역하면 '~라고 하는 것'이고, 앞에 놓이는 문장의 주
어에는 보통 조사 が를 써요.

| 보통체형 | + | ということ |

昔[むかし] 옛날
港[みなと] 항구
知る[しる]① 알다
社長[しゃちょう]
사장(님)
決まる[きまる]①
결정되다

ここが昔、港だったということを知らなかった。
여기가 옛날에, 항구였다는 것을 몰랐다.

藤木さんが社長になるということが決まりました。
ふじき 씨가 사장이 된다는 것이 결정되었습니다.

맛보기 연습 주어진 두 문장 중에서 앞문장을 という こと를 써서 명사화한 후에 뒷문장과 연결하여 '~ 하다는 것을 ~했다'라는 문장으로 바꿔 보세요. (정답은 633쪽에)

病気[びょうき] 병
知らせる[しらせる]②
알리다
自由な[じゆうな]
자유로운
時代[じだい] 시대
子ども[こども] 아이
~たち ~들
説明[せつめい] 설명
痛み[いたみ] 통증
誰[だれ] 누구
言う[いう]① 말하다
河野[こうの] (성씨)
食堂[しょくどう] 식당
始める[はじめる]②
시작하다
教える[おしえる]②
알리다, 가르치다
時間[じかん] 시간
構わない[かまわない]
상관없다
知る[しる]① 알다

病気です, 知らせました

▶ _____

自由な時代じゃありませんでした, 子どもたちに説明しました

▶ _____

痛みがひどいです, 誰にも言いませんでした

▶ _____

河野さんが食堂を始めました, みんなに教えました

▶ _____

時間がかかっても構いません, 知りませんでした

▶ _____

문장을 명사화하는 표현

1 ~の ~(하는) 것

> 〈보통체형+の〉
> 단, 명사・な형 현재형은 〈명사+な+の〉, 〈な형(~な)+の〉

2 ~こと ~(하는) 것

> 〈보통체형+こと〉
> 단, 명사・な형 현재형은 〈명사+である+こと〉, 〈な형(~な)+こと〉

3 ~ということ ~하다는 것

> 〈보통체형+ということ〉

1 다음 문장을 일본어로 만들어 보세요.

(1) 우리들이 거기에 도착하는 것은 밤이다.

    ▷ 이 문장은 구어가 아니므로, 남자인 경우 '나'를 私[わたし], 僕[ぼく], 俺[おれ] 어떤 것으로 써도 돼요.

    ✎ --

(2) 내가 준비할 수 없는 것을, 빨리 알려 줘.

    ▷ 이 문장은 반말 구어이므로, '나'를 여자인 경우 私[わたし]로, 남자인 경우 僕[ぼく]나 俺[おれ]로 쓰세요.

    ✎ --

(3) 여기가 옛날에, 항구였다는 것을 몰랐다.

    ✎ --

(4) 키가 작은 것이 내 콤플렉스예요.

    ✎ --

(5) 방이 지저분했던 것이 싫었습니다.

    ✎ --

(6) 매운 정도가 가장 맵지 않은 것을, 주문했다.

    ✎ --

(7) 병이라는 것을 알렸다.

    ✎ --

(8) 내가 어린 아이를 싫어하는 것을, 남편은 몰라.

    ✎ --

(9) 친구가 부재중이었다는 것이 생각났다.

    ✎ --

(10) 통증이 심하다는 것을 아무에게도 말하지 않았다.

    ✎ --

「集中しすぎて頭が疲れた」という話を聞くことがよくあります。ところが、脳科学の観点からいうと、基本的に脳が疲れるということはありません。脳に疲れを感じるときは、ずっと同じことを続けて、脳が飽きているだけです。ですから、脳が飽きなければ、脳に疲れを感じないということです。勉強をするときに、数学の勉強ばかり長くしないで、数学を少しして、英語を少しして、科学を少しして、というように、内容を変えながら勉強をすると脳が飽きなくていいです。

{단어}

集中[しゅうちゅう] 집중 | 頭[あたま] 머리 | 疲れる[つかれる]② 지치다 | 話[はなし] 이야기 | 聞く[きく]① 듣다 | 脳科学[のうかがく] 뇌과학 | 観点[かんてん] 관점 | 基本[きほん] 기본 | ~的[てき] ~적 | 脳[のう] 뇌 | 疲れ[つかれ] 피로 | 感じる[かんじる]② 느끼다 | 同じ[おなじ] 같은 | 続ける[つづける]② 계속하다 | 飽きる[あきる]② 싫증나다 | 勉強[べんきょう] 공부 | 数学[すうがく] 수학 | 長く[ながく] 길게 | 少し[すこし] 조금 | 英語[えいご] 영어 | 科学[かがく] 과학 | 内容[ないよう] 내용 | 変える[かえる]② 바꾸다

'너무 집중해서 머리가 지쳤다'라는 이야기를 듣는 일이 자주 있습니다. 그런데 뇌과학의 관점에서 말하면 기본적으로 뇌가 지친다는 것은 없습니다. 뇌에 피로를 느낄 때는 쭉 같은 것을 계속하여 뇌가 싫증난 것뿐입니다. 그러니까 뇌가 싫증나지 않으면 뇌에 피로를 느끼지 않는다는 것입니다. 공부를 할 때 수학 공부만 오래 하지 말고 수학을 조금 하고, 영어를 조금 하고, 과학을 조금 하고, 라는 식으로 내용을 바꾸면서 공부를 하면 뇌가 싫증나지 않아서 좋습니다.

 '음식점'을 나타내는 단어들

食堂(식당)이라고 하면 '학생식당', '사원식당'과 같은 이미지예요. '음식점'을 나타내는 단어들을 정리해 드릴게요. 그런데 일상적으로는 おいしい店(맛있는 가게), 安く食べられる所(싸게 먹을 수 있는 곳) 등으로 표현하는 경우가 더 많아요.

食べ物屋(さん)	'음식점'의 뜻으로 가장 무난하게 쓸 수 있는 말. 빵집, 도시락가게 등도 포함됨.
飯屋	'밥집'이라는 뜻인데, 매우 거친 말투라서 보통 남자들이 씀.
ご飯屋(さん)	飯屋(밥집)와 같은 뜻이지만, 거칠지 않은 말.
飲食店	'음식점'이라는 한자어인데, 대화에서는 쓰지 않고 글이나 간판 등에 씀.
レストラン	'레스토랑'의 뜻으로, 보통 양식 레스토랑을 가리킴.
洋食屋	'양식점'이라는 말로 レストラン(레스토랑)보다 친근감이 있고 저렴한 느낌의 말.
ファミレス	ファミリーレストラン(패밀리 레스토랑)의 준말

~の와 ~こと

~の와 ~こと는 매우 비슷하여 바꿔 쓸 수 있는 경우도 있지만 바꿔 쓸 수 없는 경우도 있어요. 뉘앙스도 다르고요. 여기에서 그 차이점을 정리할게요.

1 ~の만 쓸 수 있는 경우

(1) 뒤에 오는 술어가 다음 동사와 같이 감각, 지각을 나타내는 동사인 경우

見る② 보다	見える② 보이다
聞く① (소리를) 듣다	聞こえる② 들리다

예 川に魚がいるのが見えました。 강에 물고기가 있는 것이 보였습니다.

(2) 뒤에 오는 술어가 다음 동사와 같이 앞문장의 내용에 맞춰서 하는 동작인 경우

待つ① 기다리다	手伝う① 도와주다
邪魔する③ 방해하다	写す① (사진을) 찍다, (문서, 그림 등을) 베끼다

예 兄が新聞を読むのを邪魔した。 형이 신문을 읽는 것을 방해했어.

(3) 뒤에 오는 술어가 やめる, 止める인 경우

やめる② 그만두다	止める② 세우다, 멈추게 하다

예 雑誌を買うのをやめた。 잡지를 사는 것을 그만두었다.

2 ~こと만 쓸 수 있는 경우

(1) 뒤에 오는 술어가 다음 동사와 같이 주로 발화와 관련된 동사인 경우

聞く① (이야기를) 듣다	話す① 이야기하다	祈る① 기도하다
命じる② 명령하다	伝える② 전하다	
希望する③ 희망하다	約束する③ 약속하다	

예 一緒にその映画を見ることを約束した。 함께 그 영화를 볼 것을 약속했어.

(2) 바로 뒤에 다음과 같이 문장을 끝맺는 표현이 이어지는 경우

〜です ~입니다	〜だ ~이다	〜である ~이다[문어체]

예 私の趣味はピアノを弾くことです。　제 취미는 피아노를 치는 것입니다.

(3) 하나의 문형으로 굳어진 형태인 경우

〜ことができる ~할 수 있다	〜ことがある ~하는 경우가 있다
〜ことにする ~하기로 하다	〜ことになる ~하게 되다　등

예 私は日本語を話すことができる。　나는 일본어를 할 수 있어.

3　**〜の와 〜こと 둘 다 쓸 수 있는 경우**

둘 다 쓸 수 있는 경우도 꽤 많은데, 뜻에서 차이가 나는 경우가 있어요. 〜の는 구체적인 행동을 나타내는 경우가 많고 〜こと는 생각이나 개념 등을 나타내는 경우가 많아요.

> 話すのを忘れた。　이야기하는 것을 잊어버렸다. ['이야기한다'는 행동을 하는 것을 잊었다는 뜻]
> 話すことを忘れた。　이야기하는 것을 잊어버렸다. [이야기할 내용을 잊었다는 뜻]

〜の를 쓴 위쪽 문장은 어떤 사람을 만나게 되면 이야기하려고 했던 것이 있었는데 막상 그 사람을 만났을 때 이야기하는 것 자체를 깜빡 했다는 뜻이에요. 즉 '이야기한다'라는 구체적인 행동을 잊어버린 거죠.

〜こと를 쓴 아래쪽 문장은 그 사람을 만나서 이야기를 하려고 했을 때 무슨 이야기를 하려고 했는지를 잊었다는 뜻이에요. 즉 '이야기할 내용'을 잊어버린 거죠.

열일곱째마디

•

일본어 실력을
늘려 주는 표현들

여기에서는 다양한 표현들을 동사의 활용형을 기준으로 나
누어서 정리하고 배우도록 해요. 동사는 활용이 복잡해서
조금이라도 쉽게 배울 수 있도록 같은 활용형태끼리 묶어서
연습하는 거예요. 동사에 대해서만 배우는 것이 아니라 명
사와 형용사에 대해서도 함께 배워 봅시다!

45

동사의 ない형에 연결되는 표현

강의 및 예문듣기

여기에서는 동사의 ない형을 이용한 표현들을 배울게요. 1류동사의 ない형은 あ단에 접속돼요. 명사와 형용사에 접속되는 표현들도 있는데 역시 ~じゃない, ~くない라는 부정형에 접속돼요.

🎧 45-1.mp3

1단계
핵심문법 익히기

❶ **～ないで** ~하지 않고

～ないで는 동사에만 연결되는 표현으로, '~하지 않고'라는 뜻이에요. '~하지 않아서'의 뜻으로 쓰는 경우도 간혹 있지만 보통은 '~하지 않고'의 뜻으로 써요. '~하지 않고'는 '~하지 않고 대신에' 라는 뜻과 '~하지 않은 상태로'라는 뜻으로 쓰는 경우가 있어요.

동사 ない형	+	で

料理[りょうり] 요리
とり肉[とりにく] 닭고기
使う[つかう]① 사용하다
豚肉[ぶたにく] 돼지고기
制服[せいふく] 교복
着る[きる]② 입다
学校[がっこう] 학교
行く[いく]① 가다

この料理にはとり肉を使わないで、豚肉を使う。

이 요리에는 닭고기를 사용하지 않고, 돼지고기를 사용해.

制服を着ないで学校へ行きました。　　　　교복을 입지 않고 학교에 갔어요.

» とり肉[とりにく](닭고기)는 한자로 鳥肉나 鶏肉로 쓰기도 해요. 원래는 鳥肉가 바른 표기였는데, 일상적으로 鶏肉를 더 많이 사용하기 때문에 지금은 언론매체에서도 鶏肉를 사용하게 되었어요. 한자 鶏가 너무 어려우니 여기에서는 히라가나로 표기했어요.

» '교복'은 일본어로 制服[せいふく](제복)라고 해요.

仕事[しごと] 일(직업)
山下[やました] (성씨)
頼む[たのむ]① 부탁하다
石川[いしかわ] (성씨)
メガネ 안경
かける②
(안경을)쓰다, 걸다
コンタクト 콘택트렌즈

📖 **맛보기 연습**　주어진 두 문장을 ～ないで로 연결하여 '~하지 않고 ~했습니다'라는 문장을 만들어 보세요.

(정답은 634쪽에)

この仕事は山下さんに頼む, 石川さんに頼んだ

▶ _____

メガネをかける, コンタクトをした

▶ _____

帽子[ぼうし] 모자
ゴルフ 골프
遠慮[えんりょ] 사양
食べる[たべる]② 먹다

帽子をかぶる, ゴルフをした

▶ _____

遠慮する, たくさん食べた

▶ _____

≫ '안경'은 일상적으로 가타카나 メガネ로 쓰는 경우가 많지만, 한자 眼鏡로 쓰는 경우도 있어요.

≫ コンタクト(콘택트)는 コンタクトレンズ(콘택트렌즈)의 준말이에요. 한국에서는 '렌즈'라고 줄여서 말하지만 일본에서는 コンタクト라고 줄여서 말해요.

❷ ～なくて ~하지 않아서, ~하지 않고

～ないで와 달리 ～なくて는 동사뿐만 아니라 명사와 형용사에도 연결돼요. 동사에 연결될 때는 '~하지 않아서'의 뜻으로 쓰고, 명사와 형용사에 연결될 때는 '~하지 않아서'와 '~하지 않고'의 2가지 뜻으로 쓰기 때문에 문맥에 따라 잘 판단하세요.

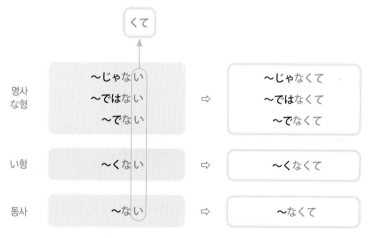

≫ 명사와 な형용사는 일상적으로 ～じゃなくて를 쓰는 경우가 많아요. 그리고 ～ではなくて 외에 ～でなくて도 있어요.

重い[おもい] 무겁다
病気[びょうき] 병
安心[あんしん] 안심
緑茶[りょくちゃ] 녹차
苦い[にがい] (맛이)쓰다
目覚まし時計[めざまし
どけい] 알람시계
鳴る[なる]① 울리다
寝坊する[ねぼうする]③
늦잠 자다

重い病気じゃなくて安心した。　　심각한 병이 아니라서 안심했다.

この緑茶は苦くなくておいしいです。　이 녹차는 쓰지 않고 맛있습니다.

目覚まし時計が鳴らなくて、寝坊した。　알람시계가 울리지 않아서, 늦잠 잤어.

≫ 重い病気[おもいびょうき]는 직역하면 '무거운 병'인데 '심각한 병'이라는 뜻으로 써요.

≫ '시계'는 時計[とけい]라고 읽지만, '알람시계'가 되면 と가 ど로 탁음화가 되어 どけい가 된다는 점에 유의하세요!

맛보기 연습　주어진 두 문장을 ～なくて로 연결하여 '～하지 않아서/않고 ～하다/했다'라는 문장을 만들어 보세요.

(정답은 634쪽에)

授業[じゅぎょう] 수업
～中[ちゅう] ～중
静かな[しずかな] 조용한
先生[せんせい] 선생님
声[こえ] 목소리
聞こえる[きこえる]② 들리다
ホラー 공포, 호러
映画[えいが] 영화
怖い[こわい] 무섭다
面白い[おもしろい] 재미있다
スクリーン 스크린
見える[みえる]② 보이다
困る[こまる]① 난처하다
卒業式[そつぎょうしき] 졸업식
20日[はつか] 20일
21日[にじゅういちにち] 21일
問題[もんだい] 문제
簡単な[かんたんな] 쉬운
難しい[むずかしい] 어렵다
肉[にく] 고기
軟らかい[やわらかい] 부드럽다

授業中に静かじゃありません, 先生の声が聞こえません

▶ _____

そのホラー映画は怖くないです, 面白くなかったです

▶ _____

スクリーンが見えません, 困りました

▶ _____

卒業式は20日じゃありません, 21日です

▶ _____

その問題は簡単じゃありません, 難しいです

▶ _____

肉が軟らかくないです, おいしくないです

▶ _____

≫ 20日(20일)은 はつか라고 읽어요. 二十歳(20살)은 はたち라고 읽고요. 헷갈리지 않도록 유의하세요!

❸ ～ずに ～하지 않고

동사의 ない형에서 ない를 삭제하고 ずに를 붙이면 '～하지 않고(하지 않은 상태로)'라는 뜻이 돼요. 다만 する(하다)는 せずに가 되니 유의하세요! ～ずに는 ～ないで와 거의 같은 뜻인데 '～하지 않아서'의 뜻으로는 쓰지 못해요. 또 ～ずに는 약간 딱딱한 말투이고 ～ないで는 아주 편한 말투예요.

동사 ない형(ない 삭제)		
～する ⇨ ～せ	+	ずに

寄る[よる]① 들르다
帰る[かえる]① 집에 가다
保存[ほぞん] 저장
閉じる[とじる]② 닫다

どこにも寄らずに帰った。　　　아무데도(어디에도) 들르지 않고 집에 갔어.

ファイルを保存せずに閉じました。　　　파일을 저장하지 않고 닫았어요.

傘をさす, 歩いた ▶ _____

シャワーを浴びる, 寝た ▶ _____

会員登録をする, 買い物ができた

▶ _____

≫ 傘をさす[かさを さす](우산을 쓰다)는 관용적인 표현이니 하나의 덩어리로 외워 두세요.

❹ ～なければ ならない / いけない / だめだ
～なくては ならない / いけない / だめだ
～ないと いけない / だめだ

~해야 한다, ~하지 않으면 안 된다

'~해야 한다'라는 표현을 일본어로는 '~하지 않으면 안 된다'라는 이중부정으로 표현해요. 8가지 표현이 가능한데, 가장 기본적으로 알아야 하는 표현은 ～なければならない/いけない와 ～なくてはならない/いけない의 4가지예요. 그리고 ～ではない는 ～でない가 된다는 점에 유의하세요.

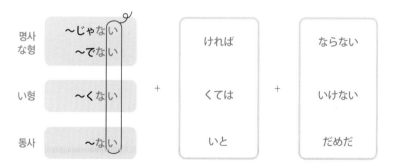

명사 な형	～じゃない ～でない		ければ		ならない
い형	～くない	+	くては	+	いけない
동사	～ない		いと		だめだ

≫ ～じゃなければ가 구어적인 말투이고 ～でなければ가 격식 차린 문어적인 말투예요.

그런데 ～ないと 뒤에는 ならない를 연결할 수 없어요. 즉 ～ないとならない라는 표현은 없어요. 그래서 결국 '~해야 한다', '~하지 않으면 안 된다' 라는 표현은 다음과 같이 8가지가 돼요.

～なければならない	～なければいけない	～なければだめだ
～なくてはならない	～なくてはいけない	～なくてはだめだ
	～ないといけない	～ないとだめだ

존댓말로 할 경우는 ならない를 なりません으로, いけない를 いけません으로, だめだ를 だめです로 바꾸면 돼요.

30%[さんじゅっパーセント] 30퍼센트
女性[じょせい] 여성
勉強[べんきょう] 공부
面白い[おもしろい] 재미있다
調子[ちょうし] 컨디션, 상태
悪い[わるい] 나쁘다
少し[すこし] 조금
休む[やすむ]① 쉬다

メンバーの30%は女性でなければならない。

멤버의 30%는 여성이어야 한다.

勉強は面白くなくてはいけません。　　　공부는 재미있어야 합니다.

調子が悪いときは少し休まないとだめ。 컨디션이 나쁠 때는 조금 쉬어야 해.

8가지 표현을 전부 연습하기는 힘드니 기본적인 4가지 표현인 ~なければならない/いけない와 ~なくてはならない/いけない만 연습하기로 해요! 이 표현들은 ならない를 쓰느냐 いけない를 쓰느냐에 따라 약간 느낌이 달라져요.

ならない에는 '당연하다'라는 뉘앙스가 있어요. 그래서 ~なければならない, ~なくてはならない는 사회적인 상식이나 관습으로 봐서 '당연히 해야 하는' 의무나 필요성이 있다는 뜻을 나타내요. 따라서 누구에게나 적용되는 일반적인 판단을 말할 때 쓰는 경우가 많아요. 이런 뉘앙스를 염두에 두고 ならない를 쓰는 표현을 연습해 봐요!

맛보기 연습 주어진 문장을 ~なければならない와 ~なくてはならない를 써서 '~해야 한다/~하지 않으면 안 된다'라는 문장으로 각각 바꿔 보세요. (정답은 634쪽에)

保証人[ほしょうにん] 보증인
食べ物[たべもの] 음식
安全[あんぜん] 안전

保証人は日本人だ

▶ _____

▶ _____

食べ物は安全だ

▶ _____

▶ _____

パイロット 파일럿
目[め] 눈
サウジアラビア 사우디아라비아
行く[いく]① 가다
ビザ 비자
取る[とる]① 취득하다

パイロットは目がいい

▶ _____

▶ _____

サウジアラビアに行くときは、ビザを取る

▶ _____

▶ _____

いけないには '화자가 바람직하지 않다고 생각한다'라는 뉘앙스가 있어요. 그래서 ～なければいけない, ～なくてはいけない, ～ないといけない는 주관적인 생각으로 의무나 필요성이 있다고 판단할 때 쓰는 경우가 많아요. 이런 뉘앙스를 염두에 두고 いけない를 쓰는 표현을 연습해 봐요!

맛보기 연습　주어진 문장을 ～なければいけない와 ～なくてはいけない를 써서 '～해야 합니다／～하지 않으면 안 됩니다'라는 문장으로 각각 바꿔 보세요.

睡眠[すいみん] 수면
時間[じかん] 시간
6時間[ろくじかん] 6시간
以上[いじょう] 이상
店員[てんいん] 점원
親切な[しんせつな] 친절한

睡眠時間は6時間以上だ

▶ _____

▶ _____

店員は親切だ

▶ _____

▶ _____

道路[どうろ] 도로
広い[ひろい] 넓다
明日[あした] 내일
部屋[へや] 방
～代[だい] ～세, ～값
払う[はらう]① 지불하다

ここは道路が広い

▶ _____

▶ _____

明日までに部屋代を払う

▶ _____

▶ _____

포인트 정리

동사의 ない형에 연결되는 표현

❶ ～ないで	～하지 않고
❷ ～なくて	～하지 않아서, ～하지 않고
❸ ～ずに	～하지 않고　[예외] する → せずに
❹ ～なければならない, ～なければいけない, ～なければだめだ, ～なくてはならない, ～なくてはいけない, ～なくてはだめだ, ～ないといけない, ～ないとだめだ	～해야 한다, ～하지 않으면 안 된다

1 다음 문장을 일본어로 만들어 보세요.

(1) 이 요리에는 닭고기를 사용하지 않고, 돼지고기를 사용해.

  ✎ --

(2) 심각한 병이 아니라서 안심했다.

  ✎ --

(3) 아무데도 들르지 않고 집에 갔어.

  ✎ --

(4) 컨디션이 나쁠 때는 조금 쉬어야 해.

  ✎ --

(5) 파일을 저장하지 않고 닫았어요.

  ✎ --

(6) 안경을 쓰지 않고 렌즈를 꼈습니다.

  ✎ --

(7) 알람시계가 울리지 않아서, 늦잠 잤어.

  ✎ --

(8) 공부는 재미있어야 합니다.

  ✎ --

(9) 이 녹차는 쓰지 않고 맛있습니다.

  ✎ --

(10) 사우디아라비아에 갈 때는 비자를 취득해야 한다.

  ✎ --

いつも予定に追われて、しなければならないことをするだけの毎日を過ごして
いる人が少なくないだろう。そんな余裕のない状態では、新しいことを学ぶの
も難しい。それに、いいチャンスがつかめないことも多い。自分の視野を広げ
て、チャンスをつかむためには、気持ちに余裕がなくてはだめだ。気持ちに余
裕を作るために、まったく予定を入れずに「何もしない日」を作ることが大事
だ。「何もしない日」には、特に何もしないで一日を過ごしてもいいし、したい
ことをしてもいい。すると、その日、「したい」と思ったことに一日を使える。
そうすると、気持ちに余裕ができる。気持ちに余裕ができると、今よりもずっ
とたくさんのことが見えるということに気づくだろう。

{단어}

予定[よてい] 일정, 예정 | 追う[おう] ① 쫓다 | 毎日[まいにち] 매일 | 過ごす[すごす] ① 지내다 | 人[ひと] 사람 | 少ない[すくない] 적
다 | 余裕[よゆう] 여유 | 状態[じょうたい] 상태 | 新しい[あたらしい] 새롭다 | 学ぶ[まなぶ] ① 배우다 | 難しい[むずかしい] 어렵다
| チャンス 기회, 찬스 | つかむ ① 잡다 | 多い[おおい] 많다 | 自分[じぶん] 자기, 자신 | 視野[しや] 시야 | 広げる[ひろげる] ② 넓히다 |
気持ち[きもち] 마음 | 作る[つくる] ① 만들다 | まったく 전혀 | 入れる[いれる] ② 넣다 | 何も[なにも] 아무것도 | 日[ひ] 날 | 大事な
[だいじな] 중요한 | 特に[とくに] 특별히 | 一日[いちにち] 하루 | 思う[おもう] ① 생각하다 | 使う[つかう] ① 사용하다 | 今[いま] 지금
| 見える[みえる] ② 보이다 | 気づく[きづく] ① 깨닫다

늘 일정에 쫓겨서 해야 하는 것을 하기만 하는 매일을 지내고 있는 사람이 적지 않을 것이다. 그런 여유가 없는 상태로는 새로운 것을
배우는 것도 어렵다. 게다가 좋은 기회를 잡을 수 없는 경우도 많다. 자신의 시야를 넓히고 기회를 잡기 위해서는 마음에 여유가 없으면
안 된다. 마음에 여유를 만들기 위해 전혀 일정을 넣지 않고 '아무것도 하지 않는 날'을 만드는 것이 중요하다. '아무것도 하지 않는 날'
에는 특별히 아무것도 하지 않고 하루를 지내도 되고 하고 싶은 것을 해도 좋다. 그러면 그 날, '하고 싶다'고 생각한 일에 하루를 사용
할 수 있다. 그렇게 하면 마음에 여유가 생긴다. 마음에 여유가 생기면 지금보다도 훨씬 많은 것들이 보인다는 것을 깨달을 것이다.

 ～ないで의 또 다른 뜻

～ないで에는 '～하지 않고'라는 뜻 외에 '～하지 말아 줘'라는 뜻도 있어요. 동사의 て형으로 문장을 끝내면 '～해 줘'
라는 뜻이었죠? 그것과 짝이 되는 표현이에요. ～なくて에는 그런 뜻이 없어요. 꼭 ～ないで이어야 해요!

📝 行かないで。 가지 말아 줘.
　　こっちを見ないで。 이쪽을 보지 말아 줘.

'〜해야 한다'라는 표현, 한 걸음 더

'〜해야 한다', '〜하지 않으면 안 된다'라는 표현을 앞부분과 뒷부분으로 나누면 아래와 같아요.

〜なければ	ならない
〜なくては	いけない
〜ないと	だめだ

앞부분과 뒷부분의 말투를 비교해 볼게요.
앞부분은 〜なければ, 〜なくては보다 〜ないと가 더 구어적인 말투이고, 뒷부분은 ならない, いけない보다 だめだ가 더 구어적인 말투예요. 즉 〈〜ないとだめだ〉의 형태가 가장 구어적인 표현이 돼요.

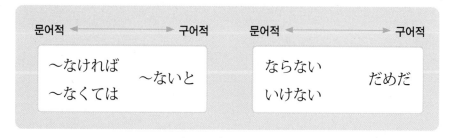

일상적으로는 〜なければ와 〜なくては는 아래와 같이 줄여서 말하는 경우가 많아요.

| 〜なければ → 〜なきゃ | 〜なくては → 〜なくちゃ |

〜なければ 대신에 〜ねば를 쓰거나 〜ならない 대신에 〜ならぬ를 쓰는 경우도 있는데, 이들은 무척 딱딱한 문어체 말투가 돼요. 또 〜ならぬ를 약간 구어적으로 바꿔서 〜ならん이라고도 하고 〜いけない를 〜いかん이라고도 하는데, 이들은 약간 예스러운 느낌이 있고 아저씨 말투 같아요.

그리고 뒷부분의 ならない, いけない, だめだ를 생략하여 〜なければ, 〜なきゃ, 〜なくては, 〜なくちゃ, 〜ないと만으로 문장을 끝내면 '〜해야 해', '〜해야지'라는 뜻이 돼요.

早（はや）く行（い）かなきゃ！ 빨리 가야지!
もう帰（かえ）らなくちゃ。 이제 집에 가야 돼.

46

동사의 ます형에 연결되는 표현

강의 및 예문듣기

여기에서는 동사의 ます형을 이용한 표현들을 배울게요. 1류동사의 ます형은 い단 뒤에 ます가 접속돼요. 동사의 ます형을 이용한 표현들은 대부분 동사만 연결되는 표현들이라서 그리 복잡하지 않아요.

🎧 46-1.mp3

1단계
핵심문법 익히기

❶ ～ませんか ~하지 않을래요?, ~하지 않겠습니까?

～ません(~하지 않습니다) 뒤에 か만 붙인 형태예요. 이 표현은 '~하지 않습니까?'라는 뜻으로도 쓰고 '~하지 않을래요?', '~하지 않겠습니까?'라는 권유의 뜻으로도 써요. 여기에서는 권유의 뜻으로 쓰는 표현을 연습할게요.

$$\boxed{\text{동사 ます형(ます삭제)}} \quad + \quad \boxed{\text{ませんか}}$$

一緒に[いっしょに] 함께
踊る[おどる]① 춤추다
晩ごはん[ばんごはん]
저녁밥
食べる[たべる]② 먹다

私と一緒に踊りませんか。
저와 함께 춤추지 않을래요?

晩ごはん、どこかで一緒に食べませんか。
저녁밥, 어디서(어딘가에서) 같이 먹지 않겠습니까?

>> '어디서 같이 먹지 않을래요?'라고 할 때 '어디서'를 일본어로는 どこかで(어딘가에서)라고 표현해요. か 없이 쓰지 않아요. か 없이 どこで라고 하면 '어디'라는 위치를 묻는 질문이 되니 유의하세요!
예 どこで一緒に食べますか。 어디에서 같이 먹을래요?

>> ～ませんか(~하지 않을래요?)의 반말인 '~하지 않을래?'는 동사의 ない형을 쓴 〈～ない?〉의 형태로 나타내요.
예 晩ごはん、どこかで一緒に食べない？ 저녁밥, 어디서 같이 먹지 않을래?

맛보기 연습 주어진 문장을 ～ませんか를 써서 '~하지 않을래요?/~하지 않겠습니까?'라는 문장으로 바꿔 보세요.
(정답은 636쪽에)

会社[かいしゃ] 회사
働く[はたらく]① 일하다
ドラマ 드라마
見る[みる]② 보다
来週[らいしゅう] 다음 주
パーティー 파티

うちの会社で働く ▶ _____

一緒に日本のドラマを見る ▶ _____

来週のパーティーに来る ▶ _____

❷ ～ましょう ~합시다

동사 ます형의 ます를 ましょう로 바꾸면 '~합시다'라는 뜻이 돼요.

동사 ます형(ます삭제)	+	ましょう

飾る[かざる]① 장식하다
運動[うんどう] 운동
続ける[つづける]②
계속하다

クリスマスツリーを飾りましょう。 크리스마스 트리를 장식합시다.

運動を続けましょう。 운동을 계속합시다.

>> ～ましょう(~합시다)의 반말인 '~하자'는 동사의 의지형으로 나타내요.
예 クリスマスツリーを飾ろう。 크리스마스 트리를 장식하자.

寝る[ねる]② 자다
前[まえ] 전
歯[は] 이, 치아
磨く[みがく]① 닦다
歯ブラシ[はブラシ] 칫솔
1ヶ月[いっ かげつ] 1개월
1回[いっ かい] 한 번, 1회
取り替える[とりかえる]
② 교체하다
ごみ 쓰레기
リサイクル 재활용

맛보기 연습 주어진 문장을 ～ましょう를 써서 '~합시다'라는 문장으로 바꿔 보세요. (정답은 636쪽에)

寝る前に歯を磨く ▶ _____

歯ブラシは1ヶ月に1回取り替える

▶ _____

ごみをリサイクルする

▶ _____

❸ ～ましょうか (함께) ~할까요?, ~해 드릴까요?

～ましょう(~합시다) 뒤에 か를 붙인 ～ましょうか는 '(함께) ~할까요?'와 '~해 드릴까요?'의 2가지 뜻으로 써요. '(함께) ~할까요?'의 뜻일 때는 끝의 か 억양이 내려가게 되고, '~해 드릴까요?'의 뜻일 때는 끝의 か 억양이 올라가게 돼요.

동사 ます형(ます삭제)	+	ましょうか

泊まる[とまる]① 묵다
誰[だれ] 누구
調べる[しらべる]②
알아보다

どこに泊まりましょうか。 어디에 묵을까요?

誰がやったか調べましょうか。 누가 했는지 알아봐 드릴까요?

⟫ ～ましょうか((함께) ～할까요?, ～해 드릴까요?)의 반말인 '(함께) ～할까?, ～해 줄까?'는 〈동사 의지형+か〉의 형
태로 나타내요.
例 どこに泊まろうか。어디에 묵을까?
　　誰がやったか調べようか。누가 했는지 알아봐 줄까?

맛보기 연습 주어진 문장을 ～ましょうか를 써서 '(함께) ～할까요?'라는 문장으로 바꿔 보세요.
끝의 か 억양을 내리세요. (정답은 636쪽에)

席[せき] 자리
移る[うつる]① 옮기다
椅子[いす] 의자
捨てる[すてる]② 버리다
一緒に[いっしょに] 함께
散歩[さんぽ] 산책

席を移る ▶ _____

この椅子はもう捨てる ▶ _____

一緒に散歩でもする ▶ _____

맛보기 연습 주어진 문장을 ～ましょうか를 써서 '～해 드릴까요?'라는 문장으로 바꿔 보세요.
끝의 か 억양을 올리세요. (정답은 636쪽에)

塩[しお] 소금
取る[とる]① 건네주다
ドア 문, 도어
閉める[しめる]② 닫다
紹介[しょうかい] 소개

塩を取る ▶ _____

ドアを閉める ▶ _____

いい人を紹介する ▶ _____

❹ ～たい ～하고 싶다
　～たがる ～하고 싶어하다

주어가 1인칭(나)이나 2인칭(너)일 때는 ～たい(～하고 싶다)를 쓰고, 주어가 3인칭
(제3자)일 때는 ～たがる(～하고 싶어하다)를 써요. 〈～がる〉(338쪽)도 함께 보세요!

| 동사 ます형(ます삭제) | + | たい |
| | + | たがる |

大きい[おおきい] 크다
魚[さかな] 물고기
釣る[つる]① 낚다
～君[くん] ～군
銀行[ぎんこう] 은행
勤める[つとめる]②
근무하다

大きい魚を釣りたい。　　　　　　　　　　　큰 물고기를 낚고 싶다.

小川君は銀行に勤めたがりました。 おがわ군은 은행에 근무하고 싶어했습니다.

前田[まえだ] (성씨)
謝る[あやまる]①
사과하다
シャワー 샤워
浴びる[あびる]②
(샤워를)하다

맛보기 연습 주어진 문장을 ～たい를 써서 '～하고 싶다'라는 문장으로 바꿔 보세요. (정답은 636쪽에)

前田さんに謝る ▶ _____

シャワーを浴びる ▶ _____

先生に質問する ▶ _____

≫ '샤워를 하다'는 シャワーをする라고 해도 돼요.

～たい는 い형용사 활용을 해요. 활용형을 정리하면 다음과 같아요.

～たい	～たくない	～たかった	～たくなかった
～하고 싶다	～하고 싶지 않다	～하고 싶었다	～하고 싶지 않았다

～たい를 쓰는 문장에서 목적어를 나타내는 조사 を를 が로 바꿔 쓰는 경우도 많아요.

水を飲む。 물을 마시다.

水を飲みたい。 물을 마시고 싶다.

水が飲みたい。 물이 마시고 싶다.

조사 を와 が의 차이는 が를 쓰는 경우가 대상인 水(물)를 강조해요. 한국어도 마찬가지죠? が를 쓰면 '뭐가 마시고 싶냐면 바로 물이 마시고 싶다'라는 느낌이에요.

姉[あね] 누나(높임×)
お茶[おちゃ] 다도
習う[ならう]① 배우다
父[ちち] 아버지(높임×)
新しい[あたらしい]
새롭다
家[いえ] 집
建てる[たてる]② 짓다
兄[あに] 형(높임×)
一緒に[いっしょに] 함께

┌ 맛보기 연습   주어진 문장을 ～たがる를 써서 '～하고 싶어했다'라는 문장으로 바꿔 보세요.

(정답은 636쪽에)

姉はお茶を習った ▶ _____

父は新しい家を建てた ▶ _____

兄も一緒に来た ▶ _____

≫ お茶[おちゃ]는 마시는 '차', '녹차'라는 뜻 외에 '다도'라는 뜻으로도 써요. '다도'라는 단어는 茶道[さどう]예요.

～たがる는 1류동사 활용을 해요. 활용형을 정리하면 다음과 같아요.

～たがる	～たがらない	～たがった	～たがらなかった
～하고 싶어하다	～하고 싶어하지 않다	～하고 싶어했다	～하고 싶어하지 않았다

⑤ ～に ~하러

する명사나 동작명사, 동사의 ます형 뒤에 に를 붙이면 '～하러'라는 뜻이 돼요. 'する명사'란 勉強する(공부하다)와 같이 명사 勉強(공부) 바로 뒤에 する가 붙는 명사를 말해요. '동작명사'란 花見(꽃구경)나 スキー(스키)와 같이 명사 속에 동작의 뜻이 포함되어 있는 명사를 말해요.

する명사/동작명사	
동사 ます형(ます 삭제)	+ に

우선 명사 뒤에 に가 붙는 표현을 연습해 봐요!

午後[ごご] 오후
一人で[ひとりで] 혼자서
買い物[かいもの] 장보기
行く[いく]① 가다
今年[ことし] 올해
冬[ふゆ] 겨울

午後、一人で買い物に行く。 　　　　오후에, 혼자서 장보러 간다.

今年の冬はスキーに行きません。　　올해(의) 겨울은 스키 타러 가지 않습니다.

する(하다)가 붙는 명사의 경우는 명사 뒤에 바로 に를 붙인 형태로 쓸 수도 있고,
동사를 살려서 〈~しに〉의 형태로 쓸 수도 있어요.

午後、一人で買い物しに行く。 　　　오후에, 혼자서 장보러 간다.

📖 **맛보기 연습** 　주어진 문장과 단어를 ~に로 연결하여 '~하러 ~했다'라는 문장을 만들어 보세요.
　　　　　　 명사 뒤에 바로 に를 쓰세요. 　　　　　　　　　　　　(정답은 636쪽에)

彼[かれ] 남자친구
両親[りょうしん]
부모(높임X)
挨拶[あいさつ] 인사
犬[いぬ] 개
散歩[さんぽ] 산책
大阪城公園[おおさか
じょうこうえん]
おおさかじょう 공원

彼が私の両親に挨拶する, 来ました

▶ _____

犬と散歩する, 行きました

▶ _____

大阪城公園へ花見をする, 行きました

▶ _____

이번에는 동사의 ます형 뒤에 に가 붙는 표현을 연습해 봐요!

図書館[としょかん]
도서관
本[ほん] 책
探す[さがす]① 찾다
交番[こうばん] 파출소
落とし物[おとしもの]
분실물, 흘린 물건
届ける[とどける]②
갖다 주다

図書館に本を探しに来た。 　　　　도서관에 책을 찾으러 왔어.

交番に落とし物を届けに行きました。　파출소에 분실물을 갖다 주러 갔어요.

(정답은 637쪽에)

借りる[かりる]② 빌리다
傘[かさ] 우산
返す[かえす]① 돌려주다
お客さん[おきゃくさん]
손님
迎える[むかえる]②
맞이하다
駅[えき] 역
花見[はなみ] 꽃구경
上野公園[うえのこうえ
ん]うえの공원

借りた傘を返す, 来た

▶ _____

お客さんを迎える, 駅まで行った

▶ _____

花見をする, 上野公園へ行った

▶ _____

❻ 〜方 〜(하는) 방법

동사의 ます형 뒤에 方를 붙이면 '〜(하는) 방법'이라는 뜻이 돼요. 다만 する(하다)는 〈명사+する〉가 〈명사+の+し方〉의 형태가 되는데, し方를 仕方로 쓰는 경우가 많아요.

명사 + する	⇨	명사	+	の	+	仕方
동사 ます형(ます삭제)					+	方

그리고 〜の仕方/〜方(〜(하는) 방법)를 쓰는 경우에는 바로 앞의 조사 を가 の로 바뀌어 〈〜の〜の仕方/〜の〜方(〜의 〜(하는) 방법)〉의 형태가 돼요.

チケットをキャンセルする。　　　　　　　　　티켓을 취소하다.
→ チケットのキャンセルの仕方　　　　　티켓의 취소(의) 방법

ビビンバを食べる。　　　　　　　　　　　　비빔밥을 먹다.
→ ビビンバの食べ方　　　　　　　　비빔밥을(의) 먹는 방법

우선 명사 뒤에 仕方가 붙는 표현을 연습해 봐요!

効果[こうか] 효과
〜的[てき] 〜적
運動[うんどう] 운동
知る[しる]① 알다

ダイエットに効果的な運動の仕方を知りたい。
다이어트에 효과적인 운동(의) 방법을 알고 싶다.

発音[はつおん] 발음
難しい[むずかしい]
어렵다

「つ」の発音の仕方は難しいです。 'つ'의 발음(의) 방법은 어렵습니다.

(정답은 637쪽에)

맛보기 연습 　주어진 문장과 단어를 ～の仕方로 연결하여 '～(하는) 방법을 ～했다'라는 문장을 만들어 보세요. 앞문장의 조사 を가 の로 바뀌는 것에 유의하세요!

商品[しょうひん] 상품
検索[けんさく] 검색
覚える[おぼえる]②
외우다

商品を検索する, 覚える

▶ _____

電話番号[でんわばんご
う] 전화번호
登録[とうろく] 등록
書く[かく]① 쓰다

電話番号を登録する, 書く

▶ _____

飲み物[のみもの] 음료
注文[ちゅうもん] 주문
練習[れんしゅう] 연습

飲み物を注文する, 練習する

▶ _____

이번에는 동사의 ます형 뒤에 方가 붙는 표현을 연습해 봐요!

写真[しゃしん] 사진
撮る[とる]① 찍다
習う[ならう]① 배우다
箱[はこ] 상자
開ける[あける]② 열다

いい写真の撮り方を習いたい。 좋은 사진을(의) 찍는 방법을 배우고 싶어.

この箱の開け方がわかりません。 이 상자를(의) 여는 법을 모르겠어요.

(정답은 637쪽에)

맛보기 연습 　주어진 문장과 단어를 ～方로 연결하여 '～(하는) 방법을 ～했습니다'라는 문장을 만들어 보세요. 앞문장의 조사 を가 の로 바뀌는 것에 유의하세요!

新しい[あたらしい]
새롭다
アプリ 앱
使う[つかう]① 사용하다
説明[せつめい] 설명
漢字[かんじ] 한자
読む[よむ]① 읽다
教える[おしえる]②
가르치다
ポイント 포인트
集める[あつめる]②
모으다
紹介[しょうかい] 소개

新しいアプリを使う, 説明した

▶ _____

この漢字を読む, 教えた

▶ _____

ポイントを集める, 紹介した

▶ _____

❼ ～なさい ～해라

동사의 ます형 뒤에 なさい를 붙이면 '～해라'라는 명령의 뜻이 돼요. 앞에서 배운 동사의 명령형은 매우 거친 말투가 되는데, 이 표현은 더 점잖은 말투가 돼요. 윗사

람이 아랫사람에게 쓰는 표현으로, 동년배나 윗사람에게는 쓰지 않아요.

동사 ます형(ます삭제)	+	なさい

部屋にいないときは電気を消しなさい。　　　　방에 없을 때는 불을 꺼라.

質問に答えなさい。　　　　질문에 대답해라.

» '~하거라'라는 표현이 있죠? 이것은 윗사람이 아랫사람에게 점잖게 명령하는 말투죠? ~なさい는 '~하거라'와 같다고 할 수 있는데 지금은 잘 쓰지 않는 말이라서 '~해라'로 해석했어요.

맛보기 연습　주어진 문장을 ~なさい를 써서 '~해라'라는 문장으로 바꿔 보세요.　　　(정답은 637쪽에)

ごみを拾う ▶ _____

残さずに食べる ▶ _____

もっと早く連絡する ▶ _____

❽ ~始める
　 ~出す　　~하기 시작하다

2가지 표현 모두 '~하기 시작하다'라는 뜻이에요. 이 표현들은 서로 바꿔 쓸 수도 있지만 '예상치못한 일, 돌발성이 강한 일, 의지가 작용하지 않는 일'에는 ~出す가 더 잘 어울려요. 始める는 2류동사이고 出す는 1류동사예요.

동사 ます형(ます삭제)	+	始める
	+	出す

タイでの生活にも慣れ始めた。　　太국에서의 생활에도 익숙해지기 시작했다.

その子は急に泣き出しました。　　그 아이는 갑자기 울기 시작했습니다.

아래쪽 예문의 경우는 '갑작스러운 일, 돌발적인 일'이기 때문에 ~出す를 써서 泣き出す라고 하는 것이 더 어울려요.

桜[さくら] 벚꽃
咲く[さく]① 피다
だんだん 점점
星[ほし] 별
見える[みえる]② 보이다
会議[かいぎ] 회의
書類[しょるい] 서류
準備[じゅんび] 준비

雨[あめ] 비
降る[ふる]①
(비, 눈 등이) 내리다
突然[とつぜん] 갑자기
家[いえ] 집
大きく[おおきく] 크게
揺れる[ゆれる]②
흔들리다
父[ちち] 아버지(높임×)
昔[むかし] 옛날
話[はなし] 이야기

맛보기 연습   주어진 문장을 ～始める를 써서 '～하기 시작했습니다'라는 문장으로 바꿔 보세요.

(정답은 637쪽에)

桜が咲いた ▶ _____

だんだん星が見えた ▶ _____

会議の書類を準備した ▶ _____

맛보기 연습   주어진 문장을 ～出す를 써서 '～하기 시작했다'라는 문장으로 바꿔 보세요. (정답은 637쪽에)

急に雨が降った ▶ _____

突然、家が大きく揺れた ▶ _____

父が急に昔の話をした ▶ _____

❾ ～終わる 다 ~하다

동사의 ます형 뒤에 終わる(끝나다)를 붙이면 '다 ~하다'라는 뜻이 돼요. 앞에서 연습한 ～始める(～하기 시작하다)의 반대말이에요. 終わる는 1류동사예요.

동사 ます형(ます 삭제) + **終わる**

単語[たんご] 단어
調べる[しらべる]②
찾다, 조사하다
荷物[にもつ] 짐
全部[ぜんぶ] 전부
運ぶ[はこぶ]① 옮기다

わからない単語を調べ終わった。   모르는 단어를 다 찾아봤어.

荷物を全部運び終わりました。   짐을 전부 다 옮겼어요.

作文[さくぶん] 작문
書く[かく]① 쓰다
ご飯[ごはん] 밥
掃除[そうじ] 청소

맛보기 연습   주어진 문장을 ～終わる를 써서 '다 ~했습니다'라는 문장으로 바꿔 보세요. (정답은 637쪽에)

作文を書いた ▶ _____

ご飯を食べた ▶ _____

部屋を掃除した ▶ _____

⑩ ～続ける 계속 ~하다

동사의 ます형 뒤에 続ける(계속하다)를 붙이면 '계속 ~하다'라는 뜻이 돼요. 続ける는 2류동사예요.

동사 ます형(ます삭제) ＋ 続ける

歌手[かしゅ] 가수
歌[うた] 노래
歌う[うたう]①
(노래를)부르다
昨日[きのう] 어제
山[やま] 산
中[なか] 속
歩く[あるく]① 걷다

その歌手は歌を歌い続けた。　　　그 가수는 노래를 계속 불렀다.

昨日は山の中を歩き続けました。　어제는 산속을 계속 걸었습니다.

猫[ねこ] 고양이
鳴く[なく]① 울다
建物[たてもの] 건물
増える[ふえる]②
증가하다
学者[がくしゃ] 학자
言葉[ことば] 말, 언어
研究[けんきゅう] 연구

맛보기 연습　주어진 문장을 ～続ける를 써서 '계속 ~했다'라는 문장으로 바꿔 보세요. (정답은 637쪽에)

その猫はずっと鳴いた ▶ _____

建物が増えた ▶ _____

その学者は言葉を研究した ▶ _____

⑪ ～やすい ~하기 쉽다
　～にくい ~하기 어렵다

동사의 ます형 뒤에 やすい를 붙이면 '~하기 쉽다', '쉽게 ~하다', '~하기 편하다'라는 뜻이 되고, にくい를 붙이면 '~하기 어렵다', '쉽게 ~하지 않다', '~하기 불편하다'라는 뜻이 되어 서로 반대 말이 돼요. やすい는 한자로는 易い이지만 히라가나로 쓰는 것이 일반적이에요.

동사 ます형(ます삭제)　＋ やすい
　　　　　　　　　　　　　＋ にくい

白い[しろい] 희다
洋服[ようふく] 옷
汚れる[よごれる]②
더러워지다
夏風邪[なつかぜ]
여름 감기
治る[なおる]① 낫다

白い洋服は汚れやすい。　　　　흰 옷은 더러워지기 쉬워.

夏風邪は治りにくいです。　　　여름 감기는 낫기 어려워요.

» '~하기 어렵다'라는 뜻에는 ～がたい라는 표현도 있는데, 난이도가 높아서 취급하지 않았어요.

» にくい는 단독으로 쓰면 憎い[にくい](밉다)가 되는데, 여기에 쓰인 にくい와는 다른 말이에요.

子ども[こども] 어린이
風邪[かぜ] 감기
最近[さいきん] 요새
どうも 어쩐지
疲れる[つかれる]②
피곤하다
会社[かいしゃ] 회사
製品[せいひん] 제품
故障[こしょう] 고장

病気[びょうき] 병
ガラス 유리
割れる[われる]② 깨지다
建物[たてもの] 건물
車椅子[くるまいす]
휠체어
人[ひと] 사람
利用[りよう] 이용

맛보기 연습　주어진 문장을 ～やすい를 써서 '～하기 쉽습니다'라는 문장으로 바꿔 보세요. (정답은 637쪽에)

子どもは風邪をひく ▶ _____

最近、どうも疲れる ▶ _____

この会社の製品は故障する ▶ _____

맛보기 연습　주어진 문장을 ～にくい를 써서 '～하기 어렵다'라는 문장으로 바꿔 보세요. (정답은 637쪽에)

その病気は治る ▶ _____

このガラスは割れる ▶ _____

この建物は車椅子の人が利用する

▶ _____

～やすい와 ～にくい는 모두 い형용사이기 때문에 다음과 같이 활용돼요.

～やすい	～やすくない	～やすかった	～やすくなかった
～하기 쉽다	～하기 쉽지 않다	～하기 쉬웠다	～하기 쉽지 않았다

～にくい	～にくくない	～にくかった	～にくくなかった
～하기 어렵다	～하기 어렵지 않다	～하기 어려웠다	～하기 어렵지 않았다

⑫ ～ながら ~하면서

동사의 ます형 뒤에 ながら를 붙이면 '～하면서'라는 뜻이 돼요. 2가지 동작이 동시에 일어나는 것을 나타내는 표현이에요.

동사 ます형(ます삭제)　+　ながら

見る[みる]② 보다
ご飯[ごはん] 밥
食べる[たべる]② 먹다
お茶[おちゃ] (마시는) 차
飲む[のむ]① 마시다
話[はなし] 이야기

いつもテレビを見ながらご飯を食べる。　늘 TV를 보면서 밥을 먹는다.

お茶でも飲みながら話をしましょう。　차라도 마시면서 이야기를 합시다.

423

맛보기 연습　주어진 문장과 단어를 ～ながら로 연결하여 '～하면서 ～합니다'라는 문장을 만들어 보세요.

(정답은 638쪽에)

吸う[すう]①
(담배를)피우다
運転[うんてん] 운전
子ども[こども] 아이
育てる[そだてる]②
키우다
働く[はたらく]① 일하다
バイト 알바
日本語学校[にほんごが
っこう] 일본어학교
通う[かよう]① 다니다

その人はたばこを吸う, 運転する

▶ _____

子どもを育てる, 働きたい

▶ _____

バイトをする, 日本語学校に通う

▶ _____

» 일본에 유학 간 외국 사람들이 대학교 입학 전이나 회사 취업 전에 일본어를 배우는 학교를 日本語学校[にほん
ご がっこう](일본어학교)라고 해요.

⑬ ～すぎる　너무/지나치게 ~하다

동사의 ます형 뒤에 すぎる를 붙이면 '너무 ~하다', '지나치게 ~하다'라는 뜻이 돼
요. すぎる는 '지나다'라는 뜻의 2류동사인데, 단독으로 쓸 때는 한자 過ぎる로 쓰
고 '너무 ~하다'의 뜻으로 쓸 때는 보통 히라가나로 써요.

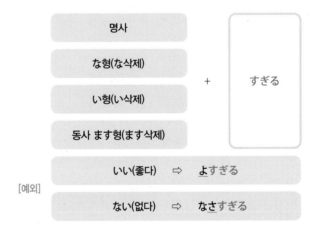

명사	
な형(な삭제)	
い형(い삭제)	+ すぎる
동사 ます형(ます삭제)	

[예외]

いい(좋다) ⇨ <u>よ</u>すぎる	
ない(없다) ⇨ な<u>さ</u>すぎる	

金持ち[かねもち] 부자
両親[りょうしん]
부모(높임×)
考え[かんがえ] 생각
古い[ふるい] 낡다
肉[にく] 고기
焼ける[やける]②
구워지다

その人は金持ちすぎる。	그 사람은 너무 부자야.
両親は考えが古すぎます。	부모님은 생각이 지나치게 고리타분해요.
お肉が焼けすぎた。	고기가 너무 많이 구워졌다.

» 考えが古い[かんがえが ふるい]는 직역하면 '생각이 낡았다'라는 뜻인데, '현대식 생각'이 아니라 '구식, 시대에 뒤떨어진 생각'이라는 뜻으로 쓰는 표현이에요.

» '고기'를 お 없이 肉[にく]라고만 하면 약간 거친 말이 되기 때문에 앞에 お를 붙여 쓰는 경우도 많아요.

맛보기 연습 주어진 문장을 ～すぎる를 써서 '너무/지나치게 ～하다/했다'라는 문장으로 바꿔 보세요.

(정답은 638쪽에)

今日のメイクは派手だ ▶ _____

この部屋は狭い ▶ _____

昨日、飲んだ ▶ _____

森岡さんは人がいい ▶ _____

その子はやる気がない ▶ _____

» メイク는 メイクアップ(메이크업)의 준말이에요.

» やる気[やるき]는 직역하면 '하는 마음'이라는 뜻으로 '의욕'을 나타내요.

今日[きょう] 오늘
メイク 화장, 메이크업
派手な[はでな] 화려한(부정적)
部屋[へや] 방
狭い[せまい] 좁다
昨日[きのう] 어제
飲む[のむ]① 마시다
森岡[もりおか] (성씨)
子[こ] 아이
気[き] 마음
ない 없다

⑭ ～そうだ ~할 것 같다, ~해 보인다

동사의 ます형 뒤에 そうだ를 붙이면 '～할 것 같다', '～해 보인다'라는 뜻이 돼요. 화자가 보거나 들은 것으로부터 판단한 모습을 나타내거나 어떤 일이 일어날 가능성이 크다는 판단을 나타내요. ～そうだ는 '～라고 한다'의 뜻으로 쓰는 사용법도 있으니 493쪽도 함께 보세요.

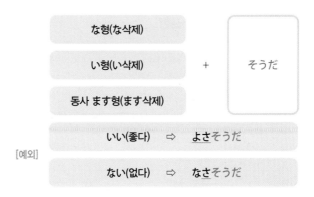

な형(な삭제)	
い형(い삭제)	+ そうだ
동사 ます형(ます삭제)	

[예외]
いい(좋다) ⇒ **よさ**そうだ
ない(없다) ⇒ **なさ**そうだ

危険な[きけんな] 위험한
お菓子[おかし] 과자
甘い[あまい] 달다
ろうそく 초, 양초
火[ひ] 불
消える[きえる]② 꺼지다

ロッククライミングは危険そうだ。　　암벽 등반은 위험해 보인다.

このお菓子は甘そうです。　　이 과자는 달 것 같습니다.

ろうそくの火が消えそう。　　촛불이 꺼질 것 같아.

学生[がくせい] 학생
まじめな 성실한
スープ 수프
熱い[あつい] 뜨겁다
村上[むらかみ] (성씨)
近藤[こんどう] (성씨)
気が合う[きがあう]①
마음이 맞다
明日[あした] 내일
天気[てんき] 날씨
興味[きょうみ] 관심

その学生はまじめだ ▶ _____

このスープは熱い ▶ _____

村上さんと近藤さんは気が合う

▶ _____

明日は天気がいい ▶ _____

興味がない ▶ _____

～そうだ는 な형용사 활용을 해요. 활용형을 정리하면 다음과 같아요.

～そうだ ～할 것 같다, ～해 보인다	～そうじゃない/そうではない ～할 것 같지 않다, ～해 보이지 않다
～そうだった ～할 것 같았다, ～해 보였다	～そうじゃなかった/そうではなかった ～할 것 같지 않았다, ～해 보이지 않았다
～そうな ～할 것 같은, ～해 보이는	～そうに ～할 것 같이, ～해 보이게

동사의 ます형에 연결되는 표현

❶ ～ませんか	～하지 않을래요?, ～하지 않겠습니까?	❽ ～始める ～出す	～하기 시작하다
❷ ～ましょう	～합시다	❾ ～終わる	다 ～하다
❸ ～ましょうか	(함께) ～할까요?, ～해 드릴까요?	❿ ～続ける	계속 ～하다
❹ ～たい ～たがる	～하고 싶다 ～하고 싶어하다	⓫ ～やすい ～にくい	～하기 쉽다 ～하기 어렵다
❺ ～に	～하러	⓬ ～ながら	～하면서
❻ ～方	～(하는) 방법	⓭ ～すぎる	너무/지나치게 ～하다
❼ ～なさい	～해라	⓮ ～そうだ	～할 것 같다, ～해 보인다

1 다음 문장을 일본어로 만들어 보세요.

(1) 이 상자를 여는 법을 모르겠어요.

🖉 _____

(2) 저와 함께 춤추지 않을래요?

🖉 _____

(3) 부모님은 생각이 지나치게 고리타분해요.

🖉 _____

(4) 어디에 묵을까요?

🖉 _____

(5) 그 가수는 노래를 계속 불렀다.

🖉 _____

(6) 오후에, 혼자서 장보러 간다.

🖉 _____

(7) 촛불이 꺼질 것 같아.

🖉 _____

(8) 질문에 대답해라.

🖉 _____

(9) 그 아이는 갑자기 울기 시작했습니다.

🖉 _____

(10) 운동을 계속합시다.

🖉 _____

(11) 짐을 전부 다 옮겼어요.

🖉 _____

(12) 흰 옷은 더러워지기 쉬워.

🖉 _____

(13) 小川^{おがわ} 군은 은행에 근무하고 싶어했습니다.

🖉 _____

(14) 여름 감기는 낫기 어려워요.

🖉 _____

(15) 차라도 마시면서 이야기를 합시다.

🖉 _____

(16) 태국에서의 생활에도 익숙해지기 시작했다.

🖉 _____

(17) 큰 물고기를 낚고 싶다.

🖉 _____

(18) 누가 했는지 알아봐 드릴까요?

🖉 _____

(19) 'つ'의 발음 방법은 어렵습니다.

🖉 _____

(20) 이 과자는 달 것 같습니다.

🖉 _____

日本語の勉強をし始めた時は、文法もそれほど難しくないし、単語も韓国語と発音が近いものが多くて、思ったより簡単に覚えられたでしょう。その後、色々な壁にぶつかり出しますが、頑張って勉強をし続けた人が最後にぶつかるのが単語です。発音や文法は終わりがありますが、単語には終わりがありません。単語の勉強で大事なことは、一度で覚えようと頑張りすぎないことです。一度勉強したくらいでは忘れるのが当たり前です。単語はたくさん使わないと覚えられません。効率的な単語の覚え方は、使ってみることです。覚えたい単語を使って作文をするのがいい方法です。そして、単語の発音をちゃんと聞いて発音しながら覚えることも大事です。必ず、声を出して、発音しながら勉強しましょう。

{단어}

勉強[べんきょう] 공부 | 時[とき] 때 | 文法[ぶんぽう] 문법 | 難しい[むずかしい] 어렵다 | 単語[たんご] 단어 | 韓国語[かんこくご] 한국어 | 発音[はつおん] 발음 | 近い[ちかい] 가깝다 | 多い[おおい] 많다 | 思う[おもう]① 생각하다 | 簡単に[かんたんに] 쉽게 | 覚える[おぼえる]② 외우다 | 後[あと] 후, 뒤 | 色々な[いろいろな] 여러 가지의 | 壁[かべ] 벽 | ぶつかる① 부딪치다 | 頑張る[がんばる]① 열심히 하다, 힘내다 | 最後[さいご] 마지막 | 終わり[おわり] 끝 | 大事な[だいじな] 중요한 | 一度[いちど] 한 번 | 忘れる[わすれる]② 잊다 | 当たり前[あたりまえ] 당연함 | 使う[つかう]① 사용하다 | 効率[こうりつ] 효율 | 〜的[てき] 〜적 | 作文[さくぶん] 작문 | 方法[ほうほう] 방법 | 聞く[きく]① 듣다 | 必ず[かならず] 반드시 | 声[こえ] (목)소리 | 出す[だす]① 내다

일본어 공부를 하기 시작했을 때는 문법도 그렇게 어렵지 않고 단어도 한국어와 발음이 비슷한 것이 많아서 생각했던 것보다 쉽게 외울 수 있었을 것입니다. 그 후 여러 가지 벽에 부딪치기 시작하는데, 열심히 공부를 계속한 사람이 마지막에 부딪치는 것이 단어입니다. 발음이나 문법은 끝이 있지만, 단어에는 끝이 없습니다. 단어 공부에서 중요한 것은 한 번에 외우려고 너무 힘내지 않는 것입니다. 한 번 공부한 정도로는 잊어버리는 것이 당연합니다. 단어는 많이 사용하지 않으면 외울 수 없습니다. 효율적인 단어 암기법은 사용해 보는 것입니다. 외우고 싶은 단어를 사용하여 작문을 하는 것이 좋은 방법입니다. 그리고 단어의 발음을 제대로 듣고 발음하면서 외우는 것도 중요합니다. 반드시 소리를 내어 발음하면서 공부합시다.

 일본 사람의 인사법

일본에서는 귀한 손님일수록 손님이 떠날 때 여러 번 허리를 굽혀 인사해요. 그리고 '안녕하세요?'를 뜻하는 おはようございます(아침 인사), こんにちは(낮 인사), こんばんは(밤 인사)는 같은 날 같은 사람에게 두 번은 하지 않아요. 두 번째 만나는 경우에는 どうも라고 하면서 고개만 숙여 인사하면 돼요.

~そうだの 부정문, 한 걸음 더

앞에서 ~そうだ의 부정문이 ~そうじゃない/そうではない, ~そうじゃなかった/そうではなかった로 소개되었죠? 이 외에 ~なさそうだ라는 형태도 있어요.

> あまり若（わか）そうじゃない。　별로 젊어 보이지 않다.
>
> あまり若（わか）くなさそうだ。　별로 젊지 않아 보인다.

그런데 이는 형용사의 경우예요. 동사의 경우는 달라요!

> 雨（あめ）が降（ふ）りそうにない。　비가 올 것 같지 않다.
>
> 雨（あめ）が降（ふ）らなそうだ。　비가 오지 않을 것 같다.

특히 아래쪽 예문에 쓴 降らなそうだ에 주목하세요! 형용사처럼 さ가 들어가지 않아요. 문법적으로는 틀린 표현인데, 일상적으로는 さ를 넣고 降らなさそうだ라고 하는 사람들도 있고 2가지 형태를 인정해야 한다는 이야기도 있어요. 아직까지 공식적으로 인정된 문형이 아니니 시험을 볼 경우, 동사는 さ가 없는 〈~なそうだ〉의 형태를 써야 해요.

그리고 위쪽 예문에 쓴 ~そうにない의 경우는 조사 も를 써서 ~そうにもない 또는 ~そうもない로 바꿔 쓸 수도 있어요. 이는 약간 강조가 된 '~할 것 같지도 않다'라는 뜻이 돼요.

> 雨（あめ）が降（ふ）りそうにない。　비가 올 것 같지 않다.
>
> 雨（あめ）が降（ふ）りそうにもない。
>
> 雨（あめ）が降（ふ）りそうもない。　비가 올 것 같지도 않다.

47

동사의 사전형에 연결되는 표현

여기에서는 사전형에 연결되는 표현들을 배울게요. 1류동사는 う단이 되고 2류동사는 る가 붙어요.

🎧 47-1.mp3

1단계
핵심문법 익히기

① ~前^{まえ}に ~(하기) 전에

'전, 앞'을 나타내는 前^{まえ}라는 단어를 알면 쉽게 익힐 수 있는 표현이죠. 명사는 뒤에 の를 붙인 후에 前に가 붙고, 동사는 사전형 뒤에 前に가 붙어요. '~개월', '~시간'과 같이 수를 셀 때 쓰는 말은 の 없이 바로 前に가 붙는다는 점에 유의하세요.

食事[しょくじ] 식사
手[て] 손
洗う[あらう]① 씻다
ひと月[ひとつき] 한 달
計画[けいかく] 계획
立てる[たてる]② 세우다
調べる[しらべる]②
알아보다

食事の前に手を洗う。　　　　　식사(의) 전에 손을 씻어.

ひと月前にたばこをやめました。　　한 달 전에 담배를 끊었어요.

計画を立てる前に、もっとよく調べよう。 계획을 세우기 전에, 더 잘 알아보자.

≫ ひと月[つき](한 달)는 한자 一月로 쓰기도 하는데, 一月는 いちがつ로도 읽을 수가 있어서 한자 一를 히라가나 ひと로 쓰는 경우가 더 많아요.

맛보기 연습 주어진 단어와 문장을 ~前に로 연결하여 '~(하기) 전에 ~한다/했다'라는 문장을 만들어 보세요.　　　　　　　　　(정답은 639쪽에)

授業[じゅぎょう] 수업
予習[よしゅう] 예습

授業, 予習をします

▶ _____

3年[さん ねん] 3년
店[みせ] 가게
開く[ひらく]① 열다
駅[えき] 역
着きます[つきます]①
도착합니다
電話[でんわ] 전화
かけます② 겁니다
日[ひ] 해, 날
暮れます[くれます]②
(해가)집니다
帰る[かえる]① 돌아가다
朝食[ちょうしょく]
조식, 아침식사
1時間[いち じかん] 1시간
歩きます[あるきます]①
걷습니다

3年, この店を開きました

▶ _____

駅に着きます, 電話をかけました

▶ _____

日が暮れます, うちに帰れました

▶ _____

朝食, 1時間歩きます

▶ _____

❷ 〜ことができる ~할 수 있다

동사 사전형에 こと를 붙이면 '〜하는 것'이라는 뜻이 되니, 직역하면 '〜하는 것이 가능하다'라는 문장이죠. 〜ことができる는 동사 가능형과 거의 똑같이 사용할 수 있지만, 격식을 차려야 하는 경우나 글에서는 〜ことができる를 쓰는 경향이 있어요.

동사 사전형	+	ことができる

2歳[に さい] 두 살
頃[ころ] 경, 쯤
思い出す[おもいだす]①
생각해 내다
薬[くすり] 약
飲む[のむ]① 마시다
簡単に[かんたんに] 쉽게
やせる② 살을 빼다

私は2歳の頃のことを思い出すことができる。
　　　　　　　　　나는 두 살(의) 경의 일을 기억해 낼 수 있다.

この薬を飲めば、簡単にやせることができます。
　　　　　　　　이 약을 먹으면, 쉽게 살을 뺄 수 있습니다.

自由に[じゆうに]
자유롭게
屋上[おくじょう] 옥상
上がります[あがります]
① 올라갑니다
ツアー 투어
有名な[ゆうめいな]
유명한
観光地[かんこうち]
관광지
訪ねます[たずねます]②
방문합니다
色々な[いろいろな]
여러 가지의
経験[けいけん] 경험

맛보기 연습　주어진 문장을 〜ことができる를 써서 '〜할 수 있습니다'라는 문장으로 바꿔 보세요.

ここは自由に屋上に上がります

▶ _____

このツアーは有名な観光地を訪ねます

▶ _____

ここでは色々な経験をします

▶ _____

〜ため(に) ~를/하기 위해(서)

〜ため(に)는 に를 생략할 때도 있어요. に가 생략되면 딱딱한 문장체 말투가 돼요. 한국어로도 '〜하기 위해'라고 하면 딱딱하죠? 일상회화에서는 に를 잘 생략하지 않아요. 481쪽의 〜ため(に)(〜때문에)와 소리는 같지만 뜻이 달라요.

명사 + の
동사 사전형
+ ため(に)

平和[へいわ] 평화
祈る[いのる]① 기도하다
発音[はつおん] 발음
直す[なおす]① 고치다
個人[こじん] 개인
受ける[うける]② 받다

平和<u>の</u>ために祈る。

평화를 위해서 기도할 거야.

発音を直すため、個人レッスンを受けました。

발음을 고치기 위해, 개인 레슨을 받았습니다.

健康[けんこう] 건강
朝[あさ] 아침
早く[はやく] 일찍
起きます[おきます]②
일어납니다
旅行[りょこう] 여행
十分[じゅうぶん] 충분히
楽しみます[たのしみます]① 즐깁니다
計画[けいかく] 계획
しっかり
빈틈없이, 확실히
立てる[たてる]② 세우다
留学生[りゅうがくせい]
유학생
パーティー 파티
開きます[ひらきます]①
엽니다
仕事[しごと] 일(직업)
休む[やすむ]① 쉬다

> **맛보기 연습** 주어진 단어와 문장을 〜ために로 연결하여 '〜를/하기 위해서 〜한다/했다'라는 문장을 만들어 보세요.
> (정답은 639쪽에)

健康, 朝早く起きます

▶ _____

旅行を十分楽しみます, 計画をしっかり立てました

▶ _____

留学生, パーティーを開きます

▶ _____

ここに来ます, 仕事を休みました

▶ _____

〜ところだ ~하려는 참이다

동사의 사전형 뒤에 ところだ를 붙이면 '〜하려는 참이다'라는 뜻이 돼요. 〈동사 て형+いるところだ〉(한창 〜하는/하고 있는 중이다)(452쪽), 〈동사 た형+ところだ〉(막 〜했다)(466쪽)와 헷갈리지 않도록 유의하세요.

家[いえ] 집
出る[でる]② 나가다
時[とき] 때
店[みせ] 가게
開く[あく]① 열리다

ちょうど家を出るところだ。　마침 집을 나가려는 참이다.

その時、店が開くところでした。　그때, 가게가 열리려는 참이었습니다.

映画[えいが] 영화
始まります[はじまります]① 시작됩니다
電車[でんしゃ] 전철
降ります[おります]② 내립니다
今[いま] 지금
準備[じゅんび] 준비

맛보기 연습　주어진 문장을 ~ところだ를 써서 '~하려는 참입니다'라는 문장으로 바꿔 보세요.

(정답은 639쪽에)

ちょうど映画が始まります

▶ _____

ちょうど電車を降ります

▶ _____

今から準備します

▶ _____

동사의 사전형에 연결되는 표현

❶ ~前(まえ)に	~(하기) 전에
❷ ~ことができる	~할 수 있다
❸ ~ため(に)	~를/하기 위해서
❹ ~ところだ	~하려는 참이다

포인트 정리

1 다음 문장을 일본어로 만들어 보세요.

(1) 식사 전에 손을 씻어.

✎ --

(2) 나는 두 살 경의 일을 기억해 낼 수 있다.

❯❯ 이 문장은 구어가 아니므로, 남자인 경우 '나'를 私[わたし], 僕[ぼく], 俺[おれ] 어떤 것으로 써도 돼요.

✎ --

(3) 발음을 고치기 위해, 개인 레슨을 받았습니다.

✎ --

(4) 마침 집을 나가려는 참이다.

✎ --

(5) 계획을 세우기 전에, 더 잘 알아보자.

✎ --

(6) 평화를 위해서 기도할 거야.

✎ --

(7) 한 달 전에 담배를 끊었어요.

✎ --

(8) 이 약을 먹으면, 쉽게 살을 뺄 수 있습니다.

✎ --

(9) 마침 영화가 시작되려는 참입니다.

✎ --

(10) 해가 지기 전에 집에 돌아갈 수 있었다.

✎ --

タバコがやめたいのにやめることができない、という人が多い。タバコをやめるためには、禁煙を始める前に、禁煙の理由を考えて、しっかりと意識することが大事だ。そして、禁煙をスタートする日を決めて、その日からタバコを吸うのをやめる。禁煙を成功させるために、水をたくさん飲んで、お酒やコーヒーは飲まない。食事の後はすぐに席を立つこと、食べすぎないことも重要だ。ゆっくり座っていたり、食べすぎたりすると、タバコが吸いたいという気持ちに負けやすくなるからだ。タバコが吸いたいときは、深呼吸をするといい。冷たい水や熱いお茶を飲むのもいい方法だ。禁煙を始めて5日までが一番大変な時期だ。この時期を過ぎればタバコをやめることができる。

{단어}

タバコ 담배 | 人[ひと] 사람 | 多い[おおい] 많다 | 禁煙[きんえん] 금연 | 始める[はじめる]② 시작하다 | 理由[りゆう] 이유 | 考える[かんがえる]② 생각하다 | しっかりと 단단히 | 意識[いしき] 의식 | 大事な[だいじな] 중요한 | スタート 스타트 | 日[ひ] 날 | 決める[きめる]② 정하다 | 吸う[すう]① (담배를)피우다 | やめる② 그만두다 | 成功[せいこう] 성공 | 水[みず] 물 | 飲む[のむ]① 마시다 | お酒[おさけ] 술 | コーヒー 커피 | 食事[しょくじ] 식사 | 後[あと] 후 | 席[せき] 자리 | 立つ[たつ]① (자리를)뜨다, 일어서다 | 食べる[たべる]② 먹다 | 重要な[じゅうような] 중요한 | 座る[すわる]① 앉다 | 気持ち[きもち] 마음 | 負ける[まける]② 지다 | 深呼吸[しんこきゅう] 심호흡 | 冷たい[つめたい] 차갑다 | 熱い[あつい] 뜨겁다 | お茶[おちゃ] (마시는)차 | 方法[ほうほう] 방법 | 5日[いつか] 5일 | 一番[いちばん] 제일 | 大変な[たいへんな] 힘든 | 時期[じき] 시기 | 過ぎる[すぎる]② 지나다

담배를 끊고 싶은데 끊을 수 없다고 하는 사람이 많다. 담배를 끊기 위해서는 금연을 시작하기 전에 금연하는(의) 이유를 생각하고 단단히 의식하는 것이 중요하다. 그리고 금연을 시작하는(스타트하는) 날을 정하고 그 날부터 담배를 피우는 것을 그만둔다. 금연을 성공시키기 위해서 물을 많이 마시고 술이나 커피는 마시지 않는다. 식사 후에는 바로 자리를 뜨는 것, 과식하지 않는 것도 중요하다. 느긋하게 앉아 있거나 과식하면 담배를 피우고 싶다는 마음에 쉽게 지게 되기 때문이다. 담배가 피우고 싶을 때는 심호흡을 하면 좋다. 차가운 물이나 뜨거운 차를 마시는 것도 좋은 방법이다. 금연을 시작하고 5일까지가 제일 힘든 시기다. 이 시기를 지나면 담배를 끊을 수 있다.

 ## 날이 새고 저무는 것에 관한 표현

日が暮れる(날이 저물다)라는 표현이 나왔죠? '날이 저물다', '해가 지다'라는 표현으로는 그 외에 日が沈む(해가 가라앉다), 日が落ちる(해가 떨어지다)라는 표현이 있어요. 해가 지기 전에 해가 서쪽으로 기우는 것은 日が傾く(해가 기울다)라고 해요. 그리고 '일모'는 夕暮れ 혹은 日暮れ라고 해요. 발음이 비슷한 말로 夕焼け가 있는데 이는 '저녁놀'이라는 뜻이에요. 焼ける가 '타다'라는 뜻인데 하늘이 타는 것처럼 빨개지니 그렇게 표현하나 봐요. 거꾸로 '날이 새다', '해가 뜨다'는 夜が明ける(밤이 밝아지다), 日が昇る(해가 올라가다)라고 표현해요. '새벽(녘)', '동틀녘'은 夜明け, 明け方라고 하고 '아침놀'은 朝焼け라고 해요.

436

〈동사 가능형〉과 〈동사 사전형+ことができる〉

'~할 수 있다'라는 표현은 182쪽에서 배운 동사의 가능형을 써서 표현할 수도 있고 이번에 배운 〈동사 사전형+ことができる〉의 형태로 표현할 수도 있어요.

〈동사 가능형〉과 〈동사 사전형+ことができる〉는 의미 차이가 없고 서로 바꿔 쓸 수 있어요. 일상적으로는 동사의 가능형을 많이 써요.

> 私はカタカナが読めます。
> 私はカタカナを読むことができます。
>
> 저는 가타카나를 읽을 수 있습니다.

그런데 동사의 수동형인 경우 가능형으로 활용할 수는 없는데, 〈~ことができる〉에는 연결할 수 있어요.

> 愛されることができた。　사랑받을 수 있었다.
> (×) 愛されられる
>
> 癒されることができる。　치유받을 수 있다.
> (×) 癒されられる

일본어에서는 '그것이 사실일 수 없다'와 같이 무생물이 주어가 된 일이 일어날 수 있는 가능성을 나타낼 때는 〈동사 가능형〉이나 〈동사 사전형+ことができる〉로 표현할 수 없어요. 이럴 때는 아직 배우지 않았지만 〈동사 ます형+得る〉라는 표현을 써요. 得る는 える로도 うる로도 읽을 수 있는데 ます형, ない형, た형은 각각 えます, えない, えた가 돼요.

> 交通事故は誰にでも起こり得る。　교통사고는 누구에게나 일어날 수 있다.
> 　　　　　　(×) 起これる
> 　　　　　　(×) 起こることができる

48

동사의 의지형에 연결되는 표현

강의 및 예문듣기

이번에는 동사의 의지형에 연결되는 표현들을 배울게요. 의지형은 '~하자'라는 뜻으로, 1류동사는 〈お단+う〉, 2류동사는 〈る삭제+よう〉가 되고, 3류동사는 각각 来よう, しよう가 돼요.

🎧 48-1.mp3

1단계
핵심문법 익히기

❶ ~(よ)うと<ruby>思<rt>おも</rt></ruby>う ~하려고 생각하다

동사의 의지형 뒤에 と思う(라고 생각한다)를 붙이면 '~하려고 생각하다', '~하고자 하다'라는 뜻이 돼요. ~とは '~라고'라는 뜻이고 思うは '생각하다'라는 뜻이니 직역하면 '~하자고 생각하다'가 돼요.

동사 의지형 + と + <ruby>思<rt>おも</rt></ruby>う

今日[きょう] 오늘
遅い[おそい] 늦다
泊まる[とまる]① 묵다
変える[かえる]② 바꾸다

今日はもう遅いから、ホテルに泊まろうと思う。

오늘은 이미 늦은 시간이니, 호텔에 묵으려고 생각해.

メガネを変えようと思います。　　　　　안경을 바꾸려고 생각해요.

📎맛보기연습　주어진 문장을 ~(よ)うと思う를 써서 '~하려고 생각한다'라는 문장으로 바꿔 보세요.

(정답은 640쪽에)

親友[しんゆう] 절친
会う[あう]① 만나다
行く[いく]① 가다
そろそろ 이제, 슬슬
テスト 시험, 테스트
始める[はじめる]②
시작하다
友達[ともだち] 친구
人[ひと] 사람
紹介[しょうかい] 소개

これから親友に会いに行く

▶

そろそろテストを始める

▶

友達にいい人を紹介する

▶

❷ 〜(よ)うとする ~하려고 하다

동사의 의지형 뒤에 とする를 붙이면 '~하려고 하다'라는 뜻이 돼요. 이 표현은 어떤 동작이 행해지기 직전임을 나타내요.

동사 의지형	+	と	+	する

道[みち] 길
渡る[わたる]① 건너다
時[とき] 때
信号[しんごう] 신호등
赤[あか] 빨강
変わる[かわる]① 바뀌다
窓[まど] 창문
開ける[あける]② 열다
開く[あく]① 열리다

道を渡ろうとした時、信号が赤に変わった。

길을 건너려고 했을 때, 신호등이 빨간불로 바뀌었다.

窓を開けようとしましたが、開きませんでした。

창문을 열려고 했습니다만, 열리지 않았습니다.

> **맛보기 연습** 주어진 두 문장을 〜(よ)うとした時[とき]로 연결하여 '~하려고 했을 때, ~했습니다'라는 문장을 만들어 보세요.　　　　　(정답은 640쪽에)

チャイム 초인종
押す[おす]① 누르다
ドア 문, 도어
開く[あく]① 열리다
皿[さら] 접시
並べる[ならべる]②
나란히 놓다
地震[じしん] 지진
起きる[おきる]②
일어나다
ファイル 파일
ダウンロード 다운로드
エラー 에러
出る[でる]② 나다, 나오다

チャイムを押す, ドアが開いた

▶ _____

お皿を並べる, 地震が起きた

▶ _____

ファイルをダウンロードする, エラーが出た

▶ _____

» お 없이 皿[さら](접시)라고만 하면 약간 거친 말이라서 お를 붙여 쓰는 경우가 많아요. 그리고 (お)皿を並[なら]べる(접시를 나란히 놓다)는 '식탁을 차리다'라는 뜻이에요.

동사의 의지형에 연결되는 표현

❶ 〜(よ)うと思う	~하려고 생각하다
❷ 〜(よ)うとする	~하려고 하다

1 다음 문장을 일본어로 만들어 보세요.

(1) 오늘은 이미 늦은 시간이니, 호텔에 묵으려고 생각해.

✎ _____

(2) 길을 건너려고 했을 때, 신호등이 빨간불로 바뀌었다.

✎ _____

(3) 창문을 열려고 했습니다만, 열리지 않았습니다.

✎ _____

(4) 안경을 바꾸려고 생각해요.

✎ _____

(5) 지금부터 절친을 만나러 가려고 생각한다.

✎ _____

(6) 식탁을 차리려고 했을 때, 지진이 일어났습니다.

✎ _____

(7) 초인종을 누르려고 했을 때, 문이 열렸습니다.

✎ _____

(8) 이제 슬슬 시험을 시작하려고 생각한다.

✎ _____

(9) 파일을 다운로드하려고 했을 때, 에러가 났습니다.

✎ _____

(10) 친구에게 좋은 사람을 소개하려고 생각한다.

✎ _____

将来、自分の好きなことを見つけよう、そして、それを仕事にしようと思っている子どもが多いと思います。好きなことを仕事にできればいいですが、そんなに簡単なことではありません。実際に好きなことを仕事にしている人は多くないです。それなのに、仕事は自分の好きなことでなければいけないと思うと、苦しくなることも多いです。ですから、無理に好きなことを仕事にしようとしないで、できることをまず仕事にして、好きなことも続けましょう。好きなことだけでも十分に生活ができるようになったら、それを仕事にすればいいのです。

{단어}

将来[しょうらい] 장래 | 自分[じぶん] 자신 | 好きな[すきな] 좋아하는 | 見つける[みつける]② 찾다, 발견하다 | 仕事[しごと] 직업, 일 | 思う[おもう]① 생각하다 | 子ども[こども] 아이 | 多い[おおい] 많다 | 簡単な[かんたんな] 쉬운, 간단한 | 実際に[じっさいに] 실제로 | 少ない[すくない] 적다 | 苦しい[くるしい] 괴롭다 | 無理に[むりに] 무리하게 | 続ける[つづける]② 계속하다 | 十分に[じゅうぶんに] 충분히 | 生活[せいかつ] 생활

장래, 자신이 좋아하는 것을 찾으려고, 그리고 그것을 직업으로 하려고 생각하고 있는 아이들이 많을 것입니다. 좋아하는 것을 직업으로 할 수 있으면 좋지만 그렇게 쉬운 일이 아닙니다. 실제로 좋아하는 것을 직업으로 하고 있는 사람은 많지 않습니다. 그런데도 직업은 자신이 좋아하는 것이어야 한다고 생각하면 괴로워지는 경우도 많습니다. 그러니까 무리하게 좋아하는 것을 직업으로 하려 하지 말고 할 수 있는 것을 우선 직업으로 하고 좋아하는 것도 계속합시다. 좋아하는 것만으로도 충분히 생활을 할 수 있게 되면 그것을 직업으로 하면 되는 겁니다.

 ## しんゆう(절친)에도 종류가 있다?!

親友(절친)라는 단어기 나왔쬬? 기본적으로 しんゆう라고 히면 親友인데, 이이들(주로 종고등학생들) 시이에시는 しんゆう의 소리를 유지하면서 약간씩 뜻의 차이를 주어 몇 가지 한자로 나누어 쓴다고 해요.

新友	새로 만난 친구	親友	친한 친구
真友	참다운 친구 [사전에 실려 있는 단어]	信友	믿을 수 있는 친구
心友	마음을 열 수 있는 친구 [사전에 실려 있는 단어]	神友	신과 같은 존재가 된 친구 [약간 장난스럽게 쓰는 말]
深友	오래 만난 친구, 깊이 만나는 친구		

사람에 따라 쓰는 말과 안 쓰는 말이 있고, 순서도 쓰는 사람마다 약간씩 달라서 어떤 것이 더 중요한 친구인지는 정확히 정하기 어렵지만, 新友에서 시작하여 親友가 된 이후에 그 다음으로 발전하는 것은 공통인 것 같아요.

～(よ)うと思う와 ～(よ)うと思っている

이번 과에서 ～(よ)うと思う(~하려고 생각하다)라는 표현을 배웠죠?

> 明日、友達に会おうと思う。　내일, 친구를 만나려고 생각한다.
>
> 勉強をもっと頑張ろうと思う。　공부를 더 열심히 하려고 생각한다.

이 표현의 思う(생각하다)를 思っている(생각하고 있다)로 하는 표현도 많이 써요.

> 明日、友達に会おうと思っている。　내일, 친구를 만나려고 생각하고 있다.
>
> 勉強をもっと頑張ろうと思っている。　공부를 더 열심히 하려고 생각하고 있다.

현재형 思う로 표현할 때는 말할 때의 생각, 판단을 나타내게 되고, 思っている로 표현할 때는 말할 때보다 더 전에 생각했던 것으로, 그 생각을 그 이후로도 계속 가지고 있음을 나타내요. 즉 明日、友達に会おうと思う라고 하면 '지금 한 생각'을 나타낸 것이고, 明日、友達に会おうと思っている는 '전부터 이미 생각하고 있던 것'을 나타낸 거예요. 이 두 표현을 혼동하는 사람이 많으니 유의하세요!

> この話についてどう思いますか。　이 이야기에 대해서 어떻게 생각합니까?
>
> [지금 '이 이야기'를 듣고 갖는 생각에 대해서 묻는 질문]
>
> 日本についてどう思っていますか。　일본에 대해서 어떻게 생각하고 있습니까?
>
> [일본에 대해서 어떤 생각을 갖고 있는지, 전부터 가지고 있던 생각을 묻는 질문]

강의 및 예문듣기

49

동사의 て형에 연결되는 표현

동사의 て형에 연결되는 표현들은 무척 다양하고 한국 사람들이 배우기에 어려운 것들도 좀 있어요. 바로 느낌이 와 닿지 않아도 일단 이해되시면 돼요. 모국어에 없는 표현들은 익힐 때까지 시간이 걸리는 법이에요! 계속 일본어를 공부하다 보면 '아, 이런 느낌이구나'하는 날이 와요~!

🎧 49-1.mp3

1단계
핵심문법 익히기

① ～ても ~해도

명사와 な형용사는 でも(な형용사는 な삭제)를 붙이고, い형용사는 くても(い삭제)를 붙이고, 동사는 て형 뒤에 も(도)를 붙이면 '～라도', '～해도'라는 뜻이 돼요.

漫画[まんが] 만화(책)
勉強[べんきょう] 공부
役に立つ[やくにたつ]①
도움이 되다
字[じ] 글씨
汚い[きたない]
지저분하다
読む[よむ]① 읽다
大雨[おおあめ]
호우, 큰 비
傘[かさ] 우산
濡れる[ぬれる]② 젖다

漫画でも勉強に役に立つものもある。 만화라도 공부에 도움이 되는 것도 있어.

字は汚くても読めればいいです。　글씨는 지저분해도 읽을 수 있으면 돼요.

大雨で、傘をさしても濡れた。　　　호우여서, 우산을 써도 젖었다.

맛보기 연습　주어진 두 문장을 ～ても로 연결하여 '~해도 ~하다/했다'라는 문장을 만들어 보세요.

(정답은 640쪽에)

オートバイ 오토바이
昼間[ひるま] 낮, 주간
ライト 라이트
言う[いう]① 말하다
立派な[りっぱな] 훌륭한
だめな 안 되는

オートバイは昼間だ, ライトをつけます

▶ _____

言うことは立派だ, やることはだめです

▶ _____

（정답은 641쪽에）

体[からだ] 몸
小さい[ちいさい] 작다
力[ちから] 힘
強い[つよい] 세다
辞書[じしょ] 사전
引く[ひく]①
(사전에서)찾다, 당기다
意味[いみ] 뜻
注意[ちゅうい] 주의
同じ[おなじ] 같은
失敗[しっぱい] 실수
何度も[なんども]
몇 번이나

体は小さい, 力は強いです

▶ _____

辞書を引く, 意味がわかりませんでした

▶ _____

その人はいくら注意する, 同じ失敗を何度もしました

▶ _____

》 注意[ちゅうい]する는 '주의하다', '조심하다'라는 뜻 외에 '주의를 주다'라는 뜻으로도 써요.

편한 대화에서는 ～ても/でも를 ～たって/だって로 쓰는 경우가 많아요.

> 漫画だって勉強に役に立つものもある.   만화라도 공부에 도움이 되는 것도 있어.
> 大雨で、傘をさしたって濡れた.   호우여서, 우산을 써도 젖었다.

❷ ～てから ~하고 나서

동사의 て형 뒤에 から를 붙이면 '～하고 나서'라는 뜻이 돼요. ～から가 '～부터'라는 뜻이니 ～てから를 직역하면 '～해서부터', '～하고부터'가 되죠.

동사 て형 + から

完全に[かんぜんに]
완전히
止まる[とまる]① 멈추다
立ち上がる[たちあがる]
① 일어서다
朝ごはん[あさごはん]
아침밥
食べる[たべる]② 먹다
出かける[でかける]②
외출하다

バスが完全に止まってから立ち上がる。 버스가 완전히 멈추고 나서 일어선다.

朝ごはんを食べてから出かけました。   아침밥을 먹고 나서 외출했습니다.

》 일본에서 버스를 탔을 때는 내릴 때 버스가 멈추고 나서 일어서세요. 미리 일어서면 일어서지 말라고 기사님이 방송해요!

맛보기 연습 주어진 두 문장을 ～てから로 연결하여 '～하고 나서 ～했습니다'라는 문장을 만들어 보세요.
(정답은 641쪽에)

病気[びょうき] 병
治る[なおる]① 낫다
退院[たいいん] 퇴원

病気がちゃんと治る, 退院した

▶ _____

日[ひ] 해
暮れる[くれる]②
(해가)지다
近所[きんじょ] 근처
散歩[さんぽ] 산책
青木[あおき] (성씨)
会議[かいぎ] 회의
始める[はじめる]②
시작하다

日が暮れる, 近所を散歩した

▶ _____

青木さんが来る, 会議を始めた

▶ _____

❸ 〜てしまう ~해 버리다, ~하고 말다

동사의 て형 뒤에 しまう를 붙이면 '~해 버리다', '~하고 말다'라는 뜻이 돼요. '~해 버리다'는 '~해 버려서 아쉽다'라는 뜻과 '부담을 덜게 되었다'라는 2가지 뜻으로 써요. 한국어와 똑같죠?

동사 て형 + しまう

町[まち] 동네
変わる[かわる]① 바뀌다
授業[じゅぎょう] 수업
途中[とちゅう] 도중
眠る[ねむる]① 잠들다

この町もすっかり変わってしまった。　이 동네도 완전히 바뀌어 버렸어.

授業の途中で眠ってしまいました。　수업(의) 도중에 잠들고 말았어요.

맛보기 연습　주어진 문장을 〜てしまう를 써서 '~해 버렸다/~하고 말았다'라는 문장으로 바꿔 보세요.
(정답은 641쪽에)

久しぶりに[ひさしぶり
に] 오래간만에
朝[あさ] 아침
遊ぶ[あそぶ]① 놀다
部屋[へや] 방
きれいに 깨끗이
片付ける[かたづける]②
치우다
大きな[おおきな] 큰
声[こえ] 목소리
笑う[わらう]① 웃다

久しぶりに朝まで遊びました

▶ _____

部屋をきれいに片付けました

▶ _____

大きな声で笑いました

▶ _____

편한 대화에서는 〜てしまう/でしまう를 〜ちゃう/じゃう로 쓰는 경우가 많아요.

この町もすっかり変わっちゃった。　이 동네도 완전히 바뀌어 버렸어.
久しぶりに朝まで遊んじゃいました。　오래간만에 아침까지 놀고 말았어요.

445

父[ちち] 아버지(높임×)
手料理[てりょうり]
손수 만든 요리
食べる[たべる]② 먹다
メキシコ料理[りょうり]
멕시코 요리
作る[つくる]① 만들다

シェアハウス 셰어하우스
住む[すむ]①
살다(거주하다)
口紅[くちべに] 립스틱
塗る[ぬる]①
바르다, 칠하다
外国[がいこく] 외국
生活[せいかつ] 생활

❹ ～てみる ~해 보다

동사의 て형 뒤에 みる를 붙이면 '~해 보다'라는 뜻이 돼요. 見る가 '보다'라는 뜻이니 한국어와 같은 구조죠? '~해 보다'로 쓸 때는 みる를 보통 히라가나로 써요.

동사 て형	+	みる

父の手料理を食べてみたい。　　　아버지의 손수 만든 요리를 먹어 보고 싶다.

メキシコ料理を作ってみました。　　멕시코 요리를 만들어 보았습니다.

> 맛보기 연습　주어진 문장을 ～てみる를 써서 '~해 보았습니다'라는 문장으로 바꿔 보세요. (정답은 641쪽에)

シェアハウスに住みました

▶ _____

口紅を塗りました

▶ _____

外国で生活しました

▶ _____

❺ ～ていく ~하고 가다, ~해 가다
**　～てくる ~하고 오다, ~해 오다, ~하기 시작하다**

동사의 て형 뒤에 いく를 붙이면 '~하고 가다', '~해 가다'라는 뜻이 돼요. 동사의 て형 뒤에 くる를 붙이면 '~하고 오다', '~해 오다', '~하기 시작하다'라는 뜻으로 써요.

동사 て형	+	いく
	+	くる

우선 '~하고 가다/오다'라는 뜻으로 쓰는 표현을 연습해 봐요! 이 표현은 이동 방법 (수단), 이동할 때의 동작 등을 나타낼 때와 어떤 행위를 하고 나서 가는/오는 것을

나타낼 때가 있어요. いく/くる는 히라가나로 쓰는 경우가 많은데, 한자 行く(가다)/来る(오다)로 쓰는 경우도 있어요.

電車[でんしゃ] 전철
乗る[のる]① 타다
薬[くすり] 약
飲む[のむ]① 마시다

電車に乗っていった。

전철을 타고 갔어.

薬を飲んできました。

약을 먹고 왔어요.

맛보기 연습 주어진 문장을 ～ていく를 써서 '～하고 갔다'라는 문장으로, ～てくる를 써서 '～하고 왔다'라는 문장으로 각각 바꿔 보세요. (정답은 641쪽에)

今日[きょう] 오늘
お弁当[おべんとう]
도시락
牛乳[ぎゅうにゅう] 우유
持つ[もつ]① 가지다

今日はお弁当と牛乳を持ちました

▶ _____

▶ _____

家族[かぞく] 가족
連れる[つれる]②
데리고 가다/오다

家族を連れました

▶ _____

▶ _____

先週[せんしゅう] 지난주
習う[ならう]① 배우다
復習[ふくしゅう] 복습

先週習ったことを復習しました

▶ _____

▶ _____

이번에는 '～해 가다/오다'라는 뜻으로 쓰는 표현을 연습해 봐요! 이 표현은 어떤 변화나 행위를 계속 이어가는/이어온 것을 나타내거나 어떤 변화나 행위가 화자에서 멀어져 감/다가옴을 나타내요. 이 뜻으로 쓸 때는 보통 いく/くる를 히라가나로 써요.

과거 먼 곳	～てくる	현재 가까운 곳	～ていく	미래 먼 곳

시간의 흐름 →

戦争[せんそう] 전쟁
死ぬ[しぬ]① 죽다
子[こ] 아이
お父さん[おとうさん]
아버지(높임○)
似る[にる]② 닮다

戦争やテロでたくさんの人が死んでいく。

전쟁이나 테러로 많은 사람들이 죽어간다.

その子はだんだんお父さんに似てきました。

그 아이는 점점 아버지를 닮아가고(닮아오고) 있습니다.

(정답은 641쪽에)

맛보기 연습 주어진 문장을 ~ていく/~てくる를 써서 '~해 갑니다/갔습니다/왔습니다'라는 문장으로 바꿔 보세요. 내용에 따라 어느 것을 써야 할지 잘 판단하세요.

それぞれ 각각, 가지각
自分[じぶん] 자기, 자신
家[いえ] 집
帰る[かえる]① 돌아가다
イ 이(성씨)
今[いま] 지금
一人で[ひとりで] 혼자서
頑張る[がんばる]①
열심히 하다
仕事[しごと] 일(직업)
続ける[つづける]②
계속하다
若い[わかい] 젊다
女性[じょせい] 여성
隣[となり] 옆, 이웃
引っ越す[ひっこす]①
이사하다

みんなそれぞれ自分の家に帰りました

▶ _____

イさんは今まで日本で一人で頑張りました

▶ _____

この仕事をこれからも続けます

▶ _____

若い女性がうちの隣に引っ越しました

▶ _____

이번에는 '~하기 시작하다'라는 뜻으로 쓰는 표현을 연습해 봐요! 이 표현은 화자의 의지와 관계가 없는, 자연적으로 일어나는 일에 사용해요. 이 뜻으로는 ~てくる만 쓰고 ~ていく라는 표현은 없어요. 이 뜻으로 쓸 때도 くる를 보통 히라가나로 써요.

雨[あめ] 비
降る[ふる]①
(비, 눈 등이)내리다
晴れる[はれる]② 개다
暑い[あつい] 덥다

さっきまで雨が降っていたが、晴れてきた。

조금 전까지 비가 내리고 있었지만, 개기 시작했다.

ずいぶん暑くなってきました。　　　　　　몹시 더워지기 시작했습니다.

(정답은 641쪽에)

맛보기 연습 주어진 문장을 ~てくる를 써서 '~하기 시작했다'라는 문장으로 바꿔 보세요.

おなか 배
すく① (배가)고프다
少し[すこし] 조금
疲れる[つかれる]②
지치다
頭[あたま] 머리
痛い[いたい] 아프다

おなかがすきました

▶ _____

少し疲れました

▶ _____

頭が痛くなりました

▶ _____

448

⑥ 〜ておく　~해 두다, ~해 놓다

동사의 て형 뒤에 おく를 붙이면 '~해 두다', '~해 놓다'라는 뜻이 돼요. 置く가 '두다, 놓다'라는 뜻이니 한국어와 똑같죠? 〜ておく의 おく는 보통 한자로 쓰지 않고 히라가나로 써요.

동사 て형	+	おく

出かける[でかける]②
외출하다
前[まえ] 전, 앞
靴[くつ] 구두
磨く[みがく]① 닦다
何[なん] 무엇
決める[きめる] ② 정하다

出かける前に靴を磨いておいた。　　　　외출하기 전에 구두를 닦아 놓았어.

何にするか、決めておきました。　　　무엇으로 할지, 정해 놓았어요.

≫ 何にする(무엇으로 하다)는 한자 何를 なん으로 읽는 것이 규칙에 맞는데, なに로 읽는 경우도 많아요. なに로 읽는 것이 더 정중하게 들려요.

〔맛보기 연습〕 **주어진 문장을 〜ておく를 써서 '~해 두었습니다/놓았습니다'라는 문장으로 바꿔 보세요.**

(정답은 641쪽에)

リビング 거실, 리빙
家族[かぞく] 가족
写真[しゃしん] 사진
飾る[かざる]① 장식하다
部屋[へや] 방
電気[でんき] 불, 전기
ホテル 호텔
予約[よやく] 예약

リビングに家族の写真を飾りました

▶ _____

部屋の電気をつけました

▶ _____

ホテルを予約しました

▶ _____

⑦ 〜ている　~하고 있나

동사의 て형 뒤에 いる((생물이)있다)를 붙이면 '~하고 있다'라는 현재 진행의 뜻이 돼요.

동사 て형	+	いる

回る[まわる]① 돌다

プロペラがグルグル回っている。　　　프로펠러가 빙빙 돌고 있다.

誰かが花を植えていました。

누군가가 꽃을 심고 있었습니다.

≫ グルグル(빙빙)를 가타카나로 썼죠? 히라가나로 써도 되지만, 의태어와 의성어는 기타카나로 쓰는 경우가 많아요.

맛보기 연습　주어진 문장을 ～ている를 써서 '～하고 있다'라는 문장으로 바꿔 보세요.　(정답은 641쪽에)

風が強く吹く　▶ _____

机の上を片付ける ▶ _____

今、夕飯の支度をする

▶ _____

또 일본어에서는 습관적인 일이나 반복되는 일에도 ～ている로 나타내요. 이 경우 한국어에서는 '～하고 있다'로 해석되지 않는 경우도 있으니 유의하세요!

1週間に3日、フィットネスクラブに通っている。

1주일에 3일, 휘트니스클럽을 다니고 있어.

世界では1日に20万人ほどの赤ん坊が生まれています。

세계에서는 하루에 20만 명 정도의 아기가 태어나고 있어요.

맛보기 연습　주어진 문장을 ～ている를 써서 '～하고 있습니다'라는 문장으로 바꿔 보세요.　(정답은 641쪽에)

その店では布団を売る

▶ _____

貿易会社に勤める

▶ _____

私は毎朝1時間ジョギングをする

▶ _____

일상 회화에서는 ～ている/でいる에서 い를 생략하여 ～てる/でる라고 해요.

> 1週間に3日、フィットネスクラブに通ってる。
> 世界では1日に20万人ほどの赤ん坊が生まれてます。

❽ ～ている
～てある ~해 있다

바로 앞에서 배운 ～ている는 '~하고 있다'라는 뜻 외에 상태를 나타내는 '~해 있다'라는 뜻으로도 써요. 동사의 て형 뒤에 ある((무생물이)있다)를 붙인 ～てある도 '~해 있다'라는 뜻으로 쓰는데, 자동사의 경우는 ～ている를 쓰고 타동사의 경우는 ～てある를 써요.

자동사 て형	+	いる
타동사 て형	+	ある

虫[むし] 벌레
生きる[いきる]② 살다
僕[ぼく] 나(남자)
好きな[すきな] 좋아하는
女優[じょゆう] 여배우
壁[かべ] 벽
貼る[はる]① 붙이다

その虫はまだ生きている。　　　　　그 벌레는 아직 살아 있다.

僕の好きな女優のポスターが壁に貼ってあります。
내가 좋아하는 여배우의 포스터가 벽에 붙여져 있습니다.

～ている와 ～てある는 모두 '~해 있다'라는 상태를 나타내지만 뉘앙스 차이가 있어요. ～ている는 단순히 상태만을 나타내는 표현인데 비해, ～てある는 상태뿐만이 아니라 그 상태를 만든 사람의 의도를 나타내요. 예문을 보면서 확인해 봐요.

電気[でんき] 불, 전기

> 電気がついている。불이 켜져 있다.
> 電気がつけてある。불이 켜져 있다. / 불을 켜 놓았다.

위쪽 문장은 '불이 켜져 있다'라는 상태만을 나타내는 뜻이고, 아래쪽 문장은 '누군가가 무슨 목적이 있어서 불을 켜 놓았고, 그 결과로 불이 켜져 있다'라는 뜻이에요. 그래서 ～てある는 '~해 있다'로 해석하기도 하고 '~해 놓다'로 해석하기도 해요.

다음과 같은 대화를 생각해 보세요.

> A 어, 창문이 열려 있네요.
> B 바람이 잘 통하도록 (창문이) 열려 있어요./(창문을) 열어 놓았어요.

이 대화를 일본어로 바꾸면 다음과 같아요.

窓[まど] 창문
開く[あく]① 열리다
風[かぜ] 바람
通る[とおる]① 통하다
開ける[あける]② 열다

> A あ、窓が開いていますよ。[창문이 열려 있다는 상태만을 나타냄]
> B 風がよく通るように、(窓が)開けてあります。
> 　　[의도적으로 창문을 열어 놓았고, 그 결과로 창문이 열려 있음]

451

그리고 ～てある의 경우는 〈～が～てある〉와 〈～を～てある〉 모두 쓸 수 있어요.
위의 예문들은 電気がつけてある와 窓が開けてあります 둘 다 조사 が를 썼지만
조사 を로 바꿔 써도 돼요.

> 電気をつけてある。　불이 켜져 있다. / 불을 켜 놓았다.
> 窓を開けてあります。　창문이 열려 있습니다. / 창문을 열어 놓았습니다.

조사 が를 쓰면 '～이/가'이기 때문에 '열려 있다', '켜져 있습니다'가 더 어울리고, 조
사 を를 쓰면 '～을/를'이기 때문에 '열어 놓았다', '켜 놓았습니다'가 더 어울려요.

> **맛보기 연습**　주어진 문장을 ～ている/～てある를 써서 '～해 있다'라는 문장으로 바꿔 보세요.
> 　　　　　　자동사에는 ～ている를, 타동사에는 ～てある를 쓰세요. 뉘앙스 차이를 생각하며 쓰세요.
> (정답은 642쪽에)

椅子[いす] 의자
並ぶ[ならぶ]① 늘어서다
並べる[ならべる]②
나란히 놓다
パン 빵
焼ける[やける]②
구워지다
焼く[やく]① 굽다

椅子が並ぶ ▶ _____

椅子を並べる ▶ _____

パンが焼ける ▶ _____

パンを焼く ▶ _____

❾ ～ているところだ 한창 ~하는/하고 있는 중이다

동사의 て형 뒤에 いる를 붙인 후에 ところだ를 붙이면 '한창 ～하는/하고 있는 중이
다'라는 뜻이 돼요. 이 표현은 어떤 동작이나 작용이 한창 일어나고 있음을 나타내요.

≫ 433쪽의 〈동사 사전형+ところだ〉(～하려는 참이다)와 466쪽의 〈동사 た형+ところだ〉(막 ~했다)도 함께 보세요!

> | 동사 て형 | + | いる | + | ところだ |

今[いま] 지금
昼ごはん[ひるごはん]
점심밥
食べる[たべる]② 먹다
兄[あに] 오빠, 형(높임×)
風呂[ふろ] 목욕, 욕실
入る[はいる]①
(목욕을) 하다, 들어가다

今、昼ごはんを食べているところ。　지금, 한창 점심을 먹고 있는 중이야.

兄は今お風呂に入っているところです。　오빠는 지금 한창 목욕하는 중이에요.

> **맛보기 연습**　주어진 문장을 ～ているところだ를 써서 '한창 ～하는/하고 있는 중입니다'라는 문장으로
> 　　　　　　바꿔 보세요.
> (정답은 642쪽에)

京都[きょうと] (지명)
向かう[むかう]①
향하다, 향해 가다

京都へ向かう ▶ _____

山を下りる ▶ _____

どうするか、相談する ▶ _____

⑩ ～てあげる ～해 주다
～てくれる

あげる와 くれる의 차이와 마찬가지로, '나'에게서 가까운 사람이 먼 사람에게 해 줄 때는 ～てあげる를 쓰고, '나'에게서 먼 사람이 가까운 사람에게 해 줄 때는 ～てくれる를 써요.

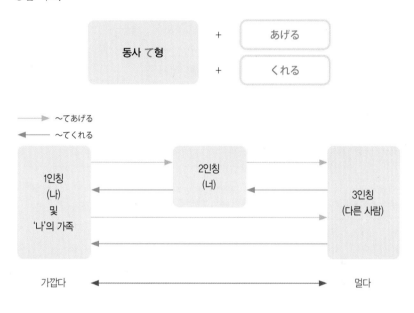

母は太田さんに忘れ物を届けてあげた。
> 어머니는 おおた 씨에게 두고 간 물건을 갖다 주었다.

斉藤さんは私に写真を送ってくれました。
> さいとう 씨는 저에게 사진을 보내 주었습니다.

'나'가 주어일 때는 ～てあげる라는 표현을 쓰지 않는 것이 좋아요. '내가 착하게 은혜를 베풀어 준다'는 느낌이거든요. '해 준다가 아니라 네가 당연히 해야 하는 일이지!'라는 느낌이라고 하면 이해되세요? 그럴 때는 '～해 주다'라고 하지 말고 그냥 '～하다'라고 표현하세요. 아주 친한 사람에게는 쓸 수는 있지만 말투나 상황에 따라서는 상대방이 부담스럽게 느끼거나 기분이 안 좋을 수 있어요.

맛보기 연습 주어진 네 단어와 ~てあげる/~てくれる를 써서 '~는 ~에게 ~를 ~해 주었다'라는
문장을 만들어 보세요. あげる와 くれる의 구별에 유의하세요!
(정답은 642쪽에)

山口[やまぐち] (성씨)
雑誌[ざっし] 잡지
貸す[かす]① 빌려주다
岡本[おかもと] (성씨)
マフラー 목도리
買う[かう]① 사다
妹[いもうと]
여동생(높임×)
彼氏[かれし] 남자친구
クッキー 쿠키
焼く[やく]① 굽다
私たち[わたしたち]
우리들
命[いのち] 생명
大切さ[たいせつさ]
소중함
教える[おしえる]②
가르치다
僕[ぼく] 나(남자)
姉[あね] 누나(높임×)
友達[ともだち] 친구
宿題[しゅくだい] 숙제
見せる[みせる]②
보여주다
サンタクロース
산타클로스
娘[むすめ] 딸(높임×)
プレゼント 선물
持ってくる[もってくる]
③ 가져오다

あなた, 山口さん, 雑誌, 貸す

▶ _____

岡本さん, 私, マフラー, 買う

▶ _____

妹, 彼氏, クッキー, 焼く

▶ _____

あなた, 私たち, 命の大切さ, 教える

▶ _____

僕の姉, 友達, 宿題, 見せる

▶ _____

サンタクロース, 娘, プレゼント, 持ってくる

▶ _____

» 연습을 위해서 あなた(당신)라는 말을 썼지만, 한국어에서 '당신'을 잘 안 쓰는 것처럼 일본어에서도 あなた라는
말은 잘 안 써요. 보통 이름으로 불러요.

---

⑪ ~て差し上げる ~해 드리다
~てくださる ~해 주시다

あげる를 공손한 말로 바꾸면 差し上げる(드리다)가 되고, くれる를 높임말로 바
꾸면 くださる(주시다)가 돼요. 그래서 ~て差し上げる라고 하면 '~해 드리다'라는
뜻이 되고 ~てくださる라고 하면 '~해 주시다'라는 뜻이 돼요.

| 동사 て형 | + | 差し上げる |
| | + | くださる |

先生[せんせい] 선생님
本当[ほんとう]
정말임. 진짜임
話す[はなす]①
이야기하다

友達は先生に本当のことを話して差し上げた。

친구는 선생님께 사실을 이야기해 드렸어.

454

会長が私のおじに声をかけてくださいました。

회장님이 제 고모부에게 말을 걸어 주셨어요.

≫ 本当[ほんとう](정말임, 진짜임)와 こと(일)가 합해져서 本当のこと[ほんとうの こと](정말의 일, 진짜의 일)가 되는데 '사실'로 해석하면 되죠.

差し上げる(드리다)라는 공손한 말을 사용해도 역시 주어가 대상에게 은혜를 베풀어 주는 행위이기 때문에 '나'가 주어일 때는 쓰지 마세요. 그러한 경우는 ～する/した라고만 하세요. '～에게 내가 해 드렸어'라는 말을 친한 사람에게 하는 것은 괜찮지만 역시 '내가 잘했지?'하는 느낌이 있다는 것을 알아 두세요.

맛보기 연습 주어진 문장을 ～て差し上げる/～てくださる를 써서 '～해 드렸습니다/주셨습니다'라는 문장으로 바꿔 보세요. 差し上げる와 くださる의 구별에 유의하세요! (정답은 642쪽에)

デザートのサービスをお客様が喜んだ

▶ _____

後輩が教授を車で送った

▶ _____

先生は友達を許した

▶ _____

役員の方にお茶を入れた

▶ _____

同僚が部長にその話を伝えた

▶ _____

松田さんのご両親がうちまで来た

▶ _____

⑫ ～てやる ~해 주다

やる(주다)를 써서 ～てやる라고 할 수도 있어요. 상대방이 자식이나 동식물처럼 주어보다 낮은 존재인 경우에 써요. 물론 이런 경우에 ～てあげる를 써도 돼요.

$$동사\ て형\ +\ やる$$

僕は子どもと遊んでやった。　　　　　　　　나는 아이와 놀아 주었다.

私は犬をほめてやりました。　　　　　　　저는 개를 칭찬해 주었습니다.

僕[ぼく] 나(남자)
子ども[こども] 아이
遊ぶ[あそぶ]① 놀다
犬[いぬ] 개

맛보기 연습　주어진 문장을 ~てやる를 써서 '~해 주었다'라는 문장으로 바꿔 보세요.　(정답은 642쪽에)

僕は息子の荷物を持ちました

▶ _____

金魚の水を取り替えました

▶ _____

私は娘に化粧をしました

▶ _____

息子[むすこ] 아들(높임×)
荷物[にもつ] 짐
持つ[もつ]① 들다
金魚[きんぎょ] 금붕어
水[みず] 물
取り替える[とりかえる]
② 갈다, 바꾸다
娘[むすめ] 딸(높임×)
化粧[けしょう] 화장

» 取り替える[とりかえる](바꾸다)는 替える[かえる](바꾸다)와 같은 뜻이에요. 取り[とり]는 접두어로서, 동사 앞에 붙어서 어조를 약간 강하게 만드는 역할을 해요. 또 약간 격식 차린 말투로 바꾸는 경우도 있어요.

⑬ **〜てもらう** ~해 받다

한국어에는 이런 표현이 없지만, 일본어에는 〜てもらう라는 표현이 있어요. 다른 사람이 해 주는 것을 받는 사람이 주어가 되어 말하는 경우예요. 한국어로 해석할 때는 'A가 B로부터 〜해 받다'를 'B가 A에게 〜해 주다'로 사람의 순서를 바꾸어 해석해요.

$$동사\ て형\ +\ もらう$$

私はタクシーの運転手さんに急いでもらった。
　　　　　　　택시 기사님이 서둘러 주었어(나는 택시 기사님에게 서둘러 받았어).

私は祖母に育ててもらいました。
　　　　　　　할머니가 저를 키워 주었어요(저는 할머니에게 키워 받았어요).

運転手[うんてんしゅ]
운전기사
急ぐ[いそぐ]① 서두르다
祖母[そぼ] 할머니(높임×)
育てる[そだてる]②
키우다

왼쪽의 예문들은 ～てくれる로 바꿔 쓸 수도 있어요.

> タクシーの運転手さんは急いでくれた。 택시 기사님이 서둘러 주었어.
>
> 祖母が私を育ててくれました。 할머니가 저를 키워 주었어요.

～てもらう로 표현하면 '부탁해서 그렇게 해 주었다'는 뉘앙스가 있는 데 비해, ～てくれる로 표현하면 행위를 하는 사람이 알아서 해 주었다'는 뉘앙스가 있어요. 즉 急いでもらった라고 하면 '서둘러 주세요'라고 부탁해서 택시 기사가 서둘러 준 느낌이고, 急いでくれた라고 하면 택시 기사가 알아서 서둘러 준 느낌이에요.

맛보기 연습 주어진 네 단어와 ～てもらう를 써서 '～는 ～에게 ～를 ～해 받았습니다'라는 문장을 만들어 보세요. (정답은 642쪽에)

姉[あね] 언니(높임×)
宿題[しゅくだい] 숙제
手伝う[てつだう] ① 돕다
弟[おとうと]
남동생(높임×)
電気[でんき] 불, 전기
店[みせ] 가게
10人[じゅうにん] 10명
～分[ぶん] ～분, ～치
席[せき] 자리
準備[じゅんび] 준비

私, 姉, 宿題, 手伝う

▶ _____

僕, 弟, 電気, つける

▶ _____

私たち, お店, 10人分の席, 準備する

▶ _____

⑭ ～ていただく ~해 받다

もらう를 いただく로 바꿔서 ～ていただく라고 하면 말이 공손해져요. 한국어로 해석하지 못하는데 '～해 받사오니'와 같은 느낌이라고 하면 아시겠어요? 주어가 뭔가를 받는 경우에 주는 사람을 높이는 말이에요.

동사 て형 + いただく

先生[せんせい] 선생님
文章[ぶんしょう] 문장
直す[なおす] ① 고치다
保証人[ほしょうにん]
보증인
部屋[へや] 방
探す[さがす] ① 찾다

先生に日本語の文章を直していただいた。
선생님이 일본어(의) 문장을 고쳐 주셨다(선생님께 일본어(의) 문장을 고쳐 받았다).

保証人さんに部屋を探していただきました。
보증인분이 방을 찾아 주셨습니다(보증인분께 방을 찾아 받았습니다).

(정답은 642쪽에)

맛보기 연습 주어진 단어와 문장을 ～ていただく를 써서 '～께 ～해 받았다'라는 문장을 만들어 보세요.

課長[かちょう] 과장(님)
お金[おかね] 돈
貸す[かす]① 빌려주다
友達[ともだち] 친구
お父さん[おとうさん]
아버지(높임○)
車[くるま] 차
送る[おくる]①
데려다 주다
先生[せんせい] 선생님
歌[うた] 노래
教える[おしえる]②
가르치다

課長, お金を貸しました

▶ _____

友達のお父さん, 車で送りました

▶ _____

先生, 日本の歌を教えました

▶ _____

동사의 て형에 연결되는 표현

❶ ～ても	～해도	❽ ～ている ～てある	～해 있다
❷ ～てから	～하고 나서	❾ ～ているところだ	한창 ～하는/하고 있는 중이다
❸ ～てしまう	～해 버리다, ～하고 말다	❿ ～てあげる ～てくれる	～해 주다
❹ ～てみる	～해 보다	⓫ ～て差し上げる ～てくださる	～해 드리다 ～해 주시다
❺ ～ていく ～てくる	～하고 가다, ～해 가다 ～하고 오다, ～해 오다, ～하기 시작하다	⓬ ～てやる	～해 주다 [주어보다 낮은 존재에게]
❻ ～ておく	～해 두다, ～해 놓다	⓭ ～てもらう	～해 받다
❼ ～ている	～하고 있다	⓮ ～ていただく	～해 받다 [공손함]

1 다음 문장을 일본어로 만들어 보세요.

(1) 만화라도 공부에 도움이 되는 것도 있어.

✎ --

(2) 조금 전까지 비가 내리고 있었지만, 개기 시작했다.

✎ --

(3) 斉藤^{さいとう} 씨는 저에게 사진을 보내 주었습니다.

✎ --

(4) 멕시코 요리를 만들어 보았습니다.

✎ --

(5) 외출하기 전에 구두를 닦아 놓았어.

✎ --

(6) 할머니가 저를 키워 주었어요(저는 할머니에게 키워 받았어요).

✎ --

(7) 오빠는 지금 한창 목욕하는 중이에요.

✎ --

(8) 선생님이 일본어 문장을 고쳐 주셨다(선생님께 일본어 문장을 고쳐 받았다).

✎ --

(9) 아침밥을 먹고 나서 외출했습니다.

✎ --

(10) 수업 도중에 잠들고 말았어요.

✎ --

(11) 호우여서, 우산을 써도 젖었다.

✎ _____

(12) 프로펠러가 빙빙 돌고 있다.

✎ _____

(13) 저는 개를 칭찬해 주었습니다.

✎ _____

(14) 친구는 선생님께 사실을 이야기해 드렸어.

✎ _____

(15) 내가 좋아하는 여배우의 포스터가 벽에 붙여져 있습니다.

✎ _____

(16) 회장님이 제 고모부에게 말을 걸어 주셨어요.

✎ _____

(17) 전쟁이나 테러로 많은 사람들이 죽어간다.

✎ _____

(18) 어머니는 太田^{おおた} 씨에게 두고 간 물건을 갖다 주었다.

✎ _____

(19) 그 아이는 점점 아버지를 닮아가고(닮아오고) 있습니다.

✎ _____

(20) 그 벌레는 아직 살아 있다.

✎ _____

やることがたくさんあって、時間が足りないという人が多い。時間が足りない
人は時間を効率的に使わなければならない。時間を効率的に使うためには、
「スキマ時間」をうまく利用することが重要だ。いくら忙しくても、誰にでも
「スキマ時間」はある。まず、一日のうち「スキマ時間」がどれくらいある
か、考えてみよう。そして、自分がしたいことや、しなければならないことを
分けて「スキマ時間」に入れる。つまり、時間が空いたから何かをするのでは
なく、意識的に「スキマ時間」を利用するのだ。私は「スキマ時間」を積極的
に使い始めてから、時間に余裕ができた。

{단어}

時間[じかん] 시간 | 足りる[たりる]② 족하다 | 多い[おおい] 많다 | 効率[こうりつ] 효율 | ～的[てき] ～적 | 使う[つかう]① 사용하
다 | スキマ 자투리, 틈 | 利用[りよう] 이용 | 重要な[じゅうような] 중요한 | 忙しい[いそがしい] 바쁘다 | 誰[だれ] 누구 | 一日[いち
にち] 하루 | 考える[かんがえる]② 생각하다 | 自分[じぶん] 자기, 자신 | 分ける[わける]② 나누다 | 入れる[いれる]② 넣다 | 空く[あ
く]① 비다 | 何か[なにか] 뭔가 | 意識[いしき] 의식 | 積極[せっきょく] 적극 | ～始める[はじめる]② ～(하기) 시작하다 | 余裕[よゆう]
여유

>> スキマ는 원래 隙間 또는 透き間로 쓰는 '틈'이라는 뜻의 단어예요. '자투리 시간'이라는 뜻으로 쓸 때는 가타카나로 쓰는 경우가 많
아요.

할 일이 많이 있어서 시간이 부족하다고 하는 사람들이 많다. 시간이 부족한 사람은 시간을 효율적으로 사용해야 한다. 시간을 효율
적으로 사용하기 위해서는 '자투리 시간'을 잘 이용하는 것이 중요하다. 아무리 바빠도 누구에게도 '자투리 시간'은 있다. 우선 하루 중
'자투리 시간'이 얼마나 있는지 생각해 보자. 그리고 자기가 하고 싶은 것이나 해야 하는 것을 나누어서 '자투리 시간'에 넣는다. 즉 시
간이 비었기 때문에 뭔가를 하는 것이 아니라 의식적으로 '자투리 시간'을 이용하는 것이다. 나는 '자투리 시간'을 적극적으로 사용하기
시작하고 나서 시간에 여유가 생겼다.

口紅? リップ?

口紅(립스틱)라는 단어가 나왔는데 口가 '입'이라는 뜻이고 紅가 '연지'라는 뜻이라 한국어 '입술연지'와 거의 같은 말이
죠. 참고로 '입술'은 唇라고 해요. 다만 口紅는 스틱형 립스틱만을 가리키기 때문에 다양한 형태로 나오는 요즘은 리
프라고 부르는 경우가 더 많은 것 같아요. リップ는 스틱형의 립스틱뿐만이 아니라 리퀴드형, 립글로스, 립밤 등 입술
관련 화장품 전체를 가리켜요. 그 외에 ルージュ(루주)라는 말도 있는데 이것도 스틱형의 립스틱만을 가리켜요. '틴트'
는 ティント라고 해요.

～ている의 부정 표현

～ている에는 '～하고 있다'라는 뜻과 '～해 있다'라는 뜻이 있죠? 이 표현의 부정은 いる를 いない로 바꿔서 ～ていない라고 하면 돼요.

> 今、寝ている。 지금, 자고 있다.
>
> 今、寝ていない。 지금, 자고 있지 않다.
>
> ドアが開いています。 문이 열려 있습니다.
>
> ドアが開いていません。 문이 열려 있지 않습니다.

그런데 知っている(알고 있다)의 부정은 ～ていない가 안 되고 知らない가 되니 유의하세요!

> A あの人、知って(い)ますか。 저 사람, 알아요?
>
> B いいえ、知りません。 아니요, 몰라요.

한국어로는 '알고 있어(요)?'보다 '알아(요)?'를 더 많이 쓰는 것 같은데, 일본어로는 知る가 아니라 知って(い)る가 되니 틀리지 않도록 유의하세요!

그 외에 한국 사람들이 틀리기 쉬운 ～ている에 대한 표현들을 정리해 드릴게요.

> 私は結婚しています。 저는 결혼했습니다. [결혼한 상태임]
>
> 昔はやせていたが、今は太っている。 옛날에는 날씬했지만, 지금은 뚱뚱하다.
> [옛날에는 마른 상태였지만, 지금은 살찐 상태임]
>
> 父はまだ帰っていません。 아버지는 아직 돌아오지 않았습니다. [돌아온 상태가 아님]
>
> 何も覚えていない。 아무것도 기억나지 않는다. [기억하고 있는 상태가 아님]

50 동사의 た형에 연결되는 표현

강의 및 예문듣기

> 여기에서는 동사의 た형을 이용한 표현들을 배울게요. 동사의 た형은 '~했다'라는 과거형이죠? 그래서 た형을 이용한 표현들 중에 '~한(과거형)'으로 해석하는 것들이 많아요!

🔊 50-1.mp3

1단계
핵심문법 익히기

❶ ～た後で ~한 후에

동사의 た형 뒤에 後で를 붙이면 '~한 후에'라는 뜻이 돼요. 명사의 경우는 の를 붙인 뒤에 後で를 붙이면 '~후에'라는 뜻이 돼요. 後で만 독립적으로 쓰면 '이따가, 나중에'라는 뜻이에요.

```
┌─────────┐       ┌──────┐        ┌──────┐
│  명사   │   +   │  の  │   +    │ 後で │
└─────────┘       └──────┘        │あと  │
┌─────────┐                       └──────┘
│ 동사 た형│
└─────────┘
```

授業[じゅぎょう] 수업
先生[せんせい] 선생님
質問[しつもん] 질문
弁当[べんとう] 도시락
食べる[たべる]② 먹다
一緒に[いっしょに] 같이
散歩[さんぽ] 산책
行く[いく]① 가다

授業の後で、先生に質問した。　　　　　수업(의) 후에, 선생님께 질문했다.

お弁当を食べた後で、一緒に散歩に行きましょう。
　　　　　　　　　　　　　　도시락을 먹은 후에, 같이 산책하러 갑시다.

📖 **맛보기 연습**　주어진 단어와 문장을 ～の/た後で로 연결하여 '~(한) 후에 ~합니다/했습니다'라는 문장을 만들어 보세요.　　　　(정답은 643쪽에)

展覧会[てんらんかい]
전람회
パーティー 파티
小説家[しょうせつか]
소설가
死ぬ[しぬ]① 죽다
有名な[ゆうめいな]
유명한
冬休み[ふゆ やすみ]
겨울방학
終わる[おわる]① 끝나다
軍隊[ぐんたい] 군대
入隊[にゅうたい] 입대
予定[よてい] 예정

展覧会, パーティーをした

▶ _____

その小説家は死ぬ, 有名になった

▶ _____

冬休みが終わる, 軍隊に入隊する予定だ

▶ _____

番組[ばんぐみ]
(放送)프로그램
天気予報[てんきよほう]
일기예보
放送[ほうそう] 방송

その番組, 天気予報が放送された

▶ _____

❷ ～たり～たりする
~하기도 하고 ~하기도 하다, ~하거나 ~하거나 하다

보통체형의 과거형 뒤에 り를 붙여서 ～たり ～たりする라고 하면 '～하기도 하고 ~하기도 하다', '～하거나 ~하거나 하다'라는 뜻이 돼요. 항상 과거형을 쓴다는 점에 유의하세요!

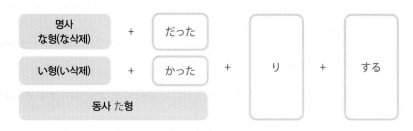

寝る[ねる]② 자다
時間[じかん] 시간
9時[く じ] 9시
12時[じゅうにじ] 12시
秋[あき] 가을
暑い[あつい] 덥다
寒い[さむい] 춥다
休み[やすみ] 쉼, 휴일
日[ひ] 날
本[ほん] 책
読む[よむ]① 읽다
見る[みる]② 보다

私は寝る時間が9時だったり12時だったりする。

나는 자는 시간이 9시이기도 하고 12시이기도 해.

秋は暑かったり寒かったりします。　　가을은 더웠다가 추웠다가 해요.

休みの日は本を読んだりテレビを見たりする。

쉬는 날은 책을 읽거나 TV를 본다.

🍴맛보기 연습　주어진 문장과 단어를 ～たり～たりする를 써서 '～하기도 하고 ~하기도 하다/~하거나 ~하거나 하다'라는 문장을 만들어 보세요.　(정답은 643쪽에)

誕生日[たんじょうび]
생일
雨[あめ] 비
雪[ゆき] 눈
成績[せいせき] 성적
悪い[わるい] 나쁘다
今[いま] 지금
仕事[しごと] 일(직업)
暇な[ひまな] 한가한
忙しい[いそがしい]
바쁘다

私の誕生日はいつも雨だ, 雪

▶ _____

私は成績がいい, 悪い

▶ _____

今の仕事は暇だ, 忙しい

▶ _____

知らない人が家の前を行く，来る

▶ _____

たくさんの人がその店を出る，入る

▶ _____

❸ ～たまま ~한 채

～ままは 상태가 바뀌지 않고 그대로 유지되어 있음을 나타내는 표현이에요. 명사
와 형용사는 모두 현재형 뒤에 まま가 붙지만, 동사만 과거형인 た형 뒤에 まま가
붙는다는 점에 유의하세요!

久しぶりに会った友達は昔のままだった。

오래간만에 만난 친구는 옛날 그대로(옛날인 채)였어.

原田さんからはずっと連絡がないままだ。

はらだ 씨로부터는 계속 연락이 없는 상황(없는 채)이다.

祖父が3日前に出かけたまま帰ってきません。

할아버지가 3일 전에 외출한 채 돌아오지 않습니다.

≫ 편한 대화에서는 ～ままを ～まんま라고 하는 경우도 많아요.

📖 **맛보기 연습**　주어진 문장을 ～ままを 써서 '~(한) 채입니다'라는 문장으로 바꿔 보세요.　(정답은 644쪽에)

カレンダーが1月だ ▶ _____

そこは今も不便だ ▶ _____

カップのお湯は熱い ▶ _____

知る[しる]① 알다
家[いえ] 집
前[まえ] 앞
店[みせ] 가게
出る[でる]② 나오다
入る[はいる]① 들어가다

久しぶりに[ひさしぶり
に] 오래간만에
会う[あう]① 만나다
友達[ともだち] 친구
昔[むかし] 옛날
連絡[れんらく] 연락
祖父[そふ]
할아버지(높임×)
3日[みっか] 3일
前[まえ] 전
出かける[でかける]②
외출하다
帰る[かえる]① 돌아오다

カレンダー 달력, 캘린더
1月[いちがつ] 1월
不便な[ふべんな] 불편한
カップ 컵
お湯[おゆ] 뜨거운 물
熱い[あつい] 뜨겁다

事務所[じむしょ] 사무실
電気[でんき] 불, 전기
後輩[こうはい] 후배
1万円[いち まん えん]
1만엔
借りる[かりる]② 빌리다

事務所の電気がつく ▶ _____

後輩に1万円借りる ▶ _____

❹ 〜たところだ 막 ~했다, ~하자마자이다
　〜たばかりだ 막 ~했다, ~한 지 얼마 되지 않았다

동사의 た형 뒤에 ところだ 혹은 ばかりだ를 붙이면 '막 ~했다', '~하자마자이다' 라는 뜻이 돼요. 두 표현의 차이는 〜たところだ가 어떤 동작이나 변화가 일어난 직후만을 나타내는 데 비해, 〜たばかりだ는 직후의 경우뿐만이 아니라 시간이 지 난 이후라도 화자가 '시간이 얼마 지나지 않았다'고 느끼는 경우에 쓸 수 있어요.

동사 た형	+	ところだ
	+	ばかりだ

≫ 433쪽의 〈동사 사전형+ところだ〉(~하려는 참이다)와 452쪽의 〈동사 て형+いるところだ〉(한창 ~하는/하고 있는 중이다)도 함께 보세요.

優勝[ゆうしょう] 우승
決まる[きまる]①
결정되다

ベルギーの優勝が決まったところだ。 벨기에의 우승이 막 결정되었다.

昨日[きのう] 어제
見つける[みつける]②
발견하다

このサイトは昨日見つけたばかりです。
이 사이트는 어제 막 찾았습니다(찾은 지 얼마 되지 않았습니다).

위의 2번째 예문은 사이트를 찾은 것이 '어제'이지 '방금'이 아니기 때문에, 이런 경우 는 〜たところだ를 쓸 수 없고 〜たばかりだ를 써야 해요.

┌ **맛보기 연습** 　주어진 문장을 〜たところだ를 써서 '막 ~했다/~하자마자이다'라는 문장으로 바꿔 보세요.
(정답은 644쪽에)

熱[ねつ] 열
下がる[さがる]①
내려가다
今[いま] 지금
赤ん坊[あかんぼう] 아기
生まれる[うまれる]②
태어나다
交番[こうばん] 파출소
行ってくる[いってくる]
③ 갔다 오다

やっと熱が下がりました

▶ _____

今、赤ん坊が生まれました

▶ _____

交番に行ってきました

▶ _____

맛보기 연습　주어진 문장을 ～たばかりだ를 써서 '막 ～했습니다/～한 지 얼마 되지 않았습니다'라는
문장으로 바꿔 보세요. (정답은 000쪽에)

孫[まご] 손주(높임×)
小学[しょうがく]
초등학교
2年生[にねんせい] 2학년
上がる[あがる]①
올라가다
生活[せいかつ] 생활
慣れる[なれる]②
익숙해지다
先週[せんしゅう] 지난주
退院[たいいん] 퇴원

孫は小学2年生に上がりました

▶ _____

日本での生活に慣れました

▶ _____

先週退院しました

▶ _____

≫ '초등학교 ～학년'과 같은 말을 할 때는 小学校[しょうがっこう](초등학교)를 小学[しょうがく]로 줄여서 말하
는 경우가 많아요. 또 '～학년'은 ～年生[ねんせい]라고 해요.

포인트 정리

동사의 た형에 연결되는 표현

❶ ～た後[あと]で	～한 후에
❷ ～たり～たりする	～하기도 하고 ～하기도 하다, ～하거나 ～하거나 하다
❸ ～たまま	～한 채
❹ ～たところだ 　～たばかりだ	막 ～했다, ～하자마자이다 막 ～했다, ～한 지 얼마 되지 않았다

1 다음 문장을 일본어로 만들어 보세요.

(1) 수업 후에, 선생님께 질문했다.

   ✎ ---

(2) 가을은 더웠다가 추웠다가 해요.

   ✎ ---

(3) 오래간만에 만난 친구는 옛날 그대로였어.

   ✎ ---

(4) 이 사이트는 어제 막 찾았습니다.

   ✎ ---

(5) 쉬는 날은 책을 읽거나 TV를 본다.

   ✎ ---

(6) 할아버지가 3일 전에 외출한 채 돌아오지 않습니다.

   ✎ ---

(7) 도시락을 먹은 후에, 같이 산책하러 갑시다.

   ✎ ---

(8) 벨기에의 우승이 막 결정되었다.

   ✎ ---

(9) 나는 자는 시간이 9시이기도 하고 12시이기도 해.
    ❯❯ 이 문장은 반말 구어이므로, '나'를 여자인 경우 私[わたし]로, 남자인 경우 僕[ぼく]나 俺[おれ]로 쓰세요.

   ✎ ---

(10) 原田[はらだ] 씨로부터는 계속 연락이 없는 상황이다.

   ✎ ---

彼との結婚が決まりました。彼とは5年付き合って、けんかをしたり別れたり もしましたが、結局、結婚することにしました。結婚式の日も決まって、先 週、婚約指輪をもらいました。ところが、もらったばかりの婚約指輪を昨日な くしてしまいました。駅のトイレで手を洗うときに、指輪をしたまま洗うのが 嫌で、外して手を洗ったのですが、指輪をそのまま忘れてきてしまいました。 あとで指輪がないのに気がついて駅のトイレに探しに行きましたが、指輪はあ りませんでした。まだ彼には何も話していません。同じ指輪を買うお金もあり ません。正直、どうしたらいいか、わかりません。

{단어}

彼[かれ] 남자친구 | 結婚[けっこん] 결혼 | 決まる[きまる]① 정해지다 | 5年[ご ねん] 5년 | 付き合う[つきあう]① 사귀다 | 別れる[わ かれる]② 헤어지다 | 結局[けっきょく] 결국 | 結婚式[けっこんしき] 결혼식 | 日[ひ] 날짜, 날 | 先週[せんしゅう] 지난주 | 婚約[こん やく] 약혼 | 指輪[ゆびわ] 반지 | 昨日[きのう] 어제 | なくす① 잃다 | 駅[えき] 역 | トイレ 화장실 | 手[て] 손 | 洗う[あらう]① 씻다 | 嫌な[いやな] 싫은 | 外す[はずす]① 빼다 | 忘れる[わすれる]② 두고 오다, 잊다 | 気がつく[きが つく]① 알아차리다 | 探す[さがす] ① 찾다 | 何も[なにも] 아무것도 | 話す[はなす]① 이야기하다 | 同じ[おなじ] 같은 | 買う[かう]① 사다 | お金[おかね] 돈 | 正直[しょ うじき] 솔직히, 정직

남자친구와의 결혼이 정해졌습니다. 남자친구와는 5년 사귀고 싸우거나 헤어지기도 했지만, 결국 결혼하기로 했습니다. 결혼식(의) 날 짜도 정해지고 지난주에 약혼반지를 받았습니다. 그런데 받은 지 얼마 되지 않은 약혼반지를 어제 잃어버렸습니다. 역의 화장실에서 손을 씻을 때 반지를 낀 채 씻는 것이 싫어서 빼고 손을 씻었는데, 반지를 그대로 두고 와 버렸습니다. 나중에 반지가 없는 것을 알고 역의 화장실에 찾으러 갔지만, 반지는 없었습니다. 아직 남자친구에게는 아무것도 말하지 않았습니다. 같은 반지를 살 돈도 없습니다. 솔직히 어떻게 하면 좋을지 모르겠습니다.

交番이라는 말의 유래

交番(파출소)이라는 말이 나왔는데, 왜 交番이라고 하는지 아세요? 일본에서 1874년에 '交替で番をする所(교대로 망 을 보는 곳)'로 交番所가 설치된 것이 파출소의 시작이라고 해요. 1888년에 派出所(파출소), 駐在所(주재소)라는 명 칭으로 통일되었는데, 그 후에도 사람들이 交番이라는 이름으로 불러서 정식 명칭도 派出所에서 交番으로 변경되었다 고 해요. 처음에는 경찰관이 경찰서에서 교대로 파견되어 근무를 했는데, 1881년부터는 파출소 건물을 세워서 상시 근무 를 하게 되었다고 해요. 이런 파출소제도는 일본에서 처음 만든 제도라고 해요.

～た後で와 ～てから

이번 과에서 ～た後で(～한 후에)라는 표현을 배웠고, 444쪽에서 ～てから(～하고 나서)라는 표현을 배웠죠? 이 2가지 표현은 바꿔 쓸 수 있는 경우가 많아요.

> お弁当を食べた後で、一緒に散歩に行きましょう。
> 도시락을 먹은 후에, 一같이 산책하러 갑시다.
>
> お弁当を食べてから、一緒に散歩に行きましょう。
> 도시락을 먹고 나서, 같이 산책하러 갑시다.

그런데 ～てから를 ～た後で로 바꾸면 어색한 경우도 있어요. 'AてからB(A하고 나서 B)'는 A에 초점이 맞춰진 표현, 즉 A를 중요시하는 표현인 것에 비해, 'Aた後でB(A한 후에 B)'는 A와 B 중에서 어떤 것이 먼저이고 어떤 것이 나중인지 전후 관계를 객관적으로 나타내는 표현이에요. 그래서 A와 B의 순서가 명확한 것을 ～た後で로 표현하면 어색해요.

> (○) バスが完全に止まってから立ち上がる。　버스가 완전히 멈추고 나서 일어선다.
>
> (?) バスが完全に止まった後で立ち上がる。　버스가 완전히 멈춘 후에 일어선다.
>
> (○) 歯を磨いてから寝ます。　이를 닦고 나서 잡니다.
>
> (?) 歯を磨いた後で寝ます。　이를 닦은 후에 잡니다.

위의 두 문장은 모두 앞과 뒤의 순서가 명확한, 순서가 바뀔 수 없는 내용이에요. 버스가 멈춘 다음에 일어서지, 일어서고 나서 버스가 멈추는 것이 아니죠? 이를 닦고 나서 자지, 자고 나서 이를 닦지는 않죠? 이와 같은 경우에는 ～た後で를 쓰면 문장이 어색해요.

51 모든 품사의 보통체형에 연결되는 표현

강의 및 예문듣기

여기에서는 명사, 형용사, 동사의 보통체형에 연결되는 표현들을 정리할게요.

🎧 51-1.mp3

1단계
핵심문법 익히기

❶ ～とき ～(할) 때

보통체형 뒤에 とき를 연결하면 '～(할) 때'라는 뜻이 돼요. 명사는 〈명사+の+とき〉의 형태가 되고, な형용사의 현재형은 〈な형(～な)+とき〉의 형태가 돼요. 히라가나로 연습하지만 특정한 시간이나 특정한 시기를 나타낼 때는 한자 時로 써도 돼요.

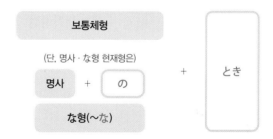

火事[かじ] 화재
119番[ひゃく じゅうきゅう ばん] 119번
電話[でんわ] 전화
忙しい[いそがしい] 바쁘다
会う[あう] ① 만나다
連絡[れんらく] 연락

火事<u>の</u>ときは、すぐに119番に電話をしないと。

화재(일) 때는, 바로 119에 전화를 해야지.

忙しくないときに会おう。　바쁘지 않을 때 만나자.

来るとき、連絡をください。　올 때, 연락 주세요.

≫ 119는 ひゃく じゅうきゅう ばん(백십구 번)이라고 하는 것이 일반적이지만, いち いち きゅう(일일구)라고도 해요. 일본에서도 한국과 똑같이 구급차와 소방차는 119예요.

片思い[かたおもい] 짝사랑
選ぶ[えらぶ] ① 고르다
僕[ぼく] 나(남자)
ショック 충격, 쇼크

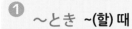 맛보기 연습　주어진 두 문장을 ～とき로 연결하여 '～(할) 때 ～한다/했다'라는 문장을 만들어 보세요.

(정답은 644쪽에)

片思いの人の選んだ人が僕じゃありませんでした, ショックでした

▶

471

暇な[ひまな] 한가한
ゲーム 게임
成績[せいせき] 성적
母[はは] 어머니(높임×)
叱る[しかる]① 야단치다
眠る[ねむる]① 잠들다
温かい[あたたかい]
따뜻하다
飲み物[のみもの] 음료
飲みます[のみます]①
마십니다
交通[こうつう] 교통
事故[じこ] 사고
起きる[おきる]②
일어나다
110番[ひゃくとおばん]
110번(경찰)
知らせます[しらせます]
② 알립니다

暇です, ゲームをします

▶ _____

成績がよくなかったです, 母に叱られました

▶ _____

眠れません, 温かい飲み物を飲みます

▶ _____

交通事故が起きました, 110番に知らせます

▶ _____

》 片思い[かたおもい](짝사랑)는 한자를 片想い로 쓰기도 해요. 그리고 한국어에는 없는데 일본어에는 서로 좋아
하는 것을 가리키는 両思い[りょうおもい](양사랑)라는 말도 있어요.

》 일본의 경찰 전화번호는 110번이에요. 110번은 보통 ひゃくとおばん(백 열 번)이라고 읽어요. 한국에서는 112죠?
일본에서는 110이에요!

❷ ～と思う ~라고 생각하다

～とは '~라고'라는 뜻이고 思う는 '생각하다'라는 뜻이니 ～と思う는 '~라고 생각
하다'라는 뜻이 돼요. 그런데 '~라고 생각하다'라고 해석하면 한국어가 어색한 경우
가 있으니 문맥에 따라 '~한 것 같다', '~할 것이다' 등으로 해석해도 돼요. 편한 대
화에서는 ～って思う라고 하는 경우가 많아요.

| 보통체형 | + | と | + | 思う |

留守[るす] 부재중
ご両親[ごりょうしん]
부모님
一緒に[いっしょに] 같이
住む[すむ]①
살다(거주하다)

宮本さんは留守だと思う。　　みやもと 씨는 집에 없을거야(부재중일 거야).

石田さんはご両親と一緒に住んでいると思います。
いしだ 씨는 부모님과 같이 살고 있을 것입니다.

┌ 맛보기 연습　주어진 문장을 ～と思う를 써서 '~라고 생각합니다'라는 문장으로 바꿔 보세요.
(정답은 645쪽에)

同じ[おなじ] 같은
気持ち[きもち] 마음

みんなが同じ気持ちでした

▶ _____

料理[りょうり] 요리
味[あじ] 맛
変な[へんな] 이상한
相手[あいて] 상대
強い[つよい] 강하다
上田[うえだ] (성씨)
選手[せんしゅ] 선수
光る[ひかる]① 빛나다
音楽[おんがく] 음악
生活[せいかつ] 생활
考える[かんがえる]②
생각하다

その料理の味はそんなに変じゃありませんでした

▶ _____

相手が強かったです

▶ _____

上田選手のうまさが光りました

▶ _____

音楽のない生活は考えられません

▶ _____

≫ うまさ는 うまい(잘하다)라는 い형용사의 꼬리 い가 さ로 바뀌어 '잘함'이라는 명사가 된 형태예요(343쪽 참고).
うまい는 上手な[じょうずな](잘하는)보다 약간 거친 말이에요.

③ **～と言う** ~라고 (말)하다

～と는 '～라고'라는 뜻이고 言う는 '말하다'라는 뜻이니 ～と言う는 '～라고 (말)하다'라는 뜻이 돼요. 상대방의 말을 간접 인용으로 표현할 때는 보통체형에 연결하여 써요. 직접 인용으로 표현할 때는 보통체형 말은 보통체형에, 정중체형 말은 정중체형에 연결하여 써요. 편한 대화에서는 と를 って로 바꿔서 흔히 ～って言う라고 해요.

보통체형 / 정중체형 + と + 言う

上司[じょうし] 상사
今[いま] 지금
時期[じき] 시기
忙しい[いそがしい]
바쁘다
お前[おまえ] 너
無理な[むりな] 무리한
急ぐ[いそぐ]① 서두르다

上司が今の時期はあまり忙しくないと言った。
상사가 지금(의) 시기는 별로 바쁘지 않다고 했어

みんな「お前には無理だ。」と言いました。
모두 "너에게는 무리다."라고 말했습니다.

ガイドさんが「急いでください。」と言った。
안내원이 "서둘러 주세요!"라고 말했다.

≫ '안내원'을 さん 없이 ガイド(가이드)라고만 하면 매우 거친 말이고 낮춰 부르는 느낌이 들어요. 보통 さん을 붙여서 ガイドさん이라고 표현해요.

計画[けいかく] 계획
失敗[しっぱい] 실패
にんにく 마늘
におい 냄새
嫌いな[きらいな]
싫어하는
～時[とき] ～때
先生[せんせい] 선생님
言葉[ことば] 말
うれしい 기쁘다

この計画は失敗でした

▶ _____

にんにくのにおいが嫌いじゃありません

▶ _____

その時の先生の言葉がうれしかったです

▶ _____

意味[いみ] 의미
わかる① 알다, 이해되다
最近[さいきん] 요즘
法律[ほうりつ] 법률
勉強[べんきょう] 공부

意味がよくわかりませんでした

▶ _____

最近、法律を勉強しています

▶ _____

그런데 '(누구누구/무엇무엇)라고 합니다'라고 이름을 소개할 때는 명사 뒤에 だ를
쓰지 않아요! 그리고 이름을 소개할 때는 言う를 いう로 쓰는 경우가 많아요.

花[はな] 꽃
桜[さくら] 벚꽃

> この花は日本語で桜と言う。 이 꽃은 일본어로 さくら라고 한다.
> はじめまして。黒田といいます。 처음 뵙겠습니다. くろだ라고 합니다.

사람의 이름을 소개할 때 공손하게 말하려면 いう 대신에 申す라는 말을 써요.

申す[もうす]①
말씀드리다

> はじめまして。曽根と申します。 처음 뵙겠습니다. そね라고 합니다.

편한 대화에서는 と를 って로 쓰는 경우가 많아요.

行く[いく]① 가다

> 千葉さんは行かないって言ったよ。 ちば 씨는 가지 않는다고 말했어.

④ ～という   ~라는/라고 하는

〈～という＋명사〉의 형태는 명사의 내용을 설명할 때 써요. 이 문형에서는 보통 히라
가나 いう로 써요. 편한 대화에서는 ～という를 ～っていう로 쓰는 경우가 많아요.

보통체형 + という + 명사

けんかの原因は私だったという話を聞いた。

싸움의 원인은 나였다는 이야기를 들었어.

有名な俳優が死んだという記事を読みました。

유명한 배우가 죽었다는 기사를 읽었어요.

맛보기 연습　주어진 두 문장을 ~という로 연결하여 '~라는/라고 하는 ~합니다/했습니다'라는 문장을 만들어 보세요.　(정답은 645쪽에)

医者は金持ちです, イメージがある

▶ _____

子どもの頃、数学が嫌いじゃありませんでした, 人は楽しめる本だ

▶ _____

結婚は30歳を過ぎてからでもいいです, 考え方の人が増えている

▶ _____

就職が決まりました, メールが来た

▶ _____

信号が赤のときは止まらなければなりません, 規則を知らない人はいない

▶ _____

❺ ~だろう　~할 것이다, ~지?
　　~でしょう　~할 것입니다, ~지요?

보통체형 뒤에 だろう를 붙여서 억양을 내려서 말하면 '~할 것이다'라는 추측의 뜻이 되고, 억양을 올려서 말하면 '~지?'라는 확인의 뜻이 돼요. ~だろう의 존댓말 표현이 ~でしょう예요. ~だろう는 문장에서는 남자와 여자 모두 쓰지만, 회화에서는 매우 거친 말투라서 보통 남자가 써요. 여자들은 보통 반말에서도 ~でしょう를 써요.

보통체형

(단, 명사·な형 현재형은)

명사
な형(な삭제) + だ

+

だろう
でしょう

外国人[がいこくじん]
외국인
飼う[かう]① (동물을)
기르다
犬[いぬ] 개
死ぬ[しぬ]① 죽다
悲しい[かなしい] 슬프다

あの人はきっと外国人だろう。　　저 사람은 아마 외국인일 것이다.

飼っていた犬が死んで、悲しかったでしょう。
　　　　　　　　　　　　　　　　기르고 있던 개가 죽어서 슬펐을 것입니다.

教授[きょうじゅ]
교수(님)
専門[せんもん] 전문
分野[ぶんや] 분야
違う[ちがう]① 다르다
本[ほん] 책
見つかる[みつかる]①
발견되다

その教授は専門分野が違うだろう？　　그 교수는 전문 분야가 다르지?

その本は見つからなかったでしょう？　　그 책은 찾지 못했지요?

맛보기 연습　주어진 문장을 ～だろう를 써서 '～할 것이다'라는 문장으로, ～でしょう를 써서 '～할 것
입니다'라는 문장으로 각각 바꿔 보세요.　　　　　　　　　(정답은 645쪽에)

犯人[はんにん] 범인
一人[ひとり] 혼자

犯人は一人じゃありません

▶ _____

▶ _____

仕事[しごと] 일(직업)
大変な[たいへんな] 힘든

その仕事は大変でした

▶ _____

▶ _____

事故[じこ] 사고
怪我[けが] 부상, 상처
少ない[すくない] 적다

その事故で怪我をした人は少なくなかったです

▶ _____

▶ _____

明日[あす] 내일
曇る[くもる]① 흐려지다

明日は曇ります

▶ _____

▶ _____

今日[きょう] 오늘
暖かい[あたたかい]
따뜻하다
暖房[だんぼう] 난방
要る[いる]① 필요하다

今日は暖かいから、暖房は要りません

▶ _____

▶ _____

맛보기 연습　주어진 문장을 ～だろう？를 써서 '～지?'라는 문장으로, ～でしょう？를 써서 '～지요?'라는 문장으로 각각 바꿔 보세요.　　　(정답은 646쪽에)

話[はなし] 이야기
うそ 거짓말

その話はうそじゃありませんでした

▶ _____

▶ _____

明日[あした] 내일
暇な[ひまな] 한가한

明日は暇じゃありません

▶ _____

▶ _____

これ、いいです

▶ _____

▶ _____

僕[ぼく] 나(남자)
気持ち[きもち] 마음

僕の気持ち、わかります

▶ _____

▶ _____

今度[こんど] 이번, 다음
試合[しあい] 시합, 경기
勝つ[かつ] ① 이기다

今度の試合は勝てます

▶ _____

▶ _____

❻ ～かもしれない ~할지도 모른다

보통체형 뒤에 かもしれない를 붙이면 '～할지도 모른다'라는 뜻이 돼요. しらない 가 아니라 しれない가 된다는 점에 유의하세요.

料理[りょうり] 요리
辛い[からい] 맵다
約束[やくそく] 약속
時間[じかん] 시간
間に合う[まにあう]①
시간에 대다

言う[いう]① 말하다
失礼[しつれい] 실례
水[みず] 물
きれいな 깨끗한, 예쁜
ミュージカル 뮤지컬
面白い[おもしろい]
재미있다

もうすぐ 이제 곧
雨[あめ] 비
やむ① 그치다
学校[がっこう] 학교
傘[かさ] 우산
忘れる[わすれる]②
두고 오다, 잊다

この料理はちょっと辛いかもしれない。　　이 요리는 약간 매울지도 몰라.

約束の時間に間に合わないかもしれません。
　　　　　　　　　　　　약속(의) 시간에 늦을지도(대지 못할지도) 몰라요.

맛보기 연습　주어진 문장을 ～かもしれない를 써서 '～할지도 모른다'라는 문장으로 바꿔 보세요.

(정답은 646쪽에)

こんなことを言ったら失礼です

▶ _____

そこは水がきれいじゃありません

▶ _____

そのミュージカルは面白くないです

▶ _____

もうすぐ雨がやみます

▶ _____

学校に傘を忘れてきました

▶ _____

---

❼ ～か ~하는지
　　～かどうか ~하는지 어떤지

～か와 ～かどうか 모두 보통체형 뒤에 연결해요. 문장에 의문사가 있을 때는 ～か를 쓰고, 의문사가 없을 때는 ～かどうか를 써요. 다만 일상적으로는 どうか를 생략하는 경우도 많아요.

[의문사가 있는 경우]

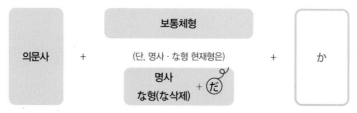

[의문사가 없는 경우]

```
        보통체형
 (단, 명사·な형 현재형은)   +   か   +   どうか
        명사
     な형(な삭제)  + だ
```

担当者[たんとうしゃ]
담당자
聞く[きく]① 묻다, 듣다
行く[いく]① 가다
知る[しる]① 알다

どの人が担当者か聞いてくる。　　어느 사람이 담당자인지 물어보고 올게.

ほかの人も行くかどうか、知りません。

다른 사람들도 가는지 어떤지, 모르겠습니다.

» どの人[ひと](어느 사람)는 대상이 되는 사람들이 3명 이상 있는 경우에서 '누가'를 물어볼 때, 그리고 대답하는 사람이 대상에 포함되지 않는 경우에 써요. 예를 들어, 담임 선생님에게 어떤 학생이 담당자인지 물어볼 때는(학생이 3명 이상 있는 경우) どの生徒[せいと]が担当者[たんとうしゃ]ですか(어느 학생이 담당자입니까?)라고 물어보면 되고, 학생들에게 직접 누가 담당자인지 물어볼 때는 誰[だれ]が担当者[たんとうしゃ]ですか(누가 담당자입니까?)라고 물어보면 돼요.

» 'ほかの人[ひと]'(다른 사람들)에서 人가 단수로 되어 있지만 단수일 수도 있고 복수일 수도 있어요. 〜たち(〜들)라는 말을 쓸 수도 있지만 안 쓰는 경우가 더 많아요. 일본어에서는 단수로 복수도 나타내는 경우가 많아서 앞뒤 내용에 따라 단수인지 복수인지 판단해야 해요.

맛보기 연습　주어진 두 문장을 〜か/〜かどうか를 써서 '〜하는지/〜하는지 어떤지 〜합니다/합니까?'라는 문장으로 바꿔 보세요. 의문사가 있는지 없는지를 잘 판단하세요.　　(정답은 646쪽에)

誰[だれ] 누구
日記[にっき] 일기
知る[しる]① 알다
先生[せんせい] 선생님
教育[きょういく] 교육
熱心な[ねっしんな]
열성적인, 열심인
生徒[せいと]
학생(초·중·고)
わかる① 알다
連絡[れんらく] 연락
覚える[おぼえる]②
기억하다
約束[やくそく] 약속
確かめる[たしかめる]②
확인하다

これは誰の日記ですか, 知ってる？

▶ _____

先生が教育に熱心です, 生徒はすぐにわかる

▶ _____

どうしたらいいですか, わからない

▶ _____

いつ連絡をもらいましたか, 覚えていない

▶ _____

約束を忘れていません, 確かめてみる

▶ _____

❽ 〜のに ~하는데(도), ~한데(도)

보통체형 뒤에 のに를 붙이면 '~하는데(도)', '~한데(도)'라는 뜻이 돼요.

まだ9月なのに、もう涼しい日が多い。 아직 9월인데, 벌써 선선한 날이 많아.

夕べ寝られなかったのに、今眠くないです。
어젯밤에 잘 수 없었는데도, 지금 졸리지 않아요.

맛보기 연습   주어진 두 문장을 〜のに로 연결하여 '~하는데(도)/한데(도) ~한다/했다'라는 문장을 만들어 보세요.
(정답은 646쪽에)

渡辺さんは美人じゃありません, 男の人にすごくモテます

▶ _____

ハンさんは日本語が下手でした, 日本人の友達がたくさんいました

▶ _____

テストはやさしくなかったです, みんな90点以上取りました

▶ _____

飲みたくないです, 飲まされました

▶ _____

急げば間に合います, 大野さんは急ごうとしません

▶ _____

≫ モテる는 사전적으로는 持てる이지만, 일상적으로 '(특히 이성에게) 인기가 있다'라는 뜻으로 쓸 때는 가타카나로 쓰는 경우가 많아요.

9月[く がつ] 9월
涼しい[すずしい] 선선하다
日[ひ] 날
多い[おおい] 많다
夕べ[ゆうべ] 어젯밤
寝る[ねる]② 자다
今[いま] 지금
眠い[ねむい] 졸리다

渡辺[わたなべ] (성씨)
美人[びじん] 미인
男の人[おとこのひと] 남자
モテます② 인기가 있습니다(특히 이성에게)
ハン 한 (성씨)
下手な[へたな] 잘 못하는
友達[ともだち] 친구
テスト 시험, 테스트
やさしい 쉽다
90点[きゅうじゅってん] 90점
以上[いじょう] 이상
取る[とる]① (점수를)받다
飲む[のむ]① 마시다
急ぐ[いそぐ]① 서두르다
間に合う[まにあう]① 시간에 대다
大野[おおの] (성씨)

❾ ～ため(に) ～하기 때문에

～ため(に)는 이유나 원인을 나타내는 표현이에요. に를 생략해서 ～ため라고 하면 약간 격식 차린 듯한 딱딱한 말투가 되고, ～ために가 더 편한 말투예요. 433쪽의 ～ため(に)(～하기 위해서)와 혼동하지 않도록 유의하세요!

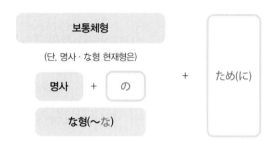

학생[がくせい] 학생
皆[みな] 모두
一生懸命な[いっしょう けんめいな]
열성적인, 열심인
言う[いう] ① 말하다
耳が遠い[みみが とおい]
귀가 잘 안 들리다
仕事[しごと] 일(직업)
見つかる[みつかる] ①
발견되다

学生が皆一生懸命なため、やめろと言えない。
학생들이 모두 열성적이기 때문에, 그만두라고 말할 수 없다.

私は耳が遠いために、仕事が見つかりません。
저는 귀가 잘 안 들리기 때문에, 일이 찾아지지 않습니다.

» 皆[みな](모두)는 みんな와 같은 뜻이에요. みんな가 매우 편한 말투인데 비해, 皆는 약간 격식 차린 듯한 말투예요.

» 일본어에서는 '귀가 잘 들리지 않는다'를 耳[みみ]가 遠[とお]い(귀가 멀다)라고 표현해요. 耳がよく聞[き]こえ ない(귀가 잘 들리지 않다)라고 할 수도 있어요.

» 仕事[しごと]가 見[み]つからない는 '일이 발견되지 않다(찾아지지 않다)'라는 뜻인데, '일을 찾지 못하다'라고 의역해도 돼요.

台風[たいふう] 태풍
電車[でんしゃ] 전철
遅れる[おくれる] ② 늦다
前[まえ] 전, 앞
住む[すむ] ①
살다(거주하다)
所[ところ] 곳
交通[こうつう] 교통
不便な[ふべんな] 불편한
家[いえ] 집
引っ越す[ひっこす] ①
이사하다
ドラマ 드라마
つまらない 재미없다
人気[にんき] 인기
病気[びょうき] 병
働く[はたらく] ① 일하다
家賃[やちん] 집세
払う[はらう] ① 지불하다
困る[こまる] ① 난처하다

📖 맛보기 연습 주어진 두 문장을 ～ために로 연결하여 '～하기 때문에 ～합니다/했습니다'라는 문장을 만 들어 보세요.   (정답은 647쪽에)

台風です, 電車が遅れた

▶ _____

前に住んでいた所は交通が不便でした, 今の家に引っ越してきた

▶ _____

そのドラマはつまらなかったです, 人気がなかった

▶ _____

私が病気で働けません, 家賃が払えなくて困っている

▶ _____

うちの前にビルができました, 窓から遠くが見えなくなった

▶ _____

» ビルは ビルディング(빌딩)의 준말이에요.

⑩ ~んだ / ~のだ ~하는/한 것이다, ~거든

~んだ/のだ는 어떤 원인이나 이유를 설명하고자 할 때, '즉', '요컨대'라는 말들과 같이 써서 앞서 말한 내용을 다른 말로 바꿔 말할 때, 화자가 자기 주장을 강하게 말하거나 명령, 자기 결의를 말할 때, 화자가 어떤 것을 발견하거나 납득한 것을 나타낼 때 등에 쓰는 표현이에요. 일상적으로는 ~んだ 를 쓰고, ~のだ는 문장이나 매우 격식 차린 말투에서 써요.

보통체형

(단, 명사·な형 현재형은)

명사 + な

な형(~な)

+ んだ / のだ

[설명] 今日は早く帰るね。結婚記念日なんだ。

오늘은 일찍 집에 갈게. 결혼기념일이거든.

[환언] パスポートも免許証もなくて、申し込みができなかった。
つまり、何か身分証が必要だったのだ。

여권도 면허증도 없어서, 신청을 할 수 없었다.
즉, 뭔가 신분증이 필요했던 것이다.

[주장] こうするのがいいのです。

이렇게 하는 것이 좋은 것입니다.

[납득] A 電話をなくしてしまいました。

전화를 잃어버렸습니다.

B それで、電話に出られなかったんですね。

그래서, 전화를 받을 수 없었던 거군요.

설명하려고 할 때 쓰는 ~んだ는 설명하려고 하는 내용이니 ~んだ 문장 뒤에 '그래서'라는 말이 이어질 수 있는 내용이 돼요. 위에서 살펴본 예문도 '오늘은 결혼기념일이거든. 그래서 일찍 들어가는 거야'가 되죠.

482

맛보기 **연습**   주어진 문장을 ~んだ를 써서 '~한 거야', '~거든'이라는 문장으로 바꿔 보세요.

(정답은 647쪽에)

(왜 마라톤을 그만두었느냐는 질문에 대하여) マラソンの練習が嫌いでした

▶ _____

(왜 앞니가 없느냐는 질문에 대하여) 転んだ時に歯が折れました

▶ _____

(차들이 전혀 움직이지 않고 서 있는 것을 보고) きっと事故がありました

▶ _____

맛보기 **연습**   주어진 두 문장 중에서 뒷문장을 ~のだ를 써서 '~하는/한 것이다'라는 문장으로 바꿔 보세요.

(정답은 647쪽에)

今日は大学の卒業式だ。
明日からはもう学生じゃありません。

▶ _____

  _____

山崎さんも阿部さんも帰ってしまった。
つまり、私一人だけ残りました。

▶ _____

  _____

息子が毎朝、おなかが痛いとか頭が痛いとか言う。
要するに、学校に行きたくないです。

▶ _____

  _____

맛보기 **연습**   주어진 문장을 ~んだ를 써서 '~하는/한 거예요'라는 문장으로 바꿔 보세요.

(정답은 647쪽에)

リーダーは池田さんじゃないとだめです

▶ _____

このやり方が正しいです

▶ _____

どんなことがあっても絶対に行きます

▶ _____

マラソン 마라톤
練習[れんしゅう] 연습
嫌いな[きらいな]
싫어하는
転ぶ[ころぶ]① 넘어지다
時[とき] 때
歯[は] 이(치아)
折れる[おれる]②
부러지다
事故[じこ] 사고

今日[きょう] 오늘
大学[だいがく] 대학교
卒業式[そつぎょうしき]
졸업식
明日[あした] 내일
学生[がくせい] 학생
山崎[やまざき] (성씨)
阿部[あべ] (성씨)
帰る[かえる]① 집에 가다
一人[ひとり] 혼자
残る[のこる]① 남다
息子[むすこ] 아들(높임×)
毎朝[まいあさ] 매일 아침
おなか 배
痛い[いたい] 아프다
頭[あたま] 머리
言う[いう]① 말하다
要するに[ようするに]
요컨대
学校[がっこう] 학교

リーダー 리더
池田[いけだ] (성씨)
やり方[やりかた]
(하는)방법
正しい[ただしい] 옳다
絶対に[ぜったいに]
반드시, 절대로

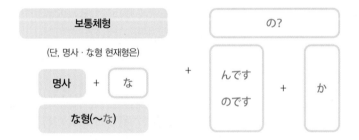

맛보기 연습　주어진 문장을 〜のだ를 써서 '〜하는/한 것입니다'라는 문장으로 바꿔 보세요. (정답은 647쪽에)

今日は休講でした

▶ _____

そんなアプリがあります

▶ _____

コンセントが抜けていました

▶ _____

⑪ 〜の？ ~하는/한 거야?
　　〜んですか/のですか ~하는/한 겁니까?

앞의 10번에서 배운 〜んだ/のだ를 질문에 쓴 거라고 생각하시면 돼요. 그냥 〜이
에요라고 묻는 것과 달리, 자기 판단이 맞는지 확인하거나 설명을 요구할 때 써요.
〜のですか는 매우 딱딱한 말이라서 존댓말 회화에서는 보통 〜んですか를 써요.

보통체형		の？		
(단, 명사·な형 현재형은)				
명사 ＋ な	＋	んです	＋	か
な형(〜な)		のです		

旅行[りょこう] 여행
危ない[あぶない]
위험하다
誰[だれ] 누구
眼鏡[めがね] 안경
壊す[こわす]①
망가뜨리다

アフガニスタンへの旅行は危ないの？

아프가니스탄으로 가는 여행은 위험한 거야?

誰に眼鏡を壊されたんですか。

누가 안경을 망가뜨린 거예요?(누구에게 안경을 망가뜨림 당한 거예요?)

맛보기 연습　주어진 문장을 〜の？를 써서 '〜한 거야?'라는 문장으로, 〜んですか를 써서 '〜한 거예
요?'라는 문장으로 각각 바꿔 보세요. (정답은 647쪽에)

谷口さんは留守でした

▶ _____

▶ _____

お祭り[おまつり] 축제
にぎやかな
성황인, 흥청거리는

お祭りはにぎやかじゃありませんでした

▶ _____

▶ _____

薬[くすり] 약
苦い[にがい] (맛이)쓰다

この薬は苦くないです

▶ _____

▶ _____

チケット 티켓
買う[かう]① 사다

そのチケットはどこで買いましたか

▶ _____

▶ _____

遅れる[おくれる]② 늦다

どうして遅れましたか

▶ _____

▶ _____

⑫ ～んですが
～のですが ~하는데(요)/한데(요)

앞의 10번에서 배운 ～んだ/のだ를 ～んですが/のですが로 바꾸면 '~하는데(요)/
한데(요)'라는 뜻이 되어 말하고자 하는 이야기의 서론을 꺼낼 때 써요. 이것도 역시
～のですが는 매우 딱딱한 표현이라서 일상적으로 쓰는 일이 거의 없어요.

» ～んですが/のですが를 반말에서 쓸 때는 ～んだけど가 돼요.

보통체형

(난, 명사 · な형 현재형은)

명사 + な + んです
のです + が

な형(～な)

出発[しゅっぱつ] 출발
5日[いつか] 5일
名前[なまえ] 이름
漢字[かんじ] 한자
違う[ちがう]① 다르다
直す[なおす]① 고치다

出発は5日なんですが、よろしいですか。 출발은 5일인데, 괜찮으시겠어요?

私の名前の漢字が違うのですが、直していただけますか。
제 이름의 한자가 다른데요, 고쳐 주실 수 있습니까?

맛보기 연습 주어진 두 문장을 ~んですが로 연결하여 '~하는데(요)/한데(요), ~합니다/합니까?'라는
문장으로 바꿔 보세요. 문형은 각 문장에 맞춰 존댓말로 바꾸세요.   (정답은 648쪽에)

来週[らいしゅう] 「다음 주
花見[はなみ] 꽃구경
予定[よてい] 예정
一緒に[いっしょに] 같이
話[はなし] 이야기
複雑な[ふくざつな] 복잡한
なるべく 되도록
話す[はなす]① 이야기하다
上[うえ] 위
家[いえ] 집
うるさい 시끄럽다
注意[ちゅうい] 주의
もう一度[もういちど] 다시 한 번
説明[せつめい] 설명
駅[えき] 역
道[みち] 길
合う[あう]① 맞다

来週、花見に行く予定です, 一緒に行かない？

▶ _____

話がちょっと複雑です, なるべくわかりやすく話す

▶ _____

上の家がうるさいです, ちょっと注意して

▶ _____

よくわかりませんでした, もう一度説明してもらえる？

▶ _____

駅へ行きたいです, 道はこっちで合っている？

▶ _____

⑬ ~はずだ 분명히/당연히 ~할 것이다

~はずだ는 '~할 것이다'라는 추측을 나타내는 표현인데, 화자가 강한 확신을 가지
고 말하는 경우에 써요. 그래서 앞에 '분명히/당연히'를 붙였는데, 해석은 문맥에 따
라 자연스럽게 하면 돼요.

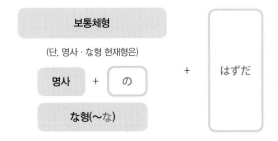

息子さん[むすこさん] 아드님
大学生[だいがくせい] 대학생
今日[きょう] 오늘
誰も[だれも] 아무도

橋本さんの息子さんはもう大学生のはずだ。

はしもと 씨의 아드님은 당연히 이미 대학생일 것이다.

今日は誰も来ないはずです。   오늘은 분명히 아무도 오지 않을 것입니다.

486

高木[たかぎ] (성씨)
クラス 반, 클래스
エジプト 이집트
有名な[ゆうめいな] 유명한
機会[きかい] 기회
多い[おおい] 많다
問題[もんだい] 문제
何も[なにも] 아무것도

高木さんは私のクラスじゃありませんでした

▶ _____

その人はエジプトでは有名です

▶ _____

日本人と話す機会は多くないです

▶ _____

問題は何もありませんでした

▶ _____

やればできます

▶ _____

---

⑭ ～はずがない　~할 리가 없다

앞의 13번에서 배운 ～はずだ(분명히/당연히 ～할 것이다)를 ～はずがない로 바꾸면 '~할 리가 없다'라는 뜻이 돼요. 조사 が를 は로 바꿔서 ～はずはない(~할 리는 없다), が를 빼고 ～はずない(~할 리 없다)로도 쓸 수 있어요.

今[いま] 지금
沸く[わく] ① 끓다
お湯[おゆ] (뜨거운)물
熱い[あつい] 뜨겁다
言う[いう] ① 말하다

今沸いたばかりのお湯だから、熱くないはずがない。

지금 막 끓은 물이니까, 뜨겁지 않을 리가 없어.

そんなことを言ったはずはありません。

그런 말을 했을(그런 것을 말했을) 리는 없어요.

(정답은 648쪽에)

中島[なかじま] (성씨)
犯人[はんにん] 범인
家族[かぞく] 가족
大切な[たいせつな]
소중한
うれしい 기쁘다
時間[じかん] 시간
かかる① 걸리다
前田[まえだ] (성씨)
知る[しる]① 알다

中島さんが犯人です

▶ _____

家族が大切じゃありません

▶ _____

そんなことがうれしいです

▶ _____

そんなに時間がかかります

▶ _____

前田さんがそれを知りませんでした

▶ _____

>> '그럴 리가 없다'라는 말은 はず 앞에 そんな(그런)를 붙여서 そんなはずはない라고 표현해요. 조사 が가 아니라 は를 써서 '그럴 리는 없다'라고 하는 경우가 많아요.

⑮ ～ようだ ~ 같다

～ようだ는 '～ 같다'라는 뜻으로 비유할 때 써요. ～ようだ는 ～ように(~ 같이, ~처럼), ～ような(~같은)처럼 な형용사 활용을 해요. ～ようだ는 매우 격식 차린 말투라서 일상회화에서는 주로 16번에서 배우는 ～みたいだ를 써요.

명사 ＋ の
동사 보통체형 ＋ ＋ ようだ

彼女[かのじょ] 그녀
肌[はだ] 피부
雪[ゆき] 눈
雲[くも] 구름
自由に[じゆうに]
자유롭게
生きる[いきる]② 살다
遊ぶ[あそぶ]① 놀다
気分[きぶん] 기분

彼女の肌はまるで雪のようだ。　　　그녀의 피부는 마치 눈 같다.

雲のように自由に生きたいです。　　구름처럼 자유롭게 살고 싶습니다.

遊びに行くような気分で行った。　　놀러 가는 것 같은 기분으로 갔어.

>> '일본어에서는 하얀 피부를 雪[ゆき](눈)로 비유해요. 그리고 '피부'를 나타내는 단어에 肌[はだ]와 皮膚[ひふ]가 있는데 '피부'라는 한자어인 皮膚는 '피부과', '피부질환'과 같이 의학적인 입장에서 말할 때 주로 쓰고 '피부가 곱다', '피부에 와닿다' 등 '감촉을 갖는다는 점'에 중점을 두는 경우나 미용적인 시각에서 보는 '피부'는 肌라고 해요.

맛보기 **연습** 주어진 단어와 ~ようだ(~ように, ~ような로 쓰는 것도 있음)를 써서 문장을 만들어
보세요.
(정답은 648쪽에)

明るい[あかるい] 밝다
昼[ひる] 낮
夢[ゆめ] 꿈
話[はなし] 이야기
死ぬ[しぬ]① 죽다
眠る[ねむる]① 잠들다
刺す[さす]① 찌르다
痛み[いたみ] 통증
感じる[かんじる]②
느끼다

밝아서 마치 낮 같다. 明るい, まるで, 昼

▶ _____

그것은 꿈 같은 이야기이다. それ, 夢, 話

▶ _____

그 사람은 죽은 것처럼 잠들어 있었다. その人, 死ぬ, 眠る

▶ _____

찌르는 것 같은 통증을 느꼈다. 刺す, 痛み, 感じる

▶ _____

⑯ ～みたいだ ~ 같다

～みたいだ는 바로 앞에서 배운 비유를 나타내는 ～ようだ와 같은 뜻이에요. ～よ
うだ가 매우 딱딱한 격식 차린 말투인데 비해, ～みたいだ는 일상회화에서 많이 쓰
는 표현이에요. ～みたいだ도 ～みたいに(~ 같이/처럼), ～みたいな(~ 같은)처
럼 な형용사 활용을 해요.

명사		
동사 보통체형	+	みたいだ

子ども[こども]
아이, 어린이
映画[えいが] 영화
主人公[しゅじんこう]
주인공
生きる[いきる]② 살다
～君[くん] ~군
漫画[まんが] 만화
出る[でる]②
나오다, 나가다
男の子[おとこのこ]
남자 아이

藤田さんはまるで子どもみたいだ。

ふじた 씨는 마치 아이 같다.

この映画の主人公みたいに生きてみたいです。

이 영화의 주인공처럼 살아 보고 싶습니다.

西君は漫画から出てきたみたいなかっこいい男の子。

にし 군은 만화에서 나온 것 같은 잘생긴 남자 아이야.

» かっこいい는 원래는 格好いい[かっこういい]인데 일상적으로는 줄여서 써요. かっこいい는 '멋지다'라는
뜻으로도 써요. イケメン(얼짱)이라는 말이 1999년에 만들어지고 많이 쓰는데 정식적인 단어로 정착할지 아직 판
단하기 어려워서 예문에 쓰지 않았어요. イケメン을 쓰려면 西君は漫画から出てきたみたいなイケメン이
라고 하면 돼요.

주어진 단어와 〜みたいだ(〜みたいに, 〜みたいな로 쓰는 것도 있음)를 써서 문장을
만들어 보세요.
(정답은 648쪽에)

今日[きょう] 오늘
春[はる] 봄
暖かい[あたたかい]
따뜻하다
台風[たいふう] 태풍
風[かぜ] 바람
吹く[ふく]① 불다
涼しい[すずしい]
선선하다
秋[あき] 가을
外国[がいこく] 외국
気分[きぶん] 기분

오늘은 봄처럼 따뜻해요. 今日, 春, 暖かい

▶ _____

태풍 같은 바람이 불었어요. 台風, 風, 吹く

▶ _____

선선해서, 마치 가을이 온 것 같아요. 涼しい, まるで, 秋, 来る

▶ _____

외국에 있는 것 같은 기분이 들어요(돼요). 外国, いる, 気分になる

▶ _____

⑰ 〜ようだ ~하는/한 것 같다

〜ようだ도 추측을 나타내는 표현인데, 화자가 상황을 시각, 청각, 미각 등을 통해
서 추측한 것을 나타내는 표현이에요. 또 단정하는 것을 피해서 말을 부드럽게 하려
고 할 때 쓰기도 해요. 매우 딱딱한 말투라 격식을 차려서 말할 때나 글에서 쓰는 경
우가 많아요.

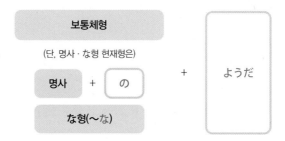

子[こ] 아이
学校[がっこう] 학교
生徒[せいと]
학생(초·중·고)
最近[さいきん] 최근
増える[ふえる]②
늘어나다

あの子はこの学校の生徒ではないようだ。

저 아이는 이 학교의 학생이 아닌 것 같다.

最近、フィギュアスケートのファンが増えたようです。

최근 피겨스케이팅 (의) 팬이 늘어난 것 같습니다.

≫ '피겨스케이팅'을 일본어로는 '-ing'를 붙이지 않고 フィギュアスケート라고 해요.

맛보기 **연습**　주어진 문장을 ～ようだ를 써서 '～하는/한 것 같다'라는 문장으로 바꿔 보세요.

(정답은 648쪽에)

あそこが入口です

▶ _____

その人は宮崎さんの隣が嫌でした

▶ _____

横山さんは鼻が悪いです

▶ _____

どうも熱があります

▶ _____

会議はまだ続いています

▶ _____

入口[いりぐち] 입구
宮崎[みやざき] (성씨)
隣[となり] 옆
嫌な[いやな] 싫은
横山[よこやま] (성씨)
鼻[はな] 코
悪い[わるい] 나쁘다
どうも 아무래도
熱[ねつ] 열
会議[かいぎ] 회의
続く[つづく]① 계속되다

---

⑱ **～みたいだ** ~하는/한 것 같다

앞의 17번에서 배운 추측을 나타내는 ～ようだ와 같은 뜻인데, 이것도 역시 ～みたいだ가 구어적인 표현이에요.

長谷川さんは甘いものが嫌いみたい。　はせがわ 씨는 단 것을 싫어하는 것 같아.

どうも風邪をひいたみたいです。　아무래도 감기에 걸린 것 같아요.

甘い[あまい] 달다
嫌いな[きらいな]
싫어하는
風邪[かぜ] 감기

맛보기 **연습**　주어진 문장을 ～みたいだ를 써서 '～하는/한 것 같습니다'라는 문장으로 바꿔 보세요.

(정답은 649쪽에)

まだ終わりじゃありません

▶ _____

終わり[おわり] 끝

パスポート 여권
必要な[ひつような]
필요한
テスト 시험, 테스트
難しい[むずかしい]
어렵다
風[かぜ] 바람
やむ① 그치다
子[こ] 아이
親[おや] 부모
知る[しる]① 알다

パスポートは必要じゃありませんでした

▶ _____

テストは難しかったです

▶ _____

風がやみました

▶ _____

あの子はこのことを親に知られたくないです

▶ _____

⑲ ～らしい ~하는/한 모양이다

～らしい도 추측을 나타내는 표현인데, 화자의 직접적인 경험을 통한 추측이 아니라 다른 사람에게 듣는 등 간접적인 경험을 통해서 추측했을 때 사용하는 표현이에요. 390쪽의 '～답다'라는 뜻을 나타내는 ～らしい와 혼동하지 않도록 유의하세요.

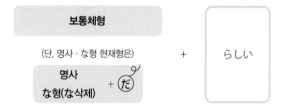

一人[ひとり] 한 명
一枚[いちまい] 한 장
普通[ふつう] 보통
靴[くつ] 신발
上[うえ] 위
靴下[くつした] 양말
履く[はく]① 신다
氷[こおり] 얼음
滑る[すべる]①
미끄러지다

イタリアではピザは一人一枚が普通らしい。
　　　　　　　　　이탈리아에서는 피자는 한 사람 한 장 (먹는 것)이 보통인 모양이다.

靴の上に靴下を履くと、氷の上でも滑らないらしいです。
　　　　　　　신발(의) 위에 양말을 신으면, 얼음(의) 위에서도 미끄러지지 않는 모양입니다.

┌ 맛보기 연습　주어진 문장을 ～らしい를 써서 '～하는/한 모양이다'라는 문장으로 바꿔 보세요.
(정답은 649쪽에)

昔[むかし] 옛날
飛行場[ひこうじょう]
비행장
車[くるま] 차
不便な[ふべんな] 불편한

昔ここは飛行場でした

▶ _____

そこは車がないと不便です

▶ _____

後藤[ごとう] (성씨)

ジョーク 농담

面白い[おもしろい] 재미있다

席[せき] 자리

空く[あく]① 비다

次[つぎ] 다음

日[ひ] 날

熱[ねつ] 열

下がる[さがる]① 내리다

後藤さんのジョークは面白くなかったです

▶ _____

席はまだ空いています

▶ _____

次の日には熱が下がりました

▶ _____

≫ 일상적으로 飛行場[ひこうじょう](비행장)라는 말은 잘 안 쓰고 空港[くうこう](공항)라는 말을 써요. 제2차 세계대전 이전에는 모두 다 飛行場으로 불렀지만, 제2차 세계대전 이후에 空港이라는 말을 쓰게 되면서 2가지 명칭을 함께 쓰게 되었어요. 참고로 飛行場은 규모가 작고 空港은 규모가 크다는 이미지가 있어요.

㉒ ~そうだ ~라고 하다

보통체형 뒤에 そうだ를 붙인 형태는 다른 사람에게 들었거나 어디에서 읽어서 얻은 정보를 전달할 때 써요. 425쪽에서 배운 ~そうだ(~할 것 같다, ~해 보인다)와 혼동하지 않도록 유의하세요.

| 보통체형 | + | そうだ |

~君[くん] ~군

部屋[へや] 방

汚い[きたない] 지저분하다

集まる[あつまる]① 모이다

場所[ばしょ] 장소

時間[じかん] 시간

知らせる[しらせる]② 알리다

金子君によると、岡田君の部屋は汚いそうだよ。
かねこ 군에 의하면, おかだ 군의 방은 지저분하대.

谷さんに集まる場所と時間を知らせたそうです。
たに 씨에게 모이는 장소와 시간을 알렸다고 해요.

🔲 맛보기 연습 주어진 문장을 ~そうだ를 써서 '~라고 합니다'라는 문장으로 바꿔 보세요. (정답은 649쪽에)

青木[あおき] (성씨)

誕生日[たんじょうび] 생일

昨日[きのう] 어제

竹内[たけうち] (성씨)

先生[せんせい] 선생님

学生[がくせい] 학생

まじめな 성실한

スマホ 스마트폰

ケース 케이스

デザイン 디자인

かわいい 예쁘다, 귀엽다

青木さんの誕生日は昨日でした

▶ _____

竹内先生によると、その学生はまじめじゃありません

▶ _____

そのスマホケースはデザインがかわいくなかったです

▶ _____

藤原[ふじわら] (성씨)
部長[ぶちょう] 부장(님)
坂本[さかもと] (성씨)
営業部[えいぎょうぶ]
영업부
移る[うつる]① 옮기다
遠藤[えんどう] (성씨)
会社[かいしゃ] 회사
辞める[やめる]②
그만두다

藤原部長によると、坂本さんは営業部に移りました

▶ _____

遠藤さんは会社を辞めません

▶ _____

모든 품사의 보통체형에 연결되는 표현

❶ ～とき	～(할) 때	⑪ ～の？ ～んですか ～のですか	～하는/한 거야? ～하는/한 겁니까?
❷ ～と思う	～라고 생각하다	⑫ ～んですが ～のですが	～하는데(요), ～한데(요)
❸ ～と言う	～라고 (말)하다	⑬ ～はずだ	분명히/당연히 ～할 것이다
❹ ～という	～라는/라고 하는	⑭ ～はずがない	～할 리가 없다
❺ ～だろう ～でしょう	～할 것이다, ～지? ～할 것입니다, ～지요?	⑮ ～ようだ	～ 같다 [비유]
❻ ～かもしれない	～할지도 모르다	⑯ ～みたいだ	～ 같다 [비유]
❼ ～か ～かどうか	～하는지 ～하는지 어떤지	⑰ ～ようだ	～하는/한 것 같다 [추측]
❽ ～のに	～하는데(도), ～한데(도)	⑱ ～みたいだ	～하는/한 것 같다 [추측]
❾ ～ため(に)	～하기 때문에	⑲ ～らしい	～하는/한 모양이다
❿ ～んだ ～のだ	～하는/한 것이다, ～거든	⑳ ～そうだ	～라고 하다

1 다음 문장을 일본어로 만들어 보세요.

(1) 이렇게 하는 것이 좋은 것입니다.

    ✎ --

(2) 놀러 가는 것 같은 기분으로 갔어.

    ✎ --

(3) 宮本^{みやもと} 씨는 집에 없을 거야(부재중일 거야).

    ✎ --

(4) 西^{にし} 군은 만화에서 나온 것 같은 잘생긴 남자 아이야.

    ✎ --

(5) 출발은 5일인데, 괜찮으시겠어요?

    ✎ --

(6) 유명한 배우가 죽었다는 기사를 읽었어요.

    ✎ --

(7) 이 영화의 주인공처럼 살아 보고 싶습니다.

    ✎ --

(8) 기르고 있던 개가 죽어서 슬펐을 것입니다.

    ✎ --

(9) 그런 말을 했을(그런 것을 말했을) 리는 없어요.

    ✎ --

(10) 올 때, 연락 주세요.

    ✎ --

(11) 최근 피겨스케이팅 팬이 늘어난 것 같습니다.

🖉 --

(12) 상사가 지금 시기는 별로 바쁘지 않다고 했어.

🖉 --

(13) 약속 시간에 늦을지도(대지 못할지도) 몰라요.

🖉 --

(14) 藤田 씨는 마치 아이 같다.

🖉 --

(15) 어떤(어느) 사람이 담당자인지 물어보고 올게.

🖉 --

(16) 다른 사람들도 가는지 어떤지, 모르겠습니다.

🖉 --

(17) 신발 위에 양말을 신으면, 얼음 위에서도 미끄러지지 않는 모양입니다.

🖉 --

(18) 아직 9월인데, 벌써 선선한 날이 많아.

🖉 --

(19) 오늘은 일찍 집에 갈게. 결혼기념일이거든.

🖉 --

(20) 그녀의 피부는 마치 눈 같다.

🖉 --

(21) 누가 안경을 망가뜨린 거예요?(누구에게 안경을 망가뜨림 당한 거예요?)

🖉 --

(22) 오늘은 분명히 아무도 오지 않을 것입니다.

🖉 --

(23) 그 교수는 전문분야가 다르지?

🖉 --

(24) 저는 귀가 잘 안 들리기 때문에, 일이 찾아지지 않습니다.

🖉 --

(25) <ruby>金子<rt>かね こ</rt></ruby> 군에 의하면, <ruby>岡田<rt>おか だ</rt></ruby> 군의 방은 지저분하대.

🖉 --

(26) 구름처럼 자유롭게 살고 싶습니다.

🖉 --

(27) 아프가니스탄으로 가는 여행은 위험한 거야?

🖉 --

(28) <ruby>長谷川<rt>は せ がわ</rt></ruby> 씨는 단 것을 싫어하는 것 같아.

🖉 --

(29) 그 책은 찾지 못했지요?

🖉 --

(30) 저 사람은 아마 외국인일 것이다.

🖉 --

お金を使うことが幸せとつながっているという考え方をしている人が多いようだ。お金がたくさんあれば便利かもしれない。しかし、私はお金と幸せは関係ないと思っている。高いものを買ったり、高いものを食べたりすることで感じる幸せは、本当の幸せではない。それは、ほかの人よりいいものを持っている、いいものを食べているということに幸せを感じているだけだ。そうやって、他人と比べて幸せを感じるのは、「自分よりも下がいる」という考え方で満足しているのだ。そういう考え方を持っていると、本当の幸せを感じられるはずがない。大事なことは、他人と比べないで幸せだと感じられるものを見つけることだ。そうすれば、幸せな人生が送れると思う。

{단어}

お金[おかね] 돈 | 使う[つかう]① 쓰다, 사용하다 | 幸せ[しあわせ] 행복 | つながる① 연결되다 | 考え方[かんがえかた] 사고방식 | 多い[おおい] 많다 | 便利な[べんりな] 편리한 | 関係[かんけい] 관계 | 高い[たかい] 비싸다 | 買う[かう]① 사다 | 食べる[たべる]② 먹다 | 感じる[かんじる]② 느끼다 | 本当[ほんとう] 진정함, 정말 | ほかの 다른 | 持つ[もつ]① 가지다 | 他人[たにん] 남, 타인 | 比べる[くらべる]② 비교하다 | 自分[じぶん] 자기, 자신 | 下[した] 아래 | 満足[まんぞく] 만족 | 大事な[だいじな] 중요한 | 見つける[みつける]② 찾다 | 人生[じんせい] 인생 | 送る[おくる]① 보내다

돈을 쓰는 것이 행복과 연결되어 있다는 사고방식을 갖고 있는 사람들이 많은 것 같다. 돈이 많이 있으면 편리할지도 모르겠다. 그러나 나는 돈과 행복은 관계없다고 생각하고 있다. 비싼 것을 사거나 비싼 것을 먹는 것으로 느끼는 행복은 진정한 행복이 아니다. 그것은, 다른 사람보다 좋은 것을 가지고 있다, 좋은 것을 먹고 있다는 것으로 행복을 느끼고 있을 뿐이다. 그렇게 해서 남과 비교해서 행복을 느끼는 것은 '나보다도 아래가 있다'라는 사고방식으로 만족을 하고 있는 것이다. 그러한 사고방식을 가지고 있으면 진정한 행복을 느낄 수 있을 리가 없다. 중요한 것은 남과 비교하지 않고 행복하다고 느낄 수 있는 것을 찾는 것이다. 그렇게 하면 행복한 인생을 보낼 수 있을 것이다.

 ジョーク와 冗談[じょうだん]

ジョーク도 冗談[じょうだん]도 둘 다 '농담'으로 해석하는데 약간 차이가 있어요. ジョーク는 영어 joke를 그대로 쓰는 것으로, 보통 웃기는 '말'이나 '이야기'에 써요. 이에 비해 冗談은 '말'에도 쓰고 행동에도 쓸 수 있어요. 그리고 ジョーク는 사람들을 웃기고 분위기를 누그러뜨리는 효과를 가져오는데 어떤 사람을 희생시키는 일 없이 모두를 웃기는 것이에요. 물론 재미없는 ジョーク도 있겠지만요. 이에 비해 冗談은 ジョーク와 똑같을 수도 있고 또 누군가를 속이거나 바보로 만들어서 다른 사람들을 웃기는 경우도 있어요. 그래서 冗談은 누군가가 기분이 상할 수도 있는 반면, ジョーク는 그런 경우가 없다는 차이가 있어요.

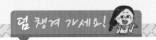

명령형을 사용하는 ～と言う(～라고 말하다) 표현

～と言う(～라고 말하다)를 간접 인용으로 쓸 때는 〈보통체형+と言う〉라고 배웠죠? 명령형과 금지형도 그대로 と言う에 연결돼요.

> 早く行けと言った。 빨리 가라고 말했다.
>
> もう二度と来るなと言いました。 이제 두 번 다시 오지 말라고 말했습니다.

명령 표현인 ～なさい(～해라)도 간접 인용으로 쓸 때는 명령형으로 바꾸는 경우가 많아요.

> 「質問に答えなさい。」と言った。 "질문에 대답해라."라고 말했다.
>
> 質問に答えろと言った。 질문에 대답하라고 말했다.

그리고 517쪽에서 배울 ～ように言う(～하도록 말하다)라는 문형을 써서 표현할 수도 있어요.

> 質問に答えるように言った。 질문에 대답하도록 말했다.

또 ～て(～해 줘)와 ～てください(～해 주세요)라는 표현도 명령형으로 간접 인용을 하기도 해요.

> うちまで送って。 집까지 데려다 줘.
>
> うちまで送れと言った。 집까지 데려다 주라고 말했다.
>
> 明日までに終わらせてください。 내일까지 끝내 주세요
>
> 明日までに終わらせろと言いました。 내일까지 끝내라고 말했습니다.

이것도 516쪽에서 배울 ～ように(～하도록)라는 문형을 써서 표현할 수 있어요.

> うちまで送るように言った。 집까지 데려다 주도록 말했다.
>
> 明日までに終わらせるように言いました。 내일까지 끝내도록 말했습니다.

열여덟째마디

·

함께 배워야
이해하기 쉬운
표현들

여기에서는 서로 연관되는 표현들을 묶어서 배우기로 할
게요. 활용형태에 따라 하나하나 따로 배우는 것보다 묶어
서 같이 보면 더 편하게 익힐 수 있는 표현들이에요!

52

비교할 때 쓰는 표현

강의 및 예문듣기

여기에서는 '~는 ~보다 ~', '~중에서 ~가 제일 ~' 등과 같은 비교를 나타내는 표현들을 연습할게요.

🎧 **52-1.mp3**

1단계
핵심문법 익히기

---

❶ ~は~より~ ~는 ~보다 ~

~より가 '~보다'라는 뜻이라는 것만 알면 쉽게 이해할 수 있는 비교문이에요.

日本は韓国より人口が多い。	일본은 한국보다 인구가 많아.
都市ガスは空気より軽いです。	도시가스는 공기보다 가벼워요.

人口[じんこう] 인구
多い[おおい] 많다
都市[とし] 도시
空気[くうき] 공기
軽い[かるい] 가볍다

맛보기 연습 주어진 세 단어와 ~は~より~를 써서 '~는 ~보다 ~하다'라는 문장을 만들어 보세요.
(정답은 650쪽에)

今日の宿題, いつも, 少ない ▶ _____

地理, 歴史, 簡単な ▶ _____

メジャーリーグのボール, 日本のボール, 重い

▶ _____

今日[きょう] 오늘
宿題[しゅくだい] 숙제
少ない[すくない] 적다
地理[ちり] 지리
歴史[れきし] 역사
簡単な[かんたんな]
쉬운, 간단한
メジャーリーグ
메이저 리그
ボール 공
重い[おもい] 무겁다

≫ いつも는 '항상', '늘'이라는 뜻의 부사인데, 명사로 쓰면 '평상시', '보통 때', '여느 때'라는 뜻이 돼요.

≫ メジャーリーグ(메이저 리그)는 大リーグ[だいリーグ](대리그)라고도 해요.

---

❷ ~より~の方が~ ~보다 ~가 더 ~

위의 1번에서 배운 ~は~より~의 어순을 바꾼 표현이죠. ~の方が를 직역하면 '~(의) 쪽이'라는 뜻이에요. '더'에 해당되는 부사가 들어가지 않으니 もっと(더)와 같은 부사를 넣지 않도록 유의하세요! 方는 히라가나 ほう로 쓰는 경우도 많아요.

501

料理[りょうり] 요리
味[あじ] 맛
薄い[うすい] 연하다, 얇다
仕事[しごと] 일(직업)
家庭[かてい] 가정
大切な[たいせつな]
소중한

東京の料理より大阪の料理の方が味が薄い。

とうきょう(의) 요리보다 おおさか(의) 요리가 더 싱겁다.

仕事より家庭の方が大切です。
일보다 가정이 더 소중합니다.

≫ 맛이 '싱겁다'라고 할 때 일본어는 味[あじ]が薄[うす]い(맛이 연하다)라고 표현해요.

> **맛보기 연습** 주어진 세 단어와 ～より～の方が～를 써서 '～보다 ～가 더 ～합니다'라는 문장을 만들
> 어 보세요.
> (정답은 650쪽에)

子ども[こども] 아이
親[おや] 부모
熱心な[ねっしんな]
열성적인
会話[かいわ] 회화
文法[ぶんぽう] 문법
やさしい 쉽다
人間[にんげん] 인간
正確な[せいかくな]
정확한

子ども, 親, 熱心な ▶ _____

会話, 文法, やさしい ▶ _____

人間, AI, 正確な ▶ _____

≫ AI의 발음을 가타카나로 쓰면 エーアイ가 돼요. 참고로 '인공지능'은 人工知能[じんこう ちのう]라고 해요.

③ ～と～と、どちら(の方)が～ ~와 ~ 중, 어느 쪽이 ~?
～の方が～ ~가 더 ~

2가지를 비교하는 질문과 그 질문에 대한 대답의 문형이에요. の方는 넣어도 되고
안 넣어도 돼요. 2가지를 비교할 때는 대상이 무엇인지 관계없이 의문사는 どちら
(어느 쪽)를 쓴다는 점에 유의하세요. 편한 대화에서는 どっち(어느 쪽)를 써요.

月曜日[げつようび]
월요일
水曜日[すいようび]
수요일
都合[つごう] 형편, 사정

A 月曜日と水曜日と、どっち(の方)が都合がいい？
월요일과 수요일 중, 언제가 형편이 좋아?

B 月曜日の方が都合がいい。
월요일이 더 형편이 좋아.

縦[たて] 세로
横[よこ] 가로, 옆
長い[ながい] 길다

A 縦と横と、どちら(の方)が長いですか。
세로와 가로 중, 어느 쪽이 더 길어요?

B 縦の方が長いです。
세로가 더 길어요.

≫ 대답할 때도 실생활에서는 の方[ほう]를 생략하여 月曜日[げつようび]が都合[つごう]がいい, 縦[たて]が
長[なが]いです와 같이 대답하는 경우도 있어요. 교과서적으로는 생략하면 안 돼요!

맛보기 연습 주어진 세 단어와 ~と~と、どちら(の方)が~를 써서 '~와 ~ 중, 어느 쪽이 ~해?'라는 질문을 만들고, 밑줄 친 단어와 ~の方が~를 써서 '~가 더 ~해'라는 대답도 만들어 보세요.
(정답은 650쪽에)

緑茶[りょくちゃ] 녹차
紅茶[こうちゃ] 홍차
好きな[すきな] 좋아하는

緑茶, 紅茶, 好きな

▶ _____

▶ _____

旅館[りょかん]
료칸(일본식 호텔)
ホテル 호텔
安い[やすい] (값이)싸다

この旅館, このホテル, 安い

▶ _____

▶ _____

4日[よっか] 4일
8日[ようか] 8일
暇な[ひまな] 한가한

4日, 8日, 暇な

▶ _____

▶ _____

❹ ~ほど~ない ~만큼 ~하지 않다

ほど는 한자 程로도 써요. ほど에는 '~만큼'의 뜻 외에 '~정도'의 뜻도 있어요.

東洋[とうよう] 동양
医学[いがく] 의학
西洋[せいよう] 서양
人気[にんき] 인기
優しい[やさしい]
상냥하다

日本では、東洋医学は西洋医学ほど人気がない。

일본에서는, 동양의학은 서양의학만큼 인기가 없다.

福田さんは太田さんほど優しくないです。

ふくだ さんは おおた さんほど 상냥하지 않습니다.

맛보기 연습 주어진 세 단어와 ~ほど~ない를 써서 '~는 ~만큼 ~하지 않습니다'라는 문장을 만들어 보세요.
(정답은 651쪽에)

家[いえ] 집
冷蔵庫[れいぞうこ]
냉장고
大きい[おおきい] 크다
ソウル 서울
にぎやかな 번화한

日本の家の冷蔵庫, 韓国の家の冷蔵庫, 大きい

▶ _____

ここ, ソウル, にぎやかな

▶ _____

日本のネットショッピング, 韓国, 盛んな

▶ _____

>> 가정에서 쓰는 냉장고, 에어컨, 세탁기는 한국 사람들이 일본 사람들보다 훨씬 큰 것을 선호해요.

⑤ ～の中_{なか}で～が一番_{いちばん}～？ ～ 중에서 ~가 제일 ~?
   ～が一番～ ~가 제일 ~

3가지 이상의 것을 비교할 때 쓰는 표현이에요. 질문할 때 쓰는 의문사는 사람이면 誰(누구), 물건이면 何_{なに}(무엇), 장소면 どこ(어디), 시간이면 いつ(언제) 등과 같이 대상에 따라 달라져요.

A 青と緑と黄色の中で、何色が一番いい？
　　　　　　　　　　　　　　　　파랑과 초록과 노랑 중에서, 무슨 색이 제일 좋아?

B 緑が一番いい。　　　　　　　　　　　　　　　초록이 제일 좋아.

家族[かぞく] 가족
誰[だれ] 누구
背[せ] 키
高い[たかい]
(키가)크다, 높다
弟[おとうと]
남동생(높임×)

A 家族の中で誰が一番背が高いですか。　가족 중에서 누가 가장 키가 커요?
B 弟が一番背が高いです。　　　　　　　　남동생이 가장 키가 커요.

>> ～の中[なか]で～が一番[いちばん]～？(～ 중에서 ~가 제일 ~?)은 평서문에서도 그대로 써요.
例 家族[かぞく]の中[なか]で弟[おとうと]が一番[いちばん]背[せ]が高[たか]いです。
가족 중에서 남동생이 가장 키가 커요.

┌ 맛보기연습　주어진 세 단어와 ～の中で～が一番～？을 써서 '～ 중에서 ~가 제일 ~해/했어?'라는
질문을 만들고, (　　) 속의 단어와 ～が一番～을 써서 '~가 제일 ~해/했어'라는 대답도
만들어 보세요.　　　　　　　　　　　　　　　　　　　　　　　(정답은 651쪽에)

勉強, 何, 難しい (英語)

▶ _____

▶ _____

今まで行った国, どこ, よかった (ブータン)

▶ _____

▶ _____

来週[らいしゅう] 다음 주
金、土、日[きんどにち]
금, 토, 일
暇な[ひまな] 한가한
土曜日[どようび] 토요일

来週の金、土、日, いつ, 暇 (土曜日)

▶ _____

▶ _____

≫ 金、土、日[きんどにち](금, 토, 일)에서 '토'를 쓸 때는 ど로 쓰지만 발음할 때는 どー로 길게 해요. 그리고 쓸 때는 、(콤마) 없이 金土日로 쓰기도 해요.

비교할 때 쓰는 표현

❶ ~は~より~	~는 ~보다 ~
❷ ~より~の方(ほう)が~	~보다 ~가 더 ~
❸ ~と~と、どちら(の方(ほう))が~ ~の方(ほう)が~	~와 ~ 중, 어느 쪽이 ~? ~가 더 ~
❹ ~ほど~ない	~만큼 ~하지 않다
❺ ~の中(なか)で~が一番(いちばん)~？ ~が一番(いちばん)~	~ 중에서 ~가 제일 ~? ~가 제일 ~

1 다음 문장을 일본어로 만들어 보세요.

(1) 일본은 한국보다 인구가 많아.

🖉 _____

(2) 東京 요리보다 大阪 요리가 더 싱겁다.

🖉 _____

(3) 월요일과 수요일 중, 언제가 형편이 좋아?

🖉 _____

(4) 월요일이 더 형편이 좋아.

🖉 _____

(5) 福田 씨는 太田 씨만큼 상냥하지 않습니다.

🖉 _____

(6) 가족 중에서 누가 가장 키가 커요?

🖉 _____

(7) 남동생이 가장 키가 커요.

🖉 _____

(8) 일보다 가정이 더 소중합니다.

🖉 _____

(9) 세로와 가로 중, 어느 쪽이 더 길어요?

🖉 _____

(10) 세로가 더 길어요.

🖉 _____

宇宙の中で光が一番速くて、1秒に30万km進みます。このような光の速さを「光速」と呼びます。音も速いですが、音は光ほど速くないです。音の速さを「音速」と呼びますが、音速は1秒に約340m進むくらいです。光速の100万分の1しかありません。音速は光速より遅いと言っても、飛行機よりは速いです。ところで、音速が秒速約340mというのは空気中での話です。水の中では音速は秒速約1,500mで、空気中より4.4倍速いです。そして、鉄の中では秒速約6,000mで、水の中より4倍速いです。つまり、音は気体、液体、固体の中で、固体が一番速く伝わるのです。

{단어}

宇宙[うちゅう] 우주 | 光[ひかり] 빛 | 速い[はやい] 빠르다 | 1秒[いちびょう] 1초 | 30万[さんじゅうまん] 30만 | km[キロメートル] 킬로미터 | 進む[すすむ]① 나아가다 | 光速[こうそく] 광속 | 呼ぶ[よぶ]① 부르다 | 音[おと] 소리 | 音速[おんそく] 음속 | 約[やく] 약 | 340[さんびゃくよんじゅう] 340 | m[メートル] 미터 | 100万[ひゃくまん] 100만 | ~分の~[ぶんの] ~분의 ~ | 1[いち] 1 | 遅い[おそい] 느리다 | 言う[いう]① 말하다 | 飛行機[ひこうき] 비행기 | 秒速[びょうそく] 초속 | 空気[くうき] 공기 | ~中[ちゅう] ~ 중 | 話[はなし] 이야기 | 水[みず] 물 | 中[なか] 속, 안 | 1,500[せんごひゃく] 1,500 | 4.4[よんてんよん] 4.4 | ~倍[ばい] ~배 | 鉄[てつ] 철 | 6,000[ろくせん] 6,000 | 気体[きたい] 기체 | 液体[えきたい] 액체 | 固体[こたい] 고체 | 伝わる[つたわる]① 전달되다

우주 속에서 빛이 제일 빠르고 1초에 30만km 나아갑니다. 이러한 빛의 속도를 '광속'이라고 부릅니다. 소리도 빠르지만, 소리는 빛만큼 빠르지 않습니다. 소리의 속도를 '음속'이라고 부르는데, 음속은 1초에 약 340m 나아갈 정도입니다. 광속의 100만분의 1밖에 안 됩니다. 음속은 광속보다 느리다고 해도, 비행기보다는 빠릅니다. 그런데, 음속이 초속 약 340m라는 것은 공기 중에서의 이야기입니다. 물 속에서는 음속은 초속 약 1,500m여서 공기 중보다 4.4배 빠릅니다. 그리고 철 속에서는 초속 약 6,000m여서 물 속보다 4배 빠릅니다. 요컨대, 소리는 기체, 액체, 고체 중에서 고체가 제일 빨리 전달되는 것입니다.

 인터넷 쇼핑

'인터넷 쇼핑'은 일본어로 オンラインショッピング, ネットショッピング 혹은 ネット通販(つうはん)이라고 불러요. 通販은 通信販売(つうしんはんばい)(통신판매)의 준말이에요. 사용빈도를 보니, 현재는 ネット通販이 가장 많이 사용되고 있어요. 일본 사람들이 인터넷 쇼핑에서 가장 많이 사는 것은 '여행 관련상품'이라네요. 그 다음으로 사는 것이 '식품', 그 다음이 '의류, 신발'로 되어 있어요. 한국은 '의류, 신발, 스포츠용품, 액세서리 등'을 가장 많이 사고, 그 다음으로 '영화, 공연', 그 다음이 '도서, 잡지, 신문' 순이라네요. 저는 두 나라에서 모두 인터넷 쇼핑을 이용하지만 배송은 한국이 더 빨라요!

비교문에는 동사나 형용사도 쓸 수 있어요!

비교문 연습에서는 가장 기본적으로 알아야 하는 명사를 쓰는 경우만 연습했는데, 비교문에 동사나 형용사를 쓰는 경우도 있어요.

写真で見るよりきれいだ。　사진으로 보는 것보다 예쁘다.

テストは思ったより難しかったです。　시험은 생각한 것보다 어려웠습니다.

洋服は暗い色より派手な方が安全らしい。
옷은 어두운 색보다 화려한 것이 더 안전한 모양이야.

寒いより暑い方が好きです。　추운 것보다 더운 것을 더 좋아해요.

この仕事は思っていたほど楽じゃない。　이 일은 생각하고 있던 만큼 편하지 않다.

その船は全員が乗れるほど大きくないです。
그 배는 전원이 탈 수 있을 만큼 크지 않습니다.

53

긍정·부정이 짝이 되는 표현

강의 및 예문듣기

여기에서는 긍정과 부정 표현이 짝이 되는 표현들을 배울게요. 꼭 1대 1로만 짝이 되는 게 아니라 3가지 이상이 관련되는 표현들도 있어요.

🎧 53-1.mp3

1단계
핵심문법 익히기

❶ 〜つもりだ ~할 생각이다

〜ないつもりだ ~하지 않을 생각이다

〈동사 사전형+つもりだ〉라고 하면 '~할 생각이다', '~할 작정이다'라는 뜻이 되고 〈동사 ない형+つもりだ〉라고 하면 '~하지 않을 생각이다', '~하지 않을 작정이다'라는 뜻이 돼요.

동사 사전형	
동사 ない형	**＋** つもりだ

自転車[じてんしゃ]
자전거
直す[なおす]① 고치다
庭[にわ] 마당
新しい[あたらしい]
새롭다
木[き] 나무
一本[いっぽん]
한 그루, 한 자루
植える[うえる]② 심다

その自転車を直すつもりだ。　　　　　　그 자전거를 고칠 생각이다.

庭に新しい木を一本植えるつもりです。
　　　　　　　　　　　　마당에 새 나무를 한 그루 심을 생각입니다.

今日[きょう] 오늘
帰る[かえる]① 돌아가다
息子[むすこ] 아들(높임×)
子[こ] 아이
比べる[くらべる]②
비교하다

今日はうちに帰らないつもり。　　　　오늘은 집에 가지 않을 생각이야.

息子をほかの子と比べないつもりです。
　　　　　　　　　　　　아들을 다른 아이와 비교하지 않을 생각이에요.

맛보기 연습　주어진 문장을 〜つもりだ를 써서 '~할 생각입니다'라는 문장으로 바꿔 보세요.

(정답은 652쪽에)

ハイヒール 하이힐
履きます[はきます]①
신습니다

ハイヒールを履きます ▶ ＿＿＿＿＿＿＿＿＿＿＿＿＿＿＿

<table>
<tr><td colspan="2">

週末[しゅうまつ] 주말
山[やま] 산
登ります[のぼります]①
올라갑니다
夏[なつ] 여름
やせます② 살을 뺍니다,
살이 빠집니다

しばらく 당분간
働く[はたらく]① 일하다
今度[こんど] 이번, 다음
日曜日[にちようび]
일요일
出かける[でかける]②
외출하다
娘[むすめ] 딸(높임×)
大変な[たいへんな] 힘든
仕事[しごと] 일(직업)
</td></tr>
</table>

この週末、山に登ります ▶ _____

夏までにやせます ▶ _____

맛보기 연습　주어진 문장을 ～ないつもりだ를 써서 '～하지 않을 생각이다'라는 문장으로 바꿔 보세요.

(정답은 652쪽에)

しばらく働きません ▶ _____

今度の日曜日は出かけません

▶ _____

娘には大変な仕事をさせません

▶ _____

부정의 표현에는 여기에서 연습한 ～ないつもりだ(～하지 않을 생각이다) 외에 ～つもりはない(～할 생각이 없다)라는 표현도 있어요. ～つもりはない가 부정하고자 하는 마음이 더 강하게 나타나요.

> その自転車は直さないつもりだ。 그 자전거는 고치지 않을 생각이다.
> その自転車は直すつもりはない。 그 자전거는 고칠 생각이 없다.

❷ ～た方がいい　~하는 편이 좋다
～ない方がいい　~하지 않는 편이 좋다

～方が가 '～쪽이'라는 뜻이니 직역하면 '～하는 쪽이 좋다', '～하지 않는 쪽이 좋다'가 돼요. '～하는 편이 좋다'라는 표현은 과거형인 동사 た형 뒤에 연결된다는 점에 유의하세요. 方が는 히라가나 ほうが로 쓰는 경우도 많아요.

동사 た형
동사 ない형
＋ 方がいい

雨[あめ] 비
濡れる[ぬれる]② 젖다
傘[かさ] 우산
交番[こうばん] 파출소
道[みち] 길
尋ねる[たずねる]② 묻다

雨に濡れるから、傘をさした方がいいよ。
비에 젖으니까, 우산을 쓰는 편이 좋아.

交番で道を尋ねた方がいいですよ。　파출소에서 길을 묻는 편이 좋아요.

≫ 尋ねる[たずねる](묻다)라는 단어는 일상회화에서는 잘 안 쓰고, 보통 聞く[きく](묻다, 듣다)라고 해요.

夜[よる] 밤
通る[とおる] ① 지나가다
先生[せんせい] 선생님
授業[じゅぎょう] 수업
遅れる[おくれる] ② 늦다

この道は夜通らない方がいい。　　　　　이 길은 밤에 지나가지 않는 편이 좋다.

その先生の授業には遅れない方がいいです。

그 선생님의 수업에는 늦지 않는 편이 좋습니다.

大きい[おおきい] 크다
病院[びょういん] 병원
移る[うつる] ① 옮기다
窓[まど] 창문
開ける[あける] ② 열다
ウイルス 바이러스
チェック 체크

🔖 맛보기 연습　주어진 문장을 〜た方がいい를 써서 '〜하는 편이 좋다'라는 문장으로 바꿔 보세요.

(정답은 652쪽에)

大きい病院に移る ▶ _____

窓を開ける ▶ _____

ウイルスチェックをする ▶ _____

》 ウイルス(바이러스)는 イ를 작게 써서 ウィルス로 쓰기도 해요.

頼む[たのむ] ① 부탁하다
会社[かいしゃ] 회사
辞める[やめる] ②
그만두다
無理[むり] 무리

🔖 맛보기 연습　주어진 문장을 〜ない方がいい를 써서 '〜하지 않는 편이 좋습니다'라는 문장으로 바꿔 보세요.

(정답은 652쪽에)

あの人にその仕事を頼みません

▶ _____

会社を辞めません ▶ _____

あまり無理をしません ▶ _____

〈사전형＋方がいい〉라는 표현도 가능한데 사전형은 일반론을 말할 때 많이 쓰고(예 추울 때는 따뜻한 음식을 먹는 편이 좋다) 구체적인 것, 개별적인 것에는 〈동사 た형 ＋方がいい〉를 써요.

❸ 〜てもいい　〜해도 된다

　　〜なくてもいい　〜하지 않아도 된다

　　〜てはいけない　〜하면 안 된다, 〜해서는 안 된다

〜ても는 '〜해도'라는 뜻이고 뒤에 いい(좋다)를 붙이면 '〜해도 된다/괜찮다/〜해도 좋다'라는 뜻이 돼요. 반대 표현은 〜なくてもいい인데 〜なくても가 '〜하지 않아도'라는 뜻이고 뒤에 いい(좋다)가 붙은 거예요. 〜てはいけない는 '〜하면 안 된다', '〜해서는 안 된다'라는 뜻이에요.

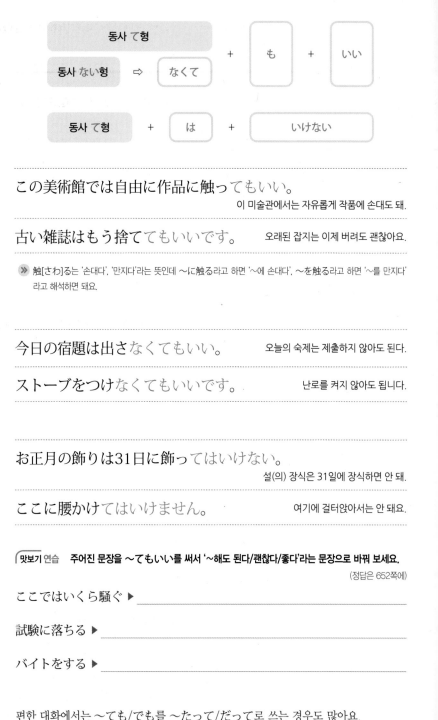

동사 て형						
동사 ない형	⇨	なくて	+	も	+	いい
동사 て형			+	は	+	いけない

美術館[びじゅつかん] 미술관

自由に[じゆうに] 자유롭게

作品[さくひん] 작품

触る[さわる]① 손대다, 만지다

古い[ふるい] 오래되다, 낡다

雑誌[ざっし] 잡지

捨てる[すてる]② 버리다

この美術館では自由に作品に触ってもいい。

이 미술관에서는 자유롭게 작품에 손대도 돼.

古い雑誌はもう捨ててもいいです。 오래된 잡지는 이제 버려도 괜찮아요.

≫ 触[さわ]る는 '손대다', '만지다'라는 뜻인데 ～に触る라고 하면 '～에 손대다', ～を触る라고 하면 '～를 만지다' 라고 해석하면 돼요.

今日[きょう] 오늘

宿題[しゅくだい] 숙제

出す[だす]① 내다

ストーブ 난로

今日の宿題は出さなくてもいい。 오늘의 숙제는 제출하지 않아도 된다.

ストーブをつけなくてもいいです。 난로를 켜지 않아도 됩니다.

正月[しょうがつ] 설

飾り[かざり] 장식

31日[さんじゅういちにち] 31일

飾る[かざる]① 장식하다

腰かける[こしかける]② 걸터앉다

お正月の飾りは31日に飾ってはいけない。

설(의) 장식은 31일에 장식하면 안 돼.

ここに腰かけてはいけません。 여기에 걸터앉아서는 안 돼요.

📕 맛보기 연습　주어진 문장을 ～てもいい를 써서 '～해도 된다/괜찮다/좋다'라는 문장으로 바꿔 보세요.

(정답은 652쪽에)

いくら 아무리

騒ぐ[さわぐ]① 떠들다

試験[しけん] 시험

落ちる[おちる]② 떨어지다

バイト 알바

ここではいくら騒ぐ ▶ _____

試験に落ちる ▶ _____

バイトをする ▶ _____

편한 대화에서는 ～ても/でも를 ～たって/だって로 쓰는 경우도 많아요.

この美術館では自由に作品に触ったっていい。

512

お金[おかね] 돈
包む[つつむ]①
포장하다, 싸다
制服[せいふく] 교복, 제복
着る[きる]② 입다
空港[くうこう] 공항
迎える[むかえる]②
맞이하다

靴[くつ] 신발, 구두
履く[はく]① 신다
家[いえ] 집
入る[はいる]①
들어가다, 들어오다
ご飯[ごはん] 밥
箸[はし] 젓가락
立てる[たてる]② 세우다
サッカー 축구

写真[しゃしん] 사진
動画[どうが] 동영상
撮る[とる]① 찍다
服[ふく] 옷
汚れる[よごれる]②
더러워지다

맛보기 연습 주어진 문장을 〜なくてもいい를 써서 '〜하지 않아도 됩니다/괜찮습니다/좋습니다'라는 문장으로 바꿔 보세요.

(정답은 652쪽에)

お金を包みません ▶ _____

制服を着ません ▶ _____

空港まで迎えに来ません ▶ _____

≫ お金[かね]を包[つつ]む(돈을 포장하다)라는 말은 사례나 축하, 사죄를 목적으로 봉투에 돈을 넣어서 주는 것을 뜻해요. 세뱃돈, 빌린 돈 등 다른 사람에게 돈을 줄 때는 돈을 봉투에 넣어서 주는 것이 일반적이에요. 한국처럼 지갑에서 지폐를 직접 꺼내서 바로 주는 경우는 별로 없어요.

맛보기 연습 주어진 문장을 〜てはいけない를 써서 '〜하면/해서는 안 된다'라는 문장으로 바꿔 보세요.

(정답은 652쪽에)

靴を履いたまま家に入る ▶ _____

ご飯に箸を立てる ▶ _____

ここでサッカーをする ▶ _____

편한 대화에서는 〜ては/では를 〜ちゃ/じゃ로 쓰는 경우도 많아요.

> お正月の飾りは31日に飾っちゃいけない。

❹ 〜ても構[かま]わない　~해도 상관없다
〜なくても構[かま]わない　~하지 않아도 상관없다

〜てもいい(~해도 되다), 〜なくてもいい(~하지 않아도 되다)와 거의 같은 뜻으로 큰 차이는 없지만, 〜てもいい가 적극적인 허락이라면 〜ても構わない는 '반대는 안 한다', '문제는 없을 것이다'라는 느낌의 소극적인 허락이라고 할 수 있어요.

写真や動画を撮っても構わない。　　사진이나 동영상을 찍어도 상관없다.

この服は汚れても構いません。　　이 옷은 더러워져도 상관없습니다.

513

約束[やくそく] 약속
時間[じかん] 시간
間に合う[まにあう]①
늦지 않다, 시간에 대다
講義[こうぎ] 강의
出席[しゅっせき] 출석

約束の時間に間に合わなくても構わない。

약속(의) 시간에 늦어도(대지 않아도) 상관없어.

その講義は出席しなくても構いません。

그 강의는 출석하지 않아도 상관없어요.

タバコ 담배
吸う[すう]①
(담배를)피우다
日[ひ] 햇볕, 해
焼ける[やける]② 타다
ペット 애완동물, 펫
連れてくる[つれてくる]
③ 데려오다

📙 **맛보기 연습**　주어진 문장을 ～ても構わない를 써서 '～해도 상관없습니다'라는 문장으로 바꿔 보세요.

(정답은 652쪽에)

ここでタバコを吸う ▸ _____

日に焼ける ▸ _____

ペットを連れてくる ▸ _____

📙 **맛보기 연습**　주어진 문장을 ～なくても構わない를 써서 '～하지 않아도 상관없다'라는 문장으로 바꿔 보세요.

(정답은 652쪽에)

急ぎません ▸ _____

水を足しません ▸ _____

電気をつけません ▸ _____

❺ **～ことがある ~하는 경우가/때가 있다**
　～ないことがある ~하지 않는 경우가/때가 있다
　～たことがある ~한 적이 있다

～ことがある는 '～하는 경우가/때가 있다'라는 뜻이고 이의 반대 표현이 ～ないことがある(～하지 않는 경우가/때가 있다)가 돼요. ～たことがある는 '～한 적이 있다'라는 경험을 나타내는 표현이라 앞의 두 표현과는 약간 차이가 있어요.

동사 사전형		
동사 ない형	+	ことがある

| 동사 た형 | + | ことがある |

お昼[おひる] 점심, 낮
前[まえ] 전
アトラクション 놀이기구
濡れる[ぬれる]② 젖다

お昼になる前におなかがすくことがある。

점심이 되기 전에 배가 고플 때가 있다.

このアトラクションは水に濡れることがあります。

이 놀이기구는 물에 젖는 경우가 있습니다.

» '배가 고프다'라고 할 때 おなかがすいた라는 과거형으로 써야 한다고 했죠? 이미 배가 고픈 상태에서는 과거형으로 써야 해요! 그런데 여기 예문은 '고플 때가 있다'는 내용이니 이미 고픈 것이 아니죠. 그래서 현재형으로 쓴 거예요.

朝食[ちょうしょく] 조식, 아침 식사
土曜日[どようび] 토요일
家[いえ] 집

朝食をとらないことがある。 아침 식사를 하지 않는 경우가 있어.

土曜日は家にいないことがあります。 토요일은 집에 없을 때가 있어요.

» 朝食[ちょうしょく](조식)에는 동사 とる를 써요. とる는 한자 取る나 摂る로 쓰는 경우도 있지만, 히라가나로 쓰는 경우가 더 많아요.

なくす① 잃다
困る[こまる]① 곤란하다
気分[きぶん] 기분
悪い[わるい] 나쁘다
倒れる[たおれる]②
쓰러지다

パスポートをなくして困ったことがある。

여권을 잃어버려서 곤란했던 적이 있다.

気分が悪くなって倒れたことがあります。

속이 나빠져서 쓰러진 적이 있습니다.

» 気分[きぶん]が悪[わる]い라는 말에는 '기분이 나쁘다'라는 뜻과 '속이 안 좋다/나쁘다'라는 뜻이 있어요.

┌ 맛보기 연습   주어진 문장을 ～ことがある를 써서 '~하는 경우가/때가 있다'라는 문장으로 바꿔 보세요.

(정답은 653쪽에)

子ども[こども] 아이
家具[かぐ] 가구
壊します[こわします]①
망가뜨립니다
アクセル 엑셀
ブレーキ 브레이크
間違えます[まちがえます]② 착각합니다, 틀립니다
人[ひと] 사람
誰[だれ] 누구
失敗[しっぱい] 실수, 실패

子どもが家具などを壊します

▶ _____

アクセルとブレーキを間違えます

▶ _____

人は誰でも失敗します

▶ _____

┌ 맛보기 연습   주어진 문장을 ～ないことがある를 써서 '~하지 않는 경우가/때가 있습니다'라는 문장으로 바꿔 보세요.

(정답은 653쪽에)

眠い[ねむい] 졸리다
風呂[ふろ] 목욕, 욕실
入る[はいる]① 들어가다

眠いときはお風呂に入りません

▶ _____

メール 메일
届く[とどく]①
도착하다, 닿다
水道[すいどう] 수도
水[みず] 물
出る[でる]② 나오다

メールが届きません

▶ _____

水道の水が出ません

▶ _____

~ことがある, ~ないことがある의 조사 が를 も로 바꿔서 ~こともある(~하는 경우도 있다), ~ないこともある(~하지 않는 경우도 있다)로 쓸 때도 있어요.

> お昼になる前におなかがすくこともある。 점심이 되기 전에 배가 고플 때도 있다.
> 朝食をとらないこともある。 아침 식사를 하지 않는 경우도 있어.

┌ 맛보기 연습 주어진 문장을 ~たことがある를 써서 '~한 적이 있다'라는 문장으로 바꿔 보세요.
(정답은 653쪽에)

新幹線[しんかんせん]
(일본 고속철도 이름)
乗る[のる]① 타다
梅干し[うめぼし]
(일본식 매실장아찌)
漬ける[つける]② 담그다
病気[びょうき] 병
入院[にゅういん] 입원

新幹線に乗る ▶ _____

梅干しを漬ける ▶ _____

病気で入院する ▶ _____

❻ ~よう(に) ~하도록
** ~ないよう(に) ~하지 않도록**

~よう(に)(~하도록), ~ないよう(に)(~하지 않도록)의 に는 생략할 때도 있는데 생략한 ~よう, ~ないよう는 약간 격식 차린 듯한 말투가 되니 편한 대화에서는 보통 생략하지 않아요.

| 동사 사전형 | | |
| 동사 ない형 | + | よう(に) |

風邪[かぜ] 감기
早く[はやく] 빨리, 일찍
治る[なおる]① 낫다
寝る[ねる]② 자다
練習[れんしゅう] 연습
庭[にわ] 마당
芝生[しばふ] 잔디
植える[うえる]② 심다

風邪が早く治るように、いっぱい寝た。　감기가 빨리 낫도록, 많이 잤다.

ゴルフの練習ができるよう、庭に芝生を植えました。
골프(의) 연습을 할 수 있도록, 마당에 잔디를 심었습니다.

母[はは] 어머니(높임×)

朝[あさ] 아침

起こす[おこす] ① 깨우다

頼む[たのむ] ① 부탁하다

遅れる[おくれる]② 늦다

気を付ける[きを つける]
② 조심하다

洗濯物[せんたくもの]
빨래감

乾きます[かわきます]①
마릅니다

エアコン 에어컨

今日[きょう] 오늘

〜中[じゅう] 〜중

終わります[おわります]
① 끝납니다

急ぐ[いそぐ] ① 서두르다

元気な[げんきな] 건강한

子[こ] 아이

生まれます[うまれます]
② 태어납니다

祈る[いのる] ① 기도하다

以上[いじょう] 이상

太る[ふとる] ① 살찌다

注意[ちゅうい] 주의

試合[しあい] 시합

負ける[まける]② 지다

頑張る[がんばる]①
열심히 하다

来週[らいしゅう] 다음 주

授業[じゅぎょう] 수업

伝える[つたえる]②
전하다

母に朝早く起こさないように頼んだ。

어머니에게 아침 일찍 깨우지 않도록 부탁했어.

遅れないように、気を付けてください。 늦지 않도록, 조심하세요.

맛보기 연습　주어진 두 문장을 〜ように로 연결하여 '〜하도록 〜했습니다'라는 문장을 만들어 보세요.
(정답은 653쪽에)

洗濯物が乾きます, エアコンをつけた

▶ _____

今日中に終わります, 急いだ

▶ _____

元気な子が生まれます, 祈った

▶ _____

맛보기 연습　주어진 두 문장을 〜ないように로 연결하여 '〜하지 않도록 〜했다'라는 문장을 만들어 보세요.
(정답은 653쪽에)

これ以上太る, 注意されました

▶ _____

試合に負ける, 頑張りました

▶ _____

来週は授業に来る, 伝えました

▶ _____

❼ 〜ように言う　~하도록 말하다
　　〜ないように言う　~하지 않도록 말하다

앞의 6번에서 배운 〜ように(〜하도록), 〜ないように(〜하지 않도록)에 言う(말하다)를 붙인 표현이에요. 명령형과 금지형을 써서 〜しろと言う(〜하라고 말하다), 〜するなと言う(〜하지 말라고 말하다)는 매우 강한 말투인데 비해, 〜ように言う와 〜ないように言う는 완곡한 표현이에요.

必ず[かならず] 반드시
息子[むすこ] 아들(높임×)
部屋[へや] 방
片付ける[かたづける]②
정리하다

ヘルメットを必ずかぶるように言われた。

헬멧을 반드시 쓰라는 말을 들었다(쓰도록 말해졌다).

私は息子に部屋を片付けるように言いました。

저는 아들에게 방을 정리하도록 말했습니다.

医者[いしゃ] 의사
お酒[おさけ] 술
飲む[のむ]① 마시다
空気[くうき] 공기
汚い[きたない] 더럽다
窓[まど] 창문
開ける[あける]② 열다

医者にお酒を飲まないように言われた。

의사에게 술을 마시지 말라는 말을 들었어(마시지 않도록 말해졌어).

空気が汚いので窓を開けないように言いました。

공기가 더러우니까 창문을 열지 말라고(열지 않도록) 말했어요.

맛보기 연습 주어진 문장을 ~ように言う를 써서 '~하라고(~하도록) 말했습니다'라는 문장으로 바꿔 보세요. (정답은 653쪽에)

森田[もりた] (성씨)
本[ほん] 책
渡します[わたします]①
건네줍니다
間違い[まちがい] 틀린 것
もう一度[もういちど]
다시 한 번
確かめます[たしかめま
す]② 확인합니다
書類[しょるい] 서류
提出[ていしゅつ] 제출

森田さんにこの本を渡します

▶ _____

間違いがないか、もう一度確かめます

▶ _____

この書類を提出します

▶ _____

맛보기 연습 주어진 문장을 ~ないように言う를 써서 '~하지 말라고(~하지 않도록) 말했다'라는 문장으로 바꿔 보세요. (정답은 653쪽에)

落ちる[おちる]②
떨어지다
拾う[ひろう]① 줍다
動物[どうぶつ] 동물
食べ物[たべもの] 먹을 것
やる① 주다
悪い[わるい] 나쁘다
病気[びょうき] 병
気にする[きにする]③
신경 쓰다

落ちているものを拾いません

▶ _____

動物に食べ物をやりません

▶ _____

悪い病気ではないので気にしません

▶ _____

⑧ ～にする　~로 하다, ~하게 하다
　　～くする　~하게 하다
　　～ようにする　~하도록 하다
　　～ないようにする　~하지 않도록 하다

의식적으로 상태를 바꿔서 변화를 주는 것을 나타내는 표현들이에요. 사람이 의도적으로 변화시킨 경우에 쓰죠.

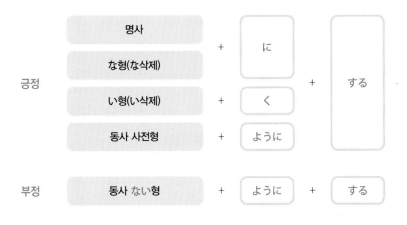

긍정	명사	+	に		+	する
	な형(な삭제)	+				
	い형(い삭제)	+	く			
	동사 사전형	+	ように			
부정	동사 ない형	+	ように	+	する	

古い[ふるい] 오래되다
歯磨き[はみがき] 치약
歯[は] 이, 치아
白い[しろい] 하얗다
食事[しょくじ] 식사
時[とき] 때
噛む[かむ]① 씹다
昨日[きのう] 어제

古いデニムをかばんにした。
오래된 청바지를 가방으로 바꿨다(했다).

部屋をきれいにしました。
방을 깨끗하게 했습니다.

この歯磨きは歯を白くする。
이 치약은 이를 하얗게 만들어(해).

食事の時に、よく噛むようにしています。
식사(의) 때에, 잘 씹도록 하고 있어요.

昨日は飲みすぎないようにした。
어제는 과음하지 않도록 했다.

» 歯磨き[はみがき]는 '치약' 외에 '양치질'이라는 뜻도 있어요. 처음에 나온 치약이 가루였기때문에 '치약'이라는 단어가 원래는 '~가루'를 나타내는 ～粉[こ]를 붙인 歯磨き粉[はみがきこ](양치 가루)였고 치약이 액체형태가 된 후에도 이 단어를 쓰는 사람이 많았는데 요즘은 ～粉를 빼고 歯磨き라고만 하는 사람이 더 많아요.

┌─ 맛보기 연습 ─ 주어진 세 단어를 ～は～を～にする로 연결하여 '~는 ～를 ~로 했습니다'라는 문장을 만들어 보세요.
　　　　　　　　　　　　　　　　　　　　　　　　　　　(정답은 653쪽에)

柴田[しばた] (성씨)
自分[じぶん] 자기, 자신
経験[けいけん] 경험
小説[しょうせつ] 소설

柴田さん, 自分の経験, 小説

▶ _____

社長[しゃちょう]
사장(님)
原[はら] (성씨)
課長[かちょう] 과장(님)
母[はは] 어머니(높임×)
エビ 새우
天ぷら[てんぷら] 튀김

先生[せんせい] 선생님
問題[もんだい] 문제
簡単な[かんたんな] 쉬운
歌[うた] 노래
歌手[かしゅ] 가수
有名な[ゆうめいな]
유명한
学校[がっこう] 학교
服装[ふくそう] 복장
自由な[じゆうな]
자유로운

妻[つま] 아내(높임×)
荷物[にもつ] 짐
軽い[かるい] 가볍다
飲み物[のみもの] 음료
冷たい[つめたい] 차갑다
父[ちち] 아버지(높임×)
料理[りょうり] 요리
辛い[からい] 맵다

みんなで 모두 함께
協力[きょうりょく] 협력
仕事[しごと] 일(직업)
早く[はやく] 빨리, 일찍
終わります[おわります]
① 끝납니다
店[みせ] 가게
中[なか] 안
外[そと] 바깥
見えます[みえます]②
보입니다
必ず[かならず] 반드시
データ 데이터
保存[ほぞん] 저장, 보존

電車[でんしゃ] 전철
なるべく 되도록
座る[すわる]① 앉다
甘い[あまい] 달다
食べる[たべる]② 먹다

社長, 原さん, 課長

▶ _____

母, エビ, 天ぷら

▶ _____

맛보기 연습　주어진 세 단어를 ～は～を～にする로 연결하여 '～는 ～를 ～하게 했다'라는 문장을 만들어 보세요.
(정답은 653쪽에)

先生, 問題, 簡単な ▶ _____

この歌, その歌手, 有名な ▶ _____

その学校, 服装, 自由な ▶ _____

맛보기 연습　주어진 세 단어를 ～は～を～くする로 연결하여 '～는 ～를 ～하게 했습니다'라는 문장을 만들어 보세요.
(정답은 653쪽에)

妻, 荷物, 軽い ▶ _____

私, 飲み物, 冷たい ▶ _____

父, 料理, 辛い ▶ _____

맛보기 연습　주어진 문장을 ～ようにする를 써서 '～하도록 했다'라는 문장으로 바꿔 보세요.
(정답은 654쪽에)

みんなで協力して、仕事が早く終わりました

▶ _____

店の中が外からよく見えます

▶ _____

必ずデータを保存します

▶ _____

맛보기 연습　주어진 문장을 ～ないようにする를 써서 '～하지 않도록 하고 있습니다'라는 문장으로 바꿔 보세요.
(정답은 654쪽에)

電車でなるべく座りません

▶ _____

甘いものをなるべく食べません

▶ _____

外食[がいしょく] 외식

なるべく外食をしません

▶ _____

❾ 〜になる ~가 되다, ~해지다

〜くなる ~해지다

〜ようになる ~하게 되다

〜ないようになる ~하지 않게 되다

〜なくなる ~하지 않게 되다

어떤 상태나 상황, 능력, 습관 등이 변한 경우에 쓰는 표현이에요. 바로 앞에서 연습한 〜する에는 의지가 작용하는데, 이번에 배우는 〜なる에는 의지가 전혀 나타나지 않고 변화했다는 사실만을 나타내요. 그리고 부정은 〜ないようになる와 〜なくなる의 두 가지 표현이 있어요.

긍정		
명사	+ に	
な형(な삭제)		+ なる
い형(い삭제)	+ く	
동사 사전형	+ ように	

부정		
동사 ない형	+ ように	+ なる
동사 ない형	⇒ なく	

夜[よる] 밤
外[そと] 밖
暗い[くらい] 어둡다
急に[きゅうに] 갑자기
お金[おかね] 돈
必要な[ひつような] 필요한
一人で[ひとりで] 혼자서
少し[すこし] 조금
動く[うごく]① 움직이다
間違える[まちがえる]② 틀리다
現金[げんきん] 현금
使う[つかう]① 사용하다

夜になって、外が暗くなった。　　밤이 되어, 밖이 어두워졌어.

急にお金が必要になりました。　갑자기 돈이 필요하게 되었어요(필요해졌어요).

一人で少し動けるようになった。　혼자서 조금 움직일 수 있게 되었다.

ジョンさんは日本語を間違えないようになりました。
정 씨는 일본어를 틀리지 않게 되었습니다.

現金を使わなくなった。　　현금을 사용하지 않게 되었어.

521

～ないようになる와 ～なくなる는 둘 다 쓰는데, ～なくなる를 쓰는 경우가 더 많아요!

バス 버스
運転手[うんてんしゅ] 운전기사
いとこ 사촌
二十歳[はたち/にじゅっさい] 20살/20세
子[こ] 아이
大人[おとな] 어른

맛보기 연습　주어진 두 단어를 ～は～になる로 연결하여 '～는 ～가 되었다'라는 문장을 만들어 보세요.
(정답은 654쪽에)

その人, バスの運転手 ▶ _____

いとこ, 二十歳 ▶ _____

その子, 大人 ▶ _____

≫ 二十歳[はたち](20세)는 にじゅっさい라고 읽을 수도 있지만 はたち라고 읽는 경우가 많아요. 일본에서는 만 20세가 성인의 기준이었는데 2022년 4월부터 만 18세 이상으로 기준이 바뀌게 되었어요.

乗り換え[のりかえ] 환승
便利な[べんりな] 편리한
駅前[えきまえ] 역 앞
通り[とおり] 길
祖母[そぼ] 할머니(높임×)
元気な[げんきな] 건강한

맛보기 연습　주어진 두 단어를 ～が～になる로 연결하여 '～가 ～해졌습니다'라는 문장을 만들어 보세요.
(정답은 654쪽에)

乗り換え, 便利な ▶ _____

駅前の通り, にぎやかな ▶ _____

祖母, 元気な ▶ _____

≫ '길'은 道[みち]라고 하는 경우가 가장 많아요. 通り[とおり](길)와 道路[どうろ](도로)는 '길' 중에서도 비교적 큰 길을 가리키고 道路는 사람이나 차 등 교통을 위해 잘 정비된 길을 가리켜요.

お湯[おゆ] 뜨거운 물
ぬるい 미지근하다
顔[かお] 얼굴
赤い[あかい] 빨갛다
気持ち[きもち] 마음
軽い[かるい] 가볍다

맛보기 연습　주어진 두 단어를 ～が～くなる로 연결하여 '～가 ～해졌다'라는 문장을 만들어 보세요.
(정답은 654쪽에)

お湯, ぬるい ▶ _____

顔, 赤い ▶ _____

気持ち, 軽い ▶ _____

ファイル 파일
開く[ひらく]① 열다
時間[じかん] 시간
図書館[としょかん] 도서관
雑誌[ざっし] 잡지
借りる[かりる]② 빌리다
パソコン PC
フリーズする (PC가) 다운되다

맛보기 연습　주어진 문장을 ～ようになる를 써서 '～하게 되었습니다'라는 문장으로 바꿔 보세요.
(정답은 654쪽에)

ファイルを開くのに時間がかかります

▶ _____

図書館で雑誌も借りられます

▶ _____

パソコンがフリーズします

▶ _____

≫ フリーズ는 영어 freeze로 '얼다'라는 뜻인데, PC용어로 쓸 때는 시스템에 문제가 생겨서 화면이 멈춰 버리는 것을 가리키니 '다운되다'라고 해석하면 되죠.

주어진 문장을 ～ないようになる와 ～なくなる를 써서 '～하지 않게 되었다'라는 문장으로 각각 바꿔 보세요. (정답은 654쪽에)

酒井[さかい] (성씨)
ずいぶん 꽤
怒る[おこる]① 화내다

酒井さんがずいぶん怒りません

▶ _____

▶ _____

この頃[このごろ] 요즘
字[じ] 글씨
書く[かく]① 쓰다

この頃、字を書きません

▶ _____

▶ _____

耳[みみ] 귀
聞こえる[きこえる]②
들리다

耳がよく聞こえません

▶ _____

▶ _____

⑩ ～にする ~로 하다
～ことにする ~하기로 하다
～ないことにする ~하지 않기로 하다

어떤 것을 주어의 의지로 결정할 때 쓰는 표현이에요. 앞에서 배운 'AをBにする'는 'A를 바꿔서 B로 한다(만든다)'라는 '변화'를 나타내는 것이지만, 이번에 배우는 ～にする는 어떤 것을 할지 선택, 결정하는 것을 나타내요.

色[いろ] 색깔
茶色[ちゃいろ] 갈색

色は茶色にした。　　　색깔은 갈색으로 했다.

私はコーヒーにします。　　　저는 커피로 하겠습니다.

健康[けんこう] 건강
毎朝[まいあさ] 매일 아침
走る[はしる]① 달리다
ポルトガル語[ご] 포르투갈어
勉強[べんきょう] 공부
始める[はじめる]② 시작하다

健康のために、毎朝走ることにした。　건강을 위해, 매일 아침 달리기로 했어.

ポルトガル語の勉強を始めることにしました。
포르투갈어(의) 공부를 시작하기로 했어요.

来年[らいねん] 내년
年賀状[ねんがじょう] 연하장
送る[おくる]① 보내다
嫌な[いやな] 싫은
逃げる[にげる]② 도망치다

来年から年賀状を送らないことにした。　내년부터 연하장을 보내지 않기로 했다.

これからは嫌なことから逃げないことにしました。
앞으로는 싫은 일에서 도망치지 않기로 했습니다.

맛보기 연습　주어진 두 단어를 ～は～にする로 연결하여 '～는 ～로 합니다/하겠습니다'라는 문장을 만들어 보세요.
(정답은 654쪽에)

出発[しゅっぱつ] 출발
明後日[あさって] 모레
集まる[あつまる]① 모이다
場所[ばしょ] 장소
駅[えき] 역
贈り物[おくりもの] 선물
お皿[おさら] 접시

出発, 明後日 ▶ _____

集まる場所, 駅 ▶ _____

贈り物, お皿 ▶ _____

맛보기 연습　주어진 문장을 ～ことにする를 써서 '～하기로 했다'라는 문장으로 바꿔 보세요.
(정답은 654쪽에)

言う[いう]① 말하다
はっきり 분명히
父[ちち] 아버지(높임×)
会社[かいしゃ] 회사
勤める[つとめる]② 근무하다
学校[がっこう] 학교
近く[ちかく] 근처
下宿[げしゅく] 하숙

言いたいことははっきり言います

▶ _____

父の会社に勤めます

▶ _____

学校の近くで下宿します

▶ _____

맛보기 연습　주어진 문장을 ～ないことにする를 써서 '～하지 않기로 했습니다'라는 문장으로 바꿔 보세요.
(정답은 654쪽에)

両親[りょうしん] 부모
一緒に[いっしょに] 같이
住む[すむ]① 살다(거주하다)
ブログ 블로그
デザイン 디자인
変える[かえる]② 바꾸다

両親と一緒に住みません

▶ _____

ブログのデザインを変えません

▶ _____

課長[かちょう] 과장(님)
意見[いけん] 의견
反対[はんたい] 반대

課長の意見に反対しません

▶ _____

⑪ 〜になる ~가 되다
〜ことになる ~하게 되다
〜ないことになる ~하지 않게 되다

앞의 10번에서 배운 〜にする(~로 하다)는 의지적으로 선택, 결정하는 것을 나타내는 것에 비해, 이번에 배우는 〜になる는 의지가 전혀 나타나지 않고 누군가의 선택, 결정에 의해 어떤 결과가 되었다는 것을 나타내는 표현이에요. 명사와 になる 사이에 조사가 들어가는 경우도 있어요.

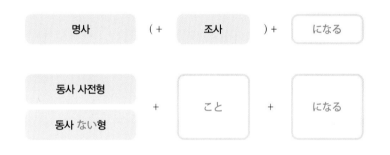

中止[ちゅうし] 취소, 중지
明日[あした] 내일
会議[かいぎ] 회의
11時[じゅういちじ] 11시

そのイベントは中止になった。 그 이벤트는 취소(중지)가 되었어.

明日の会議は11時からになりました。 내일(의) 회의는 11시부터가 되었어요.

再来月[さらいげつ]
다음다음 달
引っ越す[ひっこす]①
이사하다
続ける[つづける]②
계속하다

再来月、引っ越すことになった。 다음다음 달, 이사하게 되었다.

パートを続けることになりました。 파트를 계속하게 되었습니다.

» パートは パートタイム(파트타임)의 준말로 주로 주부가 단시간만 노동하는 것을 가리켜요. アルバイト(아르바이트)와 명칭만 다르지 법적으로 똑같이 취급돼요. パート는 주부, アルバイト는 학생이 하는 이미지예요.

お弁当[おべんとう]
도시락
持っていく[もっていく]
① 가져가다
ダム 댐
できる② 생기다

お弁当を持っていかないことになった。 도시락을 가져가지 않게 되었어.

ここにダムができないことになりました。 여기에 댐이 생기지 않게 되었어요.

525

맛보기 연습　주어진 문장을 ～になる를 써서 '～가 되었다'라는 문장으로 바꿔 보세요.　(정답은 655쪽에)

工藤[くどう] (성씨)
議長[ぎちょう] 의장
展示会[てんじかい] 전시회
9月[く　がつ] 9월
1日[ついたち] 1일
10日[とおか] 10일
一番[いちばん] 제일
結論[けつろん] 결론

工藤さんが議長です

▶ _____

展示会は9月1日から10日までです

▶ _____

これが一番いいという結論です

▶ _____

맛보기 연습　주어진 문장을 ～ことになる를 써서 '～하게 되었습니다'라는 문장으로 바꿔 보세요.

(정답은 655쪽에)

生徒会長[せいと　かい　ちょう] 학생회장
選びます[えらびます] ①
고릅니다
予定[よてい] 예정
早く[はやく] 일찍
山[やま] 산
下ります[おります] ②
내려옵니다
離婚[りこん] 이혼

生徒会長を選びます

▶ _____

予定より早く山を下ります

▶ _____

離婚します

▶ _____

맛보기 연습　주어진 문장을 ～ないことになる를 써서 '～하지 않게 되었다'라는 문장으로 바꿔 보세요.

(정답은 655쪽에)

手術[しゅじゅつ] 수술
行う[おこなう] ① 행하다
二人[ふたり] 두 사람
別れる[わかれる] ②
헤어지다
田村[たむら] (성씨)
来韓[らいかん] 내한

手術を行いません

▶ _____

二人は別れません

▶ _____

田村さんは来韓しません

▶ _____

긍정·부정이 짝이 되는 표현

❶ ~つもりだ	~할 생각이다
~ないつもりだ	~하지 않을 생각이다
❷ ~た方^{ほう}がいい	~하는 편이 좋다
~ない方がいい	~하지 않는 편이 좋다
❸ ~てもいい	~해도 된다
~なくてもいい	~하지 않아도 된다
~てはいけない	~하면 안 된다, ~해서는 안 된다
❹ ~ても構^{かま}わない	~해도 상관없다
~なくても構わない	~하지 않아도 상관없다
❺ ~ことがある	~하는 경우가/때가 있다
~ないことがある	~하지 않는 경우가/때가 있다
~たことがある	~한 적이 있다
❻ ~よう(に)	~하도록
~ないよう(に)	~하지 않도록
❼ ~ように言^いう	~하도록 말하다
~ないように言う	~하지 않도록 말하다
❽ [변화] ~にする	~로 하다, ~하게 하다
~くする	~하게 하다
~ようにする	~하도록 하다
~ないようにする	~하지 않도록 하다
❾ [변화] ~になる	~가 되다, ~해지다
~くなる	~해지다
~ようになる	~하게 되다
~ないようになる	~하지 않게 되다
~なくなる	~하지 않게 되다
❿ [결정] ~にする	~로 하다
~ことにする	~하기로 하다
~ないことにする	~하지 않기로 하다
⓫ [결과] ~になる	~가 되다
~ことになる	~하게 되다
~ないことになる	~하지 않게 되다

1 다음 문장을 일본어로 만들어 보세요.

(1) 혼자서 조금 움직일 수 있게 되었다.

✎ --

(2) 다음다음 달, 이사하게 되었다.

✎ --

(3) 오늘은 집에 가지 않을 생각이야.

✎ --

(4) 오늘의 숙제는 제출하지 않아도 된다.

✎ --

(5) 점심이 되기 전에 배가 고플 때가 있다.

✎ --

(6) 현금을 사용하지 않게 되었어.

✎ --

(7) 그 자전거를 고칠 생각이다.

✎ --

(8) 감기가 빨리 낫도록, 많이 잤다.

✎ --

(9) 정 씨는 일본어를 틀리지 않게 되었습니다.

✎ --

(10) 사진이나 동영상을 찍어도 상관없다.

✎ --

(11) 저는 아들에게 방을 정리하도록 말했습니다.

✎ _____

(12) 이 미술관에서는 자유롭게 작품에 손대도 돼.

✎ _____

(13) 속이 나빠져서 쓰러진 적이 있습니다.

✎ _____

(14) 공기가 더러우니까 창문을 열지 말라고(열지 않도록) 말했어요.

✎ _____

(15) 방을 깨끗하게 했습니다.

✎ _____

(16) 그 이벤트는 취소(중지)가 되었어.

✎ _____

(17) 식사 때에, 잘 씹도록 하고 있어요.

✎ _____

(18) 여기에 걸터앉아서는 안 돼요.

✎ _____

(19) 늦지 않도록, 조심하세요.

✎ _____

(20) 밤이 되어, 밖이 어두워졌어.

✎ _____

(21) 아침 식사를 하지 않는 경우가 있어.

✎ --

(22) 그 선생님의 수업에는 늦지 않는 편이 좋습니다.

✎ --

(23) 이 치약은 이를 하얗게 만들어(해).

✎ --

(24) 저는 커피로 하겠습니다.

✎ --

(25) 약속 시간에 늦어도(대지 않아도) 상관없어.

✎ --

(26) 건강을 위해, 매일 아침 달리기로 했어.

✎ --

(27) 앞으로는 싫은 일에서 도망치지 않기로 했습니다.

✎ --

(28) 비에 젖으니까, 우산을 쓰는 편이 좋아.

✎ --

(29) 어제는 과음하지 않도록 했다.

✎ --

(30) 도시락을 가져가지 않게 되었어.

✎ --

実は、私は最近まで全然泳げなかった。前は泳げなくても構わないと思っていた。しかし、数年前、船の事故でたくさんの人が死んだ。それで、泳げるようになった方がいいと思って、プールに通うことにした。朝は早く起きるのが大変なので、夜8時からのクラスにした。仕事が終わった後、プールで1時間水泳を習うことになった。休まないようにしなければいけないので、仕事を早く終わらせるつもりだったが、仕事が終わらないことがよくあった。飲み会や遅くまで会議がある日もプールに行けなかった。このままではいけないと思って、プールの時間を朝に変えた。私は朝早く起きるのが苦手だから、寝坊しないように気を付けた。今は全然泳げなかったのが信じられないくらい、上手になった。

{단어}

実は[じつは] 실은 | 最近[さいきん] 최근 | 全然[ぜんぜん] 전혀 | 泳ぐ[およぐ]① 헤엄치다 | 前[まえ] 전, 앞 | 思う[おもう]① 생각하다 | 数年[すうねん] 수년 | 船[ふね] 배 | 事故[じこ] 사고 | 死ぬ[しぬ]① 죽다 | プール 수영장 | 通う[かよう]① 다니다 | 朝[あさ] 아침 | 早く[はやく] 일찍 | 起きる[おきる]② 일어나다 | 大変な[たいへんな] 힘든 | 夜[よる] 밤 | 8時[はち じ] 8시 | クラス 반, 클래스 | 仕事[しごと] 일(직업) | 終わる[おわる]① 끝나다 | 後[あと] 후 | 1時間[いち じかん] 1시간 | 水泳[すいえい] 수영 | 習う[ならう]① 배우다 | 休む[やすむ]① 쉬다 | 飲み会[のみかい] 술 모임 | 遅く[おそく] 늦게 | 会議[かいぎ] 회의 | 日[ひ] 날 | 行く[いく]① 가다 | 時間[じかん] 시간 | 変える[かえる]② 바꾸다 | 苦手な[にがてな] 잘 못하는 | 寝坊[ねぼう] 늦잠 | 気を付ける[きをつける] 조심하다 | 今[いま] 지금 | 信じる[しんじる]② 믿다 | 上手な[じょうずな] 잘하는

≫ 한국어에서는 늦잠을 '자다'라고 표현하죠? 일본어에서는 늦잠을 '하다'라고 표현하기 때문에 寝坊[ねぼう]를 する가 돼요.

실은 나는 최근까지 전혀 수영할 수 없었다. 전에는 수영할 수 없어도 상관없다고 생각하고 있었다. 그러나 수년 전 배 사고로 많은 사람들이 죽었다. 그래서 수영할 수 있게 되는 편이 좋다고 생각해서 수영장에 다니기로 했다. 아침은 일찍 일어나는 것이 힘들기 때문에, 밤 8시부터 하는 반으로 했다. 일이 끝난 후, 수영장에서 1시간 수영을 배우게 되었다. 쉬지 않도록 해야 하기 때문에 일을 빨리 끝낼 생각이었지만, 일이 끝나지 않는 경우가 자주 있었다. 술 모임이나 늦게까지 회의가 있는 날도 수영장에 갈 수 없었다. 이대로는 안 되겠다고 생각해서 수영장 시간을 아침으로 바꿨다. 나는 아침 일찍 일어나는 것을 잘 못해서 늦잠 자지 않도록 조심했다. 지금은 전혀 수영할 수 없었던 것이 믿기지 않을 정도로 잘하게 되었다.

일본의 설 문화

일본은 양력으로 설을 쇠요. 즉 양력 1월 1일이 설이에요. 설 연휴는 회사에 따라 약간 차이가 나지만 12월 29일부터 1월 3일까지는 행정기관이 쉬게 되어 있고 일반 회사들은 앞뒤로 더 쉬는 회사들도 있어요. 설 전에 할 일이 많은데(요즘은 안 하는 사람들도 많지만) 집이나 차에 설을 위한 장식을 달아요. 鏡餅[かがみもち]라고 부르는 눈사람 모양의 떡을 장식하거나 현관문이나 대문, 차 앞쪽이나 실내에 설 장식을 달아요. 이런 설 장식은 12월의 29일과 31일을 피하고 28일 이전이나 30일에 장식해요. 그리고 설에는 年賀状[ねんがじょう](연하장)를 보내는데, 年賀状는 보통 12월 15일~25일 사이에 보내서 정확히 1월 1일에 맞춰 배송해 줘요. 그리고 年賀状에는 번호가 매겨져 있어서 1월 중순이 조금 지났을 때쯤 추첨을 해서 당첨자들에게 상품을 줘요. 참고로 일본의 설 음식은 おせち料理[りょうり]라고 부르는데, 각 음식에 장수, 자손 번영, 풍년, 좋은 운수, 학업, 재물 운, 다복 등의 뜻이 담겨 있어요.

～ようにする와 ～ようになる, ～ことにする와 ～ことになる

～ようにする(~하도록 하다)와 ～ようになる(~하게 되다), ～ことにする(~하기로 하다)와 ～ことになる(~하게 되다)는 헷갈리기 쉬운 표현이죠. 그나마 한국어는 같은 표현 구별이 있어서 다행이에요! 그래도 잘못 쓰는 경우가 많은 표현들이니 다시 한 번 설명 드릴게요.

～ようにする의 반대 표현은 ～ないようにする이고, ～ようになる의 반대 표현은 ～ないようになる와 ～なくなる의 2가지예요. 그런데 ～なくなる를 쓰는 경우가 많으니 ～ようになる의 반대 표현은 ～なくなる로 알아 두셔도 돼요.

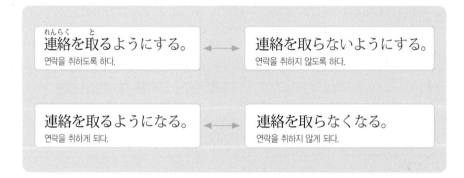

연락을 취하도록 하다.

連絡を取るようにする。

連絡を取らないようにする。
연락을 취하지 않도록 하다.

連絡を取るようになる。
연락을 취하게 되다.

連絡を取らなくなる。
연락을 취하지 않게 되다.

그리고 ～ことにする(~하기로 하다)와 ～ことになる(~하게 되다)는 의지가 나타나는지 안 나타나는지가 가장 큰 차이점이에요.

結婚することにした。　결혼하기로 했다. → 의지○

結婚することになった。　결혼하게 되었다. → 의지×

その集まりには出席しないことにした。
그 모임에는 참석하지 않기로 했다. → 의지○

その集まりには出席しないことになった。
그 모임에는 참석하지 않게 되었다. → 의지×

강의 및 예문듣기

54

부탁할 때 쓰는 표현

여기에서는 부탁할 때 쓰는 표현에 대하여 배워 봅시다. 덜 공손한 표현부터 매우 공손한 표현까지 다양하게 있으니 잘 확인해 보세요!

🎧 54-1.mp3

1단계

핵심문법 익히기

❶ 〜をください ~를 주세요

〜をください는 '~를 주세요', '~를 주십시오'라는 표현이니 어렵지는 않죠? 다만 한국어와 달리 일본어는 거의 명령처럼 강하게 요구하는 말로 받아들여진다는 점에 유의하셔야 해요. 의문문 형태가 아니라서 듣는 사람이 싫어도 거절하기가 어려워요. 가게에서 물건 살 때는 써도 돼요.

| 명사 | + | を | + | ください |

後で[あとで] 이따가
電話[でんわ] 전화

このシャツをください。　　　　　　　　　　이 셔츠를 주세요.

後で電話をください。　　　　　　　　　　이따가 전화를 주십시오.

┌─ 맛보기 연습　　주어진 단어를 〜をください로 연결하여 '~를 주세요'라는 문장을 만들어 보세요.

(정답은 656쪽에)

メニュー 메뉴
連絡[れんらく] 연락
パンフレット 팸플릿

メニュー ▶ _____

連絡 ▶ _____

パンフレット ▶ _____

❷ 〜てください ~해 주세요, ~하세요
〜ないでください ~하지 말아 주세요, ~하지 마세요

〜てください(~해 주세요, ~하세요), 〜ないでください(~하지 말아 주세요, ~

하지 마세요)도 앞의 1번에서 배운 〜をください(〜를 주세요)와 마찬가지로 의문문 형태가 아니라서 거의 명령과 같은 말투가 돼요. 한국어와 다르니 조심하세요.

동사 て형	
동사 ない형 + で	+ ください

できるだけ情報を集めてください。 　　　　가능한 한 정보를 모아 주세요.

壁にポスターを貼らないでください。 　　　　벽에 포스터를 붙이지 마세요.

≫ 〜てください의 반말 표현은 〜て이고, 〜ないでください의 반말 표현은 〜ないで예요.

맛보기 연습　주어진 문장을 〜てください를 써서 '〜해 주세요/〜하세요'라는 문장으로 바꿔 보세요.
(정답은 656쪽에)

必ずヘルメットをかぶる ▶ _____

自分の席に戻る ▶ _____

手伝いに来る ▶ _____

맛보기 연습　주어진 문장을 〜ないでください를 써서 '〜하지 말아 주세요/〜하지 마세요'라는 문장으로 바꿔 보세요.
(정답은 656쪽에)

勝手に触る ▶ _____

ここでタバコを吸う ▶ _____

心配する ▶ _____

❸ 〜てくださいますか ~해 주시겠어요?
　 〜てくださいませんか ~해 주시지 않겠어요?

앞의 2번에서 배운 〜てください를 질문으로 바꾼 것이 〜くださいますか예요. 〜てください는 명령 같지만 〜くださいますか라고 하면 부탁 표현이 돼요. 그리고 〜ますか라는 긍정으로 부탁하는 것보다 〜ませんか라는 부정으로 부탁하는 것이 더 정중한 부탁 표현이 돼요.

왼쪽 단어장

できるだけ 가능한 한
情報[じょうほう] 정보
集める[あつめる]② 모으다
壁[かべ] 벽
貼る[はる]① 붙이다

必ず[かならず] 반드시
ヘルメット 헬멧
自分[じぶん] 자기, 자신
席[せき] 자리
戻る[もどる]① 돌아가다
手伝う[てつだう]① 돕다

勝手に[かってに] 마음대로
触る[さわる]① 만지다
タバコ 담배
吸う[すう]① (담배를) 피우다
心配[しんぱい] 걱정

| 동사 て형 | + | くださいますか |
| | | くださいませんか |

プレゼント用に包んでくださいますか。 　선물용으로 포장해 주시겠습니까?

お茶を入れてくださいませんか。 　차를 타 주시지 않겠어요?

맛보기 **연습**　주어진 문장을 ～てくださいますか를 써서 '～해 주시겠어요?'라는 문장으로 바꿔 보세요.
(정답은 656쪽에)

この書類は鉛筆で書く

▶ _____

その人に電話をかける

▶ _____

この手紙を日本語に翻訳する、

▶ _____

≫ 翻訳[ほんやく](번역)의 발음을 ほにゃく로 하는 사람들이 꽤 있어요. ん과 や 발음이 붙어 버리지 않도록 유의하세요! ん을 받침 'ㄴ'보다 'ㅇ'에 가깝게 발음하도록 하세요.

맛보기 **연습**　주어진 문장을 ～てくださいませんか를 써서 '～해 주시지 않겠어요?'라는 문장으로 바꿔 보세요.
(정답은 656쪽에)

順番を守る

▶ _____

この仕事は他の人に頼む

▶ _____

この書類を10枚ずつコピーする

▶ _____

❹ ～てもらえますか ~해 줄 수 있어요?(~해 받을 수 있어요?)
～てもらえませんか ~해 줄 수 없어요?(~해 받을 수 없어요?)

～てもらう(~해 받다)를 456쪽에서 배웠죠? 이 もらう를 가능형 もらえる(받을 수 있다)로 바꿔서 만든 부탁 표현이에요. ～てもらえますか는 직역하면 '~해 받을 수 있습니까?'가 돼요. 이것도 역시 ～ませんか가 더 정중한 표현이에요.

동사 て형	+	もらえますか
		もらえませんか

あげた指輪を返してもらえますか。

　　　　　　　　　　　　　　　준 반지를 돌려줄 수 있어요?(돌려 받을 수 있어요?)

ちょっと負けてもらえませんか。

　　　　　　　　　　　　　　　좀 (가격을) 깎아 줄 수 없어요?(깎아 받을 수 없어요?))

≫ 負[ま]ける에는 '지다'라는 뜻 외에 '값을 깎다'라는 뜻도 있어요.

맛보기 연습　주어진 문장을 ～てもらえますか를 써서 '~해 줄 수 있어요?(~해 받을 수 있어요?)'라는 문장으로 바꿔 보세요.　　　　　　　　　　　　　　　(정답은 656쪽에)

ちょっと立つ ▶ _____

いたずらをやめる ▶ _____

間違いがないかチェックする

▶ _____

맛보기 연습　주어진 문장을 ～てもらえませんか를 써서 '~해 줄 수 없어요?(~해 받을 수 없어요?)'라는 문장으로 바꿔 보세요.　　　　　　　　　　　　　　　(정답은 657쪽에)

もう少し待つ ▶ _____

仕事を続ける ▶ _____

細かく説明する ▶ _____

指輪[ゆびわ] 반지
返す[かえす]① 돌려주다
負ける[まける]②
(값을)깎다

立つ[たつ]① 일어서다
いたずら 장난
やめる② 그만두다
間違い[まちがい] 틀린 것
チェック 체크

もう少し[もうすこし]
좀 더
待つ[まつ]① 기다리다
仕事[しごと] 일(직업)
続ける[つづける]②
계속하다
細かく[こまかく] 자세히
説明[せつめい] 설명

⑤ **〜ていただけますか** ~해 주실 수 있습니까?

(~해 받을 수 있습니까?)

〜ていただけませんか ~해 주실 수 없습니까?

(~해 받을 수 없습니까?)

〜てもらえますか의 もらう를 공손한 말인 いただく로 바꾼 것이 〜ていただけますか(~해 받을 수 있습니까?)예요. 이것도 역시 〜ませんか가 더 정중한 표현이에요.

동사 て형	+	いただけますか
		いただけませんか

遅れる[おくれる]② 늦다
言う[いう]① 말하다
後ろ[うしろ] 뒤
閉める[しめる]② 닫다

高田さんに遅れないように言っていただけますか。

たかだ 씨에게 늦지 말라고(늦지 않도록) 말해 주실 수 있습니까?(말해 받을 수 있습니까?)

後ろのドアを閉めていただけませんか。

뒷문을 닫아 주실 수 없습니까?(닫아 받을 수 없습니까?)

謝る[あやまる]①
사과하다
中[なか] 안, 속
見せる[みせる]②
보여주다
契約書[けいやくしょ]
계약서
確認[かくにん] 확인

> 맛보기 연습 주어진 문장을 〜ていただけますか를 써서 '~해 주실 수 있습니까?(~해 받을 수 있습니까?)'라는 문장으로 바꿔 보세요.　(정답은 657쪽에)

その人に謝る ▶ _____

かばんの中を見せる ▶ _____

契約書を確認する ▶ _____

運ぶ[はこぶ]① 옮기다
届ける[とどける]②
갖다주다, 보내다
代わりに[かわりに]
대신에
担当[たんとう] 담당

> 맛보기 연습 주어진 문장을 〜ていただけませんか를 써서 '~해 주실 수 없습니까?(~해 받을 수 없습니까?)'라는 문장으로 바꿔 보세요.　(정답은 657쪽에)

これを運ぶ ▶ _____

うちまで届ける ▶ _____

私の代わりにこの仕事を担当する

▶ _____

❻ ～(さ)せてください ~하게 해 주세요

'저에게 ~하게 해 주세요/주십시오'라고 허가를 받으려고 할 때 쓰는 부탁표현으로, 동사 사역형의 て형 뒤에 ください를 붙여요. 동사의 사역형은 2류동사 활용을 해요. '~해 드리겠습니다'라는 말을 정중하게 할 때도 이 표현을 써요. 반말 표현은 ください만 빼면 돼요.

» 사역형뿐만이 아니라 수동형, 사역수동형, 가능형도 모두 2류동사 활용을 해요.

동사 사역형 ⇨ ～(さ)せて ＋ ください

水[みず] 물
飲む[のむ]① 마시다
電話[でんわ] 전화
今日[きょう] 오늘
ご馳走する[ごちそうする]③ 대접하다, 한턱내다

水を飲ませて。
물을 마시게 해 줘.

電話をかけさせてください。
전화를 걸게 해 주세요.

今日は私にご馳走させてください。
오늘은 제가 (식사를) 대접하겠습니다(오늘은 저에게 대접하게 해 주세요).

» ご馳走[ちそう]는 '맛있는 요리', '진수성찬'이라는 뜻이에요. ご馳走する라고 하면 음식을 '대접하다', '음식을 사 드리다'라는 뜻이 돼요.

┌ **맛보기 연습** 주어진 문장을 ～(さ)せてください를 써서 '~하게 해 주세요'라는 문장으로 바꿔 보세요.
(정답은 657쪽에)

明日[あした] 내일
休む[やすむ]① 쉬다
調べる[しらべる]② 조사하다
娘さん[むすめさん] 따님
結婚[けっこん] 결혼

明日は休む ▶ _____

ちょっと調べる ▶ _____

娘さんと結婚する ▶ _____

» 娘[むすめ]さんと結婚[けっこん]させてください(따님과 결혼하게 해 주세요)는 여자친구 부모님께 결혼 허락을 받으려고 할 때 흔히 쓰는 표현이에요.

위의 연습에서는 사람이 전혀 나타나 있지 않죠? '~(사람)에게 ~하게 해 주세요'라는 문장 구조가 되기 때문에 〈～に～させてください〉라고 하면 돼요.

何[なん] 무엇
僕[ぼく] 나(남자)
決める[きめる]② 정하다

何にするか僕が決める。
무엇으로 할지 내가 정할게.

↓

何にするか僕に決めさせて。
무엇으로 할지 나에게 정하게 해 줘.

仕事[しごと] 일(직업)

その仕事は私がやります。　그 일은 제가 하겠습니다.

↓

その仕事は私にやらせてください。　그 일은 저에게 하게 해 주십시오.

今度[こんど] 이번, 다음
出張[しゅっちょう] 출장
行く[いく]① 가다
先に[さきに] 먼저
シャワー 샤워
浴びる[あびる]②
(샤워를)하다
部屋[へや] 방
掃除[そうじ] 청소
子ども[こども] 아이

맛보기 연습　주어진 문장을 ～に～(さ)せてください를 써서 '～에게 ～하게 해 주세요'라는 문장으로 바꿔 보세요.　(정답은 657쪽에)

今度の出張は私が行く

▶ _____

私が先にシャワーを浴びる

▶ _____

部屋の掃除を子どもがする

▶ _____

부탁할 때 쓰는 표현

❶ ～をください	～를 주세요
❷ ～てください ～ないでください	～해 주세요, ～하세요 ～하지 말아 주세요, ～하지 마세요
❸ ～てくださいますか ～てくださいませんか	～해 주시겠어요? ～해 주시지 않겠어요?
❹ ～てもらえますか ～てもらえませんか	～해 줄 수 있어요?(～해 받을 수 있어요?) ～해 줄 수 없어요?(～해 받을 수 없어요?)
❺ ～ていただけますか ～ていただけませんか	～해 주실 수 있습니까?(～해 받을 수 있습니까?) ～해 주실 수 없습니까?(～해 받을 수 없습니까?)
❻ ～(さ)せてください	～하게 해 주세요

1 다음 문장을 일본어로 만들어 보세요.

(1) 가능한 한 정보를 모아 주세요.

   ✎ --

(2) 이따가 전화를 주십시오.

   ✎ --

(3) 선물용으로 포장해 주시겠습니까?

   ✎ --

(4) 오늘은 제가 (식사를) 대접하겠습니다(오늘은 저에게 대접하게 해 주세요).

   ✎ --

(5) 준 반지를 돌려줄 수 있어요?(돌려 받을 수 있어요?)

   ✎ --

(6) 벽에 포스터를 붙이지 마세요.

   ✎ --

(7) 뒷문을 닫아 주실 수 없습니까?(닫아 받을 수 없습니까?)

   ✎ --

(8) 차를 타 주시지 않겠어요?

   ✎ --

(9) 좀 (가격을) 깎아 줄 수 없어요?(깎아 받을 수 없어요?)

   ✎ --

(10) 高田 씨에게 늦지 말라고(늦지 않도록) 말해 주실 수 있습니까?(말해 받을 수 있습니까?)

   ✎ --

谷口 씨는 과자 전문점에서 선물용 과자를 고른 후, 점원에게 배송을 부탁하려고 합니다.

谷口: これを一ついただけますか。

店員: はい、ありがとうございます。

谷口: プレゼント用に包んで、送っていただきたいんですが。

店員: はい、かしこまりました。では、こちらを書いてくださいますか。

谷口: はい。あ、それと、中に手紙を入れていただけませんか。

店員: はい。箱の中に入れましょうか。それとも、箱の上に置いてお包みしましょうか。

谷口: 箱の上に置いて包んでいただけますか。

店員: はい、かしこまりました。

{단어}

一つ[ひとつ] 하나 | 店員[てんいん] 점원 | プレゼント 선물 | ～用[よう] ～용 | 包む[つつむ]① 포장하다 | 送る[おくる]① 보내다 | 書く[かく]① 쓰다 | 中[なか] 안, 속 | 手紙[てがみ] 편지 | 入れる[いれる]② 넣다 | 箱[はこ] 상자 | 上[うえ] 위 | 置く[おく]① 놓다

たにぐち: 이것을 하나 주시겠어요?(받을 수 있겠어요?)

점   원: 네, 감사합니다.

たにぐち: 선물용으로 포장해서 보내 주셨으면 하는데요(보내 받고 싶은데요).

점   원: 네, 알겠습니다. 그럼, 이것을 써 주시겠습니까?

たにぐち: 네. 아, 그리고 안에 편지를 넣어 주실 수 없나요?(넣어 받을 수 없나요?)

점   원: 네, 상자 안에 넣어 드릴까요? 아니면, 상자 위에 놓고 포장해 드릴까요?

たにぐち: 상자 위에 놓고 포장해 주시겠어요?(포장해 받을 수 있겠어요?)

점   원: 네, 알겠습니다.

 '밥을 사 주다'라는 표현

'밥을 사 드리다'라는 표현으로 ご馳走する라는 말이 나왔는데, 이 표현은 윗사람이나 친하지 않는 사람에게 써요. 아랫사람이나 친한 사람에게 사 주는 경우는 おごる라고 해요. 그러니 윗사람에게는 私にご馳走させてください(저에게 사 드리게 해 주세요)라고 하고, 반말을 쓰는 상대에게는 私/僕がおごるよ(내가 살게)라고 하면 돼요. 이 때 '사 드린다', '사 준다'를 직역해서 ご馳走して差し上げる 또는 おごってあげる라고 하지 마세요! ～てあげる는 은혜를 베풀어 준다는 뉘앙스라서 주어가 '나'일 때는 매우 거만해 보여요! 특히 윗사람에게는 '나'를 낮추어 ～させてください를 쓰는 게 좋고, 반말에서는 그냥 おごる를 쓰면 돼요.

부탁 표현은 어떤 것을 쓰면 좋을까?

반말의 부탁 표현은 배우지 않았으니 여기에서 소개해 드릴게요. 그리고 ～てくれます(～해 줍니다) 라는 부탁 표현도 함께 정리할게요.

～てくれる？ ～해 줄래?	～てくれない？ ～해 주지 않을래?
～てもらえる？ ～해 줄 수 있어?(～해 받을 수 있어?)	～てもらえない？ ～해 줄 수 없어?(～해 받을 수 없어?)
～てくれますか ～해 줄래요?	～てくれませんか ～해 주지 않을래요?

부탁 표현은 종류가 많아서 어떤 차이가 있는지 잘 모르시겠죠? 어떤 표현이 더 정중한지를 아는 것 이 가장 중요해요. 여기에서 어떤 부탁 표현이 더 정중하게 들리는지 정리할게요.

덜 정중함 ←――――――――――――――――――→ 정중함

～てくれる？
～해 줄래?

～てくれない？
～해 주지 않을래?

～てもらえる？
～해 줄 수 있어? (～해 받을 수 있어?)

～てもらえない？
～해 줄 수 없어? (～해 받을 수 없어?)

～てくれますか
～해 줄래요?

～てくれませんか
～해 주지 않을래요?

～てもらえますか
～해 줄 수 있어요?
(～해 받을 수 있어요?)

～てもらえませんか
～해 줄 수 없어요?
(～해 받을 수 없어요?)

～てくださいますか
～해 주시겠어요?

～てくださいませんか
～해 주시지 않겠어요?

～ていただけますか
～해 주실 수 있습니까?
(～해 받을 수 있습니까?)

～ていただけませんか
～해 주실 수 없습니까?
(～해 받을 수 없습니까?)

정중함

가장 정중하게 들리는 표현은 ～ていただけませんか예요. 다양한 부탁 표현을 전부 기억하기 어 렵다면 정중하게 말할 때는 ～ていただけませんか를 쓴다고 기억해 두세요! 어디에 가서도 '예의 바른 사람'이라는 말을 들을 수 있을 거예요!

문법의
마지막 고비가 되는
표현들

여기에서는 일본어를 배울 때 많이 어려워하는 가정 표현과
높임말 표현을 연습할게요. 이 두 표현들을 잘 익히면 문법
의 기본기가 완성되니, 힘내서 마무리해요!

55

가정 표현 [〜ば·〜と·〜たら·〜なら]

강의 및 예문듣기

일본어의 가정 표현은 4가지가 있어요. 가정 표현 중에서 〜ば(〜하면)는 앞에서 배웠죠? 그 외에 '〜하면'이라는 뜻을 가진 가정 표현으로 〜と, 〜たら, 〜なら가 있어요. 바꿔 쓸 수 있는 경우도 있지만 바꿔 쓸 수 없는 경우도 있어요. 각 표현에 대해서 배워 봅시다!

🎧 55-1.mp3

1단계
핵심문법 익히기

① 〜ば 〜하면

동사의 ば형은 앞에서 배웠죠? 그런데 〜ば는 명사와 형용사에도 쓸 수 있어요. 다만 명사와 な형용사는 〜ならば가 되는데 ば를 생략하여 〜なら로 쓰는 경우가 많고 뜻도 〜なら의 뜻으로 써요. 접속방법은 명사와 な형용사도 보여 드리지만 문장연습에서는 뺄게요.

명사 な형(な삭제)	+	なら(ば)
い형(い삭제)	+	ければ
1류동사 え단	+	ば
2류동사 (る삭제)	+	れば
3류동사 (る삭제)		

安い[やすい] (값이) 싸다
僕[ぼく] 나(남자)
欲しい[ほしい] 갖고 싶다
走る[はしる]①
뛰다, 달리다
間に合う[まにあう]①
시간에 대다

安ければ僕も欲しい。
(값이) 싸면 나도 갖고 싶어.

走れば間に合います。
뛰면 늦지 않게 갈 수 있어요(시간에 댈 수 있어요).

📖 **맛보기 연습**   주어진 두 문장을 〜ば로 연결하여 '〜하면 〜합니다'라는 문장을 만들어 보세요.

(정답은 658쪽에)

ミス 실수
少ない[すくない] 적다
勝つ[かつ]① 이기다

ミスが少ない, 勝てる

▶ _____

明日[あした] 내일
天気[てんき] 날씨
サッカー 축구
12月[じゅうに がつ] 12월
待つ[まつ]① 기다리다
安く[やすく] 싸게
買う[かう]① 사다
ほめる② 칭찬하다
誰[だれ] 누구
うれしい 기쁘다
予約[よやく] 예약

明日、天気がいい, サッカーをする

▶ _____

12月まで待つ, 安く買える

▶ _____

ほめられる, 誰でもうれしい

▶ _____

予約する, 待たなくてもいい

▶ _____

가정 표현 〜ば의 특징은 다음과 같아요.

AばB (A면 B)

(1) 변하지 않는 것, 일반적인 것, 습관적, 반복적인 일에 잘 어울린다.

例 春が来れば花が咲く。 봄이 오면 꽃이 핀다.

ちりも積もれば山となる。 티끌 모아 태산(티끌도 쌓이면 산이 된다) [속담]

天気がよければ、毎朝歩く。 날씨가 좋으면, 매일 아침 걷는다.

(2) AじゃなければBじゃない(A가 아니면 B가 아니다)라는 반대 상황이 화자의 머릿속에 있는 경우가 많다.

例 晴れれば行く。 날씨가 개면 간다.

→ 晴れなければ行かない。 날씨가 개지 않으면 가지 않는다.

(3) B에는 의지, 희망, 명령, 의뢰 등을 포함하는 표현을 쓸 수 없다. 다만 A와 B의 주어가 다른 경우와 A에서 상태를 나타내는 경우는 B에서 의지 표현을 쓸 수 있다.

例 (×) 駅に着けば電話をください。 역에 도착하면 전화를 주세요.

彼が来れば出発しよう。 그가 오면 (우리가) 출발하자. [주어가 다름]

暑ければ窓を開けますよ。 더우면 창문을 열게요. [상태를 나타냄]

(4) B가 바람직한 내용인 경우가 많다.

例 日本語の本を読めば、日本語が上手になる。

일본어(의) 책을 읽으면, 일본어를 잘하게 된다.

(×) 日本語の本を読めば、頭が痛くなる。

일본어(의) 책을 읽으면, 머리가 아파진다.

(5) B의 성립이 기대된다는 내용에서 그 성립을 위해서 어떤 A가 필요한지 말하는 문장, 즉 A에 초점이 맞춰지는 문장에 잘 어울린다.

例 どうすれば、日本語が上手になりますか。 어떻게 하면 일본어를 잘하게 됩니까?

❷ 〜と 〜하면

〜と는 4가지 가정표현 중 가장 쓰는 범위가 좁다고 할 수 있는 것인데 A와B(A면 B)라고 했을 때 A라는 조건이 충족되면 반드시 B가 일어나는 경우예요. 그래서 길을 설명할 때 〜と를 많이 써요.

雨[あめ] 비
工事[こうじ] 공사
部屋[へや] 방
明るい[あかるい] 밝다
眠る[ねむる]① 잠들다
左[ひだり] 왼쪽
行く[いく]① 가다
入口[いりぐち] 입구

雨だと工事ができない。 　　　비가 오면(비면) 공사를 할 수 없어.

部屋が明るいと眠れません。 　　方이 밝으면 잠들 수 없어요.

ここを左に行くと入口がある。 　　여기를 왼쪽으로 가면 입구가 있다.

맛보기 연습　주어진 두 문장을 〜と로 연결하여 '〜하면 〜한다'라는 문장을 만들어 보세요. (정답은 658쪽에)

中学生[ちゅうがくせい]
중학생
大人[おとな] 어른
料金[りょうきん] 요금
先生[せんせい] 선생님
嫌いな[きらいな]
싫어하는
勉強[べんきょう] 공부

中学生です, 大人料金になります

▶ _____

先生が嫌いです, 勉強も嫌いになります

▶ _____

寒い[さむい] 춥다
トイレ 화장실
近い[ちかい] 가깝다
橋[はし] 다리
渡ります[わたります]①
건넙니다
隣[となり] 옆, 이웃
町[まち] 동네, 도시

寒いです, トイレが近くなります

▶ _____

この橋を渡ります, 隣の町です

▶ _____

≫ トイレが近[ちか]い(화장실이 가깝다)라는 표현은 '화장실에 자주 간다'라는 뜻이에요. 화장실에 가는 시간 간격
이 가깝다는 데에서 온 표현이에요. トイレが遠[とお]い(화장실이 멀다)라는 표현은 없어요.

정중하게 말할 때는 〜です/〜ます 뒤에 と를 붙여서 〜ですと/〜ますと의 형태
로 쓰기도 해요.

546

雨ですと工事ができません。 비가 오면(비면) 공사를 할 수 없습니다.

가정 표현 ～と의 특징은 다음과 같아요.

AとB (A면 B)

(1) 변하지 않는 것, 일반적인 것, 습관적인 것 등에 잘 어울린다.

　　이 점은 ～ば와 비슷하다.

　　예 春が来ると花が咲く。 봄이 오면 꽃이 핀다.

　　まっすぐ行くと、右に銀行がある。 곧장 가면, 오른쪽에 은행이 있다.

　　朝起きるとまず新聞を読む。 아침에 일어나면 우선 신문을 읽는다.

(2) B에는 의지, 희망, 명령, 의뢰 등을 포함하는 표현을 쓰지 못한다.

　　이 점은 ～ば와 비슷하다.

　　예 (×) 駅に着くと電話をください。 역에 도착하면 전화를 주세요.

❸ ～たら ~하면

4가지 가정 표현 중에서 가장 넓은 범위에 쓸 수 있는 표현이 ～たら예요. 어떤 것을 써야 할지 잘 모를 경우에 ～たら를 쓰면 틀릴 확률이 낮아요! ～たら는 과거형 뒤에 ら가 붙는 형태이지만 꼭 과거의 뜻이 있는 것이 아니에요.

명사 な형(な삭제)	+	だった	
い형(い삭제)	+	かった	+	ら
동사 た형			

明日[あした] 내일
暇な[ひまな] 한가한
一緒に[いっしょに] 같이
高い[たかい] 비싸다
買う[かう]① 사다
戻る[もどる]①
되돌아가다

明日暇だったら、一緒にどこか行こう。

내일 한가하면, 같이 어디(어딘가) 가자.

あまり高かったら買いません。 너무 비싸면 사지 않아요.

ここまで来たら、もう戻れない。 여기까지 오면, 이제 되돌아갈 수 없다.

(정답은 658쪽에)

明後日の午前だ, 時間がある

▶ _____

今度の試験がだめだ, また受ける

▶ _____

味が薄い, しょう油を付けて食べる

▶ _____

お酒を飲む, 車の運転はしない

▶ _____

明後日[あさって] 모레
午前[ごぜん] 오전
時間[じかん] 시간
今度[こんど] 이번, 다음
試験[しけん] 시험
だめな 안 되는
受ける[うける]②
(시험을)보다, 받다
味[あじ] 맛
薄い[うすい]
(맛이)싱겁다, 얇다
しょう油[しょうゆ] 간장
付ける[つける]②
묻히다, 붙이다
食べる[たべる]② 먹다
お酒[おさけ] 술
飲む[のむ]① 마시다
車[くるま] 차
運転[うんてん] 운전

정중하게 말할 때는 ~でした/~ました 뒤에 ら를 붙여서 ~でしたら/~ました
ら의 형태로 쓰기도 해요.

> 明日お暇でしたら、一緒にどこか行きましょう。
> 내일 한가하시면, 같이 어디(어딘가) 갑시다.

가정 표현 ~たら의 특징은 다음과 같아요.

> **AたらB (A면 B)**
>
> (1) 개별적(개인적)인 것, 구체적인 것에 잘 어울린다.
>   예 バイト代[だい]が入[はい]ったら、コンサートのチケットを買[か]う。
>   알바비가 들어오면, 콘서트(의) 티켓을 산다.
>
> (2) 정해져 있는 미래를 나타내기도 한다. '~한 후에'로 해석해도 이상하지 않다.
>   예 夏[なつ]になったら海[うみ]に行[い]く。 여름이 되면 바다에 간다.

④　~なら　~라면, ~한다면

~なら는 '~라면', '~한다면'으로 해석되니 다른 3가지 가정 표현과 느낌이 구별되
죠? ~なら의 뒷부분에서는 화자의 판단이나 명령, 희망, 의지 등을 나타내게 돼요.

(단, 명사 · 장형 현재형은)   +   なら

명사
な형(な삭제) + だ

人[ひと] 사람
決して[けっして] 결코
問題[もんだい] 문제
難しい[むずかしい]
어렵다
点数[てんすう] 점수
悪い[わるい] 나쁘다
仕方がない[しかたがな
い] 어쩔 수가 없다
直る[なおる]① 고쳐지다
捨てる[すてる]② 버리다

私がその人なら、そんなことは決してしない。

내가 그 사람이라면, 그런 일은 결코 하지 않는다.

問題が難しかったなら、点数が悪くても仕方がない。

문제가 어려웠다면, 점수가 나빠도 어쩔 수가 없다.

直らないなら、もう捨てます。   고쳐지지 않는다면, 이제 버릴게요.

맛보기 연습   주어진 두 문장을 ~なら로 연결하여 '~라면/한다면 ~한다/했다'라는 문장으로 바꿔 보세요. 문형은 각 문장에 맞춰 반말 형태로 바꾸세요.   (정답은 658쪽에)

金子[かねこ] (성씨)
帰る[かえる]①
집에 가다, 돌아가다
邪魔な[じゃまな]
방해가 되는
近い[ちかい] 가깝다
歩く[あるく]① 걷다

金子さんです, もう帰りました

▶ _____

邪魔じゃありません, そのままにしておいてください

▶ _____

ここから近いです, 歩いて行きましょう

▶ _____

高い[たかい] 비싸다
買う[かう]① 사다
映画[えいが] 영화
見る[みる]② 보다
一緒に[いっしょに] 같이
医者[いしゃ] 의사
何も[なにも] 아무것도
言う[いう]① 말하다
大丈夫な[だいじょうぶ
な] 괜찮은

それほど高くなかったです, 買いたかったです

▶ _____

その映画を見に行きます, 一緒に行きましょう

▶ _____

医者に何も言われませんでした, 大丈夫です

▶ _____

~ならは ~んなら/のならの 형태로 쓰는 경우도 많은데, 뜻의 차이는 별로 없어요.

> 直らないんなら、もう捨てます。 고쳐지지 않는다면, 이제 버릴게요.

또한 ~なら는 ~んだったら/のだったら의 형태로 쓰기도 해요. 이때의 ~たら는 ~なら와 쓰임이 같아요. 3가지 가정 표현 중에서 ~んだったら가 가장 구어적인 표현이에요.

> 直らないんだったら、もう捨てます。 고쳐지지 않는다면, 이제 버릴게요.

가정 표현 ~なら의 특징은 다음과 같아요.

AならB (A면 B)

(1) 화자가 다른 곳에서 얻은 정보에 대하여 B에서 조언이나 명령, 희망, 판단, 의지 등을 말한다.
　例 そこに行くなら、バスが便利ですよ。 거기에 간다면 버스가 편해요.

(2) 다른 가정 표현은 A와 B의 시간적인 전후관계가 반드시 A→B이지만, ~なら는 A→B와 B→A의 2가지 관계가 가능하다.
　例 日本に行くなら、日本語を習っておいた方がいい。
　　　 일본에 간다면 일본어를 배워 두는 편이 좋다.

---

❺ 4가지 가정 표현의 구별

~ば, ~と, ~たら, ~なら의 4가지 가정 표현은 서로 바꿔 쓸 수 있는 경우도 있지만 약간씩의 뉘앙스 차이가 있어요.

手術[しゅじゅつ] 수술
治る[なおる]① 낫다

手術をすれば治ります。	수술을 하면 낫습니다.
手術をすると治ります。	수술을 하면 낫습니다.
手術をしたら治ります。	수술을 하면 낫습니다.
手術をするなら治ります。	수술을 한다면 낫습니다.

왼쪽의 가정표현 문장을 하나씩 자세히 설명할게요.

手術をすれば治ります。 수술을 하면 낫습니다.

手術をすれば治ります와 手術をしたら治ります는 비슷한데 ～ば는 'AばB(A면 B)'에서 A쪽에 초점을 맞추는 특징이 있어서 '어떻게 하면 낫느냐면'이라는 느낌이 있어요. 그러니 '어떻게 하면 낫죠?'라는 질문에 대한 대답이라면 手術をすれば治ります가 가장 좋아요. 그리고 手術をしなければ治りません(수술을 하지 않으면 낫지 않습니다)라는 반대 상황이 머릿속에 있는 경우가 많아요.

手術をすると治ります。 수술을 하면 낫습니다.

～と는 'AとB(A면 B)'에서 'A가 일어나면 반드시 B가 일어나는 것'이죠? 그러니 手術をすると治ります라는 표현은 수술을 하면 100% 틀림없이 낫는 경우가 돼요.

手術をしたら治ります。 수술을 하면 낫습니다.

～たら를 쓴 것은 ～ば처럼 어느 한쪽으로 초점을 맞춘다는 느낌 없이 그냥 '수술을 하면 낫습니다'라고 한 말투예요.

手術をするなら治ります。 수술을 한다면 낫습니다.

～なら를 쓴 것은 이 말을 하기 전에 '수술을 한다'는 정보를 다른 곳에서 들은 상황이에요. 이 정보에 따라 '수술을 한다면 낫습니다'라고 할 때 ～なら를 써요.

아래의 4가지 가정 표현을 보고, 뒤에 이어지는 문장으로 가장 적절한 것을 골라 연결해 보세요.

お酒[おさけ] 술
飲む[のむ] ① 마시다
車[くるま] 차
置く[おく] ① 두다, 놓다
楽しい[たのしい] 즐겁다
頭[あたま] 머리
痛い[いたい] 아프다
～後[あと] ～ 후
水[みず] 물
飲む[のむ] ① 마시다

お酒を飲めば　・	・車を置いていく。
お酒を飲むと　・	・楽しくなる。
お酒を飲んだら・	・いつも頭が痛くなる。
お酒を飲むなら・	・その後、水をたくさん飲みなさい。

정답은 다음과 같아요.

お酒を飲めば楽しくなる。　　　　　　　　　　술을 마시면 즐거워진다.

お酒を飲むといつも頭が痛くなる。　　　　술을 마시면 항상 머리가 아파진다.

お酒を飲んだら、その後、水をたくさん飲みなさい。
　　　　　　　　　　　　　　　　술을 마시면, 그 후 물을 많이 마셔라.

お酒を飲むなら、車を置いていく。　　술을 마신다면, 차를 두고 가겠다.

위의 정답 문장들을 이해하기 쉬운 순서로 하나씩 설명할게요.

お酒を飲むなら、車を置いていく。 술을 마신다면, 차를 두고 가겠다.

車を置いていく(차를 두고 간다)는 행동이 술을 마시는 것보다 먼저 일어나기 때문에 ~
なら 외에는 접속이 안 돼요. 'A면 B'라는 문장에서 A보다 먼저 B가 일어날 수 있는 것은 ~
なら밖에 없어요.

お酒を飲めば楽しくなる。 술을 마시면 즐거워진다.

お酒を飲めば 뒤에는 부정적인 내용이 잘 어울리지 않기 때문에 頭が痛くなる(머리가
아파진다)는 잘 맞지 않아요. 그리고 'AばB'라는 문장에서 A와 B의 주어가 같은 경우 B에는
의지, 희망, 명령, 의뢰 등을 쓸 수 없으니 水をたくさん飲みなさい도 쓸 수 없어요.

お酒を飲むといつも頭が痛くなる。 술을 마시면 항상 머리가 아파진다.

~と 뒤에는 항상 변함없는 것이 어울리기 때문에 いつも頭が痛くなる(항상 머리가 아
파진다)가 맞아요. 그런데 楽しくなる(즐거워진다)도 연결할 수 있어요. 그리고 'AとB'라는
문장에서 B에는 의지, 희망, 명령, 의뢰 등을 쓸 수 없으니 水をたくさん飲みなさい는 연
결할 수 없어요.

お酒を飲んだら、その後、水をたくさん飲みなさい。
술을 마시면, 그 후 물을 많이 마셔라.

~たら는 가장 넓은 범위에 쓸 수 있는 가정 표현이에요. 이 문장에서도 お酒を飲んだら
의 경우에 その後、水をたくさん飲みなさい 외에 楽しくなる나 いつも頭が痛く
なる도 연결될 수 있어요.

552

이번에는 다음 두 문장의 뉘앙스 차이를 생각해 보세요.

スイッチを押せば電気がつく。 스위치를 누르면 불이 켜진다.

スイッチを押すと電気がつく。 스위치를 누르면 불이 켜진다.

위의 두 문장의 뉘앙스 차이를 하나씩 자세히 설명할게요.

> スイッチを押せば電気がつく。 스위치를 누르면 불이 켜진다.
>
> ~ば는 문장의 앞부분에 초점이 맞춰져요. 즉 '스위치를 누르면'이라는 부분을 말하고자 하는 문장이 되는 거죠. 그러니 '어떻게 하면 불이 켜지나요?'라는 질문에 대한 대답으로 잘 맞는 문장이 돼요.

> スイッチを押すと電気がつく。 스위치를 누르면 불이 켜진다.
>
> ~と를 쓴 문장은 '스위치를 누르면 불이 켜진다'라는 사용법을 설명을 하는 문장이 돼요.

❻ ~たら를 쓸 수 없는 경우

가장 넓은 범위에 쓸 수 있는 가정 표현은 ~たら예요. 그러니 ~たら를 쓸 수 없는 경우를 알아 두면 부자연스러운 문장을 만드는 일이 없어지겠죠!

1. 'A면 B'에서 B가 A보다 먼저 일어나는 경우

문장의 뒷부분인 B가 문장의 앞부분인 A보다 먼저 일어나는 경우에는 ~たら를 쓸 수 없어요. 이 경우에는 ~なら만 쓸 수 있어요.

日本に行くなら日本語を勉強しておいた方がいい。
일본에 간다면 일본어를 공부해 두는 편이 좋다.

2. 'A면 B'에서 A쪽에 초점이 맞춰져 있는 문장

'~면'이라는 문장의 앞부분에 초점이 맞춰진 문장에서는 ~たら를 쓸 수 없는 것은 아니지만 ~ば가 더 어울려요.

上手な[じょうずな]
잘하는

どうすれば、日本語がもっと上手になりますか。

어떻게 하면, 일본어를 더 잘하게 됩니까?

3. 불변의 진리, 일반적인 조건

어떤 상황에서도 변함없는 내용, 일반론적인 이야기인 경우 〜たら도 쓸 수는 있지만 〜ば나 〜と가 더 어울려요.

冬[ふゆ] 겨울
終わる[おわる]① 끝나다
春[はる] 봄
暖かい[あたたかい]
따뜻하다

冬が終われば春が来る。

겨울이 끝나면 봄이 온다.

春になると暖かくなります。

봄이 되면 따뜻해집니다.

4가지 가정 표현의 쓰임 차이를 정리해 보면 다음과 같아요.

	ば	と	たら	なら
항상, 꼭, 변함없이 (예 봄이 오면 꽃이 핀다)	○	○	△	
가정, 상상, '만약' (예 돈이 있으면 여행 가고 싶다)	○		○	○
B에서 의지, 희망, 명령, 의뢰를 나타낼 수 있음 (예 일본에 가면 친구를 보고 싶다)	△(조건)		○	○
'A면 B'에서 A에 초점이 맞춰진 경우	○			
정해져 있는 미래, '〜한 후에'(예 방학이 되면 여행 간다)			○	
'A면 B'에서 B가 A보다 먼저 일어나는 경우 (예 그것을 산다면 그 가게에 가는 것이 좋다)				○

포인트 정리

가정 표현 [〜ば・〜と・〜たら・〜なら]

❶ 〜ば 〜하면	항상, 변함없이, '만약(가정)', '〜하면'에 초점 [의지가 나타나지 않음(조건에 따라 나타남)]
❷ 〜と 〜하면	항상, 변함없이 [의지가 나타나지 않음]
❸ 〜たら 〜하면	'만약(가정)', '〜한 후에(정해져 있는 미래)'
❹ 〜なら 〜라면, 〜한다면	'만약(가정)', B가 A보다 먼저 일어나는 경우 [의지가 나타남]

1 다음 문장을 일본어로 만들어 보세요.

(1) 뛰면 늦지 않게 갈 수 있어요(시간에 댈 수 있어요).

✎ --

(2) 여기까지 오면, 이제 되돌아갈 수 없다.

✎ --

(3) 고쳐지지 않는다면, 이제 버릴게요.

✎ --

(4) 여기를 왼쪽으로 가면 입구가 있다.

✎ --

(5) (값이) 싸면 나도 갖고 싶어.
   ≫ 이 문장은 반말 구어이므로 '나'를 여자인 경우 私[わたし]로, 남자인 경우 僕[ぼく]나 俺[おれ]로 쓰세요.

✎ --

(6) 너무 비싸면 사지 않아요.

✎ --

(7) 내가 그 사람이라면, 그런 일은 결코 하지 않는다.
   ≫ 이 문장은 구어가 아니므로, 남자인 경우 '나'를 私[わたし], 僕[ぼく], 俺[おれ] 어떤 것으로 써도 돼요.

✎ --

(8) 문제가 어려웠다면, 점수가 나빠도 어쩔 수가 없다.

✎ --

(9) 방이 밝으면 잠들 수 없어요.

✎ --

(10) 내일 한가하면, 같이 어디 가자.

✎ --

日本のカフェやファミリーレストラン、ファーストフード店にはモーニングサービスメニューのあるところが多い。朝食の準備がしたくなかったら、このようなモーニングサービスを利用するといい。モーニングサービスは店によって違うが、飲み物を注文すればトーストと卵がついてくる店、飲み物の値段に100何十円かを足せば、サンドイッチがついてくる店、朝食用のセットメニューのある店などがある。安くて量の多い朝ごはんが食べたいなら、名古屋のモーニングサービスが一番だ。500円くらい出せば、コーヒーとサンドイッチ、卵料理、サラダが食べられる。名古屋に行くことがあったら、ぜひモーニングサービスを利用してほしい。

{단어}

カフェ 카페 | ファミリーレストラン 패밀리레스토랑 | ファーストフード店[てん] 패스트푸드점 | モーニング 모닝 | サービス 서비스 | メニュー 메뉴 | 多い[おおい] 많다 | 朝食[ちょうしょく] 조식 | 準備[じゅんび] 준비 | 利用[りよう] 이용 | 店[みせ] 가게 | 違う[ちがう] ① 다르다 | 飲み物[のみもの] 음료 | 注文[ちゅうもん] 주문 | トースト 토스트 | 卵[たまご] 계란 | 値段[ねだん] 값 | 100[ひゃく] 100 | 何十円[なん じゅう えん] 몇 십 엔 | 足す[たす] ① 보태다 | サンドイッチ 샌드위치 | ～用[よう] ～용 | セット 세트 | 安い[やすい] (값이) 싸다 | 量[りょう] 양 | 朝ごはん[あさごはん] 아침밥 | 食べる[たべる] ② 먹다 | 名古屋[なごや] (지명) | 一番[いちばん] 제일 | 500円[ごひゃく えん] 500엔 | 出す[だす] ① 내다 | コーヒー 커피 | 料理[りょうり] 요리 | サラダ 샐러드

» ファーストフード(패스트푸드)는 ファストフード로 쓰는 것이 옳은 표기라고 하여 신문 등에서는 ファストフード로 표기하지만, 일상적으로는 말할 때도 쓸 때도 길게 ファーストフード라고 하는 경우가 더 많아요. 일본에 패스트푸드가 처음 들어왔을 때 fast를 영국식 발음인 장음으로 표기하는 것이 정착되어 그렇다고 하네요.

일본의 카페나 패밀리레스토랑, 패스트푸드점에는 모닝서비스 메뉴가 있는 곳이 많다. 아침식사 준비를 하고 싶지 않으면 이러한 모닝서비스를 이용하면 좋다. 모닝서비스는 가게에 따라서 다른데, 음료를 주문하면 토스트와 계란이 함께 나오는 가게, 음료 값에 100 몇 십엔을 보태면 샌드위치가 함께 나오는 가게, 아침식사용 세트메뉴가 있는 가게 등이 있다. 싸고 양이 많은 아침밥을 먹고 싶다면, 나고야의 모닝서비스가 제일 좋다(제일이다). 500엔 정도 내면 커피와 샌드위치, 계란요리, 샐러드를 먹을 수 있다. 나고야에 갈 일이 있으면, 꼭 모닝서비스를 이용하기 바란다.

 표준어권과 서쪽 지역의 가정표현 사용의 차이

한국에도 표준어와 사투리가 있죠? 일본도 역시 표준어와 사투리가 있는데 일본이 남북으로 길어서 사투리가 다양하고 그 지역 사람이 아니면 알아듣기 힘든 경우도 많아요. 가정 표현도 약간 차이가 나는데, 도쿄를 중심으로 한 표준어권에서는 ～と, ～ば, ～たら, ～なら를 구별해서 쓰고 오사카를 중심으로 한 서쪽 지역에서는 4가지 표현을 잘 구별하지 않고 ～たら를 쓰는 경우가 많다고 해요. 그런데 보통체형 뒤에 ～たら를 쓰는 것은 매우 구어적인 말투라서 격식 차려 말해야 할 때 ～でしたら, ～ましたら처럼 정중체형 뒤에 붙여 쓰는 것이 좋아요.

ば형의 구어체

구어에서는 줄여 쓰는 경우가 있는 것은 어느 나라 말이나 마찬가지겠죠. 일본어 ば형도 줄여서 발음하는 경우가 있어요. 〈え단+ば〉를 〈い단+ゃ〉로 발음하는 거예요. 그런데 ば형을 이렇게 줄여서 발음하면 거친 말투가 돼요.

大きければ → 大きけりゃ
行けば → 行きゃ   見れば → 見りゃ
来れば → 来りゃ   すれば → すりゃ

暑けりゃエアコンつけろ。 더우면 에어컨 켜라.
読みゃわかる。 읽으면 알 거야.
したけりゃすりゃいい。 하고 싶으면 하면 돼.

〜なければ라는 부정의 경우도 똑같이 〜なけりゃ로 줄이기도 하고 더 줄여서 〜なきゃ라고 하기도 하는데, 〜なきゃ를 더 많이 써요. 〜なけりゃ는 거친 말투인데 〜なきゃ는 거친 말투가 아니에요.

休みじゃなければ　→ 休みじゃなけりゃ　→ 休みじゃなきゃ
小さくなければ　　→ 小さくなけりゃ　　→ 小さくなきゃ
言わなければ　　　→ 言わなけりゃ　　　→ 言わなきゃ

あの人がいなけりゃ大丈夫なのに。 저 사람이 없으면 괜찮은데.
お金をちゃんと出さなきゃだめ。 돈을 제대로 내지 않으면 안 돼.
好きじゃなきゃこんなことしない。 좋아하지 않으면 이런 일 하지 않아.
並んで待たなきゃ入れない。 줄 서서 기다리지 않으면 들어갈 수 없어.

56 높임말 표현

강의 및 예문듣기

일본어의 높임말은 한국어의 높임말보다 더 복잡해요! 사실 높임말을 제대로 사용하지 못하는 일본 사람들도 꽤 있어요. 일본 사람도 어려워하는 높임말을 한국 사람이 제대로 사용하면 일본 사람들이 깜짝 놀랄 거예요! 여기에서 정확히 배워 봅시다!

🎧 56-1.mp3

1단계
핵심문법 익히기

높임말의 종류

❶ **존경어**	존경어는 청자('당신')나 제3자('저'나 '당신' 외의 다른 사람)를 높이는 말이에요. 한국어의 '주체 높임법'과 같아요. 즉 '계시다', '~하시다', '성함'과 같은 높임말이죠.
❷ **겸양어1**	겸양어1은 행위를 받는 사람(청자('당신') 또는 제3자)을 높이기 위해 화자 쪽을 낮추는 말이에요. 한국어의 '객체 높임법'과 비슷하죠. 즉 '여쭙다', '드리다'와 비슷해요.
❸ **겸양어2**	겸양어2는 청자('당신')를 높이기 위해 화자 쪽을 낮추는 말이에요. 한국어에서는 잘 쓰지 않지만 자기 회사를 낮추어 말하는 '폐사(弊社)'와 같은 거예요. ≫ '겸양어2'를 '정중어'라고 부르는 사람도 있어요.
❹ **겸양어1+겸양어2**	행위를 받는 사람도 높이고 이야기를 듣는 청자('당신')도 높이려면 겸양어1과 겸양어2를 합해서 쓰면 돼요. 행위를 받는 사람과 이야기를 듣는 상대방이 같은 사람일 수도 있고 다른 사람일 수도 있어요.
❺ **정녕어**	정녕어는 청자('당신')에 대해서 말투를 정중하게 하는 높임말이에요. ～です, ～ます와 같은 존댓말이라고 생각하면 돼요.
❻ **미화어**	미화어는 주로 명사 앞에 お나 ご를 붙여서 명사를 품위 있게 만드는 높임말이에요(단, 명사 앞에 お/ご를 붙이는 것에는 존경어나 겸양어도 있어요). 미화어는 누구를 높이거나 낮추는 것이 아니라, 말 자체를 미화한 것이라서 혼잣말에도 쓸 수 있다는 점이 다른 높임말들과 달라요.

① **존경어**

お/ご～になる
～(ら)れる
존경동사
お/ご～ください
お/ご+명사·형용사

1. お/ご～になる ～하시다

존경어는 청자('당신')나 제3자('저'나 '당신' 외의 다른 사람)를 높이는 말이에요. 동사의 ます형 앞에 お를 붙이고 뒤에 になる를 붙여요. 또 행위를 나타내는 한자어 명사는 앞에 ご를 붙이고 뒤에 になる를 붙이면 돼요. 단, 2류동사 중 사전형 る 앞에 한 글자밖에 없는 것들(見る, いる 등)과 3류동사는 이 문형을 쓸 수 없어요.

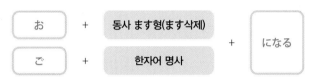

» 한자어 명사 중에서 お電話와 같이 예외적으로 お가 붙는 경우도 있어요.

大統領がお亡くなりになった。

대통령이 돌아가셨어.

総理はこの旅館をご利用になりました。

총리는 이 료칸을 이용하셨어요.

📖 **맛보기 연습**　주어진 문장을 お/ご～になる를 써서 '～하셨습니다'라는 존경어 문장으로 바꿔 보세요.

(정답은 659쪽에)

お客様はこれを選んだ

▶ _____

先生は新しい研究会を始めた

▶ _____

丸山さんはカナダの大学を卒業した

▶ _____

それについて社長が説明した

▶ _____

大統領[だいとうりょう] 대통령

亡くなる[なくなる]① 세상을 뜨다

総理[そうり] 총리

旅館[りょかん] 료칸(일본식 호텔)

利用[りよう] 이용

お客様[おきゃくさま] 손님

選ぶ[えらぶ]① 고르다

先生[せんせい] 선생님

新しい[あたらしい] 새롭다

研究会[けんきゅうかい] 연구회

始める[はじめる]② 시작하다

丸山[まるやま] (성씨)

カナダ 캐나다

大学[だいがく] 대학교

卒業[そつぎょう] 졸업

社長[しゃちょう] 사장(님)

説明[せつめい] 설명

2. ～(ら)れる ～하시다

수동형과 같은 형태를 존경어로 쓰기도 해요. 수동의 뜻인지 존경의 뜻인지는 문맥에 따라 판단해야 해요. 이 표현보다 바로 앞에서 배운 〈お/ご～になる〉의 형태가 높이는 느낌이 더 많은 표현이에요.

1류동사	あ단	+	れる
2류동사	る삭제	+	られる
3류동사	来られる		される

» 2류동사의 경우는 존경어와 수동, 가능의 형태가 모두 같아서 일본 사람끼리 이야기할 때도 오해하는 경우가 있어요.

大変[たいへん] 대단히
喜ぶ[よろこぶ]①
기뻐하다
校長先生[こうちょう
せんせい] 교장 선생님
話[はなし] 이야기
続ける[つづける]②
계속하다

藤本さんはそのプレゼントを大変喜ばれた。

ふじもと 씨는 그 선물을 대단히 기뻐하셨다.

校長先生はお話を続けられました。　교장 선생님은 말씀을 계속하셨습니다.

맛보기 연습　주어진 문장을 ～(ら)れる를 써서 '～하셨다'라는 존경어 문장으로 바꿔 보세요.

(정답은 659쪽에)

方[かた] 분(사람)
財布[さいふ] 지갑
落とす[おとす]①
떨어뜨리다
部長[ぶちょう] 부장(님)
電話番号[でんわ ばんご
う] 전화번호
変える[かえる]② 바꾸다
課長[かちょう] 과장(님)
約束[やくそく] 약속
時間[じかん] 시간
早く[はやく] 일찍
松尾[まつお] (성씨)
プロジェクト 프로젝트
計画[けいかく] 계획

その方はお財布を落とした

▶ _____

部長は電話番号を変えた

▶ _____

課長は約束の時間より早く来た

▶ _____

松尾さんがこのプロジェクトを計画した

▶ _____

3. 존경동사

한국어에서 '먹다'의 존경어가 '잡수시다'라는 완전히 다른 단어죠? 일본어에도 이처럼 완전히 형태가 다른 존경어를 갖는 동사들이 있어요. 이와 같이 완전히 다른 형태를 갖는 동사들은 앞의 1번과 2번에서 배운 존경어 활용형태보다 여기에서 배우는 단어가 더 높이는 말이 돼요.

기본 동사	존경동사
行<ruby>い</ruby>く (가다) 来<ruby>く</ruby>る (오다) いる (있다)	いらっしゃる おいでになる
食<ruby>た</ruby>べる (먹다) 飲<ruby>の</ruby>む (마시다)	召<ruby>め</ruby>し上<ruby>あ</ruby>がる
言<ruby>い</ruby>う (말하다)	おっしゃる
知<ruby>し</ruby>っている (알고 있다)	ご存<ruby>ぞん</ruby>じだ
見<ruby>み</ruby>る (보다)	ご覧<ruby>らん</ruby>になる
着<ruby>き</ruby>る (입다)	お召<ruby>め</ruby>しになる
寝<ruby>ね</ruby>る (자다)	お休<ruby>やす</ruby>みになる
くれる (주다)	くださる
する (하다)	なさる

» 召[め]し上[あ]がる를 お~になる로 더 높여서 お召し上がりになる라고 하는 경우도 많아요. 높임말을 2가지 겹쳐 쓰는 것을 '이중 높임말'이라고 해서 틀린 말이라고 하는데, お召し上がりになる는 일반적으로 많이 쓰고 틀린 말로 보지 않아요.

이 중 いらっしゃる와 おっしゃる, くださる, なさる는 활용이 불규칙적으로 일어나서 ます형에서 る가 り가 되지 않고 い가 되어 각각 いらっしゃいます, おっしゃいます, くださいます, なさいます가 되니 조심하세요! ます형 외의 활용형태는 ら행 활용이 돼요.

映画[えいが] 영화
先生[せんせい] 선생님
首相[しゅしょう] 수상
来週[らいしゅう] 다음 주

この映画は先生もご覧になったそうだ。　이 영화는 선생님도 보셨다고 한다.

イギリスの首相が来週インチョンにいらっしゃいます。

영국의 수상이 다음 주에 인천에 오세요.

┌─────┐
│맛보기 연습│　주어진 문장을 존경동사를 써서 '~하셨습니다'라는 존경어 문장으로 바꿔 보세요.
└─────┘

(정답은 659쪽에)

サービス 서비스

このサービスを知っていますか

▶

会長[かいちょう] 회장(님)
大丈夫な[だいじょうぶな] 괜찮은
シャツ 셔츠
村田[むらた] (성씨)
お母様[おかあさま] 어머님
武田[たけだ] (성씨)
～様[さま] ～님
ラーメン 라면

会長は大丈夫だと言いました

▶ _____

このシャツは村田さんのお母様がくれました

▶ _____

武田様はラーメンを食べました

▶ _____

王様[おうさま] 임금님
服[ふく] 옷
昨日[きのう] 어제
何時[なんじ] 몇 시
仕事[しごと] 일(직업)
上野[うえの] (성씨)
お父様[おとうさま] 아버님

王様はその服を着ました

▶ _____

昨日、何時に寝ましたか

▶ _____

その仕事は上野さんのお父様がしました

▶ _____

4. お/ご～ください ～해 주십시오, ～하십시오

～てください(～해 주세요, ～하세요)의 존경어 표현이에요. 위에서 배운 お/ご～
になる를 ～てください로 활용해서 お/ご～になってください라고 해도 같은 뜻
인데 이를 줄인 것이라고 보면 돼요.

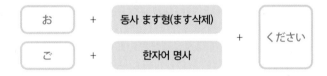

泊まる[とまる]① 묵다
添付[てんぷ] 첨부
確認[かくにん] 확인

ぜひ、こちらにお泊まりください。　꼭, 여기에 묵으십시오.

添付ファイルをご確認ください。　첨부 파일을 확인해 주십시오.

그런데 바로 앞에서 배운 다른 형태로 높인 존경동사들은 이미 높임말이라서 お召
し上がりください(잡수십시오)와 같은 예외를 제외하고 お/ご～ください로 하지
않고 그냥 존경동사의 て형에 ください를 붙이면 돼요. ～になる라는 형태의 존경
동사들은 になって를 생략해서 쓰는 경우가 많아요(맨 오른쪽).

いらっしゃる　　　　　いらっしゃってください

おっしゃる　　　　　　おっしゃってください

なさる　　　　　　　　なさってください

おいでになる　⇨　おいでになってください　　　おいでください

ご覧になる　　　　　ご覧になってください　　⇨　ご覧ください

お召しになる　　　　お召しになってください　　　お召しください

お休みになる　　　　お休みになってください　　　お休みください

来てください(와 주세요, 오세요)의 존경어로는 いらっしゃってください, おいでください 외에 お越しください도 있어요.

맛보기연습　주어진 문장을 お/ご～ください를 써서 존경어 문장으로 바꿔 보세요.　(정답은 659쪽에)

お食事をゆっくり楽しんでください

▶ _____

切符を見せてください

▶ _____

フィッシング詐欺に注意してください

▶ _____

ごみのリサイクルに協力してください

▶ _____

5. お/ご+명사·형용사

명사나 형용사 앞에 お나 ご가 붙어서 높이는 경우가 있어요.

명사

名前	⇨	お名前		住所	⇨	ご住所
이름		성함		주소		주소(높임)

형용사

忙しい	⇨	お忙しい		立派な	⇨	ご立派な
바쁘다		바쁘시다		훌륭한		훌륭하신

食事[しょくじ] 식사
楽しむ[たのしむ]① 즐기다
切符[きっぷ] 표
見せる[みせる]② 보여 주다
フィッシング詐欺[さぎ] 보이스피싱 사기
注意[ちゅうい] 주의
リサイクル 재활용
協力[きょうりょく] 협력

>> お, ご 외에 おん이 붙는 경우도 있어요. お, ご, おん은 모두 한자 御의 소리예요. おん이 붙는 예로는 御社[お んしゃ](귀사), 御中[おんちゅう](귀중: 우편물의 수취인 이름 뒤에 붙이는 말), 御身[おんみ](옥체) 등이 있는데, 일상적으로 흔히 쓰는 것은 이 3가지 단어 정도예요. 또 御를 ぎょ나 み로 읽는 경우도 있지만 일상회화에서는 거 의 나오지 않아요.

> **맛보기 연습** 　주어진 문장의 명사나 형용사 앞에 お/ご를 붙여 존경어를 만들어 보세요. 　(정답은 659쪽에)

先生[せんせい] 선생님
手紙[てがみ] 편지
元気な[げんきな]
잘 있는, 건강한
熱心な[ねっしんな]
열심인, 열성적인

これは先生からの手紙です

▶ _____

元気ですか

▶ _____

みなさん熱心ですね

▶ _____

❷ **겸양어1**　　　　　　　　　　　お/ご~する
　　　　　　　　　　　　　　　겸양동사(1)
　　　　　　　　　　　　　お/ご+명사·형용사

1. お/ご~する

겸양어1은 행위를 받는 사람(행위의 대상자)을 높이는 말, 즉 '객체 높임법'과 비슷한 말이라고 했죠? 겸양어1은 한국어로 직역하지 못하는 경우도 많은데, 그러한 경우는 '~해 드리다' 정도로 해석하거나 높임말을 살리지 못하고 해석할 수밖에 없어요.

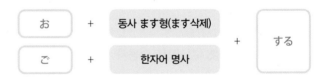

住所[じゅうしょ] 주소
聞く[きく]① 묻다, 듣다
案内[あんない] 안내

先生にご住所をお聞きした。　　　　　　　선생님께 주소를 여쭈었다.

杉山さんにキョンジュをご案内しました。
　　　　　　　　　　　すぎやま 씨에게 경주를 안내해 드렸습니다.

> **맛보기 연습** 　주어진 문장을 お/ご~する를 써서 겸양어1 문장으로 바꿔 보세요. 　(정답은 660쪽에)

お客様[おきゃくさま]
손님
荷物[にもつ] 짐
持つ[もつ]① 들다, 가지다

お客様のお荷物を持った

▶ _____

先生に月の写真を見せた

▶ _____

社長に電話で連絡した

▶ _____

部長に夫を紹介した

▶ _____

2. 겸양동사(1)

겸양어1도 존경어와 마찬가지로 완전히 다른 형태를 갖는 겸양동사(1)이 있어요. 이러한 완전히 다른 형태를 갖는 동사들은 앞에서 배운 활용형태보다 여기에서 배우는 단어가 더 공손한 말이 돼요.

기본 동사	겸양동사(1)
行[い]く (가다) 来[く]る (오다) 聞[き]く (묻다) 尋[たず]ねる (묻다) 訪[たず]ねる (방문하다)	伺[うかが]う
言[い]う (말하다)	申[もう]し上[あ]げる
知[し]る (알다) 思[おも]う (생각하다)	存[ぞん]じ上[あ]げる
あげる (주다)	差[さ]し上[あ]げる
もらう (받다)	いただく
会[あ]う (만나다)	お目[め]にかかる
見[み]せる (보여 주다)	ご覧[らん]に入[い]れる お目[め]にかける
見[み]る (보다)	拝見[はいけん]する
借[か]りる (빌리다)	拝借[はいしゃく]する

≫ 聞[き]く는 '듣다'가 아니라 '묻다'의 뜻으로 쓰는 경우에 제한돼요. 尋[たず]ねる도 '묻다'라는 뜻인데, 이는 문어적인 말로 일상회화에서는 聞く를 써요.

565

>> 伺[うかが]う를 お/ご~する로 활용해서 더 공손하게 お伺いする라고도 써요. 원래 이중 높임말은 틀린 표현인데, お伺いする는 흔히 쓰는 말이고 틀린 표현으로 보지 않아요.

>> 存[ぞん]じ上[あ]げる(알다)는 사람에 대해서 쓰는 말이에요.

<table>
<tr><td>校長先生[こうちょうせんせい] 교장 선생님
明日[あす] 내일</td><td></td></tr>
</table>

校長先生にそう申し上げた。　　　　　　교장 선생님께 그렇게 말씀 올렸어.

明日、伺います。　　　　　　　　　　내일, 찾아 뵙겠습니다.

>> '내일'이라는 단어는 あした로 발음하는 것보다 あす로 발음하는 것이 더 격식 차린 말투가 돼요. 한자는 똑같이 明日라고 써요.

>> 伺[うかが]います는 '가다', '오다', '묻다', '방문하다'의 겸양어가 되기 때문에 상황에 따라 어떤 뜻으로 썼는지 판단해야 해요.

▶ 맛보기 연습　주어진 문장을 겸양동사(1)을 써서 겸양어1 문장으로 바꿔 보세요.　　(정답은 660쪽에)

方[かた] 분(사람)
私[わたくし] 저
昨日[きのう] 어제
平野[ひらの] (성씨)
ジャム 잼
大塚[おおつか] (성씨)
お客様[おきゃくさま] 손님
名前[なまえ] 이름
久保[くぼ] (성씨)
お宅[おたく] 댁(집)
社長[しゃちょう] 사장(님)
お茶[おちゃ] (마시는)차

その方は私もよく知っております

▶ _____

昨日、平野さんに会いました

▶ _____

このジャムは大塚さんにもらいました

▶ _____

お客様にお名前を聞きました

▶ _____

久保さんのお宅を見ました

▶ _____

これを借りたいのですが、よろしいですか

▶ _____

ぜひ見せたいものがあります

▶ _____

社長にお茶をあげました

▶ _____

>> 名前[なまえ](이름) 앞에 お를 붙여서 お名前라고 하면 '성함'이라는 뜻이 돼요.

>> 私를 일상적으로는 わたし로 읽는데, 매우 공손하게 말할 때는 わたくし라고 읽어요.

3. お/ご+명사·형용사

겸양어1도 존경어와 마찬가지로 명사나 형용사 앞에 お나 ご가 붙어서 겸양어가 되는 것들이 있어요. 어떤 문장에서 쓰는지에 따라 존경어가 될 수도 있고 겸양어가 될 수도 있는 것들이 많아요.

連絡[れんらく] 연락
差し上げる[さしあげる] 드리다

[존경어] 社長からご連絡をいただいた。   사장님으로부터 연락을 받았다.

[겸양어1] 社長にご連絡を差し上げた。   사장님께 연락을 드렸다.

존경어로도 쓰는 단어인 경우 겸양어로 써도 존경어로 오해받기도 해서 아래처럼 お/ご〜する라는 겸양어1의 활용형태에 맞춰 쓰는 것이 무난해요.

社長にご連絡した。   사장님께 연락 드렸다.

명사나 형용사 앞에 お나 ご가 붙는 것들 중에서 겸양어로만 쓰는 단어의 예로는 お相伴(주빈의 상대를 해서 함께 대접 받음), ご進言(진언), おうらやましい(부럽다), お恥ずかしい(부끄럽다) 등이 있는데, 예가 많지 않고 일상적으로 흔히 쓰는 예는 별로 없어요. 다만 お恥ずかしい는 흔히 써요.

앞에 お나 ご가 붙는 명사나 형용사 중에서 겸양어로 쓰는 것은 위에서 연습한 お/ご〜する로 쓰는 것이 좋으니 여기에서는 따로 연습하지 않을게요.

❸ **겸양어2**   겸양동사(2)

겸양어2는 청자('당신')를 높이기 위해 화자 쪽을 낮추어 공손하게 말하는 높임말이에요. 겸양어2는 완전히 다른 형태를 갖는 겸양동사(2)만 있어요. 그리고 겸양어2는 청자('당신')를 대상으로 쓰는 높임말이라서 보통 존댓말에 써요. 반말을 쓰는 사람에게 높임말을 쓰는 경우는 없으니까요.

기본 동사	겸양동사(2)
行く (가다) 来る (오다)	参る
いる ((생물이)있다)	おる
ある ((무생물이)있다)	ござる

567

食べる (먹다) 飲む (마시다)	いただく
言う (말하다)	申す
知る (알다)	存じる
する (하다)	いたす

» ござる는 ます형에서 る가 り 아닌 い로 바뀌어 ございます가 돼요.

» いたす는 한자 致す로 쓰는 경우도 있어요. 단독으로 '하다'만 쓸 때는 한자 致す로 쓰는 경우가 많고 用意[よう
い]する(준비하다)와 같이 명사 뒤에 する를 붙여서 쓸 때는 보통 히라가나 いたす로 써요.

遠慮[えんりょ] 사양

(다른 사람이 식사를 대접해 주는 자리에서)
それでは、遠慮なくいただきます。　　　그럼, 사양하지 않고 먹겠습니다.

松井と申します。　　　まつい라고 합니다.

🔖 맛보기 연습　　**주어진 문장을 겸양동사(2)를 써서 겸양어2 문장으로 바꿔 보세요.**　　(정답은 660쪽에)

本当[ほんとう]
정말임, 사실
本[ほん] 책
明日[あす] 내일
行ってくる[いってくる]
③ 갔다 오다
昼食[ちゅうしょく] 점심
用意[よう] 준비

それが本当かどうかは知りません
▶ _____

その本はこちらにあります
▶ _____

明日ならうちにいます
▶ _____

行ってきます
▶ _____

昼食を用意します
▶ _____

❹ 겸양어1+겸양어2　　　　　　　　　　　　　お/ご~いたす

겸양어1은 행위를 받는 사람을 높이고 겸양어2는 청자('당신')를 높이는 말이죠. 이 둘을 합해서 행위를 받는 사람도 높이고 청자('당신')도 높이려면 겸양어1과 겸양어2를 합하면 돼요! 겸양어1인 お/ご~する의 する를 겸양어2인 いたす로 바꾸면 2가지 표현을 합할 수 있어요!

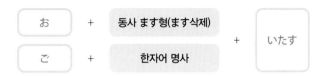

행위를 받는 사람이 청자('당신')인 경우는 겸양어1도 겸양어2도 모두 청자('당신')가 높임말의 대상이에요.

番号をお呼びいたします。　　　　　　　　　번호를 불러 드리겠습니다.

利用方法をご説明いたします。　　　　　이용방법을 설명해 드리겠습니다.

> 番号[ばんごう] 번호
> 呼ぶ[よぶ]① 부르다
> 利用[りよう] 이용
> 方法[ほうほう] 방법
> 説明[せつめい] 설명

⌐맛보기 연습　주어진 문장을 お/ご~いたす를 써서 겸양어1+겸양어2 문장으로 바꿔 보세요.

(정답은 660쪽에)

試合の結果を知らせる

▶ _____

品物をお宅まで届ける

▶ _____

桜井さんを紹介します

▶ _____

もう一度連絡します

▶ _____

> 試合[しあい] 시합
> 結果[けっか] 결과
> 知らせる[しらせる]②
> 알리다
> 品物[しなもの] 물건, 물품
> お宅[おたく] 댁(집)
> 届ける[とどける]②
> 갖다 주다
> 桜井[さくらい] (성씨)
> 紹介[しょうかい] 소개
> もう一度[もういちど]
> 다시 한 번
> 連絡[れんらく] 연락

❺ 겸양어1과 겸양어2의 차이

겸양어1과 겸양어2는 구별이 어려워서 일본 사람들도 헷갈리는 사람들이 많아요. 그래서 여기에서 한 번 확인하도록 할게요. 겸양어1은 행위를 받는 사람을 높이기 위해, 겸양어2는 청자('당신')를 높이기 위해 화자 쪽을 낮추는 말이에요. 아래의 선생님 질문에 대한 대답을 겸양어1, 겸양어2, 겸양어1+겸양어2로 각각 나누어 설명할게요.

先生：誰を案内しましたか。 　　　　　　　선생님 : 누구를 안내했습니까?

[겸양어1]

岩崎さんをご案内しました。 　　　　　　いわさき 씨를 안내해 드렸어요.

→ '안내한다'는 행위를 받는 岩崎 씨를 높임

[겸양어2]

岩崎さんを案内いたしました。 　　　　　いわさき 씨를 안내했습니다.

→ 청자인 선생님을 높임

[겸양어1+겸양어2]

岩崎さんをご案内いたしました。 　　　いわさき 씨를 안내해 드렸습니다.

→ 岩崎 씨도 선생님도 모두 높임

겸양어1은 행위를 받는 사람을 높이는 것이니 여기에서는 '안내하다'라는 행위를 받는 岩崎 씨를 높이게 돼요. 이에 비해 겸양어2는 청자('당신')를 높이는 것이니 岩崎 씨가 아니라 이 말을 듣고 있는 선생님을 높인 거예요.

청자('당신')가 편한 친구라면 다음과 같은 문장이 돼요.

岩崎さんをご案内した。 いわさき 씨를 안내해 드렸어.
(×) 岩崎さんを案内いたした。いわさき 씨를 안내했다.

いわさき 씨를 높이는 겸양어1인 ご案内した는 쓸 수 있지만, 겸양어2인 案内いたした는 쓸 수 없어요. 여기에서는 청자('당신')가 '친구'라서 높이는 대상이 아니니까요. 그래서 보통 겸양어2는 いたした처럼 반말 형태로 쓰는 경우가 없어요.

先生[せんせい] 선생님
誰[だれ] 누구
案内[あんない] 안내

570

맛보기 연습 주어진 문장을 겸양어1(행위를 받는 상대를 높이는 것), 겸양어2(청자'당신'를 높이는 것), 겸양어1+겸양어2(행위를 받는 상대도 청자'당신'도 모두 높이는 것)의 3가지 문장으로 각각 바꿔 보세요.
(정답은 660쪽에)

部長[ぶちょう] 부장(님)
報告[ほうこく] 보고

部長に報告しました

▶ _____

▶ _____

▶ _____

お客様[おきゃくさま]
손님
細かく[こまかく] 자세히
説明[せつめい] 설명

お客様に細かく説明しました

▶ _____

▶ _____

▶ _____

明日[あす] 내일
社長[しゃちょう] 사장(님)
連絡[れんらく] 연락

明日、社長に連絡します

▶ _____

▶ _____

▶ _____

⑥ **정녕어**

~です・~ます
~でございます

~です, ~ます라는 존댓말 표현을 정녕어라고 해요. 반말이 아닌 정중한 말투죠. 그 외에 ~です를 더 정중하게 바꾼 ~でございます가 있어요. ~です, ~ます는 따로 연습이 필요 없을 테니 여기에서는 ~でございます만 연습할게요.

~でございます는 です를 でございます로 바꾸기만 하면 돼요.

명사		
な형(な삭제)	+	でございます

≫ ~でございます를 い형용사에 쓸 수도 있지만 현재는 거의 사용하지 않는 표현이라서 이 책에서는 취급하지 않았어요.

青い[あおい] 파랗다
~方[ほう] ~쪽
表[おもて] 앞면
~側[がわ] ~측, ~쪽
部屋[へや] 방
大変[たいへん] 대단히
静かな[しずかな] 조용한

青い方が表側でございます。　　　　　파란 쪽이 앞면입니다.

こちらのお部屋は大変静かでございます。　이 방은 대단히 조용합니다.

» こちらのお部屋[へや](이 방)를 このお部屋라고 할 수도 있지만 この, その, あの, どの(이 ,그, 저, 어느)보다
こちら, そちら, あちら, どちら(이쪽, 그쪽, 저쪽, 어느 쪽)를 쓰면 더 정중한 말이 돼요.

맛보기 연습　주어진 문장을 ~でございます를 써서 정녕어 문장으로 바꿔 보세요.　　(정답은 661쪽에)

担当者[たんとうしゃ]
담당자
野口[のぐち] (성씨)
メニュー 메뉴
使い方[つかいかた]
사용법
前[まえ] 전, 앞
同じ[おなじ] 같은

担当者の野口です

▶ _____

こちらがメニューです

▶ _____

使い方は前のものと同じです

▶ _____

» この, その, あの, どの(이, 그, 저, 어느)와 마찬가지로 これ, それ, あれ, どれ(이것, 그것, 저것, 어느 것)도 こ
ちら, そちら, あちら, どちら(이쪽, 그쪽, 저쪽, 어느 쪽)로 표현하면 더 정중한 말이 돼요.

 미화어　　　　　　　　　　　　　お/ご+명사

미화어는 누구를 높이는 것이 아니라 말 자체를 예쁘게 하는 높임말이에요. 높이는
기능이 없으니 자기 자신에게도 쓸 수 있고 독백에도 쓸 수 있어요. 대부분의 미화에
는 명사 앞에 お나 ご가 붙어요. 다만 飯の 미화어인 ご飯, 食うの 미화어 食べる
처럼 형태가 달라지는 것들도 있어요.

花[はな] 꽃
咲く[さく]① 피다
土産[みやげ] 선물
酒[さけ] 술
買う[かう]① 사다

お花がきれいに咲いた。　　　　　꽃이 예쁘게 피었어.

お土産にお酒を買っていきましょう。　선물로 술을 사 갑시다.

» お土産[おみやげ]를 여행지에서 사오는 선물로만 아는 사람이 많은데, 여행 뿐만이 아니라 외출한 곳에서 사서
집으로 가져오는 선물이나 다른 사람의 집을 방문할 때 가져가는 선물도 お土産라고 해요.

맛보기 연습　주어진 문장의 명사 앞에 お/ご를 붙여서 미화어로 바꿔 보세요.　　(정답은 661쪽에)

食事[しょくじ] 식사

ここの食事はおいしいです

▶ _____

友達には親切にしましょう

▶ _____

お礼の挨拶はなるべく早くしたほうがいい

▶ _____

미화어는 ①항상 お/ご가 붙은 형태로 쓰는 것과 ②お/ご를 붙여 쓰기도 하고 붙이지 않고 쓰기도 하는 것들이 있어요. ①에는 お/ご가 없으면 단어로 성립이 안 되는 것과 お/ご를 빼면 다른 단어가 되는 것이 있고 ②에는 お/ご를 붙인 형태가 일반적으로 쓰이는 것과 お/ご를 붙이고 안 붙이고에 개인, 상황, 남녀에 따라 차이가 나는 것이 있어요.

❶ 항상 お/ご가 붙는 것	お/ご가 없으면 단어가 안 되는 것 ❚ おかず(반찬), おやつ(간식), おめでた(경사(결혼, 임신, 출산))
	お/ご를 빼면 다른 단어가 되는 것 ❚ おなか(배), おにぎり(주먹밥), おしゃれ(멋을 냄, 멋쟁이)
❷ お/ご를 붙일 수도 있고 안 붙일 수도 있는 것	흔히 お/ご를 붙여 쓰는 것 ❚ お茶((마시는)차), お菓子(과자), お盆(쟁반)
	お/ご를 붙일 수도 있고 안 붙일 수도 있는 것 ❚ お花(꽃), お料理(요리), お手紙(편지)

이것은 단어에 따라 다르고 전부 정리해서 외울 수도 없는 것들이기 때문에 일본어를 많이 접하여 감각을 키울 수밖에 없어요! 그러니 일본어로 된 드라마나 영화, TV를 많이 보거나 일본어로 된 책을 많이 읽어 보는 것이 중요해요!

❽ 높임말의 사용법

일본어의 높임말 사용법은 한국어의 높임말 사용법과 달라서 유의해야 해요! 한국어의 높임말은 '나'와의 관계에서 대상이 높은 사람이라면 모두 높이지만, 일본어의 높임말은 누구와 누구에 대해서 이야기를 하느냐에 따라 높이고 낮추고가 결정돼요.

1. '저'와 청자('당신')에서는 무조건 청자('당신')를 높임

화자와 청자 사이에서는 무조건 화자를 낮추고 청자를 높여요. 이것은 한국어도 똑같으니 어렵지 않죠?

(あなたは)日本語がおわかりになりますか。

(당신은) 일본어를 이해하십니까?

明日の集まりには(あなたは)いらっしゃいますか。

내일 (의) 모임에는 (당신은) 오십니까?

≫ 이해하기 편하게 あなたは(당신은)라는 말을 넣었는데 빼는 것이 자연스러워요.

2. 청자('당신')에게 가까운 사람을 높이고 '저'에게 가까운 사람을 낮춤

제3자에 대해서 말할 때는 그 사람이 '저'와 청자('당신') 사이에서 누구에게 더 가까운 사람인지에 따라 높임과 낮춤이 정해져요. 그러니 상대방이 누구냐에 따라 대상을 높일 수도 있고 낮출 수도 있어요. 일본어의 높임말은 매우 상대적이에요.

[아버지의 친구에게]

父が明日伺います。 아버지가 내일 찾아 뵙겠습니다.

'저'와 '아버지의 친구' 사이에서 '아버지'는 '저'에게 가까운 사람이기 때문에 お父さん이라고 높이면 안 돼요. 그리고 아버지를 낮추어 행위를 받는 아버지의 친구를 높여야 하기 때문에 伺う(찾아 뵙다)라는 겸양어1을 쓴 거예요.

[친구 まき의 어머니에게]

真紀さんは今いらっしゃいますか。 まき 씨는 지금 계십니까?

'저'와 '친구의 어머니' 사이에서 '친구'는 '친구의 어머니'에 더 가까운 사람이기 때문에 いらっしゃる(계시다)라는 존경어를 써서 친구를 높인 거예요.

[きのした사장님을 찾는 손님의 전화를 받으며]

後ほど木下がお電話いたします。 나중에 きのした가 전화 드리겠습니다.

'저'와 '손님' 사이에서 '사장님'은 '저'에게 가까운 사람이기 때문에 社長(사장(님))이라는 직함을 붙이지 않고 그냥 木下라는 성씨만 말한 거예요. 그리고 '우리 사장님'을 낮추고 손님을 높여야 하기 때문에 (우리 사장님이 손님께) お電話いたします(전화 드리겠습니다)라는 겸양어1+겸양어2를 쓴 거예요. 여기에서는 행위를 받는 사람도 청자('당신')도 전화를 걸어온 '손님'이 되죠.

높임말 표현

❶ 존경어	1. お/ご〜になる 〜하시다 2. 〜(ら)れる [수동과 같은 형태] 〜하시다 3. 존경동사 4. お/ご〜ください 〜해 주십시오, 〜하십시오 5. お/ご+명사·형용사
❷ 겸양어1	1. お/ご〜する 2. 겸양동사(1) 3. お/ご+명사·형용사
❸ 겸양어2	겸양동사(2)
❹ 겸양어1+겸양어2	お/ご〜いたす
❺ 정녕어	1. 〜です·〜ます 〜입니다·〜합니다 2. 〜(명사/な형)でございます
❻ 미화어	お/ご+명사 [다른 단어도 있음]

1 다음 문장을 일본어로 만들어 보세요.

(1) 총리는 이 료칸을 이용하셨어요.

🖉 _____

(2) 松井^{まつ い}라고 합니다.

🖉 _____

(3) 藤本^{ふじもと} 씨는 그 선물을 대단히 기뻐하셨다.

🖉 _____

(4) 파란 쪽이 앞면입니다.

🖉 _____

(5) 꼭, 여기에 묵으십시오.

🖉 _____

(6) 대통령이 돌아가셨어.

🖉 _____

(7) 교장 선생님께 그렇게 말씀 올렸어.

🖉 _____

(8) 그럼, 사양하지 않고 먹겠습니다.

🖉 _____

(9) 영국의 수상이 다음 주에 인천에 오세요.

🖉 _____

(10) 번호를 불러 드리겠습니다. [겸양어1+겸양어2]

🖉 _____

(11) 내일, 찾아뵙겠습니다.

✎ _____

(12) 사장님께 연락 드렸다.

✎ _____

(13) 선물로 술을 사 갑시다.

✎ _____

(14) 선생님께 주소를 여쭤웠다.

✎ _____

(15) 이 영화는 선생님도 보셨다고 한다.

✎ _____

(16) 杉山 씨에게 경주를 안내해 드렸습니다.

✎ _____

(17) 첨부 파일을 확인해 주십시오.

✎ _____

(18) 이 방은 대단히 조용합니다.

✎ _____

(19) 이용방법을 설명해 드리겠습니다. [겸양어1+겸양어2]

✎ _____

(20) 교장 선생님은 말씀을 계속하셨습니다.

✎ _____

🔊 56-2.mp3

昨日はお宅にご招待していただき、誠にありがとうございました。緊張して伺いましたが、菊池様と奥様が温かく迎えてくださったおかげで、緊張もすぐに解けました。奥様のおいしい手料理とお酒、皆様との楽しい会話で、とても楽しい一日を過ごさせていただきました。本当にありがとうございました。あまりに居心地がよくて、つい遅くまで長居をしてしまい、ご迷惑をおかけしたのではないかと心配しております。

またお目にかかれる日を楽しみにしております。

まずは、取り急ぎお礼まで。

{단어}

昨日[きのう] 어제 | お宅[おたく] 댁(집) | 招待[しょうたい] 초대 | 誠に[まことに] 참으로 | 緊張[きんちょう] 긴장 | 菊池[きくち] (성씨) | ～様[さま] ～님 | 奥様[おくさま] 사모님 | 温かく[あたたかく] 따뜻하게 | 迎える[むかえる]② 맞이하다 | おかげで 덕분에 | 解ける[とける]② 풀리다 | 手料理[てりょうり] 손수 만든 요리 | お酒[おさけ] 술 | 皆様[みなさま] 여러분 | 楽しい[たのしい] 즐겁다 | 会話[かいわ] 대화, 회화 | 一日[いちにち] 하루 | 過ごす[すごす]① 지내다 | 本当に[ほんとうに] 정말로 | あまりに 너무나 | 居心地[いごこち] 어떤 자리에서 느끼는 기분 | つい 자신도 모르게, 그만 | 遅く[おそく] 늦게 | 長居[ながい] 오랫동안 있음 | 迷惑[めいわく] 폐 | 心配[しんぱい] 걱정 | 日[ひ] 날 | 取り急ぎ[とりいそぎ] 급히 | お礼[おれい] 사례, 사례 인사

» 取[と]り急[いそ]ぎ～まで(급한 대로 ～까지)라는 표현은 편지나 메일의 끝부분에 흔히 쓰는 표현이에요. '급히 연락해야 할 일이 있어서 자세한 설명은 생략하고 용건만 전한다'라는 뜻이에요. 흔히 쓰는 것으로는 여기에서 쓴 お礼[れい](사례, 사례 인사) 외에 ご報告[ほうこく](보고), ご連絡[れんらく](연락), お返事[へんじ](답장), ご挨拶[あいさつ](인사), ご案内[あんない](안내) 등이 있어요.

어제는 댁으로 초대해 주셔서 참으로 감사했습니다. 긴장하며 방문했지만, きくち님과 사모님이 따뜻하게 맞이해 주신 덕분에 긴장도 금방 풀렸습니다. 사모님의 맛있는 손수 만들어 주신 요리와 술, 여러분과의 즐거운 대화로 매우 즐거운 하루를 보냈습니다. 정말로 감사했습니다. 너무나 편히여 생각치도 않게 늦게까지 오래 있고 말아서 폐를 끼쳐 드린 것이 아닌가 하고 걱정하고 있습니다.

또 만나뵐 수 있는 날을 기대하고 있습니다.

우선은 서둘러 사례 인사만이라도 (전합니다).

 마지막 과를 높임말로 마무리하며

높임말은 참 복잡하고 어렵죠? 일본 사람들도 모국어인데도 높임말을 잘못 쓰는 사람들이 꽤 많아요. 그만큼 일본어 높임말이 어렵다는 뜻이니 너무 부담 갖지 마세요! 그런데 얼마 전에 엘리베이터에서 우연히 만난 남자 분이 일본어를 매우 유창하게 하셨어요. 높임말까지 아주 완벽하게 하시더라구요! 재일교포신가 했는데 한국에서 태어나서 한국에서 살아오신 분이었어요! 정말 감탄했어요! 저보다 더 높임말을 잘 쓰시는 것 같았어요. 존경스러운 눈빛으로 바라보았답니다~! 지금 이 책을 보고 계시는 여러분들도 그렇게 될 수 있어요! 파이팅하세요!

명사 앞에 お/ご가 붙는 것

명사나 형용사 앞에 お나 ご가 붙는 것은 단어에 따라, 또 문장에 따라 존경어가 될 수도 있고 겸양어가 될 수도 있고 미화어가 될 수도 있죠. 복잡하니 여기에서 한 번 더 정리해 볼게요.

① **존경어** 先生からいただいたお手紙 선생님께 받은 편지

② **겸양어1** 先生にお送りしたお手紙 선생님께 보내 드린 편지

③ **미화어** お手紙の書き方 편지(의) 쓰는 방법

똑같은 お手紙(편지)라는 단어이지만 1번(선생님께 받은 편지)은 선생님을 높이기 위해서 쓴 お이기 때문에 존경어예요. 2번(선생님께 보내 드린 편지)은 보내드린 편지를 받는 대상인 선생님을 높이기 위한 겸양어1이에요. 3번은 높이는 대상이 존재하지 않아요. 그저 手紙라는 단어를 고상하게 바꾼 미화어예요.

앞에서도 설명했지만, 똑같은 형태를 존경어로도 겸양어1로도 쓸 수 있는 경우가 꽤 있어서 잘못 쓰면 스스로에게 높임말을 썼다는 오해를 살 수도 있기 때문에 겸양어1을 쓸 때는 되도록 〈お/ご~する〉의 형태를 쓰도록 하세요!

先生にお電話を差し上げた。
先生にお電話した。 선생님께 전화를 드렸다.

위의 두 문장 모두 올바른 높임말 표현이지만, 위쪽 문장에 쓴 お電話를 존경어로 오해하는 경우가 있으니 아래쪽 문장처럼 〈お/ご~する〉의 형태로 쓰는 것이 무난해요.

· 특별 부록 ·

맛보기 연습 및 실력 다지기 정답

첫째마당
01 명사의 보통체형

1단계 _ 핵심문법 익히기

1 学校はあそこだ。 학교는 저기이다.

それはうそだ。 그것은 거짓말이다.

その人は日本人だ。 그 사람은 일본 사람이다.

2 それはボールペン。 그것은 볼펜이야.

これは鉛筆。 이것은 연필이야.

教室はここ。 교실은 여기야.

3 兄は会社員じゃない。 / 兄は会社員ではない。 오빠는 회사원이 아니야/아니다.

鈴木さんは社長じゃない。 / 鈴木さんは社長ではない。 すずき 씨는 사장이 아니야/아니다.

これは宿題じゃない。 / これは宿題ではない。 이것은 숙제가 아니야/아니다.

4 父は警官だった。 아버지는 경찰관이었어/경찰관이었다.

誕生日は昨日だった。 생일은 어제였어/어제였다.

その人は留学生だった。 그 사람은 유학생이었어/유학생이었다.

5 その友達はイギリス人じゃなかった。 / その友達はイギリス人ではなかった。
그 친구는 영국 사람이 아니었어/아니었다.

コンサートは今晩じゃなかった。 / コンサートは今晩ではなかった。
콘서트는 오늘 밤이 아니었어/아니었다.

そこは高校じゃなかった。 / そこは高校ではなかった。 거기는 고등학교가 아니었어/아니었다.

2단계 _ 실력 다지기

1

	~이다	~가 아니다	~이었다	~가 아니었다
辞書 (사전)	辞書だ	辞書じゃない 辞書ではない	辞書だった	辞書じゃなかった 辞書ではなかった
学生 (학생)	学生だ	学生じゃない 学生ではない	学生だった	学生じゃなかった 学生ではなかった

2 〔1〕 今日は日曜日だ。

〔2〕 私は韓国人。 / 僕は韓国人。 / 俺は韓国人。

(3) そこは銀行じゃない。/ そこは銀行ではない。

(4) プレゼントは花だった。

(5) その人は私の母じゃなかった。/ その人は私の母ではなかった。/
その人は僕の母じゃなかった。/ その人は僕の母ではなかった。/
その人は俺の母じゃなかった。/ その人は俺の母ではなかった。

(6) 誕生日は昨日だった。

(7) 兄は会社員じゃない。/ 兄は会社員ではない。

(8) そこは高校じゃなかった。/ そこは高校ではなかった。

02 명사의 정중체형

1단계 _ 핵심문법 익히기

1 明日は月曜日です。 내일은 월요일이에요.
あの人は中国人です。 저 사람은 중국 사람입니다.
駅はここです。 역은 여기예요.

2 教科書はこの本じゃありません。/ 教科書はこの本ではありません。 교과서는 이 책이 아닙니다.
今日は水曜日じゃありません。/ 今日は水曜日ではありません。 오늘은 수요일이 아니에요.
郵便局はそこじゃありません。/ 郵便局はそこではありません。 우체국은 거기가 아닙니다.

3 ここは映画館でした。 여기는 영화관이었어요.
一昨日は休みでした。 그저께는 쉬는 날이었습니다.
そこは出口でした。 거기는 출구였어요.

4 あの方は田中さんじゃありませんでした。/ あの方は田中さんではありませんでした。
저 분은 たなか 씨가 아니었습니다.

約束は4時じゃありませんでした。/ 約束は4時ではありませんでした。 약속은 4시가 아니었어요.

ここは入口じゃありませんでした。/ ここは入口ではありませんでした。
여기는 입구가 아니었습니다.

2단계 _ 실력 다지기

1

	~입니다	~가 아닙니다	~이었습니다	~가 아니었습니다
日本人 (일본인)	日本人です	日本人じゃありません 日本人ではありません	日本人でした	日本人じゃありませんでした 日本人ではありませんでした
教科書 (교과서)	教科書です	教科書じゃありません 教科書ではありません	教科書でした	教科書じゃありませんでした 教科書ではありませんでした

2 〔1〕 私は中学生です。

〔2〕 主人は外国人じゃありません。 / 主人は外国人ではありません。

〔3〕 先生は日本の方でした。

〔4〕 二人は兄弟じゃありませんでした。 / 二人は兄弟ではありませんでした。

〔5〕 そこは出口でした。

〔6〕 駅はここです。

〔7〕 約束は4時じゃありませんでした。 / 約束は4時ではありませんでした。

〔8〕 教科書はこの本じゃありません。 / 教科書はこの本ではありません。

03 な형용사의 보통체형

1단계 _ 핵심문법 익히기

1 元気な子どもだ。 활기 넘치는 아이이다.

きれいな水だ。 깨끗한 물이다.

熱心な生徒だ。 열성적인 학생이다.

2 その問題は複雑だ。 그 문제는 복잡하다.

家族は大切だ。 가족은 소중하다.

ご飯の量は十分だ。 밥의 양은 충분하다.

3 その仕事は暇。 그 일은 한가해.

隣の男の子は乱暴。 옆집(의) 남자 아이는 난폭해.

田舎は不便。 시골은 불편해.

4 この傘は丈夫じゃない。 / この傘は丈夫ではない。 이 우산은 튼튼하지 않아/않다.

その服は変じゃない。 / その服は変ではない。 그 옷은 이상하지 않아/않다.

ここは静かじゃない。 / ここは静かではない。 여기는 조용하지 않아/않다.

5 お祭りはにぎやかだった。 축제는 성황이었어/성황이었다.

夜の外出は危険だった。 밤의 외출은 위험했어/위험했다.

パーティーの食事は豪華だった。 파티의 식사는 호화로웠어/호화로웠다.

6 その国は安全じゃなかった。 / その国は安全ではなかった。
그 나라는 안전하지 않았어/않았다.

旅行の準備は大変じゃなかった。 / 旅行の準備は大変ではなかった。
여행(의) 준비는 힘들지 않았어/않았다.

その先生は立派じゃなかった。 / その先生は立派ではなかった。
그 선생님은 훌륭하지 않았어/않았다.

1

	~하다	~하지 않다	~했다	~하지 않았다
きれいな (깨끗한, 예쁜, 아름다운)	きれいだ	きれいじゃない きれいではない	きれいだった	きれいじゃなかった きれいではなかった
大切な (たいせつ) (소중한, 중요한)	大切だ	大切じゃない 大切ではない	大切だった	大切じゃなかった 大切ではなかった

2　(1) 親切な人だ。

　　　(2) ひらがなは簡単だ。

　　　(3) この椅子は楽。

　　　(4) その店は有名じゃない。 / その店は有名ではない。

　　　(5) 怪我は大丈夫だった。

　　　(6) そのホテルは便利じゃなかった。 / そのホテルは便利ではなかった。

　　　(7) ここは静かじゃない。 / ここは静かではない。

　　　(8) 旅行の準備は大変じゃなかった。 / 旅行の準備は大変ではなかった。

04 な형용사의 정중체형

1단계 _ 핵심문법 익히기

1　新鮮な魚です。 　신선한 생선이에요.

　　　残念な結果です。 　아쉬운 결과입니다.

　　　特別な日です。 　특별한 날이에요.

2　その画家の絵は素敵です。 　그 화가의 그림은 멋집니다.

　　　自然は不思議です。 　자연은 신기해요.

　　　私は幸せです。 　저는 행복합니다.

3　祖母は不幸じゃありません。 / 祖母は不幸ではありません。 　할머니는 불행하지 않아요.

　　　失敗は無駄じゃありません。 / 失敗は無駄ではありません。 　실패는 헛되지 않습니다.

　　　彼女は派手じゃありません。 / 彼女は派手ではありません。 　여자친구는 화려하지 않아요.

4　そのメールは迷惑でした。 　그 메일은 성가셨습니다.

　　　教授の来韓は急でした。 　교수의 내한은 갑작스러웠어요.

　　　人質は無事でした。 　인질은 무사했습니다.

5　友達の奥さんは器用じゃありませんでした。 / 友達の奥さんは器用ではありませんでした。
　　　친구의 부인은 (손)재주가 있지 않았어요.

おじは意地悪じゃありませんでした。 / おじは意地悪<u>では</u>ありませんでした。
큰아버지는 심술궂지 않았습니다.

おばはわがまま<u>じゃ</u>ありませんでした。 / おばはわがまま<u>では</u>ありませんでした。
큰어머니는 자기 마음대로 하는 성격이 아니었습니다.

2단계 _ 실력 다지기

1

	~합니다	~하지 않습니다	~했습니다	~하지 않았습니다
かわいそうな (불쌍한)	かわいそうです	かわいそうじゃ ありません かわいそうでは ありません	かわいそうでした	かわいそうじゃ ありませんでした かわいそう<u>では</u> ありませんでした
嫌な (싫은)	嫌です	嫌じゃありません 嫌ではありません	嫌でした	嫌じゃありませんでした 嫌ではありませんでした

2 〔1〕 それは真っ赤なうそでした。

〔2〕 テイクアウトも可能です。

〔3〕 私の祖父はあまり健康<u>じゃ</u>ありません。 / 私の祖父はあまり健康<u>では</u>ありません。

〔4〕 昼ごはんは満足でした。

〔5〕 彼はバカ<u>じゃ</u>ありませんでした。 / 彼はバカ<u>では</u>ありませんでした。

〔6〕 教授の来韓は急でした。

〔7〕 おばはわがまま<u>じゃ</u>ありませんでした。 / おばはわがまま<u>では</u>ありませんでした。

〔8〕 私は幸せです。

05 쓰임이 어려운 な형용사

1단계 _ 핵심문법 익히기

1 僕は野菜が嫌いだ。 나는 채소를 싫어한다.

僕は野菜が嫌い。 나는 채소를 싫어해.

僕は野菜が嫌いです。 나는 채소를 싫어합니다.

俺は英語が下手だ。 나는 영어를 잘 못한다.

俺は英語が下手。 나는 영어를 잘 못해.

俺は英語が下手です。 나는 영어를 잘 못해요.

2 私はお菓子が好きじゃない。 / 私はお菓子が好き<u>では</u>ない。 나는 과자를 좋아하지 않아/않다.

私はお菓子が好きじゃありません。 / 私はお菓子が好き<u>では</u>ありません。
저는 과자를 좋아하지 않아요.

586

僕はお酒が嫌いじゃない。 / 僕はお酒が嫌いではない。　나는 술을 싫어하지 않아/않다.

僕はお酒が嫌いじゃありません。 / 僕はお酒が嫌いではありません。　나는 술을 싫어하지 않습니다.

3 隣のお姉さんはダンスが上手だった。　옆집(의) 언니는 춤을 잘 추었어/추었다.

隣のお姉さんはダンスが上手でした。　옆집(의) 언니는 춤을 잘 추었어요.

弟は水泳が得意だった。　남동생은 수영을 잘했어/잘했다.

弟は水泳が得意でした。　남동생은 수영을 잘했습니다.

4 私はスポーツが得意じゃなかった。 / 私はスポーツが得意ではなかった。
나는 스포츠를 잘하지 못했어/못했다.

私はスポーツが得意じゃありませんでした。 / 私はスポーツが得意ではありませんでした。
저는 스포츠를 잘하지 못했어요.

安藤さんは中国語が苦手じゃなかった。 / 安藤さんは中国語が苦手ではなかった。
あんどう 씨는 중국어를 못하지 않았어/않았다.

安藤さんは中国語が苦手じゃありませんでした。 / 安藤さんは中国語が苦手ではありませんでした。
あんどう 씨는 중국어를 못하지 않았어요.

5 英語の「you」と日本語の「あなた」は同じじゃない。 /
英語の「you」と日本語の「あなた」は同じではない。

結果は同じでした。

その友達とサークルが同じじゃなかった。

2단계 _ 실력 다지기

1 [1] キムさんは日本語が上手。 / キムさんは日本語が得意。

[2] 私は数学が苦手じゃありません。 / 私は数学が苦手ではありません。

[3] 息子は字が下手だった。 / 息子は字が苦手だった。

[4] 私は運動が嫌いじゃなかった。 / 私は運動が嫌いではなかった。 /
僕は運動が嫌いじゃなかった。 / 僕は運動が嫌いではなかった。 /
俺は運動が嫌いじゃなかった。 / 俺は運動が嫌いではなかった。

[5] 友達と同じクラスだった。

[6] 私はお菓子が好きじゃありません。 / 私はお菓子が好きではありません。

[7] 隣のお姉さんはダンスが上手でした。

[8] 妹はピアノが得意です。 / 妹はピアノが上手です。

[9] その友達とサークルが同じじゃなかった。

[10] 私はスポーツが得意じゃありませんでした。 / 私はスポーツが得意ではありませんでした。

1단계 _ 핵심문법 익히기

1 熱いコーヒーだ。 뜨거운 커피이다.

冷たいジュースだ。 차가운 주스이다.

温かいスープだ。 따뜻한 수프이다.

2 冬は寒い。 겨울은 추워/춥다.

春は暖かい。 봄은 따뜻해/따뜻하다.

秋は涼しい。 가을은 선선해/선선하다.

3 私のうちは大きくない。 우리(나의) 집은 크지 않아/않다.

家内の車は小さくない。 집사람의 차는 작지 않아/않다.

外は明るくない。 바깥은 밝지 않아/않다.

4 その計算はやさしかった。 그 계산은 쉬웠어/쉬웠다.

夫のかばんは重かった。 남편의 가방은 무거웠어/무거웠다.

新しい上着は軽かった。 새 겉옷은 가벼웠어/가벼웠다.

5 ゴールは遠くなかった。 골은 멀지 않았어/않았다.

海は近くなかった。 바다는 가깝지 않았어/않았다.

その仕事は忙しくなかった。 그 일은 바쁘지 않았어/않았다.

6 この上着はいい。

僕の車はよくない。

その辞書はよかった。

新しい靴はよくなかった。

2단계 _ 실력 다지기

1

	~하다	~하지 않다	~했다	~하지 않았다
冷たい (차갑다)	冷たい	冷たくない	冷たかった	冷たくなかった
暑い (덥다)	暑い	暑くない	暑かった	暑くなかった
少ない (적다)	少ない	少なくない	少なかった	少なくなかった

いい (좋다)	いい	よくない	よかった	よくなかった

2 [1] これは新しい靴だ。

[2] 夏は暑い。

[3] そのノートは薄くない。

[4] <u>テスト</u>は難しかった。/ <u>試験</u>は難しかった。

[5] お客さんは多くなかった。

[6] この紙はよかった。

[7] 海は近くなかった。

07 い형용사의 정중체형

1단계 _ 핵심문법 익히기

1 狭い庭です。 좁은 마당이에요.

高いシャーペンです。 비싼 샤프입니다.

安いスカーフです。 값싼 스카프예요.

2 夫の冗談はつまらないです。 남편의 농담은 재미없습니다.

その選手は強いです。 그 선수는 강해요.

私のチームは弱いです。 저희(저의) 팀은 약합니다.

3 兄の腕は太く<u>ない</u>です。/ 兄の腕は太く<u>ありません</u>。 형의 팔은 굵지 않아요.

彼女の指は細く<u>ない</u>です。/ 彼女の指は細く<u>ありません</u>。 그녀의 손가락은 가늘지 않습니다.

私の両親は若く<u>ない</u>です。/ 私の両親は若く<u>ありません</u>。 저희(저의) 부모님은 젊지 않아요.

4 海外旅行は楽しかったです。 해외여행은 즐거웠습니다.

注射は痛かったです。 주사는 아팠어요.

その猫はかわいかったです。 그 고양이는 귀여웠습니다.

5 いとこのカレーはおいしく<u>なかった</u>です。/ いとこのカレーはおいしく<u>ありませんでした</u>。
사촌의 카레는 맛있지 않았어요.

昨日の晩ごはんはまずく<u>なかった</u>です。/ 昨日の晩ごはんはまずく<u>ありませんでした</u>。
어제(의) 저녁밥은 맛없지 않았습니다.

その子の髪は黒く<u>なかった</u>です。/ その子の髪は黒く<u>ありませんでした</u>。
그 아이의 머리는 검지 않았어요.

1		~합니다	~하지 않습니다	~했습니다	~하지 않았습니다
広い (넓다)		広いです	広くないです 広くありません	広かったです	広くなかったです 広くありませんでした
高い (높다, 비싸다)		高いです	高くないです 高くありません	高かったです	高くなかったです 高くありませんでした
長い (길다)		長いです	長くないです 長くありません	長かったです	長くなかったです 長くありませんでした
おいしい (맛있다)		おいしいです	おいしくないです おいしくありません	おいしかったです	おいしくなかったです おいしくありませんでした

2 (1) それは悪い言葉です。

(2) この小説は面白いです。

(3) 夏休みは短くないです。/ 夏休みは短くありません。

(4) インターネットのスピードが遅かったです。

(5) そのケーキは甘くなかったです。/ そのケーキは甘くありませんでした。

(6) 私の両親は若くないです。/ 私の両親は若くありません。

(7) 海外旅行は楽しかったです。

08 1류동사의 보통체형

1단계 _ 핵심문법 익히기

1 そのアプリを買う。 그 앱을 사/사다.

手紙を送る。 편지를 보내/보내다.

火を消す。 불을 꺼/끄다.

2 部屋を貸さない。 방을 빌려주지 않아/않다.

恋人を待たない。 애인을 기다리지 않아/않다.

入学を喜ばない。 입학을 기뻐하지 않아/않다.

3 1. バイオリンを弾いた。 바이올린을 켰어/켰다.

スリッパを履いた。 슬리퍼를 신었어/신었다.

においをかいだ。 냄새를 맡았어/맡았다.

準備を急いだ。 준비를 서둘렀어/서둘렀다.

2. たばこを吸った。 담배를 피웠어/피웠다.

　　荷物を持った。 짐을 들었어/들었다.

　　家を売った。 집을 팔았어/팔았다.

　　本を買った。 책을 샀어/샀다.

　　友達を待った。 친구를 기다렸어/기다렸다.

　　帽子をかぶった。 모자를 썼어/썼다.

3. 掃除を頼んだ。 청소를 부탁했어/부탁했다.

　　足を踏んだ。 발을 밟았어/밟았다.

　　メニューを選んだ。 메뉴를 골랐어/골랐다.

　　卒業を喜んだ。 졸업을 기뻐했어/기뻐했다.

4. パスポートをなくした。 여권을 잃어버렸어/잃어버렸다.

　　ボタンを押した。 버튼을 눌렀어/눌렀다.

　　傘をさした。 우산을 썼어/썼다.

4 ゲームを楽しまなかった。 게임을 즐기지 않았어/않았다.

歯を磨かなかった。 이를 닦지 않았어/않았다.

手を洗わなかった。 손을 씻지 않았어/않았다.

5 Sサイズがない。

アメリカに行った。

椅子がなかった。

2단계 _ 실력 다지기

1

	~하다	~하지 않다	~했다	~하지 않았다
書く (쓰다)	書く	書かない	書いた	書かなかった
買う (사다)	買う	買わない	買った	買わなかった
呼ぶ (부르다)	呼ぶ	呼ばない	呼んだ	呼ばなかった
なくす (잃다)	なくす	なくさない	なくした	なくさなかった
行く (가다)	行く	行かない	行った	行かなかった
ある ((무생물이)있다)	ある	ない	あった	なかった

2 〔1〕 お茶を飲む。

　　〔2〕 動画を撮らない。

　　〔3〕 傘をさした。

　　〔4〕 髪を切らなかった。

　　〔5〕 説明書を読まない。

　　〔6〕 会社を休んだ。

　　〔7〕 ズボンを脱いだ。

09 1류동사의 정중체형

1단계 _ 핵심문법 익히기

1 電気を消します。 불을 꺼요.

　　授業を休みます。 수업을 쉽니다.

　　靴下を脱ぎます。 양말을 벗어요.

2 プレゼントをもらいません。 선물을 받지 않습니다.

　　新聞を読みません。 신문을 읽지 않아요.

　　ピアノを弾きません。 피아노를 치지 않습니다.

3 J-POPを聞きました。 J-POP을 들었어요.

　　テーブルを作りました。 테이블을 만들었습니다.

　　雑誌を貸しました。 잡지를 빌려줬어요.

4 スカートをはきませんでした。 치마를 입지 않았습니다.

　　写真を撮りませんでした。 사진을 찍지 않았어요.

　　漢字を習いませんでした。 한자를 배우지 않았습니다.

2단계 _ 실력 다지기

1

	~합니다	~하지 않습니다	~했습니다	~하지 않았습니다
休む (쉬다)	休みます	休みません	休みました	休みませんでした
知る (알다)	知ります	知りません	知りました	知りませんでした
持つ (가지다, 들다)	持ちます	持ちません	持ちました	持ちませんでした

2 〔1〕薬を飲みます。

〔2〕事実を話しません。

〔3〕小さいカップを選びました。

〔4〕興味を持ちませんでした。

〔5〕雑誌を貸しました。

〔6〕写真を撮りませんでした。

〔7〕電気を消します。

〔8〕プレゼントをもらいません。

10 2류동사의 보통체형

1단계 _ 핵심문법 익히기

1 着物を着る。 기모노를 입어/입다.

窓を開ける。 창문을 열어/열다.

ドアを閉める。 문을 닫아/닫다.

2 電話をかけない。 전화를 걸지 않아/않다.

答えを見せない。 답을 보여 주지 않아/않다.

ベルトを締めない。 벨트를 매지 않아/않다.

3 名前を覚えた。 이름을 외웠어/외웠다.

電話番号を忘れた。 전화번호를 잊어버렸어/잊어버렸다.

椅子を並べた。 의자를 나란히 놓았어/놓았다.

4 ごみを捨てなかった。 쓰레기를 버리지 않았어/않았다.

フランス語の勉強を始めなかった。 프랑스어(의) 공부를 시작하지 않았어/않았다.

人気を集めなかった。 인기를 모으지 않았어/않았다.

2단계 _ 실력 다지기

1

	~하다	~하지 않다	~했다	~하지 않았다
着る (입다)	着る	着ない	着た	着なかった
食べる (먹다)	食べる	食べない	食べた	食べなかった
忘れる (잊다)	忘れる	忘れない	忘れた	忘れなかった

2 〔1〕映画を見る。

〔2〕電気をつけない。

〔3〕韓国語を教えた。

〔4〕その日は予定を入れなかった。

〔5〕ドアを閉める。

〔6〕人気を集めなかった。

〔7〕電話番号を忘れた。

〔8〕答えを見せない。

11 2류동사의 정중체형

1단계 _ 핵심문법 익히기

1 家を建てます。 집을 지어요.

キムチを漬けます。 김치를 담급니다.

メガネをかけます。 안경을 써요.

2 会社を辞めません。 회사를 그만두지 않습니다.

部屋を片付けません。 방을 치우지 않아요.

クラスメイトをいじめません。 반 친구를 괴롭히지 않습니다.

3 結婚を決めました。 결혼을 정했어요.

泥棒を捕まえました。 도둑을 붙잡았습니다.

忘れ物を届けました。 분실물을 가져다 줬어요.

4 学生をほめませんでした。 학생을 칭찬하지 않습니다.

車を止めませんでした。 차를 세우지 않았어요.

道を間違えませんでした。 길을 잘못 알지 않았습니다.

2단계 _ 실력 다지기

1

	~합니다	~하지 않습니다	~했습니다	~하지 않았습니다
見つける (발견하다)	見つけます	見つけません	見つけました	見つけませんでした
決める (정하다)	決めます	決めません	決めました	決めませんでした

2 〔1〕 飛行機の時間を調べます。

〔2〕 値段を上げません。

〔3〕 電池を取り替えました。

〔4〕 試験を受けませんでした。

〔5〕 キムチを漬けます。

〔6〕 道を間違えませんでした。

〔7〕 部屋を片付けません。

〔8〕 忘れ物を届けました。

12 3류동사의 보통체형

1단계 _ 핵심문법 익히기

1 おばが来る。 이모가 와.

競争をする。 경쟁을 해.

朝が来る。 아침이 오다.

買い物をする。 쇼핑을 하다.

2 いとこは来ない。 사촌은 오지 않아.

けんかをしない。 싸움을 하지 않아.

友達のお母さんは来ない。 친구의 엄마는 안 온다.

テニスをしない。 테니스를 안 친다.

3 先生のおばあさんが来た。 선생님의 할머니가 왔어.

ロボットの研究をした。 로봇(의) 연구를 했어.

娘の彼氏が来た。 딸의 남자친구가 왔다.

質問をした。 질문을 했다.

4 電車は来なかった。 전철은 안 왔어.

案内をしなかった。 안내를 안 했어.

校長先生は来なかった。 교장 선생님은 오지 않았다.

散歩をしなかった。 산책을 하지 않았다.

2단계 _ 실력 다지기

1

	～하다	～하지 않다	～했다	～하지 않았다
来る (오다)	来る	来ない	来た	来なかった

する (하다)	する	しない	した	しなかった

2 〔1〕明後日、会長が来る。

〔2〕おじは来ない。

〔3〕彼女のお父さんが来た。

〔4〕車の運転をしなかった。

〔5〕講義の準備をする。

〔6〕洗濯をした。

〔7〕裏のおじいさんは来なかった。

〔8〕返事をしない。

13 3류동사의 정중체형

1단계 _ 핵심문법 익히기

1 常務の息子さんが来ます。　상무님의 아드님이 와요.

今夜、花火見物をします。　오늘 밤, 불꽃놀이 구경을 해요.

次長の娘さんが来ます。　차장님의 따님이 옵니다.

下宿をします。　하숙을 합니다.

2 主任のお子さんは来ません。　주임님의 자녀분은 오지 않아요.

贈り物をしません。　선물을 하지 않아요.

上司の奥さんは来ません。　상사의 부인은 안 옵니다.

食事の支度をしません。　식사(의) 준비를 안 합니다.

3 外国人の男の人が来ました。　외국인(의) 남자가 왔어요.

いい経験をしました。　좋은 경험을 했어요.

きれいな女の人が来ました。　예쁜 여자가 왔습니다.

お茶の用意をしました。　차(의) 준비를 했습니다.

4 部下の家族は来ませんでした。　부하의 가족은 안 왔어요.

会話をしませんでした。　대화를 안 했어요.

お巡りさんは来ませんでした。　경찰아저씨는 오지 않습니다.

自己紹介をしませんでした。　자기소개를 하지 않았습니다.

1	~합니다	~하지 않습니다	~했습니다	~하지 않았습니다
来る (오다)	来ます	来ません	来ました	来ませんでした
する (하다)	します	しません	しました	しませんでした

2 〔1〕毎日、英会話の練習をします。

〔2〕今日の午後は会議をしません。

〔3〕職場の同僚のご主人が来ました。

〔4〕バスの運転手さんは来ませんでした。

〔5〕コンビニでアルバイトをしました。

〔6〕自己紹介をしませんでした。

〔7〕来週、専務のお嬢さんが来ます。

〔8〕係長のご両親は来ません。

둘째마당

14 ない형

1단계 _ 핵심문법 익히기

1 この鳥は飛ばない。 이 새는 날지 않아/않다.

ビンのフタが開かない。 병(의) 뚜껑이 열리지 않아/않다.

車の窓が閉まらない。 차의 창문이 닫히지 않아/않다.

2 朝早く起きない。 아침 일찍 일어나지 않아/않다.

このペンは手が汚れない。 이 펜은 손이 더러워지지 않아/않다.

明日は晴れない。 내일은 맑지 않아/않다.

3 スーパーに行ってこない。 슈퍼에 갔다 오지 않아/않다.

近所の人に挨拶しない。 근처에 사는 사람들에게 인사하지 않아/않다.

両親に彼女を紹介しない。 부모님께 여자친구를 소개하지 않아/않다.

1

사전형	ない형	사전형	ない형
飛ぶ (날다)	飛ばない	晴れる (맑다, 개다)	晴れない
開く (열리다)	開かない	起きる (일어나다)	起きない
汚れる (더러워지다)	汚れない	閉まる (닫히다)	閉まらない
行ってくる (갔다 오다)	行ってこない	紹介する (소개하다)	紹介しない

2 (1) その人は全然笑わない。

(2) その友達は招待しない。

(3) この靴下は足が冷えない。

(4) 席が一つも空かない。

(5) このコップは割れない。

(6) スーパーに行ってこない。

(7) 車の窓が閉まらない。

15 사역형

1단계 _ 핵심문법 익히기

1 手紙を書かせる。 편지를 쓰게 하다.

お金を出させる。 돈을 내게 하다.

友達と遊ばせる。 친구와 놀게 하다.

2 映画を見させる。 영화를 보게 하다.

ドアを開けさせる。 문을 열게 하다.

ご飯を食べさせる。 밥을 먹게 하다.

3 学校に行ってこさせる。 학교에 갔다 오게 하다.

部屋を掃除させる。 방을 청소하게 하다/청소시키다.

ドイツ語を勉強させる。 독일어를 공부하게 하다/공부시키다.

4 その歌手はファンを喜ばせた。 그 가수는 팬을 기쁘게 했다.

永井さんは子どもを出かけさせました。 ながい 씨는 아이를 외출하게 했습니다/외출시켰습니다.

部長は日曜日に森本さんを会社へ来させた。 부장님은 일요일에 もりもと 씨를 회사로 오게 했다.

5 その先輩は後輩にボールを拾わせました。 그 선배는 후배에게 공을 줍게 했어요.

私は妻に愛人の子どもを育てさせた。 나는 아내에게 정부(情婦)의 아이를 키우게 했다.

おじいさんは孫に車を運転させました。 할아버지는 손주에게 차를 운전하게 했습니다/운전시켰습니다.

6 桜は私にふるさとを思い出させる。

その雲は雨を降らせました。

僕はバナナを凍らせた。

2단계 _ 실력 다지기

1

사전형	사역형	사전형	사역형
立つ (일어서다)	立たせる	遊ぶ (놀다)	遊ばせる
走る (달리다)	走らせる	拾う (줍다)	拾わせる
答える (대답하다)	答えさせる	別れる (헤어지다)	別れさせる
持ってくる (가져오다)	持ってこさせる	掃除する (청소하다)	掃除させる

2 〔1〕 私は娘を彼氏と別れさせました。 / 私は娘を彼と別れさせました。

〔2〕 先生は生徒に単語の意味を調べさせました。

〔3〕 母はその花をきれいに咲かせました。

〔4〕 部長は日曜日に森本さんを会社へ来させた。

〔5〕 その先輩は後輩にボールを拾わせた。

〔6〕 その雲は雨を降らせました。

〔7〕 その歌手はファンを喜ばせた。

16 수동형

1단계 _ 핵심문법 익히기

1 悪口を言われる。 험담을 듣다(험담을 말함을 당하다).

親を呼ばれる。 부모님을 호출당하다.

髪を切られる。 머리카락을 잘리다.

2 約束を忘れられる。 (다른 사람이) 약속을 잊다(잊음을 당하다).

電話番号を変えられる。 (다른 사람이) 전화번호를 바꾸다(바꿈을 당하다).

スタイルをほめられる。 스타일을 칭찬받다.

3 知らない人を連れてこられる。 (다른 사람이) 모르는 사람을 데려오다(데려옴을 당하다).

ミスを注意される。 실수를 주의 받다.

イタリア語に翻訳される。 이탈리아어로 번역되다.

4 大島さんは社長に呼ばれた。 おおしま 씨는 사장님께 호출 당했다.

私は母にほめられました。 저는 어머니에게 칭찬받았습니다.

僕は父に注意された。 나는 아버지에게 주의 받았다.

5 私は弟にカメラを壊されました。
남동생이 제 카메라를 망가뜨렸어요(저는 남동생에게 카메라를 망가뜨림을 당했어요).

私は妹にテストの点を見られた。
여동생이 내 시험(의) 점수를 봤어(나는 여동생에게 시험(의) 점수를 봄을 당했어).

僕は先生にかばんの中をチェックされました。 나는 선생님한테 가방(의) 속을 체크 당했습니다.

6 雨に降られた。 비가 내렸다(비에게 내림을 당했다). [비가 내린 것이 반갑지 않음]

犯人に逃げられました。 범인이 도망갔어요(범인에게 도망을 당했어요). [범인이 도망간 것이 언짢음]

義理の母に来られた。 시어머니가 왔다(시어머니에게 옴을 당했다). [시어머니가 온 것이 반갑지 않음]

2단계 _ 실력 다지기

1

사전형	수동형	사전형	수동형
踏む (밟다)	踏まれる	言う (말하다)	言われる
叱る (야단치다)	叱られる	呼ぶ (부르다)	呼ばれる
食べる (먹다)	食べられる	忘れる (잊다)	忘れられる
連れてくる (데려오다)	連れてこられる	注意する (주의하다)	注意される

2 [1] <u>私</u>は隣の犬に噛まれた。 / <u>僕</u>は隣の犬に噛まれた。 / <u>俺</u>は隣の犬に噛まれた。

[2] すりに財布を盗まれました。

[3] 息子に死なれた。

[4] 私は母にほめられました。

[5] 私は弟にカメラを壊されました。

[6] 雨に降られた。

[7] <u>私</u>は先生にかばんの中をチェックされました。 / <u>僕</u>は先生にかばんの中をチェックされました。

17 사역수동형

1단계 _ 핵심문법 익히기

1 土地を売らされる。(팔기 싫었는데 시켜서 어쩔 수 없이) 땅을 팔다(팔게 함을 당하다).

返事を待たされる。(기다리기 싫었는데 시켜서 어쩔 수 없이) 답장을 기다리다(기다리게 함을 당하다).

言葉を直させられる。(고치기 싫었는데 시켜서 어쩔 수 없이) 말을 고치다(고치게 함을 당하다).

2 家にいさせられる。(있기 싫었는데 시켜서 어쩔 수 없이) 집에 있다(있게 함을 당하다).

電話をかけさせられる。(걸기 싫었는데 시켜서 어쩔 수 없이) 전화를 걸다(걸게 함을 당하다).

彼氏と別れさせられる。(헤어지기 싫었는데 시켜서 어쩔 수 없이) 남자친구와 헤어지다(헤어지게 함을 당하다).

3 うちに帰ってこさせられる。(돌아오기 싫었는데 시켜서 어쩔 수 없이) 집에 돌아오다(돌아오게 함을 당하다).

学校を退学させられる。(퇴학하기 싫었는데 시켜서 어쩔 수 없이) 학교를 퇴학하다(퇴학하게 함을 당하다).

行事に参加させられる。(참가하기 싫었는데 시켜서 어쩔 수 없이) 행사에 참가하다(참가하게 함을 당하다).

4 先生は私に反省文を書かせた。 선생님은 나에게 반성문을 쓰게 했다.

私は先生に反省文を書かされた。
(나는 싫었는데) 선생님은 나에게 반성문을 쓰게 했다(나는 선생님에게 반성문을 쓰게 함을 당했다).

母は僕に家事を手伝わせました。 어머니는 나에게 집안일을 거들게 했습니다.

僕は母に家事を手伝わされました。
(나는 싫었는데) 어머니는 나에게 집안일을 거들게 했습니다(나는 어머니에게 집안일을 거들게 함을 당했습니다).

課長は私に昨日遅くまで残業させた。 과장님은 나에게 어제 늦게까지 야근하게 했다.

私は課長に昨日遅くまで残業させられた。
(나는 싫었는데) 과장님은 나에게 어제 늦게까지 야근하게 했다(나는 과장님에게 어제 늦게까지 야근하게 함을 당했다).

2단계 _ 실력 다지기

1

사전형	사역수동형	사전형	사역수동형
働く (일하다)	働かされる	直す (고치다)	直させられる
待つ (기다리다)	待たされる	売る (팔다)	売らされる
いる ((생물이)있다)	いさせられる	別れる (헤어지다)	別れさせられる
帰ってくる (돌아오다)	帰ってこさせられる	参加する (참가하다)	参加させられる

601

2 (1) 事件の内容を話させられました。

(2) たばこをやめさせられた。

(3) 私は友達に30分待たされた。 / 僕は友達に30分待たされた。 / 俺は友達に30分待たされた。

(4) 僕は母に家事を手伝わされました。 / 私は母に家事を手伝わされました。

(5) 私は課長に昨日遅くまで残業させられた。 / 僕は課長に昨日遅くまで残業させられた。 /
俺は課長に昨日遅くまで残業させられた。

18 ます형

1단계 _ 핵심문법 익히기

1 今年の8月にライブをやります。 올해(의) 8월에 라이브콘서트를 해요.

金曜日の夜に友達に会いました。 금요일(의) 밤에 친구를 만났습니다.

私たちはその湖で泳ぎませんでした。 저희들은 그 호수에서 헤엄치지 않았어요.

2 夕べ早く寝ました。 어젯밤에 일찍 잤습니다.

子どもにお年玉をあげませんでした。 아이에게 세뱃돈을 안 줬어요.

変な音が聞こえます。 이상한 소리가 들립니다.

3 お金が戻ってきません。 돈이 돌아오지 않아요.

特別番組を放送しませんでした。 특별 프로그램을 방송하지 않았습니다.

今日、新入社員の教育をしました。 오늘, 신입사원(의) 교육을 했어요.

2단계 _ 실력 다지기

1

보통체형	ます형	보통체형	ます형
置く (놓다, 두다)	置きます	鳴らない (울리지 않다)	鳴りません
やった (했다)	やりました	折れなかった (부러지지 않았다)	折れませんでした
あげた (주었다)	あげました	聞こえない (들리지 않다)	聞こえません
戻ってこなかった (돌아오지 않았다)	戻ってきませんでした	放送する (방송하다)	放送します

2 (1) 金曜日の夜に友達に会いました。

(2) 水道の水が出ません。

(3) お弁当を持ってきました。

[4] いいにおいがします。

[5] 私たちはその湖で泳ぎませんでした。

[6] 変な音が聞こえます。

[7] インターホンが鳴りました。

19 사전형

1단계 _ 핵심문법 익히기

1 ここは風が強く吹く。　여기는 바람이 세게 분다.

明日の午前は曇る。　내일(의) 오전은 흐려져.

次の交差点を右に曲がる。　이번(의) 교차로를 오른쪽으로 돈다.

2 冬には星がよく見える。　겨울에는 별이 잘 보여.

このトイレは自動的に電気が消える。　이 화장실은 자동적으로 불이 꺼진다.

午後は晴れる。　오후는 맑아져.

3 今晩こちらに台風が来る。　오늘 밤, 이쪽에 태풍이 온다.

今日はネクタイをする。　오늘은 넥타이를 해.

今週の週末、花見をする。　이번 주(의) 주말, 꽃구경을 한다.

2단계 _ 실력 다지기

1

ます형	사전형	ます형	사전형
終わります (끝납니다)	終わる	降ります (내립니다)	降りる
来ます (옵니다)	来る	します (합니다)	する
見えます (보입니다)	見える	吹きます (붑니다)	吹く
曇ります (흐려집니다)	曇る	消えます (꺼집니다)	消える

2 [1] 毎朝、公園を歩く。

[2] 次の停留所でバスを降りる。

[3] ここは観光客が大勢来る。／ ここは観光客がたくさん来る。

[4] アルゼンチンとサッカーの試合をする。

[5] 次の交差点を右に曲がる。

(6) 冬<small>ふゆ</small>には星<small>ほし</small>がよく見<small>み</small>える。

(7) 今週<small>こんしゅう</small>の週末<small>しゅうまつ</small>、花見<small>はなみ</small>をする。

20 금지형

1단계 _ 핵심문법 익히기

1 帽子<small>ぼうし</small>をかぶるな。 모자를 쓰지 마라.

ここで騒<small>さわ</small>ぐな。 여기에서 떠들지 마라.

時間<small>じかん</small>に遅<small>おく</small>れるな。 시간에 늦지 마라.

ストレスに負<small>ま</small>けるな。 스트레스에 지지 마라.

そんな物<small>もの</small>を持<small>も</small>ってくるな。 그런 물건을 가져오지 마라.

そんなに心配<small>しんぱい</small>するな。 그렇게 걱정하지 마라.

2단계 _ 실력 다지기

1

ます형	금지형	ます형	금지형
立<small>た</small>ちます (일어섭니다)	立つな	見<small>み</small>ます (봅니다)	見るな
来<small>き</small>ます (옵니다)	来るな	します (합니다)	するな
かぶります ((모자를)씁니다)	かぶるな	負<small>ま</small>けます (집니다)	負けるな
置<small>お</small>きます (놓습니다)	置くな	あげます (줍니다)	あげるな

2 (1) そんな所<small>ところ</small>で止<small>と</small>まるな。

(2) もうここには戻<small>もど</small>ってくるな。

(3) そんなに心配<small>しんぱい</small>するな。

(4) ここで騒<small>さわ</small>ぐな。

(5) 時間<small>じかん</small>に遅<small>おく</small>れるな。

(6) こっちを見<small>み</small>るな。

(7) 帽子<small>ぼうし</small>をかぶるな。

21 명령형

1 前へ進め。 앞으로 나아가라.

ホームランを打て。 홈런을 쳐라.

部屋に入れ。 방에 들어가라.

2 けんかをやめろ。 싸움을 그만해라.

ボールをこっちに投げろ。 공을 이쪽으로 던져라.

犯人を捕まえろ。 범인을 붙잡아라.

3 妹と一緒に行ってこい。 여동생과 함께 갔다 와라.

子どもの世話をしろ。 아이를 돌봐라(아이의 돌봄을 해라).

予習と復習をしろ。 예습과 복습을 해라.

1

사전형	명령형	사전형	명령형
打つ (치다)	打て	伝える (전하다)	伝えろ
来る (오다)	来い	する (하다)	しろ
捕まえる (붙잡다)	捕まえろ	戻る (돌아가다/돌아오다)	戻れ
進む (나아가다)	進め	投げる (던지다)	投げろ

2 [1] 急げ!

[2] シートベルトを締めろ。

[3] 明日は必ず来い。

[4] ちょっとは遠慮しろ。

[5] 部屋に入れ。

[6] ボールをこっちに投げろ。

[7] 予習と復習をしろ。

22 가능형

1 その子は自転車に乗れる。 그 아이는 자전거를 탈 수 있다.

昼からは自由に動ける。 낮부터는 자유롭게 움직일 수 있어.

この試合は勝てる。 이 시합은 이길 수 있다.

2 簡単にやせられる。 쉽게 살을 뺄 수 있어.

このペンケースは机に立てられる。 이 필통은 책상에 세울 수 있다.

私は朝早く起きられる。 나는 아침 일찍 일어날 수 있어.

3 このカフェは深夜2時までいられる。 / このカフェは深夜2時までいれる。
이 카페는 심야 2시까지 있을 수 있다.

このローンは外国人も借りられる。 / このローンは外国人も借りれる。
이 대부금은 외국 사람도 빌릴 수 있어.

来月の大会には僕も出られる。 / 来月の大会には僕も出れる。
다음 달(의) 대회에는 나도 나갈 수 있다.

4 再来年はプサンに帰ってこられる。 / 再来年はプサンに帰ってこれる。
내후년에는 부산에 돌아올 수 있어.

ここは安心して生活できる。 여기는 안심하고 생활할 수 있다.

来週、退院できる。 다음 주, 퇴원할 수 있어.

5 この動物園は動物が触れる。 / この動物園は動物を触れる。 이 동물원은 동물을 만질 수 있다.

女の子はTシャツがもらえる。 / 女の子はTシャツをもらえる。 여자 아이는 티셔츠를 받을 수 있다.

そのバッグは形が変え(ら)れる。 / そのバッグは形を変え(ら)れる。 그 백은 모양을 바꿀 수 있다.

2단계 _ 실력 다지기

1

사전형	가능형	사전형	가능형
乗る (타다)	乗れる	立てる (세우다)	立てられる 立てれる
来る (오다)	来られる 来れる	する (하다)	できる
起きる (일어나다)	起きられる 起きれる	動く (움직이다)	動ける
勝つ (이기다)	勝てる	やせる (살을 빼다)	やせられる やせれる

2 〔1〕 この寮はペットと住める。

〔2〕 この職場は70歳まで勤められます。

〔3〕 ここは日帰りで来られる。 / ここは日帰りで来れる。

〔4〕 会議に出席できます。

〔5〕 富士山は7月から登れます。

〔6〕 私は朝早く起きられる。 / 私は朝早く起きれる。 /
僕は朝早く起きられる。 / 僕は朝早く起きれる。 /
俺は朝早く起きられる。 / 俺は朝早く起きれる。

〔7〕 この動物園は動物が触れる。 / この動物園は動物を触れる。

23 ば형

1단계 _ 핵심문법 익히기

1 時間があれば最後までできた。 시간이 있으면 마지막까지 할 수 있었다.

この橋を渡れば海が見える。 이 다리를 건너면 바다가 보여.

頑張ればきっと勝てる。 열심히 하면 꼭 이길 수 있다.

2 8時を過ぎれば電車は空きます。 8시를 넘으면 전철은 한산해집니다(빕니다).

特急に乗り換えれば早く着きます。 특급으로 갈아타면 일찍 도착해요.

この試合に負ければ終わりです。 이 시합에 지면 끝입니다.

3 お年寄りが来れば席を譲る。 어르신이 오면 자리를 양보한다.

専門家に相談すれば解決できる。 전문가에게 상의하면 해결할 수 있어.

中学校を卒業すれば高校に入学できる。 중학교를 졸업하면 고등학교에 입학할 수 있다.

2단계 _ 실력 다지기

1

사전형	ば형	사전형	ば형
ある ((무생물이)있다)	あれば	乗り換える (갈아타다)	乗り換えれば
来る (오다)	来れば	する (하다)	すれば
渡る (건너다)	渡れば	慣れる (익숙해지다)	慣れれば
過ぎる (지나다)	過ぎれば	頑張る (열심히 하다)	頑張れば

2 〔1〕 これを読めば分かる。

〔2〕 晴れればここから島が見える。

〔3〕 お年寄りが来れば席を譲る。

〔4〕 手術をすれば治ります。

〔5〕 雨が降ればキャンプは中止です。

〔6〕 8時を過ぎれば電車は空きます。

〔7〕 頑張ればきっと勝てる。

24 의지형

1단계 _ 핵심문법 익히기

1 ちゃんと並ぼう。　제대로 줄 서자.

新しいマンションに引っ越そう。　새 아파트로 이사하자.

楽しく踊ろう。　즐겁게 춤추자.

2 窓を開けよう。　창문을 열자.

そろそろ寝よう。　이제 슬슬 자자.

外に出よう。　밖에 나가자.

3 今度ここにお母さんを連れてこよう。　다음에 여기에 어머니를 데려오자.

朝早く出発しよう。　아침 일찍 출발하자.

オーストラリア旅行を計画しよう。　호주 여행을 계획하자.

2단계 _ 실력 다지기

1

사전형	의지형	사전형	의지형
並ぶ (줄 서다)	並ぼう	集める (모으다)	集めよう
来る (오다)	来よう	する (하다)	しよう
集まる (모이다)	集まろう	踊る (춤추다)	踊ろう
寝る (자다)	寝よう	出る (나가다/나오다)	出よう

2 〔1〕 みんなで集まろう。

〔2〕 感謝の気持ちを伝えよう。

[3] この店にまた来よう。

[4] パーティーの会場を予約しよう。

[5] 駅から近いアパートを探そう。

[6] そろそろ寝よう。

[7] 新しいマンションに引っ越そう。

25 て형

1단계 _ 핵심문법 익히기

1 1. 注意を引いて 주의를 끌고/끌어서
   店が開いて 가게 문이 열리고/열려서
   完成を急いで 완성을 서두르고/서둘러서
   子どもが騒いで 아이가 떠들고/떠들어서
   会社に行って 회사에 가고/가서

   2. 落し物を拾って 흘린 물건을 줍고/주워서
   ヒットを打って 안타를 치고/쳐서
   病気が治って 병이 낫고/나아서
   バレエを習って 발레를 배우고/배워서
   かばんを持って 가방을 들고/들어서
   髪を切って 머리카락을 자르고/잘라서

   3. うちの犬が死んで 우리 집(의) 개가 죽고/죽어서
   雨がやんで 비가 그치고/그쳐서
   荷物を運んで 짐을 옮기고/옮겨서
   ガムを噛んで 껌을 씹고/씹어서
   小鳥が飛んで 작은 새가 날고/날아서

   4. 財布を落として 지갑을 떨어뜨리고/떨어뜨려서
   昔の彼女を思い出して 옛날(의) 여자친구가 생각나고/생각나서
   病気を治して 병을 고치고/고쳐서

2 約束に遅れて 약속에 늦고/늦어서
   紙が濡れて 종이가 젖고/젖어서
   壁に絵をかけて 벽에 그림을 걸고/걸어서

3 宿題を持ってきて 숙제를 가져오고/가져와서
   父が入院して 아버지가 입원하고/입원해서
   怪我をして 다치고/다쳐서

4 教習所に通って、免許を取って、車を運転する。 운전학원을 다니고, 면허증을 따서, 차를 운전한다.

お湯を沸かして、お茶を入れて、お客さんに出した。 물을 끓이고, 차를 타서, 손님에게 냈다.

火曜日は10時に学校へ来て、4時まで講義を受けて、5時からバイトをする。
화요일은 10시에 학교로 와서, 4시까지 강의를 듣고, 5시부터 알바를 한다.

5 4番バッターがホームランを打って、試合に勝ちました。 4번 타자가 홈런을 쳐서, 경기에 이겼어요.

雨に濡れて風邪をひきました。 비에 젖어서 감기에 걸렸습니다.

カンニングをして先生に叱られました。 커닝을 해서 선생님한테 혼났습니다.

6 ちょっと立って。 잠깐 일어서 줘.

今晩、泊めて。 오늘 밤, 재워 줘.

身分証明書を持ってきて。 신분증을 가져와 줘.

2단계 _ 실력 다지기

1

사전형	て형	사전형	て형
鳴く ((동물이)울다)	鳴いて	借りる (빌리다)	借りて
来る (오다)	来て	する (하다)	して
包む (포장하다)	包んで	泳ぐ (헤엄치다)	泳いで
疲れる (피곤해지다)	疲れて	待つ (기다리다)	待って

2 (1) 昨日は友達に会って、食事をして、お酒を飲んだ。

(2) 明日、6時半に起こして。

(3) お湯を沸かして、お茶を入れて、お客さんに出した。

(4) 雨に濡れて風邪をひきました。

(5) 今晩、泊めて。

(6) 火曜日は10時に学校へ来て、4時まで講義を受けて、5時からバイトをする。

(7) カンニングをして先生に叱られました。

26 꼭 알아 두어야 할 조사

1단계 _ 핵심문법 익히기

1 ここでは桜は2月には咲く。

明日は3時には着きます。

歌を1曲は歌って。

2 1. 目が赤い。

ニュースが始まります。

灰皿がない。

2. [1] 私はニンジンが嫌いです。

僕はカタカナが苦手だ。

私はゴルフが得意です。

[2] 丈夫な本棚が欲しい。

飲み物が欲しいです。

卵が食べたい。

[3] 誰でもここでお小遣いが稼げる。

4ｔトラックならこの荷物が載せられます。

単語がよく覚えられない。

3. 辞書で意味を調べたが、よくわからない。 사전으로 뜻을 알아봤지만, 잘 모르겠다.

一生懸命勉強しましたが、テストの点はよくなかったです。
열심히 공부했습니다만, 시험(의) 점수는 좋지 않았습니다.

この部屋はきれいだが、狭い。 이 방은 깨끗하지만, 좁다.

4. もしもし、中村ですが、野村さんはいらっしゃいますか。
여보세요, 나카무라인데요, 노무라 씨는 계십니까?

この前話した仕事ですが、担当してもらえますか。 저번에 이야기한 일인데요, 담당해 줄 수 있어요?

買い物に行きますが、何か必要なものはありますか。 장보러 가는데, 뭔가 필요한 것은 있습니까?

3 1. おなかを温めた。

人形を壊しました。

成功を祈る。

2. 姉が部屋を出ました。

飛行機が空港を出発した。

私はバスを降りました。

3. 一人で公園を歩いた。

学校のグラウンドを走りました。

鳥は空を飛ぶ。

4　1.　母の車の色は赤です。

英語の作文は難しい。

紙に自分の名前を書きました。

　　2.　そのアイディアは友達のだ。

その手袋は私のです。

この鍵は誰の？

　　3.　丈夫なのを選びました。

長いのを切って。

もう少し大きいのをください。

　　4.　彼女の書いた文章は素晴らしい。

花のきれいな庭です。

足の短い犬。

5　1.　〔1〕私も驚きました。

本屋にも寄る。

これも要ります。

　　　　〔2〕学校を一日も休まなかった。

財布に10円もありません。

彼女は少しも笑わなかった。

　　　　〔3〕何ももらえません。

どれも美しかった。

私の両親はどちらも厳しいです。

　　2.　入学試験に3回も落ちた。

兄弟が5人もいます。

ピアノを7年も習った。

6　1.　それとこれをください。

心と体をリフレッシュしよう。

妻と散歩しました。

　　2.　そこは日曜日は混むと聞いた。

スタッフは「だめです。」と言いました。

僕は上田君が正しいと思う。

1 [1] が　　　　　　　[2] は, も　　　　　[3] と　　　　　　　[4] を

[5] の　　　　　　　[6] が　　　　　　　[7] の/が, は　　　　[8] を

[9] の　　　　　　　[10] は, も　　　　　[11] も　　　　　　　[12] と, が, は

27 헷갈리기 쉬운 조사

1단계 _ 핵심문법 익히기

1 日本人の友達が韓国へ来た。

今年の秋に京都へ行きます。

明日、実家へ帰る。

2 1. [1] 夏には毎年、沖縄に行きます。

荷物を机の上に置いた。

タクシーに乗りました。

[2] この家は庭に畑がある。

子どもがエレベーターの中にいます。

私はクァンジュに住んでいる。

[3] 来年の春に結婚します。

今月の15日にろうそくデモがある。

明日の11時に来て。

[4] 1年に2回、韓国に帰ります。

オリンピックは4年に一度開かれる。

2ヶ月に1回、美容院に行きます。

2. 答えを友達に聞いた。

温泉で隣の人に石けんを貸しました。

銀行に借金を返した。

3. 彼女にハンカチを借りました。

専門家に理由を聞く。

祖父に洋服をもらいました。

3 1. プールで泳いだ。

空港で祖母に会いました。

12時に教会で礼拝がある。

2. [1] 箸で食べます。

はさみで切る。

電車で来ました。

[2] 毛糸でセーターを編んだ。

これは米で作ったお菓子です。

牛乳パックで椅子を作ろう。

[3] 雨で運動会が延期になりました。

地震で家具が倒れた。

風邪で学校を休みました。

[4] これは三つで100円。

2時間で名古屋に着きます。

工事は2日で終わった。

4　1．明日から連休です。

その番組は7日から放送が始まる。

ここから目的地まで4kmです。

2．給料を事務所からもらう。

銀行からお金を借りました。

その会社から内定をもらった。

3．鳥が煙突から出ていきました。

壁の穴から中を覗いた。

そこから何が見えますか。

4．タイヤは石油から作った物だ。

パンは小麦粉から作られます。

この酒は米から作る。

5．服装からその人の性格がわかる。

私の不注意から事故が起きました。

表情から感情を分析する。

6．今日は日曜日ですから休みです。 / 今日は日曜日だから休みです。
[전자가 더 정중한 말투]

日本語が上手じゃないから心配だ。

公演が始まりますから、中に入ってください。 / 公演が始まるから、中に入ってください。
[전자가 더 정중한 말투]

5　ここは出口なので入れません。 / ここは出口ですので入れません。
[후자는 매우 정중한 말투. 일상적으로는 전자를 더 많이 씀]

このプールは深いので危ない。

夕方は道が混むので時間がかかります。 / 夕方は道が混みますので時間がかかります。
[후자는 매우 정중한 말투. 일상적으로는 전자를 더 많이 씀]

6　1.　ここより南では梅が咲きました。

　　　　会議は10時より行う。

　　　　只今より大会を開始します。

　　2.　弟は僕より背が高い。

　　　　ここのウェディングドレスはレンタルするより安いです。

　　　　この糸は髪の毛より細い。

　　　　彼女は噂で聞いたより美人でした。

7　駅まで送って。

　　新しいカーテンを買うまで古いので我慢しました。

　　お金を全部返すまで、毎日電話が来た。

　　銀行の営業時間は午後3時までです。

8　明日の5時までにここに来てください。 / 明日の5時までにここへ来てください。

　　冬休みが終わるまでに書類を準備する。

　　8月までに進路を決めます。

　　引っ越すまでにまだ時間がある。

9　1.　その友達だけ泊まった。

　　　　その人は私にだけ謝りました。

　　　　盗みだけはするな。

　　2.　ただ眠いだけだ。

　　　　ちょっとからかっただけです。

　　　　僕がバカだっただけ。

　　　　あの人の声が嫌いなだけです。

10　夕べ、4時間しか寝られませんでした。

　　自分しか信じられない。

　　これはこの店でしか買えません。

11　彼女はいつも文句ばかり言う。

　　最近、雨ばかりです。

　　僕の両親は姉ばかりほめる。

2단계 _ 실력 다지기

1　[1] へ　　　　　[2] に　　　　　[3] で　　　　　[4] ので

　　[5] に　　　　　[6] までに　　　[7] で　　　　　[8] だけ

　　[9] しか　　　　[10] ばかり　　[11] から　　　[12] より

1 1. こちらはいかがですか。

   1番は誰ですか。

   半分でいいですか。

2. 君も一緒に来るか？

   これはお前のか？

   そんなに時間がかかったか？

3. 10連休がうれしいかうれしくないか、アンケートを取る。

   階段かエレベーターで2階に行ってください。 / 階段かエレベーターで2階へ行ってください。

   好きか嫌いか、はっきり言った。

4. このスプーンはなぜかよく売れます。

   その子は携帯で何かを見ていた。

   その時、誰かが私に声をかけました。

2 これが欲しいかい？

   君も一緒に見るかい？

   ちょっと歩かないかい？

3 うちはどこだい？

   何を悩んでいるんだい？

   どんな病気なんだい？ / どんな病気だい？

4 1. あの車、かっこいいね。

   今日は本当に疲れましたね。

   この問題は難しいね。

2. どうするか、もう決めましたね？

   質問は特にないね？

   その番組の放送は明日ですね？

3. 明日も会おうね。

   また私の店に来てくださいね。

   後で返してね。

4. 会議まであと15分ですね。

   高校生の時は一生懸命勉強したね。

   その仕事は木曜日までには終わりますね。

5. でもね、それはね、無理だと思う。

この写真はですね、先生が亡くなる前にですね、みんなで一緒に撮ったものです。

きっとね、あの人とはね、また会えると思う。

5　1.　人数が足りないよ。

切符を落としましたよ。

もうすぐお湯が沸くよ。

2.　全然タイミングが合わないよ。

そんなこと、私もわかりますよ。

仮病じゃないよ。

6　1.　もう少し考えるわ。

私が代わりにしますわ。

正直に話すわ。

2.　これがいいわ。

急な話で驚きましたわ。

夏休みももう終わりで残念だわ。

3.　昨日は大雨は降るわ、雷は鳴るわ(で)、外に出られませんでした。

赤ん坊が泣くわ泣くわで困った。

美術館の前に人がいるわいるわ(で)、なかなか入れませんでした。

<hr>

2단계 _ 실력 다지기

1	[1] ね	[2] よ	[3] わ	[4] か
	[5] ね	[6] か, か	[7] か	[8] かい
	[9] ね	[10] よ	[11] ね	[12] だい

<hr>

29　그 밖의 조사들

<hr>

1단계 _ 핵심문법 익히기

1　テーブルの上にしょう油やコショウがある。

台所やお風呂の掃除は大変です。

パスポートや免許証を持ってこなかった。

2　父は大きいとか小さいとか、いつも文句を言います。

この店は冷蔵庫とかエアコンが安く買える。/ この店は冷蔵庫とかエアコンを安く買える。

毎日、牛乳を飲むとかヨーグルトを食べるとかしています。

3 1. このバターは安いしおいしい。

明日は風も強く吹くし、雨も降ります。/ 明日は風も強く吹きますし、雨も降ります。
[후자는 매우 정중한 말투. 일상적으로는 전자를 더 많이 씀.]

この家は大家さんもいい人だし、家もきれいだ。

2. 今日は暇だし、天気もいいし、外に出ましょう。/
今日は暇ですし、天気もいいですし、外に出ましょう。
[후자는 매우 정중한 말투. 일상적으로는 전자를 더 많이 씀.]

まだ高校生だし、経済力もないし、一人暮らしは無理。

週末には川にも行ったし、バーベキューもしたし、楽しかったです。/
週末には川にも行きましたし、バーベキューもしましたし、楽しかったです。
[후자는 매우 정중한 말투. 일상적으로는 전자를 더 많이 씀.]

4 1. 娘の誕生日におもちゃでもあげる。

食事でも一緒にしませんか。

外国にでも行きたい。

2. この問題は大人でも答えられません。

こんなスコアはプロでもなかなか出せない。

グアムは冬でも暖かいです。

3. そんなことは誰でもわかる。

全国どこへでも行きます。/ 全国どこにでも行きます。

プレゼントは何でもうれしい。

5 売場の整理や接客などが私の仕事です。

アジアやアフリカなどのお客さんが増えた。

この店では日本のお茶碗やお箸などを売っています。

6 リンゴくらいの大きさだった。/ リンゴぐらいの大きさだった。

ここからそこまで30分くらいかかります。/ ここからそこまで30分ぐらいかかります。

ご飯を半分くらい残した。/ ご飯を半分ぐらい残した。

2단계 _ 실력 다지기

1 [1] など   [2] でも   [3] し   [4] や

[5] くらい/ぐらい   [6] でも   [7] とか, とか   [8] し, し

[9] でも   [10] や/とか, など   [11] でも   [12] や/とか

30 의문사

1단계 _ 핵심문법 익히기

1 誕生日はいつ？

あの方はどなたですか。

その男の人は誰？

この箱は何ですか。

体の具合はいかがですか。

新しいセーターはどう？

私の席はどこですか。

欲しいスーツはどちらですか。

好きなケーキはどっち？

それはどうしてですか。 / それはなぜですか。［문어적인 말투］/ それは何でですか。［편한 말투］

横浜行きのバスはどれ？

2 ボーリングのベストスコアはいくつですか。

その手袋はいくら？

費用はどのくらいですか。 / 費用はどのぐらいですか。 /

費用はどれくらいですか。 / 費用はどれぐらいですか。

3 私はどのクラス？

タイタニックはどんな船ですか。

2단계 _ 실력 다지기

1 〔1〕 どなた 〔2〕 どんな 〔3〕 どれ

〔4〕 どのくらい/どのぐらい/どれくらい/どれぐらい

〔5〕 どこ 〔6〕 いくつ 〔7〕 どちら 〔8〕 いくら

〔9〕 どの 〔10〕 いかが 〔11〕 いつ 〔12〕 どう

31 꼭 알아 두어야 할 부사

1단계 _ 핵심문법 익히기

1 1. 授業はもう始まった。

髪はもう切りました。

間違いはもう直した。

2. イチゴの季節はもう終わります。

電車はもう動く。

一人でももう大丈夫です。

3. 魚をもう1匹釣った。

もう少しみそを足しました。

生徒がもう一人増えた。

2 その子はまだ赤ちゃんです。

3月はまだ寒い。

時間はまだ7時です。

3 1. フランス人はゴルフをあまりしない。

この港はあまり大きくないです。 / この港はあまり大きくありません。

先輩のアドバイスはあまり役に立たない。

2. あまり高いと売れません。

あまりうるさいと隣の人が怒る。

あまり食べると太ります。

4 1. この家は風がよく通る。

ここは星がよく見えます。

夕べはよく眠れた。

2. 雪がよく降ります。

パソコンがよく壊れる。

息子がよく手伝います。

5 お金は確か足りた。

その機械は確か直しました。

そのブログは確かなくなったと思う。

6 1. 私は絶対(に)忘れません。

この問題は絶対(に)解決できない。

僕は絶対(に)逃げません。

2. 夢は絶対(に)叶う。

この株は絶対(に)上がります。

このゲームは絶対(に)面白い。

1 [1] 確か   [2] あまり   [3] もう   [4] よく

     [5] 絶対(に)   [6] もう, まだ   [7] もう   [8] よく

     [9] もう   [10] あまり   [11] 絶対(に)   [12] まだ

---

32 뜻과 쓰임이 비슷한 부사

1단계 _ 핵심문법 익히기

1 はじめて会社に勤めた。

    はじめ、野菜を切ります。

    はじめ、神様に祈る。

    はじめて犬を飼いました。

2 この前、新しい星が見つかった。

    さっき庭で何かが光りました。

    この前、家の壁にペンキを塗った。

    さっきパソコンが直りました。

3 どうも

    どうぞ

4 荷物は今度運ぶ。

    子どもは後で起こします。

    この絵は後でかける。

    テストの結果は今度知らせます。

5 日本語をぜひ教えてください。

    このおもちゃは必ず直る。

    痛みはきっと消えます。

    身分証が必ず必要だ。

    そこの景色をぜひ見てください。

    明日はきっと雪が降る。

6 IT産業が非常に盛んだ。

    妻はとても優しいです。

    技術が非常に素晴らしいです。

    チェジュドの豚肉はすごくうまい。

その建物はすごく古い。

今日の結果はとても残念です。

---

1 〔1〕さっき 〔2〕この前 〔3〕どうぞ 〔4〕どうも

〔5〕今度 〔6〕後で 〔7〕必ず 〔8〕きっと

〔9〕ぜひ 〔10〕すごく 〔11〕とても 〔12〕非常に

---

33 접속사

1단계 _ 핵심문법 익히기

1 そのレストランは安い。それに、おいしい。

1時間くらい昼寝をしました。それから、新聞を読みました。

夕べ雨に濡れた。それで、風邪をひいた。

友達のレポートを写しました。それで、不可をもらいました。

この湖は広い。そして/それから、深い。

小野君は背が高いです。それに、勉強も(よく)できます。

プレゼントにリボンを付けた。それから、彼女にあげた。

これが出張のスケジュールです。そして/それから、これが電車の切符です。

2 今日は曇りだった。けれど/けれども/でも/しかし、涼しくなかった。

電話、または、メールで連絡をください。

日本にはクリスチャンが少ない。だから、教会があまりない。

彼らはスイスに行きました。また、オーストリアにも寄りました。

用意はできましたか。では、始めてください。

お姫様はリンゴを口に入れました。すると、急に倒れました。

明日はテストがある。だから、今夜は勉強しよう。

私は高校で日本語を習いました。けれど/けれども/でも/しかし、カタカナがよくわかりません。

話はもう終わりましたか。では、そろそろ帰ります。

彼は有名な俳優だ。また、歌手でもある。

箱のひもを引いた。すると、大きな音がした。

バス、または、タクシーに乗ります。

2단계 _ 실력 다지기

1 [1] それに   [2] それで   [3] そして/それから

　　[4] けれど/けれども/でも/しかし   [5] または   [6] すると

　　[7] だから   [8] また   [9] では   [10] それに

　　[11] それで   [12] または

넷째마당

34 명사를 수식하는 방법

1단계 _ 핵심문법 익히기

1 体が大きい女性の服　몸이 큰 여성의 옷

　　僕が昔好きだった女の人　내가 옛날에 사랑했던 여자

　　去年咲かなかった花　작년에 피지 않은 꽃

　　パスワードが必要な場合　패스워드가 필요한 경우

　　ワインに合う料理　와인에 어울리는 요리

　　うちから一番近いスーパー　우리 집에서 가장 가까운 슈퍼

　　滞在期間が一番長かった国　체류기간이 제일 길었던 나라

　　この仕事の担当じゃない人　이 일의 담당이 아닌 사람

2 雨の降った日　비가 내린 날

　　目のきれいな人　눈이 예쁜 사람

　　速度の遅い台風　속도가 느린 태풍

2단계 _ 실력 다지기

1 [1] だった   [2] が/の, の   [3] かなかった

　　[4] い   [5] が/の, な   [6] う

2 [1] 友達が入る学校は有名な学校だ。 / 友達の入る学校は有名な学校だ。

　　[2] うちの裏は妻が大好きな林です。 / うちの裏は妻の大好きな林です。

　　[3] 三人の向かった場所は公園だった。 / 三人が向かった場所は公園だった。

　　[4] 次の駅が私の降りる駅です。 / 次の駅が私が降りる駅です。

1단계 _ 핵심문법 익히기

1 行きは船で、帰りは飛行機です。 갈 때는 배이고, 돌아올 때는 비행기입니다.

　　木曜日は試験で、金曜日は休講です。 목요일은 시험이고, 금요일은 휴강입니다.

　　先生は留守で会えませんでした。 선생님은 부재중이어서 만날 수 없었습니다.

2 江川さんは親切で明るい。 えがわ 씨는 친절하고 밝다.

　　この高校はスポーツが盛んで、有名な選手も多い。 이 고등학교는 스포츠가 성하고, 유명한 선수도 많다.

　　数学が好きで、理系に進学した。 수학을 좋아해서, 이과로 진학했다.

3 その神社は古くて歴史のある神社です。 그 신사는 오래되었고 역사가 있는 신사입니다.

　　昨日の空は青くて美しかったです。 어제의 하늘은 푸르고 아름다웠습니다.

　　眠くて仕事ができませんでした。 졸려서 일을 할 수 없었습니다.

4 あの二人は友達じゃなくて姉妹だ。 저 두 사람은 친구가 아니고 자매이다.

　　うちの犬は世話が大変ではなくて楽だ。 우리 집(의) 개는 돌보는 것이 힘들지 않고 편하다.

　　その店は値段も高くなくて雰囲気もいい。 그 가게는 가격도 비싸지 않고 분위기도 좋다.

　　旅館の部屋が畳じゃなくて残念だった。 りょかん의 방이 다다미가 아니라서 아쉬웠다.

　　娘は体が丈夫ではなくて、すぐに疲れる。 딸은 몸이 튼튼하지 않아서, 금방 지친다.

　　夕飯がおいしくなくて、半分しか食べなかった。 저녁식사가 맛없어서(맛있지 않아서) 절반밖에 안 먹었다.

2단계 _ 실력 다지기

1 [1] で　　　　　　　　　[2] じゃなくて/ではなくて

　　[3] くて　　　　　　　　[4] で　　　　　　　　[5] くなくて

2 [1] 先生は留守で会えませんでした。

　　[2] のどが痛くて声が出ませんでした。

　　[3] 江川さんは親切で明るい。

　　[4] 数学が好きで、理系に進学した。

　　[5] 日本の新学期は3月ではなくて、4月からだ。 / 日本の新学期は3月じゃなくて、4月からだ。

36 형용사를 부사로 만드는 방법

1단계 _ 핵심문법 익히기

1 元気に返事をしました。 활기 넘치게 대답을 했습니다.

返事を元気にしました。 대답을 활기 넘치게 했습니다.

きれいに石けんで手を洗いました。 깨끗하게 비누로 손을 씻었습니다.
石けんできれいに手を洗いました。 비누로 깨끗하게 손을 씻었습니다.
石けんで手をきれいに洗いました。 비누로 손을 깨끗하게 씻었습니다.

十分にお礼を言いました。 충분히 사례 인사를 했습니다. [말로만 하는 인사. 선물×]
お礼を十分に言いました。 사례 인사를 충분히 했습니다. [말로만 하는 인사. 선물×]

2 短く糸を切った。 짧게 실을 잘랐다.
糸を短く切った。 실을 짧게 잘랐다.

新しく食品売場を作った。 새로 식품매장을 만들었다.
食品売場を新しく作った。 식품매장을 새로 만들었다.

早く着いた。 일찍 도착했다.
よく思った。 좋게 생각했다.

2단계 _ 실력 다지기

1 (1) 興味のあるものは簡単に覚えられる。 / 興味があるものは簡単に覚えられる。

(2) 何でも楽しく勉強しよう。

(3) 品物を適当に選びました。

(4) ハンバーグがおいしくできました。

(5) 糸を短く切った。

(6) 石けんできれいに手を洗いました。

(7) 早く着いた。

(8) 元気に返事をしました。

(9) お礼を十分に言いました。

(10) よく思った。

---

37 형용사를 동사로 만드는 방법

1단계 _ 핵심문법 익히기

1 その人は自分の知識を得意がりました。 그 사람은 자신의 지식을 자신만만해했습니다.
姉は将来を不安がりました。 언니는 장래를 불안해했습니다.
その外国人はランドセルを不思議がりました。 그 외국인은 란도셀을 신기해했습니다.

2 息子はその猫をかわいがった。 아들은 그 고양이를 예뻐했다.

母は私との別れを寂しがった。 어머니는 나와의 이별을 섭섭해했다.

弟は耳を痛がった。 남동생은 귀를 아파했다.

2단계 _ 실력 다지기

1

な형용사	동사	い형용사	동사
得意<small>とくい</small>な (자신감이 있는)	得意がる	かわいい (예쁘다, 귀엽다)	かわいがる
不安<small>ふあん</small>な (불안한)	不安がる	痛<small>いた</small>い (아프다)	痛がる

2 〔1〕その選手の引退をみんなが残念がった。

〔2〕その人は大丈夫だと強がった。

〔3〕松岡さんは工場での仕事を嫌がりました。

〔4〕彼は妻の死を非常に悲しがりました。

〔5〕息子はその猫をかわいがった。

〔6〕姉は将来を不安がりました。

〔7〕その外国人はランドセルを不思議がりました。

〔8〕弟は耳を痛がった。

---

38 형용사·동사를 명사로 만드는 방법

1단계 _ 핵심문법 익히기

1 家庭の大切さ 가정의 소중함

クレジットカードの便利さ 신용카드의 편리함

国際政治の複雑さ 국제정치의 복잡함

2 昼の暑さ 낮의 더위

言葉の難しさ 말의 어려움

廊下の長さ 복도의 길이

頭のよさ 머리의 좋음/좋은 정도

3 踊りを習いました。 춤을 배웠습니다.

騒ぎを起こしました。 소동을 일으켰습니다.

借りを返しました。 빚을 갚았습니다.

教えを受けました。 가르침을 받았습니다.

형용사	명사	동사	명사
大切な (소중한)	大切さ	驚く (놀라다)	驚き
便利な (편리한)	便利さ	答える (답하다)	答え
長い (길다)	長さ	踊る (춤추다)	踊り
いい (좋다)	よさ	借りる (빌리다)	借り

2 [1] 朝晩の寒さは冬を感じさせる。

[2] それはいい考えだ。

[3] 海のきれいさに驚きました。

[4] この学校の規則の厳しさは有名です。

[5] 行きはタクシーに乗りました。

[6] これは静かさが売りの車だ。

[7] 騒ぎを起こしました。

39 접두사와 접미사

1단계 _ 핵심문법 익히기

1 お急ぎですか。 급하십니까?

温かいお言葉、ありがとうございます。 따뜻한 말씀, 감사합니다.

ちょっとご相談があります。 좀 상의 드릴 것이 있습니다.

私がご案内します。 제가 안내해 드리겠습니다.

2 1. まだ準備中です。

工事中の建物が多い。

連休中にゆっくり休みます。

2. 町中に噂が広がった。

韓国の家は家中が暖かいです。

ここでは花が一年中楽しめる。／ここでは花を一年中楽しめる。

3. そこには色々な動物たちがいる。

これらは新しくわかったことです。

皆、素晴らしい先生方だった。

僕たちはみんな元気です。 / 僕らはみんな元気です。

4. 8時頃の電車は混む。

去年の今頃はまだ日本語が下手でした。

この歌は2015年頃(に)はやった。

5. [1] 薬屋(さん)に処方せんを持っていきました。

　　　駅前の電気屋(さん)が店を閉めた。

　　　家の近くに大きな文房具屋(さん)ができました。

　[2] よしだ 씨는 끊임없이 노력하는 사람이다.

　　　그 아이는 부끄럼쟁이라서, 모르는 사람과 이야기를 못합니다.

　　　외로움을 잘 타는 성향을 극복할 방법이 있어.

6. 伊藤さん

手塚様

西田君

愛ちゃん

7. 和田さんは愛妻家です。

これは僕の好きな音楽家の本。 / これは僕が好きな音楽家の本。

私の妻は作曲家です。

8. 5mおきに線を引く。 5미터마다 줄을 긋는다.

1日おきに運動している。 하루 걸러(이틀에 한 번) 운동하고 있다.

10分おきにバスが来る。 10분마다 버스가 와.

9. この橋は世界で4番目に長い橋です。

これが二つ目の金メダル。

3日目の夜に事件が起きました。

10. 毎日少しずつ新しい単語を覚える。

みんな1,000円ずつ出しました。

半分ずつ分けよう。

2단계 _ 실력 다지기

1 (1) 中 　　　(2) 屋 　　　(3) ずつ 　　　(4) 目

(5) ご, お 　　(6) 頃 　　　(7) 家 　　　(8) おきに

(9) 中 　　　(10) たち/ら 　(11) 様 　　　(12) 方

40 존재 표현

1 2階に受付がある。 2층에 접수처가 있다.

　お手洗いにゴキブリがいる。 화장실에 바퀴벌레가 있다.

　講堂に校長先生がいる。 강당에 교장 선생님이 있다.

　玄関に自転車がある。 현관에 자전거가 있다.

　卵は冷蔵庫にあります。 계란은 냉장고에 있습니다.

　部長は会議室にいます。 부장님은 회의실에 있습니다.

　布団は押し入れにあります。 이부자리는 붙박이장에 있습니다.

　祖父は福岡にいます。 할아버지는 ふくおか에 있습니다.

2 事務所に灰皿が2個ある。 사무실에 재떨이가 2개 있다.

　動物園にライオンが1匹だけいる。 동물원에 사자가 1마리만 있다.

　ここに封筒が7枚ある。 여기에 봉투가 7장 있다.

　日本にファンが大勢いる。 일본에 팬이 많이 있다.

3 ゴミ箱の下にマットがあります。 쓰레기통(의) 밑에 매트가 있습니다.

　葉の表に虫がいます。 잎(의) 앞면에 벌레가 있습니다.

　この地図の真ん中に山があります。 이 지도(의) 한가운데에 산이 있습니다.

　道の向こうに辻さんがいます。 길(의) 저쪽에 つじ 씨가 있습니다.

1 (1) 屋上にビアガーデンがある。

　(2) 食品売場は地下1階にあります。

　(3) 部屋に大人が4人いた。

　(4) 教室の後ろに棚がある。

　(5) 道の向こうに辻さんがいます。

　(6) 動物園にライオンが1匹だけいる。

　(7) 卵は冷蔵庫にあります。

　(8) 部長は会議室にいます。

　(9) 講堂に校長先生がいる。

　(10) ゴミ箱の下にマットがあります。

41 '주다'와 '받다'

1단계 _ 핵심문법 익히기

1 留学生たちは先生に果物をもらった。 유학생들은 선생님께 과일을 받았다.
　留学生たちは先生から果物をもらった。 유학생들은 선생님으로부터 과일을 받았다.

　そのホールスタッフはお客さんにチップをもらった。 그 홀스태프는 손님에게 팁을 받았다.
　そのホールスタッフはお客さんからチップをもらった。 그 홀스태프는 손님으로부터 팁을 받았다.

　私は会社から書類をもらった。 나는 회사로부터 서류를 받았다.

2 あなたは佐々木さんにシャツをあげました。 당신은 さ さ き 씨에게 셔츠를 주었습니다.
　根本さんは私に鏡をくれました。 ねもと 씨는 저에게 거울을 주었습니다.
　兄はあなたに万年筆をあげました。 오빠는 당신에게 만년필을 주었습니다.
　私はあなたにお土産をあげました。 저는 당신에게 선물을 주었습니다.
　加藤さんはあなたにお祝いをくれました。 かとう 씨는 당신에게 축하 선물을 주었습니다.
　妹は清水さんにお菓子をあげました。 여동생은 しみず 씨에게 과자를 주었습니다.
　私は小林さんに手袋をあげました。 저는 こばやし 씨에게 장갑을 주었습니다.
　あなたは私にお見舞いをくれました。 당신은 저에게 문병 선물을 주었습니다.
　弟は僕に財布をくれました。 남동생은 나에게 지갑을 주었습니다.

　お店の人は友達にキーホルダーをくれた。 가게(의) 사람은 친구에게 열쇠고리를 주었다.
　友達は先生にかばんをあげた。 친구는 선생님께 가방을 주었다.
　係長は友達にネクタイをくれた。 계장님은 친구에게 넥타이를 주었다.
　友達はサッカー選手に花束をあげた。 친구는 축구선수에게 꽃다발을 주었다.

3 私は社長にお茶を差し上げました。 저는 사장님께 차를 드렸습니다.
　母は花に水をやりました。 어머니는 꽃에 물을 주었습니다.
　職員はお客様に案内書を差し上げました。 직원은 손님께 안내서를 드렸습니다.
　私は姉に下着をあげました。 저는 언니에게 속옷을 주었습니다.

4 友達のお母様が私にブレスレットをくださいました。 친구의 어머님이 저에게 팔찌를 주셨습니다.
　いとこが私の父にたばこをくれました。 사촌이 저희(저의) 아버지에게 담배를 주었습니다.
　次長が同僚にコーヒーをくださいました。 차장님이 동료에게 커피를 주셨습니다.
　娘が私に靴下をくれました。 딸이 저에게 양말을 주었습니다.

5 私は社長に車をいただいた。 나는 사장님께 차를 받았다.
　私は社長から車をいただいた。 나는 사장님으로부터 차를 받았다.

630

私は友達にクリスマスカードをもらった。 나는 친구에게서 크리스마스 카드를 받았다.

私は友達からクリスマスカードをもらった。 나는 친구로부터 크리스마스 카드를 받았다.

知り合いは孫に手紙をもらった。 아는 사람은 손주에게 편지를 받았다.

知り合いは孫から手紙をもらった。 아는 사람은 손주로부터 편지를 받았다.

クラスメイトは担任の先生にアドバイスをいただいた。 반 친구는 담임 선생님께 조언을 받았다.

クラスメイトは担任の先生からアドバイスをいただいた。 반 친구는 담임 선생님으로부터 조언을 받았다.

2단계 _ 실력 다지기

1 (1) 学校から連絡をもらいました。

(2) 星野さんは私にコートをくれた。

(3) 妻は先生にお中元を差し上げた。

(4) 私は息子にお小遣いをやりました。／ 私は息子にお小遣いをあげました。

(5) 私は先生に辞書をいただいた。／ 私は先生から辞書をいただいた。／
僕は先生に辞書をいただいた。／僕は先生から辞書をいただいた。／
俺は先生に辞書をいただいた。／俺は先生から辞書をいただいた。

(6) 先輩のお父様が私に人形をくださった。

(7) 私は姉に下着をあげました。

(8) 私は友達にクリスマスカードをもらった。／ 私は友達からクリスマスカードをもらった。／
僕は友達にクリスマスカードをもらった。／僕は友達からクリスマスカードをもらった。／
俺は友達にクリスマスカードをもらった。／俺は友達からクリスマスカードをもらった。

(9) お店の人は友達にキーホルダーをくれた。

(10) 友達はサッカー選手に花束をあげた。

42 자동사와 타동사

1단계 _ 핵심문법 익히기

1 カメラを壊す。 카메라를 고장 내다. 　　カメラが壊れる。 카메라가 고장 나다.

洋服が汚れる。 옷이 더러워지다. 　　洋服を汚す。 옷을 더럽히다.

子どもが隠れる。 아이가 숨다. 　　子どもを隠す。 아이를 숨기다.

2 友達が集まる。 친구들이 모이다. 　　友達を集める。 친구들을 모으다.

ドアを閉める。 문을 닫다. 　　ドアが閉まる。 문이 닫히다.

授業が始まる。 수업이 시작되다. 　　授業を始める。 수업을 시작하다.

3 病気が治る。　병이 낫다.　　　　　病気を治す。　병을 고치다.

事件が起きる。　사건이 일어나다.　　　事件を起こす。　사건을 일으키다.

財布を落とす。　지갑을 떨어뜨리다.　　財布が落ちる。　지갑이 떨어지다.

2단계 _ 실력 다지기

1 〔1〕 木の枝が折れる。　　　　　　〔2〕 木の枝を折る。

〔3〕 旅行の予定が決まる。　　　　〔4〕 旅行の予定を決める。

〔5〕 電気が消える。　　　　　　　〔6〕 電気を消す。

〔7〕 カメラが壊れる。　　　　　　〔8〕 カメラを壊す。

〔9〕 病気が治る。　　　　　　　　〔10〕 病気を治す。

다섯째마당

43 명사만 연결되는 표현

1단계 _ 핵심문법 익히기

1 日本語を使う機会が欲しいです。　일본어를 사용할 기회를 갖고 싶습니다.

部屋のイメージに合うカーテンが欲しいです。　방(의) 이미지에 맞는 커튼을 갖고 싶습니다.

よく消える消しゴムが欲しいです。　잘 지워지는 지우개를 갖고 싶습니다.

2 井上先生は先生らしい先生だ。　いのうえ선생님은 선생님다운 선생님이다.

それは子どもらしい考えだ。　그것은 어린이다운 생각이다.

今日は秋らしい天気だ。　오늘은 가을다운 날씨이다.

3 母の声がしました。　어머니의 목소리가 들렸습니다(났습니다).

変な味がしました。　이상한 맛이 났습니다.

いい香りがしました。　좋은 향기가 났습니다.

2단계 _ 실력 다지기

1 〔1〕 ギターが欲しいです。

〔2〕 それは彼女らしい格好だった。

〔3〕 大きな音がしました。／大きい音がしました。

〔4〕 それは子どもらしい考えだ。

〔5〕 ここに置けるベッドが欲しい。

〔6〕 毎日暖かくて、冬らしくないです。

〔7〕日本語を使う機会が欲しいです。

〔8〕変な味がしました。

〔9〕今日は秋らしい天気だ。

〔10〕肉を焼くにおいがする。

44 문장을 명사화하는 표현

1단계 _ 핵심문법 익히기

1 友達が留守だったのを思い出した。 친구가 부재중이었다는 것이 생각났다.

その歯医者が親切じゃなかったのを忘れていた。 그 치과의사가 친절하지 않았던 것을 잊고 있었다.

辛さが一番辛くないのを注文した。 매운 정도가 가장 맵지 않은 것을 주문했다.

小島さんが笑ったのをはじめて見た。 こじま 씨가 웃은 것을 처음 봤다.

先生が集まりに来ないのを知らなかった。 선생님이 모임에 오지 않는 것을 몰랐다.

2 今井さんがいい人であることをみんなに話しました。

いまい 씨가 좋은 사람이라는 것을 모두에게 이야기했습니다.

それが理由じゃないことを妻にも言いませんでした。 그것이 이유가 아닌 것을 아내에게도 말하지 않았습니다.

この本が面白かったことを思い出しました。 이 책이 재미있었던 것이 생각났습니다.

機械が熱くないことを確認しました。 기계가 뜨겁지 않은 것을 확인했습니다.

娘がダンススクールに通うことを許しました。 딸이 댄스학원에 다니는 것을 허락했습니다.

3 病気だということを知らせた。 병이라는 것을 알렸다.

自由な時代じゃなかったということを子どもたちに説明した。

자유로운 시대가 아니었다는 것을 아이들에게 설명했다.

痛みがひどいということを誰にも言わなかった。 통증이 심하다는 것을 아무에게도 말하지 않았다.

河野さんが食堂を始めたということをみんなに教えた。 こうの 씨가 식당을 시작했다는 것을 모두에게 알렸다.

時間がかかっても構わないということを知らなかった。 시간이 걸려도 상관없다는 것을 몰랐다.

2단계 _ 실력 다지기

1 〔1〕私たちがそこに着くのは夜だ。 / 僕たちがそこに着くのは夜だ。 /

俺たちがそこに着くのは夜だ。

〔2〕私が準備できないことを、早く知らせて。 / 僕が準備できないことを、早く知らせて。 /

俺が準備できないことを、早く知らせて。

〔3〕ここが昔、港だったということを知らなかった。

〔4〕背が低いことが僕のコンプレックスです。 / 背が低いことが私のコンプレックスです。

〔5〕部屋が汚かったのが嫌でした。

(6) 辛さが一番辛くないのを注文した。

(7) 病気だということを知らせた。

(8) 私が小さな子どもが嫌いなことを、夫は知らない。

(9) 友達が留守だったのを思い出した。

(10) 痛みがひどいということを誰にも言わなかった。

45 동사의 ない형에 연결되는 표현

1단계 _ 핵심문법 익히기

1 この仕事は山下さんに頼まないで、石川さんに頼みました。
이 일은 やました 씨에게 부탁하지 않고, いしかわ 씨에게 부탁했습니다. [やました 씨 대신에]

メガネをかけないで、コンタクトをしました。 안경을 쓰지 않고, 렌즈를 꼈습니다. [안경 대신에]

帽子をかぶらないで、ゴルフをしました。 모자를 쓰지 않고, 골프를 쳤습니다. [모자를 쓰지 않은 상태로]

遠慮しないで、たくさん食べました。 사양하지 않고, 많이 먹었습니다. [사양하지 않은 상태로]

2 授業中に静かじゃなくて先生の声が聞こえない。 / 授業中に静かではなくて先生の声が聞こえない。
/ 授業中に静かでなくて先生の声が聞こえない。
수업 중에 조용하지 않아서 선생님의 목소리가 들리지 않는다.

そのホラー映画は怖くなくて、面白くなかった。
그 공포영화는 무섭지 않아서, 재미없었다(재미있지 않았다).

スクリーンが見えなくて困った。 스크린이 보이지 않아서 난처했다.

卒業式は20日じゃなくて、21日だ。 / 卒業式は20日ではなくて、21日だ。 /
卒業式は20日でなくて、21日だ。
졸업식은 20일이 아니고, 21일이다.

その問題は簡単じゃなくて難しい。 / その問題は簡単ではなくて難しい。 /
その問題は簡単でなくて難しい。
그 문제는 쉽지 않고 어렵다.

肉が軟らかくなくておいしくない。 고기가 부드럽지 않고 맛없다(맛있지 않다).

3 傘をささずに歩きました。 우산을 쓰지 않고 걸었습니다.

シャワーを浴びずに寝ました。 샤워를 하지 않고 잤습니다.

会員登録をせずに買い物ができました。 회원등록을 하지 않고 쇼핑을 할 수 있었습니다.

4 保証人は日本人じゃなければならない。 / 保証人は日本人でなければならない。 /
保証人は日本人じゃなくてはならない。 / 保証人は日本人でなくてはならない。
보증인은 일본인이어야 한다(일본인이 아니면 안 된다).

食べ物は安全じゃなければならない。 / 食べ物は安全でなければならない。 /
食べ物は安全じゃなくてはならない。 / 食べ物は安全でなくてはならない。
음식은 안전해야 한다(안전하지 않으면 안 된다).

パイロットは目がよくなければならない。 / パイロットは目がよくなくてはならない。
파일럿은 눈이 좋아야 한다(좋지 않으면 안 된다).

サウジアラビアに行くときは、ビザを取らなければならない。 /
サウジアラビアに行くときは、ビザを取らなくてはならない。
사우디아라비아에 갈 때는 비자를 취득해야 한다(취득하지 않으면 안 된다).

睡眠時間は6時間以上じゃなければいけません。 / 睡眠時間は6時間以上でなければいけません。 /
睡眠時間は6時間以上じゃなくてはいけません。 / 睡眠時間は6時間以上でなくてはいけません。
수면시간은 6시간 이상이어야 합니다(6시간 이상이 아니면 안 됩니다).

店員は親切じゃなければいけません。 / 店員は親切でなければいけません。 /
店員は親切じゃなくてはいけません。 / 店員は親切でなくてはいけません。
점원은 친절해야 합니다(친절하지 않으면 안 됩니다).

ここは道路が広くなければいけません。 / ここは道路が広くなくてはいけません。
여기는 도로가 넓어야 합니다(넓지 않으면 안 됩니다).

明日までに部屋代を払わなければいけません。 / 明日までに部屋代を払わなくてはいけません。
내일까지 방세를 내야 합니다(내지 않으면 안 됩니다).

2단계 _ 실력 다지기

1 (1) この料理にはとり肉を使わないで、豚肉を使う。

(2) 重い病気じゃなくて安心した。 / 重い病気ではなくて安心した。 / 重い病気でなくて安心した。

(3) どこにも寄らずに帰った。 / どこにも寄らないで帰った。

(4) 調子が悪いときは少し休まないとだめ。 / 調子が悪いときは少し休まないといけない。 /
　　調子が悪いときは少し休まなければならない。 / 調子が悪いときは少し休まなければいけない。 /
　　調子が悪いときは少し休まなければだめ。 / 調子が悪いときは少し休まなくてはならない。 /
　　調子が悪いときは少し休まなくてはいけない。 / 調子が悪いときは少し休まなくてはだめ。

(5) ファイルを保存せずに閉じました。 / ファイルを保存しないで閉じました。

(6) メガネをかけないで、コンタクトをしました。

(7) 目覚まし時計が鳴らなくて、寝坊した。

(8) 勉強は面白くなくてはいけません。 / 勉強は面白くなくてはなりません。 /
　　勉強は面白くなくてはだめです。 / 勉強は面白くなければいけません。 /
　　勉強は面白くなければなりません。 / 勉強は面白くなければだめです。 /
　　勉強は面白くないといけません。 / 勉強は面白くないとだめです。

(9) この緑茶は苦くなくておいしいです。

〔10〕サウジアラビアに行くときは、ビザを取らなければならない。/

サウジアラビアに行くときは、ビザを取らなければいけない。/

サウジアラビアに行くときは、ビザを取らなければだめだ。/

サウジアラビアに行くときは、ビザを取らなくてはならない。/

サウジアラビアに行くときは、ビザを取らなくてはいけない。/

サウジアラビアに行くときは、ビザを取らなくてはだめだ。/

サウジアラビアに行くときは、ビザを取らないといけない。/

サウジアラビアに行くときは、ビザを取らないとだめだ。

46 동사의 ます형에 연결되는 표현

1단계 _ 핵심문법 익히기

1 うちの会社で働きませんか。 우리 회사에서 일하지 않겠습니까?

一緒に日本のドラマを見ませんか。 같이 일본(의) 드라마를 보지 않을래요?

来週のパーティーに来ませんか。 다음 주(의) 파티에 오지 않을래요?

2 寝る前に歯を磨きましょう。 자기 전에 이를 닦읍시다.

歯ブラシは1ヶ月に1回取り替えましょう。 칫솔은 한 달에 한 번 교체합시다.

ごみをリサイクルしましょう。 쓰레기를 재활용합시다.

3 席を移りましょうか。 자리를 옮길까요?

この椅子はもう捨てましょうか。 이 의자는 이제 버릴까요?

一緒に散歩でもしましょうか。 같이 산책이라도 할까요?

塩を取りましょうか。 소금을 건네 드릴까요?

ドアを閉めましょうか。 문을 닫아 드릴까요?

いい人を紹介しましょうか。 좋은 사람을 소개해 드릴까요?

4 前田さんに謝りたい。 まえだ 씨에게 사과하고 싶다.

シャワーを浴びたい。 샤워를 하고 싶다.

先生に質問したい。 선생님께 질문하고 싶다.

姉はお茶を習いたがった。 누나는 다도를 배우고 싶어했다.

父は新しい家を建てたがった。 아버지는 새 집을 짓고 싶어했다.

兄も一緒に来たがった。 형도 같이 오고 싶어했다.

5 彼が私の両親に挨拶に来た。 남자친구가 우리(나의) 부모님께 인사하러 왔다.

犬と散歩に行った。 개와 산책하러 갔다.

大阪城公園へ花見に行った。 おおさかじょう공원으로 꽃구경하러 갔다.

借りた傘を返しに来ました。　빌린 우산을 돌려 주러 왔습니다.

お客さんを迎えに駅まで行きました。　손님을 맞이하러 역까지 갔습니다.

花見をしに上野公園へ行きました。　꽃구경을 하러 우에노 공원으로 갔습니다.

6 商品の検索の仕方を覚えた。　상품의 검색(의) 방법을 외웠다.

電話番号の登録の仕方を書いた。　전화번호의 등록(의) 방법을 썼다.

飲み物の注文の仕方を練習した。　음료의 주문(의) 방법을 연습했다.

新しいアプリの使い方を説明しました。　새 앱의 사용법을 설명했습니다.

この漢字の読み方を教えました。　이 한자의 읽는 법을 가르쳤습니다.

ポイントの集め方を紹介しました。　포인트(의) 모으는 법을 소개했습니다.

7 ごみを拾いなさい。　쓰레기를 주워라.

残さずに食べなさい。　남기지 말고 먹어라.

もっと早く連絡しなさい。　더 일찍 연락해라.

8 桜が咲き始めました。　벚꽃이 피기 시작했습니다.

だんだん星が見え始めました。　점점 별이 보이기 시작했습니다.

会議の書類を準備し始めました。　회의(의) 서류를 준비하기 시작했습니다.

急に雨が降り出した。　갑작스럽게 비가 내리기 시작했다.

突然、家が大きく揺れ出した。　갑자기, 집이 크게 흔들리기 시작했다.

父が急に昔の話をし出した。　아버지가 갑자기 옛날(의) 이야기를 하기 시작했다.

9 作文を書き終わりました。　작문을 다 썼습니다.

ご飯を食べ終わりました。　밥을 다 먹었습니다.

部屋を掃除し終わりました。　방을 다 청소했습니다.

10 その猫はずっと鳴き続けた。　그 고양이는 계속 울었다.

建物が増え続けた。　건물이 계속 증가했다.

その学者は言葉を研究し続けた。　그 학자는 언어를 계속 연구했다.

11 子どもは風邪をひきやすいです。　어린이는 감기에 걸리기 쉽습니다(쉽게 감기에 걸립니다).

最近、どうも疲れやすいです。　요새, 어쩐지 피곤해지기 쉽습니다(쉽게 피곤합니다).

この会社の製品は故障しやすいです。　이 회사의 제품은 고장 나기 쉽습니다(쉽게 고장 납니다).

その病気は治りにくい。　그 병은 낫기 어렵다(쉽게 낫지 않는다).

このガラスは割れにくい。　이 유리는 쉽게 깨지지 않는다.

この建物は車椅子の人が利用しにくい。

이 건물은 휠체어를 탄(휠체어의) 사람이 이용하기 어렵다(이용하기 불편하다).

12 その人はたばこを吸いながら運転します。　그 사람은 담배를 피우면서 운전합니다.

子どもを育てながら働きたいです。　아이를 키우면서 일하고 싶습니다.

バイトをしながら日本語学校に通います。　알바를 하면서 일본어학교를 다닐 겁니다.

13 今日のメイクは派手すぎる。오늘(의) 화장은 지나치게 화려하다. [부정적]

この部屋は狭すぎる。　이 방은 너무 좁다.

昨日、飲みすぎた。　어제, 과음했다.

森岡さんは人がよすぎる。　もりおか 씨는 사람이 너무 좋다.

その子はやる気がなさすぎる。　그 아이는 의욕이 너무 없다.

14 その学生はまじめそうです。　그 학생은 성실해 보입니다.

このスープは熱そうです。　이 수프는 뜨거울 것 같습니다.

村上さんと近藤さんは気が合いそうです。　むらかみ 씨와 こんどう 씨는 마음이 맞을 것 같습니다.

明日は天気がよさそうです。　내일은 날씨가 좋을 것 같습니다.

興味がなさそうです。　관심이 없어 보입니다.

2단계 _ 실력 다지기

1 〔1〕 この箱の開け方がわかりません。

〔2〕 私と一緒に踊りませんか。

〔3〕 両親は考えが古すぎます。

〔4〕 どこに泊まりましょうか。

〔5〕 その歌手は歌を歌い続けた。

〔6〕 午後、一人で買い物に行く。 / 午後、一人で買い物しに行く。

〔7〕 ろうそくの火が消えそう。

〔8〕 質問に答えなさい。

〔9〕 その子は急に泣き出しました。

〔10〕 運動を続けましょう。

〔11〕 荷物を全部運び終わりました。

〔12〕 白い洋服は汚れやすい。

〔13〕 小川君は銀行に勤めたがりました。

〔14〕 夏風邪は治りにくいです。

〔15〕 お茶でも飲みながら話をしましょう。

〔16〕 タイでの生活にも慣れ始めた。

〔17〕 大きい魚を釣りたい。

〔18〕 誰がやったか調べましょうか。

〔19〕 「つ」の発音の仕方は難しいです。

〔20〕 このお菓子は甘そうです。

1단계 _ 핵심문법 익히기

1 授業の前に予習をする。 수업(의) 전에 예습을 한다.

3年前にこの店を開いた。 3년 전에 이 가게를 열었다.

駅に着く前に電話をかけた。 역에 도착하기 전에 전화를 걸었다.

日が暮れる前にうちに帰れた。 해가 지기 전에 집에 돌아갈 수 있었다.

朝食の前に1時間歩く。 아침식사(의) 전에 1시간 걷는다.

2 ここは自由に屋上に上がることができます。 여기는 자유롭게 옥상에 올라갈 수 있습니다.

このツアーは有名な観光地を訪ねることができます。 이 투어는 유명한 관광지를 방문할 수 있습니다.

ここでは色々な経験をすることができます。 여기에서는 여러 가지 경험을 할 수 있습니다.

3 健康のために朝早く起きる。 건강을 위해서 아침 일찍 일어난다.

旅行を十分楽しむために計画をしっかり立てた。 여행을 충분히 즐기기 위해서 계획을 빈틈없이 세웠다.

留学生のためにパーティーを開く。 유학생을 위해서 파티를 연다.

ここに来るために仕事を休んだ。 여기에 오기 위해서 일을 쉬었다.

4 ちょうど映画が始まるところです。 마침 영화가 시작되려는 참입니다.

ちょうど電車を降りるところです。 마침 전철을 내리려는 참입니다.

今から準備するところです。 지금부터 준비하려는 참입니다.

2단계 _ 실력 다지기

1 〔1〕 食事の前に手を洗う。

〔2〕 私は2歳の頃のことを思い出すことができる。 / 僕は2歳の頃のことを思い出すことができる。 /

俺は2歳の頃のことを思い出すことができる。

〔3〕 発音を直すため(に)、個人レッスンを受けました。

〔4〕 ちょうど家を出るところだ。

〔5〕 計画を立てる前に、もっとよく調べよう。

〔6〕 平和のために祈る。

〔7〕 ひと月前にたばこをやめました。

〔8〕 この薬を飲めば、簡単にやせることができます。

〔9〕 ちょうど映画が始まるところです。

〔10〕 日が暮れる前にうちに帰れた。

1단계 _ 핵심문법 익히기

1 これから親友に会いに行こうと思う。 지금부터 절친을 만나러 가려고 생각한다.

そろそろテストを始めようと思う。 이제 슬슬 시험을 시작하려고 생각한다.

友達にいい人を紹介しようと思う。 친구에게 좋은 사람을 소개하려고 생각한다.

2 チャイムを押そうとした時、ドアが開きました。 초인종을 누르려고 했을 때, 문이 열렸습니다.

お皿を並べようとした時、地震が起きました。 식탁을 차리려고 했을 때, 지진이 일어났습니다.

ファイルをダウンロードしようとした時、エラーが出ました。
파일을 다운로드하려고 했을 때, 에러가 났습니다.

2단계 _ 실력 다지기

1 〔1〕今日はもう遅いから、ホテルに泊まろうと思う。

〔2〕道を渡ろうとした時、信号が赤に変わった。

〔3〕窓を開けようとしましたが、開きませんでした。

〔4〕メガネを変えようと思います。

〔5〕これから親友に会いに行こうと思う。

〔6〕お皿を並べようとした時、地震が起きました。

〔7〕チャイムを押そうとした時、ドアが開きました。

〔8〕そろそろテストを始めようと思う。

〔9〕ファイルをダウンロードしようとした時、エラーが出ました。

〔10〕友達にいい人を紹介しようと思う。

---

49 동사의 て형에 연결되는 표현

1단계 _ 핵심문법 익히기

1 オートバイは昼間でもライトをつける。 오토바이는 낮이라도 라이트를 켠다.

言うことは立派でもやることはだめだ。 말하는 것은 훌륭해도 행동하는 것은 시원치 않다(안 된다).

体は小さくても力は強い。 몸은 작아도 힘은 세다.

辞書を引いても意味がわからなかった。 사전을 찾아도 뜻을 알지 못했다.

その人はいくら注意しても同じ失敗を何度もした。
그 사람은 아무리 주의를 줘도 똑같은 실수를 몇 번이나 했다.

2 病気がちゃんと治ってから退院しました。　병이 확실히 낫고 나서 퇴원했습니다.

日が暮れてから近所を散歩しました。　날이 저물고 나서 근처를 산책했습니다.

青木さんが来てから会議を始めました。　あおき 씨가 오고 나서 회의를 시작했습니다.

3 久しぶりに朝まで遊んでしまった。　오래간만에 아침까지 놀아 버렸다.

部屋をきれいに片付けてしまった。　방을 깨끗이 치워 버렸다.

大きな声で笑ってしまった。　큰 소리로 웃고 말았다.

4 シェアハウスに住んでみました。　셰어하우스에 살아 보았습니다.

口紅を塗ってみました。　립스틱을 발라 보았습니다.

外国で生活してみました。　외국에서 생활해 보았습니다.

5 今日はお弁当と牛乳を持っていった。　오늘은 도시락과 우유를 가지고 갔다.

今日はお弁当と牛乳を持ってきた。　오늘은 도시락과 우유를 가지고 왔다.

家族を連れていった。　가족을 데리고 갔다.

家族を連れてきた。　가족을 데리고 왔다.

先週習ったことを復習していった。　지난주에 배운 것을 복습하고 갔다.

先週習ったことを復習してきた。　지난주에 배운 것을 복습하고 왔다.

みんなそれぞれ自分の家に帰っていきました。　모두 각자 자기 집으로 돌아갔습니다.

イさんは今まで日本で一人で頑張ってきました。　이 씨는 지금까지 일본에서 혼자서 열심히 해 왔습니다.

この仕事をこれからも続けていきます。　이 일을 앞으로도 계속해 갈 것입니다.

若い女性がうちの隣に引っ越してきました。　젊은 여성이 우리 집(의) 옆에 이사해 왔습니다.

おなかがすいてきた。　배가 고프기 시작했다.

少し疲れてきた。　조금 지치기 시작했다.

頭が痛くなってきた。　머리가 아프기(아파지기) 시작했다.

6 リビングに家族の写真を飾っておきました。　거실에 가족(의) 사진을 장식해 두었습니다.

部屋の電気をつけておきました。　방(의) 불을 켜 놓았습니다.

ホテルを予約しておきました。　호텔을 예약해 두었습니다.

7 風が強く吹いている。　바람이 세게 불고 있다.

机の上を片付けている。　책상(의) 위를 치우고 있다.

今、夕飯の支度をしている。　지금, 저녁밥(의) 준비를 하고 있다.

その店では布団を売っています。　그 가게에서는 이부자리를 팔고 있습니다.

貿易会社に勤めています。　무역회사에 근무하고 있습니다.

私は毎朝1時間ジョギングをしています。　저는 매일 아침 1시간 조깅을 하고 있습니다.

8 椅子が並んでいる。 의자가 나란히 놓여 있다.

椅子を並べてある。 / 椅子が並べてある。 의자를 나란히 놓아 두었다. / 의자가 나란히 늘어서 있다.

パンが焼けている。 빵이 구워져 있다.

パンを焼いてある。 / パンが焼いてある。 빵을 구워 놓았다. / 빵이 구워져 있다.

9 京都へ向かっているところです。 한창 きょうと로 향해 가고 있는 중입니다.

山を下りているところです。 한창 산을 내려가고 있는 중입니다.

どうするか、相談しているところです。 어떻게 할지, 한창 상의하고 있는 중입니다.

10 あなたは山口さんに雑誌を貸してあげた。 당신은 やまぐち 씨에게 잡지를 빌려주었다.

岡本さんは私にマフラーを買ってくれた。 おかもと 씨는 나에게 목도리를 사 주었다.

妹は彼氏にクッキーを焼いてあげた。 여동생은 남자친구에게 쿠키를 구워 주었다.

あなたは私たちに命の大切さを教えてくれた。 당신은 우리들에게 생명의 소중함을 가르쳐 주었다.

僕の姉は友達に宿題を見せてあげた。 우리(나의) 누나는 친구에게 숙제를 보여 주었다.

サンタクロースは娘にプレゼントを持ってきてくれた。 산타클로스는 딸에게 선물을 가져와 주었다.

11 デザートのサービスをお客様が喜んでくださいました。 디저트(의) 서비스를 손님이 기뻐해 주셨습니다.

後輩が教授を車で送って差し上げました。 후배가 교수님을 차로 바래다 드렸습니다.

先生は友達を許してくださいました。 선생님은 친구를 용서해 주셨습니다.

役員の方にお茶を入れて差し上げました。 임원 분께 차를 타 드렸습니다.

同僚が部長にその話を伝えて差し上げました。 동료가 부장님께 그 이야기를 전해 드렸습니다.

松田さんのご両親がうちまで来てくださいました。 まつだ 씨의 부모님이 저희 집까지 와 주셨습니다.

12 僕は息子の荷物を持ってやった。 나는 아들의 짐을 들어 주었다.

金魚の水を取り替えてやった。 금붕어의 물을 갈아 주었다.

私は娘に化粧をしてやった。 나는 딸에게 화장을 해 주었다.

13 私は姉に宿題を手伝ってもらいました。
언니가 제 숙제를 도와주었습니다(저는 언니에게 숙제를 도와 받았습니다).

僕は弟に電気をつけてもらいました。 남동생이 불을 켜 주었습니다(나는 남동생에게 불을 켜 받았습니다).

私たちはお店に10人分の席を準備してもらいました。
가게에서 10명분(의) 자리를 준비해 주었습니다(저희들은 가게에 10명분(의) 자리를 준비해 받았습니다).

14 課長にお金を貸していただいた。 과장님이 돈을 빌려 주셨다(과장님께 돈을 빌려 받았다).

友達のお父さんに車で送っていただいた。
친구(의) 아버지가 차로 데려다 주셨다(친구(의) 아버지께 차로 데려다 받았다).

先生に日本の歌を教えていただいた。
선생님이 일본(의) 노래를 가르쳐 주셨다(선생님께 일본(의) 노래를 가르쳐 받았다).

1　(1) 漫画でも勉強に役に立つものもある。

　　(2) さっきまで雨が降っていたが、晴れてきた。

　　(3) 斉藤さんは私に写真を送ってくれました。

　　(4) メキシコ料理を作ってみました。

　　(5) 出かける前に靴を磨いておいた。

　　(6) 私は祖母に育ててもらいました。

　　(7) 兄は今お風呂に入っているところです。

　　(8) 先生に日本語の文章を直していただいた。

　　(9) 朝ごはんを食べてから出かけました。

　　(10) 授業の途中で眠ってしまいました。

　　(11) 大雨で、傘をさしても濡れた。

　　(12) プロペラがグルグル回っている。

　　(13) 私は犬をほめてやりました。

　　(14) 友達は先生に本当のことを話して差し上げた。

　　(15) 僕の好きな女優のポスターが壁に貼ってあります。 /
　　　　 私の好きな女優のポスターが壁に貼ってあります。

　　(16) 会長が私のおじに声をかけてくださいました。

　　(17) 戦争やテロでたくさんの人が死んでいく。

　　(18) 母は太田さんに忘れ物を届けてあげた。

　　(19) その子はだんだんお父さんに似てきました。

　　(20) その虫はまだ生きている。

50　동사의 た형에 연결되는 표현

1단계 _ 핵심문법 익히기

1　展覧会の後でパーティーをしました。　전람회(의) 후에 파티를 했습니다.

　　その小説家は死んだ後で有名になりました。　그 소설가는 죽은 후에 유명해졌습니다.

　　冬休みが終わった後で軍隊に入隊する予定です。　겨울방학이 끝난 후에 군대에 입대할 예정입니다.

　　その番組の後で天気予報が放送されました。　그 프로그램(의) 후에 일기예보가 방송되었습니다.

2　私の誕生日はいつも雨だったり雪だったりする。　내(나의) 생일은 항상 비가 오거나 눈이 온다.

　　私は成績がよかったり悪かったりする。　나는 성적이 좋다가 나쁘다가 한다.

　　今の仕事は暇だったり忙しかったりする。　지금 하는(지금의) 일은 한가하기도 하고 바쁘기도 한다.

　　知らない人が家の前を行ったり来たりする。　모르는 사람이 집(의) 앞을 왔다 갔다 한다.

たくさんの人がその店を出たり入ったりする。 많은 사람들이 그 가게를 나왔다 들어갔다 한다.

3 カレンダーが1月のままです。 달력이 1월 그대로(1월인 채)입니다.

そこは今も不便なままです。 거기는 지금도 불편한 상태 그대로(불편한 채)입니다.

カップのお湯は熱いままです。 컵의 물은 뜨거운 상태 그대로(뜨거운 채)입니다.

事務所の電気がついたままです。 사무실(의) 불이 켜진 채입니다.

後輩に1万円借りたままです。 후배에게 1만 엔 빌린 상황 그대로(빌린 채)입니다.

4 やっと熱が下がったところだ。 막 겨우 열이 내려갔다.

今、赤ん坊が生まれたところだ。 지금, 막 아기가 태어났다.

交番に行ってきたところだ。 파출소에 막 다녀왔다.

孫は小学2年生に上がったばかりです。
손주는 막 초등학교 2학년에 올라갔습니다(올라간 지 얼마 되지 않았습니다).

日本での生活に慣れたばかりです。 일본에서의 생활에 익숙해진 지 얼마 되지 않았습니다.

先週退院したばかりです。 지난주에 막 퇴원했습니다(퇴원한 지 얼마 되지 않았습니다).

2단계 _ 실력 다지기

1 (1) 授業の後で、先生に質問した。

(2) 秋は暑かったり寒かったりします。

(3) 久しぶりに会った友達は昔のままだった。

(4) このサイトは昨日見つけたばかりです。

(5) 休みの日は本を読んだりテレビを見たりする。

(6) 祖父が3日前に出かけたまま帰ってきません。

(7) お弁当を食べた後で、一緒に散歩に行きましょう。

(8) ベルギーの優勝が決まったところだ。

(9) 私は寝る時間が9時だったり12時だったりする。/ 僕は寝る時間が9時だったり12時だったりする。/
俺は寝る時間が9時だったり12時だったりする。

(10) 原田さんからはずっと連絡がないままだ。

---

51 모든 품사의 보통체형에 연결되는 표현

1단계 _ 핵심문법 익히기

1 片思いの人の選んだ人が僕じゃなかったとき、ショックだった。
짝사랑하는 사람이 고른 사람이 내가 아니었을 때, 충격이었다.

暇なとき、ゲームをする。 한가할 때, 게임을 한다.

成績がよくなかったとき、母に叱られた。　성적이 좋지 않았을 때, 어머니에게 야단맞았다.

眠れないとき、温かい飲み物を飲む。　잠들 수 없을 때, 따뜻한 음료를 마신다.

交通事故が起きたとき、110番に知らせる。　교통사고가 일어났을 때, 110번에 알린다.

2 みんなが同じ気持ちだったと思います。　모두가 같은 마음이었을 겁니다.

その料理の味はそんなに変じゃなかったと思います。　그 요리의 맛은 그렇게 이상하지 않았다고 생각합니다.

相手が強かったと思います。　상대가 강했던 것 같습니다.

上田選手のうまさが光ったと思います。　우에다선수의 실력이 빛났다고 생각합니다.

音楽のない生活は考えられないと思います。　음악이 없는 생활은 생각할 수 없는 것 같습니다.

3 この計画は失敗だったと言った。　이 계획은 실패였다고 말했다.

にんにくのにおいが嫌いじゃないと言った。　마늘(의) 냄새를 싫어하지 않는다고 말했다.

その時の先生の言葉がうれしかったと言った。　그 때의 선생님(의) 말이 기뻤다고 말했다.

意味がよくわからなかったと言った。　뜻을 잘 몰랐다고 말했다.

最近、法律を勉強していると言った。　요즘, 법률을 공부하고 있다고 말했다.

4 医者は金持ちだというイメージがあります。　의사는 부자라는 이미지가 있습니다.

子どもの頃、数学が嫌いじゃなかったという人は楽しめる本です。
어렸을 때, 수학을 싫어하지 않았다는 사람은 즐길 수 있는 책입니다.

結婚は30歳を過ぎてからでもいいという考え方の人が増えています。
결혼은 30살을 넘긴 후라도 괜찮다는 사고방식인(의) 사람이 늘고 있습니다.

就職が決まったというメールが来ました。　취직이 정해졌다는 메일이 왔습니다.

信号が赤のときは止まらなければならないという規則を知らない人はいません。
신호등이 빨간불일 때는 멈춰야 한다는 규칙을 모르는 사람은 없습니다.

5 犯人は一人じゃないだろう。　범인은 1명이 아닐 것이다.

犯人は一人じゃないでしょう。　범인은 1명이 아닐 것입니다.

その仕事は大変だっただろう。　그 일은 힘들었을 것이다.

その仕事は大変だったでしょう。　그 일은 힘들었을 것입니다.

その事故で怪我をした人は少なくなかっただろう。　그 사고로 다친 사람은 적지 않았을 것이다.

その事故で怪我をした人は少なくなかったでしょう。　그 사고로 다친 사람은 적지 않았을 것입니다.

明日は曇るだろう。　내일은 흐릴 것이다.

明日は曇るでしょう。　내일은 흐릴 것입니다.

今日は暖かいから、暖房は要らないだろう。　오늘은 따뜻하니까, 난방은 필요 없을 것이다.

今日は暖かいから、暖房は要らないでしょう。　오늘은 따뜻하니까, 난방은 필요 없을 것입니다.

その話はうそじゃなかっただろう？　그 이야기는 거짓말이 아니었지?

その話はうそじゃなかったでしょう？　그 이야기는 거짓말이 아니었지요?

明日は暇じゃないだろう？　내일은 한가하지 않지?

明日は暇じゃないでしょう？　내일은 한가하지 않지요?

これ、いいだろう？　이거, 좋지?

これ、いいでしょう？　이거, 좋지요?

僕の気持ち、わかるだろう？　내 마음, 알지?

僕の気持ち、わかるでしょう？　내 마음, 알지요?

今度の試合は勝てるだろう？　이번(의) 시합은 이길 수 있지?

今度の試合は勝てるでしょう？　이번(의) 시합은 이길 수 있지요?

6 こんなことを言ったら失礼かもしれない。　이런 말을 하면 실례일지도 모른다.

そこは水がきれいじゃないかもしれない。　거기는 물이 깨끗하지 않을지도 모른다.

そのミュージカルは面白くないかもしれない。　그 뮤지컬은 재미없을지도(재미있지 않을지도) 모른다.

もうすぐ雨がやむかもしれない。　이제 곧 비가 그칠지도 모른다.

学校に傘を忘れてきたかもしれない。　학교에 우산을 두고 왔을지도 모른다.

7 これは誰の日記か知っていますか。　이것은 누구의 일기인지 알고 있습니까?

先生が教育に熱心かどうか、生徒はすぐにわかります。

선생님이 교육에 열성적인지 아닌지, 학생들은 금방 압니다.

どうしたらいいかわかりません。　어떻게 하면 좋을지 모르겠습니다.

いつ連絡をもらったか覚えていません。

언제 연락을 받았는지 기억이 나지 않습니다(기억해 있지 않습니다).

約束を忘れていないかどうか、確かめてみます。

약속을 잊어버리지 않았는지(잊어버리고 있지 않은지) 어떤지, 확인해 보겠습니다.

8 渡辺さんは美人じゃないのに、男の人にすごくモテる。

와타나베 씨는 미인이 아닌데, 남자에게 엄청 인기가 많다.

ハンさんは日本語が下手だったのに、日本人の友達がたくさんいた。

한 씨는 일본어를 잘 못했는데도, 일본인 친구들이 많이 있었다.

テストはやさしくなかったのに、みんな90点以上取った。　시험은 쉽지 않았는데, 모두 90점 이상 받았다.

飲みたくないのに飲まされた。　(술을) 마시고 싶지 않은데 (어떤 사람이) 마시게 했다(마시게 함을 당했다).

急げば間に合うのに、大野さんは急ごうとしない。

서두르면 시간에 맞출 수 있는데도, 오오노 씨는 서두르려고 하지 않는다.

9 台風のために電車が遅れました。 태풍 때문에 전철이 늦었습니다.

前に住んでいた所は交通が不便だったために、今の家に引っ越してきました。
전에 살았던 곳은 교통이 불편했기 때문에, 지금 사는(지금의) 집에 이사해 왔습니다.

そのドラマはつまらなかったために、人気がありませんでした。
그 드라마는 재미없었기 때문에, 인기가 없었습니다.

私が病気で働けないために、家賃が払えなくて困っています。
제가 병에 걸려(으로) 일할 수 없기 때문에, 집세를 낼 수 없어서 난처합니다.

うちの前にビルができたために、窓から遠くが見えなくなりました。
집(의) 앞에 빌딩이 생겼기 때문에, 창문에서 먼 곳이 보이지 않게 되었습니다.

10 マラソンの練習が嫌いだったんだ。 마라톤(의) 연습을 싫어했거든.

転んだ時に歯が折れたんだ。 넘어졌을 때 이가 부러졌거든.

きっと事故があったんだ。 아마도 사고가 있었던 거야.

今日は大学の卒業式だ。明日からはもう学生じゃないのだ。
오늘은 대학교(의) 졸업식이다. 내일부터는 이제 학생이 아닌 것이다.

山崎さんも阿部さんも帰ってしまった。つまり、私一人だけ残ったのだ。
やまざき 씨도 あべ 씨도 집에 가 버렸다. 즉, 나 혼자만 남은 것이다.

息子が毎朝、おなかが痛いとか頭が痛いとか言う。要するに、学校に行きたくないのだ。
아들이 매일 아침, 배가 아프다든가 머리가 아프다든가 말한다. 요컨대, 학교에 가고 싶지 않은 것이다.

リーダーは池田さんじゃないとだめなんです。 리더는 いけだ 씨가 아니면 안 되는 거예요.

このやり方が正しいんです。 이 방법이 옳은 거예요.

どんなことがあっても絶対に行くんです。 어떤 일이 있어도 반드시 가는 거예요.

今日は休講だったのです。 오늘은 휴강이었던 것입니다.

そんなアプリがあるのです。 그런 앱이 있는 것입니다.

コンセントが抜けていたのです。 콘센트가 빠져 있었던 것입니다.

11 谷口さんは留守だったの？ たにぐち 씨는 부재중이었던 거야?

谷口さんは留守だったんですか。 たにぐち 씨는 부재중이었던 거예요?

お祭りはにぎやかじゃなかったの？ 축제는 성황이지 않았던 거야?

お祭りはにぎやかじゃなかったんですか。 축제는 성황이지 않았던 거예요?

この薬は苦くないの？ 이 약은 (맛이) 쓰지 않은 거야?

この薬は苦くないんですか。 이 약은 (맛이) 쓰지 않은 거예요?

そのチケットはどこで買ったの？ 그 티켓은 어디에서 산 거야?

そのチケットはどこで買ったんですか。 그 티켓은 어디에서 산 거예요?

どうして遅れたの？ 왜 늦은 거야?

どうして遅れたんですか。 왜 늦은 거예요?

12 来週、花見に行く予定なんですが、一緒に行きませんか。
다음 주에 꽃구경하러 갈 예정인데, 같이 가지 않을래요?

話がちょっと複雑なんですが、なるべくわかりやすく話します。
이야기가 좀 복잡한데요, 되도록 이해하기 쉽게 이야기하겠습니다.

上の家がうるさいんですが、ちょっと注意してください。 윗집이 시끄러운데요, 좀 주의 주세요.

よくわからなかったんですが、もう一度説明してもらえますか。
잘 이해하지 못했는데, 다시 한 번 설명해 줄 수 있습니까?

駅へ行きたいんですが、道はこっちで合っていますか。
역으로 가고 싶은데요, 길은 이쪽이(이쪽으로) 맞습니까?

13 高木さんは私のクラスじゃなかったはずだ。 たかぎ 씨는 분명히 우리(나)(의) 반이 아니었을 것이다.

その人はエジプトでは有名なはずだ。 그 사람은 이집트에서는 당연히 유명할 것이다.

日本人と話す機会は多くないはずだ。 일본 사람과 이야기할 기회는 분명히 많지 않을 것이다.

問題は何もなかったはずだ。 문제는 분명히 아무것도 없었을 것이다.

やればできるはずだ。 하면 당연히 할 수 있을 것이다.

14 中島さんが犯人のはずがありません。 なかじま 씨가 범인일 리가 없습니다.

家族が大切じゃないはずがありません。 가족이 소중하지 않을 리가 없습니다.

そんなことがうれしいはずがありません。 그런 일이 기쁠 리가 없습니다.

そんなに時間がかかるはずがありません。 그렇게 시간이 걸릴 리가 없습니다.

前田さんがそれを知らなかったはずがありません。 まえだ 씨가 그것을 몰랐을 리가 없습니다.

15 明るくて、まるで昼のようだ。

それは夢のような話だ。

その人は死んだように眠っていた。

刺すような痛みを感じた。

16 今日は春みたいに暖かいです。

台風みたいな風が吹きました。

涼しくて、まるで秋が来たみたいです。

外国にいるみたいな気分になります。

17 あそこが入口のようだ。 저기가 입구인 것 같다.

その人は宮崎さんの隣が嫌だったようだ。 그 사람은 みやざき 씨(의) 옆이 싫었던 것 같다.

横山さんは鼻が悪いようだ。 よこやま 씨는 코가 안 좋은(나쁜) 것 같다.

どうも熱があるようだ。 아무래도 열이 있는 것 같다.

会議はまだ続いているようだ。 회의는 아직 계속되고 있는 것 같다.

18　まだ終わりじゃないみたいです。 아직 끝이 아닌 것 같습니다.

パスポートは必要じゃなかったみたいです。 여권은 필요하지 않았던 것 같습니다.

テストは難しかったみたいです。 시험은 어려웠던 것 같습니다.

風がやんだみたいです。 바람이 그친 것 같습니다.

あの子はこのことを親に知られたくないみたいです。
저 아이는 이 일을 부모에게 알려지고 싶지 않은 것 같습니다.

19　昔ここは飛行場だったらしい。 옛날에 여기는 비행장이었던 모양이다.

そこは車がないと不便らしい。 거기는 차가 없으면 불편한 모양이다.

後藤さんのジョークは面白くなかったらしい。 ごとう 씨의 농담은 재미없었던(재미있지 않았던) 모양이다.

席はまだ空いているらしい。 자리는 아직 비어 있는 모양이다.

次の日には熱が下がったらしい。 다음 날에는 열이 내려간 모양이다.

20　青木さんの誕生日は昨日だったそうです。 あおき 씨의 생일은 어제였다고 합니다.

竹内先生によると、その学生はまじめじゃないそうです。
たけうち 선생님에 의하면, 그 학생은 성실하지 않다고 합니다.

そのスマホケースはデザインがかわいくなかったそうです。
그 스마트폰 케이스는 디자인이 예쁘지 않았다고 합니다.

藤原部長によると、坂本さんは営業部に移ったそうです。
ふじわら 부장님에 의하면, さかもと 씨는 영업부로 옮겼다고 합니다.

遠藤さんは会社を辞めないそうです。 えんどう 씨는 회사를 그만두지 않는다고 합니다.

2단계 _ 실력 다지기

1　[1] こうするのがいいのです。 / こうするのがいいんです。

　　[2] 遊びに行くような気分で行った。 / 遊びに行くみたいな気分で行った。

　　[3] 宮本さんは留守だと思う。

　　[4] 西君は漫画から出てきたみたいなかっこいい男の子。 /
　　　　西君は漫画から出てきたようなかっこいい男の子。

　　[5] 出発は5日なんですが、よろしいですか。

　　[6] 有名な俳優が死んだという記事を読みました。

　　[7] この映画の主人公みたいに生きてみたいです。 / この映画の主人公のように生きてみたいです。

　　[8] 飼っていた犬が死んで、悲しかったでしょう。

　　[9] そんなことを言ったはずはありません。

　[10] 来るとき、連絡をください。

[11] 最近、フィギュアスケートのファンが増えたようです。/
最近、フィギュアスケートのファンが増えたみたいです。

[12] 上司が今の時期はあまり忙しくないと言った。

[13] 約束の時間に間に合わないかもしれません。

[14] 藤田さんはまるで子どもみたいだ。/ 藤田さんはまるで子どものようだ。

[15] どの人が担当者か聞いてくる。

[16] ほかの人も行くかどうか、知りません。

[17] 靴の上に靴下を履くと、氷の上でも滑らないらしいです。

[18] まだ9月なのに、もう涼しい日が多い。

[19] 今日は早く帰るね。結婚記念日なんだ。

[20] 彼女の肌はまるで雪のようだ。/ 彼女の肌はまるで雪みたいだ。

[21] 誰に眼鏡を壊されたんですか。/ 誰に眼鏡を壊されたのですか。

[22] 今日は誰も来ないはずです。

[23] その教授は専門分野が違うだろう？

[24] 私は耳が遠いために、仕事が見つかりません。

[25] 金子君によると、岡田君の部屋は汚いそうだよ。

[26] 雲のように自由に生きたいです。

[27] アフガニスタンへの旅行は危ないの？

[28] 長谷川さんは甘いものが嫌いみたい。/ 長谷川さんは甘いものが嫌いなよう。

[29] その本は見つからなかったでしょう？

[30] あの人はきっと外国人だろう。

52 비교할 때 쓰는 표현

1단계 _ 핵심문법 익히기

1 今日の宿題はいつもより少ない。　오늘(의) 숙제는 평상시보다 적다.
地理は歴史より簡単だ。　지리는 역사보다 쉽다.
メジャーリーグのボールは日本のボールより重い。　메이저리그(의) 공은 일본(의) 공보다 무겁다.

2 子どもより親の方が熱心です。　아이보다 부모가 더 열성적입니다.
会話より文法の方がやさしいです。　회화보다 문법이 더 쉽습니다.
人間よりAIの方が正確です。　인간보다 AI가 더 정확합니다.

3 緑茶と紅茶と、どっち(の方が)が好き？/ 緑茶と紅茶と、どちら(の方が)が好き？
녹차와 홍차 중, 어떤 것을 (더) 좋아해?

紅茶の方が好き。　홍차를 더 좋아해.

この旅館とこのホテルと、どっち(の方が)が安い？/ この旅館とこのホテルと、どちら(の方が)が安い？
이 료칸과 이 호텔 중, 어느 쪽이 (더) 싸?

このホテルの方が安い。 이 호텔이 더 싸.

4日と8日と、どっち(の方が)が暇？/ 4日と8日と、どちら(の方が)が暇？
4일과 8일 중, 언제가 (더) 한가해?

8日の方が暇。 8일이 더 한가해.

4 日本の家の冷蔵庫は韓国の家の冷蔵庫ほど大きくないです。
일본 집의 냉장고는 한국 집의 냉장고만큼 크지 않습니다.

ここはソウルほどにぎやかじゃありません。/ ここはソウルほどにぎやかではありません。/

ここはソウルほどにぎやかじゃないです。/ ここはソウルほどにぎやかではないです。
여기는 서울만큼 번화하지 않습니다.

日本のネットショッピングは韓国ほど盛んじゃありません。/

日本のネットショッピングは韓国ほど盛んではありません。/

日本のネットショッピングは韓国ほど盛んじゃないです。/

日本のネットショッピングは韓国ほど盛んではないです。
일본의 인터넷 쇼핑은 한국만큼 활성화되어 있지 않습니다.

5 勉強の中で何が一番難しい？ 공부(의) 중에서 뭐가 제일 어려워?

英語が一番難しい。 영어가 제일 어려워.

今まで行った国の中で、どこが一番よかった？ 지금까지 간 나라(의) 중에서, 어디가 제일 좋았어?

ブータンが一番よかった。 부탄이 제일 좋았어.

来週の金、土、日の中で、いつが一番暇？ 다음 주(의) 금, 토, 일 중에서, 언제가 가장 한가해?

土曜日が一番暇。 토요일이 가장 한가해.

2단계 _ 실력 다지기

1 (1) 日本は韓国より人口が多い。

(2) 東京の料理より大阪の料理の方が味が薄い。

(3) 月曜日と水曜日と、どっち(の方)が都合がいい？

(4) 月曜日の方が都合がいい。

(5) 福田さんは太田さんほど優しくないです。

(6) 家族の中で誰が一番背が高いですか。

(7) 弟が一番背が高いです。

(8) 仕事より家庭の方が大切です。

(9) 縦と横と、どちら(の方)が長いですか。

(10) 縦の方が長いです。

1단계 _ 핵심문법 익히기

1 ハイヒールを履くつもりです。　하이힐을 신을 생각입니다.

この週末、山に登るつもりです。　이 주말에 산에 올라갈 생각입니다.

夏までにやせるつもりです。　여름까지 살을 뺄 생각입니다.

しばらく働かないつもりだ。　당분간 일하지 않을 생각이다.

今度の日曜日は出かけないつもりだ。　이번(의) 일요일은 외출하지 않을 생각이다.

娘には大変な仕事をさせないつもりだ。　딸에게는 힘든 일을 시키지 않을 생각이다.

2 大きい病院に移った方がいい。　큰 병원에 옮기는 편이 좋다.

窓を開けた方がいい。　창문을 여는 편이 좋다.

ウイルスチェックをした方がいい。　바이러스 체크를 하는 편이 좋다.

あの人にその仕事を頼まない方がいいです。　저 사람에게 그 일을 부탁하지 않는 편이 좋습니다.

会社を辞めない方がいいです。　회사를 그만두지 않는 편이 좋습니다.

あまり無理をしない方がいいです。　너무 무리를 하지 않는 편이 좋습니다.

3 ここではいくら騒いでもいい。　여기에서는 아무리 떠들어도 좋다.

試験に落ちてもいい。　시험에 떨어져도 괜찮다.

バイトをしてもいい。　알바를 해도 된다.

お金を包まなくてもいいです。　돈을 준비하지(포장하지) 않아도 좋습니다.

制服を着なくてもいいです。　교복을 입지 않아도 괜찮습니다

空港まで迎えに来なくてもいいです。　공항까지 마중하러 오지 않아도 됩니다.

靴を履いたまま家に入ってはいけない。　신발을 신은 채 집에 들어가면 안 된다.

ご飯に箸を立ててはいけない。　밥에 젓가락을 세워서는 안 된다.

ここでサッカーをしてはいけない。　여기에서 축구를 하면 안 된다.

4 ここでタバコを吸っても構いません。　여기에서 담배를 피워도 상관없습니다.

日に焼けても構いません。　햇볕에 타도 상관없습니다.

ペットを連れてきても構いません。　애완동물을 데려와도 상관없습니다.

急がなくても構わない。　서두르지 않아도 상관없다.

水を足さなくても構わない。　물을 추가하지 않아도 상관없다.

電気をつけなくても構わない。　불을 켜지 않아도 상관없다.

5 子どもが家具などを壊すことがある。 아이가 가구 등을 망가뜨리는 경우가 있다.

アクセルとブレーキを間違えることがある。 엑셀과 브레이크를 착각하는 경우가 있다.

人は誰でも失敗することがある。 사람은 누구든지 실수하는 경우가 있다.

眠いときはお風呂に入らないことがあります。 졸릴 때는 목욕하지 않을 때가 있습니다.

メールが届かないことがあります。 메일이 도착하지 않는 경우가 있습니다.

水道の水が出ないことがあります。 수돗물이 나오지 않을 때가 있습니다.

新幹線に乗ったことがある。 신칸센을 탄 적이 있다.

梅干しを漬けたことがある。 우메보시를 담근 적이 있다.

病気で入院したことがある。 병 때문에 입원한 적이 있다.

6 洗濯物が乾くようにエアコンをつけました。 빨래가 마르도록 에어컨을 켰습니다.

今日中に終わるように急ぎました。 오늘 중에 끝나도록 서둘렀습니다.

元気な子が生まれるように祈りました。 건강한 아이가 태어나도록 기도했습니다.

これ以上太らないように注意された。 이 이상 살찌지 않도록 주의 받았다.

試合に負けないように頑張った。 시합에 지지 않도록 열심히 했다.

来週は授業に来ないように伝えた。 다음 주는 수업에 오지 말라고(오지 않도록) 전했다.

7 森田さんにこの本を渡すように言いました。
もりた 씨에게 이 책을 건네주라고(건네주도록) 말했습니다.

間違いがないか、もう一度確かめるように言いました。
틀린 것이 없는지, 다시 한 번 확인하라고(확인하도록) 말했습니다.

この書類を提出するように言いました。 이 서류를 제출하라고(제출하도록) 말했습니다.

落ちているものを拾わないように言った。 떨어져 있는 것을 줍지 말라고(줍지 않도록) 말했다.

動物に食べ物をやらないように言った。 동물들에게 먹을 것을 주지 말라고(주지 않도록) 말했다.

悪い病気ではないので気にしないように言った。
나쁜 병이 아니니까 신경 쓰지 말라고(신경 쓰지 않도록) 말했다.

8 柴田さんは自分の経験を小説にしました。 しばた 씨는 자신의 경험을 소설로 만들었습니다(했습니다).

社長は原さんを課長にしました。 사장님은 はら 씨를 과장으로 만들었습니다(했습니다).

母はエビを天ぷらにしました。 어머니는 새우를 튀김으로 만들었습니다(했습니다).

先生は問題を簡単にした。 선생님은 문제를 쉽게 했다.

この歌はその歌手を有名にした。 이 노래는 그 가수를 유명하게 했다.

その学校は服装を自由にした。 그 학교는 복장을 자유롭게 했다.

妻は荷物を軽くしました。 아내는 짐을 가볍게 했습니다.

私は飲み物を冷たくしました。 저는 음료를 시원하게 했습니다.

父は料理を辛くしました。 아버지는 요리를 맵게 했습니다.

みんなで協力して、仕事が早く終わるようにした。 모두 함께 협력해서, 일이 빨리 끝나도록 했다.

店の中が外からよく見えるようにした。 가게(의) 안이 밖에서 잘 보이도록 했다.

必ずデータを保存するようにした。 반드시 데이터를 저장하도록 했다.

電車でなるべく座らないようにしています。 전철에서 되도록 앉지 않도록 하고 있습니다.

甘いものをなるべく食べないようにしています。 단 것을 되도록 먹지 않도록 하고 있습니다.

なるべく外食をしないようにしています。 되도록 외식을 하지 않도록 하고 있습니다.

9 その人はバスの運転手になった。 그 사람은 버스(의) 운전기사가 되었다.

いとこは二十歳になった。 사촌은 20살이 되었다.

その子は大人になった。 그 아이는 어른이 되었다.

乗り換えが便利になりました。 환승이 편리해졌습니다.

駅前の通りがにぎやかになりました。 역 앞의 거리가 번화해졌습니다.

祖母が元気になりました。 할머니가 건강해졌습니다.

お湯がぬるくなった。 물이 미지근해졌다.

顔が赤くなった。 얼굴이 빨개졌다.

気持ちが軽くなった。 마음이 가벼워졌다.

ファイルを開くのに時間がかかるようになりました。 파일을 여는 데에(것에) 시간이 걸리게 되었습니다.

図書館で雑誌も借りられるようになりました。 도서관에서 잡지도 빌릴 수 있게 되었습니다.

パソコンがフリーズするようになりました。 PC가 다운되게 되었습니다.

酒井さんがずいぶん怒らないようになった。 / 酒井さんがずいぶん怒らなくなった。
사카이 씨가 꽤 화내지 않게 되었다.

この頃、字を書かないようになった。 / この頃、字を書かなくなった。 요즘, 글씨를 쓰지 않게 되었다.

耳がよく聞こえないようになった。 / 耳がよく聞こえなくなった。 귀가 잘 들리지 않게 되었다.

10 出発は明後日にします。 출발은 모레로 합니다.

集まる場所は駅にします。 모이는 장소는 역으로 하겠습니다.

贈り物はお皿にします。 선물은 접시로 합니다.

言いたいことははっきり言うことにした。 하고 싶은 말(말하고 싶은 것)은 분명히 말하기로 했다.

父の会社に勤めることにした。 아버지의 회사에 근무하기로 했다.

学校の近くで下宿することにした。 학교(의) 근처에서 하숙하기로 했다.

両親と一緒に住まないことにしました。 부모님과 같이 살지 않기로 했습니다.

654

ブログのデザインを変えないことにしました。　블로그의 디자인을 바꾸지 않기로 했습니다.

課長の意見に反対しないことにしました。　과장님의 의견에 반대하지 않기로 했습니다.

11 工藤さんが議長になった。　くどう 씨가 의장이 되었다.

展示会は9月1日から10日までになった。　전시회는 9월 1일부터 10일까지가 되었다.

これが一番いいという結論になった。　이것이 제일 좋다는 결론이 되었다.

生徒会長を選ぶことになりました。　학생회장을 뽑게 되었습니다.

予定より早く山を下りることになりました。　예정보다 일찍 산에서 내려오게 되었습니다.

離婚することになりました。　이혼하게 되었습니다.

手術を行わないことになった。　수술을 하지 않게 되었다.

二人は別れないことになった。　두 사람은 헤어지지 않게 되었다.

田村さんは来韓しないことになった。　たむら 씨는 내한하지 않게 되었다.

2단계 _ 실력 다지기

1 (1) 一人で少し動けるようになった。

(2) 再来月、引っ越すことになった。 / 再来月、引っ越しすることになった。

(3) 今日はうちに帰らないつもり。

(4) 今日の宿題は出さなくてもいい。

(5) お昼になる前におなかがすくことがある。

(6) 現金を使わなくなった。 / 現金を使わないようになった。

(7) その自転車を直すつもりだ。

(8) 風邪が早く治るように、いっぱい寝た。

(9) ジョンさんは日本語を間違えないようになりました。 /
　　ジョンさんは日本語を間違えなくなりました。

(10) 写真や動画を撮っても構わない。

(11) 私は息子に部屋を片付けるように言いました。

(12) この美術館では自由に作品に触ってもいい。

(13) 気分が悪くなって倒れたことがあります。

(14) 空気が汚いので窓を開けないように言いました。

(15) 部屋をきれいにしました。

(16) そのイベントは中止になった。

(17) 食事の時に、よく噛むようにしています。

(18) ここに腰かけてはいけません。

(19) 遅れないように、気を付けてください。

(20) 夜になって、外が暗くなった。

[21] 朝食をとらないことがある。

[22] その先生の授業には遅れない方がいいです。

[23] この歯磨きは歯を白くする。

[24] 私はコーヒーにします。

[25] 約束の時間に間に合わなくても構わない。

[26] 健康のために、毎朝走ることにした。

[27] これからは嫌なことから逃げないことにしました。

[28] 雨に濡れるから、傘をさした方がいいよ。

[29] 昨日は飲みすぎないようにした。

[30] お弁当を持っていかないことになった。

54 부탁할 때 쓰는 표현

1단계 _ 핵심문법 익히기

1 メニューをください。 메뉴를 주세요.

連絡をください。 연락을 주세요.

パンフレットをください。 팸플릿을 주세요.

2 必ずヘルメットをかぶってください。 반드시 헬멧을 쓰세요.

自分の席に戻ってください。 자기(의) 자리로 돌아가세요.

手伝いに来てください。 도우러 와 주세요.

勝手に触らないでください。 마음대로 만지지 말아 주세요.

ここでタバコを吸わないでください。 여기에서 담배를 피우지 마세요.

心配しないでください。 걱정하지 마세요.

3 この書類は鉛筆で書いてくださいますか。 이 서류는 연필로 써 주시겠어요?

その人に電話をかけてくださいますか。 그 사람에게 전화를 걸어 주시겠어요?

この手紙を日本語に翻訳してくださいますか。 이 편지를 일본어로 번역해 주시겠어요?

順番を守ってくださいませんか。 순서를 지켜 주시지 않겠어요?

この仕事は他の人に頼んでくださいませんか。 이 일은 다른 사람에게 부탁해 주시지 않겠어요?

この書類を10枚ずつコピーしてくださいませんか。 이 서류를 10장씩 복사해 주시지 않겠어요?

4 ちょっと立ってもらえますか。 잠깐 일어서 줄 수 있어요?(일어서 받을 수 있어요?)

いたずらをやめてもらえますか。 장난을 그만둬 줄 수 있어요?(그만둬 받을 수 있어요?)

間違いがないかチェックしてもらえますか。 틀린 것이 없는지 체크해 줄 수 있어요?(체크해 받을 수 있어요?)

もう少し待ってもらえませんか。 좀 더 기다려 줄 수 없어요?(기다려 받을 수 없어요?)
仕事を続けてもらえませんか。 일을 계속해 줄 수 없어요?(계속해 받을 수 없어요?)
細かく説明してもらえませんか。 자세히 설명해 줄 수 없어요?(설명해 받을 수 없어요?)

5 その人に謝っていただけますか。 그 사람에게 사과해 주실 수 있습니까?(사과해 받을 수 있습니까?)
かばんの中を見せていただけますか。 가방(의) 안을 보여 주실 수 있습니까?(보여 받을 수 있습니까?)
契約書を確認していただけますか。 계약서를 확인해 주실 수 있습니까?(확인해 받을 수 있습니까?)

これを運んでいただけませんか。 이것을 옮겨 주실 수 없습니까?(옮겨 받을 수 없습니까?)
うちまで届けていただけませんか。 집까지 갖다 주실 수 없습니까?(갖다 받을 수 없습니까?)
私の代わりにこの仕事を担当していただけませんか。
저(의) 대신에 이 일을 담당해 주실 수 없습니까?(담당해 받을 수 없습니까?)

6 明日は休ませてください。 내일은 쉬게 해 주세요.
ちょっと調べさせてください。 잠깐 조사하게 해 주세요.
娘さんと結婚させてください。 따님과 결혼하게 해 주세요.

今度の出張は私に行かせてください。 이번(의) 출장은 저에게 가게 해 주세요.
私に先にシャワーを浴びさせてください。 저에게 먼저 샤워를 하게 해 주세요.
部屋の掃除を子どもにさせてください。 방(의) 청소를 아이에게 하게 해 주세요.

2단계 _ 실력 다지기

1 (1) できるだけ情報を集めてください。

(2) 後で電話をください。

(3) プレゼント用に包んでくださいますか。

(4) 今日は私にご馳走させてください。

(5) あげた指輪を返してもらえますか。

(6) 壁にポスターを貼らないでください。

(7) 後ろのドアを閉めていただけませんか。

(8) お茶を入れてくださいませんか。

(9) ちょっと負けてもらえませんか。

(10) 高田さんに遅れないように言っていただけますか。

55 가정 표현 [~ば・~と・~たら・~なら]

1단계 _ 핵심문법 익히기

1 ミスが少なければ勝てます。　실수가 적으면 이길 수 있습니다.

明日、天気がよければサッカーをします。　내일, 날씨가 좋으면 축구를 할 것입니다.

12月まで待てば安く買えます。　12월까지 기다리면 싸게 살 수 있습니다.

ほめられれば誰でもうれしいです。　칭찬받으면 누구나 기쁩니다.

予約すれば待たなくてもいいです。　예약하면 기다리지 않아도 됩니다.

2 中学生だと大人料金になる。　중학생이면 어른 요금이 된다.

先生が嫌いだと、勉強も嫌いになる。　선생님이 싫으면, 공부도 싫어진다.

寒いとトイレが近くなる。　추우면 화장실에 자주 가게 된다.

この橋を渡ると、隣の町だ。　이 다리를 건너면, 옆(의) 동네이다.

3 明後日の午前だったら時間があります。　모레(의) 오전이면 시간이 있습니다.

今度の試験がだめだったら、また受けます。　이번(의) 시험이 안 되면, 다시 (시험을) 보겠습니다.

味が薄かったら、しょうゆを付けて食べます。　싱거우면(연하면), 간장을 찍어서 먹습니다.

お酒を飲んだら車の運転はしません。　술을 마시면 차(의) 운전은 하지 않습니다.

4 金子さんならもう帰った。　かねこ 씨라면 벌써 집에 갔다.

邪魔じゃないなら、そのままにしておいて。　방해가 되지 않는다면, 그대로 놔둬 줘.

ここから近いなら歩いて行こう。　여기에서 가깝다면 걸어 가자.

それほど高くなかったなら、買いたかった。　그렇게 비싸지 않았다면, 사고 싶었다.

その映画を見に行くなら、一緒に行こう。　그 영화를 보러 간다면, 같이 가자.

医者に何も言われなかったなら大丈夫だ。
의사에게 아무 말도 듣지(아무것도 말함을 받지) 않았다면 괜찮다.

2단계 _ 실력 다지기

1 [1] 走れば間に合います。 / 走ったら間に合います。

[2] ここまで来たら、もう戻れない。
　　[되돌아가지 못하게 되기를 원했을 때는 ここまで来れば、もう戻れない라고 하는 것도 가능함]

[3] 直らないなら、もう捨てます。

[4] ここを左に行くと入口がある。 / ここを左に行けば入口がある。 /
　　ここを左に行ったら入口がある。

[5] 安ければ僕も欲しい。 / 安ければ私も欲しい。 / 安ければ俺も欲しい。
　　安かったら僕も欲しい。 / 安かったら私も欲しい。 / 安かったら俺も欲しい。

(6) あまり高かったら買いません。

(7) 私がその人なら、そんなことは決してしない。 / 僕がその人なら、そんなことは決してしない。 /
俺がその人なら、そんなことは決してしない。

(8) 問題が難しかったなら、点数が悪くても仕方がない。

(9) 部屋が明るいと眠れません。 / 部屋が明るかったら眠れません。

(10) 明日暇だったら、一緒にどこか行こう。

56 높임말 표현

1단계 _ 핵심문법 익히기

1 **1.** お客様はこれをお選びになりました。 손님은 이것을 고르셨습니다.

先生は新しい研究会をお始めになりました。 선생님은 새로운 연구회를 시작하셨습니다.

丸山さんはカナダの大学をご卒業になりました。
まるやま 씨는 캐나다에 있는(캐나다의) 대학을 졸업하셨습니다.

それについて社長がご説明になりました。 그것에 대해서 사장님이 설명하셨습니다.

2. その方はお財布を落とされた。 그 분은 지갑을 떨어뜨리셨다.

部長は電話番号を変えられた。 부장님은 전화번호를 바꾸셨다.

課長は約束の時間より早く来られた。 과장님은 약속(의) 시간보다 일찍 오셨다.

松尾さんがこのプロジェクトを計画された。 まつお 씨가 이 프로젝트를 계획하셨다.

3. このサービスをご存知ですか。 이 서비스를 아십니까?

会長は大丈夫だとおっしゃいました。 회장님은 괜찮다고 말씀하셨습니다.

このシャツは村田さんのお母様がくださいました。 이 셔츠는 むらた 씨의 어머님이 주셨습니다.

武田様はラーメンを召し上がりました。 たけだ 님은 라면을 잡수셨습니다.

王様はその服をお召しになりました。 임금님은 그 옷을 입으셨습니다.

昨日、何時にお休みになりましたか。 어제, 몇 시에 주무셨습니까?

その仕事は上野さんのお父様がなさいました。 그 일은 うえの 씨의 아버님이 하셨습니다.

4. お食事をゆっくりお楽しみください。 식사를 천천히 즐겨 주십시오.

切符をお見せください。 표를 보여 주십시오.

フィッシング詐欺にご注意ください。 보이스피싱 사기에 주의하십시오.

ごみのリサイクルにご協力ください。 쓰레기(의) 재활용에 협력해 주십시오.

5. これは先生からのお手紙です。 이것은 선생님께서 주신(선생님으로부터의) 편지입니다.

お元気ですか。 잘 지내십니까?

みなさんご熱心ですね。 모두들 열심이시네요.

2 **1.** お客様のお荷物をお持ちした。 손님의 짐을 들어 드렸다.

先生に月の写真をお見せした。 선생님께 달의 사진을 보여 드렸다.

社長に電話でご連絡した。 사장님께 전화로 연락 드렸다.

部長に夫をご紹介した。 부장님께 남편을 소개해 드렸다.

2. その方は私もよく存じ上げております。 그 분은 저도 잘 알고 있습니다.

昨日、平野さんにお目にかかりました。 어제, 히라노 씨를 만나 뵈었습니다.

このジャムは大塚さんにいただきました。 이 잼은 오오츠카 씨께 받았습니다.

お客様にお名前を伺いました。 손님께 성함을 여쭈웠습니다.

久保さんのお宅を拝見しました。 쿠보 씨의 댁을 보았습니다.

これを拝借したいのですが、よろしいですか。 이것을 빌리고 싶은데, 괜찮으시겠습니까?

ぜひご覧に入れたいものがあります。 / ぜひお目にかけたいものがあります。
꼭 보여 드리고 싶은 것이 있습니다.

社長にお茶を差し上げました。 사장님께 차를 드렸습니다.

3 それが本当かどうかは存じません。 그것이 정말인지 어떤지는 모르겠습니다.

その本はこちらにございます。 그 책은 여기에 있습니다.

明日ならうちにおります。 내일이라면 집에 있습니다.

行って参ります。 갔다 오겠습니다.

昼食を用意いたします。 점심을 준비하겠습니다.

4 試合の結果をお知らせいたします。 시합의 결과를 알려 드리겠습니다.

品物をお宅までお届けいたします。 물건을 댁까지 갖다 드리겠습니다.

桜井さんをご紹介いたします。 사쿠라이 씨를 소개해 드리겠습니다.

もう一度ご連絡いたします。 다시 한 번 연락 드리겠습니다.

5 [겸양어1]

部長にご報告しました。 부장님께 보고해 드렸습니다.

お客様に細かくご説明しました。 손님께 자세히 설명 드렸습니다.

明日、社長にご連絡します。 내일, 사장님께 연락 드리겠습니다.

[겸양어2]

部長に報告いたしました。 부장에게 보고했습니다.

お客様に細かく説明いたしました。 손님에게 자세히 설명했습니다.

明日、社長に連絡いたします。 내일, 사장에게 연락하겠습니다.

[겸양어1+겸양어2]

部長にご報告いたしました。 부장님께 보고해 드렸습니다.

お客様に細かくご説明いたしました。 손님께 자세히 설명해 드렸습니다.

明日、社長にご連絡いたします。　내일, 사장님께 연락 드리겠습니다.

6　担当者の野口でございます。　담당자인(의) 노구치입니다.

こちらがメニューでございます。　이것이 메뉴입니다.

使い方は前のものと同じでございます。　사용법은 이전(의) 것과 똑같습니다.

7　ここのお食事はおいしいです。　여기(의) 식사는 맛있습니다.

お友達には親切にしましょう。　친구에게는 친절하게 대합시다(합시다).

お礼のご挨拶はなるべく早くしたほうがいい。　사례(의) 인사는 되도록 빨리 하는 편이 좋다.

2단계 _ 실력 다지기

1　(1) 総理はこの旅館をご利用になりました。 / 総理はこの旅館を利用されました。

(2) 松井と申します。

(3) 藤本さんはそのプレゼントを大変喜ばれた。 / 藤本さんはそのプレゼントを大変お喜びになった。

(4) 青い方が表側でございます。

(5) ぜひ、こちらにお泊まりください。

(6) 大統領がお亡くなりになった。 / 大統領が亡くなられた。

(7) 校長先生にそう申し上げた。

(8) それでは、遠慮なくいただきます。

(9) イギリスの首相が来週インチョンにいらっしゃいます。

(10) 番号をお呼びいたします。

(11) 明日、伺います。

(12) 社長にご連絡した。

(13) お土産にお酒を買っていきましょう。

(14) 先生にご住所をお聞きした。 / 先生にご住所を伺った。

(15) この映画は先生もご覧になったそうだ。 / この映画は先生も見られたそうだ。

(16) 杉山さんにキョンジュをご案内しました。

(17) 添付ファイルをご確認ください。

(18) こちらのお部屋は大変静かでございます。

(19) 利用方法をご説明いたします。

(20) 校長先生はお話を続けられました。 / 校長先生はお話をお続けになりました。

상세 버전의 학습 스케줄 표는 길벗 홈페이지(**www.gilbut.co.kr**)에서 다운 받으실 수 있습니다.

Day 01	Day 02	Day 03	Day 04	Day 05
01 명사의 보통체형	**02** 명사의 정중체형	**03** な형용사의 보통체형	**04** な형용사의 정중체형	**05** 쓰임이 어려운 な형용사
Check! ☐	Check! ☐	Check! ☐	Check! ☐	Check! ☐
Day 06	Day 07	Day 08	Day 09	Day 10
06 い형용사의 보통체형	**07** い형용사의 정중체형	**08** 1류동사의 보통체형	**09** 1류동사의 정중체형	**10** 2류동사의 보통체형
Check! ☐	Check! ☐	Check! ☐	Check! ☐	Check! ☐
Day 11	Day 12	Day 13	Day 14	Day 15
11 2류동사의 정중체형	**12** 3류동사의 보통체형	**13** 3류동사의 정중체형	**14, 15** ない형 사역형	**16** 수동형
Check! ☐	Check! ☐	Check! ☐	Check! ☐	Check! ☐
Day 16	Day 17	Day 18	Day 19	Day 20
17 사역수동형	**18, 19** ます형 사전형	**20, 21** 금지형 명령형	**22** 가능형	**23, 24** ば형 의지형
Check! ☐	Check! ☐	Check! ☐	Check! ☐	Check! ☐
Day 21	Day 22	Day 23	Day 24	Day 25
25 て형	**26** 꼭 알아 두어야 할 조사	**27 ①〜④** 헷갈리기 쉬운 조사	**27 ⑤〜끝** 헷갈리기 쉬운 조사	**28** 문장 끝에 쓰는 조사
Check! ☐	Check! ☐	Check! ☐	Check! ☐	Check! ☐
Day 26	Day 27	Day 28	Day 29	Day 30
29 그 밖의 조사들	**30** 의문사	**31** 꼭 알아 두어야 할 부사	**32** 뜻과 쓰임이 비슷한 부사	**33** 접속사
Check! ☐	Check! ☐	Check! ☐	Check! ☐	Check! ☐

문법을 눈으로만 공부하지 말고,
오디오를 이용해서 소리로도 익혀야 회화에서 도움이 되고, 기억도 오래 가요.
듣고 따라하면서 일본어 문법을 정복해요~!^^

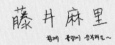